安蒜政雄先生古希記念論文集

旧石器時代の知恵と技術の考古学

安蒜政雄先生古希記念論文集刊行委員会 編

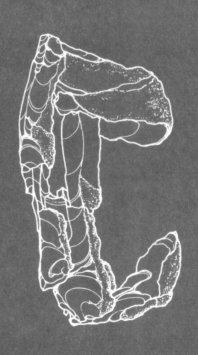

雄山閣

砂川遺跡出土の接合資料を手にする安蒜政雄先生

「安蒜考古学」のこと

札幌学院大学 学長

鶴 丸 俊 明

　安蒜さんにお会いしたのは、私が明治大学に入学した昭和41年の春である。そのころ、主婦の友社ビルの駿河台下側にあった小川町校舎2階の考古学陳列館の整理室では、置戸安住遺跡の資料整理がおこなわれていた。嬉々として遺物の水洗と注記をやっていた私は、「2年の安蒜です。よろしく。」と、簡潔で丁寧な挨拶をいただいた。しかし、講義の関係だろうか、その後、安住の整理でお会いした記憶はない。親しく話をする機会を得たのは、秋の「砂川遺跡」の発掘調査であった。安蒜さんの代名詞ともいえる「砂川」のスタートに立ち会う僥倖を得たことになるのだが、しかしその記憶は朧気である。恥ずかしながら明確に覚えているのは発掘での私自身の大きな失敗である。それも口にもできない失敗だ。

　その後、安蒜さんとは北海道で一緒に遺跡を回ったり、父が校長を務める山の小学校に泊まりながら「上場遺跡」の石器トレースをしたりと、交流を深めていく中で、大きな違いがあることに気がついた。石器を見る目が違う。直感的な私に対して、あくまでも観察が丁寧なのだ。その結果、北海道の石器や技術を語る私に、頻繁に「なぜ？」とたたみかけてくる。常に持ち歩いていたメモ用紙と鉛筆を取り出して図を描きながら、説明し合うこともしばしばだった。議論が噛み合わないことも多々あったが、そのような会話が実に楽しかったのを今でも思い出す。納得するまで問い詰めてくる迫力も、懐かしく思い出す。それはご自身の「分類とその基準」の設定に伴うプロセスだったと思うが、私にとっては元「考古学少年」への忠告でもあった。だから、今でも至福の時であったと思っている。

　安蒜さんは、砂川遺跡の資料分析で、個体別資料・母岩別資料の概念の設定と適用、緻密な接合分析による剝片剝離技術の把握を通して、砂川遺跡の石器技術体系をみごとに再現したばかりか、より深部に迫るための遺跡の構造的分析方法を手中にしたのである。今でこそ一般的なこの方向性や方法も、当時はそうではなかった。細かな分類や分析作業にはむしろ様子見とか冷ややかな雰囲気が漂っていたことを、あえて触れておきたい。

　分類学では Lumper（まとめ屋）と Splitter（分割屋）とが並び称せられるが、大括りに語る前者のほうが、社会的には受け容れられやすい場合も多いし、説得性を伴うこともある。その意味では組成研究や編年研究の成果でもある段階までは対応できていた。しかし、ヒトの生活実態に迫るにはどうであろうか。さらに高度な技術的情報や位置情報等を含めたうえでの総合的な解釈が必要とされる。そのように考えると砂川以前からの筋の通った安蒜さんの研究姿勢には、当時の主流であった組成研究や編年研究では限界のある、文化を語ろうとする強固な意志があったことは明白だ。

　資料や技術に関する煩雑とも思える「分類」と「まとめ」を丹念に繰り返しながら、遺跡と人と文化に迫る一連の方法を私は「安蒜考古学」と呼び、石器研究の一時代を画す大きな業績として、指摘しておきたい。

　古希をお祝いすると同時に、今後も資料（モノ）を大事にした研究の重要性を伝えていただきたいとお願いして、記念論文集の一文とさせていただく。

（2016年12月31日）

◎旧石器時代の知恵と技術の考古学◎目次

「安蒜考古学」のこと ……………………………………………………… 鶴丸俊明…1

安蒜政雄先生　年譜・業績・履歴 ………………………………………… 5

◇ 旧石器時代の知恵と技術の考古学 ◇

旧石器時代研究の進むべき道…………………………………………………竹岡俊樹…39

石器製作技術の研究―その学史的検討 (3)― …………………………織笠明子…51

細石刃と細石刃技術―用語概念をめぐる問題点― ……………………髙倉　純…61

スポットについての小考……………………………………………………小菅将夫…75

後期旧石器時代の武蔵野台地と多摩丘陵…………………………………比田井民子…85

武井遺跡群の構造的研究における試論……………………………………軽部達也…96

縄手下遺跡にみる石器原料の獲得消費活動と遺跡形成………………… 吉川耕太郎…107

後期旧石器時代初頭における磨製石斧の形態と破損について…………赤星純平…121

秋田県米ヶ森遺跡の再評価に向けて……………………………………… 石川恵美子…131

後期旧石器時代前半の列状土坑群掘削の意義について…………………笹原芳郎…143

楔形石器について………………………………………………………………道澤　明…153

相模野台地とその周辺地域における富士玄武岩の利用 (1) …………………………… 鈴木次郎…164
　―旧石器時代の磨石状礫について―

九州地方北西部における後期旧石器時代初頭の様相……………………荻　幸二…176

後期旧石器時代前半期前葉の九州地方における石器群編年と^{14}C 年代 ……………阿部　敬…187

東日本における瀬戸内技法の展開…………………………………………野田　樹…197

九州石槍文化の成立と「石槍文化」の東方波及 ………………………木﨑康弘…206

剥片尖頭器の構造と展開……………………………………………………杉原敏之…216

瀬戸内地域の終末期ナイフ形石器…………………………………………氏家敏之…228

北海道における細石刃石器群の変遷の背景………………………………大塚宜明…238

古北海道半島における初期細石刃石器群と前半期石刃石器群の石刃技術 ………………… 須藤隆司…248
　―広郷型・オバルベツ型尖頭器石器群の再検討―

幌加型細石刃石核の石核素材の生産工程―芳見沢遺跡の接合資料の分析― …………諸星良一…258

神奈川県長津田遺跡群宮之前南遺跡出土石器群の検討…………………及川　穣…268

伊豆の国市湯ヶ洞山遺跡出土石器の編年的位置と黒曜石産地…………池谷信之…282

黒曜石回廊西端の原産地研究事情…………………………………………川道　寛…296

旧石器時代の黒曜石利用について―輸送経路推定と原産地推定分析に基づいて― ……金成太郎…306

佐賀県多久出土の尖頭器の研究―製作実験を通じて― ………………岩永雅彦…315

『岩宿カレンダー』をつくる ………………………………………………萩谷千明…326

朝鮮半島におけるスムベチルゲの形態的属性と機能……………………金　恩正…332

韓国細石器文化における製作技術と変容 …………………………………… 大谷　薫…343

グラヴェット文化におけるヴィーナスの様式の研究……………………… 竹花和晴…357

中央アンデス先スペイン期の石器研究史 ………………………………………村越純子…371

編 集 後 記………………………………………………………………………… 381

執筆者一覧………………………………………………………………………… 383

安蒜政雄先生

年譜・業績・履歴

年　譜 …………………………………………… 7

著　書 …………………………………………… 7・8

編　著 …………………………………………… 8・9

論文など ………………………………………… 9〜18

講演・講座・研究発表 ………………………… 18〜24

新聞談話・放送インタヴュー ………………… 24〜30

遺跡調査歴 ……………………………………… 30〜32

明治大学外委員など …………………………… 32〜35

〜〜〜〜 年　譜 〜〜〜〜

1946 年　5 月 30 日　千葉県松戸市大字松戸 1893 番地にて誕生
1953 年　4 月　千葉県松戸市立高木小学校入学
1959 年　3 月　同卒業
　　　　　4 月　東京都台東区立上野中学校入学
1962 年　3 月　同卒業
　　　　　4 月　東京都立上野高等学校入学
1965 年　3 月　同卒業
　　　　　4 月　明治大学文学部史学地理学科考古学専攻入学
1969 年　3 月　同卒業（卒業論文『「尖頭器の研究」序説』により、駿台史学会賞を受賞）
　　　　　4 月　明治大学大学院文学研究科修士課程史学専攻入学
　　　　　　　　明治大学考古学陳列館嘱託（1970 年 3 月まで）
1971 年　3 月　明治大学大学院文学研究科修士課程修了（修士論文『「技術方法論」序説』）
　　　　　　　　学芸員資格を取得
　　　　　4 月　明治大学大学院文学研究科博士課程史学専攻入学
　　　　　　　　明治大学特選研究生
1974 年　4 月　明治大学兼任講師（1984 年 3 月迄）
　　　　　5 月　明治大学考古学陳列館学芸員
1978 年　3 月　明治大学大学院文学研究科博士課程史学専攻修了（学位請求論文『細石器文化の研究』により、
　　　　　　　　文学博士〈明治大学〉の学位取得）
1984 年　4 月　明治大学専任助教授（文学部勤務）
1990 年　4 月　1990 年度明治大学在外研究員
1991 年　4 月　明治大学専任教授
1992 年　4 月　明治大学大学院博士前期課程担当
1993 年　10 月　岩宿文化賞受賞
1995 年　4 月　明治大学大学院博士後期課程担当
1997 年　4 月　明治大学文学部教務主任（1999 年 3 月まで）
2000 年　4 月　2000 年度明治大学特別研究者
2003 年　4 月　明治大学校地内遺跡調査団団長（2016 年 3 月まで）
2005 年　1 月　明治大学勤続三十年で表彰を受ける
2006 年　4 月　明治大学大学院文学研究科史学専攻主任（2010 年 3 月まで）
2008 年　1 月　駿台史学会幹事長（2009 年 12 月まで）
2009 年　10 月　SUYANGGAE Academic Awards（SUYANGGAE International Symposium Executive
　　　　　　　　Committee）受賞
2012 年　4 月　2012 年度明治大学特別研究者
2015 年　12 月　駿台史学会会長（2016 年 12 月まで）
2017 年　3 月 31 日　定年退職
　　　　　この間、法政大学文学部、富山大学人文学部、千葉大学文学部、早稲田大学第二文学部の非常勤講師。

〜〜〜〜 著　書 〜〜〜〜　＊ 共著

1983 年　3 月　『佐賀県多久三年山における石器時代の遺跡』＊（「明治大学文学部研究報告」考古学 9）明治大学
2003 年　5 月　『考古学の最前線—ここまでわかった日本列島—』＊学生社　共著
2007 年　11 月　『住まいの考古学』（暮らしの考古学シリーズ 3）　学生社　共著

安蒜政雄先生　年譜・業績・履歴

2010 年　5 月　『旧石器時代の日本列島史』学生社
2011 年　12 月　『日本列島　石器時代史への挑戦』*新日本出版社
2013 年　3 月　『旧石器時代人の知恵』新日本出版社
2017 年　3 月　『日本旧石器時代の起源と系譜』（「日本列島の旧石器時代史」1）雄山閣

〰〰〰 編　著 〰〰〰 ＊共編著

1969 年　3 月　『概報月見野遺跡群』*明治大学考古学研究室・月見野遺跡群調査団
1974 年　3 月　『砂川先土器時代遺跡―埼玉県所沢市砂川遺跡の第 2 次調査―』*所沢市教育委員会
1983 年　12 月　『探訪先土器の遺跡』*（有斐閣選書 R）有斐閣
1985 年　5 月　『論集日本原史』*論集日本原史刊行会　吉川弘文館
1986 年　10 月　『砂川遺跡―埼玉県所沢市砂川遺跡資料集―』*砂川遺跡発掘 20 周年のつどい実行委員会
1988 年　3 月　『明治大学和泉校地遺跡発掘調査報告書』*明治大学和泉校地遺跡発掘調査団
　　　　　6 月　『考古学ゼミナール　日本人類文化の起源』六興出版
　　　　　7 月　『日本人はどこから来たか』*（「日本人の起源展」：国立科学博物館開館 110 周年記念）国立科学博物館・読売新聞社
1989 年　3 月　『長野県小県郡長門町鷹山遺跡群Ⅰ』*長門町教育委員会・鷹山遺跡群調査団
1990 年　3 月　『群馬県新田郡薮塚本町薮塚遺跡台山地点発掘調査報告書』*薮塚遺跡台山地点発掘調査団・薮塚本町教育委員会
1991 年　3 月　『自由学園南遺跡発掘調査報告書』*（東久留米市埋蔵文化財調査報告書 16）東久留米市教育委員会
　　　　　7 月　『長野県小県郡長門町鷹山遺跡群Ⅱ』*長門町教育委員会・鷹山遺跡群調査団
1997 年　3 月　『埼玉県所沢市砂川旧石器時代遺跡―範囲確認調査および砂川流域旧石器時代遺跡群分布調査報告書―』*砂川遺跡調査団・所沢市教育委員会
　　　　　11 月　『考古学キーワード』有斐閣双書キーワードシリーズ　有斐閣
1999 年　3 月　『長野県小県郡長門町鷹山遺跡群Ⅲ』*長門町教育委員会・鷹山遺跡群調査団
　　　　　3 月　『概報・鷹山遺跡群 1―長野県小県郡長門町鷹山遺跡群 1998 年度調査概報―』*長門町教育委員会・鷹山遺跡群調査団
2000 年　3 月　『長野県小県郡長門町鷹山遺跡群Ⅳ』*長門町教育委員会・鷹山遺跡群調査団
　　　　　3 月　『群馬県岩宿遺跡発掘 50 周年記念　岩宿発掘五十年―旧石器時代研究の原点と足跡―』*明治大学考古学博物館
2001 年　3 月　『長野県小県郡長門町鷹山遺跡群Ⅴ　星糞峠縄文時代黒耀石採掘鉱山の測量調査―1998 ～ 1999 年度調査報告書―』*長門町教育委員会・鷹山遺跡群調査団
2002 年　3 月　『黒耀石研究創刊号』*明治大学黒耀石研究センター機関誌　明治大学人文科学研究所
　　　　　6 月　『考古学キーワード［改訂版］』（有斐閣双書キーワードシリーズ）　有斐閣
2003 年　3 月　『黒耀石原産地遺跡群　長野県小県郡長門町鷹山遺跡群Ⅵ―鷹山第Ⅻ遺跡黒耀石研究センター地点の発掘調査―』*明治大学黒耀石研究センター用地内遺跡発掘調査団
　　　　　3 月　『黒耀石研究第 2 号』*（明治大学黒耀石研究センター機関誌）明治大学人文科学研究所
2004 年　5 月　『The 9th International Symposium：SUYANGGAE and Her Neighbours 発表要旨』*（明治大学博物館・明治大学考古学研究室・笠懸町教育委員会・忠北大學校博物館
　　　　　9 月　『Obsidian and Its Use in Stone Age of East Asia：Proceedings』*Obsidian Summit International Workshop Meiji University Session Meiji University, Meiji University Institute of Hunmanities, Meiji University Center for Obsidian and Lithic Studies
　　　　　9 月　『黒耀石研究第 3 号』（明治大学黒耀石研究センター機関誌）明治大学人文科学研究所　共編著
2005 年　3 月　『地域と文化の考古学 1』*明治大学文学部考古学研究室

2005 年　5 月　『石器時代における黒耀石採掘鉱山の研究—平成 12 年度～平成 16 年度私立大学学術研究高度
　　　　　　　化推進事業　学術フロンティア推進事業　研究成果報告書』*明治大学
2008 年　10 月　『地域と文化の考古学 2』*明治大学文学部考古学研究室
　　　　　12 月　『The 13th Interntional Symposium for the Commemoration of the 25th Anniversary of
　　　　　　　Suyanggae Excavation：SUYANGGAE and Her Neighbours in Kyusyu 発表要旨』*The Ad Hoc
　　　　　　　Committee for the Suyanggae International Symposium, in Kyusyu, The Executive Committee
　　　　　　　for the Suyanggae International Symposium, Saitobaru Archaeological Museum of Miyazaki
　　　　　　　Prefecture
　　　　　12 月　『The 13th International Symposium for the Commemoration of the 25th Anniversary of
　　　　　　　Suyanggae Excavation：SUYANGGAE and Her Neighbours in Kyusyu 論文』*The Ad Hoc
　　　　　　　Committee for the Suyanggae International Symposium in Kyusyu, The Executive Committee
　　　　　　　for the Suyanggae International Symposium, Saitobaru Archaeological Museum of Miyazaki
　　　　　　　Prefecture

～～～～ 論文など ～～～～ ＊共筆

1966 年　6 月　「翻訳：先史時代大伽藍の神秘」［Claude Feuillet：LE MYSTERE DES CATHEDRALES
　　　　　　　PREHISTRIQUES, L'EXPRESS, 4-10 avril 1966］『流水文』28　明治大学考古学研究部
　　　　　8 月　「第 3 号住居址」『諏訪山遺跡—東京都北多摩郡大和町—』大和町教育委員会
1968 年　4 月　「静岡県有東第一遺跡出土の石器」*『案山子』2　日本考古学協会生産技術研究特別委員会農業
　　　　　　　部会
　　　　　10 月　「埼玉県場北遺跡の先土器時代資料」*『考古学集刊』4-2　東京考古学会
1969 年　3 月　「月見野遺跡群の石器文化とその石器」『概報月見野遺跡群』明治大学考古学研究室・月見野遺
　　　　　　　跡群調査団
　　　　　4 月　「埼玉県砂川遺跡発見の一尖頭器」*『考古学集刊』4-3　東京考古学会
1970 年　3 月　「先土器時代」『殿台遺跡』市川市文化財調査報告書 2　市川市教育委員会
　　　　　6 月　「京都府深草遺跡出土の石器」『案山子』4　日本考古学協会生産技術研究特別委員会農業部会
1971 年　6 月　「武蔵野台地北部の地形・地質」*『地理学評論』44-6　日本地理学会
　　　　　12 月　「先土器時代の研究 I」『明治大学大学院紀要文学篇』9　明治大学大学院
1972 年　12 月　「先土器時代の研究 II」『明治大学大学院紀要文学篇』10　明治大学大学院
1973 年　3 月　「関東地方における切出形石器を伴う石器文化の様相」『駿台史学』32　駿台史学会
　　　　　12 月　「先土器時代の研究 III」『明治大学大学院紀要文学篇』11　明治大学大学院
1974 年　3 月　「先土器時代の松戸」『松戸市郷土史料館資料目録』1　松戸市教育委員会・松戸市郷土史料館
　　　　　3 月　「遺跡における石器群の平面的遺存状態」『砂川先土器時代遺跡—埼玉県所沢市砂川遺跡の第 2
　　　　　　　次調査—』所沢市教育委員会
　　　　　3 月　「遺跡の構造についての考察」*『砂川先土器時代遺跡—埼玉県所沢市砂川遺跡の第 2 次調査—』
　　　　　　　所沢市教育委員会
　　　　　4 月　「砂川遺跡についての一考察—個体別資料による石器群の検討—」『史館』2　史館同人会［市
　　　　　　　川ジャーナル社］
　　　　　8 月　「先土器時代の遺物」『諏訪原遺跡』松戸市文化財調査報告 5　松戸市教育委員会
　　　　　12 月　「旧石器時代」『日本史の基礎知識』有斐閣
　　　　　12 月　「中石器時代」『日本史の基礎知識』有斐閣
　　　　　12 月　「先土器時代」『日本史の基礎知識』有斐閣
　　　　　12 月　「新石器時代」『日本史の基礎知識』有斐閣
1975 年　3 月　「『岩宿報告』についての海外からの論評—ブリュイ氏とボルド氏の考え—」『駿台史学』36

安蒜政雄先生　年譜・業績・履歴

駿台史学会

1975年　5月　「砂川遺跡」*『日本の旧石器文化』2　雄山閣

1976年　12月　「後野遺跡の石器群について」*『後野遺跡—関東ローム層中における石器と土器の文化—』茨城県勝田市教育委員会・後野遺跡調査団

1977年　10月　「砂川遺跡についての一考察—個体別資料による石器群の検討（2）—」『史館』9　史館同人会［市川ジャーナル社］

　　　　11月　「遺跡の中の遺物」『季刊どるめん』15　JICC出版局

1978年　11月　「先土器時代の研究」『日本考古学を学ぶ』1　有斐閣

　　　　12月　「遺物からみた先土器時代の集団」『駿台史学会大会1978年度研究発表要旨』駿台史学会

1979年　3月　「最初の住民」『市川—市民読本—』市川市教育委員会［中央公論美術出版］

　　　　5月　「1978年の歴史学界—回顧と展望—」『史學雑誌』88-5　史學會

　　　　8月　「石器の形態と機能」『日本考古学を学ぶ』2　有斐閣

　　　　9月　「日本の細石核」『駿台史学』47　駿台史学会

1980年　4月　「先土器時代研究の動向」『日本考古学年報』31　日本考古学協会

　　　　7月　「野辺山シンポジウムの記録」『報告・野辺山シンポジウム1979』明治大学考古学研究室

1981年　4月　「上土棚遺跡」『日本考古学年報』21・22・23　日本考古学協会

　　　　4月　「月見野遺跡群」『日本考古学年報』21・22・23　日本考古学協会

　　　　7月　「矢出川遺跡群の成り立ち」『報告・野辺山シンポジウム1980』明治大学考古学研究室

1982年　3月　「中国の石器—中国科学院・中国社会科学院寄贈の複製標本について—」『駿台史学』55　駿台史学会

　　　　3月　「細石器文化における矢出川遺跡群の性格」『報告・野辺山シンポジウム1981』明治大学考古学研究室

1983年　3月　「西日本先土器時代における多久石器文化の位置」『佐賀県多久三年山における石器時代の遺跡』明治大学文学部研究報告 考古学9　明治大学

　　　　8月　「縦長ナイフ形石器の製作」『季刊考古学』4　雄山閣

　　　　10月　「先土器時代主要遺跡一覧」『日本史総覧』I　新人物往来社

　　　　10月　「先土器文化編年表」『日本史総覧』I　新人物往来社

　　　　12月　「解説・日本の先土器時代文化」*『探訪先土器の遺跡』有斐閣

　　　　12月　「群馬県武井遺跡—狩猟生活の変遷と槍—」『探訪先土器の遺跡』有斐閣

　　　　12月　「埼玉県砂川遺跡—遺跡の成り立ちとブロック—」『探訪先土器の遺跡』有斐閣

　　　　12月　「神奈川県月見野遺跡群—先土器時代のムラ—」*『探訪先土器の遺跡』有斐閣

1984年　2月　「日本の細石器文化」『駿台史学』60　駿台史学会

　　　　4月　「始源文化の追求」『高校通信東書日本史世界史』100　東京書籍

1985年　5月　「先土器時代における遺跡の群集的な成り立ちと遺跡群の構造」『論集日本原史』論集日本原史刊行会［吉川弘文館］

　　　　8月　「先土器時代の石器の原料と技術—南関東の石器群と石材構成—」『季刊考古学』12　雄山閣

1986年　2月　「論文展望：先土器時代における遺跡の群集的な成り立ちと遺跡群の構造」『季刊考古学』14　雄山閣

　　　　4月　「先土器時代の石器と地域」『岩波講座日本考古学』5　岩波書店

　　　　7月　「シャベルからのメッセージ」『明治大学学園だより』152　明治大学広報課

　　　　10月　「先土器時代と砂川遺跡—砂川遺跡における遺跡の構造的な研究—」『砂川遺跡発掘20周年のつどい講演要旨』砂川遺跡発掘20周年のつどい実行委員会

　　　　12月　「先土器時代の遺跡と集団」『駿台史学会大会1986年度研究発表要旨』駿台史学会

1987年　4月　「関東・中部地方の先土器時代遺跡」『毎日グラフ』別冊　古代史を歩くシリーズ5　毎日新聞社

　　　　9月　「場北遺跡」*『所沢市史：原始・古代史料』所沢市史編さん委員会

1987 年	9 月	「砂川遺跡」*『所沢市史：原始・古代史料』所沢市史編さん委員会
1988 年	2 月	「信濃・越の先土器時代遺跡」『毎日グラフ』別冊　古代史を歩くシリーズ 9　毎日新聞社
	3 月	「先土器時代の研究」『日本考古学を学ぶ』1［新版］有斐閣
	3 月	「和泉校地遺跡の性格」『明治大学和泉校地遺跡発掘調査報告書』明治大学和泉校地遺跡発掘調査団
	4 月	「「前期旧石器時代」はあったか」『赤旗』日刊学問文化欄　毎週土曜日 10 回連載　日本共産党中央委員会
	6 月	「文化の復原をめざして」『考古学ゼミナール　日本人類文化の起源』六興出版
	6 月	「解説　日本人類文化の起源」『考古学ゼミナール　日本人類文化の起源』六興出版
	7 月	「日本の旧石器時代」『日本人はどこから来たか』国立科学博物館・読売新聞社
1989 年	3 月	「調査の方法とその経過」『長野県小県郡長門町鷹山遺跡群Ⅰ』長門町教育委員会・鷹山遺跡群調査団
	3 月	「鷹山遺跡群のあり方と区分」『長野県小県郡長門町鷹山遺跡群Ⅰ』長門町教育委員会・鷹山遺跡群調査団
	3 月	「遺跡群としての鷹山」『長野県小県郡長門町鷹山遺跡群Ⅰ』長門町教育委員会・鷹山遺跡群調査団
	6 月	「岩宿発見と 40 年—先土器時代研究の原点と現在—」『歴史手帖』17-6　名著出版
	7 月	「岩宿遺跡の発掘とその意義」*『岩宿遺跡 40 年—赤土にひそむ文化—』群馬県立歴史博物館
	10 月	「石槍文化と地域の構造—西南日本における尖頭器文化の地域性—」『長野県考古学会誌』59・60　長野県考古学会
1990 年	3 月	「解説：日本先土器時代文化の構造—研究の定点を示す実践と理論—」『先土器時代文化の構造』同朋舎
	4 月	「回想　考古学との出会い」『明治大学考古学博物館友の会会報』5　明治大学考古学博物館友の会
	8 月	「先土器時代人の生活空間—先土器時代のムラ—」『日本村落史講座』2　景観Ⅰ　日本村落史講座編集委員会［雄山閣］
1991 年	3 月	「自由学園南遺跡と武蔵野台地の先土器時代」『自由学園南遺跡発掘調査報告書』東久留米市埋蔵文化財調査報告書 16　東久留米市教育委員会
	5 月	「黒耀石原産地遺跡と石器研究の視点—長野県小県郡長門町鷹山遺跡群を中心に—」『歴史手帖』19-5　名著出版
	7 月	「鷹山遺跡群と鷹山Ⅰ遺跡 S 地点の調査」『長野県小県郡長門町鷹山遺跡群Ⅱ』長門町教育委員会・鷹山遺跡群調査団
	7 月	「黒耀石原産地の遺跡群の性格」『長野県小県郡長門町鷹山遺跡群Ⅱ』長門町教育委員会・鷹山遺跡群調査団
	9 月	「砂川遺跡の発掘」『所沢市史』上　所沢市史編さん委員会
	9 月	「所沢の旧石器時代」『所沢市史』上　所沢市史編さん委員会
	11 月	「黒耀石原産地遺跡の調査と研究—長野県小県郡長門町鷹山遺跡群—」『駿台史学会大会 1991 年度研究発表要旨』駿台史学会
1992 年	3 月	「対談：史跡整備を考える」*『MUSEOLOGIST　1991 年度明治大学学芸員養成課程年報』7　明治大学学芸員養成課程
	6 月	「旧石器時代遺跡群研究の新たな展開」『歴史手帖』20-6　名著出版
	6 月	「房総のあけぼの—旧石器時代—」『房総の古代史をさぐる』築地書館
	10 月	「赤土のなかの人類文化」『新版古代の日本』8　角川書店
	10 月	「砂川遺跡における遺跡の形成過程と石器製作の作業体系」『駿台史学』86　駿台史学会
1993 年	4 月	「黒耀石原産地における原石の採掘と石器の製作—長野県小県郡長門町鷹山遺跡群—」*『日本考古学協会第 59 回総会研究発表要旨』日本考古学協会

安蒜政雄先生　年譜・業績・履歴

1993 年　7 月　「先土器時代の石器作りと原石・石器の搬入・搬出」『歴史手帖』21-7　名著出版

　　　　7 月　「石刃技法の発達」『考古学の世界』2　ぎょうせい

　　　　10 月　「岩宿時代の集落研究」第 1 回岩宿フォーラム／シンポジウム『環状ブロック群―岩宿時代の集落の実像にせまる―』資料集　笠懸野岩宿文化資料館・岩宿フォーラム

1994 年　1 月　「関東地方の地域性と石器の製作」『月刊考古学ジャーナル』370　ニュー・サイエンス社

　　　　7 月　「長野県鷹山遺跡群発見の縄文時代黒耀石採掘址群―石器時代人と黒耀石との係わり―」『歴史手帖』22-7　名著出版

　　　　10 月　「「前期旧石器時代」存否論争」『市民の考古学』1　論争と考古学　名著出版

　　　　11 月　「星糞峠・鷹山黒耀石原産地―長野県小県郡長門町鷹山遺跡群―」『日本考古学協会 1994 年度大会研究発表要旨』日本考古学協会

　　　　12 月　「書評：佐原真『斧の文化史』」『赤旗』日刊第 13580 号　日本共産党中央委員会

1995 年　3 月　「岩宿時代石器群の時代と地域―石器群の特徴・編年・地域性と文化の動態―」『岩宿時代を知る』1993 年度岩宿大学講義録集　笠懸野岩宿文化資料館［笠懸町教育委員会］

　　　　3 月　「岩宿遺跡 C 地点出土の土器と石器」*『明治大学考古学博物館館報』10　明治大学考古学博物館

　　　　12 月　「黒耀石と石器作り―黒耀石の石器作りからみた旧石器時代のヒトとモノの動き―」『千葉県立房総風土記の丘年報』18　千葉県立房総風土記の丘

1996 年　3 月　「砂川遺跡」『埼玉考古』31　埼玉考古学会

　　　　3 月　「旧石器時代の石器作り―旧石器時代人の生活と社会―」『考古学を学ぶ』1994 年度かながわ考古学同好会例会講演収録集　かながわ考古学同好会　100 講座達成記念刊行

　　　　8 月　「旧石器時代の狩猟」『考古学による日本歴史』2　産業 I　雄山閣

1997 年　2 月　「石器時代の物々交換とミチ―黒曜石の石器作りからみた交易と交通のはじまり―」『考古学による日本歴史』9　交易と交通　雄山閣

　　　　3 月　「旧石器時代の集団―南関東の移動生業集団と石器製作者集団―」『駿台史学』100　駿台史学会

　　　　3 月　「黒耀石と石器時代の社会」*『明治大学人文科学研究所紀要』41　明治大学人文科学研究所

　　　　3 月　「調査と研究のまとめ」『埼玉県所沢市砂川旧石器時代遺跡―範囲確認調査および砂川流域旧石器時代遺跡群分布調査報告書』砂川遺跡調査団・所沢市教育委員会

　　　　6 月　「石器作り集団の登場を示す相模原の田名塩田遺跡群」『神奈川新聞』文化欄　神奈川新聞社

　　　　11 月　「考古学の定義」『考古学キーワード』有斐閣

　　　　11 月　「旧石器時代の古さと呼称法」『考古学キーワード』有斐閣

　　　　11 月　「日本旧石器時代の年代と時期区分」『考古学キーワード』有斐閣

　　　　11 月　「旧石器時代のイエとムラ」『考古学キーワード』有斐閣

　　　　11 月　「日本旧石器時代の物流」『考古学キーワード』有斐閣

　　　　11 月　「日本旧石器時代の地域性」『考古学キーワード』有斐閣

　　　　11 月　「旧石器時代から縄文時代へ」『考古学キーワード』有斐閣

　　　　11 月　「『九州尖頭器石器群』小考」『九州旧石器』3　九州旧石器文化研究会

　　　　12 月　「日本・東南アジアの後期旧石器時代文化」『第四紀研究』36-5　日本第四紀学会

1998 年　9 月　「神奈川県田名向原遺跡発見の旧石器時代「住居跡」をめぐって」『日本考古学 1997（創立 10 周年記念講演録）』明治大学考古学博物館友の会

　　　　11 月　「旧石器時代 2 遺跡の「事実」」『読売新聞』文化欄　読売新聞社

1999 年　3 月　「鷹山遺跡群の性格と意義」『長野県小県郡長門町　鷹山遺跡群 III』長門町教育委員会・鷹山遺跡群調査団

　　　　3 月　「黒耀石採掘址群の測量調査と意義」『概報・鷹山遺跡群 1―長野県小県郡長門町鷹山遺跡群 1998 年度調査概報―』長門町教育委員会・鷹山遺跡群調査団

　　　　3 月　「一方平 I 遺跡の性格」『スポーツ公園内遺跡群発掘調査報告書（第 2 分冊）』大分県文化財調査報告書 103　大分県教育委員会

　　　　3 月　「月見野遺跡群と槍先形尖頭器」*『大和市史研究』25　大和市役所総務部情報資料室

論文など

1999年　4月　「「縄文鉱山」鷹山黒耀石採掘址群の性格」*『長野県鷹山黒耀石原産地遺跡群の研究―1995・96・97・98年度にわたる鷹山黒耀石採掘址群調査の記録―』明治大学鷹山遺跡群調査団

　　　　5月　「星糞峠黒耀石採掘址群の広がりとその構成―長野県小県郡長門町鷹山遺跡群―」*『日本考古学協会第65回総会研究発表要旨』日本考古学協会

　　　　5月　「岩宿に学ぶ」『石器に学ぶ』2　石器に学ぶ会

　　　　7月　「上部旧石器時代のはじまりと竪穴式住居の出現」『日本考古学1998』明治大学考古学博物館友の会

　　　　10月　「日本旧石器時代研究50年の歩み」岩宿遺跡発掘50周年記念特別企画展③／第28回企画展『岩宿遺跡発掘50年の足跡』笠懸野岩宿文化資料館

　　　　10月　「岩宿遺跡と日本旧石器時代研究―岩宿からの問いかけ―」第7回岩宿フォーラム／シンポジウム『岩宿発掘50年の成果と今後の展望』予稿集　笠懸町教育委員会・岩宿フォーラム実行委員会

　　　　11月　「50 Years of Paleolithic Research in Japan」（The 4th International Symposium：SUYANGGAE and Her Neighbours）韓國古代學會・丹陽郷土文化研究會

2000年　2月　「全体動向・旧石器時代　編年と構造の分野で大きな前進」『考古学クロニクル2000』朝日新聞社

　　　　2月　「水迫遺跡からの報告第2部：座談会〈上〉」*（さかのぼる住文化）『南日本新聞』日刊10面文化　南日本新聞社

　　　　2月　「水迫遺跡からの報告第2部：座談会〈中〉」*（さかのぼる住文化）『南日本新聞』日刊I0面文化　南日本新聞社

　　　　2月　「水迫遺跡からの報告第2部：座談会〈下〉」*（さかのぼる住文化）『南日本新聞』日刊14面文化　南日本新聞社

　　　　3月　「旧石器時代のイエ―関東・中部地方における上部旧石器時代のイエと石器製作者集団―」『大塚初重先生頒寿記念考古学論集』東京堂出版

　　　　3月　「縄文時代草創期黒耀石採掘鉱山の成り立ち」『長野県小県郡長門町鷹山遺跡群Ⅳ』長門町教育委員会・鷹山遺跡群調査団

　　　　3月　「岩宿遺跡の発掘と旧石器時代研究の原点」『群馬県岩宿遺跡発掘50周年記念岩宿発掘五十年―旧石器時代研究の原点と足跡―』明治大学考古学博物館

　　　　8月　「「黒耀石研究センター」―文部省学術フロンティア推進事業―」『シンポジオン』23　明治大学大学院

　　　　12月　「「石器」研究の不在を自戒」†『毎日新聞』〈21世紀〉の視点　毎日新聞社　朝刊

2001年　3月　「星糞峠黒耀石採掘鉱山の研究と課題」*『長野県小県郡長門町鷹山遺跡群Ⅴ　星糞峠縄文時代黒耀石採掘鉱山の測量調査―1998～1999年度調査報告書―』長門町教育委員会・鷹山遺跡群調査団

　　　　5月　「星糞峠縄文時代黒耀石採掘鉱山の研究―長野県鷹山遺跡群―」*『日本考古学』11　日本考古学協会

　　　　11月　「黒耀石の産地―長野県鷹山黒耀石原産地遺跡群と日本の石器時代―」『季刊考古学』77　雄山閣

　　　　11月　「黒耀石と考古学―明大考古学と黒耀石研究―」『駿台史学会50周年記念大会研究発表・シンポジウム要旨』駿台史学会

　　　　12月　「Points Fabricated from Flakes in Japan and their Context 発表要旨」（The 5th Intenational Symposium：SUYANGGAE and Her Neighbours）丹陽郡・忠北大學校博物館・㈳丹陽郷土文化研究會

2002年　1月　「星糞峠石器時代黒耀石採掘址群における旧石器時代遺跡の調査」*『第14回長野県旧石器文化研究交流会―発表要旨―』長野県旧石器文化研究交流会

　　　　2月　「Points Fabricated from Flakes in Japan and their Context 論文」（The 6th International Symposium：SUYANGGAE and Her Neighbours）丹陽郡・忠北大學校博物館・㈳丹陽郷土文化研究會

安蒜政雄先生　年譜・業績・履歴

2002 年　3 月　「黒耀石と石器時代―鷹山遺跡群が映し出す石器時代史―」『黒耀石文化研究』1　明治大学人文科学研究所

　　　　5 月　「第 5（研究史・方法論）作業部会報告―捏造事件史と社会的影響の予備的考察―」『日本考古学協会前・中期旧石器問題調査研究特別委員会報告（II）2001 年度前・中期旧石器問題調査研究特別委員会活動報告（予稿集）』日本考古学協会前・中期旧石器問題調査研究特別委員会

　　　　7 月　「Approach to the Stone Age in the Japanese Archipelago from the Standpoint of Obsidian Archaeology 発表要旨」(The 7th International Symposium：SUYANGGAE and Her Neighbours)丹陽郡・忠北大學校博物館・㈳丹陽郷土文化研究會

　　　　8 月　「スヤンゲ国際学術会議参観記（ハングル）」『中部毎日』日刊　社説・動向欄　特別寄稿　韓国中部毎日新聞社

　　　10 月　「Approach to the Stone Age in the Japanese Archipelago from the Standpoint of Obsidian Archaeology 論文」(The 7th International Symposium：SUYANGGAE and Her Neighbours)丹陽郡・忠北大學校博物館・㈳丹陽郷土文化研究會

2003 年　1 月　「黒耀石研究センターと石器時代史の再構成」『明治』17　明治大学広報部

　　　　2 月　「黒耀石と考古学―黒耀石考古学の成り立ち―」『駿台史学』117　駿台史学会

　　　　3 月　「鷹山第 XII 遺跡黒耀石研究センター地点出土考古学的被熱黒曜石試料のフィッショントラック年代（NA-LEVEL Ns ＝ 100）」*『黒耀石原産地遺跡群　長野県小県郡長門町鷹山遺跡群 VI ―鷹山第 XII 遺跡黒耀石研究センター地点の発掘調査―』明治大学黒耀石研究センター用地内遺跡発掘調査団

　　　3 月*　「鷹山遺跡群星糞峠における旧石器時代遺跡の発掘調査（予報）」*『黒耀石文化研究』2

　　　　5 月　「論文展望：黒耀石と石器時代―鷹山遺跡群が映し出す石器時代史―」『季刊考古学』83　雄山閣

　　　　5 月　「旧石器時代人の生活と社会」『考古学の最前線』学生社

　　　　5 月　「第 5 作業部会」*『前・中期旧石器問題の検証』†日本考古学協会前・中期旧石器問題調査研究特別委員会

　　　　5 月　「砂川遺跡―研究史の画期と遺跡の構造研究―」『市民と学ぶ考古学』明治大学考古学研究室［白鳥舎］

　　　　5 月　「旧石器時代研究の歩みと展望」『茨城県考古学協会誌』15　茨城県考古学協会

　　　　6 月　「Late Paleolithic History in the Japanese Archipelago from the Standpoint of Obsidian Archaeology 発表要旨」(The 8th International Syposium for 20th Anniversary of Suyanggae First Excavation：SUYANGGAE and Her Neighbours) The 5th World Archaeoiogical Congress

　　　　6 月　「Approach to the Stone Age in the Japanese Archipelago from the Standpoint of Obsidian Archaeology 発表要旨」(Fifth World Archaeological Congress Washington, DC June 2003)

　　　　8 月　「Late Palaeolithic History in the Japanese Archipelago from the Standpoint of Obsidian Archaeology 論文」(The 8th International Symposium for 20th Anniversary of Suyanggae First Excavation：SUYANGGAE and Her Neighbours) The 5th World Archaeological Congress, Washington D.C June 2003

　　　　8 月　「Approach to the Stone Age in the Japanese Archipelago from the Standpoint of Obsidian Archaeology 論文」『舊石器人の生活と遺蹟』平仮名はハングル表記　學研文化社（韓国）

2004 年　1 月　「月坪遺跡の調査と研究の意義」『Suncheon Wolpyeong Site』Volume2：Excavation in 2001 Chosun University Museum（韓国）

　　　　3 月　「遺跡の形成過程―遺跡間のモノとヒトの動き―」『千葉県の歴史』資料編　考古 4　千葉県史料研究財団

　　　　4 月　「旧石器文化研究は今」『歴史地理教育』668　歴史教育者協議会

　　　　5 月　「日本列島の後期旧石器時代と地域性―関東平野の東と西―発表要旨」The 9th International Symposium：SUYANGGAE and Her Neighbours　明治大学博物館・明治大学考古学研究室・

14

論文など

　　　　　　笠懸町教育委員会・忠北大學校博物館

2004 年　6 月　「新北遺跡と旧石器時代研究の意義」(「Evaluaping the Cultural Featules of the Sinbuk Upper Palaeolithic Site in the Northeastern Asia」) International Symposium for Commemorating the Sinbuk Upper Palaeolithic Site in Janghung County of Korea

　　　　　8 月　「黒耀石サミット　流通ルートから見た石器時代人類史」『東京新聞』文化欄　中日新聞東京本社　夕刊

　　　　　9 月　「Late Paleolithic History in the Japanese Archipelago from the Standpoint of Obsidian Archaeology」(Obsidian and Its Use in Stone Age of East Asia : Proceedings) Obsidian Summit International Workshop Meiji University Session

　　　　　11 月　「黒耀石サミット国際研究集会を開催」『明治大学広報』547　明治大学広報部

2005 年　3 月　「剝片尖頭器、湧別技法、黒耀石―日本海を巡る旧石器時代の回廊―」『月刊考古学ジャーナル』527　ニューサイエンス社

　　　　　3 月　「環日本海の旧石器時代と石器作りの広がり」『日本海学の新世紀』5　交流の海　角川学芸出版

　　　　　3 月　「「前期旧石器」論争」『地域と文化の考古学』1　明治大学文学部考古学研究室

　　　　　4 月　「黒耀石による人類史の構成」『しんぶん赤旗』文化欄　研究ノート第 19559 号　日本共産党中央委員会

　　　　　5 月　「長野県・鷹山遺跡群の調査研究と黒耀石考古学」*『石器時代における黒耀石採掘鉱山の研究―平成 12 年度～平成 16 年度私立大学学術研究高度化推進事業　学術フロンティア推進事業　研究成果報告書』明治大学

　　　　　7 月　「杉原荘介」『明治』2　明治大学広報部

　　　　　8 月　「田名向原遺跡がわたしたちに語りかけるもの」*市政 50 周年記念　田名向原遺跡シンポジウム『田名向原遺跡が残してくれたもの』記録集　相模原市教育委員会

　　　　　10 月　「新しい石器時代研究の方向―鷹山遺跡群発掘二〇年―」『日本考古学 2005（第 17 回友の会主催講演会講演記録）』明治大学博物館友の会

　　　　　11 月　「Paleolithic Studies in the Japanese Archipelago and Obsidian Archaeology 発表要旨」(The 10th International Symposium : SUYANGGAE and Her Neighbours) 丹陽郡・㈳丹陽郷土文化研究會・忠北大學校博物館・㈶韓國先史文化研究院

　　　　　12 月　「Paleolithic Studies in the Japanese Archipelago and Obsidian Archaeology 論文」(The 10th International Symposium : SUYANGGAE and Her Neighbours) 丹陽郡・㈳丹陽郷土文化研究會・忠北大學校博物館・㈶韓國先史文化研究院

2006 年　1 月　「Session 3 Prehistoric humnan behavior patterns as evidenced by obsidian and the sources : perspectives for"co-presence"from the standpoint of obsidian archaeology」(World Archaeological Congress Inter-Congress : Osaka, 2006 Kyosei-no-Koukogaku : Coexistence in the Past-Dialogues in the Present Program & Abstracts) WAC Osaka Executive Committee

　　　　　3 月　「「前期旧石器時代存否論争」に真の終止符を―芹沢長介氏を悼んで」『毎日新聞』夕刊 8 面：文化欄　毎日新聞社

　　　　　3 月　「日本列島の旧石器時代研究と黒耀石考古学―OSIW, Meiji University Session 総括として―」『黒耀石文化』4　明治大学博物館

　　　　　5 月　「旧石器時代の集落構成と遺跡の連鎖―環状ブロック群研究の一視点―」『旧石器研究』2　日本旧石器学会

　　　　　5 月　「鷹山黒耀石原産地遺跡群における鉱山の起源に関する研究」*『日本考古学協会第 72 回総会研究発表要旨』日本考古学協会

2007 年　5 月　「日本旧石器時代研究の現状と課題」『日本考古学協会第 73 回総会研究発表要旨』日本考古学協会

　　　　　5 月　「旧石器時代の黒耀石原産地遺跡群の研究―長野県小県郡長和町鷹山遺跡群を例として―」*『日

15

本考古学協会第 73 回総会研究発表要旨』日本考古学協会

2007 年　5 月　「中部高地における黒耀石原産地の開発と移動・居住行動の復原に関する研究―更新世～完新世移行期における事例の分析―」*『日本考古学協会第 73 回総会研究発表要旨』日本考古学協会

　　　　　8 月　「日本旧石器文化と朝鮮半島」『季刊考古学』100　雄山閣

　　　　　9 月　「黒耀石と考古学（1）」『MUSEUM EYES』49　明治大学博物館

　　　　10 月　「明治大学調布付属校用地の調査と旧石器時代研究の課題」『日本考古学 2007（第 19 回友の会主催講演会記録）』明治大学博物館友の会

　　　　10 月　「旧石器時代の日本列島と東アジア」『野川流域の旧石器時代』考古学リーダー 11　六一書房

　　　　11 月　「旧石器時代の住まい」『住まいの考古学』暮らしの考古学シリーズ③　学生社

　　　　12 月　「Japanese Paleohthic Culture and the Korean Peninsula」*（Commemorating Papers for Mr.Chairman KIM Jae-ho's 70th Anniversary「PREHISTORY-Danyang and Her Neighbours」）Institute of Korean Prehistory

2008 年　3 月　「日本旧石器時代の系譜」『芹沢長介先生追悼　考古・民族・歴史学論叢』芹沢長介先生追悼論文集刊行会［六一書房］

　　　　　3 月　「黒耀石と考古学（2）―鷹山遺跡群に集った旧石器時代人たち―」『MUSEUM EYES』50　明治大学博物館

　　　　　3 月　「旧石器時代人と無文字の世界」『声なきことば・文字なきことば』明治大学公開文化講座 XXVII　明治大学人文科学研究所

　　　　　4 月　「総評―旧石器時代研究の指標―」『後期旧石器時代の成立と古環境復元』考古学リーダー 14　六一書房

　　　　　5 月　「本州の細石器文化と大規模な石器の製作―矢出川系細石器石器群と湧別系細石器石器群―」『石器に学ぶ』10　石器に学ぶ会

　　　　12 月　「Obsidian Culture and Obsidian Road」（The 13th International Symposium for the Commemoration of the 25th Anniversary of Suyanggae Excavation：SUYANGGAE and Her Neighbours in Kyusyu）The Ad Hoc Committee for the 13th Suyanggae International Symposium in Kyusyu, The Executive Committee for the Suyanggae International Symposium, Saitobaru Archaeological Museum of Miyazaki Prefecture

　　　　12 月　「Japanese Paleolithic Culture and the Korean Peninsula 論文」（The 13th International Symposium for the Commemoration of the 25th Anniversary of Suyanggae Excavation：SUYANGGAE and Her Neighbours in Kyusyu）The Ad Hoc Committee for the 13th Suyanggae International Symposium in Kyusyu, The Executive Committee for the Suyanggae International Symposium, Saitobaru Archaeological Museum of Miyazaki Prefecture

　　　　12 月　「From Danyang to Miyazaki-Tanged Point in the Twenty First Century-（和文）論文」（The 13th International Symposium for the Commemoration of the 25th Anniversary of Suyanggae Excavation：SUYANGGAE and Her Neighbours in Kyusyu）The Ad Hoc Committee for the 13th Suyanggae International Symposium in Kyusyu, The Executive Committee for the Suyanggae International Symposium, Saitobaru Archaeological Museum of Miyazaki Prefecture

2009 年　2 月　「環日本海旧石器文化回廊とオブシディアン・ロード」『駿台史学』135　駿台史学会

　　　　　3 月　「野川流域遺跡群の意義」『明治大学校地内遺跡調査団年報』5　明治大学校地内遺跡調査団

　　　　　5 月　「日本列島の旧石器時代とオブシディアン・ロード（和文・ハングル）」『第 17 回　湖南考古学会　学術大会発表要旨』湖南考古学会

　　　　10 月　「The Paleolithic Culture Corridor around the Sea of Japan and Obsidian Road 発表要旨」（The 14th International Symposium for the Commemoration of the 80th Anniversary of the Discovery of the First Skull of Peking Man：SUYANGGAE and Her Neighbours）Suyanggae International Symposium Executive Committee

論文など

2009 年 12 月　「黒耀石の流通センター」『縄文　謎の扉を開く』冨山房インターナショナル

2010 年　2 月　「日本列島からみた湖南地域の旧石器時代と文化」（「Splendid Relics of Hunam Region from 100,000 Years Ago」）Chosun University Museum

　　　　3 月　「旧石器時代のムラと住まい」『平成 21 年度考古学講座　かながわの旧石器時代のムラと住まいを探る』神奈川県考古学会

　　　　5 月　「岩宿発掘 60 年の研究と今後の課題」『考古学集刊』6　明治大学文学部考古学研究室

　　　　5 月　「HISTORY OF THE JAPANESE ARCHIPELAGO IN THE PALEOLITHIC PERIOD」『旧石器時代の日本列島史』学生社

　　　　6 月　「2010 年節目の年」『旧石器研究』6　日本旧石器学会

　　　　6 月　「石器石材原産地の遺跡」『講座日本の考古学』2　旧石器時代（下）　青木書店

　　　　6 月　「「前期旧石器時代」の存否と日本列島最古の石器群」『旧石器時代研究の諸問題—列島最古の旧石器を探る—』日本旧石器学会第 8 回講演・研究発表・シンポジウム予稿集　日本旧石器学会

　　　　8 月　「調査と研究の目的」『概報武井遺跡群Ⅰ　群馬県桐生市武井遺跡群第 1 次調査概要報告書』武井遺跡群調査団

　　　　9 月　「岩宿遺跡の今昔」『歴史書通信』191　⑨2010　歴史書懇話会

　　　　12 月　「The Beginning of the Upper Paleolithic in the Japanese Archipelago 論文」*(The 15th International Symposium：SUYANGGAE and Her Neighbours, Institute of Korean Prehistory

　　　　12 月　「A Study on Stone Quarry Sites in Japan, with Special Refrence to the Procurement Methods 論文」*(The 15th International Sylnposium：SUYANGGAE and Her Neighbours) Institute of Korean Prehistory

2011 年　1 月　「日本列島の旧石器時代研究における石器と文化の区分」『石器文化研究』16　第 2 部シンポジウム予稿集　石器文化研究会

　　　　7 月　「調査と研究の目的　課題 A. 石器群の分布とその構造性」『概報武井遺跡群Ⅱ　群馬県桐生市武井遺跡群第 2 次調査概要報告書』武井遺跡群調査団

　　　　9 月　「日本列島最古の石器とその時代」『月刊考古学ジャーナル』618　ニューサイエンス社

　　　　10 月　「荒屋型彫器における彫刀面再生過程の検討—彫器削片の分析を中心に—」*『考古学集刊』7　明治大学文学部考古学研究室

2012 年　3 月　「調査と研究の目的　課題 B. 武井遺跡群の立地と景観」『概報武井遺跡群Ⅲ　群馬県桐生市武井遺跡群第 3 次調査概要報告書』武井遺跡群調査団

　　　　5 月　「躍進する朝鮮大学校博物館」「The 20th Anniversary of Chosun University Museum」Chosun University Museum

　　　　5 月　「赤城山南麓における遺跡群、遺跡群集合の構造的研究—群馬県武井遺跡群における調査と研究—」*『日本考古学協会第 78 回総会研究発表要旨』日本考古学協会

2013 年　3 月　「The Wisdom of Paleolithic People」『旧石器時代人の知恵』新日本出版社

　　　　9 月　「岩宿遺跡・初の海外展　日韓の旧石器研究結ぶ」（読売新聞社 9 月 4 日刊）

　　　　9 月　「旧石器時代の日本列島」（本文ハングル・和文併記）石壮里博物館 2013 年特別企画展　韓・日旧石器文化交流　展示『日本旧石器の始まり"岩宿"』石壮里博物館

　　　　11 月　「槍先形尖頭器文化と武井遺跡群」岩宿フォーラム 2013／シンポジウム『槍先形尖頭器文化の大規模遺跡と遺跡の広がり—武井遺跡発掘 60 周年—』予稿集　岩宿博物館・岩宿フォーラム実行委員会

2014 年　2 月　「日本列島の旧石器時代史」『季刊考古学』126　雄山閣

　　　　2 月　「石器石材原産地の開発」*『季刊考古学』126　雄山閣

　　　　3 月　「調査と研究の目的　課題 C. 武井遺跡群の性格と槍先形尖頭器文化の成り立ち」『概報武井遺跡群Ⅳ　群馬県桐生市武井遺跡群第 4 次調査概要報告書』武井遺跡群調査団

　　　　5 月　「荒屋遺跡の細石器製作技術」*『考古学集刊』10　明治大学文学部考古学研究室

　　　　9 月　「旧石器時代の朝鮮半島と日本列島」『旧石器世界碩学講座』石壮里世界旧石器祝祭

安蒜政雄先生　年譜・業績・履歴

2014年 11月 「東アジア旧石器研究からみた月坪遺跡の位相」『月坪―順天月坪遺跡　国史跡指定10周年記念　韓日国際学術大会　国史跡月坪遺跡の学術価値と創造的活用―』朝鮮大学校博物館・月坪旧石器遺跡保存会

2015年 3月 「調査と研究の目的　課題D. 武井遺跡と武井遺跡群」『概報武井遺跡群Ⅴ　群馬県桐生市武井遺跡群第5次調査概要報告書』武井遺跡群調査

　　　　 5月 「日本列島の細石器文化と朝鮮半島」『高野晋司氏追悼論文集』高野晋司氏追悼論文集刊行会

　　　 10月 「流域と旧石器時代遺跡群の成り立ち―「房」構造と筑後川モデル―」『九州旧石器』19　九州旧石器文化研究会

2016年 1月 「丹陽垂楊介遺跡を育もう（ハングル）」『中部毎日』日刊　寄稿　韓国中部毎日新聞社

〜〜〜〜　講演・講座・研究発表　〜〜〜〜　＊共同発表・共同講演

1978年　4月11日　「先土器時代のあゆみといまの課題」（朝日カルチャーセンター）

　　　　5月 9日　「石器群とその変遷」（朝日カルチャーセンター）

　　　　5月16日　「石器の製作と石器の用途」（朝日カルチャーセンター）

　　　　6月 6日　「遺跡の構造と社会・生活」（朝日カルチャーセンター）

　　　　6月20日　「先土器時代とはどんな時代か」朝日カルチャーセンター）

　　　　7月 4日　「石器をみる」（朝日カルチャーセンター）

　　　12月 9日　「遺物からみた先土器時代の集団」（駿台史学会）

1979年 12月25日　「石器にはどんな種類があるか」（朝日カルチャーセンター）

1980年　1月22日　「石器の観察法と実測」（朝日カルチャーセンター）

　　　　2月26日　「遺跡の中の石器のあり方が語るもの」（朝日カルチャーセンター）

　　　　3月11日　「先土器時代についての2、3の課題」（朝日カルチャーセンター）

　　　　3月25日　「これからの先土器時代研究のために」（朝日カルチャーセンター）

　　　　4月20日　「旧石器時代の芸術」（市立市川博物館考古学講座）

　　　12月20日　「周口店と中国科学院を訪ねて」（若潮会）

1981年　8月29日　「先土器時代概論」（世田谷区歴史講座）

　　　　8月30日　「先土器時代概論」（世田谷区歴史講座）

1984年　2月28日　「日本の先土器時代とその年代」（北区区民大学）

　　　　8月22日　「先土器時代の生活」（江戸川区成人学校）

　　　　9月 1日　「先土器時代の研究と月見野遺跡群」（大和市歴史講座）

　　　10月27日　「矢出川遺跡群について」（野辺山高原の自然と遺跡を考える学習会）

　　　11月30日　「先土器時代」（かながわ県民アカデミー）

　　　12月15日　「先土器時代研究と矢出川遺跡群」（文化財保存全国協議会・矢出川遺跡の保存を考える学習会）

1985年　6月29日　「石器の型式について」（筑波大学寄り合い）

　　　　8月25日　「先土器時代の研究と月見野遺跡群―その2―」（大和市歴史講座）

　　　10月13日　「先土器時代と石」（市立市川考古博物館考古学講座）

　　　11月 7日　「旧石器時代と先土器時代」（群馬県埋蔵文化財調査事業団）

　　　11月12日　「最初の住民」（千代田区・明治大学成人大学公開講座）

1986年　4月14日　「岩宿の発見と先土器時代研究の歩み」（朝日カルチャーセンター）

　　　　4月21日　「先土器時代の遺跡を掘る」（朝日カルチャーセンター）

　　　　4月28日　「先土器時代人の生活」（朝日カルチャーセンター）

　　　　9月20日　「先土器時代の狩人」（杉並区内大学公開講座・明治大学公開講座）

　　　10月26日　「先土器時代と砂川遺跡」（砂川遺跡発掘20周年のつどい）

講演・講座・研究発表

1986 年 11 月 16 日 「旧石器時代・先土器時代人の暮し―一万年以前のつきみ野―」（神奈川県大和市つきみ野自治会）

12 月 6 日 「先土器時代の遺跡と集団」（駿台史学会）

1987 年 3 月 17 日 「遺跡調査の問題点―遺跡構造論―」（奈良国立文化財研究所埋蔵文化財センター　埋蔵文化財発掘技術者専門研修）

4 月 4 日 「AT 降灰以前の石器群」（石器文化研究会）

4 月 13 日 「日本人の起源を探る」（朝日カルチャーセンター）

6 月 6 日 「先土器時代文化の復原をめざして」（明治大学考古学ゼミナール）

7 月 18 日 「いわゆる前期旧石器の研究をめぐる今日の状況」（どんぐり会：明治大学大学院合同演習）

1988 年 3 月 19 日 「先土器時代の道具と生活」（板橋区立郷土資料館）

6 月 17 日 「先土器時代研究の現状と課題」（千葉県文化財センター）

1989 年 4 月 10 日 「原始社会と文化」（ＮＨＫ高等学校講座：日本の歴史）

4 月 15 日 「岩宿発見と 40 年」（明治大学考古学博物館友の会）

4 月 17 日 「弥生文化と邪馬台国」（ＮＨＫ高等学校講座：日本の歴史）

4 月 24 日 「古墳文化と大和政権」（ＮＨＫ高等学校講座：日本の歴史）

4 月 28 日 「先土器時代を学ぶ」（東急クリエイティブライフセミナー）

5 月 12 日 「日本列島最古の人類文化」（東急クリエイティブライフセミナー）

5 月 19 日 「日本の先土器時代研究の現状」（埼玉県埋蔵文化財調査事業団）

6 月 30 日 「考古学に学ぶ」（東急クリエイティブライフセミナー）

10 月 17 日 「房総の旧石器時代」（朝日カルチャーセンター千葉）

11 月 3 日 「日本列島最古の住民」（杉並区立郷土博物館）

11 月 24 日 「先土器時代石器群の変遷と地域性」（かながわ県民アカデミー）

1990 年 12 月 11 日 "One method for analysing settlement in the Japanese palaeolithic‐the structural study of an upper palaeolithic site at Sunagawa, Tokorozawa City, near Tokyo‐"（East Asian Archaeology, Cambridge University）

1991 年 3 月 30 日 「黒曜石原産地遺跡と石器研究の視点―長野県小県郡長門町鷹山遺跡群を中心として―」（明治大学考古学博物館友の会）

5 月 9 日 「前期旧石器文化存否論」（明治大学考古学ゼミナール）

7 月 20 日 「イギリスの考古学にふれて」（どんぐり会：明治大学大学院合同演習）

11 月 30 日 「黒曜石原産地遺跡の調査と研究―長野県小県郡長門町鷹山遺跡群―」（駿台史学会）

12 月 11 日 「旧石器時代人の生活」（明治大学付属明治高等学校特別課外講座）

1992 年 4 月 5 日 「遺跡群研究の新たな展開」（明治大学考古学博物館友の会）

11 月 4 日 「鷹山遺跡群の性格とその意義」（鷹山遺跡保存活用協議会）

1993 年 4 月 3 日 「先土器時代における石器の大量生産と集団」（明治大学考古学博物館友の会）

4 月 17 日 「先土器時代の時期区分について」（石器文化研究会）

5 月 3 日 「黒曜石原産地における原石の採掘と石器の製作―長野県小県郡長門町鷹山遺跡群―」（日本考古学協会第 59 回総会研究発表）*

7 月 4 日 「岩宿時代石器群の時代と地域―石器群の特徴・編年・地域性と文化の動態―」（岩宿大学）

8 月 19 日 「旧石器時代の北海道と東北」（朝日カルチャーセンター）

10 月 10 日 「私と考古学との出会いそして感動した発掘」（岩宿文化賞受賞記念講演）

10 月 10 日 「岩宿時代の集落研究」（第 1 回岩宿フォーラム／シンポジウム）

12 月 11 日 「所沢の生活史（1）―埋蔵文化財は語る／砂川遺跡―」（所沢市民大学）

12 月 12 日 「旧石器時代」（長野県中野市地域学習セミナー）

1994 年 4 月 16 日 「長野県鷹山遺跡群発見の縄文時代黒曜石採掘址群―黒曜石と石器時代の社会」（明治大学考古学博物館友の会）

5 月 20 日 「旧石器時代の生活と社会」（かながわ考古学同好会）

19

安蒜政雄先生　年譜・業績・履歴

1994年 10月23日 「黒耀石と石器製作」（房総風土記の丘）

　　　　11月 6日 「星糞峠・鷹山黒耀石原産地―長野県小県郡長門町鷹山遺跡群―」（日本考古学協会1994年度大会研究発表「シンポジウム：石器石材原産地遺跡」）

　　　　11月18日 「黒耀石が語る岩宿時代の社会―黒耀石流通のセンターとネットワーク―」（明治大学考古学ゼミナール）

1995年 4月15日 「日本旧石器時代の古さ」（明治大学考古学博物館友の会）

　　　　6月 3日 「旧石器時代とその社会」（所沢市民考古学講座）

1996年 4月25日 「日本旧石器時代の起源と性格」（朝日カルチャーセンター千葉）

　　　　7月12日 「近畿地方の旧石器時代と翠鳥園遺跡」（朝日カルチャーセンター）

　　　　8月24日 「日本・東アジアの後期旧石器時代文化」（日本第四紀学会創立40周年記念公開シンポジウム「最終氷期の終焉と縄文文化の成立・展開」）

　　　　10月 4日 「旧石器時代の集落―日本上部旧石器時代のムラ―」（かながわ県民アカデミー）

　　　　10月 9日 「旧石器時代概論」（千葉県文化財センター埋蔵文化財専門技術講習会）

　　　　10月10日 「旧石器時代の遺跡と遺物」（千葉県文化財センター埋蔵文化財専門技術講習会）

　　　　11月 5日 「東京の3万年―日本の旧石器時代文化―」（千代田区民大学秋季講座）

1997年 1月17日 「九州地方の旧石器時代」（朝日カルチャーセンター）

　　　　5月 9日 「黒耀石と旧石器時代人の社会」（古代を学ぶ会）

　　　　6月 6日 「黒耀石は歴史のなかで生きている―黒耀石研究からみた石器時代の変化と画期―」（明治大学考古学ゼミナール）

　　　　9月28日 「旧石器時代の狩人」（千葉県文化財センター）

　　　　10月 6日 「日本旧石器文化の確認に至るまで」（朝日カルチャーセンター千葉）

　　　　10月13日 「日本における「前期旧石器」文化の存否論争」（朝日カルチャーセンター千葉）

　　　　12月14日 「砂川遺跡と埼玉の旧石器文化」（埼玉考古学会記念講演）

1998年 2月15日 「旧石器時代と我孫子」（我孫子市史講演会）

　　　　4月11日 「田名向原遺跡発見の住居跡をめぐって」（明治大学考古学博物館友の会）

　　　　11月25日 「旧石器時代の日本と日本人の起源」（NHK文化センター教養講座）

1999年 4月10日 「旧石器時代の竪穴式住居について」（明治大学考古学博物館友の会）

　　　　5月23日 「星糞峠黒耀石採掘址群の広がりとその構成―長野県小県郡長門町鷹山遺跡群―」日本考古学協会第65回総会研究発表）*

　　　　7月31日 「旧石器時代社会の研究と石器石材研究」（九州旧石器文化研究会）

　　　　8月10日 「鷹山遺跡群の性格と研究の意義」（鷹山遺跡群保存・活用プロジェクト会議学習会）

　　　　9月 4日 「岩宿遺跡の発掘と研究の原点」（明治大学考古学博物館岩宿遺跡発掘50周年記念シンポジウム）

　　　　10月 7日 「旧石器時代の住まい―上部旧石器時代のイエ―」（かながわ考古学財団考古学ゼミナール）

　　　　10月17日 「赤土の中の文化―旧石器時代の世界―」（八千代市歴史民俗資料館）

　　　　10月23日 「岩宿遺跡と日本旧石器時代研究―岩宿からの問いかけ―」（第7回岩宿フォーラム／シンポジウム）

　　　　11月 8日 「日本旧石器時代研究50年の歩み」（The 4th International Symposium：SUYANGGAE and Her Neighbours）韓国

　　　　11月21日 「岩宿遺跡発掘50年の足跡」（岩宿大学）

　　　　11月23日 「旧石器時代の松戸」（松戸市立博物館）

2000年 3月11日 「後牟田遺跡と九州の後期旧石器時代」（宮崎県児湯郡川南町）

　　　　9月29日 「復原された旧石器時代人の生活と社会」（朝日カルチャーセンター）

　　　　10月 9日 「3万年前のひろしまを語る」†（広島県ミレニアム、文化振興事業講演会）

　　　　10月15日 「日本列島の旧石器時代を語る―①旧石器時代研究の歩み―」（松戸市立博物館連続講演会）

2000 年 10 月 22 日 「日本列島の旧石器時代を語る―②旧石器時代の遺跡と遺物―」（松戸市立博物館連続講演会）

10 月 28 日 「日本列島の旧石器時代を語る―③旧石器時代人の生活と社会―」（松戸市立博物館連続講演会）

10 月 29 日 「旧石器時代人の暮らしと知恵」[†]（松戸史談会）

11 月 5 日 「日本列島の旧石器時代を語る―④石器の製作と使用―」[*]（松戸市立博物館連続講演会）

11 月 12 日 「日本列島の旧石器時代を語る―⑤新しい旧石器時代像―」（松戸市立博物館連続講演会）

2001 年 2 月 4 日 「旧石器時代の生活と社会」（埼玉県立埋蔵文化財センター）

7 月 24 日 「石器作りの技術革新」（朝日カルチャーセンター）

10 月 19 日 「旧石器の狩人と黒耀石研究の到達点」（明治大学考古学ゼミナール）

11 月 18 日 「黒耀石と考古学―明大考古学と黒耀石研究―」（駿台史学会 50 周年記念シンポジウム〈黒耀石と人類史〉）

12 月 10 日 「Points Favricated from Flakes in Japan and their Context（日本列島の剝片尖頭器とその時代）」（The 6th International Symposium：SUYANGGAE and Her Neighbours）韓国

2002 年 5 月 26 日 「第 5 作業部会活動報告」（日本考古学協会第 68 回総会　前・中期旧石器問題調査研究特別委員会報告）[†]

7 月 16 日 「Approach to the Stone Age in the Japanese Archipelago from the Standpoint of Obsidian Archaeology（日本列島の石器時代史と黒耀石）」（The 7th International Symposium：SUYANGGAE and Her Neighbours）韓国

8 月 17 日 「黒耀石の流通センター」（蓼科高原セミナー第 6 回縄文文化講座）

9 月 7 日 「石器が語る旧石器時代人の生活と社会」（地底の森ミュージアム）

12 月 14 日 「旧石器時代研究の歩みと展望」（茨城県考古学協会）

2003 年 5 月 10 日 「旧石器時代の日本」（松戸市立博物館友の会記念講演会）

5 月 25 日 「第 5 作業部会活動報告」（日本考古学協会第 69 回総会　前・中期旧石器問題調査研究特別委員会報告―検証調査の報告―）[†]

6 月 22 日 「Late Paleolithic History in the Japanese Archipelago from the Standpoint of Obsidian Archaeology（日本列島の旧石器時代史と黒耀石―黒耀石考古学の成り立ち―）」（第 5 回世界考古学会議　The 5th World Archaeological Congress）Washington,D.C.

6 月 25 日 「Hunter-Gatherer Mobility in Late Palaeolithic Japan：Aproach from Re-Fitting　Obsidian Artefacts」[*]（第 5 回世界考古学会議　The 5th World Archaeological Congress ）Washington, D.C.

7 月 5 日 「房総の考古学　旧石器時代①」（明治大学・成田社会人大学）

7 月 19 日 「房総の考古学　旧石器時代②」（明治大学・成田社会人大学）

2004 年 4 月 24 日 「黒耀石と石器蒔代」（霧ヶ峰黒曜石サミット）

5 月 16 日 「日本列島の後期旧石器時代と地域性―剝片尖頭器と列島内の地域差―」（The 9th International Symposium：SUYANGGAE and Her Neighbours）日本

6 月 14 日 「日本旧石器時代研究略史」（韓国国立忠北大学校第 17 回博物館特別講演）

8 月 21 日 「田名向原遺跡がわたしたちに語りかけるもの」（市制 50 周年記念田名向原遺跡シンポジウム「田名向原遺跡が残してくれたもの」）

10 月 15 日 「東アジアの後期旧石器時代と日本列島―日本列島内の地域差と房総―」（朝日カルチャーセンター千葉）

2005 年 4 月 16 日 「新しい石器時代研究の方向―鷹山遺跡群発掘 20 年―」（明治大学博物館友の会）

6 月 3 日 「石器研究の基礎と黒耀石考古学の構築」（明治大学考古学ゼミナール「『明大考古学』の過去と現在」）

6 月 26 日 「旧石器時代における集落の構成―環状ブロック群の研究の一視点―」（日本旧石器学会

第3回シンポジウム）

2005 年　7 月 10 日　「岩宿遺跡と日本の旧石器時代研究」（明治大学校友会群馬県支部）

　　　　　7 月 29 日　「剝片尖頭器」（韓国国立忠北大学校博物館）

　　　　　11 月 10 日　「Palaeolithic Studies in the Japanese Archipelago and Obsidian Archaeology」（The 10th International Symposium：SUYANGGAE and Her Neighbours）韓国

2006 年　1 月 14 日　「Prehistoric human behavior patterns as evidenced by obsidian and the sources： perspectives for "co-presence" from the standpoint of obsidian archaeology」*（世界考古学会中間会議　World Archaeological Congress Inter-Congress）大阪

　　　　　1 月 14 日　「Diversity of obsidian source sites in central highlands of Japan：study of rithic assemblages at the Takayama obsidian source sites of Late Paleolithic Japan」*（世界考古学会中間会議　World Archaeological Congress Inter-Congress）大阪

　　　　　1 月 14 日　「Approach to interaction between obsidian source sites and utilization sites at the beginning of Jomon Period」*（世界考古学会中間会議 World Archaeological Congress Inter-Congress）大阪

　　　　　1 月 14 日　「Takayama obsidian source sites in Nagano prefecture and the Paleolithic obsidian management」*（世界考古学会中間会議　World Archaeological Gongress Inter-Congress）大阪

　　　　　1 月 21 日　「石器は語る―旧石器時代の生活と社会―」（日本共産党馬橋支部地域懇談会）

　　　　　7 月 15 日　「後期旧石器時代の日本列島と東アジア」（「野川流域の旧石器時代」フォーラム―明治大学調布付属校用地の遺跡調査から―）

2007 年　4 月 7 日　「黒耀石と考古学」（文学部入学式父母説明会）

　　　　　4 月 14 日　「明治大学調布付属校用地の遺跡調査と旧石器時代研究の課題」（明治大学博物館友の会）

　　　　　5 月 26 日　「日本旧石器時代研究の現状と課題」（日本考古学協会第 73 回総会）

　　　　　10 月 19 日　「旧石器時代人と無文字の世界」（明治大学人文科学研究所公開文化講座）

　　　　　10 月 27 日　「野川流域遺跡群の意義」（調布市郷土博物館）

　　　　　12 月 15 日　「荒屋遺跡出土の石器群とその性格―荒屋型彫器の分類と分析―」*（明治大学考古学研究室 2007 年度考古学実習成果報告会）

　　　　　12 月 21 日　「黒耀石と考古学」（明治大学地域連帯講座　長和町民大学）

2008 年　3 月 11 日　「日本旧石器文化と朝鮮半島」（韓国伝統文化学校文化遺跡学科特別講義）

　　　　　3 月 12 日　「黒耀石と旧石器時代の考古学」（朝鮮大学校人文学招請講演会）

　　　　　6 月 6 日　「旧石器時代のイエと移動生活の終わり」（明治大学博物館公開講座「考古学ゼミナール「終わりをめぐる考古学」」）

　　　　　12 月 5 日　「環日本海旧石器文化回廊とオブシディアン・ロード」（明治大学博物館公開講座考古学ゼミナール「オブシディアン・ロード―東アジア石器時代のヒトとモノの動き―」）

　　　　　12 月 7 日　「Obsidian Culture and Obsidian Road」（The 13th International Symposium for the Commemoration of the 25th Anniversary of Suyanggae Excavation：SUYANGGAE and Her Neighbours in Kyusyu）

2009 年　4 月 11 日　「田名向原遺跡の住居状遺構の重要性について」（史跡田名向原遺跡旧石器時代学習館開館記念講演会）

　　　　　5 月 8 日　「日本列島の旧石器時代とオブシディアン・ロード」（韓国湖南考古学会学術大会特別発表）

　　　　　10 月 21 日　「環日本海旧石器文化回廊とオブシディアン・ロード」（スヤンゲ国際学術会議）

　　　　　12 月 6 日　「岩宿発掘 60 年の研究と今後の展望」（岩宿博物館）

2010 年　3 月 6 日　「旧石器時代のムラと住まい」（神奈川県考古学会）基調講演

　　　　　6 月 26 日　「「前期旧石器時代」の存否と日本列島最古の石器群」（日本旧石器学会）基調講演

　　　　　9 月 18 日　「日本旧石器時代研究と 2010 年」（明治大学博物館友の会）

　　　　　10 月 2 日　「環日本海旧石器文化回廊と中国・四国地方の石器群」（中・四国旧石器文化談話会）

2010 年 10 月 30 日 「旧石器時代の遺跡と遺物」（鎌ヶ谷市郷土資料館セミナー）
2011 年　1 月 22 日 「日本列島の旧石器時代研究における石器と文化の区分」（石器文化研究会）記念講演
　　　　　5 月　6 日 「旧石器時代の住まい」（明治大学博物館公開講座考古学ゼミナール「住まいの考古学」）
　　　　　6 月　5 日 「総評」（研究集会「ヒトが住みはじめたころの関東地方―南関東最古の旧石器時代遺跡
　　　　　　　　　　を求めて―」（多摩川における後期洪積世初頭の人類文化の成立と地形環境を考える研究
　　　　　　　　　　会）
　　　　10 月　5 日 「明治高校の地下に刻まれた歴史―日本人類文化の起源を探る―」（高大連携講座明治大
　　　　　　　　　　学付属明治高等学校）
2012 年　2 月 23 日 「『旧石器時代の日本列島史』を読んでに答える」（明治大学博物館友の会分科会旧石器・
　　　　　　　　　　縄文文化研究会 2 月例会）
　　　　　8 月 30 日 「旧石器時代の九州と朝鮮半島―環日本海旧石器文化回廊とオブシディアン・ロード―」
　　　　　　　　　　（朝日カルチャーセンター）
　　　　　9 月 29 日 「群馬県桐生市武井遺跡群の調査と研究」（明治大学博物館友の会）
　　　　10 月 31 日 「旧石器時代の明治高等学校」（高大連携講座明治大学付属明治高等学校）
2013 年　3 月 10 日 「石槍作りと当時の社会―武井遺跡―」（岩宿博物館シンポジウム『岩宿遺跡とその時代』）
　　　　　4 月 26 日 「旧石器時代の考古学　1 回　日本旧石器時代研究の歩み」（朝日カルチャーセンター）
　　　　　5 月 10 日 「旧石器時代の考古学　2 回　日本列島最古の石器群」（朝日カルチャーセンター）
　　　　　5 月 31 日 「旧石器時代の考古学　3 回　環日本海旧石器文化回廊と移住」（朝日カルチャーセン
　　　　　　　　　　ター）
　　　　　6 月 14 日 「旧石器時代の考古学　4 回　黒耀石文化とオブシディアン・ロード」（朝日カルチャー
　　　　　　　　　　センター）
　　　　　6 月 28 日 「旧石器時代の考古学　5 回　日本列島 " らしさ " 文化の形成」（朝日カルチャーセンター）
　　　　　7 月 15 日 「岩宿遺跡と石壮里遺跡」（韓国公州市石壮里博物館特別展示講義）
　　　　10 月 23 日 「日本人類文化の起源と明治高等学校」（高大連携講座明治大学付属明治高等学校）
　　　　11 月　2 日 「槍先形尖頭器文化と武井遺跡群」（岩宿フォーラム／シンポジウム）
　　　　11 月 10 日 「旧石器時代の日本列島―野川流域から日本人類史の起源を考える」（国分寺・名水と歴
　　　　　　　　　　史的景観を守る会）
　　　　12 月　1 日 「武井遺跡を考える」（岩宿大学）
2014 年　9 月 15 日 「教科書を書き換えた 6 人―日本列島にも旧石器時代があった―」（石壮里世界旧石器祝
　　　　　　　　　　祭特別プログラム『教科書の中の旧石器時代』）
　　　　　9 月 15 日 「旧石器時代の朝鮮半島と日本列島」（石壮里世界旧石器祝祭特別プログラム『旧石器世
　　　　　　　　　　界碩学講座』）
　　　　11 月 15 日 「東アジア旧石器研究からみた月坪遺跡の位相」（順天月坪遺跡国史跡指定 10 周年記念韓
　　　　　　　　　　日国際学術大会）
2015 年　6 月 12 日 「杉原荘介と旧石器時代研究」（明治大学博物館公開講座考古学ゼミナール「杉原荘介と
　　　　　　　　　　明治大学の考古学研究」）
　　　　10 月 31 日 「旧石器時代遺跡群の成り立ち―流域と水系―」（九州旧石器文化研究会第 41 回記念講演）
　　　　12 月　2 日 「明治高等学校の地下を掘る―日本列島の旧石器時代―」（高大連携講座明治大学付属明
　　　　　　　　　　治高等学校）
　　　　12 月 21 日 「垂楊介遺跡と日本列島の旧石器時代」（財韓国先史文化研究院開院 10 周年記念特別講演）
2016 年　9 月 10 日 「私の研究の原点―砂川遺跡の発掘と研究―」（明治大学博物館友の会）
　　　　10 月 23 日 「磨製の石斧と旧石器時代人の生活」（松戸市立博物館講演）
　　　　12 月　7 日 「明治高等学校と旧石器時代―掘り起こされた日本最古の遺跡―」（高大連携講座明治大
　　　　　　　　　　学付属明治高等学校）
　　　　12 月 17 日 「私の考古学 50 年」（どんぐり会）
　　　　12 月 23 日 「石器と学ぶ 50 年」（石器文化研究会）

安蒜政雄先生　年譜・業績・履歴

2017 年　2 月 26 日　「日本旧石器時代文化の起源」（明治大学最終講義）
　　　　　3 月 5 日　「旧石器時代のつきみ野」（大和市文化振興課　つる舞の里歴史資料館）

〜〜〜〜〜　新聞談話・放送インヴュー　〜〜〜〜〜　† 旧石器時代遺跡発掘捏造事件関連

1991 年　8 月 8 日　「最大の黒曜石採掘跡」（長野県鷹山遺跡群）信濃毎日新聞朝刊（社会面）
1992 年　12 月 15 日　記者会見：静岡県土手上遺跡　ＮＨＫ（静岡）ニュース
　　　　　12 月 16 日　「2 万 8 千年前の石焼き調理跡」（静岡県土手上遺跡）朝日新聞朝刊（社会面）
　　　　　12 月 16 日　「日本最古？の調理施設」（静岡県土手上遺跡）毎日新聞朝刊（社会面）
　　　　　12 月 15 日　「旧石器人の調理場か」（静岡県土手上遺跡）読売新聞朝刊（社会面）
　　　　　12 月 16 日　「沼津・土手上遺跡で最古の調理施設発見」（静岡県土手上遺跡）読売新聞朝刊（地方版）
　　　　　12 月 16 日　「土手上遺跡出土の礫群国内最大で最古」（静岡県土手上遺跡）産経新聞朝刊（社会面）
　　　　　12 月 16 日　「わが国最古級と折り紙」（静岡県土手上遺跡）東京新聞朝刊（社会面）
　　　　　12 月 16 日　「日本最古級の礫群出土」（静岡県土手上遺跡）静岡新聞朝刊（社会面）
1993 年　2 月 8 日　「国内最古の調理施設？」（静岡県土手上遺跡）産経新聞夕刊（社会面）
　　　　　2 月 8 日　「最古の調理場跡」（静岡県土手上遺跡）日本経済新聞夕刊（社会面）
　　　　　6 月 3 日　「旧石器時代の剥片尖頭器」（長野県東裏遺跡）毎日新聞朝刊（社会面）
　　　　　9 月 12 日　「縄文最大の「黒曜石鉱山」」（長野県鷹山遺跡群）読売新聞朝刊（1 面）
　　　　　9 月 12 日　「縄文史観の転換迫る」（長野県鷹山遺跡群）読売新聞朝刊（解説欄）
　　　　　9 月 12 日　記者会見：長野県鷹山遺跡群　ＮＨＫニュース
　　　　　9 月 13 日　「縄文の大規模「鉱山」」（長野県鷹山遺跡群）朝日新聞朝刊（社会面）
　　　　　9 月 13 日　「黒曜石採掘跡 75 基発見」（長野県鷹山遺跡群）産経新聞朝刊（社会面）
　　　　　9 月 13 日　「縄文時代最大の黒曜石採掘跡」（長野県鷹山遺跡群）日本経済新聞朝刊（社会面）
　　　　　9 月 13 日　「最大の黒曜石採掘跡発見」（長野県鷹山遺跡群）岩手日報朝刊
　　　　　10 月 7 日　「古代象仕留めた？石斧 38 点」（長野県日向林Ｂ遺跡）読売新聞朝刊（社会面）
　　　　　10 月 7 日　「"ゾウ狩り" 好条件の地形」（長野県日向林Ｂ遺跡）読売新聞朝刊（地方版）
　　　　　10 月 25 日　「環状ブロック群テーマにシンポ」（第 1 回岩宿フォーラム／シンポジウム）読売新聞夕刊（文化欄）
1994 年　1 月 8 日　「県内最古の石器 70 点発見」（神奈川県吉岡遺跡群）神奈川新聞朝刊（社会面）
　　　　　6 月 22 日　「"石斧文化" の拠点的遺跡群」（長野県野尻湖遺跡群）中日新聞朝刊
　　　　　6 月 24 日　「国内最大の「砥石」出土」（長野県貫ノ木遺跡）中日新聞朝刊
　　　　　7 月 28 日　「砥石 8 点出土」（長野県貫ノ木遺跡）読売新聞朝刊（地方版）
　　　　　9 月 2 日　「縄文の黒曜石採掘跡」（長野県鷹山遺跡群）信濃毎日新聞朝刊（社会面）
　　　　　9 月 10 日　「黒曜石鉱山 3000 年続く？」（長野県鷹山遺跡群）読売新聞朝刊（社会面）
　　　　　9 月 12 日　「尽きぬ黒耀石のナゾしなの遺跡探訪 28」（長野県男女遺跡群）読売新聞朝刊（地方版）
　　　　　9 月 15 日　「竪坑掘り黒曜石採掘」（長野県鷹山遺跡群）読売新聞朝刊（地方版）
　　　　　12 月 5 日　インタヴュー：長野県日向林Ｂ遺跡　SBC ニュースワイド「シリーズ遺跡」
1995 年　6 月 7 日　「旧石器人の生活解明に期待」（長野県日向林Ｂ遺跡）読売新聞朝刊（地方版）
　　　　　6 月 10 日　「2 遺跡から同一石器」（長野県中ッ原第一遺跡）産経新聞朝刊（地方版）
　　　　　6 月 24 日　「旧石器時代の石斧、100 点超す」（長野県野尻湖遺跡群）読売新聞朝刊（地方版）
　　　　　6 月 25 日　「出土の石斧国内最多の 110 点」（長野県野尻湖遺跡群）中日新聞朝刊
　　　　　9 月 9 日　「縄文最大の「石器工場」」（長野県鷹山遺跡群）読売新聞朝刊（社会面）
　　　　　9 月 10 日　「縄文期の石器製作場確認」（長野県鷹山遺跡群）朝日新聞朝刊（地方版）
　　　　　9 月 10 日　「黒曜石器の製作跡発見」（長野県鷹山遺跡群）毎日新聞朝刊（地方版）
　　　　　9 月 10 日　「新たに「石器工房」跡」（長野県鷹山遺跡群）信濃毎日新聞朝刊（社会面）

新聞談話・放送インタヴュー

1995 年　9 月 12 日　「鉱山に加えて加工場所発掘」（長野県鷹山遺跡群）東信ジャーナル

　　　　　9 月 15 日　「黒曜石鉱山規模さらに調査へ」（長野県鷹山遺跡群）信濃毎日新聞朝刊（社会面）

　　　　　11 月　9 日　「縄文草創期にさかのぼる大規模な石器製作址判明」（長野県鷹山遺跡群）読売新聞夕刊（文化欄）

　　　　　12 月　2 日　「黒曜石調査の現状報告」（長野県東俣遺跡）長野日報朝刊（社会面）

　　　　　12 月 30 日　「2 万 2000−2 万 3000 年前の石器加工跡」（長野県追分遺跡）信濃毎日新聞朝刊（社会面）

1996 年　2 月 16 日　「旧石器時代の文化層確認」（茨城県柏原遺跡）産経新聞朝刊（地方版）

　　　　　3 月 25 日　「注目浴びる東大野第 2 遺跡」（千葉県東大野第 2 遺跡）読売新聞夕刊（文化欄）

　　　　　5 月　9 日　「日本列島いつからヒト常識破る古い石器続々」（宮城県高森遺跡）†朝日新聞朝刊（学芸欄）

　　　　　9 月　1 日　「6 つの文化層を確認」（長野県追分遺跡）読売新聞朝刊（地方版）

　　　　　9 月 13 日　「石器工房の規模拡大」（長野県鷹山遺跡群）信濃毎日新聞朝刊（社会面）

　　　　　9 月 15 日　「縄文草創期に黒曜石採掘」（長野県鷹山遺跡群）読売新聞朝刊（地方版）

　　　　　9 月 24 日　「縄文鉱山の“輪郭”徐々に」（長野県鷹山遺跡群）読売新聞夕刊（文化欄）

　　　　　11 月　7 日　「黒曜石露頭は国内最大」（長野県冷山黒曜石原産地）長野日報朝刊（1 面）

　　　　　11 月 16 日　「旧石器期の木造施設か」（神奈川県用田バイパス遺跡群）朝日新聞朝刊（1 面）

1997 年　4 月 25 日　「最大の旧石器集落発掘」（栃木県上林遺跡）読売新聞朝刊（社会面）

　　　　　5 月　7 日　「旧石器の住居・工房跡」（神奈川県田名塩田遺跡群）朝日新聞朝刊（1 面）

　　　　　5 月　7 日　「国内最大級の住居跡か」（神奈川県田名塩田遺跡群）神奈川新聞朝刊（1 面）

　　　　　5 月 10 日　「旧石器時代の木造施設」（神奈川県用田バイパス遺跡群）毎日新聞朝刊（地方版）

　　　　　5 月 10 日　「旧石器時代の炭化木材出土」（神奈川県用田バイパス遺跡群）東京新聞朝刊（社会面）

　　　　　5 月 15 日　「炭化材巡り活発な論議」（神奈川県用田バイパス遺跡群セミナー）朝日新聞朝刊（地方版）

　　　　　6 月 22 日　インタヴュー：神奈川県田名向原遺跡　NHK（横浜）ニュース首都圏ネットワーク

　　　　　8 月 11 日　「旧石器時代に“建物”の跡」（神奈川県田名向原 NO.4・鳥居前遺跡）読売新聞夕刊（文化欄）

　　　　　9 月 11 日　「縄文人の黒曜石採掘」（長野県鷹山遺跡群）信濃毎日新聞朝刊（社会面）

　　　　　9 月 12 日　「「縄文の家」に新説」（鹿児島県上野原遺跡・神奈川県田名向原遺跡）朝日新聞夕刊（文化欄：にゅうすらうんじ）

　　　　　9 月 15 日　「縄文時代の黒曜石採掘址」（長野県鷹山遺跡群）信濃毎日新聞朝刊（社会面）

　　　　　9 月 15 日　「黒曜石採掘址の竪坑」（長野県鷹山遺跡群）読売新聞朝刊（地方版）

　　　　　9 月 15 日　「1 万年前の黒耀石採掘坑」（長野県鷹山遺跡群）産経新聞朝刊（地方版）

　　　　　10 月　7 日　「炉跡と豊富な土器」（長野県鷹山遺跡群）読売新聞夕刊（文化欄）

　　　　　10 月 28 日　「「旧石器時代」のキャンプ場」（鹿児島県立切遺跡）読売新聞朝刊（地方版）

　　　　　12 月 12 日　「ルーツの足跡」（鹿児島県立切遺跡）朝日新聞夕刊（1 面　西部本社）

　　　　　12 月 14 日　「30 キロ離れた石器断面ピタリ」（山形県袖原 3 遺跡・宮城県中島山遺跡）†毎日新聞朝刊（社会面）

1998 年　5 月 15 日　「遺跡を語る」（神奈川県田名向原遺跡インタヴュー）広報さがみはら NO.905（5 面）

　　　　　9 月　4 日　「後期旧石器時代の竪穴住居跡を確認」（群馬県小暮東新山遺跡）産経新聞朝刊（社会面）

　　　　　9 月　4 日　「1 万 6000 年前の住居住」（群馬県小暮東新山遺跡）上毛新聞朝刊（社会面）

　　　　　9 月　4 日　「相模原の田名向原遺跡市、国指定史跡に申請」朝日新聞朝刊（地方版）

　　　　　9 月　4 日　「「田名向原遺跡」の国史跡指定を申請」産経新聞朝刊（地方版）

　　　　　9 月　5 日　「県、保存策を協議へ」（群馬県小暮東新山遺跡）読売新聞朝刊（地方版）

　　　　　9 月 15 日　「採掘址新たに 120 基発見」（長野県鷹山遺跡群）読売新聞朝刊（社会面）

　　　　　9 月 15 日　「新たに 120 ヵ所確認」（長野県鷹山遺跡群）信濃毎日新聞朝刊（社会面）

　　　　　12 月　8 日　「信州産黒曜石の行方を追って 3」（長野県鷹山遺跡群）信濃毎日新聞朝刊（文化欄：縄文発見の旅 8）

安蒜政雄先生　年譜・業績・履歴

1999 年　2 月 18 日　「縄文草創期の重複住居跡」（群馬県西鹿田中島遺跡）上毛新聞朝刊（社会面）

　　　　　3 月　8 日　「縄文人の生活解明へ」（群馬県西鹿田中島遺跡）上毛新聞朝刊（文化欄）

　　　　　3 月 24 日　「縄文に先駆け採集生活」（宮崎県後牟田遺跡）西日本新聞朝刊（地方版）

　　　　　6 月 16 日　インタヴュー：埼玉県長尾根遺跡[†]　NHK ニュース

　　　　　6 月 17 日　「35 万年前の石器出土」（埼玉県長尾根遺跡）[†]日本経済新聞朝刊（社会面）

　　　　　6 月 17 日　「秩父から 35 万年前の石器出土」（埼玉県長尾根遺跡）[†]朝日新聞朝刊（地方版）

　　　　　6 月 22 日　「縄文時代の採掘坑見つかる」（栃木県向山遺跡）朝日新聞朝刊（社会面）

　　　　　8 月 10 日　「2 万 5000 年前の墓か」（長野県照月台遺跡）信濃毎日新聞朝刊（1 面）

　　　　　8 月 11 日　「国内最古の墓穴か」（長野県照月台遺跡）産経新聞朝刊（社会面）

　　　　　8 月 11 日　「県内最古の「穴」確認」（長野県照月台遺跡）朝日新聞朝刊（地方版）

　　　　　8 月 11 日　「25000 年前の土坑発見」（長野県照月台遺跡）読売新聞朝刊（地方版）

　　　　　8 月 11 日　「2 万 5000 年前の土坑発見」（長野県照月台遺跡）中日新聞朝刊（社会面）

　　　　　8 月 12 日　「2 万 5 千年前の穴」（長野県照月台遺跡）朝日新聞朝刊（地方版）

　　　　　9 月　6 日　「岩宿遺跡（群馬）発見から 50 年」（岩宿遺跡発掘 50 周年記念シンポジウム）しんぶん赤旗朝刊（社会面）

　　　　　9 月 28 日　「旧石器数百キロの旅」（長野県野尻湖遺跡群）信濃毎日新聞朝刊（社会面）

　　　　　10 月 28 日　「田名向原遺跡」（神奈川県田名向原遺跡インタヴュー）SEE SAGAMIHARA VOL.17（8 頁）

　　　　　11 月　1 日　上毛新聞朝刊（文化欄）「旧石器時代を考察」（第 7 回岩宿フォ〜ラム／シンポジウム）

　　　　　11 月　4 日　「垂楊介遺跡国際学術会議」（第 4 回垂楊介国際学術会議）中部毎日（韓国）朝刊（7 面）

　　　　　11 月　9 日　「旧石器文化新しい理解助ける」（第 4 回垂楊介国際学術会議）東洋日報（韓国）朝刊（10 面）

　　　　　11 月　9 日　「垂楊介国際学術大会開幕」（第 4 回垂楊介国際学術会議）中部毎日（韓国）朝刊（7 面）

　　　　　11 月　9 日　「’丹陽先史遺跡’再照明する」（第 4 回垂楊介国際学術会議）忠清日報（韓国）朝刊（14 面）

　　　　　11 月 10 日　「「バドグール」と「垂楊介」」（第 4 回垂楊介国際学術会議）中部毎日（韓国）朝刊（4 面）

　　　　　11 月 10 日　「最古の石材採取場」（広島県冠遺跡群）中国新聞朝刊（文化欄）

　　　　　11 月 12 日　「光さす冠遺跡群◇中◇」（広島県冠遺跡群）中国新聞朝刊（社会面）

　　　　　11 月 13 日　「光さす冠遺跡群◇下◇」（広島県冠遺跡群）中国新聞朝刊（社会面）

　　　　　11 月 15 日　インタヴュー：神奈川県田名向原遺跡　相模原市「相模原るっくあらうんど」

　　　　　11 月 22 日　「旧石器文化の曙光 4」（岩宿遺跡発掘 50 周年）上毛新聞朝刊（文化欄）

　　　　　12 月 24 日　「旧石器人の社会像一変」（鹿児島県水迫遺跡）朝日新聞夕刊（社会面　西部本社）

　　　　　12 月 24 日　「定住示す道路状遺構」（鹿児島県水迫遺跡）読売新聞夕刊（社会面）

　　　　　12 月 24 日　「旧石器時代のムラ遺構」（鹿児島県水迫遺跡）毎日新聞夕刊（1 面）

　　　　　12 月 25 日　「旧石器人の社会像一変」（鹿児島県水迫遺跡）朝日新聞朝刊（社会面　西部本社）

　　　　　12 月 25 日　「15000 年前最古級のムラ」（鹿児島県水迫遺跡）読売新聞朝刊（社会面　西部本社）

　　　　　12 月 25 日　「旧石器時代に定住集落」（鹿児島県水迫遺跡）毎日新聞朝刊（1 面　西部本社）

　　　　　12 月 25 日　「「旧石器」の定説覆す」（鹿児島県水迫遺跡）西日本新聞朝刊（社会面）

2000 年　1 月　4 日　「長門町と明大研究施設構想」（黒耀石研究センター）信濃毎日新聞朝刊（社会面）

　　　　　1 月 22 日　インタヴュー：鹿児島県水迫遺跡　NHK（鹿児島）ニュース

　　　　　2 月 21 日　「約 50 万年前の建物跡を発見」（埼玉県小鹿坂遺跡）[†]朝日新聞夕刊（1 面）

　　　　　2 月 21 日　「「5」「7」に特別な意味？」（埼玉県小鹿坂遺跡）[†]毎日新聞夕刊（社会面）

　　　　　2 月 21 日　「50 万年前の建物跡か」（埼玉県小鹿坂遺跡）[†]読売新聞夕刊（1 面）

　　　　　2 月 21 日　「想像広がる柱穴」（埼玉県小鹿坂遺跡）[†]読売新聞夕刊（社会面）

　　　　　2 月 21 日　「原人の生活遺構発見」（埼玉県小鹿坂遺跡）[†]産経新聞夕刊（社会面）

　　　　　2 月 21 日　「識者の話」（埼玉県小鹿坂遺跡）[†]東京新聞夕刊（社会面）

　　　　　2 月 21 日　「50 万年前の原人生活遺構」（埼玉県小鹿坂遺跡）[†]日本経済新聞夕刊（社会面）

　　　　　2 月 21 日　「日本初の原人生活遺構」（埼玉県小鹿坂遺跡）[†]熊本日日新聞夕刊（1 面）

新聞談話・放送インタヴュー

2000 年　2 月 21 日　「識者談話」(埼玉県小鹿坂遺跡)[†]熊本日日新聞夕刊（文化欄）

　　　　2 月 21 日　インタヴュー：埼玉県小鹿坂遺跡[†]　NHK（浦和）ニュース

　　　　2 月 22 日　「識者の談話」(埼玉県小鹿坂遺跡)[†]埼玉新聞朝刊（文化欄）

　　　　2 月 22 日　「50 万年前の建物跡」(埼玉県小鹿坂遺跡)[†]しんぶん赤旗朝刊（1 面）

　　　　2 月 22 日　「家跡か祭祀的施設か」(埼玉県小鹿坂遺跡)[†]しんぶん赤旗朝刊（社会面）

　　　　2 月 24 日　「小鹿坂遺跡の柱穴遺構」(埼玉県小鹿坂遺跡)[†]読売新聞夕刊（文化欄）

　　　　2 月 25 日　「県、緊急発掘決める」(埼玉県長尾根遺跡・同小鹿坂遺跡)[†]埼玉新聞朝刊（社会面）

　　　　2 月 28 日　「50 万年前の原人遺構めぐりホットな議論」(埼玉県小鹿坂遺跡)[†]しんぶん赤旗朝刊（社会面）

　　　　3 月 9 日　「5 万年前の貯蔵穴」(宮崎県後牟田遺跡)読売新聞夕刊（社会面西部本社）

　　　　3 月 16 日　「遺跡公園整備へ検討委」(神奈川県田名向原遺跡)朝日新聞朝刊（地方版）

　　　　3 月 16 日　「整備検討委が報告」(神奈川県田名向原遺跡)神奈川新聞朝刊（社会面）

　　　　4 月 9 日　「縄文草創期集落跡」(群馬県西鹿田中島遺跡)上毛新聞朝刊（社会面）

　　　　4 月 22 日　「長門町と明大が共同研究所」(黒耀石研究センター)読売新聞朝刊（地方版）

　　　　4 月 25 日　「旧石器ビーナス像か」(鹿児島県耳取遺跡)南日本新聞朝刊（1 面）

　　　　4 月 25 日　「旧石器時代の女性像」(鹿児島県耳取遺跡)日本経済新聞夕刊（社会面）

　　　　4 月 26 日　「耳取遺跡のビーナス像」(鹿児島県耳取遺跡)南日本新聞朝刊（社会面）

　　　　4 月 26 日　「最古のビーナス像か」(鹿児島県耳取遺跡)朝日新聞朝刊（地方版）

　　　　4 月 26 日　「国内最古のビーナス像出土」(鹿児島県耳取遺跡)読売新聞朝刊（地方版）

　　　　4 月 8 日　「縄文人の暮らし解明へスクラム」(黒耀石研究センター)中日新聞朝刊（地方版）

　　　　5 月 2 日　(発行 1 日)「夢かうつつか“秩父原人”〈上〉」(埼玉県小鹿坂遺跡)[†]夕刊フジ（15 面）

　　　　5 月 3 日　(発行 2 日)「夢かうつつか“秩父原人”〈下〉」(埼玉県小鹿坂遺跡)[†]夕刊フジ（14 面）

　　　　5 月 3 日　「鷹山遺跡群の国史跡指定へ向けて」(長野県鷹山遺跡群)信濃毎日新聞朝刊（社会面）

　　　　5 月 7 日　「洞窟最奥部で発掘」(岩手県瓢箪穴遺跡)朝日新聞朝刊（地方版）

　　　　6 月 13 日　「黒耀石研究センター建設へ」(黒耀石研究センター)しんぶん赤旗朝刊（社会面）

　　　　6 月 20 日　「35 万年前の埋納遺構 8 基」(埼玉県長尾根遺跡)[†]読売新聞朝刊（社会面）

　　　　6 月 29 日　「近づく原人の“足音”」(北海道下美蔓西遺跡)[†]毎日新聞朝刊（地方版）

　　　　7 月 12 日　「35 万年前、石器埋めた跡」(埼玉県長尾根遺跡)[†]熊本日日新聞夕刊（2 面）

　　　　7 月 12 日　インタヴュー：埼玉県長尾根遺跡[†]　NHK ニュース　おはよう日本

　　　　7 月 28 日　インタヴュー：埼玉県長尾根遺跡[†]　NHK ニュース　首都圏ネットワーク

　　　　7 月 29 日　「35 万年前の「穴」を発見」(埼玉県長尾根遺跡)[†]朝日新聞朝刊（1 面）

　　　　7 月 29 日　「原人の墓跡？出土」(埼玉県長尾根遺跡)[†]読売新聞朝刊（社会面）

　　　　7 月 29 日　「原人の掘った穴」(埼玉県長尾根遺跡)[†]毎日新聞朝刊（社会面）

　　　　7 月 29 日　「世界的な発見か」(埼玉県長尾根遺跡)[†]産経新聞朝刊（社会面）

　　　　7 月 29 日　「35 万年前の原人埋葬跡か」(埼玉県長尾根遺跡)[†]日本経済新聞朝刊（社会面）

　　　　8 月 2 日　「土壙囲む 16 個の小穴」(埼玉県長尾根遺跡)[†]読売新聞朝刊（社会面）

　　　　8 月 3 日　「黒耀石研究センター　長野・長門町で着工」(黒耀石研究センター)読売新聞夕刊（文化欄）

　　　　8 月 21 日　インタヴュー：埼玉県長尾根遺跡[†]　NHK（浦和）ニュース　おはよう日本

　　　　9 月 6 日　インタヴュー：鹿児島県水迫遺跡　NHK ニュース

　　　　9 月 7 日　「旧石器の炉跡出土」(鹿児島県水迫遺跡)読売新聞朝刊（地方版）

　　　　9 月 7 日　「ムラの構造解明に期待」(鹿児島県水迫遺跡)南日本新聞朝刊（社会面）

　　　　9 月 7 日　「旧石器の集落構造や社会像鮮明に」(鹿児島県水迫遺跡)鹿児島新報朝刊（社会面）

　　　　9 月 14 日　「綾瀬と藤沢の遺跡から出土した石器」(神奈川県吉岡遺跡群・用田鳥居前遺跡)朝日新聞朝刊（地方版）

　　　　10 月 24 日　「60 万年前原人の建物跡」(宮城県上高森遺跡)[†]読売新聞朝刊（1 面）

　　　　10 月 24 日　「60 万年前の原人建物跡？」(宮城県上高森遺跡)[†]朝日新聞朝刊（1 面）

安蒜政雄先生　年譜・業績・履歴

2000 年　11 月 6 日　「根強かった懐疑論」（旧石器時代遺跡発掘捏造事件）† 読売新聞朝刊（総合）

　　　　　11 月 7 日　「学会、信頼回復へ動く」（旧石器時代遺跡発掘捏造事件）† 朝日新聞朝刊（総合）

　　　　　11 月 11 日　「「秩父原人」信じたいけど」（前期旧石器フォーラム）† 朝日新聞夕刊（社会面）

　　　　　11 月 12 日　ねつ造「議論は不十分」（前期旧石器フォーラム）† 毎日新聞朝刊（社会面）

　　　　　11 月 12 日　「発掘ねつ造を謝罪」（前期旧石器フォーラム）† 読売新聞朝刊（社会面）

　　　　　11 月 12 日　「考古学研究の在り方に関心」（前期旧石器フォーラム）† 埼玉新聞朝刊（社会面）

　　　　　11 月 13 日　シンポジウム：発掘捏造事件† NHK ニュース 10

　　　　　11 月 15 日　「困惑秩父原人 1」（前期旧石器フォーラム）† 埼玉新聞朝刊（総合）

　　　　　11 月 20 日　「考古学ブームに潜む落とし穴」（旧石器時代遺跡発掘捏造事件）† AERA VOL.13　NO.49
　　　　　　　　　　　　（P21）

　　　　　12 月 30 日　「旧石器考古学の今とこれから」（旧石器時代遺跡発掘捏造事件インタヴュー）† しんぶん
　　　　　　　　　　　　赤旗朝刊（文化欄）

2001 年　4 月 21 日　「長門町に明治大のセンター完成」（黒耀石研究センター）信濃毎日新聞朝刊（社会面）

　　　　　5 月 12 日　「3 万年前の「落とし穴」」（神奈川県打木原遺跡）東京新聞朝刊（26 面：社会面）

　　　　　5 月 19 日　「失われた夢　旧石器考古学再生へ◇下◇」（旧石器時代遺跡発掘捏造事件）† 信濃毎日新
　　　　　　　　　　　　聞朝刊（17 面：文化欄）

　　　　　7 月 25 日　「「岩宿人にも石槍文化」証明」（群馬県岩宿 II 遺跡）東京新聞夕刊（10 面：社会面）

　　　　　7 月 26 日　「岩宿 II 遺跡「石槍文化の存在証明」」（群馬県岩宿 II 遺跡）毎日新聞朝刊（28 面：社会面）

　　　　　8 月 28 日　「ロマンわく最古の泉」（岐阜県渡来川北遺跡）中日新聞朝刊（27 面：社会面）

　　　　　8 月 31 日　「新たに建物、道跡確認」（鹿児島県水迫遺跡）南日本新聞朝刊（社会面）

　　　　　8 月 31 日　「旧石器人「U ターン居住」」（鹿児島県水迫遺跡）読売新聞朝刊（社会面西部本社）

　　　　　9 月 1 日　「新たに竪穴住居跡 5 基」（鹿児島県水迫遺跡）毎日新聞朝刊（地方版）

　　　　　9 月 17 日　「黒曜石採取 2 万年前から」（長野県鷹山遺跡群）朝日新聞朝刊（地方版）

　　　　　9 月 29 日　「黒曜石が導く先史時代」（黒耀石研究センター）日本経済新聞朝刊（40 面：文化欄）

　　　　　11 月 1 日　インタヴュー：長野県仲町遺跡　NHK（長野）ニュース

　　　　　11 月 2 日　「旧石器時代中期の地層から石器出土」（長野県仲町遺跡）朝日新聞朝刊（37 面）

　　　　　11 月 2 日　「ナウマンゾウの足跡から石器？」（長野県仲町遺跡）読売新聞朝刊（38 面）

　　　　　11 月 2 日　「ゾウの足跡から旧石器片」（長野県仲町遺跡）中日新聞朝刊（37 面）

　　　　　11 月 2 日　「旧石器研究貴重な材料」（長野県仲町遺跡）信濃毎日新聞朝刊（31 面）

　　　　　11 月 7 日　「長門町の選択〈上〉」（黒耀石研究センター）信濃毎日新聞朝刊（地域版）

　　　　　11 月 11 日　「黒曜石研究で連携を」（黒曜石ふるさとシンポジウム）中日新聞朝刊（地域版）

　　　　　12 月 11 日　「2 万 4000 年前の「スリ石」」（鹿児島県ガラ竿遺跡）南海日日新聞朝刊（社会面）

　　　　　12 月 11 日　インタヴュー：韓国垂楊介遺跡　韓国 KBS（清州）　ニュース

　　　　　12 月 15 日　「旧石器ねつ造問題　考古学試練の 1 年」（旧石器時代遺跡発掘捏造事件インタヴュー）†
　　　　　　　　　　　　しんぶん赤旗朝刊（文化欄）

2002 年　2 月 25 日　「ねつ造事件を越えて（上）」（旧石器時代遺跡発掘捏造事件）† 読売新聞夕刊（13 面：文化欄）

　　　　　2 月 26 日　「ねつ造事件を越えて（下）」（旧石器時代遺跡発掘捏造事件）† 読売新聞夕刊（6 面：文化欄）

　　　　　5 月 29 日　「続々検証　旧石器発掘ねつ造《下》」（旧石器時代遺跡発掘捏造事件）† 毎日新聞朝刊（3 面）

　　　　　8 月 18 日　「「3 万年前」からの再出発」（旧石器時代遺跡発掘捏造事件）† 日本経済新聞朝刊（13 面：
　　　　　　　　　　　　Sunday Nikkei）

2003 年　9 月 11 日　「サヌカイト最大採掘坑跡」（奈良県サカイ遺跡・平地山遺跡）朝日新聞朝刊（33 面：社
　　　　　　　　　　　　会面　大阪本社）

　　　　　9 月 23 日　「旧石器研究のこれから（上）」（旧石器時代遺跡発掘捏造事件インタヴュー）† しんぶん赤
　　　　　　　　　　　　旗朝刊（文化欄）

　　　　　9 月 24 日　「旧石器研究のこれから（下）」（旧石器時代遺跡発掘捏造事件インタヴュー）† しんぶん赤
　　　　　　　　　　　　旗朝刊（文化欄）

2003 年	12 月 20 日	「国内最古級の旧石器」（長崎県入口遺跡）朝日新聞朝刊（1 面　西部本社）	
2004 年	5 月 14 日	「韓国の旧石器観察する好機」（第 9 回垂楊介国際学術会議）読売新聞夕刊（文化欄）	
	5 月 19 日	「旧石器時代の関連性を確認」（第 9 回垂楊介国際学術会議）しんぶん赤旗朝刊（文化欄）	
	6 月 23 日	「海を越えて広域交流」（剥片尖頭器）中日新聞朝刊（文化欄）	
	7 月 3 日	「北・南方系同じ地層に」（群馬県馬見岡遺跡）毎日新聞朝刊（26 面）	
	7 月 9 日	「「旧石器遺構」論争」（鹿児島県水迫遺跡）毎日新聞夕刊（西部本社）	
	7 月 10 日	「北方系と南方系の細石器」（群馬県馬見岡遺跡）上毛新聞朝刊（23 面：第一社会面）	
	8 月 30 日	「「黒耀石サミット」2 日から」（第 1 回黒耀石サミット国際研）読売新聞夕刊（文化欄）	
2005 年	7 月 10 日	「黒耀石を通して探る石器時代の人類史」（新・研究室はオモシロイ　インタヴュー）ドリコムアイ　夏号（通巻 254 号）	
	9 月 27 日	「旧石器？　石？　割れる判断」（捏造事件発覚 5 年）[†]朝日新聞朝刊（36 面：文化総合）	
	11 月 8 日	「考古学界は変わったか」（捏造事件発覚 5 年）[†]毎日新聞夕刊（文化欄）	
2006 年	3 月 17 日	「「旧石器」研究　芹沢長介氏死去」（追悼）読売新聞朝刊（39 面：社会面）	
	5 月 8 日	「組織を越え連携」（群馬県大雄院前遺跡）上毛新聞朝刊（17 面：社会面）	
	6 月 5 日	「組織を越え連携」（群馬県大雄院前遺跡）上毛新聞朝刊（8 面：文化面）	
	7 月 6 日	「明大敷地に旧石器遺跡」（明治大学調布付属校用地遺跡）読売新聞朝刊（地域版）	
	8 月 23 日	「遺跡の現在形」（明治大学調布付属校用地遺跡）毎日新聞夕刊（4 面：文化欄）	
2007 年	1 月 5 日	「旧石器人の「普通の生活」跡」（明治大学調布付属校用地遺跡）読売新聞朝刊（25 面：文化欄）	
	6 月 14 日	「後期旧石器時代研究に残る課題」（日本考古学協会第 73 回総会）毎日新聞朝刊（14 面：文化欄）	
	10 月 8 日	「日本人解剖　第 3 章　ルーツ　縄文へ①」（剥片尖頭器）産経新聞朝刊（18 面：特集欄）	
2008 年	3 月 17 日	「日本人解剖　第 3 章　ルーツ　座談会①」（剥片尖頭器）産経新聞朝刊（19 面：特集欄）	
	9 月 18 日	「地中で石器 “浮き沈み”」（調布市下原・富士見町遺跡）室蘭民報夕刊（2 面）共同通信社配信	
	9 月 26 日	「旧石器の時期推定」（調布市下原・冨士見町遺跡）茨城新聞朝刊（21 面：第 3 社会面）共同通信社配信	
2009 年	8 月 20 日	「最古の住居跡？　神奈川県で出土」（神奈川県小保戸遺跡）朝日新聞夕刊（11 面：文化）	
	9 月 30 日	「「日本最古の石器」出土」（島根県砂原遺跡）中国新聞朝刊（1 面）	
	9 月 30 日	「国内最古級の旧石器？」（島根県砂原遺跡）朝日新聞朝刊（1 面　大阪本社）	
	9 月 30 日	「12 万年前日本に人類？」（島根県砂原遺跡）毎日新聞朝刊（31 面：社会　大阪本社）	
	9 月 30 日	「日本人の起源探る石片」（島根県砂原遺跡）産経新聞朝刊（27 面：社会　大阪本社）	
	9 月 30 日	「出雲で 12 万年前の石器発見」（島根県砂原遺跡）産経新聞朝刊（21 面：社会）	
	10 月 21 日	「出雲・砂原遺跡で 12 万年前の「石器」」（島根県砂原遺跡）中国新聞朝刊（13 面：文化）	
2010 年	1 月 23 日	「文化特捜隊」（島根県砂原遺跡）朝日新聞朝刊（27 面：文化）	
	7 月 20 日	「「旧石器」認定論争続く学界」（捏造事件発覚 10 年）[†]産経新聞朝刊（3 面：総合）	
	8 月 12 日	「地道な発掘作業知る」（群馬県武井遺跡群）上毛新聞朝刊（14 面：地域）	
	9 月 8 日	「旧石器研究の今（上）」（捏造 10 年インタビュー）[†]しんぶん赤旗　日刊第 21467 号（9 面：文化欄）	
	9 月 10 日	「旧石器研究の今（中）」（捏造 10 年インタビュー）[†]しんぶん赤旗　日刊第 21469 号（9 面：文化欄）	
	9 月 14 日	「旧石器研究の今（下）」（捏造 10 年インタビュー）[†]しんぶん赤旗　日刊第 21472 号（文化欄）	
	10 月 20 日	「旧石器捏造 10 年（上）」（捏造 10 年）[†]読売新聞朝刊（31 面：文化欄）	
	10 月 22 日	インタビュー：環日本海旧石器文化回廊とオブシディアン・ロード　韓国 CJB　ドキュメント	
	10 月 27 日	「旧石器捏造 10 年（中）」（捏造 10 年）[†]読売新聞朝刊（27 面：文化欄）	

安蒜政雄先生　年譜・業績・履歴

2010 年　11 月　4 日　「旧石器発掘捏造発覚 10 年」（捏造 10 年）[†] 毎日新聞朝刊（23 面：特集欄）
　　　　　11 月　4 日　「捏造発覚から 10 年影響は」（捏造 10 年）[†] 朝日新聞夕刊（7 面：文化欄）
2011 年　　2 月　9 日　「ナイフ形石器ようやく議論」（石器文化研究会）読売新聞朝刊（19 面：文化欄）
2012 年　11 月　5 日　「石器北海道から山形へ」（山形県湯の花遺跡）朝日新聞夕刊（12 面：社会）
2013 年　　1 月 21 日　「日韓交流広がるロマン」（剝片尖頭器）朝日新聞夕刊（7 面：歴史面）
　　　　　　6 月 26 日　「「15 層」の年代なお未確定」（長崎県福井洞窟）読売新聞朝刊（23 面：文化欄）
　　　　　10 月 23 日　「石器製作の一大拠点か」（群馬県武井遺跡）読売新聞朝刊（27 面：文化欄）
2014 年　11 月 17 日　インタヴュー：韓国月坪遺跡　韓国 KBS（光州）　ニュース
2015 年　11 月 21 日　「なぜ無いのか　歴史の全体像つかむ」（原点　インタビュー）読売新聞夕刊（5 面：文化欄）
　　　　　12 月 22 日　「〈丹陽垂楊介出土〉黒耀石石器産地白頭山研究必要」中部毎日日刊（6 面）韓国（ハングル）
2016 年　　1 月　8 日　インタヴュー：韓国月坪遺跡　韓国 KBC（光州）　ドキュメント

～～～　遺跡調査歴　～～～

1966 年　2 月 21 日～　　　　　3 月　　5 日　東京都諏訪山遺跡
　　　　　6 月　8 日～ 6 月 16 日　千葉県加曽利貝塚
　　　　　8 月　5 日～ 8 月 25 日　広島県寄倉岩陰
　　　　10 月 24 日～ 11 月　1 日　埼玉県砂川遺跡 A 地点
　　　　11 月 25 日～ 12 月　4 日　千葉県北台貝塚
1967 年　3 月　6 日～ 3 月　9 日　東京都砂野遺跡
　　　　　3 月 10 日～ 3 月 13 日　埼玉県場北遺跡
　　　　　6 月　1 日～ 7 月 10 日　千葉県向台貝塚
　　　　　9 月 27 日～ 9 月 29 日　新潟県六野瀬遺跡
　　　　10 月 25 日～ 10 月 31 日　北海道川東羽田遺跡
　　　　11 月 11 日～ 11 月 20 日　千葉県須和田遺跡
　　　　12 月　1 日～ 12 月 10 日　千葉県加曽利貝塚
　　　　12 月 11 日～ 12 月 13 日　栃木県摩利支天塚古墳
1968 年　3 月 14 日・3 月 15 日　神奈川県大下遺跡
　　　　　5 月 15 日～ 5 月 19 日　茨城県陸平貝塚
　　　　　6 月　2 日～ 6 月　9 日　千葉県須和田遺跡
　　　　　6 月 15 日・6 月 21 日　神奈川県石原遺跡
　　　　　7 月　7 日～ 7 月　9 日　群馬県二子塚古墳
　　　　　8 月 11 日～ 8 月 20 日　福岡県板付遺跡
　　　　　8 月 20 日～ 8 月 25 日　佐賀県原遺跡
　　　　　9 月 10 日～ 10 月 14 日　神奈川県月見野遺跡群
1969 年　2 月　2 日 埼玉県砂川遺跡 C 地点
　　　　　2 月 19 日～ 2 月 28 日　神奈川県上土棚遺跡
　　　　　3 月　5 日～ 3 月　7 日　神奈川県寺尾遺跡
　　　　　4 月 17 日～ 4 月 26 日　神奈川県月見野遺跡群
　　　　　7 月 24 日～ 8 月　1 日　福岡県板付遺跡
1972 年　8 月 17 日～ 9 月　3 日　長野県石子原遺跡
1973 年　2 月　3 日～ 2 月 10 日　埼玉県砂川遺跡 F 地点
1979 年　9 月　5 日～ 9 月 12 日　長野県矢出川遺跡群
1980 年　10 月 12 日～ 10 月 26 日　長野県矢出川遺跡群
1981 年　11 月　4 日～ 11 月 16 日　長野県矢出川遺跡群

遺跡調査歴

1982 年	6 月 23 日	明治大学誉田農場内遺跡
	8 月 16 日〜 9 月 30 日	千葉県南河原坂第 3 遺跡
1983 年	8 月 1 日〜 9 月 10 日	千葉県南河原坂第 3 遺跡
1984 年	8 月 1 日〜 9 月 10 日	千葉県南河原坂第 3 遺跡
1985 年	8 月 1 日〜 9 月 10 日	千葉県南河原坂第 3 遺跡
1986 年	7 月 28 日〜 9 月 23 日	千葉県南河原坂第 3 遺跡
	10 月 31 日〜 11 月 5 日	長野県鷹山遺跡群
1987 年	6 月 5 日〜 6 月 8 日	茨城県陸平貝塚
	8 月 6 日〜 9 月 4 日	茨城県陸平貝塚
	11 月 2 日〜 11 月 9 日	長野県鷹山遺跡群
1988 年	8 月 8 日〜 9 月 4 日	茨城県陸平遺跡群陣屋敷遺跡
1989 年	7 月 28 日〜 9 月 11 日	茨城県陸平貝塚周辺地区分布調査
	8 月 10 日〜 8 月 12 日	長野県鷹山遺跡群第 I 遺跡 S 地点（試掘調査）
1989 年	8 月 28 日〜 9 月 25 日	長野県鷹山遺跡群第 I 遺跡 S 地点
1991 年	4 月 28 日〜 5 月 12 日	茨城県陸平遺跡群根本遺跡
	7 月 5 日〜 7 月 6 日	長野県鷹山遺跡群周辺地区遺跡分布調査（事前調査）
	7 月 31 日〜 8 月 14 日	長野県鷹山遺跡群周辺地区遺跡分布調査
	8 月 24 日〜 8 月 26 日	長野県鷹山遺跡群周辺地区遺跡分布調査（補是調査）
	8 月 31 日〜 9 月 4 日	茨城県陸平遺跡群木の根田遺跡
1992 年	2 月 13 日〜 2 月 25 日	埼玉県砂川遺跡分布調査
	7 月 12 日〜 7 月 13 日	長野県鷹山遺跡群周辺地区遺跡分布調査（事前調査）
	7 月 31 日〜 8 月 14 日	長野県鷹山遺跡群周辺地区遺跡分布調査
	8 月 31 日〜 9 月 6 日	茨城県陸平遺跡群ミコヤ遺跡
	10 月 31 日〜 11 月 6 日	長野県鷹山遺跡群周辺地区遺跡分布調査 1 測量調査）
1993 年	2 月 15 日〜 2 月 28 日	埼玉県砂川遺跡範囲確認調査
	8 月 9 日〜 8 月 11 日	長野県鷹山遺跡群周辺地区遺跡分布調査（事前調査）
	8 月 31 日〜 9 月 15 日	長野県鷹山遺跡群周辺地区遺跡分布調査
	9 月 20 日〜 9 月 25 日	茨城県陸平遺跡群御霊平遺跡
1994 年	3 月 13 日〜 3 月 24 日	埼玉県砂川遺跡範囲確認調査
	8 月 23 日〜 8 月 24 日	長野県鷹山遺跡群星糞峠黒耀石採掘址群発掘調査（事前調査）
	8 月 31 日〜 9 月 15 日	長野県鷹山遺跡群星糞峠黒耀石採掘址群発掘調査
1995 年	7 月 7 日〜 7 月 8 日	長野県鷹山遺跡群星糞峠黒耀石採掘址群発掘調査（事前調査）
	7 月 30 日〜 8 月 26 日	東京都川岸遺跡確認調査
	8 月 6 日	長野県鷹山遺跡群星糞峠黒耀石採掘址群発掘調査（事前調査）
	8 月 30 日〜 9 月 15 日	長野県鷹山遺跡群星糞峠黒耀石採掘址群発掘調査
1996 年	8 月 7 日〜 8 月 8 日	長野県鷹山遺跡群星糞峠黒耀石採掘址群発掘調査（事前調査）
	8 月 30 日〜 9 月 15 日	長野県鷹山遺跡群星糞峠黒耀石採掘址群発掘調査
1997 年	2 月 3 日〜 3 月 5 日	東京都東村山市野行南遺跡発掘調査
	8 月 7 日・8 月 8 日	長野県鷹山遺跡群星糞峠黒耀石採掘址群発掘調査（事前調査）
	8 月 30 日〜 9 月 15 日	長野県鷹山遺跡群星糞峠黒耀石採掘址群発掘調査
1998 年	8 月 29 日〜 8 月 31 日	長野県鷹山遺跡群星糞峠黒耀石採掘址群測量調査（事前測量）
	9 月 1 日〜 9 月 15 日	長野県鷹山遺跡群星糞峠黒耀石採掘址群測量調査
1999 年	7 月 10 日・7 月 11 日	長野県鷹山遺跡群星糞峠黒耀石採掘址群測量調査（事前測量）
	8 月 3 日〜 8 月 12 日	長野県鷹山遺跡群星糞峠黒耀石採掘址群測量調査
2000 年	4 月 28 日〜 5 月 6 日	長野県鷹山遺跡群明治大学黒耀石研究センター用地（予備調査）
	6 月 1 日〜 6 月 15 日	長野県鷹山遺跡群明治大学黒耀石研究センター用地（本調査）

安蒜政雄先生　年譜・業績・履歴

2001 年　8 月 20 日〜 9 月 19 日　長野県鷹山遺跡群星糞峠旧石器時代遺跡発掘調査
2002 年　8 月 17 日〜 8 月 31 日　長野県鷹山遺跡群星糞峠旧石器時代遺跡発掘調査
2003 年　6 月 13 日〜 7 月 13 日　明治大学和泉校地遺跡「新教育棟地点」（確認調査）
　　　　　8 月 1 日〜2004 年 1 月 31 日　明治大学和泉校地遺跡「新教育棟地点」（本調査）
2004 年　10 月 25 日〜2005 年 2 月 19 日　東京都調布市下原・富士見町遺跡（試掘・確認調査）
2005 年　8 月 1 日〜2007 年 1 月 31 日　東京都調布市下原・富士見町遺跡（本発掘調査）
2007 年　2 月 1 日〜2008 年 1 月 25 日　東京都調布市下原・富士見町遺跡（補足調査）
2010 年　4 月 29 日〜 5 月 4 日　群馬県桐生市武井遺跡群第 1 次調査
2010 年　8 月 8 日〜 8 月 14 日　群馬県桐生市武井遺跡群第 2 次調査
2011 年　8 月 8 日〜 8 月 14 日　群馬県桐生市武井遺跡群第 3 次調査
2012 年　4 月 30 日〜 5 月 6 日　群馬県桐生市武井遺跡群第 4 次調査
2013 年　8 月 7 日〜 8 月 12 日　群馬県桐生市武井遺跡群第 5 次調査
2014 年　8 月 11 日〜 8 月 16 日　群馬県桐生市武井遺跡群第 6 次調査

〜〜〜〜 明治大学外委員など 〜〜〜〜

1981 年　日本考古学協会史編纂小委員会常任委員（〜 1959 年迄）
　　　　　熊本県狸谷遺跡専門調査員
1982 年　熊本県曲野遺跡専門調査員（〜 1983 年迄）
　　　　　千葉県土気地区遺跡調査会指導委員（〜 1986 年迄）
　　　　　千葉県南河原坂第 3 遺跡調査団副団長（〜 1986 年迄）
1984 年　東京都根ノ上（小茂根一丁目）遺跡予備調査団団長（〜 1988 年迄）
1985 年　東京都根ノ上（小茂根一丁目）遺跡発掘調査会理事（〜 1988 年迄）
1986 年　明治大学和泉校地遺跡調査団調査指導委員（〜 1988 年迄）
1987 年　茨城県陸平調査会調査指導委員（1987 年 4 月 6 日）
　　　　　長野県鷹山遺跡群調査団団長（〜 2006 年迄）
　　　　　千葉県立中央博物館（仮称）歴史・民俗展示資料調査会調査員（〜 1988 年迄）
1988 年　東京都自由学園南遺跡調査団副団長
　　　　　群馬県台山遺跡発掘調査会委員（1988 年 12 月 2 日）
　　　　　群馬県薮塚遺跡台山地点発掘調査会理事（〜 1989 年迄）
　　　　　群馬県薮塚遺跡台山地点発掘調査団団長（〜 1989 年迄）
　　　　　日本考古学協会委員（日本考古学年報担当〜 1989 年迄）
　　　　　埼玉県所沢市史執筆専門委員（1988 年 4 月 1 日）
1989 年　松戸市立郷土博物館（仮称）展示検討会委員（〜 1990 年迄）
1990 年　長野県遺跡調査指導委員会黒曜石原産地遺跡指導特別委員会委員（〜 2002 年迄）
1991 年　長野県鷹山遺跡群分布調査指導委員会委員（1991 年 1 月 23 日）
　　　　　長野県男女倉遺跡群詳細分布調査指導委員会委員（1991 年 1 月 7 日）
　　　　　埼玉県砂川遺跡調査検討委員会委員（1991 年 6 月 28 日）
　　　　　埼玉県砂川遺跡調査検討委員会副委員長（〜 2003 年迄）
　　　　　埼玉県砂川遺跡分布調査団団長（〜 1992 年迄）
1992 年　長野県鷹山遺跡保存活用協議会委員（1992 年 11 月 1 日〜 1994 年 10 月 31 日）
　　　　　長野県鷹山遺跡保存活用協議会副会長（〜 1994 年迄）
1993 年　埼玉県所沢市砂川遺跡調査検討委員会委員（1993 年 5 月 1 日〜 1995 年 4 月 30 日）
　　　　　埼玉県砂川遺跡範囲確認調査団団長（〜 1994 年迄）
1994 年　長野県鷹山遺跡群保存活用協議会委員（1994 年 11 月 1 日〜 1996 年 10 月 31 日）

明治大学外委員など

1995 年	東京都川岸遺跡調査団副団長（〜 1996 年迄）
	日本考古学協会 50 周年記念出版特別委員会委員（〜 1998 年迄）
	埼玉県所沢市砂川遺跡調査検討委員（1995 年 5 月 1 日〜 1997 年 4 月 30 日）
1996 年	岩宿文化賞選考委員会委員（〜 1999 年迄）
	松戸市立博物館等資料選定評価委員会委員（1996 年 10 月 1 日〜 1998 年 9 月 30 日）
	日本考古学協会委員（日本考古学協会史担当〜 1997 年迄）
1997 年	東京都東村山市 NO.119 遺跡調査団団長（〜 1999 年迄）
	田名向原遺跡調査整備検討委員（1997 年 12 月 17 日）
	田名向原遺跡調査整備検討委員会委員長（〜 2000 年迄）
1998 年	神奈川県文化財保護審議会委員（1998 年 4 月 11 日）
	財団法人かながわ考古学財団理事（1998 年 5 月 27 日〜 2010 年）
	日本考古学協会委員（長期計画担当〜 1999 年迄）
	笠懸野岩宿文化資料館協議会委員（1998 年 4 月 1 日〜 2000 年 3 月 31 日）
	財団法人千葉県文化財センター理事（1998 年 6 月 6 日）
	松戸市立博物館等資料選定評価委員会委員（1998 年 10 月 1 日〜 2000 年 9 月 30 日）
	松戸市立博物館等資料選定評価委員会副委員長（〜 2000 年迄）
1999 年	財団法人埼玉県埋蔵文化財調査事業団前期旧石器時代遺跡緊急調査指導委員[†]（1999 年 12 月 1 日〜 3 月 31 日）
	宮崎県後牟田遺跡調査団参与（〜現在迄）
2000 年	神奈川県文化財保護審議会委員（2000 年 4 月 11 日）
	財団法人千葉県文化財センター理事（2000 年 6 月 6 日）
	水迫遺跡総合学術調査プロジェクト水迫遺跡調査団 1 調査指導
	笠懸野岩宿文化資料館協議会委員（2000 年 4 月 1 日〜 2002 年 3 月 31 日）
	岩宿文化賞選考委員会委員（2000 年〜 2010 年）
	明治大学黒耀石研究センター用地内遺跡発掘調査団団長
	田名向原遺跡研究会委員（2000 年 8 月 10 日）
	田名向原遺跡整備委員会委員（2000 年 10 月 13 日〜 2002 年 10 月 12 日）
	田名向原遺跡整備委員会委員長（〜 2002 年迄）
	松戸市立博物館等資料選定評価委員会委員（2000 年 10 月 1 日〜 2002 年 9 月 30 日）
	松戸市立博物館等資料選定評価委員会副委員長（〜 2002 年迄）
2001 年	松戸市立博物館友の会設立準備会委員（〜 2002 年迄）
	松戸市立博物館協議会委員（2001 年 10 月 1 日〜 2003 年 9 月 30 日）
	日本考古学協会前・中期旧石器問題調査研究特別委員会委員[†]（2001 年 10 月 1 日〜 2004 年 5 月 31 日）
	同第 5 作業部会長[†]（2001 年 10 月 1 日〜 2004 年 5 月 31 日）
	同総括部会委員[†]（2001 年 10 月 1 日〜 2004 年 5 月 31 日）
	自由学園南遺跡第 5 次発掘調査調査団指導委員（2001 年 6 月 1 日〜 2003 年 3 月 31 日）
	所沢市砂川遺跡調査検討委員会委員（2001 年 10 月 1 日〜 2003 年 9 月 30 日）
2002 年	神奈川県文化財保護審議会委員（2002 年 4 月 11 日）
	財団法人千葉県文化財センター理事（2002 年 6 月 6 日）
	松戸市立博物館友の会副会長（〜 2008 年 3 月迄）
	星糞峠黒耀石原産地遺跡整備委員（2002 年 8 月 2 日）
	星糞峠黒耀石原産地遺跡整備委員会委員長（2002 年 8 月 2 日〜 2004 年 3 月 12 日迄）
	田名向原遺跡研究会委員（2002 年 8 月 10 日〜 2004 年 8 月 9 日）
	田名向原遺跡整備委員会委員（2002 年 10 月 13 日〜 2004 年 10 月 12 日）
	田名向原遺跡整備委員会委員長（〜 2004 年迄）
	松戸市立博物館等資料選定評価委員会委員（2002 年 10 月 1 日〜 2004 年 9 月 30 日）

安蒜政雄先生　年譜・業績・履歴

2002 年　松戸市立博物館等資料選定評価委員会副委員長（〜 2004 年迄）
2003 年　日本旧石器学会設立準備委員会副会長（2003 年 3 月 22 日〜 12 月 20 日）
　　　　　日本旧石器学会幹事（〜 2008 年 5 月迄）
　　　　　明治大学校地内遺跡調査委員会委員（〜現在迄）
　　　　　明治大学校地内遺跡調査団団長（〜現在迄）
　　　　　松戸市立博物館協議会委員（2003 年 10 月 1 日〜 2005 年 9 月 30 日）
2004 年　神奈川県文化財保護審議会委員（2004 年 4 月 11 日）
　　　　　財団法人千葉県文化財センター理事（2004 年 6 月 6 日）
　　　　　松戸市立博物館等資料選定評価委員会委員（2004 年 10 月 1 日〜 2006 年 9 月 30 日）
　　　　　松戸市立博物館等資料選定評価委員会副委員長（〜 2006 年迄）
　　　　　田名向原遺跡整備委員会委員（2004 年 10 月 13 日〜 2006 年 10 月 12 日）
　　　　　田名向原遺跡整備委員会委員長（〜 2006 年迄）
2006 年　神奈川県文化財保護審議会委員（2006 年 4 月 11 日〜 2008 年 4 月 10 日）
　　　　　松戸市立博物館等資料選定評価委員会委員（2006 年 10 月 1 日〜 2008 年 9 月 30 日）
　　　　　松戸市立博物館等資料選定評価委員会副委員長（〜 2008 年迄）
2006 年　岩宿博物館協議会委員（2006 年 6 月 27 日〜 2008 年 3 月 31 日）
　　　　　田名向原遺跡研究会委員（2006 年 10 月 13 日〜 2008 年 10 月 12 日）
　　　　　田名向原遺跡整備委員会委員（2006 年 10 月 13 日〜 2008 年 10 月 12 日）
　　　　　田名向原遺跡整備委員会委員長（〜 2008 年迄）
2007 年　星糞峠黒耀石原産地遺跡整備委員会委員（2007 年 7 月 30 日）
　　　　　松戸市立博物館協議会委員（2007 年 10 月 1 日〜 2009 年 9 月 30 日）
　　　　　長野県鷹山遺跡群調査団顧問（〜 2011 年迄）
2008 年　岩宿博物館協議会委員（2008 年 6 月 20 日〜 2010 年 3 月 31 日）
　　　　　松戸市立博物館等資料選定評価委員会委員（2008 年 10 月 1 日〜 2010 年 9 月 30 日）
　　　　　松戸市立博物館等資料選定評価委員会副委員長（〜 2010 年迄）
　　　　　松戸市立博物館友の会相談役（〜現在迄）
　　　　　日本文化財科学会第測期評議委員（2008 年 4 月 1 日〜 2010 年 3 月 31 日）
　　　　　田名向原遺跡整備委員会委員（2008 年 10 月 13 日〜 2010 年 10 月 12 日）
　　　　　田名向原遺跡整備委員会委員長（〜 2009 年迄）
　　　　　田名向原遺跡研究会委員（2008 年 10 月 13 日〜 2010 年 10 月 12 日）
2009 年　松戸市立博物館協議会委員（2009 年 10 月 1 日〜 2011 年 9 月 30 日）
　　　　　「史跡田名向原遺跡旧石器時代学習館」愛称選考委員会委員（2009 年 2 月 17 日）
2010 年　財団法人かながわ考古学財団評議員（2010 年 2 月 12 日〜）
　　　　　相模原市旧石器ハテナ館運営委員（2010 年 3 月 15 日〜 2012 年 3 月 14 日）
　　　　　相模原市旧石器ハテナ館運営委員会委員長（2012 年 3 月迄）
　　　　　松戸市立博物館等資料選定評価委員会委員（2010 年 10 月 1 日〜 2012 年 9 月 30 日）
　　　　　岩宿博物館協議会委員（2010 年 5 月 19 日〜 2012 年 3 月 31 日）
　　　　　群馬県武井遺跡群調査団団長（2010 年 4 月 29 日〜）
2011 年　松戸市立博物館協議会委員（2011 年 10 月 1 日〜 2013 年 9 月 30 日）
　　　　　松戸市立博物館協議会副委員長（2013 年 9 月迄）
2012 年　相模原市旧石器ハテナ館運営委員（2012 年 3 月 15 日〜 2014 年 3 月 14 日）
　　　　　相模原市旧石器ハテナ館運営委員会委員長（2014 年 3 月迄）
　　　　　岩宿博物館協議会委員（2012 年 6 月 15 日〜 2014 年 3 月 31 日）
　　　　　群馬県文化財保護審議会専門委員（2012 年 8 月 1 日〜 2014 年 7 月 31 日）
　　　　　松戸市立博物館等資料選定評価委員会委員（2012 年 10 月 1 日〜 2014 年 9 月 30 日）
2013 年　韓国公州市岩宿博物館・石壮里博物館展示等推進委員（2013 年 3 月 1 日〜 2014 年 2 月 2 日）

明治大学外委員など

2013 年　岩宿文化賞選考委員会委員（2013 年 6 月 6 日～ 2014 年 3 月 31 日）
　　　　松戸市立博物館協議会委員（2013 年 10 月 1 日～ 2015 年 9 月 30 日）
2014 年　相模原市旧石器ハテナ館運営委員（2014 年 3 月 15 日～ 2016 年 3 月 14 日）
　　　　相模原市旧石器ハテナ館運営委員会委員長（2016 年 3 月迄）
　　　　岩宿博物館協議会委員（2014 年 6 月 17 日～ 2016 年 3 月 31 日）
　　　　群馬県文化財保護審議会専門委員（2014 年 8 月 1 日～ 2016 年 7 月 31 日）
　　　　松戸市立博物館等資料選定評価委員会委員（2014 年 10 月 1 日～ 2016 年 9 月 30 日）
2015 年　松戸市立博物館等資料選定評価委員会委員（2015 年 4 月 1 日～ 2017 年 3 月 31 日）
　　　　松戸市立博物館協議会委員（2015 年 10 月 1 日～ 2017 年 9 月 30 日）
2016 年　群馬県文化財保護審議会専門委員（2016 年 8 月 1 日～ 2018 年 7 月 31 日）
　　　　岩宿博物館協議会委員（2016 年 6 月 18 日～ 2018 年 3 月 31 日）

旧石器時代の知恵と技術の考古学

旧石器時代研究の進むべき道

竹岡俊樹

はじめに

しばらく前に安蒜政雄氏から、日本の旧石器時代研究は危機的な状況にあるという趣旨の手紙を受け取った。それに対する私なりの返答として本稿を作成する。

未だに岩宿遺跡発掘以来の「旧石器時代（先土器時代）研究の伝統」を唱える研究者もいるが、学問は伝統を否定して進んでいくものである。2000年に発覚した「前期旧石器」捏造はこの学問の危うさと欠陥を明らかにした。以来、私は「伝統」を再検討し、破壊し、新たなものを構築する作業を行ってきた。

かつての旧石器時代研究のかかえる問題は多岐に及ぶが、本稿ではその中の、石器を見ること、器種分類と石器の分類、編年と文化の多様性、そして遺跡研究について、問題点と新たな考え方について述べる。図を省略したので、参考文献を参照していただきたい。

石器を見ること

捏造事件の最大の問題は、研究者たちが20数年間にわたって、縄文時代の石器や道端に転がる石（偽石器）を前期旧石器時代の石器と信じてきたことにある。驚いたことに、およそすべての研究者は偽石器と石器、転磨によってできた剝離痕と人工の剝離痕、また、ハンマーストンを用いた直接打撃による剝離痕と押圧剝離技術による剝離痕との区別ができなかった。秩父などの「前期旧石器」の検証で石器を見る先輩の惨憺たる有様を見て本当に驚いた。

旧石器時代研究の基礎は石器を見ることにあるから、この状態では研究はできない。それま

で何をやってきたのだろうか。捏造に引っかかるのも当たり前である。その結果、捏造の検証も、黒土の付着や鍬（金属）によって敲かれたことを示す鉄の付着によって行われることになった。それは犯罪捜査の方法で、学問ではない。

ではどうずれば石器が分かるようになるのか。

石器が分かるとは「尖頭器」と「ナイフ形石器」の違いが分かるということではなく、石器を構成する一枚一枚の剝離面の属性を捉えることができるということである。そのための最も効率の良い方法は、実際にハンマーストンで石を割り、剝離面を観察することである。この作業によって打点部分の砕けや打点からのフィッシャー、バルブの凹面、剝離面のカーブ、リングとフィッシャーの様子などを捉える。この作業を条件を変えながら繰り返すことによって、ハンマーストンを用いた直接打撃で生じる剝離面の一般的な特徴を捉えることができるようになる。ハンマーストンによる直接打撃の剝離面が分かれば、自然による破砕面を排除することができる。偽石器に引っかかることはないだろう。

つぎに、石器を観察していると、ハンマーストンによる直接打撃によっては作ることができない剝離面を見出すことがある。それが押圧剝離技術、ソフトハンマーによる剝離技術、そして間接打撃による剝離面である。剝離技術に応じて生じる剝離面の様相は異なるから、よく観察することによって用いられた技術を判断することができる。

たとえば、押圧剝離による剝離痕はハンマーストンによる剝離痕より幅が狭く（とりわけ打面部分相当）、打点部分が明確に凹み潰れがなく、

剥離面も平坦である。こうした観察も実験を行えばより容易になる。実験はこのような剥離面の把握のために有効である。

では、なぜ剥離技術を厳密に捉えなければならないのだろうか。

それは、文化によって用いられている剥離技術が異なるからである。たとえば、間接打撃による石刃技法を用いている文化には、東山系文化・杉久保系文化・茂呂系文化などがあり、直接打撃による石刃技法を用いている文化には、類アシュール系文化・国府系文化・武蔵台系文化・基部加工石刃文化・柏ヶ谷長ヲサ系文化などがある（文化については文献8を参照）。また、「両面加工尖頭器」の製作技術には、ハンマーストンを用いた直接打撃、ソフトハンマーによる直接打撃、押圧剥離が見られ、文化によって異なる。したがって1個の「両面加工尖頭器」を見れば、それがどのような文化に属するのかを推定することができる。

このような、文化による剥離技術の偏りは、旧石器時代だけではなく、縄文時代にもみられる。たとえば、削器の製作にハンマーストンによる直接打撃を用いる文化と押圧剥離を用いる文化、そしてその両者を用いる文化がある。縄文時代文化研究は土器に偏しているが、生産用具は石器である。今後、石器の技術的分析によって多くの成果が得られるだろう。

剥離という現象は物理的因果関係によって生じるから、地球上のどこで行われても、いつ行われても同じである。自然科学的現象であるから実験が成り立つのである。剥離面の属性や剥離技術を把握できるかどうかは研究者の訓練にかかっている。十分にとらえることができることが研究者の条件であるが、捏造事件は、それができていなかったことを明らかにした。現在、この基本的な問題は解決されたのだろうか。松藤和人氏が前期旧石器時代と主張する島根県砂原や長野県木崎小丸山の「石器」は、この問題

が未だに解決されていないことを示している。捏造事件から何も学ばなかったのである。地層や年代測定値が正しくとも、「石器」が人工物でなければ意味がない。現在の状況は60年代の「芹沢石器」の時代と変わっていない。

さて、石器が分かるようになるための方法の一つは、このように実際に石を割って、石器を構成する剥離面と比較することである。しかしそれだけでは十分ではない。私は15歳で石器を始め、30歳でフランスに行くまでに100万点近い石器を見、実際に剥離作業も行っていた。もう石器は何でもわかると思っていた。しかし、それでは十分ではなかった。

パリの人類博物館で行われていたアンリ・ド・リュムレイ氏の方法についてはすでに紹介した（文献7など）。剥片石器の場合は剥片剥離軸を中心として、打面側を手前に、主要剥離面を底面にして方眼紙の上に置き、石器を構成する面をすべて台帳（属性の分類表）に基づいて記述する。たとえば、剥離面の角度や断面形態、打面部分の様相、大きさや広がり、鋸歯状か否かなど多くの属性ををカードに記入し、先生と学生たちで議論しながらそれを修正する。こうして、石器を構成する剥離面全部が分類され記号化された時、つまり石器を見るというアナログ的な作業をデジタル化することによって、石器についての基礎資料ができ上がる。この作業には、①世界各地から来た学生に石器を記述する同じ基準とコミュニケーションのツールを与えることができる、②記号化、数値化することによって初めて分析作業が可能になる、③石器を構成する面をすべて観察することによって、見る力が格段に向上する、④自分の見る力の程度を客観的に判断することができる、という利点がある。そして、前期旧石器時代の石器はこのような方法でしかとらえることができない（文献4）。

あなたは自分は石器を見る力はかなりある

などと考えているのだろうか。とんでもない。100点満点の50点以下だろう。捏造事件の検証にあたった研究者には、30点くらいの者も多くいた。これは分析やそれに続く研究に進める段階ではない。大学で十分な教育を受ける機会がなかったからである。そこで、石器を見る勉強会を行うことを、明治大学などに提案したがなぜか実現しなかった。したがって研究者たちの石器を見る力は、捏造発覚以前の水準だろう。最大の問題である。

器種分類と石器の分類

石器の分類には、A. 研究者が資料整理のために作った分類（器種分類と呼ばれてきた）と、B. 個々の遺跡で旧石器時代人が行った分類とがある。たとえば、「ナイフ形石器」はAの典型であるが、その内容があまりに漠然としていることから、コミュニケーションの役には立たない。

しかし、さらに素材や二次加工の位置などの違いに注目して細分類した、東山型ナイフ形石器、杉久保型ナイフ形石器、国府型ナイフ形石器なら、それぞれが独自の剝片剝離技法や、石器組成と結びついているから、特定の文化を表徴するものとしてかなり有効である。そして、たとえば東山型ナイフ形石器の分布や東山型ナイフ形石器を持つ文化の様相を論じることが、かつての伝統的な研究だった。

それを「パラダイム転換」したのが東京大学の「理論考古学」である（文献6・9・10参照）。

たとえば佐藤宏之氏は、安斎正人氏が多様な小形の剝片（通常二次加工がない）を一括して「素刃石器」と分類するのと同じように、自らが提唱する「台形様石器」は素材や二次加工の属性やその位置（加工の有無をふくめて）、そして形状のいずれもが多様であるとする。しかし、素材・二次加工・形状の属性が多様であれば、研究者はそれを一種類の石器として認定すること

ができない。さらに安斎氏や佐藤氏が「素刃石器」や「台形様石器」が、「機能の充足を第一義とし、用途に即応したきわめて多様の形状をとる」、と判断するためには、「素刃石器」や「台形様石器」の機能をあらかじめ知っていなくてはならない。しかし、研究者が「同じ機能をもつ、多様な製作技術と形状、素材をもつ石器」をあらかじめとり出すことは論理的に不可能である。私たち、現代人は旧石器時代人が作ったものの機能や分類を、見ただけでは捉えることができない。それゆえに、石器の製作技術を徹底的に分析することが必要なのである。安斎氏は「技術論を脱して」と主張し、佐藤氏は「考古現象の関係態を諸階層において統合するのは社会的作用の結果であるから、技術論への偏重は、バランスのとれた考古現象の合理的理解に至るのを困難にするに違いない」（衒学的で、かつ意味が分からない）と述べるが、彼らの「理論考古学」には、旧石器時代研究の基礎である石器の観察・記述・分析と、それにもとづく石器の分類作業が欠如している。

安斎氏や佐藤氏が行ったのは、後期旧石器時代のナイフ形石器（漠然とした概念）と似ていると自ら判断した「中期旧石器時代」の石器を、祖型ナイフ、あるいは素刃石器と名付ける（系統的個体識別法）ことによって、「中期旧石器時代」の素刃石器から、祖型ナイフ、さらに後期旧石器時代のナイフ形石器へという進化を論じる、という一種のトリックである。

この「系統的個体識別法」というたいそうな名前の方法は、自分たち（理論考古学を信奉する者）にとってどのように見えるかということを本質としている。したがって、技術論の軽視の結果、彼らは偽石器も押圧剝離も不規則剝離も区別できず、「藤村石器」を前期旧石器と信じ続けたのである。

ただし、彼らにとっては、人工か自然かということすらも問題ではないのかもしれない。

長野県での学会で、ナウマン象の足跡から出土した石器は人工ではないという私の発言に対して、安斎正人氏は「たとえ偽石器であっても、人が使っていないという証拠はない」(佐藤宏之氏は「人が使った道具であれば、石器と考える。加工の跡がなくても、人が使っていればよい。自然破砕されたものでも使えば石器になる。石器か偽石器かで議論を収めてはいけない」)と反論している。この発言は型式学を無視し、科学でもない。

「理論考古学」は一世を風靡し、同時代に進行した藤村新一による「前期旧石器」の発見の連続とともに日本の旧石器時代研究を崩壊させた。

さて、ではB. 旧石器時代人が行った石器分類はどのようにして分かるのか。それは、その遺跡で旧石器時代人が行っていた石器製作作業、すなわち、剥片剥離技法の工程から、石器製作の工程までを復元することによって判明する。

個々の石器をよく観察し、共通点と違いを捉えて属性によってグループ分けしていく。必要な場合には統計を用いる(客観化に役立つ)。こうして分類された石器は、それ独特の素材−形態−加工技術の結びつきを持っている。分類された石器の種類と、剥片剥離技法の様相、そして両者の関係がその遺跡が属する文化を特徴づける。

こうした作業を積み重ねて文化の種類ごとの石器のリストを作り、さらに、それを総合して日本列島に分布する旧石器時代文化の総合的なリストを作れば、比較研究に有効である。

前述の、A. 研究者による経験的な器種分類から作業を始めれば、その器種の内容は、あくまでも研究者が設定した概念であるから、文化の実体に迫ることは困難であるが、個々の遺跡の分析から始めれば、容易に文化の実体に迫ることができる。そして、その後に続く、文化の歴史的展開や空間的移動、また接触による文化変容(とりわけ、原人や旧人と新人との間の)を捉

える作業にも方法上の矛盾がない。

この、石器製作作業の全体を復元すること、剥片剥離技法や石器の種類を特定する作業は、「石器を見ること」を基礎とした論理的な作業で、行き着く答えは一つしかない。

佐藤氏は、島根県砂原の石器の「三者三様」(松藤氏はすべてが人工物、竹岡はすべてが自然物、佐藤氏は半々と判断する)の見方について、「これが人文科学としての考古学の正常な姿」と考え、「方法が多様なので、当然導かれる結論も多様になりますが、それを良しとしているわけです」というが(文献10)、誤りである。前述のように剥離という物理的現象を観察して、それが人工か否かや、用いられた剥離技術を判別すること、また石器製作作業や石器の分類の復元作業は、自然科学的、そして論理的作業で、答えは一つしかない。答えがいくつもあるとすれば、それは専ら研究者の訓練不足によるものである。佐藤氏の「三者三様」論は「私は石器が分からない」と言っているのと同じである。

さて、ここで、私の方法に対する批判を検討しておく。問題のありかが明らかになるだろう。

佐藤氏は次のように述べる。「竹岡さんが学んだのはフランスの型式学ですが、研究の現況でいえば、フランスもローカルカルチャー。適用範囲が狭い。そのまま日本にあてはめるのは無理です」。

学派によって全く異なるが、「フランスの型式学」とはどの型式学を指しているのだろうか。この場合はおそらく、今は古典となったフランソワ・ボルドの型式学を念頭に置いたものだろうが、まず、日本の型式学とフランスの型式学(ティポロジー)とはその概念が異なる。日本の型式学は縄文時代研究の影響を受けて、何らかの文化を標示することを目的としているが(ゆえに個別的)、フランスの型式学は製作技術の異なるもののリストという意味合で、累積グラフは技術の偏りを示すものである。また、ボルド

のリストは石器の多様性の少ない前期・中期旧石器時代を対象としているから、かなりの領域に適用することができる。

ただし、私は、A. 研究者による分類と B. 旧石器時代人による分類との関係に問題があることなどからボルドの方法には賛同しない。その詳細は「フランス先史学における型式学—F・ボルドの方法について」（『考古学雑誌』第82巻3号　1997：博士論文の発表でフランス型式学を批判して5人の審査員から集中砲火を浴びた）を参照していただきたい。

佐藤氏に限らず、私の方法が「フランス流」であるとする研究者は多いが、彼らはフランス型式学を知らないし、私の方法のどこが「フランス流」であるかも、指摘できないはずである。私の方法は松沢亜生氏による「切れ合い関係」の把握などの日本の石器研究をもとにしたもので、「石器研究の方法とその見通し」（『考古学基礎論』第2号　1980）に考え方の骨子を述べている。私がド・リュムレイ研究室で学んだのは、ひたすら石器を観察して、その属性を記述する作業で、それによって私は石器研究を科学化することができた（『石器研究法』1989 参照）。

前述のように石器を見ること、それを基礎として石器製作の工程や石器の分類を復元することは、だれが行っても同じ結果に導かれるはずの普遍性を持つ作業であるから、「フランス流」も「日本流」もない。

フランス流であろうとなかろうと、私は藤村石器を一目で捏造であると判断し、他の研究者たちは前期旧石器時代の所産と信じ続けた。それだけのことである。いずれの方法が有効かは明らかだろう。人を理不尽に批判するより、自らの至らなさを恥じるべきである。

編年研究と文化の多様性

1969年に稲田孝司氏によって文化の変遷の論理について述べた論文である「尖頭器文化の出現と旧石器的石器製作の解体」（『考古学研究』第15巻第3号）が提出された。

稲田氏はナイフ形石器（工具）が尖頭器（槍先）へと進化することによって、ナイフ形石器文化から尖頭器文化へと発展を遂げたと考え、尖頭器の出現は、次のような要因によって起こったとする。当時流行の唯物史観の思想をよく反映している。

ナイフ形石器文化の段階では骨角器の武器によって中小獣を追う程度に止まっていたが、その末期には狩猟採集場が飽和状態に近づいて、集団間の矛盾も深刻になった。そこで、尖頭器によってナウマン象やオオツノジカなどの大形獣を狩猟することによって、この行き詰まりに新たな活路を切り開いた。大形獣に対して強力な攻撃力を持つ尖頭器は多人数の組織的な狩猟方法において一層大きな力を発揮した。場合によっては血縁的紐帯にそって他集団にも協業規模を拡大したであろう。

この論文の重要な点は、「尖頭器の優位性を自覚した人間がその型式的改良と量産に腐心した」、あるいは、「器種と型式の特徴は、人間が労働に際してどんな種類の道具を必要としたか、その道具の効力を高めるためにどんな改良をしたかによって決るであろう」という表現に示されているように、旧石器時代においても遭遇する問題や矛盾を解決するために、労働を基礎として、新たな道具が論理的に改良・発明され、そしてその道具の発展が社会の発展につながったとする発展史観にある。

この稲田氏の論文によって示された、ナイフ形石器文化の中から尖頭器が出現して「構造変動」が起こり、そして社会が変化するというという思想（構造変動による合法則的な発展）は、長く受け継がれ、文化の変遷を解釈する原理として用いられた。

1970年に東京都野川遺跡が発掘され、立川ローム層中に10の文化層が重複して検出され

た。これ以降、出土した層位にもとづいて石器文化の編年が作成されることになり、文化は下層から上層にかけて継起的に変遷したと捉えられることになる。

たとえば、鈴木次郎氏と矢島國男氏は1988年に南関東地方の旧石器時代文化を層序に従って次の5つの時期に分けた（「1 先土器時代の石器群とその編年」『日本考古学を学ぶ（1）新版』有斐閣。層位は武蔵野台地）。

第Ⅰ期第Ⅹ層・Ⅹb層

チャートを主要な石材とする小形の剝片石器（揉錐器、ナイフ状の石器など）と、粘板岩などを石材とする石斧を伴う。

第Ⅱ期

〈前半〉第Ⅸ～Ⅹ層上部

石斧が特徴的にみられ、石刃技法をもつ。二側縁加工、基部加工、一側縁加工、一端加工、切出形ナイフ形石器・台形石器・台形様石器などの多様なナイフ形石器が現れる。

〈後半〉第Ⅴ～Ⅶ層

石斧はみられない。ナイフ形石器が増加する。石刃技法には、打面調整を行うものがある。

第Ⅲ期　第Ⅳ層下部

国府型ナイフ形石器を含む多様な形態のナイフ形石器、角錐状石器、拇指状の掻器、鋸歯状の加工の削器がみられ、打面の調整や再生を行わない石刃技法が伴う。

第Ⅳ期　第Ⅳ層中・上部

〈前半〉発達した石刃技法と、石刃を素材とした多量のナイフ形石器がみられ、尖頭器が加わる。尖頭器の先端の一側縁に樋状剝離痕を残すものが特徴的である。

〈後半〉槍先形尖頭器が量的に増加し、ナイフ形石器が多様化する。

第Ⅴ期　第Ⅲ層

槍先形尖頭器を主体とする石器群（①）と細石刃を主体とする石器群（②）の2種類がある。②は①より後出であるが両者の共存も考えられる。

鈴木氏と矢島氏の文化の変遷についての考え方は、生産に直結している石器群は、生産の拡大や自然環境の変動などを契機とした労働対象の拡大や変化に従って、絶えず改良を加えられ、その積み重ねは結果的に構造の改変を促す引金となるというもので、稲田氏の考え方を受け継いでいる。

そして鈴木氏は、石器文化の変遷のメカニズムを明らかにするためには、石器文化の段階区分をできるだけ細分化することが必要であるとし、2001年には相模野台地では諏訪間順氏によって22の層位から出土した27の文化層を12の段階に区分されるにいたる。

しかし、文化層の細分類によって「変遷」の過程がより詳しく捉えられたとしても、石器文化の変遷の要因は見えてこない。その唯一の解釈が、石器群の変遷の要因は自然環境・生態系への適応によるものであるとする「生態適応」である。たとえば諏訪間氏は、第Ⅳ期（第Ⅳ中～上層）のナイフ形石器から尖頭器へという「狩猟具の改良」は、環境変化や生態系の変化に伴う動物の変化に適応しようとする狩猟形態の変化のあらわれで、また第Ⅲ期（第Ⅳ層下部）の段階に、南関東地方の台地に茂呂系ナイフ形石器に代わって切出形石器を主体とする石器群が集中する傾向がみられるのは、AT降灰を含む最終氷期最寒冷期への環境変化に適応するための適応戦略であるとしている（「Ⅴ～Ⅳ下層段階石器群の範囲」『石器文化研究』5 1996）。

今日でも、この「生態適応」という概念は文化の変化を解釈するための万能薬として用いられている。

しかし、層位に基づいて編年を作成し、文化が下層から上層へと継起的に発展したと考えることは正しいのだろうか。

たとえば、茂呂系文化（間接打撃によって剝離された石刃を素材とした二側縁加工のナイフ形石器

をもつ文化）は、南関東地方では、第Ⅸ層、第Ⅶ層、第Ⅳ中～上層にみられる。このことは同じ文化が南関東地方で何度も生まれたのでなければ、他地域で存続していた茂呂系文化が何度か南関東地方を訪れたということを示している。そして、茂呂系文化は東北地方から九州地方まで広くかつ長期間にわたって分布しているから、茂呂系文化が他地域から何度か南関東地方を訪れたということになる。

したがって、層位の上下関係はその地域を訪れた文化の順序を示し、文化自体の新旧を示すものでも、文化の発展の過程を示すものでもないということになる。

さらに、第Ⅸ層、第Ⅶ層、第Ⅳ中～上層の茂呂系ナイフ形石器には違いが見られず、東北地方から九州地方の茂呂系ナイフ形石器にも違いは見られないことは、1万数千年間の環境の変化、北から南までの環境の違いに関わらず、石器の変化が見られなかったことを示している。茂呂系文化はホモ・サピエンスの文化であるが、彼らでも環境の変化にしたがって石器を改良することはできなかった。まして、ホモ・サピエンス以前の人類はむろんのことだろう。かつて信じられていた列島内における石器の進化や、それに伴う文化の構造変動は幻だった。

では、南関東地方のⅩ層からⅢ層にみられるような文化の多様性はどのようにして生まれたのだろうか。

一つは大陸からの新しい文化の流入である。後期旧石器時代前半期なら、茂呂系文化、東山系文化、杉久保系文化などで、後半期なら、有樋尖頭器をもつ文化、尖頭器をもつ文化、細石刃をもつ文化、有茎尖頭器をもつ文化などである。

そしてもう一つは、接触による文化変容である（文献1・7・8）。

たとえば、瀬戸内地方を中心に分布する国府系文化は何度も東進して、茂呂系文化などと遭遇して、その文化の要素を取り入れて（模倣して）変容し、関東地方では柏ヶ谷長ヲサ系文化などを形成した。その文化の様相は遭遇した文化の種類や取り入れる石器の種類によって異なる。

また、九州地方では在来の三年山系文化が東から流入してきた茂呂系文化を模倣して、直接打撃による分厚い石刃を素材として、「剥片尖頭器」（茂呂系ナイフ形石器の模倣品）などをもつ老松山系文化を形成した。こうして、日本列島各地にオリジナルの文化とそれを模倣した文化という多様性が生まれ、たとえば、南関東地方では多い時期には4種類くらいの異なる文化が並立していた。

遺跡の研究

最後に遺跡におけるヒトの行動を復元する作業を検討しておこう。

〔遺跡構造論の検討〕（文献5参照）

遺跡研究の原点となったのは埼玉県砂川遺跡の発掘である。その報告書の骨子は次のようである（砂川遺跡調査団他『砂川先土器遺跡―埼玉県所沢市砂川遺跡の第2次調査』1974）。

砂川遺跡ではA地区には近接してA1・A2・A3の3つ、F地区にも近接するF1・F2・F3の3つのブロック（石器の平面的集中）がある。

資料を母岩別に分類して接合作業を行うと、ブロック間で接合する資料が多く見られる。

次に、各ブロックに残された母岩別資料を、その組成に従って次のように類別する。

類型A ①残核・打面調整剥片・刃器状剥片・その他の剥片をもつ。

②残核・刃器状剥片・その他の剥片・砕片をもつ。

類型B ①打面調整剥片・刃器状剥片・その他の剥片をもつ。

②刃器状剥片・その他の剥片・砕片をもつ。

類型Ａ①・②は打面調整剝片もしくは砕片を
もつことから、ブロック内で剝片剝離作業が行
われたとし、類型Ｂ①・②は類型Ａから残核を
のぞいた形で、ブロック内で剝片剝離作業が行
われた後に石核のみを「他のブロックあるいは
遺跡外」に持ち出したとする。

そうして、類型Ｂとは逆に「他地点」から石
器がブロックに移入された場合を類型Ｃとして、
移入された石器の種類に応じて次のように分類
する。

　　類型Ｃ　①ナイフ形石器を移入。
　　　　　　②刃器状剝片および、その他の剝片
　　　　　　　を移入。
　　　　　　③石器と剝片を移入。
　　　　　　④石核を移入。

こうして、全ての母岩別資料が類型Ａ・Ｂ・
Ｃに分類される。これが「遺跡構造論」である
が、個々の母岩別資料を詳細に検討していくと、
多くの矛盾が見いだされる。

第一の問題は、「遺跡構造論」によれば、打
面調整剝片と砕片は製作の場にとどまり、他の
ブロックには持ち込まれないとすることである。
しかし、たとえば、Ａ区の黒曜石製の石器につ
いて、「小指の爪ほどの砕片が一片にすぎない」
と述べられ、砕片が遺跡外から持ち込まれたこ
とを示している。

また、この報告書で「砕片」として図示され
ている資料は、いずれも長さ２cm前後の剝片や
その断片であるのに対して、持ち込まれた黒曜
石製のナイフ形石器は長さ1.87cmである。

これらのことから、長さ２cm前後の砕片もブ
ロック間、遺跡間を動いた可能性が強いと判断
され、砕片の存在はその場で剝片剝離作業が行
われたことを示すものではない。

剝片剝離作業が行われた資料37のF1ブロッ
クでは砕片が73点見られ、この石核が粗悪な
石質であるとはいえ、８×７×５cm程度の大き
さの石核を剝離すればかなり多くの砕片が生じ

ることを示している。「遺跡構造論」がその場
で剝片剝離作業が行われたとする類型Ａ・Ｂの
ほとんどの母岩別資料には砕片の数があまりに
少なく、石器の多くは遺跡外から持ち込まれたも
のであることを示している。

２つ目の問題は、類型Ｃからは、石核＋剝片、
石核＋石刃（刃器状剝片）、石核＋ナイフ形石器
＋石刃＋剝片という、石核と他の石器類との組
み合わせの形の持ち込みが排除されていること
である。もし、これらの組み合わせを認めれば、
類型Ａ（石核が持ち込まれて剝離された）との区
別が困難になる。しかし、類型Ａと分類され
ている資料から抜けているもの（持ち出された
とされるもの）には、石核だけではなく石刃や
剝片、さらには打面調整剝片や砕片が含まれて
いるから、それらが一括して持ち出されたと考
えるべきである。

以上から、「遺跡構造論」の骨子となる類型
Ａ・Ｂ・Ｃの分類は成立せず、この方法では遺
跡で行われたヒトの行動を知ることはできない。

では、どのようにすればそれを知ることがで
きるのだろうか。

土が洗われて微細な剝片や砕片が採取されて
いないことから、ブロックにおいて実際に石器
が製作されたか否かを判断することは難しいが、
接合資料の観察や採取された砕片の大きさから
（この遺跡では長さ２cm前後）、砕片の数10点以上
の場合、そのブロックで剝片剝離作業が行われ
た可能性があり、20点以上の場合、それが行
われた可能性が強いと考える（砕片を用いた分析
は『石器研究法』言叢社 1989 参照）。

この前提でブロックごとにその石器の内容を
見ると、たとえばA1・A2ブロックは次のよ
うに記述することができる。

A1ブロックでは、母岩２・14が剝離され、
A3で剝離された母岩６、A2・A3・F2で剝離
された母岩10が持ち込まれ、遺跡外からこの
ブロックだけに５つの母岩、計21点の石器が

持ち込まれ（他のブロックには分布していないという意味）、遺跡外からA1とA2に母岩5・4・2、遺跡外からA1・A3に母岩15、遺跡外からA1・A2・A3に母岩9・11・13、遺跡外からA1・A3・F1・F2・F3に母岩7が持ち込まれている。

A2ブロックでは、母岩10が剝離された可能性があり、A3で剝離された母岩12が持ち込まれ、遺跡外からこのブロックだけに3つの母岩、計8点の石器が持ち込まれ、遺跡外からA1・A2に母岩4・2・5、遺跡外からA2・A3に母岩17、遺跡外からA1・A2・A3に母岩9・11・13が持ち込まれている。

第1表では、a.遺跡外から1ブロックに持ち込まれた石器、b.遺跡外から持ち込まれて複数のブロックに分散された石器、c.ブロック内で製作されて残された石器、d.ブロック内で製作されて別のブロックに持ち出された石器、を比較する（製作されたという判断は砕片が20点以上あることに限定。（）内は1点だけ持ち込まれた場合。また割れて接合する石核は1点と計算）。

第1表　石器の由来と石器の種類との関係

	ナイフ形石器	石刃	剝片	砕片	石核	打面調整剝片	二次加工剝片	使用痕	彫器
a	13 (7)	23 (7)	39 (10)	25 (1)	8 (4)	2 (0)	3 (2)	3 (1)	1 (1)
b	11	32	61	43	4	11	1	0	0
a+c	24	55	100	68	12	13	4	3	1
c	9	27	88	191	2	16	8	7	0
d	4	7	13	13	0	1	0	0	0
c+d	13	34	101	204	2	17	8	7	0

aとbから、砕片・打面調整剝片を含むあらゆる種類の石器が持ち込まれたことが分かる。次に、a・bとc・dとを比較すると、持ち込まれた砕片の数が少ないのは当然として、ナイフ形石器・石刃・石核が多く持ち込まれているといえる。1点だけ持ち込まれたものはナイフ形石器・石刃・石核の比率が高い。それらの石器が彼らがこの遺跡に到着するまで持ち続けていたものである。

c.製作されてブロックに残された石器と、d.そこから持ち出された石器とを比較すると、やはり、ナイフ形石器や石刃が持ち出される比率が高いといえる。それは持ち込まれた石器（a・b）の場合と対応している。

このように、砕片の数によってそこで石器が製作された否かを推定すると、「遺跡構造論」とは全く異なる砂川遺跡の様相が明らかになる。それとともに、砂川遺跡の報告書からは、①遺跡の状況を知るために接合資料・母岩別資料を用いることが有効であることと、②石器が遺跡に持ち込まれ、製作され、持ち出されるというように動いた、という基本的な骨子を受け継ぐことはできることが確認される。

〔**大遺跡の例―神奈川県栗原中丸遺跡**〕（文献5・8参照）

砂川遺跡では、ブロックはイエを構成し、そこには10人~10数人からなる世帯か家族が住み、またブロック間に母岩別資料が分散していることから石器や石核の譲渡や交流があったと考えられた。しかし発掘は狭い範囲に限られ、遺跡の全貌は分からない。

そこで、およそ台地全体が発掘された、砂川遺跡とおよそ同時期、同じ茂呂系文化に属する栗原中丸遺跡を対象として、そこで何が行われたのか、集落が存在したのか否かを母岩別の分類と、その接合関係をもとに分析してみよう。

この遺跡で製作された石器と、遺跡外から持ち込まれた石器（単独および複数）とを比較すると第2表のようである。なお、この遺跡では7点以上の砕片（長さは1cm以下とされる）をもつ母岩別資料が遺跡内で石器の製作が行われたとする。

a.から、砕片を含めてあらゆる石器が遺跡に持ち込まれていることが分かる。石核は5点が単独で持ち込まれて剝離せずに残されている。b.製作された石器には剝片と打面調整剝片が多くみられる。ただし、製作の場から遺跡外に持

旧石器時代研究の進むべき道

第2表　石器の由来と石器の種類との関係

	石器	使用剥片	石刃	石核	打面調整剥片	剥片	砕片	計
a	42 (25.3)	22 (13.3)	49 (29.5)	5 (3)	2 (1.2)	46 (27.7)	24	190
b	92 (14.3)	22 (3.4)	104 (16.2)	16 (2.5)	86 (13.4)	326 (50.8)	1076	1718
c	67 (15.7)	20 (4.7)	100 (23.5)	15 (3.5)	27 (6.3)	197 (46.2)	204	630

（a. 単独で持ち込まれた石器、b. 製作された石器、c. 複数で持ち込まれた石器。（　）内は砕片を除く石器の比率）

ち出された石器の数と種類は分からない。そして全資料から、a. 単独資料と b. 製作された石器を除いたものが、c. 複数で持ち込まれた石器、ということになる。砕片や打面調整剥片を含むあらゆる石器が遺跡外から持ち込まれたことが確認される。15点の石核も持ち込まれて剥離せずに残されている。

次に母岩別資料の分布を分析すると、製作ブロックからは単独あるいは複数で石器や剥片、石核、砕片が他のブロックに持ち出され、その距離は78mに達する。また遺跡外から持ち込まれた石器もブロックに分散される。

製作ブロックから多様な石器が数十m離れたブロックに持ち込まれ、また、遺跡外から持ち込まれた多様な石器も分散される、という行為は石器の使用という生産行為だけでは解釈することは困難である。

製作された石器や持ち込まれた石器が広範囲のブロックに分散するのは、初めからそれらのブロック群全体が存在していたのか、もしくは、分散によってブロック群全体が形成されていったのかのいずれかである。そして、石器と共伴し、何らかの施設を構成する礫群の礫が頻繁に動かされて別の場所に再編されていることは、ブロック群全体が初めから存在したのではなく、最初に石器が置かれた場所、製作された場所に石器が集積されていってブロックとなり、ブロックの形成によって遺跡の全体が少しずつ形成されていったことを示している。そして、こ

のような遺跡の形成のされ方（場合によっては、1つの母岩別資料を遺跡全体に分散する）や分散の距離から、この遺跡は1集団が形成したものと考えられる。1集団がこの遺跡全体を形成するためには、礫群の数から、少なくとも30数回は訪れることが必要だっただろう。巨大な遺跡も、少しづつ形成されていったもので、大集落が存在したのではない。

〔環状ブロック群〕（文献5・8参照）

1986年、群馬県下触牛伏遺跡で、直径50mの環状をなすブロック群が発見された。

この環状ブロック群については、いくつかの母岩別資料が複数のブロックに分布していることから、全ブロックが同時に存在し、石核や石器を交換・譲渡し合った、10に近い小集団が居住していたと考えられ、人数が100人前後にも達する環状にめぐるイエが建ち並んでいたとされた。武蔵野台地第Ⅸ層の頃の巨大な環状の村である。

しかし、ブロック群が環状をなすこと、離れたブロック間で石器が接合し、同じ母岩別資料が分散していることが、「環状集落」が存在したことの証になるのだろうか。

秋田県家の下遺跡のブロック群を分析すると、（この遺跡でも土は洗われていないことから、石核とそれに接合する剥片5点以上、石核が欠落する場合には接合する剥片7点以上の場合に剥片剥離作業が行われたと判断する）、遺跡外から持ち込まれた石器と、製作の場所から持ち出された石器は、石器が製作された他のブロックに持ち込まれていることが分かる。狭い領域内に石器が集積されるのは、ブロックがヒトによって意図的に形成されたことを示している。

持ち込まれる石器は1点ずつであることが多く、その種類は多様な石器に及ぶ。そして持ち込まれた石核はその場では剥離されていない。

そして、遺跡外から持ち込まれた石器は遺跡内の非常に広い範囲に分散し、その持ち込まれ

ている先はやはりブロックで、通常1点ずつの石器の分散の集積によって、遺跡の全体の領域（骨組み）が形成されている。

このような状況から、遺跡は1ブロックずつ形成されたのではなく、おおよその輪郭や領域は最初から決まっており、製作作業、そこからの持ち出し、遺跡外からの持ち込みの積み重ねによって、ブロックの密度は濃くなり、遺跡全体の輪郭が明確になっていったと判断される。従って、ブロックは石器の製作や使用を目的とするだけではなく、遺跡を構成するという意味をもっていたことになる。

ブロック群は均質ではなく、20回もの剥離が行われたブロックと、剥離が全く行われずに石器が持ち込まれただけのブロックがある。このことは、均質ないくつかの「集団」がこの遺跡を形成したのではないことを示している。石器を少しずつ分散し、また製作することを重ねることによって環状を呈する遺跡が形成されていることは、この遺跡を作ったのは石器製作者が1人や2人の1つの小集団である可能性が強いことを示している。

彼らは原石地で分割した礫片（石核の素材）を持ち歩いた。彼らの袋の中には、以前の遺跡で作って持ち出した石器類と新たに得た分割礫がある、彼らはその中の石器を使いながら新たな遺跡に至り、持ち歩いていた石器を遺跡全体（ブロック）に分散し、ブロックで分割礫から剥片を剥離し、二次加工し、あるいは使用し、そしてそれらの石器の一部は遺跡内の別のブロックに分散し、必要なものを袋に入れ、残りを製作ブロックに残す。遺跡内で二次加工された石器より遺跡外から持ち込まれた二次加工された石器の方が多いことから、遺跡内で二次加工された石器の多くは遺跡外に持ち出されたと考えられる。彼らの袋の中にはまだ分割礫と以前作った石器の残りと、新たに作った石器が入っている。彼らはその石器を使いながら新たな遺

跡に至り…。というような行動を繰り返していたのだろう。そして、彼らはいくつかの原石地を含む広大な定まった領域内を動き、その要所にこのような遺跡を残した。そしてブロック群によって囲まれた土地（遺跡）と、そうした遺跡によって囲まれた土地全体が彼らの領域＝世界と認識された。この「呪的な」土地所有観念は私たちの世界観とも農耕民のものとも全く異なり、現代の狩猟民にも見ることはできない。旧石器時代特有の文化だろう。

あとがき

捏造が発覚した後、不安を感じて、日本の後期旧石器時代初頭とそれ以前の可能性のある遺跡の石器を見て回り、報告書と比較した。そして、主要な石器の実測図を描き直し、分類をやり直して『前期旧石器時代の型式学』（文献4）を上梓した。とりわけ、チャートや安山岩を素材とした石器は実測図も分類もまったく正確ではない。さらに、後期旧石器時代後半期の遺跡についても剥離技術の記載がないか不正確である。旧石器時代研究は具体的な石器の観察と分析から始まるもので、理論から始まるものでもないし、外国の論文に基づいて行うものでもない。欧米の研究者が必ずしも優れているわけでもない。そして、自然科学はあくまでも補助学である。こうしたことは捏造事件で痛感したはずである。

私たちに必要なのは石器を見る力と分析する力である。見る力を形成して、まず、これまでに発掘された日本の旧石器時代遺跡の報告書を修正して正確な基礎資料を作ることが必要である。それを行わなければこの学問に将来はない。正確な基礎資料なくして、文化や歴史を語ることができないからである。

さらに、本稿で検討したように、これまで行われてきた、「伝統的」な器種分類、編年作業、遺跡研究などには分析作業が欠落している。分

析力、目的に向かって論理を組み立てて行くことの鍛錬は、見る力を形成しつつ早急にとりくむべき課題である。

　捏造事件を契機として、私たちが準拠していた旧石器時代研究の欠陥が明らかとなった。今こそ問題を認識し、誤りを正して、確固とした旧石器時代研究を構築する時である。それが私たちの新たな伝統となるだろう。私が2000年以降に上梓した拙著・拙論を参考文献としてあげておく。石器や遺跡を分析して旧石器時代人の行為を復元する方法は、どのような資料にも適用できる普遍性を持っている。必ず得るものがあるだろう。新らたな学問の構築に向けて頑張りましょう。

参考文献

1 『図説日本列島旧石器時代史』　2002　勉誠出版

2 『旧石器時代の型式学』　2003　学生社

3 『石器の見方』　2003　勉誠出版

4 『前期旧石器時代の型式学』　2005　学生社

5 「旧石器時代の遺跡はどのようにして形成されたのか」『國學院大學考古学資料館紀要』第26輯　2010

6 「日本の旧石器時代研究史」『國學院大學考古学資料館紀要』第27輯　2011

7 『旧石器時代人の歴史―アフリカから日本列島へ―』　2011　メチエ選書　講談社

8 『旧石器時代文化研究法』　2013　勉誠出版

9 『考古学崩壊』　2013　勉誠出版

10 「「考古学崩壊」その後―松藤和人氏・佐藤宏之氏の批判にこたえて―」『異貌』第32号　2015

石器製作技術の研究
―その学史的検討 (3) ―

織笠明子

はじめに

先土器時代の研究は 1990 年代、全国各地域ごとの編年の定着化と共に、研究が多様化していく。それは相対的に、視点別の研究の絶対量の減少にもつながったようである。特に、資料自体の観察を中心とする分野では、その傾向が強くなる。

こうしたなか、昨年開催された岩宿フォーラムでは『石器製作技術―製作実験と考古学―』(岩宿博物館ほか 2015) がテーマとなった。石器研究の中でも石器製作に関する視点は日常化し、記載は慢性化の傾向が強くなっている現状にあって、あらためて、石器製作の研究の上でどのような視点での資料観察が必要なのか、何を意識しなければならないのか、といったような、原点ともいえる問いが発せられた。

このような問題提起に対して、どのように答えていくべきか。その解答を見出すための方法の一つに、研究史があるのではなかろうか。視点を変えて見直すことによって、あらためて石器製作技術について考えることは可能だろう。

石器製作技術上注目され、比較の基準としても利用されてきている一つに、「技法」という用語がある。ひとつのものを作り出すためには、それなりの方法・手順が必要である。そのひとつのもののかたちが定まるなら、それを作るための方法・手順もまた定まってくる。そうした作り方の定まった方法・手順を「技法」と呼ぶ。

研究の初期の段階で、「技法」についてはどのような考え方、使い方がなされていたのか。ナイフ形石器文化の時期を対象として検討して

みることとする。

ヨーロッパの後期旧石器時代には、石器製作の代表的「技法」として、「石刃技法」または「刃器技法」(Blade technic) と呼ばれる技術がある。時代的特徴を示す示準的な技術と考えられる例である。まずはこの「石刃技法」から見直してみよう。

1. 「石刃技法」

芹沢長介氏は『考古学ノート』の中で、Blade を石刃とする名称を採用し、次のように説明している (芹沢 1957)。

「blade の原義は小刀の身、木の葉といった意味で、ここでは刃をもつ平たいものの意味に使われている。フランス語でラーム (lame) と呼ばれる類である。剥片のうちでも縦に長く、その長軸に沿って 2 条あるいは 3 条の稜がとおっているものを石刃という。典型的な石刃をつくり出すためには、石核が柱状に調整されておって、一撃で所期の縦長剥片がはがされる必要がある。このような柱状石核をブレイドコア (石刃核) と呼ぶ。ブレイドコアは北海道から多く発見されるが、本州には比較的乏しいらしい」。

この時期は、本州で石刃や石刃核がまだ明確に発掘調査の報告として提出されてはいない。そのため示準石器とはなっていない時期であり、「石刃技法」という名称や説明はまだみられない。

しかし、1953 年に報告された杉久保遺跡の表採資料には、複数の Blade と Knife blade が含まれており (芹沢・麻生 1953)、いよいよ「石刃技法」の明確な証左が調査によって得られる

ときは近づいていた。また、この報告では、ナ
イフ形石器を「三形態」に分け、「A形・B形
－茂呂形、C形－杉久保形」としている。素材
のかたちと用い方・調整加工を施した部位・石
器のかたち、つまり「素材・加工・かたち」で
分類している（織笠昭 1985）ことが了解される。

1958年（昭和33年）9月8日～14日までの
7日間で行われた新潟県神山遺跡の調査によっ
て、ようやく「石刃技法」の表現が本州のナイ
フ形石器文化の遺跡の報告で示されることとな
る。報告には次のような文章がある（芹沢・中村・
麻生 1959）。

　「4. 石器の組成はナイフ形石器、彫刻刀、
　石刃、石核、掻器、磨石、不定形石器など
　であって、石刃技法をもっていることに注
　意すべきであろう。

　5. ナイフ形石器は、細長い石刃を用いた杉
　久保形というべきものであり、彫刻刀の中
　には神山形としてとくに区別する必要のあ
　る一形態がみとめられた。」

本文中では、石刃石核・石刃のつながりと、
その大きさのバラエティが示され、大きさに
よってナイフ形石器と彫刻刀類とにそれぞれ対
応する素材であることを指摘している。石刃素
材のナイフ形石器は三形態に分けている。調整
加工を施した部位と、石器のかたちによる分類
である。彫刻刀は二形態に分けている。「背面
と彫刻刀面部のなす角度の相違によって」、「ひ
とつは、背面と彫刻刀面とが約90度をなして
まじわり、他の一つは約45度をなす」。後者を
「神山形彫刻刀」と名付けた。

杉久保遺跡と神山遺跡の報告に書かれた、石
器の説明記載方法とまとめ方をみてみよう。記
載は、石器の種類別に一点一点が、素材・加工・
かたち・法量・石材といった項目ごとに行われ
ている。個別記載の後、石器の種類ごとに分類
が示される。その後石器類相互の関係を論ずる。
省略やまとめは論ずる際には出てこない。それ

故に神山遺跡の「蛇足」とした要約に記載され
た組成は、「石核」と示し「石刃核」とは表現
していない。石刃ではなく縦長の剥片を剥離し
ている石核も、剥片も、また剥片を素材とする
石器も、一緒に出土しているとした本文の記載
を、考慮したためである。「石刃技法をもって
いることに注意」とは、石器群全体の中での位
置づけを考えての表現であろう。

最初期の時期の発掘調査報告書でもあり、資
料に対する真摯で丁寧な心遣いが感じとれる。
石器・剥片・石核についてそれぞれ明解に記載
することによって、相互の関係性・つながりを
わかりやすく説明することに意を注いでいる。

素材としての石刃・剥片の大きさについての
分類は、大きさと石器類の結びつきの対応関係
を示しており、「石刃技法」による石刃＝素材
のバラエティにおいて、大きさは一つの鍵にな
ることを示している。一遺跡一石器群において、
目的とする石器によって、素材の大きさや石材
の違いが存在すること、それぞれの目的に沿っ
た素材が供給されていることを知ることができ
る。また、石器・剥片・石核の順番での記載は、
おのおの石核―（剥片剥離）―素材―（調整加工）
―石器という、石器製作の工程的な流れを逆方
向から辿る説明となり、工程的な区切りを表す
ことにも通ずるつながりを暗示するかのようで
ある。

一つ一つの資料は、石器―素材―石核という
関係の中では、1:1:1の対応となる。そういっ
た資料は遺跡の中で様々なありかたで存在する。
それをどう解きほぐし、対応させていくのかが
問題で、一つ一つの資料を丹念に観察していく
ことこそ一番重要なのではないか。そのことを、
「杉久保形ナイフ形石器」や「神山形彫刻刀」
の命名時の情況は教えてくれている。

2.「瀬戸内技法」

鎌木義昌氏によって1960年に初めて紹介さ

れ、タイトル「石器製作の瀬戸内技法」のもとに次の説明がある（第1図、鎌木1960）。

　「大阪府国府遺跡出土の石核・石片・石器などにより、石器製作の順序を摸式化したものである。サヌカイト礫に打撃を加えて石核をつくり、この石核から同じような翼状剥片をつくり、最後にこの翼状剥片を加工して、横剥ぎの瀬戸内独得のナイフ形石器をつくりだす」。

　図からは、はじめに礫から石核の素材となる剥片を剥離する段階が提示されている。また、素材を用いたナイフ形石器の完成までが示される。

　これを1965年には次のように説明している（鎌木1965）。

　礫から石核となる厚手の薄片を剥離…第一段階の石核

　第一段階の石核を整形加工して作業面を整える…第二段階の石核

　第二段階の石核の打面を調整…第三段階の石核

　横長の刃器を剥ぎとる…第四段階

　1960年と同じ図面を用いながらも、作業の流れを一つ一つ区切ることによって、工程的に製作方法を示す、よりわかりやすい説明となっている。一方、対照的な縦長の刃器を剥ぎとる「刃器技法」については、次のような説明がある。

　礫の周辺に調整を加えて石核を調整加工…第一段階

　石核の打面の調整・作業面の形成…第二段階

　連続的に薄く鋭利な縦長の刃器を幾枚も剥離…第三段階

　工程上の説明の中にナイフ形石器の製作工程を含めていないのは、二つの「技法」ともに同じであるが、本文にも図にも「国府型ナイフ形石器」だけが示されている。それは翼状剥片の打面部側に調整加工を施した、一側縁加工（安

蒜 1979）のナイフ形石器である。

　別項での説明では、「国府型ナイフ形石器」の示準遺跡である大阪府国府遺跡からは、「典型的な瀬戸内技法をしめす石核、翼状剥片、国府型ナイフ形石器のセットと粗雑な刃器用石核、刃器のセット」が出土しているが、「量的にも主体をなすのは瀬戸内技法のセットである」とした（鎌木・高橋1965）。国府遺跡については、この時点で報告書が未刊行の中での分析の提示である。そのため、全体としての石器組成や石器製作技術の検討はできないものの、剥片剥離の段階で複数の種類をもっていることが、先の記載により明らかとなった。一遺跡での複数種類の石核があるという点では、「石刃技法」で取り上げた神山遺跡と同様のあり方を示している。一遺跡に複数種類の剥片剥離技術を持つという共通性が指摘できる。しかし残念ながら、それに対応するであろうナイフ形石器の形態分類などについては、示されることはなかった。

　ところで、「技法」として図で示されている「瀬戸内技法」は、もう一種類存在する。それは、芹沢氏が示した剥片剥離までの段階の図である（第2図、芹沢1962）。芹沢説は「石刃技法」と同じ捉え方であり、鎌木氏の見解とは異なっている。

3.「技法」と「型式」

　「石刃技法」では石核─素材─石器という関係でみるとき、神山遺跡において、「杉久保形ナイフ形石器」と「神山形彫刻刀」の二者が、素材となる「石刃」と強く結びついていた。「瀬戸内技法」では同様に、「翼状剥片」が「国府形ナイフ形石器」と結びついていると言ってよいだろう。しかし、ここに示したそれぞれ以外の石器類については、特定素材との結びつきは示されていない。つまり、一遺跡一石器群の全ての資料が一つの技法と結びついているかどうかは、わからないのである。

ところが、一遺跡全体の実態の意味を検討する前に、特徴的な石器と技法との結びつきをもって、その遺跡を性格づけるというかたちで、石器群の理解が広まってしまった。

1959年、神山遺跡の報告書出版の3ヶ月後に出された概説書の論文（芹沢1959）の中で、「石刃手法」、「神山型彫刻刀」、「茂呂型」、「杉久保型」とする表現を芹沢氏は用いている。「型」で示される石器の空間的な広がりに言及している。

翌1960年5月に刊行された概説書の論文では（芹沢1960）、芹沢氏による〈石刃技法〉とする項目の中で、「石刃技法」「瀬戸内技法」と特定の石材との結びつきが言及されている。〈彫刻刀とナイフ形石器〉の項目では、「茂呂型・杉久保型・国府型の三つの形態が区別されるようであるし、たがいに、分布区域をも異にしている」とした。「茂呂型」・「杉久保型」が素材・かたち・加工・石材・分布・共伴遺物の順に、「国府型」は剥片剥離と素材・加工・石材、分布の順に、それぞれ説明がなされている。また、「考古学上から見た石器・土器の地域差」として、「石刃とナイフの分布」が図で示されている（第4図、芹沢1960）。

同年6月に刊行された概説書の論文で、鎌木氏も「ナイフ形石器の分布とその石質」と題する分布図を掲げ、次のような説明文を添えている。

「ナイフ形石器の作られるころには、三つの大きな地域差が知られている。このような地域差が、どのような条件のもとに生まれてきたかは今後の課題である。しかし、おのおのの石器群が、違った石質からつくられていることは、石質の相違が石器の地域差を生ずる大きな原因となったことを推定させる」（第5図、鎌木1960）。

芹沢氏は1962年、概説書の論文で（芹沢1962）、あらためて、ナイフ形石器の各型式、製作技術、石材、分布について説明する。

「杉久保型ナイフ」―「石刃素材」―「石刃技法」―「神山型彫刻刀」伴出―硬質頁岩、という結びつきと「中部地方から東北地方にかけての東北部本州」の分布域。

「国府型ナイフ」―「国府型剥片」―「瀬戸内技法」―安山岩、という結びつきと「瀬戸内海を中心として、大阪府、岡山県、香川県、九州福井洞穴第Ⅷ層」などの分布域。

「茂呂型ナイフ」―「縦長の剥片」―「磯山技法」（「不離の関係かどうかはまだわからない」）―「良質の黒曜石や硬質頁岩にめぐまれない地域」―「中部地方南部から関東地方、東北地方の一部（福島県）にかけて」の地域。

このようなかたちで、三つの分布域と特定の技法、特定の素材、石材を結びつけたナイフ形石器の三型式を示している。

このうち、「茂呂型ナイフ」と結びつく特定の技法として、ここではじめて提示されたのが「磯山技法」である。栃木県磯山遺跡の資料に基づく。次のような説明がある。

「関東地方では河原石の上部を打ちはがし、その周辺を次第に剥離してゆく方法が用いられていたようである。この場合には石刃技法のような調整された円筒形石核はできず、いわば半円錐形の粗雑な石核ができあがり、剥片は根本がひろく、先端が次第に細くなってゆく」（第3図、芹沢1962）。

しかし芹沢氏は、磯山遺跡について同じ論文の中で、次のようにも述べている。

「岩宿Ⅰにちかいものとして、磯山遺跡の石器がある。これはやはり刃部に磨耗痕のある楕円形石器をともない、石刃にちかい剥片（磯山型剥片と仮称する）、半円錐形の石核、ナイフ形石器、掻器などの組成をもっている」。

ここでは、これ以上の「茂呂型ナイフ」、「磯山型剥片」、「磯山技法」についての相互の関係

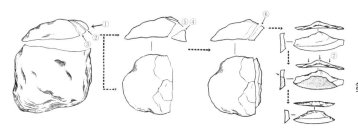

第1図　石器製作の瀬戸内技法
（鎌木 1960）

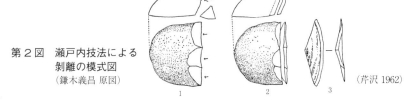

第2図　瀬戸内技法による剥離の模式図
（鎌木義昌 原図）
（芹沢 1962）

1. 調整された石核、2. 連続剥離順序、3. 剥片

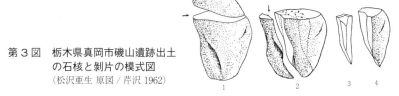

第3図　栃木県真岡市磯山遺跡出土の石核と剥片の模式図
（松沢亜生 原図／芹沢 1962）

1. 石核の第一段階、2. 剥離の順序、3. 中央部よりの剥片、4. 残った剥片

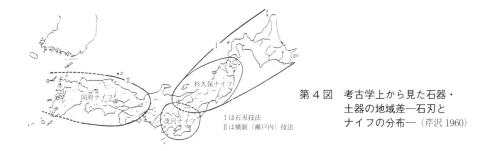

第4図　考古学上から見た石器・土器の地域差—石刃とナイフの分布—（芹沢 1960）

第5図　ナイフ形石器の分布とその石質
（鎌木 1960）

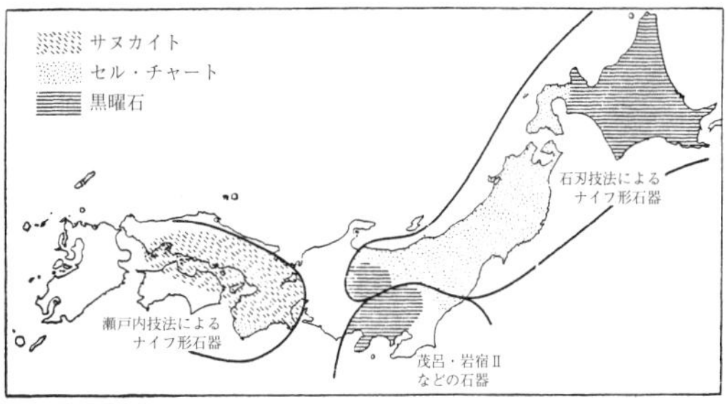

の説明はない。磯山遺跡は、当時未報告であっ
たためである。従って、「磯山技法」の図は模
式図であった。調査以前から表採資料等でその
内容を比較資料とできるほどに確認はしている
が、未報告資料であり、まだ十分に検討できる
状態には至っていないというのが、説明のない
理由と思われる。

　1958年の時点で芹沢氏の中では、まだ中部・
関東において編年上不確実な部分を残していた。
それは「まとまった文化層の把握ができていな
い石刃と縦長剝片の1群については、やや確実
性を欠いていること、またナイフ形石器と切出
形石器との関係は推定である」としながら、次
のような編年案を提示している。

　「握り槌→｛縦長剝片／石　刃｝→ナイフ形石器→切

　出形石器→尖頭器→小形石刃」（芹沢1958）。

　この編年の二番目にあたる時期に対応する遺
跡として磯山遺跡をあてることで、「技法―型
式」というつながりを完成させたのである。

　こうした、概説書による、たたみかけるよう
な地域差を示す表現は、先土器時代研究にとっ
て、大きな刺激となったに違いなかった。しか
し、研究の基礎となるべき編年の作業は、行き
詰まりをみせていた。

4.「技法」研究の展開

　1960年前後に明確化したように思われた、
ナイフ形石器と石器製作技術とのつながりで
あったが、1965年にはナイフ形石器と「石刃
技法」の単純な結びつきのみでは語れないほど
の、資料の増加と多様性がみられるようになる。
ナイフ形石器に様々な形態が見いだされるが、
それを型式的に理解するための根拠がみつから
ない。方法的な行き詰まり状態が、研究の状況
を支配していた（安蒜1999）。示準資料による
大枠の編年という段階は、1960年前後の時点
で、すでに終わりを迎えていたのである。

　そのような中、芹沢氏は、1960年頃より、
文化層の重複する遺跡の確認、最新の地形・地
質学の成果に基づく層位、洞穴遺跡等の文化層
の重複する遺跡の調査を編年のための重要な項
目となし、「石器の形態を比較し、製作技術か
ら新古を推定することもある。しかしこの方法
は、前の三方法に比べて確実性に乏しい」とし
て、層位重視の方向へと研究方針の転換をは
かっていく（芹沢1961）。

　『先土器時代』（杉原編1965a）の編集の責を
負った杉原荘介氏は、率先して地質学分野との
共同研究を働きかけてきていた。しかし、地質
学の側で、考古学の進むスピードにはなかなか
対応しきれない状態があった。地質学にとって
は、第四紀という新しい時代を対象とした、考
古学と対応する細かな研究は、岩宿とともに開
始されることになったばかりだったのである。

　石器組成を重視する杉原氏は（杉原1956な
ど）、出土状況把握のため、1951年東京都茂呂
遺跡の調査（杉原・吉田・芹沢1959）、1954年千
葉県丸山遺跡の調査（杉原・大塚1955）において、
主要遺物の出土位置を記録し、図面化して報告
に記載した。平面分布図では一定のまとまりを
有する点が明確化され、礫群や炭化物片の出土
も図と共に指摘されている。層序区分の検討が
開始されて間もない地質学に対して、考古学の
側からの対応としてまず考えられたのが、表土
からの深度である。考古学的な土層区分の説明
に表土からの深度のデータが加わってできたの
が、平面分布図と対応した垂直分布図であった。
こうして、一括性の保証であり、ローム層中よ
り出土する縄文時代以前の石器文化であるとい
う証明が、積み重ねられていく。神山遺跡にお
ける報告も、同様の方法がとられている。

　一括性を保証するという視点では、松沢亞生
氏による、石器製作にかかわる一連の論文を取
り上げることができる。「長野県梨久保遺跡の
尖頭器→福島県成田遺跡の接合資料→長野県北

踊場の尖頭器石器群」（松沢 1959・1960a・1960b）というかたちで、「石器の調整加工の段階→素材の剥片剥離の段階→石器製作全体の段階」という、石器製作の流れを逆に辿る捉え方を示した。特に北踊場の資料については、表採をふくめた全体を、石器製作作業の複数の並列する工程の組み合わせとして位置付け、一尖頭器石器群全体を石器製作を通して表現している（織笠 1995）。

長野県茶臼山遺跡の発掘が行われたのは、1952 年秋、9 月から 12 月のことである。編年的位置付けについて、当時はブレイドを主体とする石器文化と、ナイフ形石器を主体とする茂呂石器文化との二者が、混じっているのではないかとの意見があり、また局部磨製石器が組成にあるというので、なかなか評価が定まらなかった。それを、石器製作技術の視点から、石核—素材—ナイフ形石器のつながりを導き、全体として一つの石器群として捉えられることを明らかにした。その報告が出されたのは、1962 年であった（藤森・戸沢 1962、織笠 1981）。

この時期、発掘調査が全国に広まって、一遺跡一石器群の全体を分析する試みが行われるようになってくる。どのような石器類がどこからどのくらい出土するのか、組成はどうか、何を特徴として抽出すればよいのか。そのようなことが検討されながら、遺跡の報告に反映されていく。基礎的な認識や方法が全国に敷衍化していった時期として捉えられる。用語の整備（杉原 1956・1964 など）や、実測図の書き方などについても、検討が加えられている。

そのようななかで、一遺跡の全体を石器製作技術という視点から分析・検討するという方向性は、前述した動向の中で進められてきたものであった。大枠の編年の先にあるものは何か、どのような方法であるのか。全国の地域的な枠組みとしてはどうなるのか。1960 年前後の概説的なまとめ方ではとうてい追いつかない

ほどの多様さの出現であったのではなかったか。1960 年まで上昇を続けていた文献数が、1960 年から 1964 年には減少・停滞の傾向をみせるのは、その証左である（杉原編 1965b）。それを現状としてまとめきったのが、『先土器時代』のあの一冊ではなかったろうか。

5.「砂川型刃器技法」とその後

こうしたなか、戸沢充則氏による「先土器時代における石器群研究の方法」が提示される（戸沢 1965）。

この方法が具体的実践の形で世に出るのは、砂川遺跡の報告としてである（戸沢 1968）。石器製作技術の研究は、ここで「砂川型刃器技法」として新たに結実した。石核—素材—石器の三者が、それぞれの全体として結びつくことによって成立した技法といえる。この技法で求められている目的的剥片は、その大きさで、長さ 5 ～ 7 cm、幅 1.5 ～ 2 cm として示される。この大きさに、石核も石器も一つの線で結ばれるわけである。

全体が対応しているという点でみるなら、神山遺跡例では、石刃の大きさとナイフ形石器・彫刻刀の大きさとは対応し、その他の縦長剥片類と上記以外の石器類とが対応することで全体を形成し、それぞれに対応しているということはいえよう。石核—素材—石器の何を対応していると捉え、「技法」と捉えるかということである。「石刃」とし、「翼状剥片」とするだけでは、対応も規定もできはしない。素材の上に、加工を施し最終的なかたちとなった石器を重ねてみているが故に、大きさの規定が必要なのである。今までの「技法」は大きさを規定していないのだから。それは、神山遺跡や国府遺跡の接合資料の量と比べるなら、圧倒的に多数に及ぶ接合例を、砂川遺跡という一遺跡一石器群の中で示すことが出来たことによる差でもあった。

ところで、「砂川型刃器技法」という捉え方

は、一遺跡の全体であったわけだが、先の神山遺跡例でみたように、どこの遺跡にでも通用するというわけではなさそうである。まずは、関東で同じように考えられるかを確認してみるべきかもしれない（織笠 2001・2005）。

　また、砂川遺跡の分析には、あたらしく「個体別資料」という単位が登場した（戸沢 1968）。この単位の導入によって、石器製作技術は個体ごとに分別され、その作業は工程ごとに分解され、個別化することができるようになった（安蒜 1974）。言い換えれば、工程ごとのあり方まで細分化して観察することができるということである。より細かな石器製作上の片寄りも見出し得る可能性があるということになる。「技法」とは直接結びつける必要はなく、細分化して観察するということから新たに組み立てられる方法による新しい理解の仕方によって、まったく別の方向性が見えてくることもあるだろう。そうした幾つかの事柄については、すでに研究が進んでいる（安蒜 2013 など）。分析単位の細分化・個別化を、石器製作技術の研究にどのように応用していくのかは、現在における大きな課題である。

おわりに

　「技法」を用いた研究の流れをたどってきた。それにより、1960 年前後までに形成された編年の大きな枠組みと地域区分とに、「技法」は重要な役割を果たしてきたことが明確となった。共通項を探すことによって石器群をまとめていく際の、大きな柱としての役割を果たしたのである。

　しかし、資料の増加に伴って、遺跡のあり方と大枠の編年区分に基づく地域の捉え方とは必ずしもうまく結びつくものとは限らないことが明らかになってきた。それまでの研究方法の順番を確認するなら、次のようなものである。

　　1. 石器の製作

　　2. 石器の種別と名称

　　3. 石器の組み合わせと編年・分布

　　4. 住居と自然環境

　　5. 地質学上の問題

　これは、芹沢氏の『考古学ノート』の目次を順に示したものである。1 と 2 とを基本とする編年・分布という 3 の目的は、1960 年には達成されたのである。そうした意味で、芹沢氏の「技法」に対しての検討は、一旦ここでその役割を終了したといえるだろう。

　これから先に研究を進めるためには、まずより細かな編年を組み立てることが必要であった。そのためには、方法論における項目順番の変更が必要であった。故に、5 とした層序堆積等の問題が、先に検討されねばならなくなったのである。芹沢氏がそのために行なったのは、洞穴遺跡の調査であった（織笠昭 1981、麻生 2001）。

　一方、製作と石器の種別を基礎として検討されてきた資料は、蓄積を続ける。1965 年発行の『先土器時代』（杉原編 1965a・b）は、それまでの資料の収集と研究の総括、そして新たな問題提起の書ではなかったろうか。そのなかには、新たに遺跡単位での「技法」の検討も認められる。「剝片技法」（加藤 1965）といった用語も提出されている。

　1960 年代は、石器製作技術の研究が遺跡単位へとその軸を変えていく時期であった。そして、他の研究要素の検討も、一遺跡一石器群を単位として行われるようになっていく。こうして、月見野遺跡群・野川遺跡の成果のもと（明治大学考古学研究室・月見野遺跡調査団 1969、小林・小田・羽鳥・鈴木 1971）、1970 年代には、個体別資料という新たな石器製作上の単位をもとに、本格的な石器製作工程の研究が、いよいよはじまることになる。

　1970 年までの先土器時代遺跡研究は、対象とする枠組み・単位をどのように作り上げるかの過程でもあった。その中で、1960 年を一つ

の境とすることができる。一点の石器から開始され、遺跡単位に至る一筋の道明かりが、「技法」という名の石器製作技術の研究であった。この視点により、岩宿の調査から十年余りで、全国の先土器時代研究のための大枠の形成が可能となったのである。

　そうした1960年までの研究を踏まえて、次の十年は石器製作技術研究の基本的な分析単位を明確にすることに、試行錯誤が繰り返され、一遺跡一石器群を単位とする比較研究の基礎が整備される。この基礎があったからこそ、「月見野・野川以前と以後」（戸沢1974）と評されるほどの研究の波に乗ることかできたといえるだろう。そして、1970年代の、新しいページが開かれたのである。

　本論の作成にあたっては、ご指導を賜りました安蒜政雄先生に、心より感謝申し上げます。議論の相手をしてくださり、原稿の清書にお手を煩わせた荒井幹夫氏、ご心配をおかけした比田井民子氏、小菅将夫氏には、厚くお礼申し上げます。日頃よりご指導・ご教示をいただいております発掘者談話会の皆様、石器文化研究会の皆様、共に歩んでくださる石器に学ぶ会の皆様をはじめ、多くの方々に支えていただいていることに、感謝とお礼を申し上げる次第です。

　安蒜政雄先生には古稀をお迎えになられ、誠におめでとうございます。石器研究一筋の山また山の道のりを歩み続けておられますこと、心より敬意を表しますと共に、お慶び申し上げる次第です。これまでのご厚情とご指導に際しまして、心よりの御礼と深い感謝を捧げます。これからはもっと自由に、元気に石器の世界に羽ばたいて下さいますことをお祈り申し上げております。

引用・参考文献

麻生　優 1975「概説・総論」『日本の旧石器文化1 総論編』雄山閣

麻生　優 2001『日本における洞穴遺跡研究［千葉大学・愛知学院大学講義録］』発掘者談話会編、麻生直子

安蒜政雄 1974「砂川遺跡についての一考察―個体別資料による石器群の検討―」『史館』2、市川ジャーナル

安蒜政雄 1979「石器の形態と機能」『日本考古学を学ぶ』（2）有斐閣

安蒜政雄 1999「岩宿に学ぶ」『石器に学ぶ』2、石器に学ぶ会

安蒜政雄 2013『旧石器時代人の知恵』新日本出版社

岩宿博物館・岩宿フォーラム実行委員会編 2015『石器製作技術―製作実験と考古学―予稿集』岩宿博物館・岩宿フォーラム実行委員会

織笠明子 1981「石器製作技術の研究―その学史的検討（1）―」『石器研究』2、石器研究会

織笠明子 1995「石器製作技術の研究―その学史的検討（2）―」『近藤義郎古希記念考古論文集』考古文集編集委員会

織笠明子 2001「『砂川』研究と『砂川型刃器技法』」『シンポジウム砂川―その石器群と地域性―コメント・まとめ集　石器文化研究』10、石器文化研究会

織笠明子 2005「砂川遺跡研究覚書」『地域と文化の考古学』Ⅰ、明治大学文学部考古学研究室編、六一書房

織笠　昭 1981 「日本考古学協会設置の特別委員会一覧―日本考古学協会史編纂小委員会調査資料1―」『日本考古学協会会報』74

織笠　昭 1985「ナイフ形石器型式論」『論集日本原史』吉川弘文館

加藤　稔 1965「東北地方の先土器時代」『先土器時代』日本考古学Ⅰ、河出書房新社

鎌木義昌 1960「打製石器にみる生活技術」『図説世界文化史大系20　日本Ⅰ』角川書店

鎌木義昌 1965「刃器文化」『先土器時代』日本の考古学Ⅰ、河出書房新社

鎌木義昌・高橋　護 1965「瀬戸内海地方の先土器時代」『先土器時代』日本の考古学Ⅰ、河出書房新社

小林達雄・小田静夫・羽鳥健三・鈴木正男 1971「野川先土器時代遺跡の研究」『第四紀研究』10-4、日

本第四紀学会

杉原荘介 1956「縄文文化以前の石器文化」『日本考古学講座』河出書房

杉原荘介 1964「会報」『考古学集刊』2-3　東京考古学会

杉原荘介編　1965a『先土器時代』日本の考古学Ⅰ、河出書房新社

杉原荘介編 1965b「日本先土器時代主要文献目録」『先土器時代』日本の考古学1　付録12-20頁、河出書房新社

杉原荘介・大塚初重 1955「常総台地における関東ローム層中の石器文化―市川市丸山遺跡について―」『駿台史学』5、駿台史学会

杉原荘介・吉田格・芹沢長介 1959「東京都茂呂における関東ローム層中の石器文化」『駿台史学』9、駿台史学会

芹沢長介 1957『考古学ノート　先史時代（1）―無土器時代―』日本評論新社

芹沢長介 1958「旧石器時代の日本」『自然』13-10、中央公論社

芹沢長介 1959「ローム層に潜む文化　先縄文時代」『世界考古学大系1　日本Ⅰ　先縄文・縄文時代』八幡一郎編、平凡社

芹沢長介 1960「無土器時代の文化」『図説日本歴史1　日本文化のあけぼの』和歌森太郎編、中央公論社

芹沢長介 1961「日本考古学上の問題点　無土器文化」『日本歴史』152、吉川弘文館

芹沢長介 1962「旧石器時代の諸問題」『岩波講座.日本歴史Ⅰ　原始及び古代1』岩波書店

芹沢長介・麻生　優 1953「北信・野尻湖底発見の無土器文化（予報）」『考古学雑誌』39-2、日本考古学会

芹沢長介・中村一明・麻生優 1959『神山』津南町教育委員会

戸沢充則 1965「先土器時代における石器群研究の方法」『信濃』17-4、信濃史学会

戸沢充則 1968「埼玉県砂川遺跡の石器文化」『考古学集刊』4-1、東京考古学会

戸沢充則 1974「砂川遺跡の第1次調査から第2次調査まで」『埼玉県所沢市砂川先土器時代遺跡―第2次調査の記録―』砂川遺跡調査団編、所沢市教育委員会

藤森栄一・戸沢充則 1962「茶臼山石器文化」『考古学集刊』1-4、東京考古学会

松沢亜生 1959「石器研究におけるテクノロジーの一方向」『考古学手帳』7、塚田　光

松沢亜生 1960a「石器研究におけるテクノロジーの一方向（Ⅱ）」『考古学手帳』12、塚田　光

松沢亜生 1960b「長野県諏訪・北踊場石器群―特に石器製作工程の分析を中心として―」『第四紀研究』1-7、日本第四紀学会

明治大学考古学研究室 1984「追悼　杉原荘介先生と先土器時代文化の研究」『駿台史学』60、駿台史学会

明治大学考古学研究室・月見野遺跡調査団編 1969『概報月見野遺跡群』

細石刃と細石刃技術
―用語概念をめぐる問題点―

髙倉　純

はじめに

　日本列島を含む北・東アジアでは、細石刃とそれが伴う石器群を対象として、これまでさまざまな角度から数多くの研究が取り組まれてきたのは周知の通りである。従来の研究では、"細石刃"と"細石刃ではないもの"との境界は、とりたてて議論を必要とするまでもないものと認識されてきたからであろうか、細石刃に対する分析や説明はあっても、石器分類としての細石刃やそれにもとづいた技術にかかわる用語の概念規定そのものが吟味される機会は、きわめて僅かであったといえる。しかし、日本列島内にとどまらず世界各地で把握されてきた関連資料にもとづいて、あらためてその境界を考えてみようとすると、かならずしもそれが自明なものではないことが分かる。

　細石刃に関してはすでに複数の定義が提示されており、その相違が含意するところを把握しておかねば、細石刃の外延をめぐる議論に齟齬を生み出しかねない。細石刃の定義の妥当性や有効性を、設定目的と概念規定の基準との整合性、資料への適用可能性、石器分類の体系との関係性、現象の説明可能性に立ち戻って、あらためて考えていく必要性があろう。

　本稿では、これまで当該分野の研究において使用されてきた用語の基礎概念にかかわる議論を整理し、上記の観点から、それらの妥当性や有効性を検討していくことにしたい。

1. 細石刃定義の二者

　細石刃の代表的な定義としては、加藤晋平・

鶴丸俊明（1980）によるものがあげられる。そこでは、「幅が１センチ以下で長さが幅の２倍以上の縦長剥片のうち、側縁がほぼ平行し、表面に縦方向の剥離面を残しており、それによる稜が側縁とほぼ平行する剥片」（加藤・鶴丸1980：66）と規定されている。多少の内容の相違はあれ、こうした定義は近年にいたるまで多くの議論で踏襲されているようにみえる（例えば赤澤他1980：27、堤2010：307）。

　幅を１cm以下とするのは、定義上は便宜的でしかないが、経験的にその妥当性を支持する事例がいくつか知られている。石刃から細石刃が、同一の母岩で連続的に剥離されているとされた、北海道の置戸（紅葉山）型細石刃核を伴う奥白滝１遺跡出土石器群の事例分析（髙倉2007a）では、石刃・細石刃の幅の頻度が1.0～1.2cmで一度減少する２つのピークが認められた。幅の数値で1.0～1.2cmが、細石刃と石刃を区分する目安となることを示す一例といえよう。

　上記の加藤・鶴丸の定義は、「意図的で、繰り返し具現化された諸特徴」（Tixier 1967：812）を分類形質の基準として定義されたものである。石器資料を手にした時に、その個体遺物が有している形質から、帰属の認定が可能な定義であるともいえよう。こうした技術形態学的な定義によって、石器資料の記載とその後に続けられる議論での資料の整備が可能になるとみられる。もちろん、そこで定義された分類単位が、実体としてどのような階層の、いかなる行動や関係性を反映しているのかについては、分類の設定だけで明らかになるものではなく、石器群間での比較検討を通して議論をおこなっていく

ことが必要である。有意な一括資料を対象とした、動作連鎖の観点からの剥離工程・剥離方法（髙倉 2007b）の分析成果の蓄積が求められるであろうことを指摘しておきたい。

　ヨーロッパの旧石器研究において、1950 年代にその方法が確立されたと評されるフランソワ・ボルドの石器型式分類の体系では、石器の形態とそれを生み出した製作技術、とくに形態の作り出しに大きく関与した細部調整技術に即して多くの石器分類の定義がなされている（例えば藤本 1976、山中 1994）。北・東アジアにおける細石刃の場合、サイズを整えるための分割が想定できる事例は多く認められるものの、素材に細部調整が施されることは稀である。それだけに、細部調整技術を指標とした下位分類の設定が難しいというだけにとどまらず、分類の外延から“偶然性”、すなわち、同形の連続的な動作の所産による定形的な産物だけでなく、それとは無関係に剥離された剥片が上記の基準を満たしてしまうこと、そのことにより分類単位の有意性が損なわれる可能性が予測できることになる。何らかの技術的伝統に関連づけさせようとする技術形態学的な石器型式分類の目的を鑑みると（赤澤他 1980）、このことは望ましい事態ではなかろう。しかし、上記の技術形態学的な定義からは、この問題の発生は避けがたい帰結のようにもみえる。

　一方で、そうした定義とは一線を画す見解も提起されている。大井晴男（1989：12）は、細石刃を、「その形状によってのみ規定されるものではなく、まさに、“組合せ道具（composit-tool）の部品”としてのその生産の“意図”によって規定されなければならない」とし、「“石刃技法”によって作られ、しかも、“組合せ道具（composit-tool）の部品”としての用途上、相対的に“細く・小さい”もの」とみる。

　大井の「石刃技法」の定義とは「連続的に多数の同形の剥片―石刃―を剥離することを目的とするものであり、石核の一端または相対する両端に打撃面を限り、その周縁に連続的に一定方向からの打撃を加えて剥片を作っていく手法」であり、この「石刃技法」の定義から石刃の定義―「前述の石刃技法によって作られる剥片で、結果として一般に 1 ないし数条の稜を有し、かつほぼ平行する 2 側縁を持つ縦に長い形をとる」―が導き出されている（大井 1965：4）。大井による細石刃の定義では、形態ではなく「意図」、すなわち、「用途」とそれを実現すべく行使された「技法」が、第一義的な認定基準とされている。細石刃に関して形態よりも使用された石器であることにより重きをおいて評価する見解は、他のさまざまな研究者の議論にも見出せる（例えば芹沢 1960：78）。

　上記の細石刃の定義をめぐる二者は、「技術形態学」と「機能形態学」（山中 1979）における分類カテゴリーの相違と共通する対称性を示しており、資料操作の手続きとしては、方法論的に明確に区別すべきものと考えられる。同一名称を用いながらも異なる概念規定に依拠した細石刃をめぐる議論は、定義の外延が異なることが予測されるだけに、結果的には噛み合わないものとなってしまう可能性は高い。したがって、どのような目的のもと、いかなる概念規定に従った分類から議論がなされているのか、が明示されるべきであろう。しかし、これまでの細石刃を対象とした研究では、この相違が明確には認識されておらず、二つの定義内容を組み合わせ、必要条件とする概念規定もあったことは注意を要する。石器の「形態」にもとづいた分類の外延と、「用途」にもとづいた分類の外延とが一致する保証はないことを念頭において（山岡 2012：39）、定義の内包の吟味をおこない、議論を組み立てていくべきであろう。

　製作者の「意図」を重視する大井の細石刃の規定は、それ自体ではきわめて明快である。“偶然性”に苦慮する必要もない。製作者による道

具としての評価に着目した定義であるので、適応や行動システムといった問題に論究しようとするときにも、分類の成果を直接的に応用できるという点で有用な概念規定になりうる。しかし、資料操作の手続きとして、大井の想定するような「用途」や「技法」がどのように把握できるのかについては、そうした目的に整合する手段が説得的に提示されていない、という点が問題である。把握を可能とする有効な手段が示されてはいないために、誰しもが等しい操作をおこなうことが困難となっている。「組合せ道具の部品」は、直感的で、恣意的な判断ではなく、人間行動とその痕跡との関連性を取り扱う分析、すなわち、痕跡研究（traceology）（御堂島 2016）を介して証明すべき仮説命題といえる。

　大井のいう「技法」についても、個体遺物から認定できるように定義されているわけではない。実質的には、有意な一括資料を対象とした、個体遺物間の関係や接合資料の分析にもとづいた、石器群のなかでの原石にはじまる剝離作業上の有意な単位である系列の確認を経て、はじめてその把握が可能になるものである。その意味で、一括資料の分析を欠いた、あるいはそれに先立つ時点での、製作者の「意図」に沿った「技法」の定義にもとづいて細石刃をめぐる議論は、実体性を欠如しているといわざるをえない。石器の型式分類の定義は、個体遺物の形質から決定可能でなければならない、とする立場（例えば森本 1994：261）と明らかに相反しよう。

　資料の分析に先立って先駆的に定義される「技法」が第一義的に重視され、その産物として細石刃の定義が導かれるという枠組みは、「系統」関係を反映するとして重視された「石刃技法」の定義から、その産物としての「石刃」の定義が導かれるとする考え方（大井 1965：4）とも共通している。こうした認識は、渡辺仁（1948）や芹沢長介（1959）らの「石刃」に対する議論にもみられる。「石器資料を手にした時に呼ぶ

べき名称としての石刃」の定義はおこなわいま、「資料操作の手段」に「技術史的観点」からの「解釈概念が含められること」の問題点については、すでに山中一郎（1982：91-94）が批判的な議論をおこなっているところである。

　上記の問題点をふまえると、「用途」とそれを実現するための「技法」による定義では、資料に対する上記のような分析に取りかかる前の時点において、対象とする石器資料に分類や名称を与えることができないという点は、充分に認識しておかなければならない。「意図」の同一性が、対象とする資料において証明されていない以上、そもそもどのような石器群を比較検討の俎上にあげればよいのかを措定することもできない。したがって、こうした定義は、石器群間の比較検討のための資料を整備するという目的には適さないことが分かる。現時点でこの定義に則った“日本の細石刃”あるいは“北・東アジアの細石刃”という言明は、仮構以外の何物でもないことになろう。

　また、分析で「意図」をどこまで的確に明らかにできるのかについては、人間行動とその痕跡を取り扱う研究の水準、そして資料の一括性や遺存状況、利用石器石材などからも強い制約を受けるに違いない。比較しようとする関連資料で等しい操作がおこなわれているという保証はないので、分布論的な観点からの議論の展開の際には、データの等質性という点により注意をむける必要がある。「用途」や「技法」を基準とする細石刃の定義は、こうした問題点をふまえた議論をおこなっていかなければならないであろう。

　ここまでの議論では、細石刃に関して二つの定義が示されてきていることを確認してきた。その両者は、資料操作の手続きにおいて明確に区別すべきものであるのと同時に、目的とする議論との整合性や資料への適用可能性という点においても、対照的なあり方を示していること

が把握できた。石器の型式分類の目的を、第一義的には資料を記載し、比較検討のための資料を整備することにおくならば、その定義は個体遺物の形質から決定可能なものでなければならない、とする立場を筆者も支持したい。そうした目的にもとづく限りは、技術形態学的な定義を採用した方が、より整合的な議論が展開できるということになろう。

　もちろん、このことは、大井が目指した「用途」や「技法」にもとづく分類の試みが、そもそも成り立たないということを意味してはいない。それらは、別個の体系のなかで考察されるべきものであり、その分類の目的と方法の精査が必要であるということを指摘しておきたい。

2. 細石刃としてどこまでを含めるべきか

　細石刃の定義としての必要条件なのか、あるいは単に説明しているだけなのかが不明なものの、「組合せ道具」としての植刃器との関係を重視する言及は、これまでも数多くなされてきた（例えば芹沢 1959：18、織笠 1983：77、木村 1997：299）。側縁に溝が彫られた骨角製の植刃器との関係から細石刃の出現を規定するならば、すくなくともシベリアでは、細石刃は最終氷期最寒冷期（LGM）もしくはそれ以降に出現したことになる（木村 1997、Goebel 2002）。

　細石刃の「用途」をめぐる議論として、「組合せ道具」としての植刃器との関係、とりわけ植刃器にどのように装着され、それがいかなる対象に、どのような操作法で用いられていたのかを問うことに、重要な意義があるのは言うまでもない。細石刃と認識されてきた石器が出現し、広範囲にわたる諸地域に定着した行動論的な背景を理解するうえでも、この問題の考察が重要な位置をしめることは間違いない（Elston and Brantingham 2002）。

　しかし、そのことと分類単位（タクソン）としての細石刃の概念規定とは切り分けて考える

べきであろう。その理由は、第一に、前述のように石器の型式分類の定義は、個体遺物の形質から決定可能であることが望ましく―欠損や風化などの問題があるので、結果的に資料のすべてで決定できるのかどうかは別問題だが―、他の遺物、ここでは溝を有する骨角製の植刃器との共伴の存否から規定されるべきではないと考えられる。

　第二に、植刃器は資料の保存環境との関係から、どの地域・どの遺跡でもその存在を確認できるものではなく、特定の遺跡・地域で確認された傾向を基準として、他遺跡・地域に一般化するという議論が必要になるが、そのためには形態と「用途」との対応関係といった仮定を前提として導入しなければならない、という点にある。この仮定の一般的な問題点については、すでにさまざまな議論がある通りである（例えば御堂島 1985）。細石刃の場合、石器の操作法と緩やかな対応が仮定できる"尖頭部"などの特徴的な部位形態を有しているわけでもない。

　近年では、具体的な資料分析にもとづいて、細石刃と認識されている石器資料での装着や操作法の多様性が認識されようとしつつある（例えば寒川 2012）。細石刃であれば「組合せ道具の部品」として一様に評価できるのかどうかについては、再考の余地があろう。広域の時空間に分布する細石刃の「用途」の変異とその相互間の関係に関しては、痕跡研究に則った分析の進捗を待って再検討すべきといえる。形態と「用途」の関係については、その段階で議論すべき課題と考えられる。

　第三に、分類体系において同一階層（佐藤 2007）に位置する、細石刃以外の分類単位との関係にかかわる問題点があげられる。そもそも分類単位の一つである細石刃の認識に、「用途」とそれを実現するための「技法」を基準とした定義が、全面的に、もしくは部分的にせよ組み込まれてきたのは、旧石器（先土器）時代

のなかの「細石刃（細石器）文化」という認識（例えば麻生1965）が形成・定着してきたことと無関係ではなかろう。あるいは「石刃石器群」（吉崎1956、大井1965）と同様に、それが「系統」を強く反映する分類単位と考えられてきたからであろうか。

　いずれにしても、細石刃は一定の時空間に限定して分布する石器であり、「文化」や「系統」の指標となる示準的な石器資料であるとの解釈が議論の前提として自明化してきたことで、細石刃とは同一階層にあるはずの削器や彫器などその他の石器分類—どこまで認識の一貫性が実際の作業上にみられるのかはともかく、基本的には技術形態学的な特徴を基準として定義され、多様な「用途」を含むものとみなせる—とは異なる水準の概念規定が与えられてきたのではないかとみられる。示準的な石器資料であるとの評価自体の是非は別として、分類体系の整合性という点において、同一階層にある石器分類に対し、異なる基準の概念規定が与えられていることについては、体系に大きな齟齬をもたらす可能性があることからも見直しが必要といえよう。

　これまでの研究では、示準的な「文化」・「系統」認識と表裏一体の概念規定が細石刃に与えられてきたことで、旧石器（先土器）時代のなかの特定の時空間をしめる「細石刃（細石器）文化」の範疇からは外れる、同様の技術形態学的特徴を示す関連資料に対しては、別の石器分類に帰属するものと認識され、異なる名称が与えられてきた。示準的な「文化」・「系統」認識の基準となるべき石器分類の単位が、そうした認識に規定されているというトートロジーである。このことによって、結果的に評価されるべき有意な技術的関連性の存在が見逃されてしまった可能性は充分に考慮されるべきであろう。示準的な石器とはみなされていない削器や彫器などの石器分類では、そもそもこうした問題は生じて

はこなかったに違いない。

　このような石器分類の問題にかかわる端的な一例としては、北海道の完新世初頭における石刃鏃石器群の事例があげられる（山原2010：10）。そこでは、石刃ならびに技術形態的には「細石刃」と認識できる資料が、同一の母岩での一連の剥離過程からもたらされているが、そうした「細石刃」は、これまで「小形の石刃」として認識されてきた経緯がある。

　また、アフリカでは中期石器時代（MSA）、日本列島を含むユーラシアでは後期旧石器時代初頭（IUP）以降の石器群において、多様な剥離工程から生み出される、技術形態学的には「細石刃」に分類できる資料の存在もあげられる（例えばKuhn and Elston 2002、仲田2015）。それらは、ときに「bladelet」や「small bladelet」、あるいは「小石刃」や「細石刃様剥片」と呼称され、「細石刃」（microblade）とは区別して認識されてきた。細部調整がなされているものを区別することはともかく、それ以外の当該資料に関して、「細石刃」との概念規定の相違が対象資料に即して明確に示され、誰もが等しい操作ができるように議論がなされてきたわけではない。

　先に触れた技術形態学的な定義にもとづくと、ここで示した事例には、石器群のなかでの量的な多寡は別として、「細石刃」に分類できる石器資料が含まれている可能性が高いと考えられる。石刃に関しても、かつては後期旧石器時代に特徴的に出現する示準的な石器資料とみなされてきたが、ヨーロッパや西アジアでの前・中期旧石器時代研究の進展により、そうした認識の見直しがはかられている（例えばBar-Yosef and Kuhn 1999）。示準的な石器資料であるとの評価を一旦は括弧にいれたうえで、多様な資料に包括的に適用できる定義にもとづき抽出された石刃のなかで、機能・用途や製作技術、石器素材供給などの点に、どのような変化・画期が認められるのかに留意しながら議論していくこ

とが必要とされている。細石刃に関しても、同様の認識の転換が必要ではなかろうか。

アフリカのMSAやユーラシアのIUP以降の石器群で認められる、「細石刃」と認識できる石器資料に関して、剝離工程や剝離方法を石器群のなかで具体的に検討する作業は、近年ようやく着手されるようになってきた（例えばLe Brun-Ricalens 2005、Goring-Morris 2006、Klaric 2006、Zwyns et al. 2012）。しかし、まだそうした成果は限られており、広範囲にひろがる該当資料の多様性を包括的に見通すまでにはいたっていない。相互の技術的関連性の検証についても、今後の課題に委ねられている。従来、細石刃と認識されてきた資料群と、これら細石刃とはかならずしも認識されてこなかった資料群との間での技術的関連性の有無やその背景の解明は、細石刃を製作する技術の出現や終末の過程を包括的に理解するうえで、きわめて重要な課題となろう。

これまで細石刃が認められる石器群での、石器の組成、細石刃やそれ以外の石器の製作にいたる剝離工程・剝離方法の異同に関しては、それらにもとづく石器群の類型設定の試みがなされてきた。しばしばその定義の妥当性が議論の対象となる、細石刃核の型式や技法概念にもとづいた区分の試み（例えば安蒜1979、鶴丸1979）も、こうした階層での議論にかかわるものである。

生産される石器の定形化や生産過程の組織化、石材消費の効率化など、さまざまな要素を勘案すると、細石刃剝離の際の押圧剝離法の導入は、細石刃が認められる石器群の展開のなかで、行動システム上の重要な画期を反映するものになっていたと予測される。北海道での事例分析からは、剝離技術上の変化にとどまらず、道具装備全体の変容を伴うものであったことが想定されている（髙倉2014）。そこで筆者は、「細石刃剝離技術モードA」（打撃法による）と「細石刃剝離技術モードB」（押圧剝離法よる）という

区分を導入し（髙倉2013a）、それぞれがどのような時空間に分布が確認できるのかを検討している。細石刃核の諸型式や諸技法を包摂する階層での議論であり、モードA・Bの区分は、石器群での剝離方法の同定が可能であれば実体性をもったものになりうる。そして、他の現象、とりわけ細石刃の機能・用途の変化との相関を確認していくことで、その区分の意義の検証が可能になるであろう。シベリアにおける細石刃とそれにかかわる技術の出現過程の理解をめぐっては、その定義の相違ゆえに議論の混乱が認められるが（Goebel 2002、Kuzmin 2007）、ここで述べたような観点からの議論の整理が必要と考えられる。

3. 細石刃技術の定義

細石刃を剝離するにいたる技術の呼称として、これまでさまざまな用語が日本では用いられてきたが、ここでは加藤・鶴丸（1980：58）による「細石刃技術」という用語を取り上げ、その定義の検討をおこなっていくこととする。

加藤・鶴丸は、細石刃技術について、「細石刃を目的として連続的に剝離する技術」と定義した。この定義で注目されるのは、第一に、分類単位としての「細石刃」の存在が前提となって、そこから「細石刃技術」の概念が導き出される関係になっていること、第二に、定義の対象は石器製作技術にかかわる現象に限定されており、「文化」や「系統」認識、石材利用、生業や移動・居住形態などにかかわる解釈は含まれていないこと、である。これらのことから、この細石刃技術の定義は、解釈概念を含んで設定されたのではなく、あくまでも石器群の比較検討をおこなううえでの資料操作の概念として設定されたものであることが分かる。

一般的に日本では、この細石刃技術あるいはそれに類する用語は、旧石器時代のなかで一定の時空間を画する段階的な「細石刃（細石器）

文化」という認識、あるいは「系統」的解釈の根拠と密接に結びつけられてきたと思われる（例えば麻生 1965、大井 1989）。それ以外の操作概念という観点から、なぜその設定が必要であるのかが議論されることは、これまでほとんどなかったといえる。「文化」や「系統」認識にかかわる解釈の問題点がさまざまな角度から指摘されるようになった今日、あらためて細石刃技術という操作概念の設定にもとづいた石器群間の比較検討から、どのような問題を明らかにしていくことが可能となるのか、を問うことは重要であろう。

この加藤・鶴丸の定義では、技術形態的な細石刃の概念規定が前提となって議論の実体性が確保されているとともに、それが「連続的に剝離」されていることを細石刃技術の認定条件とした点が注目される。ある石器群における細石刃の存在が、かならずしも細石刃技術の認定には結びつかない場合もあることには注意しておきたい。「連続的に剝離」されているということは、同形の産物が得られるような一連の動作が実施されていたとともに、そのために必要となる形態が石核上で連続的に現出していた、ということも意味する。この条件が付け加わったことで、細石刃の技術形態的定義における問題点として先に指摘した"偶然性"を、定義上は考慮する必要がなくなったといえる。個別の石器資料に対して「小石刃」や「細石刃様剝片」とこれまで呼称されてきたものに関しても、石器群での剝離過程の検討をふまえ、「連続的に剝離」されていることが認められるか否かで、その技術的な評価を定めていくことができよう。

上述の定義からは、細石刃技術は、剝離過程における複数の個体遺物の関係から認定される以上、個体遺物の有する形質からだけでは把握できないことになる。それぞれの石器群のなかで、上述の定義を満たすような技術的過程がみられる系列の把握が必須となろう。したがって、細石刃技術を把握するためには、一括資料での分析が前提となる。その点で、操作上の明確な相違が、細石刃と細石刃技術との認識の間にはあることになる。細石刃技術の認定には、個体遺物の技術形態学的な諸特徴にもとづいた資料の抽出とともに、一括資料における個体遺物間の関係を、技術的な観点から分析していくことが求められる。接合資料の分析もそこでは大きな役割をはたすことであろう。

細石刃技術の定義における「連続的に剝離」されているという条件は、あたかも一連の作業全体を貫いている石器製作者の「意図」—当事者の"認識"や"分類"と言い換えてもよい—を含意しているようにも受けとめられやすい。しかし、これはあくまでも外形的に確認できる動作の連続とその痕跡を対象にしていると考えておきたい。動作の連続とその痕跡を、エティックとして観察の対象としている以上、当事者の作業全体を貫くイーミックとしての「意図」を追及することには、明らかな論理の飛躍を伴うことになる。もちろん、イーミックとしての一貫した「意図」の把握という異なる目的をもった議論のなかで、そうした定義の使用の有効性までを否定するものではない。しかし、その場合には、従来とは異なる目的の議論のなかで、「細石刃」や「細石刃技術」という従来的な枠組みをあえて用いることの是非が吟味されるべきであろう。

なお、細石刃技術を認定する重要な要件として、産物としての細石刃の定形性とともに、入念な石核調整の技術の存在があげられることもある（Kuhn and Elston 2002、Yi et al. 2015）。これは、細石刃と細石刃技術の該当範囲をより限定させようとする見解にも関係する（Elston and Brantingham 2002、Kuzmin et al. 2007）。こうした石核調整の技術の評価は、日本列島では札滑型・白滝型や幌加型として型式認識されている、楔形・船底形を呈する細石刃核を典型とみ

なす見解に由来するのであろう。原材の入手から細石刃の剥離までに、複数の作業の手続きを段階的にふまえているものだけに対象を限定して、その技術的な諸特徴と行動論的な意義とのつながりに着目しようとする議論である。

しかし、そうした典型には当てはまらない、明瞭な相違を示す資料が存在することも確かである。例えば、九州の畦原型や加治屋園型として型式認識されている資料のように、原材となる原石の形態次第では、石核の打面や側面において入念な調整が実施されなくても、細石刃の連続的な剥離がおこなわれているものがあることには留意しておきたい。畦原型や加治屋園型は、工程上の手続きの省略があったとしても、定義上は細石刃と認識できる石器資料の連続的な剥離が可能であったことを示している。細石刃技術にかかわる知識やノウハウを習得した製作者が、剥離作業を実際におこなおうとした際に、コンテクストにあわせ、どのような技術的な手続きを省略したのか、がこうした事例から把握できる点は興味深い。これらの資料を細石刃技術の範疇から除外してしまうことは、こうした重要な技術的関連性を見落すことにつながるであろう。

そうした事例もふまえ、さまざまな地域の、多様な石器群間を通して不変にみられる、コンテクストに左右されない技術的に重要な共通項とは何かを考えていこうとすると、先に紹介した細石刃技術の定義のように、細石刃の剥離にかかわる過程のなかで、とりわけ連続的剥離という現象に着目することは、きわめて重要な意味があるといえよう。もちろん、さらに新たな条件を付加していくことが可能かどうかを議論していくことは重要であるが、それは実験的なアプローチの適用からの検証も含め、今後の課題としなければならないであろう。

この定義の設定によって、結果的に、石器群のなかの細石刃剥離にかかわる系列に技術的な

共通性が認められる一方で、石器の組成や原石からの剥離工程には多様なあり方を示すさまざまな石器群を包括的に取り上げ、比較検討をおこなっていくことが可能となる。このように定義される細石刃技術は、複数の石器群で認められる、石器組成、利用石材、剥離工程の一定のパターンにもとづいた技術複合—例えば広郷石器群（山原1998、髙倉2016）がその一つに相当する—が示すよりも、さらに上位の時空間の階層に位置づけられる現象の把握に関係するものと理解できる。

なぜ、設定されている個々の技術複合よりも上位の階層に位置する現象に着目するのか。先に示した定義にしたがった細石刃技術の分布を予察すると、きわめて広範囲の諸地域に広がりを示していたことが想定できる。そうした広域に共通した技術的な要素がみられることの要因として、これまでは集団移住を伴う拡散に起因するとの解釈が、しばしば示されてきた（例えば加藤1984）。その一方で、近年は、環境資源に対する狩猟採集集団の行動パターンを考察する枠組みのなかで、広範囲の諸地域において、共通した特徴を示す細石刃技術が採用されていることの背景に、一定の道具装備と適応戦略の確立をみる議論が展開されている（例えば西秋2002、Elston and Brantingham 2002）。細石刃技術という現象に注目が集められてきたのは、石器群が示す諸特徴のなかで、とりわけ集団移住や環境適応が反映されている格好の対象であると認識されてきたからであろう。

ただし、集団移住や伝播、環境適応、いずれの観点に立脚するにしても、ヒトの接触・交渉・学習を通して技術にかかわる知識やノウハウがどのように継承・伝達していったのか、それは周囲の環境・社会的コンテクストの変化からどのような影響をうけていたのか、という観点が必要なことは言うまでもない。いずれの問題設定にもとづいた議論をおこなうにせよ、時

空間にまたがる技術的な諸特徴の連続・不連続を、文化伝達（Tostevin 2012、髙倉 2013a・2016）の具体的なあり方に即して検討していくことは、細石刃石器群の研究に新たな問題提起をもたらす契機となろう。細石刃技術という概念にしたがって石器群の比較検討をおこなうことの意義は、広域に共通する技術的な剝離過程を特定し、それがどのような文化伝達の過程によって形成されたものであるのかを議論する端緒となることにあると考えたい。

　最近では、地域間で、一見異なる様態を示す石器群相互の間でも、技術的な情報の伝達がなされていることを想定する議論が、中国北部や日本の細石刃石器群の出現過程をめぐって提起されている（佐藤 2011、加藤・李 2012）。石器製作に関する技術的な情報の伝達の範囲が、かならずしも特定の技術複合の内部だけに閉じていたわけではないことを想定する重要な指摘である。多様な技術的特徴を示す石器群を包摂する細石刃技術の定義によって、そうした現象の認定と解釈が可能になったことを再確認しておきたい。人間行動にかかわるどのような過程を経て、そうした伝達が可能となったのか、またその過程は、石器群にどのような痕跡として残されているのか、という点に関する議論の深化が今後求められよう。

4. 石核認定条件

　ある特定の石器資料が、細石刃が剝離されている細石刃核なのか、あるいは狭義の石器―例えば彫器や掻器―として分類すべきなのかという問題は、細石刃や細石刃技術の範疇をめぐる議論のなかで、しばしば争点とされてきた。細石刃や細石刃技術に関しては、本稿でここまで議論してきたように、技術形態学的な基準から定義することができる。細石刃核の認定も、その延長線上で定義することは可能である（赤澤他 1980：52）。しかし、石核か、狭義の石器か

という区分問題は、「使用」を目的とすることの有無が議論の対象に組み込まれているので、ここまでみてきたような石器分類とは、異なる体系の問題を議論していることになる。

　近年、動作連鎖の観点からの石器分析の成果の一つとして、ヨーロッパや西アジアの後期旧石器時代研究で、オーリニャック文化やグラヴェット文化における竜骨形の掻器あるいは多面体の彫器が、細石刃を生産するための石核であるとの認識が示されている（例えば Hays and Lucas 2000、Le Brun-Ricalens 2005、Klaric 2006）。そうした認識の転換を可能としたのは、細石刃の剝離が可能であることを示した剝離実験、石核から細石刃が剝離されている関係にあることを示した形態的な属性分析や接合資料分析、そして細石刃が道具として利用されていたのか否かを明らかにしようとした細石刃の使用痕分析であるという（Almeida 2001：91）。

　北海道の研究でも、研究の当初においては、彫器と認識されていた白滝型・忍路子型・峠下型・広郷型が、その後、細石刃を剝離するための細石刃核として認識すべきではないかという見解が提示され、その当否が議論されている（例えば芹沢・吉崎 1959、芹沢 1960、大井・久保 1972、小野他 1972、鶴丸 1979、1985、藤本 1982、大井 1989）。この議論がかつて北海道の旧石器研究で重視されてきたのは、示準的な「文化」認識や「系統」的解釈の根拠を示すために、「細石刃石器群」あるいは「細石刃文化」の範囲を確定することに大きな意義が見出されていたからであろう。その後、この問題が議論の対象として取り上げられる機会は少なくなる。対象とする資料が、いずれも細石刃核であるとの認定が自明のものとされてきたからであるが、それはかつて資料認識のうえで争点とされた課題がすべて解決した、ということを意味しているわけではない。

　この問題について積極的な議論を展開してき

た鶴丸（1985：113）は、「『石核』の分類とその器種名は機能論的成果に基づいて」おり、それは「技術・形態論的に分類されている他の大部分の石器と大きく異なる」とする。「石核としての機能を実証するためには、遺物間にカケラと母岩の関係が成立し、カケラが利用を前提として剥離されたこと、もしくは母岩がカケラを剥離することを目的として用意されたことを証明する必要がある」とし、これを「石核認定の条件」とした。細石刃は技術形態学的に定義しつつも、それが剥離されているものが「石核」であるのか否かを判定するためには、この「石核認定の条件」を満たすことを証明せねばならない、とする立場である。ここでは、特定の「利用」目的—例えば植刃器への装着など—までは条件に含まれておらず、あくまでも「利用」の有無の検討に主眼がおかれている。

　鶴丸が資料での具体的な検討項目として取り上げているのは、一点の細石刃核からの細石刃の剥離数、剥離された細石刃における二次加工、分割や損傷の有無などである。かねてから筆者は、北海道の関連資料において細石刃剥離作業面を認定するためには、剥離方法として押圧剥離法が適用されていたのかどうかが、その基準として有効なのではないかと想定してきた（髙倉2007a・2014）。そうした観点から、北海道元町2遺跡出土資料を対象として、細石刃核から彫器への転換を読み取った事例分析を示したことがある（髙倉2015）。母岩を対象とした剥離作業の進行のなかで打撃法から押圧剥離法への転換、あるいはその逆は、作業上の重要な区切りになっていたと想定することに大きな問題はなかろう（髙倉2007a・2013b）。ただし、本稿で触れてきたように、時期や地域によっては、打撃法によって細石刃剥離がおこなわれていた可能性があることも考慮にいれると、かならずしもあらゆる事例に適用できる基準ではないことが分かる。

石核であるのか、あるいは道具としてのいわゆる狭義の石器であるのか、という区分問題は、「機能論的」な範疇の議論となるので、技術形態学的な基準だけではその区分ができないとする鶴丸の指摘は、正鵠を射ているといえる。しかし、「機能論的」な観点から考えるとするならば、一つの石器のライフヒストリーのなかで、ある段階までは石器として使用されていたものが、ある段階から石核としての役割をはたすこと、あるいは、石器として使用されていたと同時に石核としての役割もはたしていた、という可能性はつねに考慮されねばならない。ヨーロッパや西アジアでの先にみたような研究の進展からは、そうした視点の必要性が示唆されている（田村2011：138）。

　コンテクストに応じて石核にも石器にもなりうるという事態を対象として、分類を決定するという目的のために、そのうちのどちらが主で、どちらが従であるのかを問うことは、偶発的な状況が読み取れる場合を除いて、製作者の一貫した「意図」を仮定せざるをえない以上、あまり生産的な課題設定とはいいがたいことになる。また、「機能論的」な観点から石器分類を考えるとき、個々の石器資料で観察された「利用」の痕跡を、コンテクストを離れて、分類単位を判定する一般的な基準とみなしうるのが妥当かどうかは、個別の事例に即して慎重に検討していかなければならない。ここでも形態と「機能」の対応関係についての仮定が問題となる。

　このような議論をふまえると、「機能論」的な観点からの石核と石器の区分問題は、暫定的な分類を示しうるにとどまることが明らかであろう。ここまで触れてきた問題点を検討するために、関連する資料を対象として、剥離工程・方法の分析や使用痕分析などのデータの蓄積をおこなっていくことが、議論の進展のために重要な意味をもつことは言うまでもない。それがライフヒストリーの復元という観点に結びつく

のであるならば、分析の成果は、この問題にさまざまな示唆を与えることになるであろう。

おわりに

技術形態学的な基準にもとづいた石器分類は、記載と比較検討のための資料の整備を目的として確立されてきた。それは、単純な形態分類ではなく、石器製作の過程に対する技術的な理解をふまえて、目的とする議論にとって有意な資料の抽出ができるように、概念規定の基準の検討が進められてきたと考えられる。しかし、技術形態学的な基準にもとづいた分類は、"硬直化"した資料認識をもたらしているとして、批判の対象となるようになってから久しい。石器のライフヒストリーを視野にいれて技術的な理解をさらに洗練・深化させ、それを分類の定義の内包や外延の再検討に反映させていくことは、研究の方向性としてきわめて重要な作業といえよう（Valentin 2008）。

当然ながら、細石刃をめぐる議論にもそれは当てはまることである。ただし、北・東アジアにおける細石刃の場合、細部調整が認められるものは僅かであることもあって、細部調整技術に着眼した議論の進展は、大きな制約を受けざるをえない。そこで、細石刃とともに細石刃技術の概念規定を整理し、細石刃が剥離されるにいたる過程に視点をむけることで、有意な比較検討を進めるための資料の整備方法を確立することが可能になると考えられる。加藤・鶴丸らの細石刃技術の定義であげられている必要条件は、多様な石器群を通して認められる不変の共通項であり、なおかつそれは技術的に重要な意味をもつものと想定される。ただし、議論の前提として、細石刃の技術形態学的定義をおくことが操作上は不可欠である。それは、研究者間でのコミュニケーションを可能にする"用語"という域にとどまらないものであることを付言しておきたい。

細石刃と細石刃技術の認識には操作上の相違が明瞭に存在するが、石器群間の比較検討のための操作概念であるという点では、両者は一定の共通性を有しているといえる。集団移住や環境適応、文化伝達、いずれの観点から解釈をおこなうにしても、それは抽出された石器群間での比較検討の作業を経なければならないものである。石核認定条件をもとにした細石刃核の認定は、「機能論的」な範疇に属する議論であり、こうした比較検討とは目的を異にする。

本稿の内容の一部は、2015年6月に東北大学で開催された日本旧石器学会第10回研究大会において口頭発表をおこなった。発表内容に関して有益なご指摘をいただいた諸氏には感謝申し上げたい。

引用・参考文献

赤澤　威・小田静夫・山中一郎 1980『日本の旧石器』立風書房

麻生　優 1965「細石器文化」杉原荘介編『日本の考古学 I』河出書房、161-172頁

安蒜政雄 1979「日本の細石核」『駿台史学』第47号、152-183頁

大井晴男 1965「日本の石刃石器群 "Blade Industry" について」『物質文化』第5号、1-13頁

大井晴男 1989「日本先土器時代研究のパースペクティヴ―それへの時評的な展望―」『神奈川考古』第25号、1-26頁

大井晴男・久保勝範 1972「北見市本沢遺跡の調査―第一次報告―」『北見郷土博物館紀要』第2号、1-25頁

小野爾良・加藤晋平・鶴丸俊明 1972「北海道訓子府町増田遺跡の第一次調査」『考古学ジャーナル』No.71、6-13頁

織笠　昭 1983「細石刃の形態学的一考察」麻生優編『人間・遺跡・遺物―わが考古学論集1―』文献出版、77-104頁

加藤真二・李　占揚 2012「河南省許昌市霊井遺跡の細石刃技術―華北地域における角錐状細石核石器群―」『旧石器研究』第8号、31-44頁

加藤晋平 1984「日本細石器文化の出現」『駿台史学』

第 60 号、38-56 頁

加藤晋平・鶴丸俊明 1980『図録石器の基礎知識 I 先土器（上）』柏書房

木村英明 1997『シベリアの旧石器文化』北海道大学図書刊行会

佐藤宏之 2007「分類と型式」佐藤宏之編『ゼミナール旧石器考古学』同成社、15-31 頁

佐藤宏之 2011「荒川台型細石刃石器群の形成と展開―稜柱系細石刃石器群の生成プロセスを展望して―」『考古学研究』第 58 巻第 3 号、51-68 頁

寒川朋枝 2012「細石刃の使用と装着の特徴―鹿児島県建山遺跡出土細石刃石器群を中心に―」『旧石器考古学』第 76 号、83-102 頁

芹沢長介 1959「ロームに潜む文化　先縄文時代」八幡一郎編『世界考古学大系　日本 I』平凡社、17-38 頁

芹沢長介 1960『石器時代の日本』築地書館

芹沢長介・吉崎昌一 1959「アイヌ以前の北海道―北方古代文化のナゾを探る―」『科学読売』第 11 巻第 5 号、31-37 頁

高倉　純 2007a「北海道紋別郡遠軽町奥白滝 1 遺跡出土石器群における剥離方法の同定―石刃・細石刃剥離方法の同定とその意義に関する一考察―」『古代文化』第 58 巻第 IV 号、98-109 頁

高倉　純 2007b「石器製作技術」佐藤宏之編『ゼミナール旧石器考古学』同成社、50-64 頁

高倉　純 2013a「北海道における押圧細石刃剥離技術の出現」堤隆編『シンポジウム日本列島における細石刃石器群の起源』八ヶ岳旧石器研究グループ、47-56 頁

高倉　純 2013b「石器接合資料における剥離作業の段階設定」西秋良宏編『考古資料に基づく旧人・新人の学習行動の実証的研究 3―「交替劇」A01 班 2012 年度研究報告―』東京大学総合研究博物館、78-86 頁

高倉　純 2014「北海道での押圧細石刃剥離技術出現以前の石器群における剥離方法の同定」『北大史学』第 54 号、1-25 頁

高倉　純 2015「広郷型細石刃核における細石刃剥離および彫器への転用過程―北海道上白滝 2 遺跡・元町 2 遺跡における細石刃核と彫器の剥離方法同定分析から―」『論集忍路子』第 IV 集、103-118 頁

高倉　純 2016「広郷石器群にみられる学習行動と文化伝達」佐藤宏之・山田哲・出穂雅実編『晩氷期の人類社会―北方先史狩猟採集民の適応行動と居住形態―』六一書房、147-168 頁

田村　隆 2011『旧石器社会と日本民俗の基層』同成社

堤　隆 2010「細石刃石器群―本州・四国―」稲田孝司・佐藤宏之編『講座日本の考古学 2　旧石器時代（下）』青木書店、307-330 頁

鶴丸俊明 1979「北海道地方の細石刃文化」『駿台史学』第 47 号、23-50 頁

鶴丸俊明 1985「『広郷型細石刃核』論―その形質と意味―」論集日本原史刊行会編『論集日本原史』吉川弘文館、113-138 頁

仲田大人 2015「古本州島における細石器化の意義」堤隆・八ヶ岳旧石器研究グループ編『矢出川―日本で最初に発見された細石刃石器群の研究―』信毎書籍出版センター、363-376 頁

西秋良宏 2002「細石刃生産用押圧剥離の発生とその背景」大貫静夫編『内蒙古細石器文化の研究』平成 10 年度～13 年度科学研究費補助金基盤研究 (C) (2) 研究成果報告書、169-177 頁

藤本　強 1976「型式と分類」麻生優・加藤晋平・小林達雄編『日本の旧石器文化 5』雄山閣、147-216 頁

藤本　強 1982「常呂川流域の細石刃」『北海道考古学』第 18 輯、1-21 頁

御堂島正 1985「考古学上の仮定と事実―形態・機能・スタイル―」『神奈川考古』第 20 号、87-104 頁

御堂島正 2016「石器実験痕跡研究の構想」小此木輝之先生古稀記念論文集刊行会編『小此木輝之先生古稀記念論文集　歴史と文化』青史出版、103-120 頁

森本　晋 1994「瀬戸内技法について」『瀬戸内技法とその時代』中・四国旧石器文化談話会、261-262 頁

山岡拓也 2012『後期旧石器時代前半期石器群の研究―南関東武蔵野台地からの展望―』六一書房

山中一郎 1979「技術形態学と機能形態学」『考古学ジャーナル』No.167、13-15 頁

山中一郎 1982「石刃―先土器時代研究における用語概念の二・三の問題―」『文化財学報』第 1 集、86-96 頁

山中一郎 1994『石器研究のダイナミズム』大阪文化

研究会

山原敏朗 1998「北海道の旧石器時代終末期についての覚書」『北海道考古学』第 34 輯、77-92 頁

山原敏朗 2010「石刃をめぐる言説」『北大史学』第 50 号、1-23 頁

吉崎昌一 1956「日本における Blade Industry」『西郊文化』第 14 号、13-17 頁

渡辺　仁 1948「所謂石刃と連続割裂技法について」『人類学雑誌』第 60 巻第 2 号、33-38 頁

Almeida, F. 2001. Cores, tools, or both? Methodological consideration for the study of carinated lithic elements: The Portuguese case. In: Hays, M., Thacker, P.T. (Eds.), Questioning the Answers: Re-solving Fundamental Problems of the Early Upper Paleolithic. BAR International Series 1005, Oxford: 91-98.

Bar-Yosef, O., Kuhn, S.L. 1999. The big deal about blades: Laminar technologies and human evolution. American Anthropologist 101: 322-338.

Le Brun-Ricalens, F. 2005. Reconnaissance d'un "concept technocultural" de l'Aurignacien ancient? Modalités, unités et variabilites des productions lamellaires du site d'Hui (Beauville, Lot-et-Garonne, France): Significations et implications. In: Le Brun-Ricalens, F., Bordes, J.-G., Bon, F. (Eds.), Productions Lamellaires Attribuées a l'Aurignacien: Chaînes Opératoires et perspectives Technoculturelles. ArchéoLogiques 1, Musée National d'Histoire et d'Art, Luxembourg: 157-190.

Elston, R.G., Brantingham, P.J. 2002. Microlithic technology in Northern Asia: A risk-minimizing strategy of the Late Paleolithic and Early Holocene. In: Elston, R.G., Kuhn, S.L. (Eds.), Thinking Small: Global Perspectives on Microlithization. Archaeological Papers of the American Anthropological Association Number 12, Arlington: 103-116.

Goebel, T. 2002. The "microblade adaptation" and recolonization of Siberia during the Late Upper Pleistocene. In: Elston, R.G., Kuhn, S.L. (Eds.), Thinking Small: Global Perspectives on Microlithization. Archaeological Papers of the

American Anthropological Association Number 12, Arlington: 117-131.

Goring-Morris, N. 2006. Straight to the point: Upper Paleolithic Ahamarian lithic technology in the Levant. Anthropologie XLIV/1: 93-111.

Hays, M.A., Lucas, G. 2000. A technological and functional analysis of carinates from Le Flageolet I, Dordogne, France. Journal of Field Archaeology 27: 455-465.

Klaric, L. 2006. Des armatures aux burins: Des critères de distinction techniques et culturels à partir des productions lamellaires de quelques sites du Gravettien Moyen et Récent (France). In: de Araujo Igreja, M., Bracco, J.-P., Le Brun-Ricalens, F. (Eds.), Burins Préhistoiques: Formes, Fonctionnements, Fonctions. ArchéoLogiques 2, Musée National d'Histoire et d'Art, Luxembourg: 199-223.

Kuhn, S.L., Elston, R.G. 2002. Introduction: Thinking small globally. In: Elston, R.G., Kuhn, S.L. (Eds.), Thinking Small: Global Perspectives on Microlithization. Archaeological Papers of the American Anthropological Association Number 12, Arlington: 1-8.

Kuzmin, Y.V. 2007. Geoarchaeological aspects of the origin and spread of microblade technology in Northern and Central Asia. In: Kuzmin, Y.V., Keats, S. G., Shen, C. (Eds.), Origin and Spread of Microblade Technology in Northern Asia and North America. Archaeology Press, Burnaby: 103-114.

Kuzmin, Y.V., Keats, S.G., Shen, C. 2007. Introduction: Microblades and beyond. In: Kuzmin, Y.V., Keats, S.G., Shen, C. (Eds.), Origin and Spread of Microblade Technology in Northern Asia and North America. Archaeology Press, Burnaby: 1-6.

Tixier, J. 1967. Procédés d'analyse et questions de terminologie concernant l'étude des ensembles industries du Paléolithique récent et de l'Epipaléolithique dans l'Afrique du Nord-Ouest. In: Bishop, W. W., Clark, J. D. (Eds.), Background to Evolution in Africa. University of Chicago Press, Chicago: 771-820.

細石刃と細石刃技術

Tostevin, G.B. 2012 Seeing Lithics: A Middle-Range Theory for Testing for Cultural Transmission in the Pleistocene. Oxford and Oakville: Oxbow Books.

Valentin, B. 2008. Typologie vs Typologie (SIC!). Comment la technologie contribute à raffiner la typologie des armatures lithiques. In: Aubry, T., Almeida, F., Cristina Araújo, A., Tiffagom, M. (Eds.), Space and Time: Which Diachronies, Which Synchronies, Which Scales?/ Typology vs Technology. BAR International Series 1831, Oxford: 189-196.

Yi, M.I., Gao, X., Li, F., Chen, F.Y. 2015. Rethinking the origin of microblade technology: A chronological and ecological perspective. Quaternary International 400: 130-139.

Zwyns, N., Rybin, E.P., Hublin, J.-J., Derevianko, A.P. 2012. Burin-core technology and laminar reduction sequences in the initial Upper Paleolithic from Kara-Bom (Gorny-Altai, Siberia). Quaternary International 259: 33-47.

スポットについての小考

小菅将夫

はじめに

日本列島における「旧石器時代」、岩宿時代の遺跡から発見される遺物は石器を中心とした石製の遺物がほとんど唯一であり、ブロックや礫群の他には静岡県東部を中心に発見されている土坑などの可視的な遺構もごくわずかである。しかし、1949・50年に日本列島で最初に発掘調査が行われた岩宿遺跡では、「わずかに16平米ばかりであり、この地点を離れるとほとんど遺物を見なくなる」(杉原1956)と、遺跡の中で石器群がある一定範囲から発見されることが指摘されており、その分布範囲について「住居の場所で石器の製作も行われた」(同上)と解釈された。さらに遺跡研究の嚆矢とされる新潟県神山遺跡の報告では、「3つの石器分布域」の石器組成が議論され、「同じ礫からとった一部と考えられるもの」が別の群に含まれていたことが指摘されている。そして「当時の住居につよい関連を有するものであろう」(芹沢・中村・麻生1959)と考察されたのであった。

この2例からも分かる通り、岩宿時代遺跡の研究は、地面に明確に遺構が遺された縄文時代以降の遺跡研究とは一線を画さざるを得ないことも事実である。岩宿時代遺跡で繰り広げられた当時の人々の営みは、石器とその分布であるブロックの分析、それに礫群を加えた研究によって解明していていくよりほかに方法がない状況にある。本稿では、そのような研究状況を踏まえた上で、遺跡研究の中心となるべきブロックについて、さらにその下位にスポットを設定することで当時の人々の営みをより高い解像度で描き出せるかどうかを探ってみたい。

1. 岩宿時代集落の構造的な研究の歩み

ブロックの研究は、1960年代後半から遺跡構造論として、より科学的な方法へと進歩していく。その出発点が、1966・71年に発掘調査された砂川遺跡における研究であることは、多くの研究者が認めるところである。

砂川遺跡第2次調査の報告(砂川遺跡調査団編1974)では、「1個の母岩に接合・復原される関係にある遺物のまとまりを個体別資料」(安蒜1977)として分析が進められた。そして、接合資料を中心としながら個体別資料に含まれる個々の資料を製作工程のかなで位置づけ、さらに出土したブロックに戻して研究が行われた。

砂川遺跡における個体別資料の分析研究では、残核を含み石核調整剥片や石刃、砕片などによって構成される類型A、残核を含まず石核調整剥片や石刃、砕片などからなる類型B、残核や石核調整剥片などを含まず、ナイフ形石器のみあるいは石刃だけで構成される類型Cに分類された。類型Aの個体は、剥離作業途上の石核がブロックに持ち込まれて、そこに残核として打ち捨てられていたことから最終的に剥離作業が完了した個体であり、類型Bの個体は母岩から剥片剥離作業が始まり、その作業途上で別の遺跡に石核が持ち出されたと解釈された。また、類型Cの個体は、他の遺跡で製作された石刃やナイフ形石器が遺跡に持ち込まれたと考えられた。この研究によって類型Aの個体は移動元の別の遺跡で剥片剥離作業の前半が行われ、後半の部分が砂川遺跡に残されたのであり、類型Bの個体は遺跡で前半の石器製作が行われ、後半部分は移動先の遺跡に石核が

持ち出されたと考えられる。また、類型Cの個体は他の遺跡で製作された石器が遺跡に持ち込まれたと考えられた。個体別資料分析によって、砂川遺跡を中心として移動元と移動先の遺跡の存在が明らかにされ、背後の人の「移動」が描き出されたのである。この分析により、石器群が遺されたブロックという場と石器の剥離順序という動かしがたい事実に基づく時間的前後関係から、当事者の動きを動態的に捉えることが可能となったのである。

ところで、ほぼ同時期に石器の集中分布を「ユニット」と呼んで、「過去の人間行動の反映」として場の機能を導き出し、その組み合わせによって遺跡の構造、「セトルメントパターン」を論じた野川遺跡の研究（小林ほか 1971）がある。「一定の行動型がその結果として（中略）特定の石器およびまたは石器群を一定の状況で残している」（同上）と仮定し、ブロックのセトルメントパターンによって遺跡構造を解明しようとした。また、その報告に論評を寄せた加藤晋平氏は、北海道で行った自身の研究でブロックを「スポット」と呼び、それを分析してその類別から「常呂パターン」を提唱していた。これらの論説は、一ブロックの総体を対象として、その組成や規模からパターンを抽出することにより、「ユニット」や「スポット」の類型を捉えたものであったことから、遺跡での人々の具体的な行為は曖昧とならざるを得なかった。本来ブロックに残された複雑な経緯を捨象してしまったため、「皮相的」（岡村 1979）と批判を受けることとなったのである。

個体別資料分析に始まる遺跡の構造的な研究は、安蒜氏によって砂川遺跡の研究としてさらに深められていった（安蒜 1974・1977、安蒜・戸沢 1983 ほか）。そのような中、鈴木忠司氏を中心としたグループは、富山県野沢遺跡（鈴木忠ほか 1982）を代表とする一連の研究によって、遺跡の構造的な研究をさらに推し進めた。そこでは「ユニット」について、「ブロックにおける見かけ上の単位を超えた、石器群の資料操作のための分析的な意味で用いる」（同上）とし、「ユニットは、各種の遺物や遺構さらには行動の場としての空間をも含めた、遺跡を構成する多様な要素を、複合的に捉えること」（同上）を目的として設定されるものとした。その点では、「ユニットは『考古学的な1単位』の分析抽出結果に対して与えられるもので、分析者の意図に従って」（同上）どのようなレベルの資料群も扱うことができるとした。そのような概念規定の中で、集落の成り立ちの理解を援ける「世帯ユニット」の設定に向かっていった。世帯ユニットを単位として進められた研究は、遺跡景観論的研究として一つの頂点をなすものと評価できるであろう。

また、東西・南北ともに100m以上の範囲に65ブロック、37基の礫群が発見された大遺跡である神奈川県栗原中丸遺跡第V文化層に関する鈴木次郎氏の研究では、分析によって導き出した7つのブロック群は時期が違うものと考えられ、見かけ上の大遺跡は「1集団あるいは2集団が数回の居住によって残されたものと理解され」（鈴木次 1984）たのである。

砂川遺跡で開発された個体別資料分析は、遺跡での生活像を復原し、あるいはブロック群の同時性や時間差を理解する方法としても用いられ、遺跡を構造的に解明するという研究の方向を示していったといえる。しかし、当時の人々の生活像や移動生活をより実態的に復原するためには、さらに踏み込んだ視点が必要となると考えられる。ブロック研究をさらに具体的かつ詳細に推し進めるためには、解像度をより高くする必要があり、その最小単位から研究を進めるべきでないだろうか。

2. スポットについて

ブロックの研究について、「スポット」を最

小単位として抽出して用い、より高解像度の考察を進めたいと考えている。この用語は、すでに安蒜氏によって提唱されている（安蒜1990）ので、拙稿においてはそれを再考することから論を進めたい。

安蒜氏は、スポットについてはじめて論及した『日本村落史講座』の中で、「ブロックに分布する個体別資料ごとの、作業と行為の痕跡の一つ一つを、スポットと呼ぶこととする」（安蒜1990）と述べている。安蒜氏によって示されたスポットは、どのようなものだったのであろうか。

それまで遺跡内での個体別資料を類型A、類型B、類型Cとしていたが、個体別資料は同様に「a型」、「b型」、「c型」として個々のブロック内に分布するとし、「石器の製作と使用にかかる、ヒトびとの行動の痕跡は、個体別資料の三類型に対応した（中略）三つのスポットの型に置き換えることができる」（安蒜1990）という。そして、個体別資料分析を進めることによって、石器製作の後半部を残すa型を「旧原料」、前半部を残すb型を「新原料」とした原料の二重構成の存在を指摘する。さらにそれらの個体は、1ヶ所のスポットをなす「定置個体」と遺跡内に2つ以上のスポットを形成する「移動個体」による時差消費の原則（安蒜1992）があったとする。各ブロックにおける個体別資料の詳細な分析により、個体の動きが重層化され、立体的に示されたといえるであろう。このように安蒜氏が抽出したスポットは、個体別資料分析で客観的に捉えられる原料消費行為の一単位ということになる。確かに個体別資料分析によって遺跡構造の骨格が示されたが、この研究から本来的な肉付きをもった遺跡の動態が復原されるであろうか。本来生活跡であった遺跡では石器製作以外の営み、様々な行為が実際に行われていたはずではなかったか。

安蒜氏が提唱した「スポット」に触発された須藤隆司氏は、長野県立科遺跡を分析する中で遺跡を「スポット」によって細分し、遺跡での当時の生活像を明らかにしようとした。スポットは「場の機能が限定された空間」であり、そして「スポット相互の関連を背景として、ブロックが成立する」（須藤1991）という。須藤氏は、ブロックの構成として、石器製作空間と石器使用よる作業空間を認め、個体別資料分析法による石器製作の分析に留まらず、石器の使用痕分析成果を導入して石器使用の実態を明らかにし、場としてのスポットにおける作業内容を具体化した。しかし、須藤氏の設定したスポットは、場としての機能が強調され、複数個体でも「スポット」と呼んでいることから、ブロック内を小ブロックに細分したものとも捉えられ、スポットの質や量を比較検討することは難しいと考えられる。

以上のような考え方を踏まえて、スポットを「石器製作や石器使用といった岩宿時代の当事者による一行為にあたる最小単位を示す遺物群と場」と改めて定義しておこう。「廃棄」等により場を離れてしまった資料群をどのように位置づけるかは後述するが、「行為の一単位」としたことで、スポットに質と量を与え、重複したスポットを相互に比較するとともに、それらの集合体としてのスポット群についても、その質・量を踏まえて考察する視点が生まれよう。スポットはその分析を経ることで当事者の一行為に置き換えることが可能となり、遺跡の動態的な研究の最小単位として捉えられるものと考える。石器製作行為であれば一個体に対してその場で行われた一連の石器製作作業であり、安蒜氏の示した「a型」や「b型」（安蒜1990）にあたる。石器使用行為については行為の復原という難解な問題に直面するが、使用に供された単体の石器がスポットの存在を示すこととなろう。

以上のように、遺跡での当事者の動態を明らかにする単位として、スポットを設定するとし

たが、そこには多くの問題点があることは容易に想像できる。

　まず、最初にブロックやスポットといった遺物分布を分析する際に問題とすべきは、「遺跡形成論」的な検討である。岩宿時代遺跡の発掘調査を経験した者であれば、数万年間遺物が不動のまま「原位置」を保っていたことは考えていないであろう。その点は、発掘した石器が上下差をもって発見されることからも理解できる。この現象は当初から認識されており、研究史上において石器の出土深度をグラフ化した「ビーナス曲線」の分析から当時の生活面を導き出そうとしたのはその表れである。この現象は「非文化的形成過程」あるいは「自然変換」（五十嵐 1999）といわれるものであり、埋没前や埋没後の遺跡における自然による改変が介在したことを認識する必要がある。土壌のかく乱には動物性、植物性といった生物によるもの、凍結融解、重力性あるいは粘土の膨張や収縮、風などの空気性、雨水などの水性、地震による振動性などのかく乱（御堂島 1991 年）があるという。また、踏み付けや持ち去りなどの当事者以外による人為的な改変（御堂島 1994）も考えられている。さらに微細な遺物が多い岩宿時代遺跡にあっては、発掘調査の技術的な問題や経済的な制約、調査者の調査意識や調査方法などの影響なども考慮しておくべき問題である。

　考古資料としての石器群を検討する場合、上記のような「史料批判」を経る必要があり、「考古資料に認められるパターンは、そのまま当時の人間行動を反映しているとは限らない」（五十嵐 1999）のである。どのように変形されたのか、また、変形を被ったことにより、過去を復原するうえでどんな制約があるのかを十分に認識しておくべきである。

　さて、このような改変が理解されていたとしても、スポットについて、石器の製作作業や使用作業の一行為を1次的な行為とすると、石器

群はその行為が終了したそのままの状況で遺跡に残されたとは限らない。例えば石器等をまとめて一定の場所に捨てた「廃棄」（岡村 1979）、石器を意識的に抜き取って別の場所に安置あるいは集積、隠匿するといった行為など、当事者によって石器の分布が意識的に改変されることもあったと考えられるが、それを2次的な行為としておこう。このように考えると、遺跡から発見された石器群は、「遺跡形成論」という改変過程を掌握したのち、2次行為による改変の有無を確認し、最後に1次行為を捉えるという手順を踏むこととなる。

　そのうちでも研究の核心となるのは、スポットとして抽出した静態としての石器群を、当事者の行為という動態としての解釈へと止揚することである。石器製作作業についてのスポットの具体的な分析を行うには、個体別資料分析法が有効であることは、先に触れた安蒜氏の多くの論考で示されている通りである。そしてスポットの分析で、静態から動態という解釈に至るには、中範囲理論（阿子島 1983）的な考察が必要であるといわれているが、そこには「民族考古学、実験研究、歴史考古学」を介在させるとされている。民族例や歴史考古学の援用は必ずしも当時の状況そのものでないという問題点があり、岩宿時代遺跡の研究現状では「実験痕跡学研究」（五十嵐 2001、御堂島 2016）が有効ではなかろうか。しかしながら、石器のみが資料のほとんどである岩宿時代のスポットでは、一行為を完全に復原するには様々な困難を伴うと考えられる。したがって、スポットの研究によって復原される行為は、完全な状況あるいは確定的ではないことも予測される。

　スポットから抽出されるべきものは、まず一義的には当事者の具体的な行為である。二義的なものとして当事者の技術や癖、更にはその上位に当事者が所属する集団の文化的、社会的特徴、石器石材利用の経済性などが位置しており、

それらについても解明される可能性がある。いずれのレベルにおける意義も一断片あるいは不確実性を伴っている。それらの断片を相互につなぎ合わせる作業も必要となるであろう。

3. スポット群と遺跡研究

1つのスポットを解明するうえでも問題点が多いが、さらに複数のスポットにどのように関連付けて考察したらよいのか、スポットの集合体を「スポット群」として検討を進めてみよう。ここでは、筆者が分析しスポットの示す行為を比較的特定しやすい長野県鷹山遺跡群第Ⅰ遺跡M地点第1ブロック（鷹山遺跡群調査団編 1989）を取り上げてみたい。

鷹山遺跡群は、長野県の中央部、黒耀石産地の一つである星糞峠南側に広がる小盆地に展開している。そのうちの第Ⅰ遺跡は、星糞峠とは盆地中央部に広がる湿地帯を挟んだ南側の対岸にあたり、遺跡群の中でも最も広い台地上に立地している。今回取り上げる地点は、1984年スキー場開発に伴って発掘調査が行われた第1ブロックの資料であり、出土した遺物は6272点にのぼっている。

第1ブロックの出土状況は、傾斜の方向を主軸とした長径が19m、短径が10mと長楕円形の分布を示していた。こうした出土状況は、遺物が傾斜に沿って流動したと考えられ、自然の改変による「自然変換」と考えられるであろう（第1図）。標高の最も高い部分に大形の石核や剥片類が集中した個所がある。御堂島氏の一連の研究（御堂島・上本 1987・1988）によれば、周氷河作用あるいは表流水による移動現象においても重量の大きな資料は動きが小さいと考えられることから、本来はその部分がブロックの中心であったと考えられるであろう。そしてこのブロックは、黒耀石を用いた「M型刃器技法」（第2図：小菅 1991）と呼んだ石刃製作作業によって形成されたと考えられている。

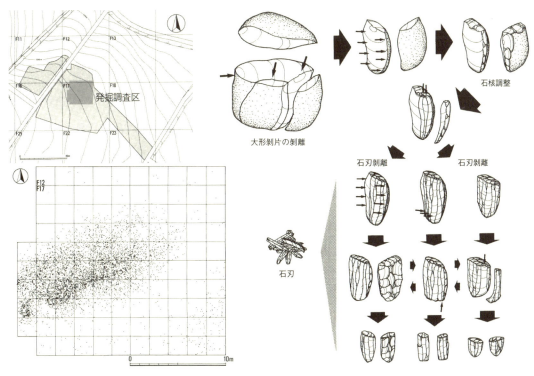

第1図　鷹山遺跡群第Ⅰ遺跡発掘区と石器出土状況　　　第2図　「鷹山M型刃器技法」

第1ブロックから発見された道具としての石器には、ナイフ形石器2点、削器1点、揉錐器1点で、その他黒耀石以外で単個体の石刃が3点、敲石や磨石が3点出土した。ナイフ形石器のうち、二側縁加工の茂呂系ナイフ形石器は縄文時代の土坑内出土である。もう1点は部分加工の形態で刃部に刃こぼれ状の小剥離痕が残されている。削器としたものは、加工痕と考えた刃部は偶発的な剥離痕である可能性もある。また、揉錐器は石核調整剥片を利用したものとも考えられる。明確な茂呂系ナイフ形石器を除けば、臨機的に切裁や穿孔に使用された石器であり、一時的な行為を目的として利用されたと考えられる。安山岩と玄武岩、珪質頁岩のそれぞれ1点の石刃は、このブロック内には製作の痕跡がないため、遺跡外からもたらされた石器であると考えられる。これらの石刃は何らかの刃物としてブロックに持ち込まれたものであるが、ブロック内で切裁などに使用されたのかは不明である。なお、敲石や磨石としたものは「M型刃器技法」による石器製作に関連すると考えられるので後述する。

上記の10点を除いた全体の98％にあたる黒耀石製の資料は、全ての資料が以下に述べる「縦長剥片」と横長剥片、大形剥片、石核に分類された。

「縦長剥片」は1557点出土した。縦長剥片a類は石核稜形成調整痕があるもので、縦長剥片b類は表面に並行する稜があり形が整った石刃といえるもの、縦長剥片c類は表面に石刃の剥離痕跡があるものの両側縁が並行しないもの、縦長剥片d類は表面が礫面などで石刃の剥離痕跡がないものに分類された。

中形から小形の横長剥片は1074点発見されたが、その中には石核打面再生剥片も含まれている。大形剥片は、長さや幅が10cmを超えるあるいは超えると予測された資料で、127点発見されている。

石核は、作業面が石刃剥離面で構成されるa-1類101点と石刃の剥離作業痕跡を持たない中・小形の石核a-2類が3点、最大長や幅が20cmを超える大形の石核b類が6点出土した。

これらの黒耀石資料群のうち、「縦長剥片」に分類した資料は、分析の結果、石刃の剥離作業に関連するもので、横長剥片は石刃石核の調整の際に生じたものと位置付けられた。大形剥片は石刃石核の素材で、大形石核のb類は大形剥片を剥離した母材と考えられた。石核のうち中心となっているのはa-1類の石刃石核であり、a-2類の石核はその失敗品と考えられた。

以上の資料内容から復原された「M型刃器技法」の工程を一瞥しておこう。全長20cmを超える黒耀石の大形角礫から大形剥片を剥離し、その大形剥片と原礫そのものも加えて石刃石核の原材が用意された。それらの原材に調整を加えて石刃石核が準備されたが、その際に石核調整剥片として横長剥片が生じた。石刃剥離作業の当初には縦長剥片a類が剥離され、その後目的となるb類の石刃が繰り返し剥離された。その過程で剥離された石刃の中には両側縁が並行しない失敗品（c類）も生じている。また、途中で石刃石核に石核調整を加えた際には打面再生剥片を含む横長剥片が再び生じた。そして石刃剥離作業を終えた石刃石核（a-1類）が打ち捨てられたと考えられる（第3図）。

石刃剥離作業では石刃石核が中心となるが、石刃石核であるa-1類及び失敗品であるa-2類を合計した104点の石刃製作用の石核が検出されているので、第1ブロックでは、石刃石核の準備と石核調整作業を含めて、104回の石刃剥離作業行為が行われたこととなる。また、大形石核が6点出土したが、分割の際の石核も原材となったことを考えれば、6回を上回る大形の黒耀石原礫から原材を剥離する作業が行われたと想像できる。これらのことから、第1ブロックには石刃石核の調整及び石刃の剥離作業行為

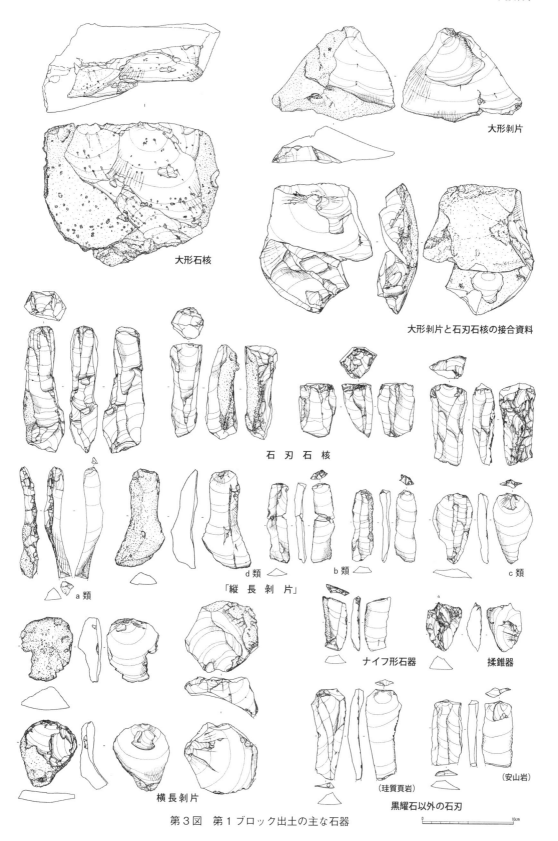

第3図 第1ブロック出土の主な石器

を行った 104 ヶ所のスポットと、大形の原礫を
分割する作業行為を行ったスポットが 6 ヶ所以
上あったと考えられる。また、出土した敲石類
は、その重量による作業内容の検討や「ハンマー
モード」（鈴木美 2015、鈴木美ほか 2002）の分析
が必要であるが、原礫の分割及び石刃石核の調
整と石刃剥離作業のどちらかで用いられたもの
と考えられるであろう。

　最初に触れた道具としての石器のうち、敲石
を除くと、部分加工のナイフ形石器、揉錐器、
黒耀石以外の石刃はどのようなスポットを形成
していたであろうか。本来は使用痕を含めた検
討が必要であるが、部分加工のナイフ形石器に
は切裁の、揉錐器には穿孔の行為があったと予
測しておく。また、黒耀石以外の石刃は、切裁
などの行為あるいは他の遺跡からの持ち込んだ
のちの配置行為が予測できる。以上のように考
えれば、第 1 ブロックでは、配置と考えられる
行為 3 スポット、切裁の行為 1 スポット、穿孔
の行為 1 スポット、大形原礫の分割行為 6 スポッ
ト、石刃剥離とその準備の行為 104 スポットが
確認されたことになる。行為の総数として「M
型刃器技法」による石刃剥離行為に関連するス
ポットが 110 に対し、それ以外の行為のスポッ
トが 6 となる。このブロック内では、全体のス
ポット群における行為のほとんどは、石刃の剥
離を目的としたものであったと考えられる。ま
た分割原材、石刃石核の持ち出し、あるいは後
の抜き取り行為も考えれば、石刃剥離作業の行
為数はさらに多かったと想像できるだろう。

　ところで、第 1 ブロックは「遺棄」されたのか、
あるいは「廃棄」という 2 次行為は介在したで
あろうか。もう一度出土状況を検討すると、「自
然変換」により楕円形の分布を示し、発掘区の
最高地点に重量のある資料が集中していた。こ
のことから最高点の部分が変換前の分布の中心
であったと考えられる。ブロック全体は比較的
単純に「M 型刃器技法」に関連する資料群が

一括して残されていたことは、前記の通りであ
る。微細物を回収するための調査を実施しては
いないので、微細遺物の分布によって作業場所
を特定することはできない。しかし、もし廃棄
であるとすると、全資料群をまとめてこの地点
に持ち運んで廃棄する必要がある。数十 kg に及
ぶ一括資料を別の場所から運んだと想像するの
はやや困難ではなかろうか。また技法的にまと
まりがある石刃剥離作業であることから、作業
全体が斉一性を帯びており、同一集団により行
われた石器製作行為が、そのまま第 1 ブロック
に遺棄されたと考えられる。但し、大形資料の
分布を詳細にみると 2 ヶ所に分かれる可能性が
あることも指摘できる。この背後には複数の当
事者あるいは行為群の存在が予測されるが、今
後の石器群の詳細な再分析に期待しておきたい。

　ところで、スポット相互の関係は、同一個体
でない限り、その同時期性は実証できない。同
一個体であっても抜き取りや再配置などの二次
行為や人為的改変から、同時性の認定に問題が
生じる場合がある。同一ブロック内のスポット
相互の関係では、「M 型刃器技法」という石器
製作技術の画一性も指摘されてよいであろう。
そのためには技術的な研究をさらに推し進め、
技法という枠を越え、製作当事者の癖といった
レベルでの比較が必要であるとともに、「動作
連鎖」の研究に示されるような、より詳細な石
器製作行為の解明とその連続性や関連性の検討
が必要となるであろう。第 1 ブロックの動作連
鎖的な検討を簡単に述べておくとすれば、大形
剥片の生産にはじまり、石刃石核の調整と石刃
剥離、更に石核調整、そして石刃剥離へと連続
していたであろう。加撃力の大きさを考えれば、
大形石核から大形剥片を剥離する際に用いる敲
石と石刃を剥離する際の敲石あるいはハンマー
は、異なったものを使用していたと想定できる。
その点で、原礫の分割行為と石刃剥離行為のス
ポットは、別の行為であると考えている。しか

し、両方の石器製作行為は一連の「M型刃器技法」の中に位置づけられる。本来は、徹底的な接合作業と個体別資料分析を行った後に考察されるべきである。「M型刃器技法」の全体として石器製作行為の連続性を証明するためにも、個体別資料分析とともに動作連鎖的検討も加えられるべきであろう。

さらに、第1ブロックのスポットの内容を検討すると、星糞峠という黒耀石原産地に直結した立地条件から、大形の原材料を奢侈的に利用している様子が窺える。大形石核だけではなく、「残核」として打ち捨てられた石刃石核についても大形のものが多く、石刃を剥離しつくした状況のものは少ない。このことは、スポットにおける行為の質を考えるうえで重要である。原産地を離れた平野部の同時期のスポットと比較することにより、石材産地に隣接した原産地遺跡群特有の行為が浮き上がってくるであろう。当然ながら多数の同時期遺跡の比較検討を行う必要があるが、「M型刃器技法」が良好な石材環境を背景として成立していたと予測される。当時の社会の中で、「M型刃器技法」がどのように位置づけられるのか、スポットの質による比較検討から導き出せる可能性がある。

鷹山遺跡群第I遺跡第1ブロックのスポット群について述べたが、原産地遺跡群における特殊な事例であると言えよう。その特殊性もスポットの数量、質的な問題から具現化できると考えている。ブロックの下位にスポットを設定して研究することで、場としてのブロックの性格、さらに遺跡や遺跡群の特徴、当時の社会システムといった問題を動態的に考察するという視点が生まれてこよう。

さいごに

スポットを抽出して様々な分析を経てその一行為を復原し、行為群の組成や構成、そしてその構造を解明することによって、遺跡の性格が

より高解像度で明確化されると考えている。実際にはこのような検討を経たのち、ある一集団を想定したイエの存在が浮き彫りになる場合があるであろう。その意味で、スポット、ブロック、ユニット、そしてイエあるいはムラといった当時の社会生活の実態に迫る方向へと研究が進展する可能性は高いと考えている（小菅 2014）。スポットにおける一行為の解釈さえ容易ではないであろうが、断片的に残された行為の痕跡としてのスポットを、スポット群全体の構造体の中にどのように位置づけられるのか研究を進める必要があるだろう。

謝辞

拙稿で取り上げた「スポット」は、既に安蒜政雄先生が進めている論点である。研究の着想は、土気遺跡群発掘調査の最終年度であった1986年、先生と荻幸二氏と3人で議論していた際であったと記憶している。安蒜先生のご発想に敬意を払うとともに、最初に提示された研究の論点と方向性を、筆者なりに理解しようと常々考えていたところであった。その後の先生の論考では、本論で触れたように個体別資料分析に基づくものとなっており、本来的には遺跡の構造、そして動態的な研究へ向かいながら足踏みをしているように感じられた。本稿は元来の着想に立ち返りながら、これまで自分なりに考察してきた部分を示そうとしたものである。

安蒜先生の古稀をお祝いするととともに、これまでに先生から受けた学恩に、心から感謝を申し述べたい。本小考を献呈するというのはやや烏滸がましいが、一献傾ける際の肴になれば、拙稿を記した意味もあろう。なお、この論考の多くの部分には安蒜先生よりご教授いただいた内容が含まれていることを明示しておかなければならないであろう。また、須藤隆司氏や飯田茂雄氏、大塚宜明氏等とは、議論を深めるうえで協力をいただいた。記して感謝申し上げたい。

引用・参考文献

阿子島香 1983「ミドルレンジセオリー」『考古学論叢』Ⅰ、芹沢長介先生還暦記念論文集刊行会、171-197頁

麻生　優 1975『「原位置論」の現代的意義』『物質文化』24、1-14頁

安蒜政雄 1974「砂川遺跡に関する一考察」『史館』第2号、1-8頁

安蒜政雄 1977「遺跡の中の遺物」『どるめん』No.15、50-62頁

安蒜政雄 1990「先土器時代人の生活空間―先土器時代のムラ―」『日本村落史講座2景観Ⅰ原始・古代・中世』雄山閣、3-22頁

安蒜政雄 1992「砂川遺跡おける遺跡の形成過程と石器製作の作業体系」『駿台史学』第86号、101-128頁

安蒜政雄 2010『旧石器時代の日本列島史』 学生社

安蒜政雄 2013「移動の知恵」『旧石器時代人の知恵』新日本出版社、45-75頁

安蒜政雄・戸沢充則 1983「砂川遺跡」『日本の旧石器文化2　遺跡と遺物〈上〉』雄山閣、158-179頁

五十嵐彰 1999「遺跡形成」『現代考古学の方法と理論』Ⅰ、同成社、3-10頁

五十嵐彰 2001「実験痕跡研究の枠組み」『考古学研究』第47巻第4号、76-89頁

上本進二・御堂島正 1998「霜柱による遺物の表面移動」『旧石器考古学』36、1-11頁

岡村道雄 1978「長野県飯田市石子原遺跡の再検討―ブロックの形成を中心として―」『中部高地の考古学』9-25頁

岡村道雄 1979「旧石器時代遺跡の基礎的理解について―廃棄と遺棄―」『考古学ジャーナル』No.167、10-12頁

栗島義明 1999「遺跡構造研究が明らかにしたもの」『旧石器考古学』58、旧石器文化談話会、99-107頁

小菅将夫 1991「鷹山第Ⅰ遺跡M地点とS地点の石器生産」『鷹山遺跡群Ⅱ』鷹山遺跡群調査団、102-108頁

小菅将夫 2014「岩宿時代のイエとムラ」『季刊考古学』第126号、57-60頁

小林達雄・小田静夫・羽鳥謙三・鈴木正男 1971「野川先土器時代遺跡の研究」『第四紀研究』第10巻第4号、231-252頁

杉原荘介 1956『群馬県岩宿発見の石器文化』明治大学文学部研究報告考古学第1冊

鈴木次郎 1984「第Ⅴ文化層」『栗原中丸遺跡』神奈川県埋蔵文化財センター調査報告3、87-288頁

鈴木忠司・山下秀樹・保坂康夫 1982『野沢遺跡発掘調査報告書』平安博物館

鈴木美保 2015「ハンマーモード推定法に関する実験的研究―実験的研究の課題を焦点に―」『岩宿フォーラム2016／シンポジウム』予稿集、岩宿博物館、16-21頁

鈴木美保・五十嵐彰・大沼克彦・門脇誠二・国武貞克・砂田佳弘・西秋良宏・御堂島正・山田哲・吉田政行 2002「石器製作におけるハンマー素材の推定―実験的研究と考古資料への適用―」『第四紀研究』第41巻第6号、470-484頁

須藤隆司 1991『立科F遺跡』佐久市埋蔵文化財調査報告第5集、佐久市教育委員会

砂川遺跡調査団編 1974『砂川先土器時代遺跡―第2次調査の記録―』所沢市教育委員会

芹沢長介・中村一明・麻生優 1959『神山』津南町教育委員会

鷹山遺跡群調査団編 1989『鷹山遺跡群Ⅰ』長門町教育委員会

田村　隆 2012「ゴミ問題の発生」『物質文化』No.92、1-38頁

戸沢充則 1968「埼玉県砂川遺跡の石器文化」『考古学集刊』第4巻第1号、1-42頁

西秋良宏 1994「旧石器時代における遺棄・廃棄行動と民族誌モデル」『先史考古学論集』第3集、83-97頁

西秋良宏 1995「廃棄行動に関する最近の考古学的研究」『東海大学校地内遺跡調査団報告』5、151-171頁

御堂島正 1991「考古資料の形成過程と自然現象」『古代探叢』Ⅲ、661-668頁

御堂島正 1994「踏みつけによる遺物の移動と損傷」『旧石器考古学』48、43-55頁

御堂島正 2016「石器実験痕跡研究の構想」『歴史と文化　小此木輝之先生古希記念論文集』103-120頁

御堂島正・上本進二 1987「遺物の水平・垂直移動―周氷河作用の影響に関する実験的研究―」『神奈川考古』第23号、7-29頁

御堂島正・上本進二 1988「遺物の地表面移動―雨・風・下柱・植物の影響について―」『旧石器考古学』37、5-16頁

後期旧石器時代の武蔵野台地と多摩丘陵

比田井民子

はじめに

東京は北東部の荒川、南西部の多摩川に挟まれた武蔵野台地を中心とした地域と南西部の多摩川を越え相模川を西に控えた多摩丘陵の北部の地域からなる（第1図）。本論では日本のなかでも最も後期旧石器時代遺跡が多い武蔵野台地と広域調査により遺跡群の全容がよく明らかにされている多摩丘陵の後期旧石器時代遺跡を取り上げそれぞれの地域の特性を明らかにしていく。

1. 武蔵野台地の後期旧石器時代遺跡

(1) 遺跡の立地と分布

東京を中心とする旧石器時代遺跡の立地と分布は、その地理的条件により広がる武蔵野台地は日本有数の後期旧跡時代遺跡の密集地域となった（第1図）。地理的に武蔵野台地は南西に多摩川、北東に荒川を控え、東京と埼玉県西南部にまで及ぶ多摩川により形成された扇状地形である。台地のなかには多くの湧水点があり、そこから南西方向へは多摩川、北東方向には荒川に流れ込む大小の河川が横断しており、そう

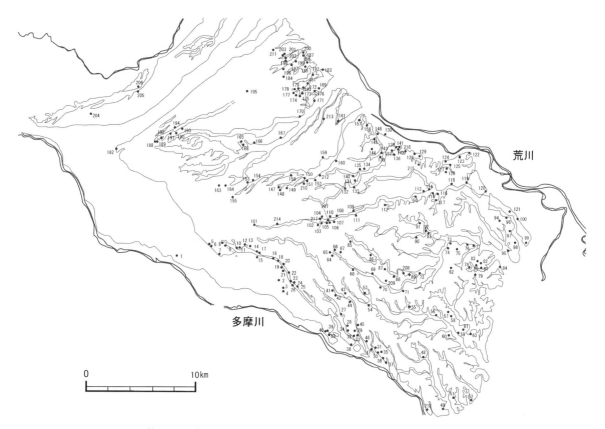

第1図　武蔵野台地の後期旧石器時代遺跡（比田井編 2000 より引用）

した河川に沿って後期旧石器時代遺跡の多くが残された。特に後期旧石器時代初頭の約3万年前にあっては温暖な気候のもとに、海水面の上昇があり、その後の最寒冷期にあっては、水位の低下のため、荒川が古東京谷とよばれる深い渓谷となり、温暖な完新世に向かう後期旧石器時代最終末期には海水面は再び上昇していったと言われる。こうしたことが武蔵野台地の台地形成に大きく影響を与え、遺跡の分布の変遷にもいくつかの変化が見られる。後期旧石器時代初頭は第四紀学上ステージ3と呼ばれ、気候が温暖であったと言われる（鈴木2000）。この時期の武蔵野台地は温暖化による水位の上昇に伴い、多摩川は武蔵野台地の南西側に流路があったばかりではなく、狭山丘陵の北側を抜けて荒川へ合流する流路があった。とくに南西側では台地面のなかでも標高が最も高い武蔵野段丘面の真下まで多摩川が流れていた時期もあり（羽鳥・加藤・向山2001）、多くの後期旧石器時代初頭の遺跡はそうした多摩川の氾濫原を避けて武蔵野段丘面のなかでも標高の高い地域に集中する。武蔵野台地の南西部を中心に立川ローム層第X層下部からいも石と呼ばれる小礫が多く出土するようになるがそれらは立川礫層に対応するその頃の古多摩川の河川礫の名残であると考えられる（比田井2011）。後期旧石器時代の中盤、年代的にはAT降灰期の約B.P.24,000年前後から多摩川の水位が下がり始め、武蔵野台地よりも低位の段丘面である立川段丘が武蔵野台地の南西部に広く発達するようになる。これに対して北東の荒川側は古東京谷と呼ばれる深い谷をなしており、立川段丘面は形成されるが1万年前以降の完新世の海進により埋没する（鈴木2000）。段丘の形成はあまり長期間に渡っていなかったようで（羽鳥ほか2001）、荒川側の低地の発掘調査からは後期旧石器時代の遺物の出土も殆ど無いため、遺跡が形成されるような地形条件にはなかったことが推測される。

これに対して武蔵野台地の南西側では最寒冷期以後から多摩川の氾濫原は減っていき、武蔵野段丘面の直下に立川段丘面が広く形成されていく。こうした多摩川の流路の後退にともなう立川段丘面の発達に従い、武蔵野台地南西側の後期旧石器時代後半期の遺跡の分布がそうした新たな段丘面に展開していく。

遺跡は大規模遺跡が武蔵野台地を流れる中規模河川の流域、河川の谷頭に集まり、小規模遺跡は小河川の流域、台地の奥部などに概ね分布する。拠点的遺跡と一時滞在的な遺跡の構成により当時の生業活動が営まれていたと思われる。こうした傾向は特に遺跡数が急激に増加していく後期旧石器時代後半期にあって顕著になる（第5図）。遺跡の分布のあり方は後期旧石器時代前半期、後半期において遺跡数、遺跡の立地においてかなり異なる。まずその増減、分布からは第VI層のB.P.28,000年のAT降灰期前後が一つの画期になる。2000年の調査によれば主要な遺跡は前半期で約80遺跡、後半期では約190遺跡であり（比田井2000）、その後、多少の遺跡数の増加はあるものの概ねこの割合は変わらない。前半期の遺跡は武蔵野台地の中を流れる主要な河川である野川、石神井川、神田川、白子川など比較的大きな河川の上流から中流域に広がる。特に野川流域には、はけうえ遺跡、武蔵台遺跡、西之台遺跡、野水遺跡、羽沢台遺跡、下山遺跡、瀬田遺跡などの前半期の大規模遺跡が多く、上流域、下流域を中心に現れる。野川流域の遺跡は後期旧石器時代全体を通じて10以上の文化層からなる遺跡もあり、この流域が関東地方一円のなかでも格段に複数の時期にわたり繰り返しヒトが訪れ、占地された地域であったことが解る。

後半期になると遺跡数の急激な増加とともに大規模遺跡は相変わらず野川流域を中心として分布するが、武蔵野台地の奥部やいままで遺跡の分布が殆ど無かった小河川など武蔵野台地全

体に小規模の遺跡を含めての遺跡の分布が広が
る。拠点的遺跡と一時滞在的な遺跡の関係が顕
著になったことと、武蔵野台地へのヒトの流入
が多くなった時期と考えられる。この後期旧石
器時代後半期には相模川流域では富士相模川泥
流の発生という大規模な災害があり、北関東で
は浅間火山の頻繁な噴火の影響を受け、浅間板
鼻褐色テフラ群と呼ばれる複数の火山灰が堆積
した（町田・新井 1992）。武蔵野台地と比較して、
BP.20,000 年前後の遺跡が少なくなるのも多か
れ少なかれこうした影響が考えられる。

（2）編年と年代（第2図）

後期旧石器時代遺跡を包含する立川ローム層
は、主に富士山を給源とする酸性火山灰土壌か
らなり、層の厚いところでは3mにも及ぶ。上
からソフトローム層である第Ⅲ層、ハードロー
ム層である第Ⅳ層、第Ⅰ暗色帯である第Ⅴ層、
約 24,000 年前に南九州の姶良山の火山爆発に
より降下した AT 火山灰包含層である明褐色
ロームの第Ⅵ層、第Ⅱ暗色帯である第Ⅶ〜第Ⅸ
層、明褐色ローム層である第Ⅹ層からなる。武
蔵野台地の後期旧石器時代の遺跡の石器文化層
はそのいずれの層からも確認されている。これ
らの3mあまりの厚い立川ローム層の堆積は石
器群の変遷過程を解りやすくしてきた。

武蔵野台地の後期旧石器時代の変遷につい
ては小田静夫氏等により集大成され古い順に
Ⅰa、Ⅰb、Ⅰc、Ⅱa、Ⅱb、Ⅳ期の6期の区分
が提唱された（赤沢・山中・小田 1980）。現在は、
本来の出土層序を優先して時期区分の名称とす
ることが常態化しているが、大筋の流れと小田
氏等の編年と大きく変わるところはない。

約 30,000 年前の年代が得られる第Ⅹ層の石
器群は、高井戸東遺跡、武蔵台遺跡、西之台
遺跡B地点、瀬田遺跡、下山遺跡、東早淵遺
跡、はけうえ遺跡が代表的な遺跡として上げら
れる。高井戸東遺跡では出土した炭化物により
B.P.29,000 年前後の年代がでており、南関東地

方でも最古の年代の一つを示している。剝片剝
離技術上では明確な縦長剝片剝離技法や石刃技
法を持たない。主な石器組成は石斧、基部加工
のナイフ形石器、台形様石器とされている小形
剝片石器、削器、楔形石器、錐状石器、礫器な
どである。基部加工のナイフ形石器の素材であ
る縦長剝片は両側縁部が揃わず、先端も中軸を
とおるものが少ない。ブランティング加工も発
達しておらず、調整加工は基部に浅い角度から
微細に施される。全体に定型化した掻器、彫器
の発達が見られないのもこの時期の特徴である。

第Ⅱ暗色帯である第Ⅸから第Ⅶ層になると卜層
では、局部磨製石斧、小形剝片石器が出土する
など、まだⅩ層の段階の石器群と共通する様
相が続いていくが、Ⅶ層になると石器群は少
しずつ様相が異なってくる。年代測定では B.P.
25,000 年前後の年代が測定されている。特にこ
の時期には石刃状の剝片が用いられるようにな
って、ブランティングによる素材を斜めに切
るような加工の整ったナイフ形石器の出現に
特徴づけられる。西之台遺跡B地点、高井戸
東遺跡Ⅸ上層、鈴木遺跡Ⅶ層、羽沢台遺跡Ⅶ層、
赤塚氷川神社北方遺跡ではナイフ形石器は形状
の整った石刃状の縦長剝片が素材となり、素材
を斜めに加工する二側縁加工の形態が確立する。
石斧、小形剝片石器などは殆ど伴わなくなる。

第Ⅵ層は AT 火山灰を含む層である。この
時期は前後の時期と比べて遺跡数自体が少なく
なり、個々の遺跡においても遺物数、遺構数が
少ない小規模遺跡が中心となる。鈴木遺跡Ⅵ
層、高井戸東遺跡Ⅵ層、西之台遺跡B地点Ⅵ
層、瀬田遺跡では中部日本の山岳地帯から持ち
込まれた良質の黒曜石を用いた石器を主体とす
る石器群が特徴的になる。良質の黒曜石を使用
することにより、剝片の剝離技術も石刃をまと
めて剝離する技法が顕著となり、核柱状の石刃
核が鈴木遺跡などでは出土している。これ以前
では黒曜石が主体となる石器群は関東地方では

後期旧石器時代の武蔵野台地と多摩丘陵

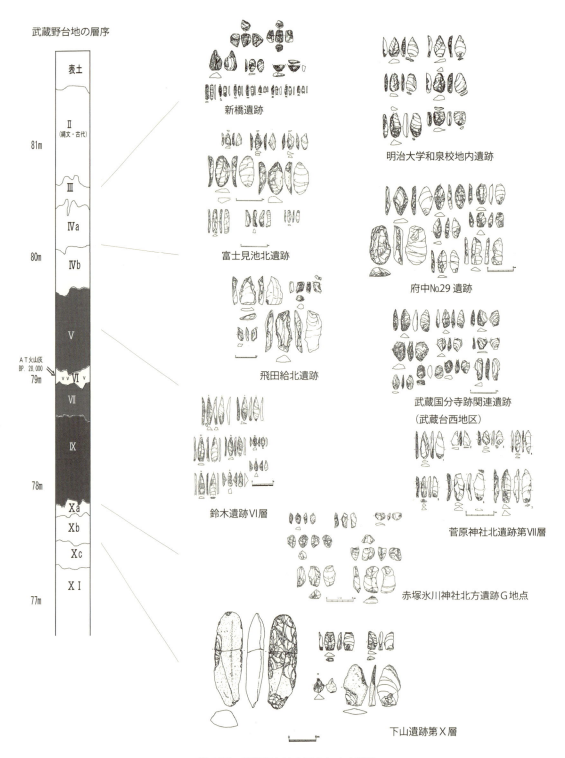

第2図 武蔵野台地の層序と出土遺跡

見られない。出土する石器も二側縁加工のナイフ形石器が主体となる。ナイフ形石器のほかに他器種の石器を伴うことは少ないが、稀に少量の掻器、削器、彫器を伴う。このほか北関東から東北地方産出の頁岩を主体とする石器群もあり、菅原神社遺跡Ⅵ層、飛田給北遺跡Ⅵ層がこれにあたるが、石刃とそれによるナイフ形石器を主体とした石器群である。

第Ⅴ層の第Ⅰ黒色帯から第Ⅳ層にかけては、いわゆる「切出型石器」と呼ばれる台形状のナイフ形石器なども加わり多様な形のナイフ形石器や角錐状石器の存在に特徴づけられる。このナイフ形石器の多様化は石刃を中心とする石器群が少なくなるのに対して、節理が多く定形的な剝片を得るのに向かないチャートなどの石材が多用されるに伴い、対応する剝片剝離技術が発達し、不定形な横長剝片や縦長剝片を多く産出する。さらにそれに対応するように、鋸歯縁状の調整加工等による素材の変形度が増し、丈が短く、大小の多様な形のナイフ形石器が生まれることになる。このほか掻器、彫器、削器、尖頭状の石器である角錐状石器など多用な器種が出現する。飛田給北遺跡、西之台Ｂ遺跡、前原遺跡、はけうえ遺跡に代表されるようにこの段階では遺跡そのものも大きく様相が変わり、10,000点を超える遺物からなる遺物集中部と1ｔ以上の礫を持ち込んだ礫群に構成される大規模な遺跡が多摩川流域で出現し、さらにそうした拠点的遺跡に付随するように小規模な遺跡が武蔵野台地の奥部にまで多く形成されるようになる。武蔵野台地の後期旧石器時代を通じて遺跡数、遺跡規模が最大になる段階である。

さらに第Ⅳ層の上部の段階になると小形の両面加工、片面加工、周縁加工の尖頭器を伴う石器群が出現し、ナイフ形石器と共伴していくなかで後期旧石器時代終末期に向かって多様な様相が展開されるようになる。府中市№29遺跡、野川遺跡Ⅳ1文化層、前原遺跡Ⅳ上層、多聞寺

前遺跡、東京天文台構内遺跡、吉祥寺南町遺跡などが代表的な遺跡となる。この段階では前半期にピークになった時から遺跡数は減少し、遺跡自体の規模も小さくなっていく。

野川遺跡Ⅳ1文化層、東京天文台遺跡Ⅳ上文化層、砂川遺跡（戸沢ほか1974）に代表されるナイフ形石器は素材を斜めに切るような調整加工をおこなう「砂川型ナイフ形石器」と呼ばれる二側縁加工のナイフ形石器のほかに縦長剝片や石刃状剝片を分割2002に調整加工をおこない、三角形や台形にしあげた幾何学形のナイフ形石器など様々な形態が作られる。定型的な彫器、削器、掻器もよくまとまる。

このほかこの段階で特筆すべきこととして、石器群によっては、細石器が伴うようになってくる。練馬区富士見池北遺跡は、小形のナイフ形石器、掻器、彫器の石器組成であるが少量の細石核と細石刃が出土し、越後地方、東北地方の細石器遺跡にも伴う先端部から両側縁調整加工をおこなった掻器を伴っている。縦長剝片の側縁部と先端部に調整加工をおこない調整面と斜交あるいは直交するようなファシットを加える定型的な彫器も組成に加わってくる。同じような事例として吉祥寺南遺跡では尖頭器が主体となるが小形の石刃石核と小石刃が出土している。武蔵関北遺跡、天祖神社東遺跡でも細石刃や細石刃状の剝片が出土している。こうした東北日本、西南日本で日本列島中央部に先行した細石器文化の影響を受けて、小形石刃、小形石核に象徴されるように細石器文化は断片的に武蔵野台地の終末期ナイフ形石器の石器群に浸透し始める。このような細石器化の現象は武蔵野台地周辺の石器群のなかでも見ることができる。

第Ⅲ層は完新世に移行する前段のローム層であるため、大形の尖頭器や礫器を伴う縄文草創期段階に移行すると考えられる遺跡も出現する。後期旧石器時代の最終段階にもあたるため石器群の様相も多様化する。日本列島の後期旧石

時代の最終段階の特色は多量の細石器の出土により特徴づけられるが、武蔵野台地の遺跡では細石器の出土量、出土遺跡そのものは少ない。はけうえ遺跡III下文化層、西之台遺跡B地点、新橋遺跡などがあり、角柱状の細石核、側部を剥離により整え剥片剥離面を固定した細石核などが出土している。細石刃は東北日本、北海道で出土する細石器と比較して総じて小形で出土量も少量である。近年、扇状台地である武蔵野台地の扇頂部に位置する狭山B地点の発掘調査が実施されて、細石刃、船底形細石核、無紋土器片など武蔵野台地ではいままで見ることが少なかった組成が確認された。

このほかこの段階の別種の遺跡としては細石器を全く出土せず小形の尖頭器を多出する仙川遺跡、小形の幾何学形のナイフ形石器をまとめる明治大学和泉校地遺跡がある。

2. 多摩丘陵の後期旧石器時代

(1) 多摩ニュータウン遺跡群の立地と分布

多摩ニュータウン遺跡群は、多摩市、八王子市、稲城市、町田市に渉る地域多摩丘陵の北部の公共の宅地開発地に先立ち3,000haを対象に調査された遺跡群である。遺跡の立地する多摩丘陵は高いところでは標高約110mの急峻な丘陵と深い谷からなる地形環境である。この地は西に相模川により形成された相模野台地を臨み、東には多摩川を挟み武蔵野台地がある。地形的には古相模川の御殿礫層を基盤層とする地形であり、古相模川の開析により形成された。この地域には丘陵を横切って多摩川に流れ込む乞田川、大栗川の二つの河川がある。特に大栗川は、相模川を臨む町田市側の分水嶺を水源とする。

後期旧石器時代の遺物が発見されている遺跡は157箇所あるが、遺物や遺構が安定し、一定のまとまりを持って出土している遺跡は約48遺跡である。多摩ニュータウン遺跡群がある多摩丘陵の北部は切り立った尾根と急な斜面地と

深い谷からなり、南にいくに従い低くなだらかな丘陵となる。後期旧石器時代の遺跡がまとまるのは北部の急峻な丘陵地を中心としている。急峻な地形にも拘わらず丘陵の裾部には段丘面が発達していることが明らかにされており（上條1986）、主な遺跡は大栗川、乞田川流域のそうした段丘面に形成されている（比田井2005、第3図）。

この多摩丘陵北部を挟む相模野台地と武蔵野台地は関東地方でも有数の後期旧石器時代遺跡が多くあり、主要な遺跡がこの地域を横断する河川に沿って残されていることからも、相模野台地、武蔵野台地の影響を受けやすく、さらにそれらの地域を繋ぐ往還的様相を示す地域と言ってもよい。

(2) 遺跡の編年と年代 (第4図)

多摩丘陵の土層堆積は姶良丹沢火山灰層を挟む二つの暗色帯を中心に立川ローム層が形成されるなど武蔵野台地のローム層に近い堆積であり、出土する石器とローム層の層序も大筋では対応していくが、縄文時代以降の層区分が武蔵野台地より、細分できるため、層位名が武蔵野台地の土層より多くなる。年代的には第VII層に鍵となるB.P.28,000の姶良丹沢パミス（AT）が含まれており（阿部1982）、さらに立川ローム層の最上部には1.2万年前に降下した火山灰といわれるUG（町田・新井1992）を含む青柳ローム層がところにより確認される（竹迫1986）。多摩ニュータウン遺跡群を含む多摩丘陵地域では14C、AMS等の年代測定のデータは無く、こうした火山灰の層準と年代を参考とし、ローム層の堆積が武蔵野、相模野と対比しやすいことから、石器の層位的出土状況を年代測定データがある武蔵野、相模野地域と対照させておおよその年代を決める手段としてきた。

層位別に時期ごとの遺跡のあり方を概観していきたい。

まず、AT降灰以前の後期旧石器時代遺跡は

比田井民子

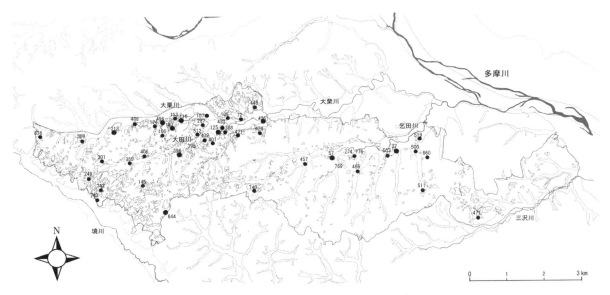

第3図　多摩ニュータウンの後期旧石器時代遺跡

わずか5遺跡である。全体に出土遺物量は少なく、石器類が出土したのはTNT（多摩ニュータウン以下略）No.72遺跡、No.402遺跡、No.57遺跡のみである。No.72遺跡はⅦ層を文化層とするとされているが、通常見られる下位の暗色帯部がはっきりしておらず大形石斧が製作に伴う剥片類と共に出土していることからも、それより古い武蔵野台地の最下層の石器群に対応する可能性もある。No.57、402遺跡はⅧ層に文化層があり、ナイフ形石器、掻器、彫器などが出土しているが、いずれも遺物量は200点未満である。武蔵野台地、相模野台地と比較して、後期旧石器時代前半において遺跡数とその遺物量が全体に薄い地域である。

　多摩ニュータウン地域において後期旧石器時代の活動が活発化するのは後期旧石器時代後半期である。しかし、VH層下層の時期においても相模野、武蔵野の周辺地域と比べて本格化しているとはいえない。この時期の遺跡は三沢川流域には遺跡は殆ど無く、大栗川流域では10遺跡、乞田川流域でも6遺跡と少ない。遺物量では、大栗川流域の遺跡は全体に遺物出土量は少なく、礫群などの遺構を残す遺跡も少ないことに対して、乞田川流域の遺跡が全体に高い遺物の出土量を示し、多くの礫群も残される。なかでも、No.774、769、740遺跡では複数のブロックからなる300点以上の遺物出土量があった。これらの遺物量、遺構量にしても多摩ニュータウン遺跡群のなかでは多いほうであるが、周辺の武蔵野、相模野の二地域の大規模遺跡における出土量にはるかに及ぶものではない。武蔵野台地を中心とするⅣ層前半段階の時期の石器群であり、切出形のナイフ形石器を中心として、掻器、削器類、角錐状石器などをともなう。

　VH層上層の時期になると遺跡数と遺物量が増えるのがこの地域の特徴である。河川流域により若干の差があり、乞田川流域では1,000点以上の遺物出土量による遺跡が出現し武蔵野、相模野台地の大規模遺跡に相当する遺構、遺物数の遺跡がみられるようになる。大栗川流域では、小規模な遺跡を中心に遺跡数は増えていく。特徴的な石器としては両面、片面加工の小形の尖頭器、主に石刃を素材としたナイフ形石器が主体となり、少量の削器、彫器等を伴う。

　VS層の段階は一部に後期旧石器時代から縄文時代草創期にかけての過渡期の遺跡も出現す

後期旧石器時代の武蔵野台地と多摩丘陵

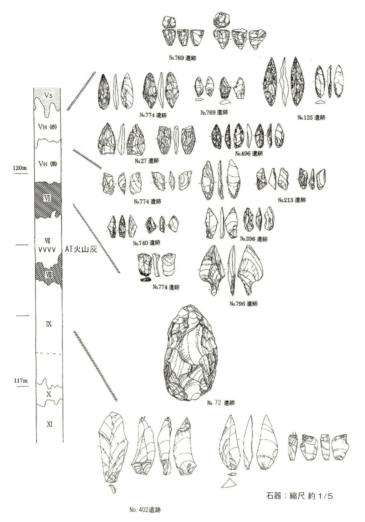

第4図　多摩ニュータウン遺跡群の層序と出土石器

はない。これらの遺跡を除くと遺跡数は非常に少なく小規模の遺跡のみとなるが、大栗川の上流域のいままで後期旧石器時代遺跡が殆ど無かった相原・小山地域で小規模な遺跡が点在するようになる。遺跡数はVH上層の時期と比べやや少なくなるが小規模の遺跡が比較的多いことからVH下層段階よりは遺跡数が多く、全時代を通じては2番目に遺跡の数が多い時期である。

多摩ニュータウン遺跡群において後期旧石器時代遺跡が安定して残されるようになるのは後期旧石器時代後半期にあたるVH層以降の時期であり、特にVH上層の時期に遺跡数はピークとなり、VS層がこれに継ぐ。同じような時期により構成される編年を示す周辺の武蔵野、相模野地域とはまた少々異なるものである。

ではその遺跡がピークとなるVH上層の時期はここではどのような様相を示すのであろうか。層位的には武蔵野台地IV上層期、相模野台地IV期に概ねあたる時期である。

出土層毎の遺跡数の変遷をみていくと（第5図）第VII層のAT包含層以下の層位で遺物の出土がある遺跡は極めて少なく、VH層下部から急激に遺跡が増加し、ハードローム層上部にあたるVH層上部で増加のピークを迎え、VS層では減少をたどる。これは武蔵野台地でAT包含層の第VI層以下の古い段階で遺跡数が少なく、第IV層の段階に入ると遺跡数が急激に増加することと連動していると考えられるが、やや

るようになる。特にVS層上半部に文化層がある乞田川流域のNo.27遺跡、大栗川流域ではNo.125遺跡、No.426遺跡では大形の尖頭器が出土している。概ねVS層下半部に文化層がある遺跡では細石器がよくまとまる遺跡が現れる。乞田川流域のNo.769遺跡、大栗川流域のNo.388遺跡、No.301遺跡である。相模野台地では細石器を出土する大規模遺跡が顕著であり、縄文時代草創期とされる平地遺跡も出現する。これに対して武蔵野台地では細石器を独自にまとめて出土するような大規模遺跡にめぐまれず、縄文時代草創期に対応するような遺跡もあまり明確で

異なるのは武蔵野台地では第Ⅳ層後半期以降の遺跡が多摩丘陵地域に比べ減少傾向にあり、この時期の多摩丘陵に多い尖頭器を伴う遺跡が武蔵野台地では少ないことである。特に多摩丘陵に近い野川流域上流域には尖頭器をまとめる遺跡があるが、武蔵野台地の奥部、または荒川流域になると尖頭器を出土する遺跡は殆どなくなる。また、細石器についても概ね武蔵野台地では、他の器種に混じりながら決して遺跡の主体の石器となることはないが、多摩丘陵では一定のまとまりを持ち主体の石器となる遺跡が出現する。

VH層上部の遺跡の石器組成には殆どといってよいほど槍先形尖頭器を伴っており、157遺跡のうち7割を占める遺物が1、2点の遺跡の殆どは槍先形尖頭器である。多摩丘陵の後期旧石器時代終末期は、尖頭器石器群の遺跡が中心を占め、それを使った狩猟活動がこの地で盛んであったことが推定される。

Ⅳ層前半期段階の遺跡数が武蔵野台地ではピークとなるのに対して、多摩ニュータウン遺跡群では層位的に対応するVH層後半期の尖頭器を伴う遺跡を中心にピークとなっていく（第5図）。こうした第Ⅳ層後半期の遺跡の急激な増加については、多摩丘陵から南西約10kmに位置する相模川の形成する最下位の段丘面にある田名向原遺跡の遺跡形成のあり方が一つの参考になると思われる。田名向原遺跡は尖頭器を主体とする遺跡であり、関東地方では珍しい住居状遺構が出土した。およそ22,000年ごろに発生した富士山の大規模な山塊崩落による富士相模川泥流が田名向原遺跡の直下にあり、遺跡の年代は2万年ごろと言われることから（町田 2009）、泥流が流れた後に、ローム層が堆積し、河岸段丘が安定し遺跡の形成が容易になった後に田名向原遺跡が残された。周辺には地点を変

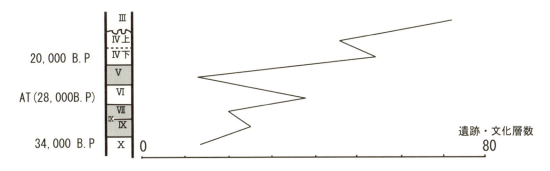

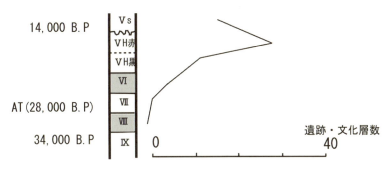

第5図　遺跡数からみた武蔵野台地、多摩丘陵の後期旧石器時代の変遷

えて、同じような尖頭器石器群も発見されており、相模野地域ではほぼこの段階から尖頭器を伴う大規模な遺跡が出現するようになる。多摩ニュータウン遺跡群の尖頭器を出土する遺跡もこの田名向原遺跡以降の時期に対応する。少し視点を転じて、神奈川県内における丹沢山麓の遺跡群の時代性も多摩丘陵に近い傾向を示す。

多摩ニュータウン遺跡群の後期旧石器時代遺跡にも複数の層位にわたり、生活面である文化層が確認されている遺跡があるが、武蔵野台地の野川流域などと比べて文化層の残り方は単独の文化層の遺跡が最も多い。複数の文化層からなる遺跡は乞田川流域よりも大栗川流域に多くあることから、大栗流域がおそらく当時の活動の中心的地域であったと考えられる。また、あまり、長期にわたり繰り返し利用された痕跡を残す遺跡は少なく、複数の文化層が重層しても最も多いところで4〜5枚の文化層数にとどまり、時期も後期旧石器時代後半期を中心に構成される。多摩丘陵になかには長期にわたり、繰り返し利用された痕跡を残す遺跡はあまりない。

多摩丘陵南部の神奈川県地域は北部に比べ遺跡数は少なくなり、遺跡そのものの規模も小さくなる。その中心となる港北ニュータウン遺跡群のあり方に少し触れておきたい。港北ニュータウン遺跡群は多摩ニュータウン遺跡群と同じように多摩丘陵南部地域の公共事業の大規模開発によって明らかにされた遺跡群である。この地域の多摩丘陵は全体に標高も低くなり、高いところで約50mと多摩丘陵北部よりも約60mも低くなる。多摩ニュータウン遺跡群の立地する地域の頂部が高いところで標高110m前後となり急峻な丘陵と谷からなる地形環境に比べこの多摩丘陵南部は低い緩やかな丘陵地域となる。港北ニュータウン遺跡群では、現在明らかになっている旧石器時代遺跡は僅か11遺跡であり（坂本・倉沢1990）、遺物量は少なく、礫群などの遺構も少なく規模も小さい。出土層位はIV

層にあたるハードローム層中の後期旧石器時代後半のものが主である。石器組成も充実しているとはいえず、ナイフ形石器、尖頭器が主要器種となるが、それ自体の出土量にも恵まれない。また、石器文化層が重複する遺跡も少なく、北川表の上遺跡でVH上層、下層の二文化層が重複する事例があるのみである。

まとめ

東京を中心とする武蔵野台地、多摩丘陵の後期旧石器時代の層位と編年、遺跡の立地とその変遷について述べてきた。日本列島のなかでも後期旧石器時代遺跡の最密集地域でもあり、層位的な調査が全国的に先駆けておこなわれ、その編年が1960年代に組まれた武蔵野台地と相模野編年（鈴木・矢島1978）は日本を代表する編年案として長く地方編年に対応する形で使われてきた。しかし、さらなる調査の積み重ねを経た現在は、こうした東京の武蔵野台地、多摩丘陵を比較しただけでも遺跡の時代性、規模等の変遷が地域により少しずつ異なることが明らかである。

特に多摩丘陵の後期旧石器時代終末を中心とする遺跡の発達の時代性、武蔵野台地の後期旧石器時代初頭を中心とする遺跡群のあり方、後期旧石器時代中盤期に近い第IV下石器群の急激な発達などの変遷は注目されるべき点である。丘陵地、高地を控えた生業と、それに対する平坦な台地における生業のあり方に焦点を当てていくことがこの問題の答えの一つとなりえる可能性が高い。かつて議論された中部高地における尖頭器石器群の発達などもこうした高地適応の遺跡のあり方を示しているのかもしれない。さらに拡大して、北関東地域、千葉県の下総台地を見てもこうした違いが其々あり、同じような地域性の課題が見え隠れするのである。当然出土する遺物についても石器個々の消長関係、石器組成も異なり、型式的にも石器が横並

びにはなりえないという複雑な状況が東京を中心とする関東地方にはある。

日本列島は「石器群は、日本列島のいずれの地においても同様な変遷をとげたのではなく、地域的に異なった様相を呈している」とされるように（安蒜1986）、東日本を中心と細石器的様相による体系的な流れと西南日本を中心とする細石器、台形石器、横長剝片石器群の流れにより大きく列島が区分されているような状況がある（比田井2006）。こうした流れのなかにある関東地方は日本列島の中央部にも位置する関係から時代ごとに複合する様相の組み合わせを展開し編年という時間軸のなかには列島北端部から、または列島南端部からの因子が互層して行くように多様な石器群の変遷を示す。そのなかでの地域的受容が異なっていった結果を武蔵野台地、多摩丘陵の後期旧石器時代の編年と遺跡群の増減の中に見ることになる。

謝辞

安蒜先生には多くの学恩をいただきながら、未だそれに報いることができないままで、今を迎えてしまいました。不詳の弟子ではありますが、これからもご指導をお願い申し上げます。常に進化していく先生の旧石器時代の研究の姿勢に感動しております。

引用・参考文献

赤沢威・山中一郎・小田静夫 1980『日本の旧石器』pp.1-243

阿部祥人 1982「基本層序」『東京都埋蔵文化財センター調査報告昭和56年度　第1分冊』pp.19-20

安蒜政雄 1986「先土器時代の石器と地域」『岩波講座　日本考古学』5、pp.28-60

上條朝宏 1986「多摩ニュータウン区域内の地形分類図と土壌分布図の作成について」『多摩丘陵の歴史と土壌』ペドロジスト懇談会、p.125

坂本彰・倉沢和子 1990「全遺跡概要」『港北ニュータウン地域内埋蔵文化財調査報告Ⅹ』横浜市埋蔵文化財センター

鈴木毅彦 2000「7-3台地・段丘の形成過程」『関東・伊豆小笠原』日本の地形4、東京大学出版会、pp.64-70

鈴木次郎・矢島国雄 1978「先土器時代の石器群とその編年」『日本考古学を学ぶ（1）』有斐閣選書、pp.144-169

杉原荘介 1967「Ⅰ先土器時代の日本」『日本の考古学Ⅰ』pp.2-24

竹迫紘 1986「青柳ローム・立川ローム層の特徴」『多摩丘陵の歴史と土壌』ペドロジスト懇談会編、pp.63-80

戸沢充則ほか 1974『砂川先土器時代遺跡』所沢市教育委員会、pp.1-118

羽鳥謙三・加藤定男・向山崇久 2001「第1節　多摩川の変遷と武蔵野の地形発達」『多摩川流域の段丘形成と考古学的遺跡の立地環境』pp.25-71

比田井民子編 2000『多摩川流域の段丘形成と考古学的遺跡の立地環境』とうきゅう環境浄化財団、pp.1-165

比田井民子 2005「旧石器時代における丘陵遺跡の立地と選地に関わる試論」『地域と文化の考古学Ⅰ』明治大学考古学研究室編、pp.43-58

比田井民子 2006『日本列島における後期旧石器時代の地域構造』pp.1-253

比田井民子 2011「武蔵野台地最下部遺跡群の成立」『ヒトがすみはじめた頃の関東地方』多摩川における後期洪積世の人類文の成立と地形環境を考える研究会、pp.17-19

町田洋 2009「3最終氷期極相期の代表的な旧石器遺跡：田名向原遺跡」『相模原市史自然編』pp.151-153

町田洋・新井房夫 1992「第3章日本各地の第四紀後期テフラ　3.3中部関東地方」『火山灰アトラス』東京大学出版会、pp.113-131

＊紙数の都合により一部を除き発掘調査報告書は割愛させていただきました。

武井遺跡群の構造的研究における試論

軽部達也

はじめに

　槍先形尖頭器期における群馬県武井遺跡群の成立は、石器石材原産地域から離れた場所で、石材を持ち込んでの大規模石器生産という旧石器時代の各時期を通じても見られない特異な遺跡群である。この遺跡の成立は、気候の変動などによる更新世大型獣が減少し、狩猟対象環境の変化と集団生業形態の変化、立地条件の要因が複合的に関連して成立しているものと考えられる。しかし、その実態についてはまだ、確実な理解とまでは至っていないのが現状である。今までの武井遺跡群の調査や研究で得られたデータを用いて、遺跡群の構造について考えてみたい。

1. 槍先形尖頭器期の遺跡の拠点化について

(1) 武井遺跡群の状況と課題

　武井遺跡は、1953年の明治大学考古学研究室による発掘調査以降、岩宿時代の槍先形尖頭器文化を代表する遺跡として評価が与えられてきた。1982年以降、新里村教育委員会(現桐生市)により数次の発掘調査が実施され、3万㎡に及ぶ遺跡の広大な広がりと、20万点にも及ぶ槍先形尖頭器石器群が確認され、他に例を見ない大規模遺跡であることが明らかにされた。その後、岩宿フォーラム実行委員会により1998年よりこれらの石器群に関するアプリーチが行われ、武井遺跡群の内容が徐々に明らかになってきた。2010年から明治大学と岩宿フォーラム実行委員会による武井遺跡群調査団が編成され、2015年まで調査が実施され、遺跡群の実態解明へ向け研究が継続されている。その研究

の中で、槍先形尖頭器文化期における遺跡構造がそれ以前のナイフ形石器文化期に比べて、石器製作の集約集中大形化が際立った一面、台地などの平野部に広がる遺跡の散漫な状況とが相対的な関係が明らかになるにつれ、原産地遺跡のあり方と武井遺跡群のあり方が対比され検討されるようになった(2013岩宿フォーラム)。このような研究が行われる中、20万点を超える石器群の分析は今後、遺跡の社会的構造変遷を明らかにする上で最も重要な遺構群であると言えるであろう。なぜこのように大規模化するのかを探るためには、単位的小集団の遺跡の内容を1単位の構造として捉えるならば、武井遺跡群について、かつての二次的原産地遺跡、つまり、集団狩猟に特化したキルサイトに関連した遺跡と言う漠然としたものから、具体的な遺跡の調査成果の累積により、大規模化の構造を考えることを目標に検討したい。

(2) 遺跡の大規模化の鍵

　槍先形尖頭器文化期の遺跡に置いて、現在その特徴的に示す事象は「住居跡」の顕在化である。相模原市田名塩田遺跡群向原遺跡あり方や前橋市木暮東新山遺跡など居住についての志向が遺跡として捉えられてきている。それ以前のナイフ形石器文化期においても石器集中は、状況証拠として居住空間とブロックの関連について、砂川遺跡の中で石器製作の場所の近くが居住生活の中心であった(戸沢1968)と認識されている。槍先形尖頭器文化期において具体的に居住施設を遺構としてそうした遺跡で認識されることは非常に重要な変化であり画期であると思われるのである。居住へのベクトルは狩猟集団の遊動の過程において、特定の場所に長短は

不明だが、一定の時間その場所に滞在する状況が具体的に表出するということである。これは集団の離合集散、回遊行動において、特定期間止どまる場所がある行動系に移行したことを示している。これが槍先形尖頭器期の遺跡大規模化への鍵であると考えられるのである。ここで、狩猟行動系のパターン変化について見てみたい。

2. 槍先形尖頭器文化期の狩猟行動系パターンの変化とセトルメントシステム

槍先形尖頭器文化期以前のナイフ形石器文化期の狩猟系行動パターンは石器製作狩猟行動が完結するパターンである。石器製作は石材入手から消費までが一貫して集団の中で完結しており、狩猟における連鎖としての石器のメンテナンス、補充、狩猟対象待機がセットで組まれた完結的な狩猟行動パターンが想定される。それは砂川遺跡を代表とする石材母岩分類による遺跡構造論で明確にされている。一方、槍先形尖頭器文化期の遺跡では、これらとは異なり、石器石材原産地での大規模生産遺跡の顕在化、活動領域での遺跡の小規模化、拠点的遺跡の出現に見られる集団の狩猟行動の変化である。石器石材入手から石器製作に関わる作業の場の分化、準備メンテナンス遺跡の出現（小規模ブロック）と石材一貫消費行動の消滅、狩猟行動の集団組織化による特定場所での滞留期間の増大である。この滞留期間の増大は狩猟タイミングを図る重要なことであるとともに集団間のコミュニケーションと関係維持には不可欠な期間である。この滞留期間こそが大規模遺跡化への重要な要因であると考えるのである。槍先形尖頭器の製作によって引き起こされた石材獲得システム・居住システム・地域集団の変動過程、さらには集団内・間における労働部門の変革（稲田1969）の問題提起が視座となるであろう。

かつて、テイラーは狩猟民のセトルメントシステムには長い期間を超えて限定的な地点の再利用を行うシステムを「telthered nomadism」と呼び、それには傾向があり、他の地域に重要な資源が距離の問題などで稀にしか占められない特別な地形的場所に釘付け（tie down）されているとしている（Taylor 1964）。遺跡に残された繰り返しの場の使用の痕跡は多くの遺跡で我々は見ることができ、集団の移動と遺跡の構造として認識を行っている。この繰り返される場の使用においても集団のキャンプレイアウトを意識した行動として、特定の単位が場所を少しずつずらして位置する行動が見られる。砂川遺跡に見られる例が典型的である。また、一方では定位置を高頻度で繰り返し利用することで、これらは見かけ上の大規模遺跡として認識される。横田遺跡などは、帯状に複数ブロックの単位が特定の間隔で分布するような状況は単一集団の反復利用の結果であると考えている。特に槍先形尖頭器文化期の遺跡は比較的小規模で、槍先形尖頭器の単独出土やリダクションや再生を行うメンテナンス的遺跡や御正作遺跡などに代表される見られる小規模集団による石器製作遺跡が行われる遺跡が主体を占めるものとお思われる。石器製作が黒曜石原産地遺跡での量産、製品や半製品の搬出が行われることで、生業活動領域では石器のメンテナンスと消費を補完、維持するような石器製作が行われている。槍先形尖頭器とナイフ形石器が並存する槍先形尖頭器導入初期段階では、それに先の半製品や製品の消費だけでなく、ナイフ形石器製作技術のシステムに槍先形尖頭器製作が包括される縦長剥片素材尖頭器製作が行われ、このような小集団による遺跡が残されているものと思われる。このような中で武井遺跡群のような大規模遺跡はその同時性を担保しなくとも複合的な大規模遺跡として認識できると思われる。

ビンフォードはイヌイットの生計セトルメントシステムをベースに論考で、単位集団の中で、食糧調達のための目的集団（special-purpose

task grups)、一般には小規模のグループを組織
して、労働ユニットとして食糧獲得のための活
動を行う。通常それらは3つの行動、すなわち
獲得、輸送、居住消費者へ届けるまでの行動を
システムとしている。しかし、これは都合よ
く食糧資源が近くにある場合に限定されてい
る。一方では、特別の資源（季節的に群れで移動
する動物群）に対する行動ではそのために特別
に組織化される専業集団が必要となり、対象に
対応した大形のグループを形成するとしている
（L.R.Binford1980）。重要なのは集団が居住基地
（residential bases）、臨時の狩猟グループが群れ
の監視する場（locations）、操作センター（field
camps）、待ち伏せなどを行う（stations）、獲得
した獲物を解体、保存する（caches）から場を
構成していることである。集団の居住する場所
では消費者があるため、最終的には食糧をそこ
へ届けるまでがサイクルとなる。こうした場は
考古学的に各遺跡の性格を考える上での基礎的
な思考にヒントを与えるものであろう。そうし
た年間を通じたセトルメントサイクルの中に場
の反復使用、定位置による拘束性があるのであ
る。現在、旧石器時代の居住空間と狩猟行動空
間とでは遺跡を見る限り分離されてはいない。
それは漠然とした石器製作と居住空間の考え方
（戸沢 1968）と田名向原遺跡や小暮東新山遺跡
などの例が槍先形尖頭器文化期の居住空間と石
器製作との場の関係を示唆していると考えられ
る。しかし、他の石材ならまだしも黒曜石で石
器製作をした場で生活を行うことが果たして居
住空間として使用されるのかは疑問がある。こ
うした居住した空間が石器製作の場や廃棄場所
に転用使用されるのであれば納得のいくところ
である。そういうことであれば、場の反復使用
の際、位置を移動させる行為が現象として遺跡
の大規模化に通じると考えられるのである。

　私がなぜこのようなことを持ち出すかといえ
ば、後述する武井遺跡群において、他に空間が

ありながら20万点の石器製作の残滓の山に人
が敢えて居住するとは到底考えにくいからであ
り、作業空間・廃棄空間としての場の集中利用
を想定することで、ブロック群の構成と遺跡の
性格や構造の関係を明確にしたいからに他なら
ない。具体的にこの槍先形尖頭器文化期の様相
についてみてみたい。

3. 槍先形尖頭器文化期の各遺跡様相

　先のパターンの変化について具体的に武井遺
跡群以外の代表的な幾つかの遺跡の様相をみて
みたい。ここで視点として重要になるのは黒曜
石である。

御正作遺跡

　御正作遺跡では黒曜石による石器製作が行わ
れる。黒曜石を主に槍先形尖頭器は縦長幅広の
素材或いは横長剥片素材を使用して、作成され
ている。ナイフ形石器は石刃及び縦長剥片を素
材に限定された二側縁、一側縁加工ナイフが組
成されている。石核では単設、両設打面石核と
90°打面転移を頻繁に繰り返す複設打面石核を
組成する。有樋尖頭器は組成されていない。片
面、面的加工のナイフ形石器が注目される。

　礫群を中央に配し、その周囲に3ブロックが
存在し、石刃剥離から調整加工、再生が行われ
ている。礫群を伴うことが石器製作＋居住滞留
性が想定できよう。北関東での小規模滞留遺跡
の例として捉えることができる。

　また、大工原豊氏が提唱した「御正作型単位
集団」（大工原 2000 岩宿F）は、槍先形尖頭器期
の赤城南麓地域における単位集団の一つの形で
捉えるとするならば、平野部に展開するフィー
ルドキャンプとしての単位集団を明示するモデ
ルとしてのあり方を示していると考えられる。

下触牛伏遺跡第1文化層

　下触牛伏遺跡では石器製作において、ナイフ
形石器石を伴う、槍先形尖頭器文化期では初期
的な様相と考えることができる。石器製作につ

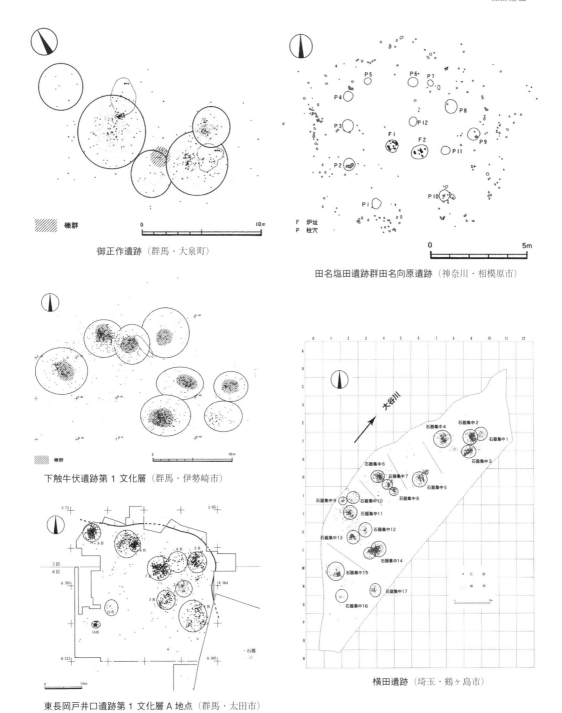

第 1 図　槍先形尖頭器文化期の各遺跡

てはナイフ形石器文化との共通性が強いが、在地系石材への転換傾向が看取される。礫群を伴うことで、居住性が高い遺跡と思われる。遺跡では槍先形尖頭器 4 点（内、有樋尖頭器 2 点）、ナイフ形石器 11 点、台形石器 2、彫器 19 スクレイパー 4、ドリル 1 などが出土している。2 点の槍先形尖頭器は一部に素材剝片の主剝離面を残すが、ほぼ両面加工、の木葉形のものであ

る。また、有樋尖頭器のうち一点は左右非対称の両面加工でやや急角度の樋状剥離が先端より左側縁側に施される。もう一点もやや左右非対称で、素材剥片の打点側を基部に片面加工で、器体はやや甲高気味で、左側縁に樋状剥離状の無加工部分を残すものである。注目されることは彫器が多く組成されている。この様相はナイフ形石器集団の石器製作技術コンプレックスの中に内包される居住基地としての組成要因を持ち、かつ、槍先形尖頭器文化期の居住基地的組成を示している。

東長岡戸井口遺跡第1文化層A地点

この遺跡では槍先形尖頭器が石刃素材と幅広剥片との両方が製作される。黒曜石素材の縦長剥片素材とそれ以外と時間的な共時性があり、大きな二つの技術の併存がみられる。

この遺跡では5号ブロック、7号ブロックで槍先形尖頭器が出土しており、主として両設打面石核から幅広縦長剥片、石刃状剥片など多様な剥片が剥離され、チャートの接合例では角柱状の素材を横位、または縦位に剥離作業を行って、目的的剥片剥離をおこなっている。この遺跡での注目される事象として、ナイフ形石器と槍先形尖頭器の供伴出率と石材選択の関係である。有樋尖頭器から話題は離れるが、槍先形尖頭器を考える上で注目されると思われるので概観したい。

5号ブロックではナイフ形石器3点に対し、槍先形尖頭器7点、使用痕を有する剥片は15点と多い。また、7号ブロックではナイフ形石器3点に対し、槍先形尖頭器2点、使用痕を有する剥片5点、加工痕のある剥片4点である。9ブロックではナイフ形石器15点のみで、ほかに掻器1点と使用痕を有する剥片が3点出土しており、槍先形尖頭器は出土していない。このブロックの石材について見ると、5号ブロック、7号ブロックではチャートと黒曜石が多用されている。これに比べて9号ブロックでは

チャートと黒色頁岩が多用されている。単純に大間々扇状地におけるチャートをこの遺跡での普遍的石材とするならば、準在地系石材の黒色頁岩がナイフ形石器製作の基本的石材として位置付けられ、遠隔地的石材である黒曜石は槍先形尖頭器石器石材選択的に用いられていると理解される。つまり、群馬のナイフ形石器製作伝統における石材選択と槍先形尖頭器の石器製作における石材選択に差異があることが指摘できよう。ける基本的石器組成を示すものと仮定すると7号ブロックはナイフ形石器と槍先形尖頭器が数量的に均衡する。これらを補完するように加工痕のある剥片が作成されている。5号ブロックでは槍先形尖頭器がナイフ形石器より数量的に優位に製作される場合、使用痕を有する剥片が多用される関係が推察される。ナイフ形石器に比べ槍先形尖頭器への指向が注目されるのである。以上、武井遺跡群を除く群馬県内の様相では分布は小規模ではあるが比較的居住生の高い遺跡と石器製作が認めれる。

横田遺跡

横田遺跡では17石器集中の内、2、3、4、5、6、7、8、13、14と9の一部の10の槍先形尖頭器石器集中が検出されている。詳細を見ると主として小形黒曜石製槍先形尖頭器製作を行っているブロック群である。しかし、製作されている槍先形尖頭器は幾つかの類型を持ち、石器集中の状況を捉えると1〜3石器集中、6〜8石器集中、9、13、14石器集中のグループを構成している。しかし、これらは黒曜石母岩消費という視点では、それぞれの石器集中において、それぞれ石器石材母岩を消費、槍先形尖頭器を製作している状況が看取される。また、それぞれの石器集中では製作されている槍先形尖頭器の形態等が異なり、多少なりとも用途バラエティの変化や時間的な差異を捉えられるものと考えられる。

2、3石器集中では黒曜石母岩分類の報告で

は2石器集中と3石器集中とは明確に異なる母岩消費が行われている。また、製作されている槍先形尖頭器も2、3、4石器集中それぞれが異なるタイプの槍先形尖頭器の製作を行っている。2石器集中ではやや大形、幅広のものと縦長剥片を素材とする細身のもの、3石器集中では縦長剥片を素材に小形木葉型で、若干基部側に最大幅を持つもの、4石器集中では3石器集中より細身、小形のものを製作している。3つの石器集中は2等辺三角形様のポジショニングである。

5石器集中は前記3、4石器集中を合わせた様な石器内容を持つ複合的様相を持つ。

6、7、8石器集中は近接縦列のポジショニングで、6石器集中では小形、大形の未製品、大形の磨石はおそらく細石刃製作に掛かる混在とも思われる。7石器集中では小形で、8石器集中では先端、基部調整のものである。

9石器集中はナイフ形石器、細石器、槍先形尖頭器の混在で、散漫な集中である。13石器集中では細身、先端基部加工のもの、大形のものなどバラエティがあり、細身は丹念な両面加工品である。14石器集中は西側の部分が槍先形尖頭器の石器集中で、小形木葉形で丹念な両面加工のものである。これらの集中は散漫、前記2グループに比較してやや散漫な石器集中である。

これらの3グループは河川に対して下流側を意識した配置で、同時に形成されたものというより、小集団が比較的短期間、繰り返して占地利用し、結果的に約10の槍先形尖頭器製作址が広がりを持つように見えるものと思われる。

この遺跡は複数集団が短期間に形成するのではなく、立地的場所の占有が繰り返される大規模化遺跡である。南関東地域の槍先形尖頭器文化の集団のあり方を示す重要な遺跡である。

田名向原遺跡

この遺跡での注目点は黒曜石の状態と環状ブ

ロック群様の居住的空間形成である。このような集団レイアウトは同時性あり方として、他に類をみない。集団間の情報共有と狩猟戦略の場としての居住基地もしくはフィールドキャンプとしてのあり方を具現化している。しかし、むしろこの遺跡は独自的であり、集団猟を目論み組織された目的集団のベース的な遺跡として捉えることもできよう。むしろ横田遺跡の様相が南関東地域での実態を表す代表的遺跡であると思われる。

いくつの遺跡を概観した。しかしこうした遺跡は各地に点在する大多数の槍先形尖頭器単独出土遺跡や調整剥離と製品とで構成される小規模メンテナンス遺跡が背後に存在することは忘れてはならない。様相で示した遺跡はこうした遺跡が、時に狩猟行動において、定位置、観察や待ち伏せを行うためにそれら小規模遺跡が繰り返し同じ場所を占地する様な地域拠点遺跡を形成するのであろう。

4. 武井遺跡群の拠点化の構造

（1）武井遺跡群の石器製作の視点にみる拠点化への構造

槍先形尖頭器文化期にみられる原産地遺跡と消費的遺跡の石器作業工程の分化はナイフ形石器の遺跡にみられる石器製作が石核の準備工程から始まる一連の石器製作工程すべてが行われ、石核の消費と石器製作が連動すること、また、槍先形尖頭器はナイフ形石器で見られたようなシステマチックな石器製作だけでなく、石器石材に適応したフレキシブルな石器製作が行われるように変化する（安蒜2013）。

しかし、黒曜石石刃を素材とするような小型の槍先形尖頭器は、ナイフ形石器に比較して若干幅広の素材を利用するものの基本的な部分はナイフ形石器文化での石器製作工程とあまり変化のないものである。ただ、縦長剥片系素材を利用すると素材形状から先端基部を中心に調整

武井遺跡群の構造的研究における試論

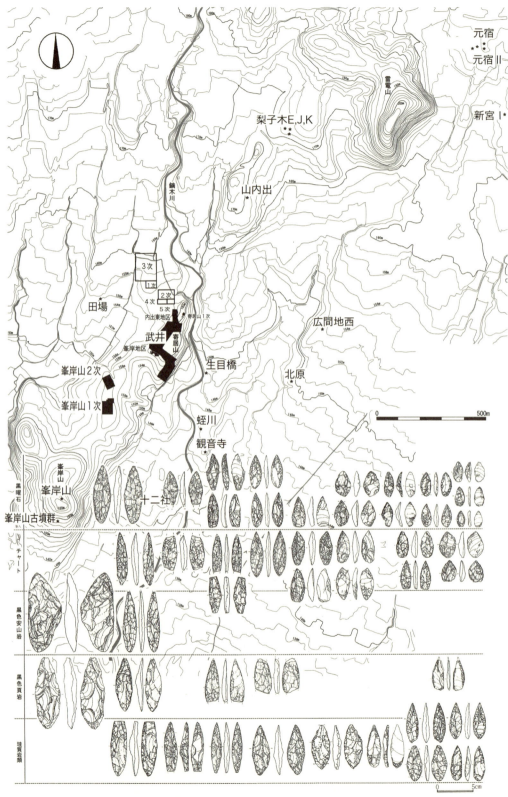

第 2 図　武井遺跡群と槍先形尖頭器（関口・勢刀 2004 の図を引用付加）

して、側縁が真直ぐになるようにしなければ、刺突具として十分な強度が得られず、中央付近で折損するものが多くなる。これを避けるためには若干厚手の素材を選択し、断面Ｄ字状になるような片面側に加工調整を集中させるようなものも製作されることになる。このような小形で鋭利な黒曜石尖頭器を武井遺跡群では具備しているのである。

　槍先形尖頭器の器体長をある程度必要とする場合、前記のような石刃素材では石核の大きさに規定され、それ以上のものは製作できない。そのため、横長剥片を素材とするものが多用される。この利点は槍先形尖頭器自体が素材の形状に拘束されない、最終完成形へと加工できるということである。必要とされる長さと厚さが素材として担保されれば、最終的に完成形までの作業量の違いだけで製作が可能であるという点である。その点で厳密な形状素材でなくとも問題はないので、多様な石材を素材としたものが多く作られる。また一方、さらに大形のものでは直接、大形板状素材から製作される。このように槍先形尖頭器の目的形状に合わせた多様な製作が行われる。

　しかし、武井遺跡群の石器素材として原礫から遺跡内に搬入しから製作されるものは限定的、且つ在地系石材に限られ、多くは半製品の状態で搬入、加工して仕上げるものが大半である。殊に大形のものはその傾向は顕著である。また、折損品等の再生調整なども多い。

　武井遺跡群の在地石材の利用は、尖頭器の大形化への要求と黒曜石原産地との隔絶がある。黒曜石の需要は槍先形尖頭器にとって重要な石材であった。しかし、黒曜石の需要の増大によって、供給される石材が粗悪化、槍先形尖頭器に求められる器体の大きさが、ますます小型化する。このことによって、槍先形尖頭器の大きさの確保が困難な状況ができ、在地石材への転移が行われる。その試行錯誤と淘汰がこの遺跡群

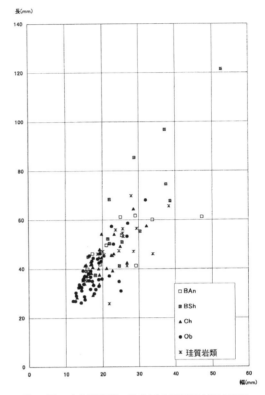

第３図　武井遺跡群の槍先形尖頭器石材別長幅比

で実践されたと考えている。

　黒曜石の原産地周辺では、原産地遺跡集団により管理されていると考えられ、ここでは石器石材としての原材、完製品だけでなく、槍先形尖頭器の未製品ブランクとして供給が行われる。これはナイフ形石器文化集団が石核を具備して行動しているのに比較して、完製品としての槍先形尖頭器の広がりを見ることができるからである。原産地遺跡において完製品までを製作することはそこでの時間と滞在を要し、食糧調達を実施しなくてはならず、各集団が原産地へ向かうには、行動領域に原産地遺跡を組み込みを図ることは石材獲得のリスクを負う。しかし、このように供給される石材は価値が高く、かつ、供給量が限定されるため、在地石材への活路が求められる。やはり、そのような試行錯誤は、一方、黒曜石という価値をさらに高めることとなる。

武井遺跡群の構造的研究における試論

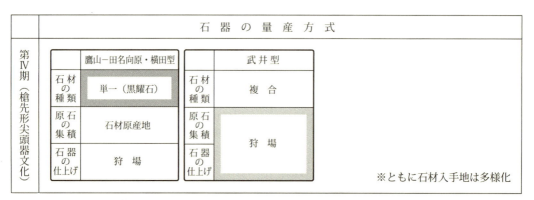

第4図　槍先形尖頭器の量産（安蒜 2013　第Ⅴ期部分を割愛改変）

　環境変化における更新世大型獣の減少は、集団にとっての死活問題となる。通常の狩猟でまかなえたものがまかなえなくなる状況は集団の心理的パニックを起こし、集団による群れごと狩猟するような一時大量に食糧資源を確保する行動に移行する。しかし、大量確保は保存するための処理を行う必要があり、この保存技術も一定時間の滞在を促す要因である。これは欧州やシベリアに於けるバイソンやマンモスなどの集団狩猟の現象と一致する。これにより、多くの動物が絶滅へと追いやられたことは周知の通りである。

　日本の関東でもこうした動きが少なからず起きていた可能性はあるだろう。槍先形尖頭器集団にとって、狩猟に最適な技術を得たにもかかわらず、狩猟対象としての動物相の変化は大きなインパクトとなると想定できよう。こうした契機が狩場における拠点遺跡の出現と武井のような異質な拠点、複数集団の定点的大遺跡を生み出したものと思われる。

　武井遺跡群には原石の持ち込み集積が行われ、黒曜石製の鋭利かつ効率の良い槍先形尖頭器を中心的に構成される部分、補填的に在地系石材の槍先形尖頭器の有用性を見出すプロセスを見出さなければ武井遺跡群の構成は見出せないであろう。

　集団狩猟への移行がまず、武井遺跡群の拠点化の主要要因であることは言うまでもないと思われる。しかし、それだけでは関東周辺の遺跡群との差異はないと思われる。繰り返し行動の要因や赤城南麓では好条件の地形など立地要件という条件要因だけでは、占地の選択肢も限りない。この点からもこの武井の地が集中的な定位置として選択されたことは重要であると思われる。

　この地を定位置として、これほどまでに大形化する遺跡は他になく、しかもその内容は狩猟系行動パターンだけでなく、この地の継続的な利用と石材の集積にみることができるのである。原産地遺跡ので遺跡群の大形化は既知の通りである。豊富な石材によるブランク作製、搬出と管理が大きな遺跡の要因である。半製品の消費地、狩猟地への搬出、完成品の搬出、消費である。この二つの流れは槍先形尖頭器期では一般的な行動と理解してよいと思われる。これは、原産地遺跡（黒曜石）と消費地（黒曜石）の関係であり、そこには在地系石材の介入する場面は少ない。武井遺跡群ではこうした流れに大きく各地域の在地系石材の搬入と石器製作、その消費ということが大きく付加されているのである。これらが複合的に作用することで武井遺跡群の大規模化へ向かう大きな要因となるのであろう。武井遺跡群は礫群を伴うもので、ナイフ形石器から継続する集団の狩猟場兼キャンプサイトの構成である。しかし、こうした流れからは理解できないものが、多量・多様な石器石

材とそこから生み出された石器群である。それ
は武井遺跡群の特異性だけを考えていただけで
あり、それは規模の大きさだけに囚われていた
だけで、石器群の形態組成には、他と著しく異
なることは見出せない。この武井遺跡群の石器
群の特異性は遠隔地・在地石材などの多種多様
の石器石材の豊富さであると私は考える。狩猟
活動への危機感と黒曜石への離別、これが武井
の大石器群を構築する要因であると思われるの
である。この要因に付加されるものは狩猟負荷
と要求による槍先形尖頭器の大形化である。神
子柴系石器文化流入がどの時点でおこなわれた
かが課題ではあるが、石材の在地化は少なから
ず、原産地への神子柴系石器文化の影響を考え
ることができる。黒曜石は原産地が限定される
石材であり、有樋尖頭器の時期を考えるとIV
層段階での黒曜石原産地の確立が想定できよう。
これ以後、おそらく、黒曜石の流通、受容に関
して、原産地の集団による管理を認めることが
でき、半製品の供給はこうした集団により搬出
される石材や半製品のサイズや数量は少なから
ず制約を受けていると考える。ナイフ形石器集
団のような石材産地への遊動行動の一環に組み
入れられるのではなく、石器石材原産地遺跡の
出現は、原産地を管理・経営する集団の出現が
想定できよう。それを念頭すれば原石の大きさ
は管理され、そこから作られる槍先形尖頭器の
大きさは限定されるのである。そのため、遺跡
での黒曜石製槍先形尖頭器の長幅比は自ずと決
められてしまう。一方、豊かな在地系石材では
石質には限定されるがフレキシブルな大きさの
尖頭器を作成可能な利点が生まれるのである。
かつてナイフ形石器文化においても、ナイフ形
石器の大きさの限界が複合組み合わせの槍の構
成を志向したことがあったかもしれない。石刃
が石核のサイズに規定されることは、素材とす
るナイフ形石器も同様である。それを技術的に
克服した槍先形尖頭器製作は組み合わせを超え

る槍の要求は当然あると思われ、長大化への志
向は必然的なものであると思われる。槍先形尖
頭器文化が原産地へ持ち込まれたことが原産地
遺跡の大形化の始まりと理解するなら、槍先形
尖頭器の大形化は遺跡の大形その要素は内包し
ていると思われる。そもそもナイフ形石器で具
現化できない器体の大きさを石刃技法からの遊
離で実践化したのが槍先形尖頭器である。その
ことは黒曜石との出会いで、鋭利さと洗練され
た加工は実現できたが、その大形化には原材料
石材の大きさという大きな壁があったものと思
われる。それを克服できる石材の欲求、減少す
る大型獣を効率よく仕留めるための槍先形尖頭
器の大形化は重要であったと思われる。しかし、
遺跡出土の在地系槍先形尖頭器はさほど大きく
なく、黒曜石に比べ鋭利さも低い。この時点で
は数の対決の様相である。

　この後の細石刃による長大な植刃槍の受容、
神子柴系大形槍への収束、移行へと適応の流れ
をみることができよう。

　これまで遺跡群の内容について吟味してきた。
武井遺跡群は鏑木川に張りだす寄居山地区は戦
略上の監視地点的役割や操作センター的な定点
位置であったと考えられ、また峯岸地区、内
出東地区は、獲得した獲物を解体、保存する
（caches）から場としての礫群を伴う遺跡構成と
見ることができよう。居住空間、石材集積・石
器製作基地はこれらに連続する空間であろう。
また、先に述べた槍先形尖頭器の製作に内包さ
れる思考と槍先形尖頭器大形化の欲求の要因な
どがさらなる助長をもたらし、武井遺跡群の中
心部はこのような拘束された空間で反復使用
による重層肥大化していくのであろう。また、
周囲に点在する遺跡は集団の移動に関係する
居住基地であり、幾つかの遺跡は臨時の狩猟
グループが群れの監視する場（locations）、操
作センター（field camps）、待ち伏せなどを行う
（stations）などであろう。

この論考で幾つかの視点、視座を提示した。しかし、大規模化の要因や原因は想定できたものの、この想定外の肥大化は後にも先にも武井遺跡群のみである。そこには赤城南麓と大間々扇状地になる高地と平野部を河川で南北に仕切られた地形があり、多くの集団反復とそれらの食糧供給資源を充分に支える環境、例えばシカ群をはじめとする動物群の高低季節移動の好猟場があったのかもしれない。

武井遺跡群は複数集団の生業セトルメントシステムの複合した状況であり、その中での石材集積と石器製作が絡んだ定位置であったと言えるのである。

引用・参考文献

麻生敏隆・大工原豊 1989「北関東における尖頭器文化の様相」『中部高地の尖頭器文化』 長野県考古学会誌 59・60』長野県考古学会

安蒜政雄 1990「先土器時代人の生活空間」『日本村落史講座』2

安蒜政雄 2013「槍先形尖頭器文化と武井遺跡」『槍先形尖頭器文化の大規模遺跡と遺跡の広がり―武井遺跡発掘 60 周年―』岩宿フォーラム／シンポジウム・みどり市教育委員会・桐生市教育委員会・岩宿フォーラム実行委員会

飯田茂雄 2013「槍先形尖頭器文化の大規模遺跡と黒曜石原産地」岩宿フォーラム／シンポジウム

犬上周三・鈴木次郎 1984『栗原中丸遺跡』神奈川県立埋蔵文化財センター調査報告 3

今村仁司 2000『交易する人間』講談社選書メチエ 178、講談社

岩崎泰一 1986『下触牛伏遺跡』(財)群馬県埋蔵文化財調査事業団

岩宿博物館・岩宿フォーラム実行委員会 2008『更新世の地形発達史と遺跡群の形成』

岩宿フォーラム実行委員会 1998『武井遺跡と北関東の槍先形尖頭器文化　予稿集』第 6 回岩宿フォーラム／シンポジウム

大泉町教育委員会 1984『御正作遺跡』

笠懸町教育委員会・新里村教育委員会・岩宿フォーラム実行委員会 2000『槍先形尖頭器文化期の集落と武井』第 8 回岩宿フォーラム／シンポジウム

笠懸町教育委員会・新里村教育委員会・岩宿フォーラム実行委員会 2004『武井遺跡の槍先形尖頭器』第 12 回岩宿フォーラム／シンポジウム

群馬県住宅供給公社・(財)群馬県埋蔵文化財調査事業団 1999『東長岡戸井口遺跡　第 4 分冊旧石器時代編』

須藤隆司 1998「なぜ武井遺跡は大規模な政策遺跡なのか」『武井遺跡と北関東の槍先形尖頭器文化』第 6 回岩宿フォーラム／シンポジウム・岩宿フォーラム実行委員会

関口博幸　勢刀　力 2004「武井遺跡における槍先形尖頭器の全体像」『武井遺跡の槍先形尖頭器』第 12 回岩宿フォーラム／シンポジウム・笠懸町教育委員会・新里村教育委員会・岩宿フォーラム実行委員会

武井遺跡群調査団 2015『概報　武井遺跡群 V　群馬県桐生市武井遺跡群第 5 次調査概要報告書』

田名塩田遺跡群発掘調査団 1998『田名向原遺跡 1―相模原市しおだ土地整理事業に伴う旧石器時代発掘調査』相模原市教育委員会

みどり市教育委員会・桐生市教育委員会・岩宿フォーラム実行委員会 2013『槍先形尖頭器文化の大規模遺跡と遺跡の広がり―武井遺跡発掘 60 周年―』岩宿フォーラム／シンポジウム

Frison, George C. 1971 "The Buffalo Pound in North-Western Plains Prehistory: Site 48CA302, Wyoming" American Antiquity 36:77-91.

Lewis R. Binford 1980 "Willow Smoke and Dogs' Tails: Hunter-Gatherer Settlement Systems and Archaeological Site Formation" American Antiquity Vol. 45, No. 1 pp. 4-20

Schiffer Michael B. 2000 "Social Theory in Archeology" The University of Utah Press

Taylor, Walter W. 1964 "Tethered nomadism and water territorality: an hypothesis." Acts of the 35th International Congress of Americanists, pp.197-203

Wheat, Joe Ben 1967 "A Paleo-Indian bison kill" Scientific American 216 (1), pp.44-53

縄手下遺跡にみる石器原料の獲得消費活動と遺跡形成

吉川耕太郎

はじめに

2003年、一般国道7号琴丘能代道路建設事業に先立って秋田県能代市縄手下遺跡が秋田県埋蔵文化財センターによって発掘調査された（秋田県教育委員会 2006）。その結果、後期旧石器時代、縄文時代、平安時代の遺物・遺構が確認され、複合遺跡であることが分かった。

小稿では、後期旧石器時代の縄手下遺跡の成り立ちについて、とくに珪質頁岩原石の獲得と遺跡内での消費のあり方について検討し、珪質頁岩を巡る活動の一端を明らかにする。

1. 遺跡／石器群の概要

縄手下遺跡は米代川の支流、桧山川右岸の河岸段丘上（標高約45m）の緩斜面地に立地する（第1図）。遺跡からは一箇所の石器集中部が検出された。視覚的に東域・西域・北域・南東域に細分でき、さらに域内部に分布の粗密を見て取ることができる（第2図）。

石器群総点数2,039点のうち、ナイフ形石器30点、台形石器64点、掻器8点、削器7点、彫器5点、楔形石器1点、二次加工ある剝片14点のほか、残核29点、剝片913点、砕片968点の残滓が出土した。

編年的には、ナイフ形石器・台形石器の形態的特徴及び石器製作技術の異器種間構造等から検討した結果、後期旧石器時代前半期中葉第2期（武蔵野台地立川ローム層Ⅸ層上部〜Ⅶ層下部段階）に位置付けられる（吉川 2006・2014）。

石材はほぼ珪質頁岩で占められる。その他の石材としては黒曜石のみで、台形石器1点（第2図31）と剝片1点である。台形石器については蛍光X線による産地推定分析を実施した結果、

第1図　縄手下遺跡の位置[1]

秋田県男鹿産であった[2]（吉川・佐々木2017）。個体別資料は単独個体・黒曜石を除けば34個体あり[3]、接合例は38例が得られている。

連続的な剝片剝離を示す接合例からは、小出型（吉川2007；第2図43・48）を中心とした台形石器製作の一連の流れを追うことができる（報告書第64～82図）。一方、ナイフ形石器は一部製作されている可能性を示す接合例もあるが、撥形を呈する台形石器（同31～37）とともに遺跡内での製作を示す直接的な証拠は得られていない。

遺跡内でのまとまった製作が推定される小出型台形石器は北域・南東域を除く全域に広がりを見せるのに対して、ナイフ形石器は西域に集中し、台形石器（撥形）は東域北側にまとまる傾向を見せる[4]（第2図）。一方、北域や南東域には当該遺跡で主要な器種となるナイフ形石器と台形石器がまったく分布しない。

2. 遺跡の構造研究と個体別資料分析

ところで、旧石器時代遺跡はいかなる成り立ちの履歴を持っているのだろうか。石器製作の営みからその問いに対する一つの方向性を見出し、以後の旧石器研究に指針を与えたのが埼玉県砂川遺跡における遺跡の構造研究であった（戸沢1969、戸沢・安蒜・鈴木・矢島1974）。実資料から移動生活の営みを証明するとともに、石器製作が原料の獲得から始まり計画的に遂行されていたことを動態的に示した点で画期的であった（安蒜1992）。

その主要な分析手法に個体別資料分析がある。ただし、これは接合例が豊富な石器群や、肉眼でも個体識別が比較的容易なチャート等の石材が用いられた石器群に対して有効なものの、黒曜石や珪質頁岩等が石材の中心である石器群での有効性は限定的である。遺跡の構造研究の方法論的基盤をなすと考えられている個体別資料分析に対しては、その問題点が五十嵐彰によっ

てまとめられている（五十嵐1998）。

全ての石器資料を完璧に個体別資料化しないと遺跡の構造研究に進めないということではない（島田1994、野口1995、吉川1998）が、石器製作＝原料消費から当時の移動生活を読み解く遺跡の構造研究において、石器原料である石材とその原石は重要な分析上の単位である。東北地方で主要な剝片石器原料である珪質頁岩は、個体別資料化が容易ではなく（吉川2003）、また後述するように非常に先入観を持たれながら議論されてきた石材である。筆者はかつて珪質頁岩の原産地と消費地の関連から、石材資源開発と移動生活領域・地域性について東北地方という広域な枠組みで検討を試みた（吉川2007、Yoshikawa 2010）。ひとたび「在地石材」と認識されればその獲得地・入手に関する詳細は深くは議論されないという傾向にあり、珪質頁岩についても同様の見方が根強い。「遠隔地石材」としての黒曜石とはデータ提示の仕方に大きな開きがある。在地石材としての珪質頁岩はどの程度の意味合いにおいて在地なのであろうか。それは理化学的分析の確立を俟たなければ議論できないのであろうか。

小稿は以上の点をふまえながら、遺跡の構造研究的視点から、珪質頁岩の入手と消費を通して、縄手下遺跡の成り立ちについて検討する。

3. 珪質頁岩を巡る研究

東北地方、特に日本海側で剝片石器の主要原料となるのは珪質頁岩である。新第三紀中新世後期に日本海の形成とともに堆積した泥岩層に含まれる堆積岩である。その泥岩層である女川層は秋田県を南北に縦走しており、青森県では小泊層、山形県では草薙層、新潟県では七谷層と呼ばれ、日本海沿岸部に堆積する。

堆積岩である珪質頁岩は黒曜石に比べて広く面的に分布し、理化学的産地推定分析が未確立な現状では、産地の議論は困難と考えられてい

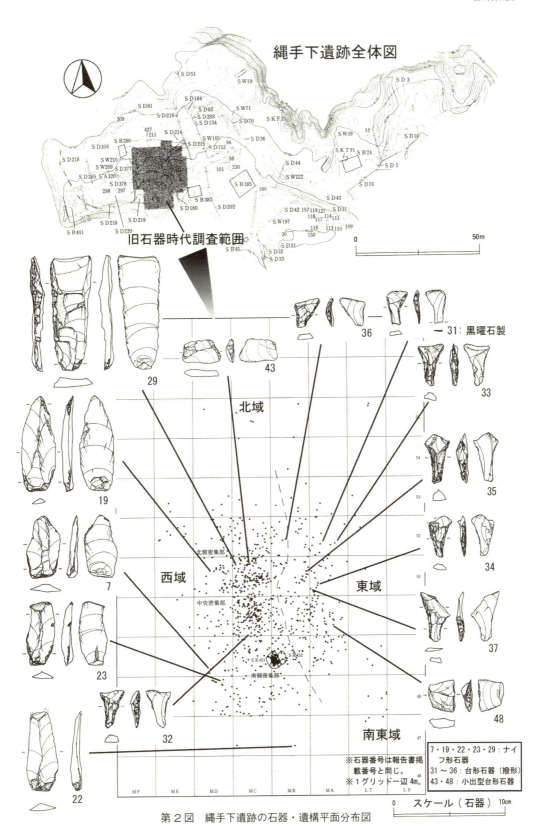

第2図 縄手下遺跡の石器・遺構平面分布図

る。しかし、その一方で良質な珪質頁岩の一大
産地としてはことさら山形県最上川中流域が代
表格となり、そこを起点とした珪質頁岩の広
域拡散や流通が議論されるという（会田 1993）、
一見すると矛盾した状況が受容されている。こ
れは当該流域の原産地遺跡の発掘調査（阿部・
五十嵐 1991）により、さらにイメージが固定さ
れたといえるかもしれない（会田 2005）。「良質
な」という修飾語を身にまとった途端、珪質頁
岩は「限定性」・「遠隔地性」を帯びるというこ
とであろう。ここでいう「良質」とは、粒度が
緻密で珪酸分を多く含んだ（珪化作用の進行した）
油脂光沢のある、つまりは石器製作・使用に適
した質のことを指している。じつは珪質頁岩の
考古学的研究において「在地」「遠隔地」の厳
密な議論はほとんどなされていないのが実状で
はないだろうか（渡辺 2004、鹿又 2015）。

　たしかに、これまでの新潟県や山形県を先駆
けとする珪質頁岩調査によると石器に利用でき
る良質な珪質頁岩の分布は限定的であることが
分かりはじめているが、近年、良質なものは東
北地方でも決して最上川流域に限定されていな
いということも明らかになってきている（阿部
1995・2010、秦 1998・2003、齋藤 2002、田村・国武・
吉野 2003、沢田・高橋 2015、中村 1986・2015、吉
川 2015 他）。

　筆者は以上の珪質頁岩に関する研究の現状と
課題について概要を述べたが（吉川 2016）、現在、
そうした問題意識に立って、筆者らは秋田県内
の珪質頁岩産地を踏査し、原石形状、サイズ、
風化殻の厚さ、色調、玉髄化・珪化の度合いな
どの特徴を記載し、分類、データベース化を進
めている[5]。産地の把握とともに当時の人々の
石材獲得地を推定するためのものである（中村
2015、吉川 2015、Yoshikawa, et 2016）。その結果、
秋田県内では石器原料となり得る珪質頁岩の産
地は局所的で、原石の分布範囲も露頭周辺に限
られる傾向にあることが分かりつつある。

4. 目的と方法

　小稿では、後期旧石器時代前半期の縄手下遺
跡を対象に、遺跡周辺の珪質頁岩調査を実施し、
石材環境を把握したうえで、石器群との比較検
討を行う。そして、当時の縄手下遺跡に居住し
た集団による珪質頁岩原石の獲得・消費活動の
実際について考察する。

　石器群については、接合作業や肉眼観察によ
り識別された珪質頁岩の個体別資料を分析単位
とする。遺跡周辺の石材環境調査によって得ら
れた珪質頁岩サンプルを以下に示す観点で分類、
個体別資料と比較検討して、縄手下遺跡を巡る
石器原料の入手と消費の実態を考える。

(1) 石材調査の方法

　前述した先行研究、とくに中村由克により提
示された方法（中村 2015）を参考に縄手下遺跡
周辺の河川を対象として 2016 年の初夏に調査
を 2 度実施した。

　調査方法は次のとおりである。

● 表層地質図『土地分類基本調査　能代』（秋
　田県 1983）・『土地分類基本調査　森岳・羽後
　浜田』（秋田県 1984）を参考に新第三紀中新世
　後期に堆積した泥岩層（女川層）およびそれ
　らに接し珪酸分を供給する凝灰岩層や流紋岩
　帯の分布を確認。

● それらの地層を開析している河川流域から調
　査地点を選定し、歩行の可能な限り、河川や
　それと合流する沢について調査を実施する。
　調査地点は 2 万 5 千分の 1 地形図にプロット
　する。今回は後述するように、縄手下遺跡の
　そばを流れる桧山川が女川層を開析している
　ことが表層地質図で確認された。とくに上流
　域で、珪酸分の供給源となり得る新第三紀中
　新世の茂谷山流紋岩、新第三紀鮮新世の船川
　層下部の酸性白色凝灰岩層と女川層が接する
　（秋田県 1984）。

● 石器原料になりうる珪質頁岩が確認された場

合、礫形状、礫径、表皮の状態、風化殻の厚さ、玉髄化・珪化の度合い、分布量（15分間の採集個数）を記録し、サンプリングの上、ラベル等に採集地点名（番号）・年月日を記入。

（2）珪質頁岩の分類

上述の「玉髄化・珪化の度合い」について、筆者は珪質頁岩を肉眼観察により3分類している（吉川 2012）。

珪質頁岩A類（以下、A類）：半透明で硬質な玉髄質の珪質頁岩

同B類（以下、B類）：珪化作用が進行し油脂光沢の発達した緻密な珪質頁岩

同C類（以下、C類）：珪化作用が進行しない粗粒な珪質頁岩

これらの分類は肉眼観察により識別できる。A類は他に比べて比重が大きくなる傾向にあり、琥珀のような黄橙褐色か青灰色～乳白色を呈するものが多い。

東北地方の日本海沿岸部～奥羽山脈西麓では後期旧石器時代のとくに前半期において、剥片石器原料にB類が多用されており、秋田県域では沿岸部を中心に産地が確認される（第3図）。A類は三種町上岩川地区で直径20cm以上の原石、中には1mを超す巨礫を産出する露頭・二次堆積層が確認されている。C類はより多くの分布地点を確認することができる。

近年、新潟県や秋田県で調査を実施している中村由克により珪質頁岩の産状パターンが3つあることが示された（中村 2015）。筆者らは秋田県三種川～小又川流域や岩見川流域等を踏査した結果をもとに、それぞれを産状モード1～3とした（Yoshikawa, et 2016）。

産状モード1：珪藻土などの珪質堆積岩中の

第3図　珪質頁岩の分布調査地点

ノジュール。半透明、玉髄質のものになる。

産状モード2：酸性凝灰岩に隣接する泥岩層（秋田県の女川層等）。原石に多くの節理が入り、または岩石内部に入った亀裂に石英脈が侵入するといった特徴を有し[6]、原石形状は露頭近くで扁平な直方体角礫、下流域で扁平な円礫になる傾向がある。

産状モード3：酸性凝灰岩層中の泥岩層。ノジュールとなり節理は発達しない。表皮はクレーター状の大小凹凸が全面に覆われる[7]。

第1表　珪質頁岩の分類

玉髄化・珪化			産状モード			
玉髄化	珪化良好	珪化不良	珪藻土	女川層	凝灰岩層	不明
A	B	C	1	2	3	

節理			ラミナ		
有	無	不明	有	無	不明
s	n	x	R	N	X

また、米代川流域における珪質頁岩の特徴の一つとして秦昭繁がラミナの発達を挙げている（秦 2010・2015）。ラミナが珪質頁岩の地域的特徴を示す可能性があり、筆者もそうした状況を確認している。

「玉髄化・珪化の度合い」と「節理の有無」は、旧石器時代において石器製作を遂行するにあたって非常に大きく作用することが考えられる。一方で「産状モード」と「ラミナの有無」は露頭・産地を推定する際に有力な視点である。よって、ここで以上4つの観点による珪質頁岩の細分を提示する（第1表）。例えば、B類のうち、露頭において産状モード2が確認され、節理（s）・ラミナ（R）が認められるものはB2-sR類となり、そのうちラミナが認められない場合はB2-sN類、節理・ラミナがなく産状モードが不明な場合はB-nN類とする。

5. 縄手下遺跡周辺の珪質頁岩環境

縄手下遺跡の約500ｍ西方を流れる桧山川は秋田県北部を西流する米代川左岸の支流で、出羽山地を水源とする。表層地質図では、桧山川およびその支流が女川層を開析していることが分かる。

第2表 桧山川流域の珪質頁岩

No	玉髄化珪化類型	節理	ラミナ	風化殻厚mm	礫形状	礫径cm	獲得量（/15min）個数	備考
1	B	s	R	＞1	亜角〜亜円	7〜15	5	
	B	s	N	＞1	6〜8	2		
	B	n	R	＞1	亜角〜亜円	5	1	
	C	n	R	1〜2	亜角	6	1	
	C	n	N	1〜2	亜角〜亜円	6〜17	7	
2				1〜2	亜角	7〜15	5	泥岩質
3	B	s	R	＞1	亜円	10	1	
	C	n	N	＞1	亜円	7〜10	3	
4	B	s	R	＞1	角	7	2	
	B	s	N	8	円	10	1	
	C	s	N	＞1	角	7	5	
5	B	s	R	＞1	亜円	20	1	
	B	s	N	＞1	角〜亜角	6〜20	5	
	C	n	R	5	亜角	13	1	
	C	n	N	＞1	亜角	6〜20	7	
6	B	s	N	＞1	角		6	露頭
	C	s	N	＞1	角		7	

Noは調査地点、獲得量は15分間の探索で得られた原石の個数

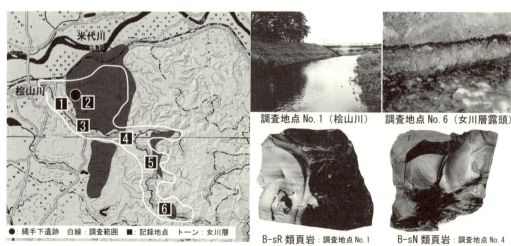

第4図 女川層の分布範囲と石材調査範囲・記録地点・原石サンプル

筆者が踏査した結果を第2表に示す。データをとった調査地点は6地点であるが、桧山川の下流から上流まで全域をほぼ踏査した（第4図）。その結果、桧山川上流域に女川層の露頭があり（調査地点No.6）、流域全体にB・C類の分布が確認されたが、A類は皆無であった。露頭から採取されたB類は節理・石英脈が非常に発達した直方体の角礫であり、典型的な産状モード2の様相を呈している。上流域の露頭ではラミナは見られなかった。

縄手下遺跡直近の調査地点No.1（桧山川下流域の河原〜河床）では、B類は亜角〜亜円礫で直径7〜15cm、風化殻は1mm未満、C類は亜角礫〜亜円礫で直径6〜17cm、風化殻は1〜2mmであった。節理・石英脈およびラミナの発達がB類で顕著に認められるものが目立つ。節理や石英脈が発達していることは産状モード2で形成された珪質頁岩であることを示唆する。一方、縄手下遺跡直下の沢である調査地点No.2では石器に用いることが可能な珪質頁岩は皆無で、いずれも脆弱な泥岩質のものであった。

総じて下〜中流域（調査地点No.1・3・4）にラミナの顕著なB-sR類とラミナのないC-nN類が多く、上流域（調査地点No.5・6）にはラミナの見られないB-sN・C-sN・C-nN類が多い傾向にある。つまり、ラミナの有無からみると縄手下遺跡の立地する下流域のB類の多くは、今回の調査で確認された上流域の露頭から供給されたものではない可能性が高い。おそらく、中流域周辺にある現在未確認の露頭を開析しながら桧山川に注ぐ沢から供給されたものと考えられる。

なお、基質が緻密で節理が少ないという点で大型石刃などの剝離に適しているB-n類は桧山川流域でほとんど確認することはできなかった。

目を転じて、桧山川より南西側へ約10kmの水系となる三種川とその支流小又川流域は一大珪質頁岩産地であり、これまでの中村由克や筆者らの踏査によりA〜C類の露頭が上岩川地区で確認された。その詳細は別稿に譲るが、と

第3表　個体別資料の構成と珪質頁岩分類

個体No	識別有効度	分類	風化殻 mm	総点数	製品点数	Kn	Tr-1	Tr-2
1	A	B-sR	1〜15	96	8			6
2	A	B-sR	-	115	12	1		5
3	A	A-sN	>1	65	6	1		5
4	B	C-nN	>1	22	0			
5	C	B-sR	2	20	0			
6	C	B-sR	1〜2	42	5		1	4
7	C	B-sN	>1	58	8		2	5
8	C	B-sN	20	88	7			6
9	C	B-sN	-	45	8	1	1	6
10	C	B-nR	1	14	2	2		
11	C	B-nN	-	12	2			1
12	B	B-sR	-	19	5	1		3
13	B	B-nR	-	12	2		1	1
14	C	B-sR	>1	18	4	2		2
15	B	C-sN	>1	24	2	1		1
16	B	B-sN	-	28	5		1	4
17	C	B-sN	>1	10	1			1
18	C	B-sR	>1	3	0			
19	C	B-nN	-	7	0			
20	B	B-sR	15	14	0			
21	B	B-sR	1	13	2			
22	B	B-sR	-	8	4	2		1
23	C	B-sN	5	10	0			
24	B	B-sR	-	2	0			
25	A	C-nR	1	2	0			
26	B	B-nN	5	14	1	1		
27	B	C-sN	2	48	4	2		
28	B	B-xR	-	4	4			
29	C	B-sN	-	10	2	1		
30	C	B-xN	1	10	2			
31	C	C-sN	-	30	5		1	2
32	C	B-nN	-	3	1			
33	A	B-nN	-	2	2			
34	B	A-sN	>1	4	0			
単独個体				145	25	15	1	2
個体不明				1022	3			1

※ Knはナイフ形石器、Tr-1は台形石器（撥形）、Tr-2はその他の台形石器
※※不明はほぼ砕片（964点）

くに桧山川では確認できなかったA類が多く産出する（中村 2015、吉川 2015）。産出モードと石質から A1-sN 類に細分される。B・C 類に関しては、礫径は 10 〜 30cm と桧山川より大きな亜角〜亜円礫が中心で、ラミナは桧山川同様に認められるものと認められないものがある。

6. 個体別資料の珪質頁岩分類

つぎに、遺跡内出土石器の 34 個体 873 点に対して珪質頁岩分類を試みた結果を、識別有効度[8]とあわせて第 3・4 表に掲げる。

珪質頁岩は 9 分類が確認できた（第 4 表）。個体数・石器点数ともに最も多いのが B-sR 類で 11 個体 350 点、次いで B-sN 類 7 個体 249 点である[9]。

なお、桧山川流域では確認できない A 類（A-sN）がある。中身が半透明の乳白色、風化殻が黄褐色を呈し、その厚さは 1mm 未満という、上岩川産 A1-sN 類と同じ特徴を示している。その産地から直線距離で約 2km 地点にある三種町家の下遺跡（後期旧石器時代前半期中葉第 2 期：吉川 2014）でも一部利用されている（個体 No.35）。縄手下遺跡では、A 類は 2 個体のみであるが 69 点という点数は 4 番目に多い。

第 4 表　珪質頁岩分類と個体数

分類	個体数	石器点数
A-sN	2	69
B-nN	5	38
B-nR	2	26
B-sN	7	249
B-sR	11	350
B-xN	2	14
C-nN	1	22
C-nR	1	2
C-sN	3	103
総計	34	873

つぎに、識別有効度 A の個体別資料のうち、遺跡形成上、重要な役割を果たしている、接合の顕著な No.1 〜 3（集中消費個体）を中心に石器製作／消費過程内容とその分布をみる。

7. 集中消費個体の概要

個体 No.1（第 5 図 1）は節理や石英脈の発達が認められることから産状モード 2 と推定される B-sR 類である。復元される原石の大きさや風化殻も調査地点 No.1 の原石サンプルと諸特徴が一致する。原石の搬入から残核に至るまで

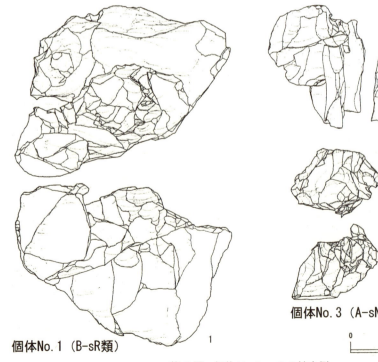

第 5 図　個体 No.1 〜 3 の接合例

の一連の消費過程が認められ、小出型台形石器がまとまって製作されている。その分布は遺跡の西域に偏る（第6図：中段左）。

個体No.2（第5図2）はB-sR類である。石核の搬入から残核に至るまでの消費過程のなかで石刃の生産が行われていることが接合例からうかがえる。本個体は緑色を呈し白い石英脈が認められるという特徴的な石質であり、同質の原石は露頭近くの調査地点No.6で確認でき、産状モード2と推定される。接合はしないものの第2図7のナイフ形石器と同一個体である。当該ナイフ形石器が縄手下遺跡で製作されたのか否かは判断できないが、本個体が少なくともナイフ形石器製作のための原料であることは言えるだろう。分布は東西域に広がるが、接合関係は西域にまとまり、全体的に西域に遺物分布の中心がある（第6図：中段中央）。

個体No.3（第5図3）はA-sN類である。上岩川産とすれば産状モード1でA1類となるが、現状では不明と言わざるを得ない。本個体からは石核から残核に至るまでの消費過程が認められ、同一個体にはナイフ形石器・小出型台形石器が含まれている。分布は西域にまとまる（第6図：上段左）。

さて、以上に見た個体のほかに、まとまった石器製作を示さない個体が存在する。とくに節

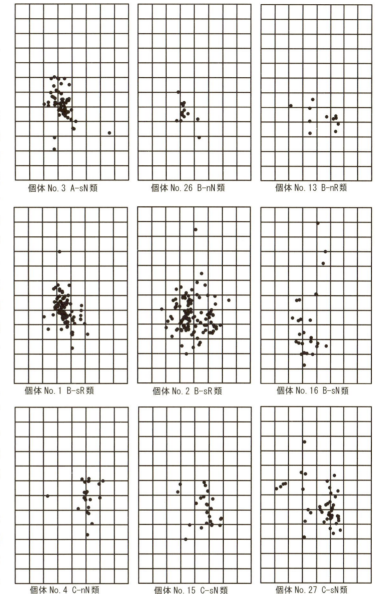

第6図　個体別・珪質頁岩分類別の平面分布図（上が北）

理の発達しない良質なB-nN類・B-nR類（以下、こうした類型の並列表記を〝B-nN/R類〟とする）がある。これらの珪質頁岩は桧山川流域では産出がほとんど確認されないもので、他流域から運び込まれたものと考えられる。原料の運用と移動領域、石材獲得地を検討するうえでこれらの個体は重要である[10]。

8. 珪質頁岩分類別に見た個体別資料の平面分布

　個体ごとに分布の傾向が異なる点を指摘したが、珪質頁岩分類では何らかの傾向が見出せるのだろうか。ここで、識別有効度 A・B の個体について珪質頁岩分類上の平面分布を検討すると、大きく以下の傾向を指摘できる（第 6 図）。

　まず、A-sN 類の個体 No.3・34 は西域に集中分布する。他流産と推定される B-nN/R 類は個体 No.26 が西域、個体 No.13 が西域 5 点、東域 6 点で東域に接合例がまとまる。桧山川産と推定される B-sN/R 類は個体 No.1・2・16・20・21・22 等、総じて西域に偏った分布を示す。同じく桧山川産と推定される C-s/nN 類の個体 No.4・15・27 は反対に東域に分布の中心がある。

　このように珪質頁岩分類と平面分布に有意な関係性を見て取ることができそうである。ナイフ形石器と石器残滓の多く密集する西域が縄手下遺跡の何らかの中心域と推測されたが、当地で良質な珪質頁岩である A・B 類も西域に分布している一方、基質が粗雑な C 類は東域に分布する。一方で他流域産と推定される B-nN/R 類は東西域に分布する。

　それが何に起因する現象なのか小稿では明確にしえない。同じ珪質頁岩であってもその石質や石材獲得地 (産地) の違いが、平面分布上の差に反映されており、当該遺跡において西域が少なくとも石器原料獲得消費活動上、中心的な区域であったことが珪質頁岩分類上からも指摘できるというにとどめたい。

9. 珪質頁岩原料の獲得消費活動に見る縄手下遺跡の形成

　以上の検討を総合化すると、次のようにまとめることができる。

①石材調査の結果、桧山川は流域全体が石器製作に適した珪質頁岩 B-sR/N、C-n/sN 類を中心とする産地であることを確認。

②遺跡直近の桧山川流域での B-sR/N 類（おそらくは B2-sR/N 類）を中心とした原石の獲得と搬入、遺跡西域での小出型台形石器等の製作と遺跡全域での遺棄。

③遺跡直近の桧山川流域での C-n/sN 類を中心とした原石の獲得と搬入、遺跡東域での小出型台形石器等の製作と遺跡全域での遺棄。

④小又川流域の上岩川産と推定される A-sN 類の石核の搬入と遺跡西域でのナイフ形石器・小出型台形石器等の製作と遺棄。

⑤他流域からの B-nN/R 類の搬入と遺跡東西域での小規模な石器製作と遺棄。

といった人々の石器原料獲得消費／石器製作活動・遺棄行為によって、遺跡が一次形成されている。

10. 流域間移動への予察

　さて、縄手下遺跡では直近の桧山川で獲得した B-sR/N 類頁岩を集中消費したほか、他流域で産出する珪質頁岩も搬入・消費している可能性を指摘した。これは、移動生活を営んでいた当時の集団が、移動領域に複数河川産地を取り込み、石材を獲得していたことを推測させるものである。

　縄手下遺跡周辺でそうした珪質頁岩が産出するのは三種川およびその支流の小又川であることは前述の通りである。とくに個体 No.3 のような A-sN 類の露頭は小又川上流域下砂子沢で確認されている（第 7 図）。小又川で産出する珪質頁岩は三種川の中流域まで、石器原料としての利用可能な一定のサイズを保ちながら露頭から流されて分布する。その中流には支流の谷地ノ沢との合流点がある（第 7 図 A）。そこから上流へ遡ると桧山川との分水嶺に到達する（同 B）。地理上、桧山川上流と三種川支流谷地ノ沢とは分水嶺を境に連接し、現在も両河川沿いに林道

第7図 頁岩露頭と流域間の推定移動経路（上が北）

などが走っており、流域間の往き来が可能となっている。三種川流域と桧山川流域の両産地は、第7図に示す経路をたどれば、当時の人々にとって容易に往還できるものであっただろう。

今後、流域単位の調査研究事例を積み重ねていくことによって、流域間へと視野を広げられる可能性がある。

おわりに

珪質頁岩石器群が中心である東北地方の旧石器研究においては、個体別資料分析の難易性、原産地推定分析の未確立、さらには遺跡数の少なさと地域的・時期的偏りなどにより、遺跡の構造的研究や石材資源開発研究などを進めにくい状況にある。

そこで小稿では産状調査に基づいた珪質頁岩の分類を試み、遺跡と産地との関係について検討を加えた。珪質頁岩は、玉髄化・珪化の度合

いや節理、ラミナ、表皮、風化殻の厚さ、礫形状などの諸特徴により、産状モードと関連を持ちながら産地の特徴を見い出せる可能性があった。ここで取り上げた桧山川下〜中流域はすくなくともB-sR類が特徴的に産出する地域であり、縄手下に居住した旧石器時代人が遺跡内に搬入してまとまった石器製作をおこなった原石と対応関係が認められた。

今後、さらに広域な産状調査を実施し、より有効かつ確実な項目立てによる分類の枠組みの検討を進めていく必要がある一方、一遺跡を定点とした事例分析を蓄積する中での総合化が目指すべき一つの方向性となる。秦昭繁の長年にわたる精力的な珪質頁岩産地の探索踏査に刺激されつつ、筆者もこれまで秋田県内を中心に踏査を実施してきた。2013年からは中村由克氏、地元有志と共同で踏査を行いはじめ、中村氏の指導のもと、珪質頁岩の秋田県内産地探索が飛躍的に進展しつつある。

小稿では、これらの調査を踏まえた上で現時点での成果をまとめた一試論である。一遺跡のみを対象としたのは、やはり考古学の原点は一つの遺跡からであり、とくに移動生活の中で遺跡が連鎖する旧石器考古学の場合は、逆に一遺跡を徹底的に分析してこそ見えてくるものがあるとの思いに立ち返ったからである。それはまさに恩師である安蒜政雄先生による砂川遺跡の徹底した分析（安蒜1992）にかつて感銘を受けた思いからである。小稿はいまだ道半ばであるが、安蒜先生の学恩に報いるべく、いつか旧石

器時代人の移動生活の姿を石材資源の開発・運用の在り方から描き出すために、数々の課題を乗り越えながら進んでいきたい。

謝辞

安蒜政雄先生には明治大学に入学した一年目から発掘現場やゼミなどの場で、厳しくも暖かい御指導を賜り、考古学を学び研究する姿勢とその醍醐味を学ばせていただいた。今も行き詰まった時など、先生の教えを振り返りながら、地域で考古学を研究する者として日々精進に努めようとしている。秋田に就職が決まった時、先生からは「秋田では新しい遺跡を発掘しようとしなくても良い。今まで調査された資料を再発掘して研究することが大切なんだよ。」というお言葉を頂いた。秋田にきて17年が過ぎた今、もう一度思いを新たに地域に根ざした研究と向き合い、先生の学恩に報いたい。

また、小稿を執筆するにあたって次の方々からは多くの御教示、御協力を頂いた。記して感謝したい。

五十嵐一治氏、石川恵美子氏、神田和彦氏、

佐々木繁喜氏、沢田敦氏、中村由克氏、

秦昭繁氏

註

(1) 第1・4・7図の地図はカシミールを用いて作成した。

(2) 黒曜石製台形石器が遺跡内単独品等として出土するのは、秋田県内では風無台II遺跡やムサ岱遺跡、狸崎B遺跡、家の下遺跡などでも知られており、現在のところ5遺跡14点を数えることができる。その多くが撥形を呈しており、秋田県域の後期旧石器時代前半期石器群において特徴的な現象である。黒曜石と撥形の台形石器との強い結びつきについて、その意味するところは今後の検討課題である。

(3) 報告書では玉髄、チャートとしていた半透明で乳白色の個体No.3、No.34は玉髄質珪質頁岩に訂正する。

(4) 近年、縄手下遺跡等で出土した撥形の台形石器は狩猟具であることが佐野勝宏によって明らかにされた（Sano 2016）。ここに述べた器種別の分布差は、出土層位や個体別資料の検討から時期差ではないと判断している。むしろ、狩猟具の種類や狩猟方法の違う人々の同時存在を示しているのかもしれない。

(5) 2013年以降、中村由克、五十嵐一治、神田和彦、筆者らが中心となって秋田県域、とくに三種町、秋田市域にある遺跡の石材採集可能地推定のための調査を重ねてきている。その成果公表は現在準備中である。

(6) 女川層に形成された珪質頁岩に圧力が加わることにより節理の発達が認められる。中村由克氏のご教示による。

(7) これについては先行して秦、田村の指摘がある（秦2001、田村2005）。

(8) 本論では個体別資料を取り扱うが、先の五十嵐の指摘と関連して、個体別資料をその信頼性の観点から階層化して取り扱う必要がある。珪質頁岩石器群における個体別資料分析が従来の観点のみでは客観性・透明性に乏しいため、筆者はかつて個体別資料の「識別有効度」を示し（吉川2003）、縄手下遺跡の石器群を整理した（吉川2006）。ここでは以下のように改めて整理して示す。

識別有効度A：接合点数が豊富なため個体の全体的な特徴の把握が可能で、かつ色調・基質・石質等の特徴からもほぼ確実に同一のものとして判断される個体。これらの接合例は原石形状やサイズの推定が可能なものが多い。また、これとは逆説的であるが、明確に他とは区別できる単独個体がある場合があり、こうした例も含まれる。

識別有効度B：接合点数に乏しい、もしくは接合例を持たないが、色調・基質・石質等の特徴からほぼ確実に同一のものとして判断される個体。

識別有効度C：接合点数に乏しい、もしくは接合例を持たなく、色調・基質・石質等の特徴も漸移的に変異し、複数の個体が含まれる可能性のある個体。

(9) これらの個体は節理の発達が著しく、桧山川上流域の露頭と比較して産状モード2と推定されるが、なお決め手に欠けるため、本稿ではあえて分類に慎重を期したい。

(10) このほかにも縄手下遺跡で大部分を占める、点数が少なく識別有効度も低い個体の石材獲得地については、小稿で提示した石材調査と分類の枠組みだけでは推定できない。1個体ずつは点数が少なく、遺跡の見かけ上の規模に与える影響は少ないが、旧石器時代人の移動生活の中にあって複数の石材の獲得と消費が計画的に時間差を持ちながら遂行されていたこと（安蒜1992）を考えると、小規模個体の存在を無視すべきではないだろう。ナイフ形石器と台形石器（撥形）の大半が小規模個体もしくは単独個体の搬入品であるが主要利器として縄手下遺跡で果たした役割は大きかったであろうことを考えるまでもなく、一石器群における原料・製品の運用の総体を捉えることによって、移動生活における石器原料獲得消費活動の全体の姿が描出されるものと考える。縄手下遺跡で原石の獲得・搬入と石器製作により遺跡の形成に大きな役割を果たした個体群は、その製品の出土が少ないことから考えて、次の移動先のための石器原料獲得・製作活動が当該遺跡でなされていたのかもしれない。

引用・参考文献

会田容弘 1993「頁岩製石刃石器群の比較研究」『考古学雑誌』第79巻第2号 日本考古学会 1-30頁

会田容弘 2005「東北における原産地遺跡研究の現状」『旧石器考古学』67号 旧石器文化談話会 93-103頁

秋田県 1983『土地分類基本調査 能代』

秋田県 1984『土地分類基本調査 森岳・羽後浜田』

秋田県教育委員会 2006『縄手下遺跡』

阿部朝衛 1995「新潟県北部地域における石器材料の調査」『帝京史学』10巻 353-372頁

阿部朝衛 2010「新潟県南部における石器材料資源環境」『帝京史学』25巻 1-66頁

阿部祥人・五十嵐彰 1991『お仲間林遺跡1986』慶應義塾大学文学部民族考古学研究室小報8

安蒜政雄 1992「砂川遺跡における遺跡の形成過程と石器製作の作業体系」『駿台史学』86 101-128頁

五十嵐彰 1998「考古資料の接合」『史学』第67号第3・4号 105-128頁

鹿又喜隆 2015「東北地方の後期旧石器時代における石器石材の獲得と消費の変化」『旧石器研究』第11号 29-48頁

齋藤岳 2002「青森県における石器石材の研究について」『青森県考古学会30周年記念論文集』青森県考古学会 63-81頁

沢田敦・高橋春栄 2015「阿賀野川水系三川地域の珪質頁岩産地」『第29回東北日本の旧石器文化を語る会予稿集』69-74頁

島田和高 1994「両面調整槍先形尖頭器の製作と原料消費の構成」『旧石器考古学』第49号 29-44頁

田村隆 2005「この石はどこからきたか」『考古学』Ⅲ 1-72頁

田村隆・国武貞克・吉野真如 2003「下野—北総回廊外縁部の石器石材（第1報）」『千葉県史研究』第11号 千葉県 143-153頁

戸沢充則 1968「埼玉県砂川遺跡の石器文化」『考古学集刊』第4巻第1号 1-42頁

戸沢充則・安蒜政雄・鈴木次郎・矢島國雄 1974『埼玉県所沢市砂川先土器時代遺跡—第2次調査の記録—』 砂川遺跡調査団編 所沢市教育委員会

中村由克 1986「野尻湖・信濃川中流域の旧石器時代遺跡群と石器石材」『信濃』38巻4号

中村由克 2015「珪質頁岩の産地と採集地の研究法」『第29回東北日本の旧石器文化を語る会予稿集』85-88頁

野口淳 1995「武蔵野台地Ⅳ下・Ⅴ上層段階の遺跡群」『旧石器考古学』第51号 19-36頁

秦昭繁 1998「珪質頁岩とその分布」『考古学ジャーナル』432 31-35頁

秦昭繁 2001「考古学における珪質頁岩の石材環境と産地推定」『山形応用地質』第21号 1-8頁

秦昭繁 2003「東北地方の珪質頁岩石材環境」『考古学ジャーナル』499 8-11頁

秦昭繁 2010「秋田県の珪質頁岩石材環境」『第24回東北日本の旧石器文化を語る会予稿集』46-56頁

秦昭繁 2015「東北地方における珪質頁岩と小山崎遺跡石器の原産地調査」『小山崎遺跡発掘調査報告書—総括編—』遊佐町教育委員会

吉川耕太郎 1998「後期旧石器時代における石器原料の消費過程と遺跡のつながり」『旧石器考古学』第56号 43-59頁

吉川耕太郎 2003「個体別資料分析の再検討」『秋田県埋蔵文化財センター研究紀要』第17号 32-38頁

吉川耕太郎 2006「まとめ」『縄手下遺跡』秋田県教育委員会 156-168頁

吉川耕太郎 2007「石器原料の獲得・消費と移動領域の編成」『旧石器研究』第3号 35-58頁

吉川耕太郎 2012『北の縄文鉱山 上岩川遺跡群』新泉社 94頁

吉川耕太郎 2014「東北地方における旧石器時代の編年と年代」『旧石器研究』第10号 67-88頁

吉川耕太郎 2015「秋田県域の珪質頁岩の調査状況」『第29回東北日本の旧石器文化を語る会予稿集』89-94頁

吉川耕太郎 2016「石材研究を巡る現状と課題」『第30回東北日本の旧石器文化を語る会 予稿集』23-27頁

吉川耕太郎・佐々木繁喜 2017「秋田県・岩手県内遺跡出土黒曜石製石器の原産地推定」『秋田県立博物館研究報告』第42号 18-36頁

渡辺丈彦 2004「東北地方日本海沿岸における石器石材の利用」『時空を超えた対話』慶應義塾大学 39-44頁

Sano, K., 2016 Evidence for the use of the bow-and-arrow technology by the first modern humans in the Japanese islands. Jornal of Archaeological Science: Reports 10, 130-141

Yoshikawa, K., 2010 The Palaeolithic exploitation of the lithic raw materials and the organization of foraging territory in northeastern Japan. Asian Perspectives. 49, 294-317

Yoshikawa, K. Kanda, K. Igarashi,K and Nakamura, Y., 2016 Where did they procure the siliceous shale during EUP in Akita prefecture, Japan?, Program and abstracts of the 8th meeting of the Asian Palaeolithic Association Symposium: Variability, Similarities, and the Definition of the Initial Upper Palaeolithic across Eurasia. 64

後期旧石器時代初頭における磨製石斧の
形態と破損について

赤星純平

はじめに

　近年、人類の移動と拡散をテーマにした研究との結びつきが強いという理由から後期旧石器時代初頭の磨製石斧が注目されている。現時点では、800点を超える石斧資料が日本列島では確認されており、これだけの点数は諸外国においても類例はない。しかし、これだけの数量の磨製石斧が発見されているが、明らかとなっていない部分が多い。特に、機能・用途については、木材伐採具、大型動物の解体具などの意見が分かれている。本稿においては、磨製石斧の機能・用途をさぐるための一助として形態分類と破損のあり方について検討していきたい。

1. 研究史

(1) 石斧の形態研究

　日本列島における旧石器時代の磨製石斧の発見は、1949、50年の群馬県岩宿遺跡に遡る。岩宿遺跡の報告書では、石斧がヨーロッパにおける前期旧石器時代の「ハンドアックス」に該当すると報告され、1つの文化階梯を示す「示準石器」として扱われた（杉原1956）。

　その後、1970年代に入ると、列島改造ブームにのって全国的に発掘調査件数が急増し、旧石器時代の磨製石斧の類例も急速に増加した。1973年には、東京都栗原遺跡において、立川ローム層の最下部であるX層から磨製石斧が発見され、日本列島の旧石器時代の初頭から磨製石斧が存在していたことが明らかになった。その後、旧石器編年の構築と時期を同じくして、層位的出土事例をもとに、磨製石斧の時期的な

変遷を明らかにする動きがおこる。小田静夫は、旧石器時代初頭の磨製石斧の集成に努め、層位ごとに石斧の変遷を整理した（小田1976）。

　80年代に入ると、小田の集成に基づいて、北陸旧石器文化研究会では磨製石斧の全国的な集成が行われ、汎列島的な出土事例と石斧の出土時期が立川ロームIX、X層の時期に限定されることが理解された（北陸旧石器文化研究会編1989）。その上で、石斧の形が変化する過程を層位的に探ろうとした。そこで、磨製石斧の層位的出土事例と共伴するナイフ形石器の型式から編年が行われた（砂田1983、麻柄1985、松村1988）。

　しかし、これまで編年の基準としていた磨製石斧の形態は、使用中の破損や再加工によって、大きく変わってしまう事実が指摘された（長崎1990）。この分析によって、「これまでの単純な型式論が成立しない」ことが認識され、編年研究が困難であることが確認された（長崎前掲）。

　1990年以降、石斧研究は遺跡の構造研究へと推移していく。磨製石斧についての遺跡の構造研究は、1992年に発見された多摩ニュータウンNo.72遺跡から出発し、磨製石斧がどこで作られ、どこで使われ、どこで捨てられたのかが問題とされるようになった（鈴木1995）。しかし、当時石斧製作遺跡の類例が少なかったため、遺跡の構造研究の障害となっていた。

　2000年代に入ると、石斧製作遺跡の類例が増加し、石斧製作の工程連鎖を捉えようとする動きがおこる。野口淳は、剥片素材の石斧製作地は丘陵地形に、礫素材の石斧製作地は台地に多く見られるため、素材によって石斧製作地が

異なるということを指摘した（野口 2005）。筆者は、神奈川県津久井城遺跡の接合資料をもとに石斧製作の工程を捉え、遺跡における石斧の搬出入を整理し、製作と使用のサイクルを復元した（赤星 2015）。この分析によって、石斧の製作と使用の範囲は近接する丘陵と台地間の比較的狭い範囲で行われていたことを指摘している（赤星前掲）。

石斧の技術形態研究については、少数の石斧製作遺跡と大部分の石斧使用遺跡に分けられるということがこれまでの研究を通して理解された。しかし、磨製石斧自体の機能が明確になっていないため、遺跡における機能の違いや作業内容についての理解にまで至っていないのが現状である。

（2）石斧の機能研究

石斧の機能に関する研究は、1989年の北陸旧石器文化研究会のシンポジウムにおいて初めて議論された。このシンポジウムの議論では、立川ロームⅨ、Ⅹ層段階に石斧の出土が限定して見られるため、石斧はこの時期特有の機能をもつ石器ではないかという疑問が投げかけられた（麻柄 1989）。特に、このシンポジウムにおいて、春成秀爾は石斧の出土数の減少とナウマンゾウなどの大型動物の衰退時期が近似していることから、石斧の機能を大型獣の解体具ではないかとコメントしている（白石 1990、春成 1996、麻柄 2001）。

その後、石斧の機能に関しては木材の伐採具説（稲田 2001）と大型獣の解体具説（麻柄 2001）の2説が議論され、最近では使用痕分析による石斧の機能の推定が行われている。

池谷勝典は、千葉県瀧水寺裏遺跡の石斧の使用痕分析を行い、打製石斧は伐採具、磨製石斧は解体具であると推定した（池谷 2004）。一方、高橋哲は千葉県南三里塚宮原第1遺跡の使用痕分析を行い、打製石斧が伐採具、磨製石斧が伐採具と解体具の2つの機能をもつことを

指摘した（高橋 2004）。池谷と高橋の使用痕分析を踏まえ、堤隆は長野県日向林B遺跡の使用痕分析と破損事例の観察を行った。磨製石斧の大形品は、刃部や胴部を大きく欠損し、刃縁に激しい潰れが認められることから伐採具、小形品は刃縁に直交する線状痕を伴う光沢面が認められることから解体具であると主張した（堤 2006）。

しかし一方では、磨製石斧を大型獣の解体に使用したと想定した場合、刃部研磨の必然性について説明できていないといった批判も存在する（長崎 2014）。また、近年では神津島産黒曜石の利用に見られる海洋渡航との関連から石斧の機能を舟や海洋渡航具製作のための木工具と推定する意見もある（山田 2008、安蒜 2013）。

このように、磨製石斧の機能については多くの意見があり、限定できない状況である。特に、使用痕分析では石斧は粗粒石材を使用しているため、使用痕自体が残りづらいといった難点がある。また、使用痕分析が形態分析と併せて行われている事例が少ないため、石斧の形態と機能の関連性についての理解が進んでいないという課題が残されている。

（3）研究課題の整理

これまでの研究を整理すると、近年の石斧研究は使用痕研究や遺跡の構造研究の視点から石斧の機能についての議論が多い。しかし、石斧の使用痕研究は粗粒石材や風化の状態によって使用痕自体が取り出しづらく、分析可能点数が少ないという欠点がある。

一方、石斧の形態研究は機能を想定した体系的な分類や属性分析、遺存状態についての検討が不足している。そのため、本稿では研究当初の「旧石器時代の石斧はどのような属性からなっているのであろうか（白石 1990）」という視点に立ち返り、磨製石斧の機能の理解のための属性について検討していく。

2. 磨製石斧の分類と破損事例

(1) 対象資料

本稿の対象は、武蔵野台地の 26 遺跡、相模野台地の 6 遺跡、下総台地の 56 遺跡、大宮丘陵の 1 遺跡、北関東西部（群馬）の 16 遺跡、北関東中央部（栃木）の 2 遺跡、北関東東部（茨城）1 遺跡の合計 108 遺跡、164 点の磨製石斧と刃部剝片や基部破片などの磨製石斧関連資料 65 点を扱う[1]（第 1 表）。

(2) 磨製石斧の形態分類

次に、本稿の対象となる磨製石斧の形態的な諸特徴について概観していく。

磨製石斧の形態を見ていくと、長幅比は 1.5：1 ～ 2.5：1 の間に収まる（第 1 図）。磨製石斧の大きさの平均値は、長さ 10.0 cm、幅 5.3 cm である。関東地方における最小の磨製石斧は、高井戸東遺跡の長さ 4.2 cm、幅 2.6 cm で、最大はお伊勢山遺跡の長さ 18.0 cm、幅 8.6 cm である。

次に、平面形は短冊形、楕円形、撥形の 3 種類に分けられる（第 2 図）。このうち最も多いのは楕円形 73 点、次に短冊形 41 点、撥形 26 点と続く。各台地における磨製石斧の形態を比較すると、磨製石斧の平面形は長さや幅では大小が明確には分かれず、漸位的に変化する（第 3 図）。特に、関東地方の中でも武蔵野台地では楕円形の石斧が多いのに対し、下総台地では撥形や短冊形の形態が多いといった地域性が認められる。

磨製石斧の刃部は、円刃、平刃、偏刃、折れの 4 種類に分けられる[2]（第 4 図）。このうち最も多いのは、円刃で 86 点、次に偏刃 45 点、平刃 21 点、折れ 10 点と続く。磨製石斧の刃部形態の基本形は円刃で、使用や再加工によって偏刃か折れの状態で遺跡に残されるのであろう。

刃部角は、21°～30°の間で 78 点と最も多く、再加工品も 11 点と同様の結果であった（第 5 図）。これは、磨製石斧の刃部角の基準が 21°～ 30°にかけて集中して製作され、再加工品においても同様の角度が多かったことから、刃部角の維持が再加工によってなされていたと考えられる。

磨製石斧の基部は、円基、平基、凸基、偏基、折れ、折れ + 加工の 6 種類に分けられる[3]（第 6 図）。このうち多い順に、円基 68 点、偏基 28 点、凸基 23 点、平基 18 点、折れ + 加工 14 点、折れ 11 点で、磨製石斧の基部形態は円基が基本形と考えられる。

(3) 磨製石斧の破損の仕方

次に、磨製石斧の遺跡における残され方を検討するために、磨製石斧の破損の特徴について見ていこう。遺跡に残された石斧には、完形品と破損品の 2 種類が存在する。完形品と破損品の割合は、完形品 110 点（48.0％）、破損品 119 点（52.0％）と拮抗した割合である。

破損の仕方に注目すると、磨製石斧の遺存状態は①の完形品と②～⑬の 12 種類の破損品に分類できる（第 7 図）。②横方向の中心部分で 2 つに破損し、接合する破損品、③横方向に基部と中心部、刃部の 3 つに破損し、接合する破損品、④横方向と縦方向の T 字状に 3 つに破損し、接合する破損品、⑤右上端から左下端へ斜め方向の 2 つに破損し、接合する破損品、⑥左上端から右下端へ斜め方向の 2 つに破損し、接合する破損品、⑦横方向に破損し、基部の一端だけが残る破損品、⑧横方向に破損し、刃部側の 1/2 程度が残る破損品、⑨横方向に破損し、基部側の 1/2 程度が残る破損品、⑩横方向に破損し、基部側の 2/3 以上が残る破損品、⑪横方向に破損し、刃部破片が残る破損品、⑫刃部破片の一部のみが残る破損品、⑬基部と刃部が破損し、器体中央だけが残された破損品である。

磨製石斧は完形品が 110 点で最も多く遺跡に残されている。次に多いのは、刃部片が 45 点である。破損品全体の中で遺跡内で接合する破損品は、119 点中 25 点（21.0％）と少量である。

後期旧石器時代初頭における磨製石斧の形態と破損について

第1表 対象遺跡

台地	遺跡名	層位
武蔵野	瀬田遺跡	X層
	多摩蘭坂遺跡第8地点	X層
	多摩蘭坂遺跡第5地点	X層
	武蔵台遺跡	X層
	武蔵国分寺関連武蔵台西地区遺跡	X層
	武蔵国分寺関連武蔵台遺跡	X層
	もみじ山遺跡	X層
	高井戸東遺跡	X層
	藤久保東遺跡	X層
	下高井戸塚山遺跡	X層
	花沢東遺跡	X層
	鈴木遺跡 IV次調査	X層
	羽根沢台遺跡	X層
	高井戸東遺跡駐西地点	X層
相模野	栗原遺跡	X層
	栗原中丸遺跡	X層
	吉岡遺跡 D区	X層
下総	御山遺跡	X層
	草刈六之台遺跡 N、Jブロック	X層
	文六第1遺跡	X層
	聖人塚遺跡 21ブロック	X層

台地	遺跡名	層位
武蔵野	野水遺跡	IX層
	下山V遺跡	IX層
	学習院大学周辺遺跡	IX層
	鈴木遺跡III次調査	IX層
	はけうえ遺跡	IX層
	多聞寺前遺跡	IX層
	打越遺跡	IX層
	東早淵遺跡	IX層
	島屋敷遺跡	IX層
	高井戸東遺跡	IX層
	下里本邑遺跡	IX層
相模野	津久井城遺跡	IX層
	大和配水池遺跡	IX層
	藤沢市No.399遺跡	IX層
	南三里塚宮原第1遺跡	IX層
	瀧水寺裏遺跡	IX層
	赤羽根遺跡	IX層
下総	十余三稲荷峰遺跡	IX層
	出口・鋪塚遺跡	IX層
	ナキノ台遺跡	IX層
	大網山田台遺跡	IX層

台地	遺跡名	層位
下総	四ッ塚遺跡	IX層
	天神峰最上遺跡	IX層
	葭山遺跡	IX層
	押沼大六天遺跡	IX層
	松崎IV遺跡	IX層
	餅ヶ崎遺跡	IX層
	小屋ノ内遺跡	IX層
	松崎II遺跡	IX層
	草刈六之台遺跡Eブロック	IX層
	池花南遺跡	IX層
	東峰御幸畑西遺跡1～18ブロック	IX層
	中山新田I遺跡	IX層
	有吉城遺跡	IX層
	天神峰奥之台遺跡	IX層
	弥勒東台遺跡	IX層
	和良比遺跡	IX層
	芝山遺跡	IX層
	向台遺跡	IX層
	坊山遺跡	IX層
	土持台遺跡	IX層
	吹入台遺跡	IX層

台地	遺跡名	層位
下総	六通金山遺跡	IX層
	大作遺跡	IX層
	東峰御幸畑西遺跡32ブロック	IX層
	神明社裏遺跡1ブロック	IX層
	神明社裏遺跡12ブロック	IX層
	神明社裏遺跡ブロック外	IX層
	新東京国際空港No.55遺跡	IX層
	谷田木曽地遺跡	IX層
	草刈六之台遺跡Bブロック	IX層
	一本桜南遺跡	IX層
	白幡前遺跡	IX層
	木の根拓実遺跡	IX層
	中台柿谷遺跡	IX層
	中野台遺跡	IX層
	松崎V遺跡	IX層
	長倉鍛冶屋地遺跡	IX層
	細山遺跡	IX層
	荒久遺跡	IX層
	大堀遺跡	IX層
	五三前遺跡	IX層
	権現後遺跡	IX層

台地	遺跡名	層位
下総	農協前遺跡	IX層
	林跡遺跡	IX層
	関畑遺跡	IX層
	三里塚遺跡	IX層
武蔵野	多摩ニュータウンNo.72遺跡	X～IX層
	下山遺跡	X～IX層
下総	ヲサル山遺跡	X～IX層
	風早遺跡	X～IX層
	西大野第一遺跡	X～IX層
大宮	末野III遺跡C地区	X～IX層
茨城東北関東	武田西塙遺跡	X～IX層
中北関東部東栃木	上林遺跡	X～IX層
	殿山遺跡	X～IX層
北関東西部(群馬)	内堀遺跡	X～IX層
	岩宿遺跡	X～IX層
	荒砥北三木堂II遺跡	X～IX層
	今井見切塚遺跡	X～IX層
	下触牛伏遺跡	X～IX層
	今井三騎堂遺跡	X～IX層
	分郷八崎遺跡	X～IX層
	下鎌田遺跡	X～IX層

台地	遺跡名	層位
北関東西部(群馬)	三ッ子沢中遺跡	X～IX層
	山上城遺跡	X～IX層
	武井遺跡	X～IX層
	舞台遺跡	X～IX層
	十二社遺跡	X～IX層
	三和工業団地I遺跡	X～IX層
	古城遺跡	X～IX層
	白倉下原遺跡	X～IX層

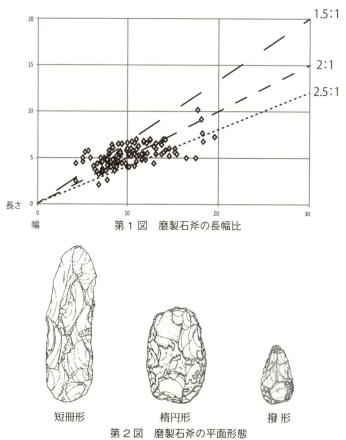

第1図 磨製石斧の長幅比

短冊形　　楕円形　　撥形
第2図 磨製石斧の平面形態

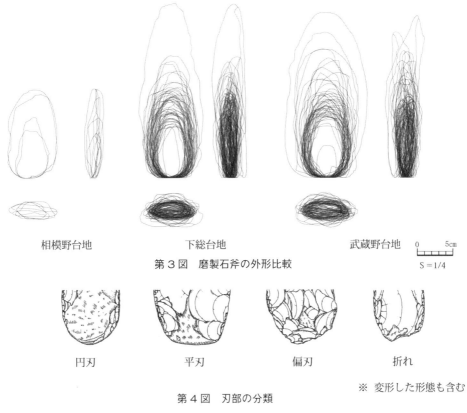

相模野台地　　　　　下総台地　　　　　武蔵野台地

第3図　磨製石斧の外形比較

円刃　　　　　平刃　　　　　偏刃　　　　　折れ

※　変形した形態も含む

第4図　刃部の分類

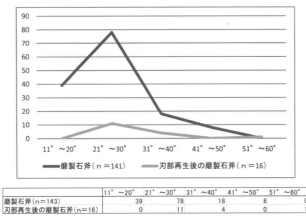

	11°～20°	21°～30°	31°～40°	41°～50°	51°～60°
磨製石斧(n=143)	39	78	18	8	0
刃部再生後の磨製石斧(n=16)	0	11	4	0	1

第5図　磨製石斧の刃部角

円基　　　平基　　　凸基　　　偏基　　　折れ　　折れ+加工

第6図　基部の分類　　　　※　変形した形態も含む

125

言い換えると、磨製石斧は遺跡内で接合しない破損品を残すことが多い。遺跡において、石斧が使われ破損した場合、遺跡に残された石斧本体は接合し完形に戻るはずである。しかし、実際は遺跡内で接合しない破損品が多く残されており、破損品は遺跡外へと搬出されたと考えられる（赤星 2015）。

3. 大形、小形磨製石斧の形態について

(1) 大形、小形磨製石斧形態の違いとその意味

次に、磨製石斧を大形と小形で分類し、それぞれの形態的な特徴について検討していく。まず、磨製石斧の大小の分類については、磨製石斧の大きさ、形態、刃部角や遺存状態などの諸特徴から検討すると、長さ9.6cm以上、幅5.2cm以上を大形磨製石斧、長さ9.6cm未満、幅5.2cm未満を小形磨製石斧と分類した[4]。

大形、小形磨製石斧の平面形態は、大形は短冊形が35点、小形は楕円形が44点と最も多い（第8図）。

次に、刃部形については大形、小形ともに円刃が最も多く、次に偏刃が多い（第9図）。偏刃の割合は小形（20.4％）より大形（34.5％）の方が多い。これは大形磨製石斧の破損による損耗度の高さを現しているのであろう。

刃部角は、大形、小形ともに21°～30°が最も多く、次に多いのは大形が31°～40°、小形は11°～20°である（第10図）。この刃部角の範囲の違いは、対象物や機能の違いを反映しているのではないだろうか。

大形、小形磨製石斧の基部は、共通

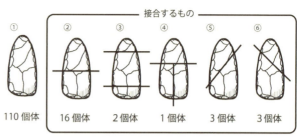
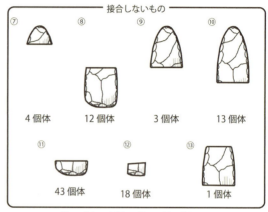

第7図　磨製石斧の破損分類

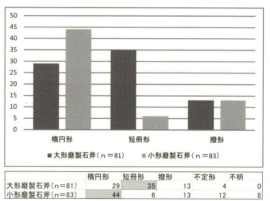

第8図　大形、小形磨製石斧の形態分類

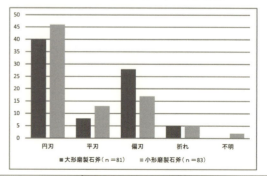

第9図　大形、小形磨製石斧の刃部形

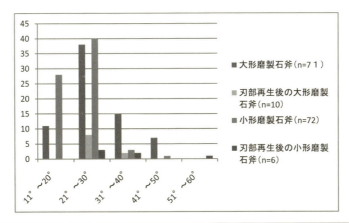

	11°〜20°	21°〜30°	31°〜40°	41°〜50°	51°〜60°
大形磨製石斧(n=71)	11	38	15	7	0
刃部再生後の大形磨製石斧(n=10)	0	8	2	0	0
小形磨製石斧(n=72)	28	40	3	1	0
刃部再生後の小形磨製石斧(n=6)	0	3	2	0	1

第10図　大形、小形磨製石斧の刃部角

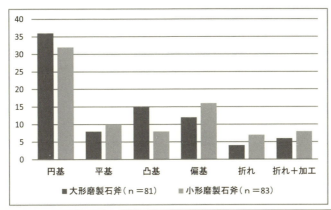

	円基	平基	凸基	偏基	折れ	折れ+加工	不明
大形磨製石斧(n=81)	36	8	15	12	4	6	0
小形磨製石斧(n=83)	32	10	8	16	7	8	2

第11図　大形、小形磨製石斧の基部

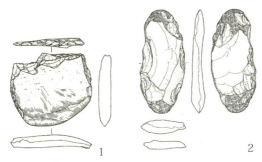

　　　　　基部再加工　　　　　両刃加工

1：群馬県今井三騎堂遺跡
2：東京都羽根沢台遺跡

第12図　磨製石斧基部加工例

後期旧石器時代初頭における磨製石斧の形態と破損について

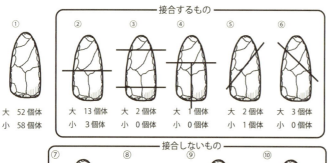

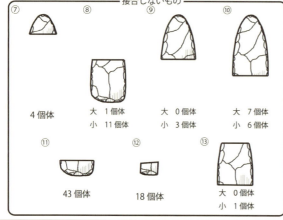

	大形磨製石斧	小形磨製石斧	合計
①完形	52	58	110
②中央で折損し、接合	13	3	16
③上端と下端で折損し、接合	2	0	2
④T字状に折損し、接合	1	0	1
⑤／状に折損し、接合	2	1	3
⑥＼状に折損し、接合	3	0	3
⑦基部先端のみ		4	4
⑧刃部側半分のみ	1	11	12
⑨基部側半分のみ	0	3	3
⑩先端部が折れ、基部が2/3以上残る	7	6	13
⑪刃部先端部のみ	43		43
⑫刃部破片の一部のみ	18		18
⑬中央部分のみ	0	1	1

第13図　大形、小形磨製石斧の破損の割合

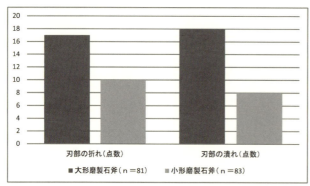

	刃部の折れ	刃部の潰れ
大形磨製石斧（n＝81）	17 (20.9%)	18 (22.2%)
小形磨製石斧（n＝83）	10 (12.0%)	8 (9.6%)

第14図　大形、小形磨製石斧の刃部の折れと潰れ

して円基が最も多く、次に、大形は凸基が15点、小形は偏基が16点と続く（第11図）。また、小形品は折れ、折れ＋加工の基部も多いのが特徴的である。これは、大形品に比べて小形品は基部形状が一定ではないことを現している。特に、基部の折れ面に対する加工は小形品に顕著に認められ、意識的に破損品の再加工を行っていたことが分かる（第12図）。また、刃部を両側に付けている両刃加工の石斧も存在するため、小形磨製石斧は柄に装着せず、手持ちで使用したのではないだろうか。磨製石斧の装着については、長野県日向林B遺跡の報告者である谷も、斧形石器の基部への加工度が低く、基部の平面および断面形状を定形的に作出する意識が見られないため、中形、大形品の一部にのみ柄がついていたと指摘している（谷ほか2000）。

(2) 大形、小形磨製石斧の破損と機能について

大形、小形磨製石斧の遺存状態について見ていくと、大小磨製石斧は共通して完形が最も多い（第13図）。破損品については、大形磨製石斧は「②横方向の中心部分で2つに破損し、接合する破損品」が最も多く、その他にも破損の範囲が大きいものや破損品同士が接合するものが多い。これらは、大形磨製石斧がハードな使用によって大きく破損し、遺跡内で廃棄もしくは遺棄されたと推

定される。それに対して、小形磨製石斧は「⑧横方向に破損し、刃部側の1/2程度が残る破損品」が多く、破損品同士が接合しない個体が多い。これらの小形磨製石斧は、使用によって破損した大形磨製石斧に再加工が行われ、新たに小形磨製石斧が作り直されたのではないだろうか。そのため、小形磨製石斧の基部には偏基が多いのであろう。

次に、肉眼で判断できる刃部の折れや潰れの使用痕跡から大形、小形磨製石斧の機能について検討していく。大形磨製石斧は刃部の折れや潰れの痕跡が20％以上確認されている（第14図）。それに対し、小形磨製石斧の刃部の折れや潰れは大形磨製石斧の半数程度である。この結果は、これまでの使用痕研究においても、同様のことが指摘されている。堤隆は、日向林B遺跡の大形磨製石斧にのみ刃部の潰れや大きな破損が見られ、これらの痕跡を伐採によるものと推定した（堤 2006）。一方、小形磨製石斧には刃部の損傷が見られず、縁辺に直交する線状痕が確認されるため、動物の皮なめしなどの掻き取りの機能を推定している（堤 前掲）。

ここまでの大小磨製石斧の形態的特徴と遺存状態についてまとめると、大形磨製石斧は小形に比べ、刃部は偏刃が多く、刃部角も比較的鈍角で、刃部の潰れや折れも多い。そして、遺存状態についても破損率が高いため、ハードな使用が推定される。また、基部の形状は一定性が強く、木柄の装着を想定できる。対して、小形磨製石斧は刃部角が比較的鋭角で、刃部の破損も少ないため、対象物は柔軟な被加工物であったのだろう。基部の形状は、折れや折れ面に再加工が見られ、基部形状も一定ではないことから非装着の手持ち利用と推定される。このことから、関東地方における磨製石斧は、大形品は木柄に装着した木材の伐採具、小形品は手持ちで使用する加工具や臨機的に使われた万能具であったのではないだろうか。

おわりに

今後、透閃石岩や蛇紋岩といった遠隔地産石材と在地産石材の磨製石斧の大きさや再加工の頻度を検討することで、石材と道具の使われ方の関係にも迫ることが出来るのではないかと考えている。また、今回の検討を遺跡に反映させた場合、大小の磨製石斧の構成や分布についても今後の課題として検討していきたい。

謝辞

本稿を執筆するにあたり、以下の方々から多くのご助言、ご配慮を頂きました。記して感謝申し上げます（50音順　敬称略）。

五十嵐一治、石川恵美子、宇田川浩一、神田和彦、嶋影壮憲、安田創、吉川耕太郎

付記

安蒜先生には、大学院の3年間を通して石器研究の面白さ、奥深さを教えていただきました。修士論文の口頭試問の時に、「結局、石斧の機能とは何であったのか？」と問われたことを修了してから4年かけて見通しを導き出すことができました。ひとえに私の勉強不足がまねいた事態であり、お恥ずかしい限りです。しかし、「わからないことを考え続けることに意味があるんだ！」と安蒜先生に言われたことを噛みしめ、自らを励ましながら今後の研究につなげていきたいと思います。

註

(1) 本稿の対象遺跡は、立川ロームⅨ、Ⅹ層に見られる。本稿ではⅨ層とⅩ層の対象遺跡数に差があるため、Ⅸ、Ⅹ層の磨製石斧を一括して扱う。

(2) 刃部形の4分類は、変形後の形態も含まれ、廃棄もしくは遺棄時の磨製石斧の形態を分類している。

(3) 基部形の6分類は、変形後の形態も含まれ、廃棄もしくは遺棄時の磨製石斧の形態を分類している。

(4) 磨製石斧の大小の分類については、大きさの平

均値と諸特徴を総合的に判断して分類を行った。磨製石斧の長さは10cm台が29点、8cm台が21点と2つのピークがあり、間の9cm台は9点と比較的少ない。この結果から9cm台を境に大小で大まかに分けられると考えられる。次に、磨製石斧の機能を最も反映している刃部角について検討した結果、最も多い21°～30°にかけて、磨製石斧の平均値が長さ9.6cm、幅5.2cmであり、大形品と小形品に分けられると判断した。また、同様の結果が平面形態や遺存状態においても確認されたため、大小の特徴を反映していると考えられる。

引用・参考文献

赤星純平 2015「旧石器時代初頭における石斧製作と移動生活の復元的研究」『駿台史学』第154号、pp.147-182

安蒜政雄 2013『旧石器時代人の知恵』学生社、pp.206-212

池谷勝典 2004「瀧水寺裏遺跡出土斧形石器の使用痕分析」『瀧水寺裏遺跡』pp.162-180、財団法人印旛郡市文化財センター

稲田孝司 2001『連動する旧石器人』岩波書店

小田静夫 1976「日本最古の磨製石斧」『季刊どるめん』JICC出版局、pp.96-109

群馬県埋蔵文化財調査事業団編 2004『今井三騎堂遺跡』

杉原荘介 1956『群馬県岩宿発見の石器文化』明治大学文学部研究報告考古学第一冊

砂田佳弘 1983「石斧について」『神奈川考古』第15号、神奈川考古同人会、pp.1-15

鈴木美保 1995「関東西南部の石斧と石斧製作址」『考古学ジャーナルNo.385』ニュー・サイエンス社、pp.9-14

白石浩之 1990「旧石器時代の石斧―関東地方を中心として―」『考古学雑誌』第75巻第3号、日本考古学会、pp.1-23

高橋 哲 2004「南三里塚宮原第1遺跡出土石斧の使用痕分析」『南三里塚宮原第1遺跡 南三里塚宮原第2遺跡』財団法人印旛郡市文化財センター

堤 隆 2006「後期旧石器時代初頭の石斧の機能を考える―日向林B遺跡の石器使用痕分析から―」『長野県考古学会誌118号』長野県考古学会、pp.1-12

谷 和隆ほか 2000『日向林B遺跡・日向林A遺跡 七ッ栗遺跡・大平B遺跡 旧石器時代 本文編』長野県埋蔵文化財センター

長崎潤一 1990「後期旧石器時代前半期の石斧―形態変化論を視点として―」『先史考古学研究』第3号、阿佐ヶ谷先史学研究会、pp.1-33

長崎潤一 2014「旧石器人はなぜ石斧を保有したのか」『石器文化研究』20、pp.69-73

野口 淳 2005「立川ローム層下部の石斧―武蔵野台南部野川流域を中心として―」『明治大学校地内遺跡調査団年報2』明治大学校地内遺跡調査団、pp.88-100

春成秀爾 1996「骨製スクレイパーから刃部磨製石斧へ―葛生町大叶出土の骨器―」『旧石器考古学』53、旧石器文化談話会、pp.1-18

北陸旧石器文化研究会 1989「後期旧石器時代の斧形石器について」『旧石器時代の石斧（斧形石器）をめぐって』pp.9-11

麻柄一志 1985「局部磨製石斧を伴う石器群について」『旧石器考古学』31、旧石器文化談話会、pp.61-75

麻柄一志 1989「後期旧石器時代の斧形石器について」『旧石器時代の石斧（斧形石器）をめぐって』北陸旧石器文化研究会、pp.53-60

麻柄一志 2001「斧形石器の用途」『旧石器考古学』31、旧石器文化談話会、pp.53-60

松村和男 1988「先土器時代の局部磨製石斧について―その1―」『群馬の考古学』群馬県考古学資料普及会、pp.31-50

三鷹市教育委員会・三鷹市遺跡調査会編 2014『羽根沢台遺跡・羽根沢台横穴群Ⅲ』

山田しょう 2008「石器の機能から見た旧石器時代の生活」『旧石器研究』第4号、日本旧石器学会、pp.49-60

秋田県米ヶ森遺跡の再評価に向けて

石川恵美子

はじめに

米ヶ森遺跡は、秋田県大仙市協和荒川字新田表の国道46号線沿いにある「道の駅協和」に向かって右後方、標高100mほどの台地上に位置している。眼下には雄物川の支流の荒川が流れ、背後には標高313mの米ヶ森がある。

米ヶ森遺跡は1969（昭和44）年の最初の発掘調査からまもなく半世紀を迎えるが、米ヶ森型台形石器や米ヶ森技法という旧石器時代前半期の標識資料となる石器群として、また、杉久保型ナイフ形石器と東山型ナイフ形石器の折衷型である米ヶ森型ナイフ形石器の石器群として、さらには細石刃石器群が出土した遺跡として、近年に至るまで様々な視点から取り上げられてきた[1]。

しかしながら、石器群の全容を、刊行された報告書のみから把握することがなかなか困難であり、論議を深められなかったり、検討資料から外されたりすることも少なくない。

遺跡の解釈を困難にしている原因は調査報告書の不備にあるのだが、不鮮明な石器実測図や各遺物の出土地点が明示されていないことにより、個々の石器の理解、遺跡全体における石器群の広がり、石器のセット関係の把握等が難しく、石器群の編年的位置づけを困難なものにしている。

当初報告者は、米ヶ森型台形石器、米ヶ森型ナイフ形石器、細石刃をほぼ同時期のものとして捉えていた（冨樫・藤原 1977）[2]。しかし、その後1982年に下堤G遺跡（菅原 1983、神田ほか 2013）、1983年に此掛沢Ⅱ遺跡（大野 1984）において、相次いで米ヶ森型台形石器とナイフ形

石器からなる石器群が検出され、東山系石器群や杉久保系石器群とは異なる新たな石器群のまとまりが捉えられるようになると、冨樫泰時は、米ヶ森型台形石器を主体とした時期、ナイフ形石器を主体とした時期、細石刃を主体とした時期の3時期区分を提唱した（冨樫 1987・2007）。また藤原妃敏も、石器群の混在や米ヶ森技法の存続期間に幅のあることを示唆した（藤原 1989）。しかし、両者とも時期区分された石器群のまとまりを具体的には提示しておらず、石器群の分離は不明なままであった[3]。

そうした中、近年、柳田俊雄、吉川耕太郎らは、米ヶ森型台形石器と米ヶ森型ナイフ形石器を一石器群と捉え、編年的には旧石器時代前半期から後半期への移行期の石器群として位置付ける見解をそれぞれ提示した（柳田 2006、吉川 2007・2014）。

米ヶ森遺跡の石器群をどう理解するべきなのか。そのためには、まずは基礎資料として、石器群の出土位置を明示する必要があると思われた。

筆者は本遺跡の解明のために、これまで石器実測図の取り直しを断続的に行い、同時に調査時の遺物取り上げに関するデータを探索してきた。しかし、調査にあたった協和町教育委員会（現大仙市教育委員会）や故長山幹丸氏の手元には調査時の資料は残されておらず、個々の遺物の出土位置を明確にすることはできなかった。かろうじて、冨樫泰時氏が保管していた各年度の遺物台帳と刊行された4冊の報告書（冨樫ほか 1971・1975・1976・1977）を実際の遺物と照合することによって、遺物の出土グリッドまでは明らかにすることができた[4]。

131

秋田県米ヶ森遺跡の再評価に向けて

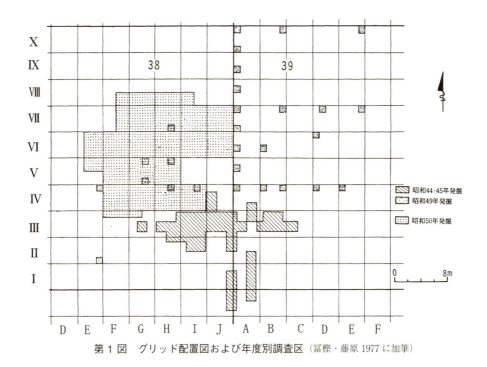

第1図　グリッド配置図および年度別調査区（冨樫・藤原 1977 に加筆）

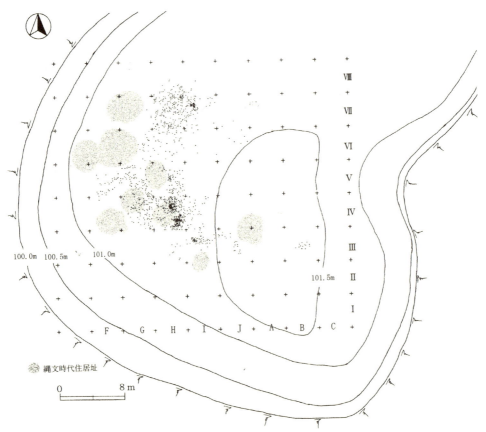

第2図　遺物・遺構平面分布図（冨樫ほか 1971・1977 より作成）

本稿では、①遺物・遺構の平面分布、②グリッド別器種組成、③グリッド別出土石器について、報告書と遺物台帳から再構成した結果を提示する。

本遺跡の再整理作業はまだ始めたばかりで、これから様々な整理や分析を重ねる必要があるが、本稿を米ヶ森遺跡の再評価の端緒にしたいと思う。

1. 調査の概要

米ヶ森遺跡の第一次、第二次調査は、1969年、1970年に協和町教育委員会により約100㎡の範囲で行われ、東山型ナイフ形石器、杉久保型ナイフ形石器に共伴する米ヶ森型ナイフ形石器の出土が報じられた（冨樫・長山 1971、冨樫1975）。

1974年には、第三次調査として秋田県教育委員会によって分布調査が行われ、米ヶ森南麓に東西40m、南北40mの大グリッド、さらに4m四方の小グリッドが設定され、前回調査区に続く北側部分で遺物の密集地点が確認された（冨樫・菅原 1975）。

これに基づき1975年の第四次調査では38区を中心に約320㎡の範囲から、米ヶ森型台形石器（Aユニット）や細石刃（Bユニット）等が新たに検出され、翌年の第五次調査では遺跡周辺斜面に3本のトレンチが入れられた（冨樫・村岡1976、冨樫・藤原1977）[5]。

グリッド配置図と第五次を除く各年度の調査区は第1図に示したとおりである。

2. 遺物の平面分布

2冊の報告書（冨樫ほか 1971・1977）より、地形図とともに遺物の平面分布図を復元した（第2図）[6]。攪乱を受けたブロックが分かるよう縄文時代中期末葉の住居址9軒を重ねて表示している。石器ブロック、縄文住居址ともに101mの等高線に沿うように弧状に配置され、特に中

第1表　グリッド別器種組成表

グリッド	MB	P	Tr	Kn	ES	Gr	D	B	F	C	MC	Co	An	Pe	不明	合計	備考
38HⅧ			8	1		1		3	10	1		3		1		28	Aユニット
38IⅧ			1					1	3	1		1				7	
38GⅦ								1								1	
38HⅦ			37	8	2		1	32	72	15		3		2	1	173	
38IⅦ	3		13	3	2	3		22	32	13						91	
38JⅦ									2	1						3	
38GⅥ	2		2	1		1		6	18	4		2				36	
38HⅥ			4	2				8	11	6		1				32	
38IⅥ	2		1			1		2	0							6	
38JⅥ									2	2					1	5	
38FⅤ								1	25					2		28	Bユニット
38GⅤ	13		9	1	1			14	48	4		1				91	
38HⅤ	1		1	1		2		13	49	8		4				79	
39AⅤ				1					1							2	
38FⅣ												1				1	
38GⅣ	2		5	1				19	46	3	1					77	
38HⅣ	10		5	2	2			45	192	32		4	1	1		294	
38IⅣ								3	15			1				19	
38JⅣ									2							2	
39AⅣ									2							2	
38HⅢ			5			2		2	21	1		2		2		35	一次・二次調査
38IⅢ		1		1	6	3	1		47			5		1		65	
38JⅢ			1	3				4	19			3				30	
39BⅢ			6					5	5							16	
39AⅠ				1					6							7	
合計	33	1	86	34	17	16	2	181	625	91	1	31	1	9	2	1130	

MB: 細石刃　P: 尖頭器　Tr: 台形様石器　Kn: ナイフ形石器　ES: 掻器　Gr: 彫器　D: 錐器　B: 石刃　F: 剥片　C: 砕片　MC: 細石核　Co: 石核　An: 台石　Pe: 礫

秋田県米ヶ森遺跡の再評価に向けて

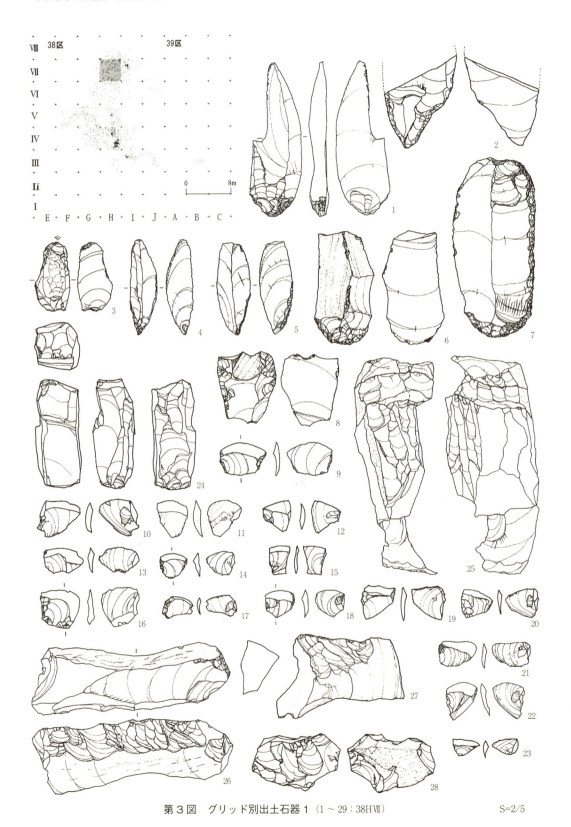

第3図 グリッド別出土石器1 (1〜29：38HⅦ)　　S=2/5

石川恵美子

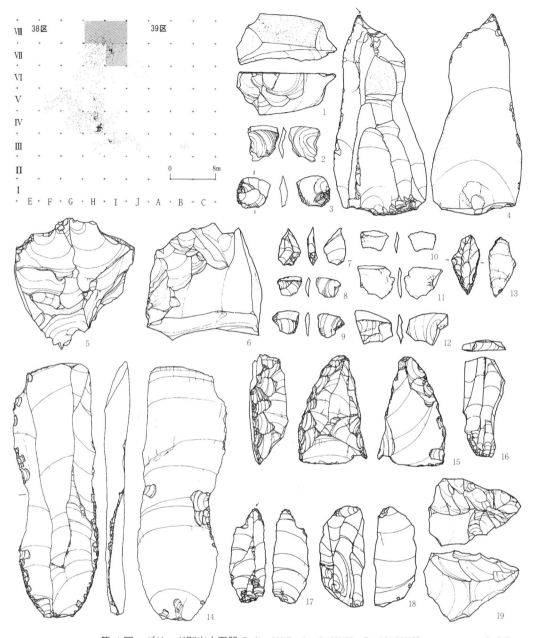

第4図 グリッド別出土石器2 (1:38IVⅧ、2～6:38HVⅢ、7～19:38IVⅦ)　S=2/5

央付近において、石器ブロックは縄文住居址によって破壊されているのが分かる。

最終報告書（冨樫・藤原 1977）では、「北側のⅥ、Ⅶ、Ⅷを中心とするまとまりをAユニット、南側のⅣ、Ⅴを中心とするまとまりをBユニットと呼ぶ」として、石器分布図が提示された。これに第一次・二次調査での石器分布図を結合した結果、Bユニットの南側に連続するように第一次・二次調査の石器ブロックが広がることが確認できた。これをひとまずCユニットと仮称するが、各ユニットは今後の分析を経たうえで再構成される可能性がある。

3. グリッド別器種組成と出土石器

第1表にはグリッド別の器種組成を[7]、第3図～第8図には、出土グリッドの判明した石器を提示した[8]。

以下、出土した石器について概略を述べるが、分類上の表現として、長さ10cm以上を大型、5～10cm未満を中型、5cm未満を小型とする。形状で特に柳葉形あるいは長狭としたものは、長幅比が3以上のものである。

第3図は、Aユニットの中心となる38HⅦグリッドの石器である。石器群の主体となるのは米ヶ森型台形石器とその石核（26～28）であるが、大型石刃素材のナイフ形石器、掻器とともに中型石刃素材のナイフ形石器と小型石刃素材の彫器がある。1のナイフ形石器は、背面の剥離が平行せず、基部に平坦打面を残置するなど、前半期古相のナイフ形石器の特徴を有する。4のナイフ形石器は基部に調整打面を一部残置する柳葉形のナイフ形石器である。5は上端部を欠損しているが、やはり柳葉形を呈している。石刃石核には、打面調整が施され、周縁に剥離が巡る円筒形の石核（24）と、打面再生を行うが打面調整は施されず、礫面を背にして剥離が進行する2種がある（25）。この2種の石刃石核が同時期であるかどうかが検討課題である。

第4図は、Aユニットを構成する38HⅦに隣接するグリッドの石器群である。ここからは米ヶ森型台形石器とその石核（1・6・19）とともに、調整打面を広く残置する大型石刃を素材とした彫器（4）やナイフ形石器（14）、そして小型・中型石刃を使用し神山型を含む彫器（13・16～18）が出土している。14は東山型ナイフ形石器の典型ともいえるもので、その重量も150gと他より突出した重厚なものである。

第5図は、AユニットとBユニットの境界に位置するグリッドの石器群である。米ヶ森型台形石器と細石刃とが混在している。中型石刃素材の木葉形のナイフ形石器、大型石刃素材の掻器、彫器がある。12は報告者が「荒屋型彫

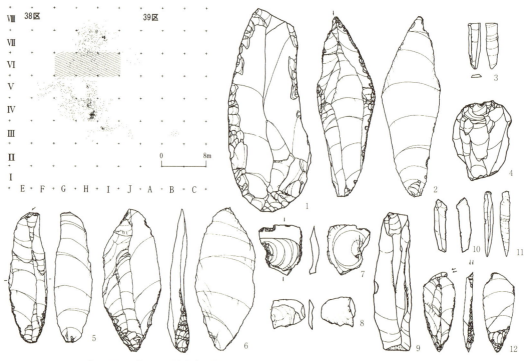

第5図 グリッド別出土石器3（1～5：38GⅥ、6～9：38HⅥ、10～12：38IⅥ）　S=2/5

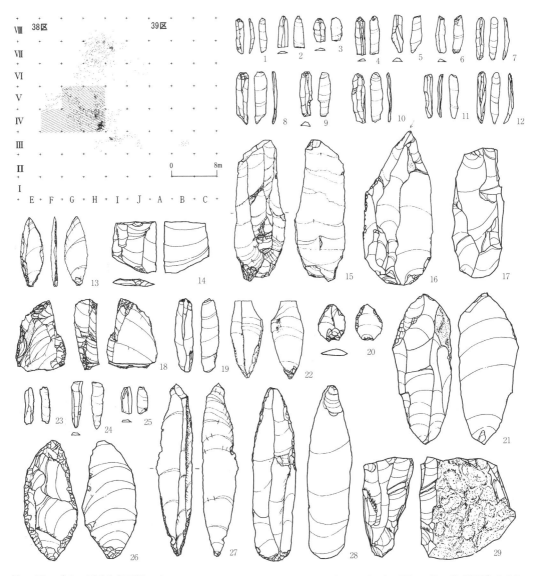

第6図 グリッド別出土石器4 (1〜12・29：38GⅤ、13〜16：38HⅣ、17：38FⅣ、18〜21：38GⅣ、22〜28：38HⅣ) S=2/5

器に類似するもの」としているが、これは新潟県上ノ平遺跡C地点（沢田1996）で出土した類例より、神山型彫器とするべきであろう。

第6図は、Bユニットの石器群である。主体となる細石刃は、38GⅤグリッド、38HⅣグリッドに多いが攪乱を受けているので、原位置を失っている可能性がある。細石刃核（18）は38GⅣグリッドより出土している。厚手の剥片を素材として左側縁に削器状の二次加工を施し、右側縁小口面より細石刃を剥離している。荒川

台技法による細石刃核と理解して良いであろう。ナイフ形石器には小型石刃素材のもの（13・20）と大型石刃素材で柳葉形を呈するもの（27）がある。先端が折れてはいるが、22も柳葉形のナイフ形石器である。これらに共伴するのが先刃式掻器（28）で、27・28は後述するCユニットの石器群に連続するものと思われる。他には中型・大型石刃を素材とした神山型彫器を含む彫器がある（15・16・21）。26の削器は、鴨子台遺跡において細石刃核スポールを組成する第

秋田県米ヶ森遺跡の再評価に向けて

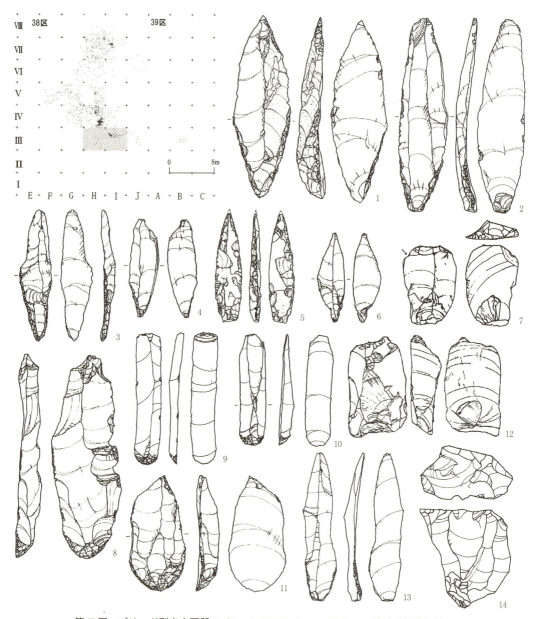

第7図　グリッド別出土石器5（1～4：38HⅢ、5～14：38IⅢ、13は縄文住居址出土）　S＝2/5

Ⅰ群石器に類例がある（小林ほか1992）。石刃石核は、打面調整のある両設打面の円筒形のもの（17）と扁平な礫の上辺に調整打面を作出し、小口面より長狭な石刃を剥離する石核（29）の2種がある。

第7・8図は、第一次・二次調査で出土したCユニットと仮称した石器群である。第7図38HⅢ、38IⅢグリッドでは、中型・大型石刃を素材としたナイフ形石器が出土している。いずれのナイフ形石器も長幅比は3以上である。調整打面をわずかに残すもの（2）と尖鋭に切り取るもの（1・3・4・6）がある。1のナイフ形石器は、器体の中央部付近まで施された基部加工と、先端部右側縁の二次加工によって、菱形に整形されている。厚さ2cm、重さ53gである。報告者はこれを「杉久保型」としているが、重

138

石川恵美子

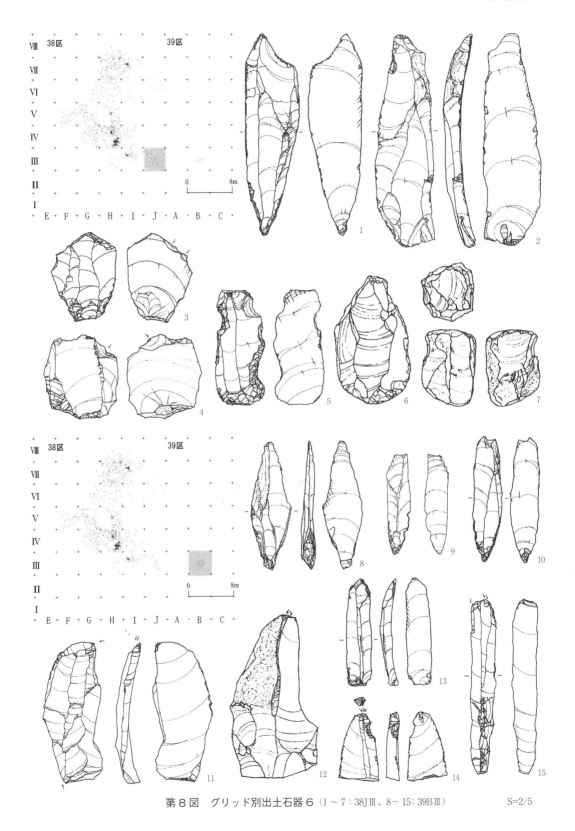

第8図 グリッド別出土石器6 (1〜7：38JⅢ、8〜15：39BⅢ)　S=2/5

厚であるとういう点において杉久保型ナイフ形石器の範疇には入らない。

掻器は大型石刃素材の先刃式掻器（8）とこれと幅をほぼ同じくしながらも長さが半分ほどの先刃式掻器がある（11）。11は素材石刃の打面側に刃部が形成されている。また、ここで特徴的なのが、中型長狭な石刃を素材とした先刃式掻器である（9・10）。ここでも素材の打面側に刃部を形成するものと、末端側に刃部を形成するものがある。鴨子台遺跡や横道遺跡（加藤・会田 1998）に類例が散見される。

彫器は寸詰まりの剝片を素材とした矩形を呈するもの（7）が特徴的である。これについても横道遺跡に類例が見られる。

他には、黒色土からの出土であるが、尖頭器が1点検出されている（5）。尖頭器の共伴は今後の検討課題となろう。

石刃石核には打面調整のない円錐形を呈するもの（14）があり、19点の不定形な剝片が接合する。

38JⅢグリッド（第8図上段）では、大型石刃素材のナイフ形石器（1）と彫器（2）、そして幅広寸詰まりの矩形の剝片を素材とした彫器（3・4）や中型石刃を素材とした先刃式掻器（5・6）が出土している。1のナイフ形石器は冨樫が「米ヶ森型」とした典型的なもので、打面が除去されて尖鋭なのに対し、刃部は斜刃で大きく開く形状を呈する。5の先刃式掻器は素材石刃の打面側に刃部を形成している。7の石刃石核は、打面調整のある円筒形のものである。

39BⅢグリッド（第8図下段）では、大型石刃を素材として、基部を先鋭に加工した菱形を呈するナイフ形石器が出土している（8）。9・10については杉久保型ナイフ形石器の多様性のなかで理解できるのか検討課題である。

彫器については11の神山型[9]の他、13～15のそれぞれ特徴的なものがある。13は中型長狭の石刃を素材として末端部に刃部を形成する

 もので、やはり横道遺跡に類例がある。14は打面に右側縁側から調整を施し、それを打面として右側縁に彫刀面を作出したものであるが、彫刀面を作出する前に右側縁にはノッチ状の細部加工が施される。部分的には上ゲ屋型彫器の特徴に類似する（橋本 2016）。15は大型長狭の稜付石刃を素材としたもので、切断した打面から両側縁に沿って彫刀面が作出されている。これら彫器の型式認定も今後の検討課題である。

4. 各ユニットにおける主要石器群とユニット相互の関連性について

Aユニットでは米ヶ森型台形石器が、Bユニットでは細石刃がまとまって出土しており、それぞれに対応する技術基盤として米ヶ森技法、荒川台技法に関する石核が検出されていた。両ユニットの境界では双方の石器群が重なり合っている状況が確認されるが、各々の石器群はユニット内で収束しているように見える。米ヶ森型台形石器と細石刃との時間差については異論の余地はないだろう。

Cユニットは、グリッドⅢラインに連なる小規模でトゥール保有率の高いブロック群である。ここで検出されているナイフ形石器は真正な石刃技法によって得られた石刃を素材としたもので、それに彫器や掻器が共伴する。これらは東山系石器群（大型石刃素材のナイフ形石器、先刃式掻器）や杉久保系石器群（神山型彫器、柳葉形のナイフ形石器）の要素を併せ持っている。ブロックの同時性についてはこれから検討を要するが、Cユニットにおいては、米ヶ森型台形石器や細石刃の広がりは認められない。

その一方で、AユニットとBユニットにおいては、東山系石器群や杉久保系石器群の特徴を持つものが検出されている。こうした状況を米ヶ森型台形石器あるいは細石刃との共伴と考えるか否かが編年の鍵となろう。

県内の他遺跡の事例を見てみると、米ヶ森型

台形石器を組成する単一遺跡である下堤 G 遺跡、此掛沢 II 遺跡では、両者ともおよそ 12m × 10m の範囲に遺物が分布し、A ユニットの規模とほぼ一致している。一方、杉久保系石器群と考えられる鴨子台遺跡では、接合関係にある 4 つのブロックが最大約 70m の距離を有してほぼ一列に並び、東山系石器群である小出 IV 遺跡では、20m × 32m の範囲から 11 ブロックが検出された。遺跡においては後者の活動域がより広範囲である。

今後、個体別資料分析や接合関係等、詳細な分析を重ねていく必要はあるものの、現段階では、A ユニットが形成されたのち、C ユニットの真正な石刃技法によるナイフ形石器を主体とする石器群が遺跡全体に広がり、そののち細石刃を主体とする B ユニットが形成されたと解釈するのが妥当のように思われる。A ユニットで検討課題とした 2 種の石刃石核は、新旧として解釈されるであろう。

冒頭で取り上げた米ヶ森型台形石器と米ヶ森型ナイフ形石器の共伴関係については、それぞれの所属するユニット、技術基盤、ユニットを構成するブロックのあり方が異なることを指摘しておきたい。

今後に向けて

本稿は途中経過ではあるものの、米ヶ森遺跡をめぐる編年について、結果的には冨樫案を追認することとなった。しかし、本稿によって問題が解決した訳ではなく、やっと研究の出発点に立ったに過ぎない。

今後は、さらに基礎データを集積した上で、確実な石器群のまとまりを抽出する作業を行っていきたい。また、これまで実態がはっきりとしなかった「米ヶ森型ナイフ形石器」については、C ユニットを中心とする石器群の分析を進めながら、東山系石器群、杉久保系石器群を包括したうえで再考することになろう。今回はほ

とんど触れることのできなかった細石刃石器群については稿を改めて報告したい。

謝辞

安蒜先生には、筑波大学、明治大学大学院在学中よりたくさんのご指導を賜って参りました。米ヶ森遺跡の分層問題はその頃からの課題でありましたが、未だ解明できずにいる怠慢を深く反省する次第です。本稿を機に研究を前進させることをお誓いし、先生の学恩に報いたいと思います。

本稿作成にあたり、吉川耕太郎氏には執筆を後押しいただき資料実見にご配慮いただくとともに多くの知見を頂戴いたしました。また次の方々より多くのご教示やご協力を賜りました。記して感謝の意といたします（敬称略）。

赤星純平、五十嵐一治、織笠明子、神田和彦、沢田敦、冨樫泰時、藤原妃敏、故長山幹丸、旧協和町教育委員会、大仙市教育委員会

註

(1) 藤原 1983、加藤 1990、藤原・柳田 1991、田村 2001、石川 2005、佐藤 2007、役重 2011 ほか

(2) いずれの石器群も、II 層の褐色土下部から、III 層の黄褐色粘土層上部を中心に分布しているが、遺物は垂直的にかなり幅を持っていたことが報告されている。

(3) 筆者は大枠では冨樫案を支持している（渋谷・石川 2010）

(4) 遺物台帳には、遺物番号、器種、出土グリッド、石質、調査年月日の記載があった。レベル読み値も記してあったが、基準高、レベル高が記されておらず、遺物の X、Y、Z 座標については不明である。

(5) 第 5 次調査の成果については記述が見当たらず詳細は不明である。

(6) 遺物の平面分布について、第一次・二次調査報告書では全点が記されておらず、今回の復元は完全なものではない。また、図上のドットと個々の遺物番号は対照できていない。

(7) グリッド別器種組成表については、遺物台帳に

沿って作成したため、今後修正される可能性がある。

(8) グリッド別出土石器について、今回提示するのは主に報告書記載の石器であるが、遺物が確認できなかったものについては除外している。石器実測図は『横手市史　資料編考古』(冨樫 2007) において再実測されたものを使用したが、不足分については筆者の実測図と報告書 (冨樫ほか 1971・1977) より構成した。

(9) 本遺跡出土の神山型彫器は、新潟県で出土しているものよりだいぶ大ぶりであることを、沢田敦氏よりご教示いただいた。

引用・参考文献

石川恵美子 2005「米ヶ森型台形石器の型式学的検討」『地域と文化の考古学 I』

石川恵美子ほか 1991『東北横断自動車道秋田線発掘調査報告書Ⅷ―小出 I 遺跡・小出Ⅱ遺跡・小出Ⅲ遺跡・小出Ⅳ遺跡―』秋田県教育委員会

大野憲司 1984『此掛沢Ⅱ・上の山Ⅱ遺跡発掘調査報告書』秋田県教育委員会

加藤　稔 1990「東北地方の細石刃核」『伊藤信雄先生追悼考古学古代史論攷』

加藤　稔・会田容弘 1998「山形県小国町横道遺跡の研究」『東北芸術工科大学紀要』5

神田和彦ほか 2013『下堤 G 遺跡―旧石器時代編―』秋田市教育委員会

小林克ほか 1992『一般国道 7 号琴丘能代道路建設事業に係る埋蔵文化財発掘調査報告書Ⅲ―鴨子台遺跡・八幡台遺跡―』秋田県教育委員会

佐藤宏之 2007「分類と型式」『ゼミナール旧石器考古学』同成社

佐藤宏之 2011「荒川台型細石刃石器群の形成と展開」『考古学研究』58-3

沢田敦 1996『磐越自動車道関係発掘調査報告書　上ノ平 C 地点』財団法人新潟県埋蔵文化財事業団

渋谷孝雄・石川恵美子 2010「旧石器文化の編年と地域性　東北地方」『講座日本の考古学 1　旧石器時代 (上)』青木書店

菅原俊行 1983『秋田臨空港新都市開発関係埋蔵文化財発掘調査報告書―下堤 G 遺跡 野畑遺跡 湯ノ沢 B 遺跡―』秋田市教育委員会

田村　隆 2001「重層的二項性と交差交換―端部整形

石器範疇の検出と東北日本後期旧石器石器群の生成―」『先史考古学論集』10

冨樫泰時 1975「米ヶ森遺跡」『日本の旧石器文化』2、雄山閣

冨樫泰時 1987「第一編 原始社会　第一章 旧石器時代 第二節秋田県の旧石器時代の編年」『本荘市史 通史編 I』本荘市

冨樫泰時 2007「米ヶ森遺跡」『横手市史　資料編考古』横手市

冨樫泰時・長山幹丸 1971『米ヶ森遺跡発掘調査報告書』協和町教育委員会

冨樫泰時・菅原俊行 1975『米ヶ森遺跡分布調査報告書』秋田県教育委員会

冨樫泰時・村岡百合子 1976『米ヶ森遺跡発掘調査概報』協和町教育委員会

冨樫泰時・藤原妃敏ほか 1977『米ヶ森遺跡発掘調査報告書』協和町教育委員会

橋本勝雄 2016「上ゲ屋型彫刻刀石器の特質とその背景―上ゲ屋型の再検討―」『旧石器考古学』61

藤原妃敏 1983「東北地方における後期旧石器時代石器群の技術基盤―石刃石器群を中心として」『考古学論叢 I』

藤原妃敏 1989「米ヶ森技法と石刃技法」『考古学ジャーナル』309

藤原妃敏・柳田俊雄 1991「北海道・東北地方の様相―東北地方を中心として―」『石器文化研究』3

役重みゆき 2011「米ヶ森技法・米ヶ森型台形石器の定義に関する再検討」『秋田考古学』55

柳田俊雄 2006「東北地方の地域編年」『旧石器時代の地域編年的研究』同成社

吉川耕太郎 2007「石器原料の獲得・消費と移動領域の編成―後期旧石器時代前半期における珪質頁岩地帯からの一試論―」『旧石器研究』3

吉川耕太郎 2010「東北地方のナイフ形石器―秋田県域後期旧石器時代前半期の事例から―」『考古学研究』57-3

吉川耕太郎 2014「東北地方における旧石器時代の編年と年代」『旧石器研究』10

後期旧石器時代前半の列状土坑群掘削の意義について

笹原芳郎

はじめに（議論の前提として）

現在、関東武蔵野ローム、愛鷹中部ロームより下層の旧石器時代文化層はみつかっていない。これによって、四万年をこえる年代には、日本列島に人類不在の可能性が大きく取り沙汰されている。また、最初期の石器群は、全地域的に台形様石器と局部磨製石斧を特徴とする。そしてこれら石器群の遺跡では環状ブロック群も高い頻度でつくられている。そのため列島が無人の状態の中、単一に近い人類集団が拡散した結果のようにみえる。

このように始まった日本の後期旧石器時代は、いくつかの画期が存在する。前半期は、愛鷹・箱根山麓においても、石斧と台形様石器を特徴とする第1期、急斜度剥離による背付けを行うナイフ形石器が出現し主体的となる第2期と変移する。第1期に関連する事象として、日本列島における後期旧石器時代初期の特徴的な遺構である環状ブロック群がある（橋本1989ほか）。石器分布の集中が、中央広場的な空間を中心に円形に配置されるという、縄文時代の環状集落を彷彿とさせる遺構であるが、縄文時代集落が、長期間をかけて上描きされたものであるのに対し、環状ブロック群は、極めて短期間に形成されたものとされる。その理由としては、各ブロック間の接合および個体別資料の共有が認められ、大型な環状ブロックにおいては、その規模の割には、製品および剥片剥離の量が少ないこと（栗島1990）から、何らかの理由により、一時的に単位的な集団が集合した集落であると考えられている。

この環状という平面形態は、ナウマン象な

ど大型哺乳類の共同狩猟解体場（大工原1993）という説明や、社会的同盟関係の確認（佐藤2005）、遭遇的な接触に対する全包囲防護の集落形態（稲田2001）という様々な理由が提案されている。筆者は諸氏の論を個別に同意できる理由は持ち合わせていないが、領域が未確定な社会に起きた現象と捉えている。すなわち、遊動域の交差が未認識な相手を意識し、防御形態をとるなり、緊張関係を緩和する集合形態であるなり、異集団が絶えず接触する環境となっていたことが想定されるだろう。つぎの段階で、この環状ブロック群が遺構として消滅するとともに、石器群の組成のなかで台形様石器と石斧の比率が極端に低下する。あわせてナイフ形石器が石器群の主体となることから、社会的な変動があり、同時にその石器群に地域性が現れる状況を鑑みれば、列島内それぞれの地域に領域が形成されたものと考えられる。

1. 大型環状ブロック群の内容について

環状ブロック群、特に直径20mを越える、群馬県下触牛伏遺跡や千葉県中山新田Ⅰ遺跡、静岡県土手上遺跡第Ⅰ地点などでは、環状ブロック群全体を二つに分けるような、石材の片寄りがある。そして中心に位置する中央ブロックでは、集団間のつながりを示すように石刃および石刃素材のナイフ形石器などブロック群内では特別な製品が出土する。この対向二極的遺跡構造の解釈から、大型の環状ブロック群は複数集団の一時的結合とされ、石材の交換や大型動物共同狩猟の考えの基となっているのだろう。

後期旧石器時代初期においては、日本列島全域に、細部に差はあるが、大略、台形様石器と

石斧をセットとする石器群が広がっている。この現象は、直接なり間接なり、広範囲に情報が共有されたことを示す。遺跡毎にみれば、石刃素材のナイフ形（状）石器の有無など地域性が見られるが、汎列島的な石器群の共通性と、列島全域に広がる環状ブロック群という現象は、広域に情報を共有する社会状況であったと理解している。しかし、前記したとおり集団間には強い緊張関係があったことが類推できる。すなわち、愛鷹・箱根第1期の社会は、異集団を認識しながら、領域は汎列島的に不明確で、連鎖的にほぼ均質な状況であった。そのため汎列島的に情報が浸透する領域性の低い、通過的な遊動をする遺跡形成であったと想定している。

2. 小規模環状ブロック群の検討

さて、大型の環状ブロック群が複数集団による短期的な集合とするならば、小規模な環状ブロック群は、どのような内容を持っているのだろうか。大規模な環状ブロック群は均整がとれた形態を呈するのに対し、小規模な環状ブロック群は、ややくずれた形態をなすことが多い。

また、接合関係においても他の時期のブロック関係と類似することから、通常の集落形態であるとされる（栗島 1990）。ここでは筆者が調査した愛鷹山麓、西洞遺跡 b 区の小規模環状ブロック群を検討してみたい。

西洞遺跡 b 区の第Ⅵ黒色帯直上文化層石器群は、石材として神津島恩馳島と天城柏峠産の黒曜石と珪質頁岩、富士川系ホルンフェルスの台形様石器と緑色凝灰岩の石斧で構成されている（第3図）。西洞遺跡の個体別資料のなかで、近在産の富士川系ホルンフェルスは、原石表皮を含む剥片から石核まで石器製作に係る一連の資料のすべてが揃う。対して神津島産黒曜石は、石核は無く、製品と剥片、台形様石器の組成である。これに近似した石材は珪質頁岩であるが、製品の比率が神津島産黒曜石よりも高い。そして石斧の材料である緑色凝灰岩は製品のみである。また近在産である天城柏峠産の黒曜石は、量的に少ないが、原石から製品までの資料が存在する。

このような石材の偏りの原因は、石材規制を行う特定個人の存在が想定される場合がある。

第1図　AT下位土坑群と黒曜石原産地

しかしながら、保有物の偏りは、農耕定住社会においては観察されることであるが、採集狩猟社会においては、互恵関係における均等配分の普遍性から考えて、特定の所有者は想定し難い[1]。この均等配分意識が、旧石器時代の採集狩猟民においても普遍的であることを前提とすれば、獲得した石器石材も同様な扱いを受けたであろう。さらに石材が採集物であるとするならば、狩猟物における第一狩猟者の優先権は考慮する必要はない。

一方、石器石材の獲得方法は、直接採取、間接採取、「埋め込み」戦略（Binford 1979）によることが想定されるが、このような石材比率と個体別資料部位の差は、遺跡からの原産地距離を示してるものと考えられる。そしてこの差異は、石材ごとの剝離工程における段階的差異であることから、採取地をそれぞれ異なった時間に経由的に訪れていることが想定される。このことから、愛鷹・箱根1期の石材採取行動は、「埋め込み」戦略をとっていると考えられるので、その産地の分布範囲がかれらの遊動域を示していると捉えられるだろう。これをふまえれば、製品（石斧）のみの緑色凝灰岩は遠隔地産であり、石器製作工程の全てが揃う富士川系ホルンフェルスや天城系黒曜石は近在産なので、部分的に工程の部分が残る珪質頁岩や神津島系黒曜石は、その中間地域あるいは、経由地が採取場として想定される。緑色凝灰岩の原産地は、丹沢山系の相模川の近くが予想されるので、現在の山梨県と神奈川県の県境付近を対極とし、伊豆半島南端から神津島までの範囲が、この集団の遊動域と捉えれば、丹沢方面に向かうルート途上の黄瀬川流域に珪質頁岩の採取場が存在すると想像している。このことから、彼らの遊動範囲は、島嶼部を入れれば、直線距離で100kmを超えることになる。

比較対象として黒曜石の産地分析を行っている愛鷹・箱根1期の土手上遺跡第II地点の石材比率（図3）をみると、大枠は類似するが、黒曜石は近在産である箱根系を主体に少量の天城系、島嶼部の神津島系の比率となり、西洞遺跡に対して天城系と箱根系が逆転する。この状況をみれば、両遺跡を遺した集団は、それぞれ近接する天城系と箱根系の黒曜石産地を遊動域とする小集団であることが考えられるが、これを大規模環状ブロック群である土手上遺跡第I地点の石材比率（図3）と比較してみると、この両産地別に対立的な分布を示している（望月・池谷ほか 1994）。大規模環状ブロック群の形成が、お互いを異なるとみなす集団の一時的同盟関係を示す遺構ととらえるならば、同じ遊動域でありながら、お互いを同一とみなさない集団が存在していたことが想定される。

このように、愛鷹・箱根1期においては、お互いを異集団と認識する集団が領域なく、神津島などの島嶼部から中部山地までの範囲を遊動していたものとみなされる。想像をたくましくすれば、領域がないことから遊動範囲が固定されないため、遊動範囲のシフトが起き、同時に情報が広範囲に伝播することから、列島規模で石器群の共通性がみられるのではないだろうか。

3. 愛鷹・箱根2期における石器と石材

愛鷹・箱根旧石器編年2期（以後愛鷹・箱根2期と略す）は、第IIIスコリア帯黒色帯2（ScIIIs2）に包含される文化層から始まる。愛鷹・箱根1期における環状ブロック群は姿を消し、台形様石器もほとんど組成されず、局部磨製石斧も稀にしか検出されない。対して、注意すべきなのは、準備調整された石核より規格化された石刃を連続して剝がす技法が確立していることである。そして、その石刃を素材としたナイフ形石器が石器組成の中心となり、愛鷹・箱根1期とは石器組成が大きく違っていて、この段階で大きな構造変化があったことがうかがえる。そのため、この層より愛鷹・箱根2期とされた（静

後期旧石器時代前半の列状土坑群掘削の意義について

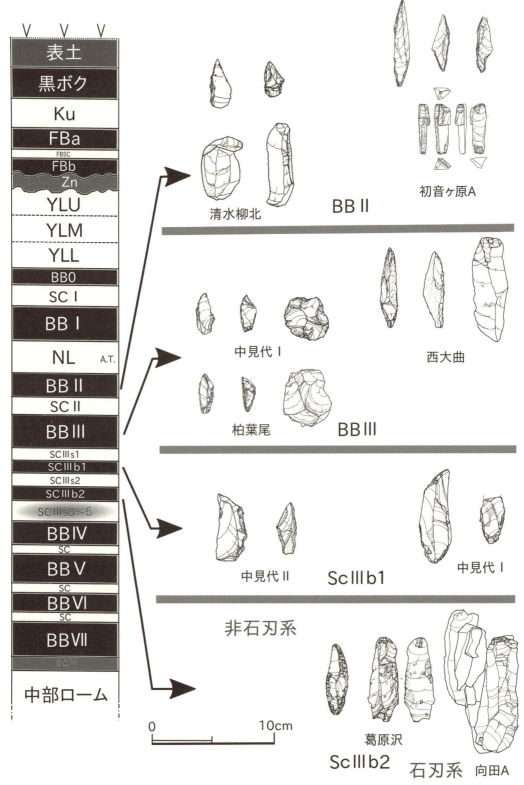

第2図 愛鷹箱根2期石器群と層位

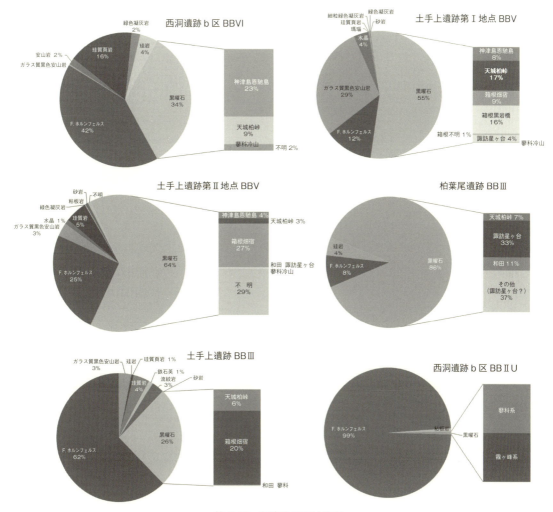

第3図 各遺跡の石材比率

岡県考古学会 1995)。この層から石器群が検出された遺跡は多くなく、葛原沢第Ⅳ遺跡、上松沢平遺跡、向田A遺跡、富士石遺跡でみられるが、比較的規模の小さな遺跡である。これらの遺跡の石材は、ナイフ形石器では、信州系の黒曜石や丹沢産と思われる碧玉が使われ、遊動範囲がこの地域に及んでいたことが想定される。

この層の上の薄いスコリア層を挟み上位に第Ⅲスコリア帯黒色帯1（ScⅢb1）がある。この層位の石器群は、盤状の石核から求心的な剥離や小口面から縁を移動して、幅広の縦長剥片を目的とする技術を主体とする。この剥片剥離技術は、愛鷹・箱根1期の台形様石器の製作技術と共通するので、愛鷹・箱根1期からの系統を想定可能だが、同時に石刃技法下のナイフ形石器群も存在する。このことから愛鷹・箱根2期の初めより、担い手が同じかどうかは議論が必要だが、石刃技法と非石刃技法が併存していたのは確実である（第2図）。この状況は、第三黒色帯（BBⅢ）と第二黒色帯（BBⅡ）から出土する石器群まで続いている。また、BBⅢからは初音ヶ原遺跡群で注目された落とし穴状土坑群が現われることも、この時期の特徴としてあげられる。

石刃技法下の石器群は、富士川系ホルンフェルスを石材の主体とし、それに少数の他石材が

加わる。対して非石刃技法下の石器群は、黒曜石を主体とする。黒曜石は近在産である天城山系柏峠産や箱根系である場合が多い（図3）。全体としてそれぞれホルンフェルスと黒曜石を主体とする石器群である。この状況は石材の選択を想起させるが、それぞれの石器群には両石材が存在し、その比率に大きな差がある。これは、石刃を作成しやすい石材としてホルンフェルスの選択ということが考えられるが、例えば、柏葉尾遺跡のBBⅢ層の石器群では、石刃を作りやすい蓼科系黒曜石が主体でありながら、非石刃系の石器群となっていることから、単純に石材の問題ではなさそうである（図2・図3）。

　この石材の問題について参考になる資料として、西洞遺跡のBBⅡ層上位の石器群を考えてみたい。この石器群は大型・中型の富士川系ホルンフェルス製石刃を素材としたナイフ形石器を主体とし、少量の粘板岩製のナイフ形石器と蓼科・霧ヶ峰系の黒曜石を含む。この富士川系ホルンフェルス製のナイフ形石器の石材を詳しくみると同じように表面が風化しているが、その風化状況に差異があった。この差異をみると、遺跡内で剝離作業が行われている石材とナイフ形石器に使われている石材が違い、ナイフ形石器はほぼ単体として遺跡内に持ち込まれていることがわかった。そして、極少量出土した黒曜石の産地は信州産黒曜石であることから、長野県南部から富士川流域を遊動ルートとした集団が遺した遺跡であることがうかがえる。

　西洞遺跡BBⅡ層上位の石器群などの石刃系石器群に対して、中見代第Ⅰ遺跡のBBⅢ層や土手上遺跡第Ⅱ地点のBBⅢ層の石器群などの非石刃系石器群は、天城系柏峠産や箱根系黒曜石を主体とし、同石材で石器製作の全ての工程が存在する。そのため、これら非石刃系石器群は愛鷹、箱根山麓をホームベースとする集団が遺した石器群と考えたい。同じ愛鷹山麓に居住しながら、近在の石材で完結する場合と広範囲

の石材を利用する場合があることは、狭い遊動領域と広域の遊動領域をもつ集団が愛鷹・箱根山麓を共有したことになる。

　しかしながら、集団の遊動が固定したものでなく、領域に対する規制が不明確であったことは、非石刃系でありながら、前記した柏葉尾遺跡のBBⅢ層の石器群は、中央高地の蓼科系黒曜石を主体とするという事実に表れていよう。

4.　列状配置落とし穴群の意味

　上記した愛鷹・箱根2期の石器群の状況から、当時の集団関係は他者を認識し、それぞれの領域を意識しあう状況にあったが排他的な関係ではなかったと推察している。そのため、この時期には環状ブロック群を形成する意味がなくなり、またすでに恒久的な同盟関係を維持した状況であるならば、それを再認識（再同盟）させるようなイベント装置（大規模環状ブロック群）もまた意義を失う社会環境であったろう。

　このように領域が成立した社会でありながら、異集団が領域を共有する場合には、どのような現象が表出するだろうか。

　民族例においては、コモンズ的な土地利用には、地域の歴史的環境によってその取扱いに差異がみられるが、たとえその土地がコモンズであっても、その領域には明確な区分をみることができる[2]。

　このように領域がありながら、その領域を越えて遊動するような集団が混在する環境下においては、領域を何らかの形で明示する必要性があるのだろう[3]。それが、BBⅢ層中に現れる落とし穴状土坑群出現の意味と考えたい。そして、まさに領域を区分するかのような台地状尾根を分断する列状配置がその意義であろう（第4・5図）。寡少な例であるが、加茂ノ洞B遺跡や初音ヶ原A遺跡の土坑群に近接して出土している石器は、非石刃系であることも、土坑掘削者が在地集団であることを示しているのかも

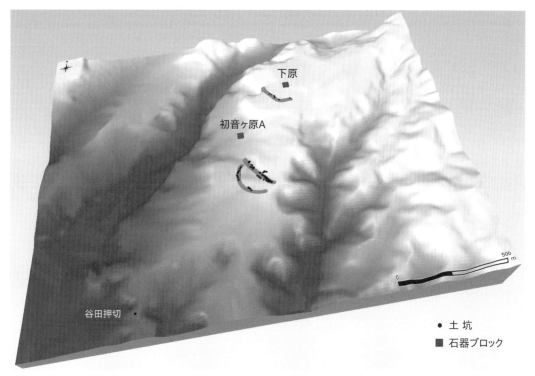

第4図 箱根西麓土坑列と石器ブロック配置

しれない。

　落とし穴状土坑群については、鈴木敏中氏、鈴木忠司氏、稲田孝司氏、今村啓爾氏、佐藤宏之氏が主に立地と生業という面から考察されている（鈴木敏 1992、鈴木忠 1996、稲田 2004、今村 2004、佐藤 2002）。第一義的機能は諸氏の説それぞれが理解可能であるが、証拠となる物証を提示することは困難である。特に落とし穴状土坑群がBBⅢ層中の非常に短い期間にのみ現れ、消滅してしまうという現象は、愛鷹・箱根第2期内であり、土坑群が掘削された時期の石器群は、同系統のつながりを保持していて、そこに大きな変化がないことと矛盾する[4]。道具の変化が生業環境の変化と考えるならば、落とし穴状土坑群の出現は生業の変化を示すものではない可能性が高く、短期間に消滅してしまうことを考えると、その実質的意味がすぐに無くなることを示している。

　列状に配置された落とし穴状土坑群が出現する愛鷹・箱根第2期は、日本列島全域で石器群に地域的差異が現れ、領域が形成されていく時期であることを考えれば、領域がありながら、その領域が不明確な状況であることが想定される。そのため、集団の権利としての領域を、目に見える形で示す必要が生じたのではないだろうか。そして、領域が確定し周知された状況になれば、明確な明示は必要性がなくなるはずである。このことが、列状に配置される落とし穴状土坑群の短期的消長の理由であったと考えている。

　この領域の確定を示す事例が、列状土坑群がつくられなくなった時期の、清水柳北遺跡BBⅡ層の石器群と考えている。この石器群ではナイフ形石器が非石刃系でありながら、石刃石核とその接合資料が存在する。これは両石器群との間で何らかの統合が図られたことを示しており、広域遊動集団と在地集団の区別がなくなったことの表われと捉えている。

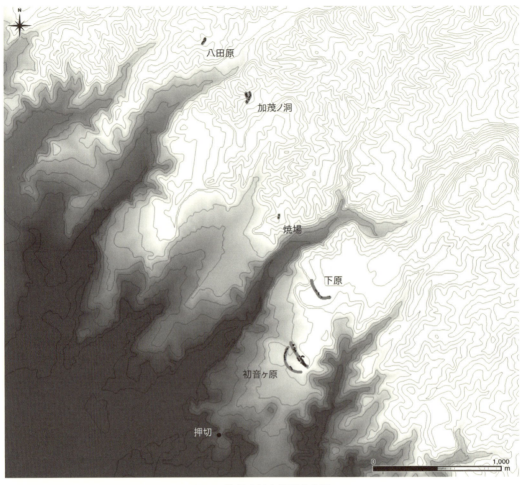

図5 箱根西麓土坑群分布図

　在地集団と広域移動集団が存在する理由として、最寒冷期に向かうこの時期では、広域遊動集団の移動先である長野、山梨県方面の中央高地では冬季の居住性が低下し、春から夏にかけて広域分散していた集団が、温暖な太平洋沿岸部に移動集中するためと考えている（佐藤1992、笹原・瀬川1992）。そして、広域遊動領域も含めた範囲が、全体の領域と認識されたと考えたい[5]。

5. 結　論

　愛鷹・箱根1期における環状ブロック群の形成は、領域が不明確な、列島全域規模の通過的な遊動の表出であると考えている。それは常に突発的な異集団との接触に備え、対処する集落形態ということである。そのため、愛鷹・箱根2期の領域ができるような時期には、他集団を認知し特別な対応の必要性がなくなったことから、環状ブロック群が形成されなくなったと考えられる。しかし、その領域の境界は不明確な状態で、季節性移動などで長距離を移動する集団と在地に留まる集団とに分かれ、その行動範囲の違いによる適応差が石器組成および石器構造の違いとなる。それが愛鷹・箱根2期の石刃石器群と非石刃石器群の二極構造的表れと考えたい。このように、相手を認識し敵対関係ではない集団関係は、お互いに共存的な同盟関係を築いていたことが想定される。特に固定的な在

地集団は、ある一定期間のみ居留する長距離移動集団に対して、その期間の資源領域を明確に提示する必要性が生じ、コモンズ的な土地利用においても、権利領域を明示する必要性が求められたに違いない。その結果、各台地を分割する土坑群を掘削することによって、目に見える権利の明示を行ったと考えている。そして、それぞれ広域に分散している遊動集団が、その遊動領域内の集団を同一視することが確定したときに、明示としての列状土坑群は使命を終えたため消滅したのだろう。それが列状土坑群の短期盛衰の理由であると考える。

註

(1) 筆者の経験は、パプア・ニューギニアのセピック川流域のサゴヤシでんぷんを主食とする採集狩猟民（自生するサゴヤシを管理するなど、定住化している）の村での短い滞在であるが、このような社会環境でありながら、農耕民と著しく違うのは、獲得物への厳格な均等配分意識である。当地のガイドに支払う賃金も、彼は、複数の配偶者に均等に、不正をしていないことを私たちに確認させるように渡す場面をみたことがある。同様な均等配分性の報告は、極北のイヌイット（本多 1972）やカラハリ採集狩猟民（田中 2001）、タンザニアのハツァピ族（石毛 1971）などでみられることから、採集狩猟民の普遍的意識であり、集団の存続に対する適応行動と考えられている（サーリンズ 1984）。

(2) ニューギニア、セピック川流域アイボン村では、土器の粘土採掘域は集落の所有物であり、また採掘地点は個人とその継承者が所有者となる。しかし、ソロモン海沿岸地域のワニゲラ地域では、採掘地はコモンズ的な取り扱いがされ、共同体構成員であれば自由に採掘できる。そして農園なども個人的な消費に関わるものならば自由につくることも可能だが、企業的な営利を目的とする場合には共同体に対して対価が要求される。

(3) 土地に対する明示の例として、根菜農耕民ではあるが、多部族が混在するニューギニア高地においては、雑多な植物が繁茂する原野においても、

その所有権がある。われわれの目では認識できなかったが、ある種類の植物がその領域の境界に植えられ、その植物を追っていけば領域が区分されるようになっていた。領域内に多集団が存在し、お互いが周知の関係である状況下では、自らが所有する区域を明確にする必要があったと考えられる。

なお、土坑群の実質的意義が領域の明示であるにしても、その機能的意義は「落とし穴」であることに変わりはない。それは、東野遺跡や塚松遺跡の谷筋に沿った配置の土坑群に表れている。

(4) ただし石材の利用においては大きな変化がある。BBⅢ～BBⅡの石刃石器群においては、石刃製ナイフ形石器が富士川系ホルンフェルスとガラス質黒色安山岩に集約される過程が認められる（阿部 2015）。これも石材獲得の遊動範囲確定化を示すものと考えたい。

(5) 列状土坑群が愛鷹・箱根地域や磐田原台地、横須賀市長井台地、鹿児島県種子島など限定された地域に形成されたのは、列島全域が在地遊動集団と広域遊動集団とに分かれたわけではないことを示しているのかもしれない。黒潮による温暖な太平洋沿岸地域では、在地遊動で充分な資源が確保可能だったとすれば、集団によって遊動範囲の大きさの差異が生じたとも考えられる。

(6) グラフ作成には Microsoft Excel 2007 を使用した。地図作成には国土地理院が公開した基盤地図情報のデータをもとに、Qgis 2.0 と qgis2threejs プラグインを用いた。

引用・参考文献

秋道智彌 2004『コモンズの人類学—文化・歴史・生態』人文書院

阿部　敬 2015「中部地方における後期旧石器時代の^{14}C 年代と石器群編年」『旧石器研究 11』日本旧石器学会、13-28 頁

池谷信之 1996『柏葉尾遺跡発掘調査報告書』沼津市教育委員会

池谷信之 1998『土手上遺跡（d・e 区-2）発掘調査報告書』沼津市教育委員会

池谷信之 2004『土手上遺跡（d・e 区-3）丸山遺跡』沼津市教育委員会

石毛直道 1971『住居空間の人類学』鹿島出版会 SD

選書

今村啓爾 2004「箱根南西山麓先土器時代陥穴の使用方法」『考古学研究51-1』考古学研究会、18-33頁

稲田孝司 2001『遊動する旧石器人』岩波書店

稲田孝司 2004「旧石器時代の狩猟戦略と落し穴」『愛鷹山をかけめぐった旧石器人』静岡県埋蔵文化財調査研究所、42-47頁

木﨑康弘 2010『列島始原の人類に迫る熊本の石器沈目遺跡』新泉社

栗島義明 1990「遺物分布から見る遺跡の構造」『石器文化研究2』石器文化研究会、62-73頁

佐藤宏之 2005「環状集落をめぐる地域行動論―環状集落の社会生態学―」『環状集落―その機能と展開をめぐって』シンポジウム予稿集　日本旧石器学会、46-48頁

佐藤宏之 1992『日本旧石器文化の構造と進化』柏書房

佐藤宏之 2002「日本列島旧石器時代の陥し穴猟」『先史狩猟採集文化研究の新しい視野』国立民族学博物館調査報告 33、83-108頁

笹原芳郎・瀬川裕市郎 1992「旧石器時代後期の炉跡・焚火跡」『考古学ジャーナル No.351』ニューサイエンス社、8-13頁

笹原芳郎 1996「愛鷹南麓と箱根西麓の BB Ⅲ（第Ⅲ黒色帯）内石器群」『下原遺跡Ⅱ』静岡県埋蔵文化財調査研究所、87-107頁

笹原芳郎 1999『西洞遺跡（b区-1）発掘調査報告書』沼津市教育委員会

静岡県考古学会編 1995『愛鷹・箱根山麓の旧石器時代編年』静岡県考古学会

島田和高 2011「後期旧石器時代前半期における環状ブロック群の多様性と現代人の拡散」『資源環境と人類　NO.1』明治大学黒曜石研究センター紀要、9-26頁

須藤隆司 2006『石槍革命　八風山遺跡群』新泉社

鈴木忠司 1996「岩宿時代の陥穴状土坑をめぐる二三の問題」『下原遺跡Ⅱ』静岡県埋蔵文化財調査研究所、151-166頁

鈴木敏中 1992「旧石器時代の土坑―箱根山西麓の遺跡から―」『考古学ジャーナル No.351』ニューサイエンス社、14-18頁

鈴木敏中 1999『初音ケ原遺跡―初音ケ原遺跡A遺跡第2地点、初音ケ原遺跡B遺跡第3地点』三島市教育委員会

大工原　豊 1993「環状ブロック群が形成された背景―離合集散の要因について」『環状ブロック群―岩宿時代の集落の実像にせまる―資料集』笠懸野岩宿文化資料館・岩宿フォーラム実行委員会、36-38頁

田中二郎編 2001『カラハリ狩猟採集民―過去と現在―』講座生態人類学、京都大学学術出版会

橋本勝雄 1989「AT降灰以前における特殊な遺物分布の様相―いわゆる『環状ユニット』について（その1）」『考古学ジャーナル 309』25-32頁

本多勝一 1972『カナダ・エスキモー』講談社文庫

マーシャル・サーリンズ 1984『石器時代の経済学』法政大学出版局

望月明彦・池谷信之・小林克次・武藤由里 1994「遺跡内における黒曜石製石器の原産地別分布について―沼津市土手上遺跡 BB Ⅴ層の原産地推定から―」『静岡県考古学研究26』静岡県考古学会、1-24頁

Binford L.R. 1979 Organization and Formation Processes Looking at Curated Technologies. Journal of Anthropological Research 25, 255-73

Paul S. Martin 1973 The Discovery of America SCIENCE, VOL. 179, 969-74

Stanley H Ambrose 1998 Late Pleistocene human population bottlenecks, volcanic winter, and defferentiation of modern humans Journal of Human Evolution 34, 623-51

楔形石器について

道澤　明

はじめに

　楔形石器とは、その名のとおり楔の形をした石器であるが、その定義としてほぼ方形の平面形で、その向かい合う辺の両方、及びその両面に剥離が加えられた石器で、別に両極石器、またフランスではピエス・エスキーユとも呼ばれている。その出土例は、日本では旧石器時代後期初頭から縄文時代のまでわたって見られ、石器時代の普遍的な石器でありながら、その形態的、型式的な変化はあまり認められないだけでなく、石器であるならばその機能、使用方法についてはいまだよく分かっていない。

　千葉県の旧石器時代遺跡では、他の地域と異なって楔形石器と呼ばれる石器の出土が目立つ。特に下総台地東部に濃密で、楔形石器が主体となる石器群から他の石器に伴う石器群など、その構成は様々であり、時期的には後期旧石器時代初期段階から縄文草創期、さらには縄文後期まで続く。なぜこの地域に楔形石器が多く、なおかつ継続的に存在するのか、それについての考察は未だにないので、それについてここでは触れてみたいと思う。

　楔形石器について千葉県内での論考では、これまでに新田浩三（1988・1991）が、遠山天ノ作遺跡、出口遺跡を中心に、その技術論から構造を分析し、田村隆（1989）は時期的な把握をしている。その後も様々な楔形石器を伴う石器群が検出されているが、その後の展開は見られない。全国的には齋藤岳（2011）が研究史をまとめている。

　楔形石器はこのように研究史が編まれるほど多くの研究が長くなされているが、未だにこれと言うような成果ははっきり言って出ていない。それはこの石器が果たして何に使われた石器なのか、あるいは石核のような二次的な産物なのか、または両極剥離という共通性はあっても属する石器群個々に異なる性格のものなのか、その定まるところがまだない。ここでは、紙幅に限度があるため、その本質に迫る技術論よりも、主に当初に揚げた下総台地におけるその分布の多さ（偏在性）から、果たして楔形石器を主体とした地域文化が成立し、存在しえたかについて考えてみたい。

1. 旧石器時代楔形石器の研究史略

　楔形石器に関する研究史では、「ピエス・エスキーユについて」（岡村 1976）、「両極技法とピエス・エスキーユ（楔形石器）についての研究史」（齋藤 2011）などによってまとめられ、旧石器時代から縄文時代まで存在し、日本各地にだけでなく世界的にも分布し、その形態的製作技術的に共通した特異な石器であることを示している。このことから楔形石器が早くから注目され、特に多出する東北地方の縄文時代の石器において取り上げられている。

　旧石器時代のそれでは、「裁断面のある石器」（柳田 1974）で、二上山遺跡群のサヌカイト製国府型ナイフ形石器群に含まれる裁断面のある石器が取り上げられている。千葉では遠山天ノ作遺跡で楔形石器を主体にする石器群が検出され（奥田ほか 1986）、これをもとに「遠山天ノ作遺跡の再検討」（新田 1988）を初めに、類例が多く発掘され、注目されるようになった。

　石器製作技術では「両極技法」あるいは「バイポーラーテクニック」として取り上げ、小林

博昭（1973・1984）は復元製作に基づいて定義し、阿部朝衛（1983）はその石材環境においての有効性を指摘した。また、「両極剥離技術と楔形石器」（吉田 2004）では、実験的製作から石器群の中での台石と叩石の存在、さらに使用法にも言及している。

このように楔形石器については、早くから取り上げられ、形態分類に始まって、製作技術、使用法にわたって論及されてきたが、これまでのところ定まった結論はない。それはこの石器が旧石器時代から縄文時代あるいは石器時代終末まで存続し、日本全国的のみならず世界的にも分布しながら、形態的には変化がないという、石器の中ではまれな存在である所から、逆につかみ所がない石器であるからかもしれない。

2. 千葉県（下総台地）の楔形石器出土遺跡

千葉県の地形は、主に３つに分けられ、北半分の平坦な高地でなる下総台地、房総半島の南半分の高地は上総丘陵、それらの間に分布する沖積低地とからなり、人類遺跡のほとんどは下総台地に分布する。旧石器時代遺跡もこの下総台地を中心に、これまでに１千か所を越える数が認められ、全国的に見て最多といえる数である。その中で楔形石器が出土した遺跡は、53遺跡、75の石器群が検出されている。その出土文化層はⅢ層からⅩ層までにわたり、その中でも AT 降灰以前のⅦ～Ⅸ層が最も多く、次いでⅢ層の細石器石器群が目立つ。個々の石器群の中の楔形石器の数で見ると、Ⅵ層からⅨ層で多く、そのピークはⅦ層にある。また、楔形石器が多数を占める石器群には、遠山天ノ作遺跡、出口遺跡のように、小円礫を素材にして楔形石器を製作している遺跡があり、それが楔形石器の存在理由の一つとなっている面もある。

楔形石器を含む石器群の他の石器構成では、ナイフ形石器がほぼ普遍的に存在し、Ⅸ～Ⅹ層では台形石器が卓越するが、中には楔形石器以外の石器を含まない石器群もある。この傾向は、Ⅸ層以前では楔形石器の構成比率は概ね半々であるが、Ⅷ～Ⅶ層では楔形石器が主体を占め、小さい石器群では楔形石器以外は見られない遺跡もある。楔形石器を構成する石器群での石材は、おおよそほとんどの種類が見られ、特にこれと言う傾向はない。ただ小円礫素材の石材はチャートが多く、これは小円礫そのものの石材構成によるものと思われ、特に山武市の赤羽根遺跡では、遺跡直下に礫層（千葉段丘礫層）が存在し、これが龍ヶ崎砂礫層由来であることを想定された。

AT 降灰以降の石器群でも少なからず存在し、中でもⅢ層細石器石器群の中に 4 遺跡が確認され、これが楔形石器の細石器剥離技法との関連を想定させている。しかし、この後の縄文草創期から早期・中期にかけて断続的に存在することは、石器形態としての共通性があることも考えられる。

下総台地における楔形石器を含む石器群のうち、AT 降灰以前の遺跡分布を示したのが第1図である。この分布図を見ると楔形石器が濃密に分布するのは、台地中南部から東部にかけてで、西部へ行くに従って少なくなる。特に西部の柏市中山新田Ⅰ遺跡では楔形石器はない。特に台地東部縁辺の中央部に当たる山武地域では、遠山天ノ作遺跡Ⅶ～Ⅷ層の 129 点や、赤羽遺跡Ⅷ～Ⅸ層の 257 点を中心として、四塚遺跡Ⅸ～Ⅹ層の 26 点、寺方遺跡Ⅵ～Ⅶ層の 16 点、宮ノ前遺跡Ⅶ層の 11 点、千田台遺跡Ⅵ層の 78 点、鷺山入遺跡Ⅸ a 層の 50 点、砂田中台遺跡Ⅵ層の 29 点が点在し、北東へ離れて香取市山倉の出口遺跡Ⅵ～Ⅶ層の 178 点、旭市の岩井安町南遺跡Ⅵ～Ⅶ層の 37 点が点在する。この地域の AT 降灰以前の石器群には、必ずと言って良いほど楔形石器がその構成の中に入っているが、文化層によって他の石器の組み合わせは異なる。地理的に少し離れるが、香取市山倉の出

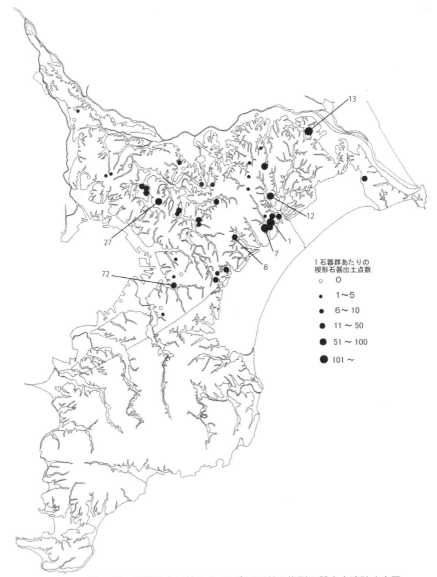

第 1 図 千葉県内に於ける AT 降灰以前の楔形石器出土遺跡分布図

口遺跡Ⅵ～Ⅶ層は、遠山天ノ作遺跡の石器群と素材・製作技術などで近似し、同じ圏内と見ることが出来る。また、下総台地中央部の八千代市から佐倉市にかけての AT 降灰以前の遺跡には、少なからず楔形石器を構成する石器群があるが、これらは各集中地点での楔形石器の比率は高くない。その中で佐倉市の大林Ⅵ文化層はⅦ～Ⅸ層で、18 の集中地点に合計 81 点出土し、1 集中地点につき平均 5 点で決して多い数ではないが、ナイフ形石器を伴い、楔形石器が剥片素材であるところから、山武市の鷺山入と同じ様相のものと思われる。

このように下総台地における楔形石器の分布は、特に AT 降灰以前で見る限り、地理的には東部で濃厚で、そこから台地中央部にあり、時間的にはⅩ層からⅥ層まであって、そのピークはⅦ層にあり、その中に遠山天ノ作型と鷺山入型との 2 タイプに分けられる。遠山天ノ作型は地元石材を利用しての石器製作技術で、これから楔形石器製作がこの地域の石材獲得の希少

楔形石器について

第1表　旧石器時代～縄文草創期、下総台地所在の楔形石器出土遺跡（石器群）

	石器群名	楔形石器数	層位	集中地点数	主要石材	他の石器	所在市町村	備考
1	遠山天ノ作	129	VII～VIII	2	チャート円礫	ナイフ	横芝光町	小円礫
2	中台柿谷2	3	IV	1	黒曜石		横芝光町	
3	寺方	16	IV～VI	3	安山岩	ナイフ	横芝光町	
4	宮ノ前	11	VII	1	黒曜石・頁岩		横芝光町	
5	西長山野1	1		9	黒曜石		横芝光町	
6	四つ塚	26	IX～X	38（環プロ）	頁岩・瑪瑙・チャート	ナイフ・石斧	山武市	
7	赤羽	257	VIII～IX	42以上	チャート・安山岩・頁岩	ナイフ・台形・削器・石斧	山武市	
8	鷺山入II	50	IXa	6	黒曜石・瑪瑙・安山岩	ナイフ・削器	山武市	
9	稲荷台	5	III	4	安山岩	細石器・ナイフ	東金市	
10	針ヶ谷1	14	IV	9	黒曜石・チャート	ナイフ・削器	東金市	
11	針ヶ谷2	7	IX	1	頁岩	石斧	東金市	
12	千田台	78	VI	27	頁岩・安山岩・黒曜石	ナイフ・台形・削器	多古町	
13	出口1	178	VI～VII	5	安山岩・チャート		香取市多田	小円礫
14	山倉大山	21	縄文草創期		安山岩・チャート	石鏃	香取市	
15	平窪2	3		1	チャート・砂岩	ナイフ	旧大栄	
16	岩井安町南	37	VI～VII	2	チャート		旭市	
17	砂田中台I	29	VI	8	安山岩・黒曜石・チャート	ナイフ	東金市	
18	砂田中台IIa	1	IV上	14	玉髄	ナイフ・削器	東金市	
19	大網山田台8 V	8	IX	3	チャート	石斧	大網白里市	
20	大網山田台8 III	10	IX	41	黒曜石・安山岩	尖頭器・ナイフ・錐	大網白里市	
21	上引切		III	2	頁岩	ナイフ	大網白里市	
22	墨古沢南I	26	IXa	環プロ	安山岩・流紋岩	台形様石器	酒々井町	
23	栗野1	2	III		黒曜石・頁岩	削器	佐倉市	
24	栗野2	20	VI	10	黒曜石	ナイフ・掻・削器	佐倉市	
25	大林I	3	III	4	頁岩・凝灰岩・安山岩	細石器	佐倉市	
26	大林IV	1	IV～V	16	黒曜石	ナイフ	佐倉市	
27	大林VI	81	VII～IXa	18	頁岩・安山岩	ナイフ	佐倉市	
28	大林VII	2	X	1	安山岩	石錐	佐倉市	
29	大堀	4	VIIa	2	頁岩・チャート	ナイフ・石斧	佐倉市	
30	芋窪	6	VI～VII	5	頁岩	ナイフ・削器	佐倉市	
31	向原2	15	IV	9	黒曜石・安山岩	ナイフ・角錐	成田市	
32	飯仲金堀	10	VI	2	頁岩	ナイフ・掻器	成田市	
33	取香和田戸2	4	III～V	22	頁岩・黒曜石	ナイフ・有樋尖頭器	成田市	
34	取香和田戸4	1	V下	14	安山岩	切出・角錐	成田市	
35	取香和田戸6	2	IX	2	安山岩	台形様石器	成田市	
36	東峰御幸畑西1	11	VII～X	41	チャート・頁岩	ナイフ・台形様・石斧	成田市	
37	東峰御幸畑西2	78	III～VII	2	チャート・凝灰岩		成田市	小円礫
38	天神峰奥の台1	1	IX	13	安山岩	台形・ナイフ・石斧	成田市	
39	天神峰奥の台3	1	IV下	15	安山岩	切出・角錐	成田市	
40	南三里塚宮原第1	4	VII～IX	48(環プロ3)	安山岩・チャート	石斧・ナイフ	成田市	
41	古込下	1	IX	1	玉髄	ナイフ・石斧	成田市	
42	平賀一の台2	7	IV下	3	黒曜石	切出、角錐、掻器	印西市	
43	宮内	7	VII	1	頁岩	ナイフ	印西市	
44	北海道2	6	V	4	黒曜石・安山岩・瑪瑙	ナイフ・掻器	八千代市	
45	北海道3	20	VI	10	頁岩・玄武岩・瑪瑙	ナイフ	八千代市	
46	ヲサル山3	1	VII		安山岩・頁岩	ナイフ	八千代市	
47	坊山4	2	VII～IXa	14	安山岩・チャート	ナイフ・削器	八千代市	
48	権現後3	1	V～VI	11	黒曜石・チャート	ナイフ・角錐	八千代市	
49	権現後4	4	VI	9	黒曜石	ナイフ	八千代市	
50	権現後6	2	VII～VIII		頁岩・瑪瑙	ナイフ・石斧	八千代市	
51	白幡前4	11	IXa	11	黒曜石・流紋岩	石斧	八千代市	
52	井戸向	18	VI～VII	5	安山岩	ナイフ・削器	八千代市	
53	復山谷III		III	3	凝灰岩	ナイフ	白井市	
54	東林跡	1	VII	17	頁岩	ナイフ	鎌ヶ谷市	
55	林跡No.1-3	1	V～VI	3	凝灰岩	ナイフ	鎌ヶ谷市	
56	落山1	1	III	4		ナイフ	鎌ヶ谷市	
57	落山3	1	VII			ナイフ	鎌ヶ谷市	
58	聖人塚1	2	III	8		ナイフ・削器	柏市	
59	聖人塚3	1	VI	2		ナイフ	柏市	
60	大割2	9	IX	5	黒曜石	ナイフ	四街道市	
61	池花	2	VI		ホルン・砂岩	削器	四街道市	
62	大割5	1	IV上	4	安山岩	ナイフ	四街道市	
63	大割6	4	III	2	チャート	石槍	四街道市	
64	大割7	10	III		珪質頁岩	細石器	四街道市	
65	小屋ノ内	1	IX	環プロ、13	ホルン	台形様石器	四街道市	
66	御山II		X	環プロ、11		台形・石斧	四街道市	
67	出口・鐘塚1	14	IX	13	安山岩	ナイフ・石斧	四街道市	
68	荒久上	1		1	チャート・頁岩	細石器	千葉市	
69	馬の口2	1	V～VI			ナイフ・掻器	千葉市	
70	弥三郎第2	6	縄文草創期		安山岩・流紋岩・玄武岩	尖頭器・削器	千葉市	
71	美生1	1	VII	2	頁岩	錐・彫刻刀	袖ヶ浦市	
72	草刈第4文化層	38	VII～IX上	20	黒曜石・瑪瑙・頁岩	ナイフ	市原市	
73	草刈第2文化層	9	X	1	頁岩・チャート	ナイフ	市原市	
74	草刈第5文化層	10	VI	6	黒曜石・頁岩・チャート	ナイフ	市原市	
75	草刈第6文化層	2	IV	12	チャート	角錐	市原市	

156

さから形成されたとする論（国武 2004）の根拠とされるが、一方で鷲山入型では石材が黒曜石・安山岩・頁岩など、遠隔地石材が多用され、必ずしも石材獲得の遠近が楔形石器の多寡に繋がるとは言い難い。

3. 各地の楔形石器石器群

下総台地では西部及び南部へ行くに従って楔形石器の出現は少なくなり、さらに周辺に視野を広げて関東地方では、武蔵野台地において杉並区高井戸東遺跡X上層で1点、府中市武蔵台遺跡Xb層で7点、所沢市お伊勢山遺跡第3文化層（BB2上）で2点あり、相模原台地では慶応湘南藤沢キャンパス内遺跡第V文化層（AT直上）で7点、利根川北側の常総台地では土浦市下郷古墳群では10点が目を引く程度である。さらに関東の外側では長野県の貫ノ木遺跡で264点、奈良県の二上山遺跡群で321点が突出する。貫ノ木遺跡は下総台地のIX～X層に当たり、時期的に対応することが出来るが、この地域での他の例はなく、地域的な範囲を捉えることは出来ない。二上山遺跡群の方は截断面のある石器として11の遺跡から出土しているが、層位はAT降灰直後と思われる。このようなことから日本では後期旧石器時代初頭に出現あるいはその石器組成に含まれていて、地域差はあるがAT降灰前後をピークとして存在する。

4. 下総台地の楔形石器を含む石器群

このように他の地域と比べても、下総台地における楔形石器を含む石器群が多いことが明らかで、さらにその中でも地域的に偏りがあることは図を見ても明瞭である。それではその石器群の特徴を見るため、いくつかの遺跡を取り上げてみよう。

赤羽遺跡

赤羽遺跡は山武市松尾町古和の、芝山町北部から南東へ流れる木戸川流域右岸の千葉段

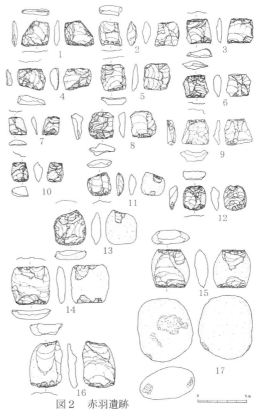

図2　赤羽遺跡
第2図　赤羽遺跡

丘上に立地する遺跡で、標高12～15m、東西200m、南北50mの範囲に旧石器時代遺物が出土した。旧石器時代遺物の出土層位は第2黒色帯下半部のIX層単一で、遺物の分布密度に差は見られるが、明確に集中地点（ブロック）として地点数を数えることは困難なのが本遺跡の特徴である。石器は台形様石器8点、ナイフ形石器7点、削器20点、石斧6点、敲石24点、台石18点、そして楔形石器257点が主なもので、後期旧石器時代初期の石器組成の特徴を有する。石材はチャートが重量比約40％で最も多く、次いで流紋岩、砂岩、頁岩、安山岩、珪質頁岩、ホルンフェルスと続き、わずかであるが黒曜石もある。楔形石器ではチャートが最も多く、他に安山岩、形質頁岩、頁岩、瑪瑙などに偏る。

赤羽遺跡の楔形石器は小円礫素材が多く、その小円礫は遺跡がのる段丘下の段丘礫層に石器

はこの扁平な小円礫を素材として、台石に載せ敲石で打割して薄くした後、細かい調整で上下両端をほぼ平行に、なおかつ鋭くし、形態としては方形になる。そのことから石器として製作していることが感受される。

遠山天ノ作遺跡

遠山遺跡は横芝光町遠山の、赤羽遺跡から木戸川を挟んで東側の下総上位面の台地上にあり、南に隣接して四ツ塚遺跡があり、この地域が旧石器時代遺跡が濃密に分布する地域である。遺跡は標高42m、南北100mの間隔の2か所から、計5か所のの旧石器時代石器群が検出された。このうち北の2か所の石器群はⅦ〜Ⅷ層で、小円礫を素材とした楔型石器を主体とした石器群である。

楔形石器は129点、ほかにナイフ形石器が2点、台石1点、敲石20点である。ナイフ形石器の黒曜石1点のほかは、楔形石器はほとんどが円礫素材で、石材はチャート、頁岩、砂岩、安山岩等で、近隣の赤羽遺跡の様相とよく似ている。素材の円礫は扁平な楕円形が用いられ、台石に載せ上から敲石で敲打し、上下同時剥離

で楔形石器を作り出している。さらに微細な調整によって、上下打撃線を直線にしている。しかし、上下打撃線は必ずしも平行ではないものがある。

鷺山入遺跡

鷺山入遺跡は、山武市木原の成東から入る作田川流域の台地上にあり、標高48mの下総上位面丘陵状の最上部で、8か所の集中地点が検出され、2群6集中地点から楔形石器を構成する石器群が検出された。この石器群の出土層位はⅨa層で、各集中地点3か所ある2群の間隔は8mあるが、接合関係からほぼ同時期と思われる。石器はナイフ形石器23点、削器16点、楔形石器450点で、石材は黒曜石が最も多く、次いでガラス質安山岩、メノウ、頁岩が続く。石器素材に円礫はなく、赤羽遺跡や遠山天ノ作遺跡とは全く異なる。

本遺跡から出土した楔形石器は、石材では黒曜石が最も多く、素材は比較的厚手の剥片を用いて作出している。楔形石器の形態は定まっていないが、微細調整によって完成されたと思われる石器は、上下両端が直線的でほぼ平行に対面し方形に近い形になっている。本遺跡からは台石及び敲石は出土してなく、ナイフ形石器は二側縁加工であり、素材剥片は縦長剥片である。

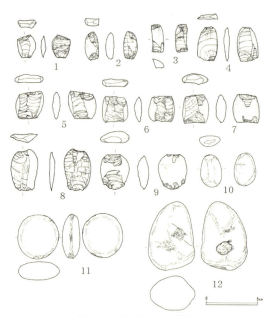

第3図　遠山天ノ作遺跡

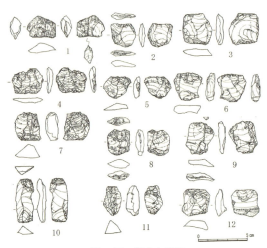

第4図　鷺山入遺跡

黒曜石の産地は高原山産である。

出口遺跡

出口遺跡は、香取市多田の利根川に流れ込む小野川と北側の小河川に挟まれた台地の中央部に位置し、標高40ｍの最高所に旧石器時代遺物集中地点が6か所検出された。このうち楔形石器を含む石器群は、第1文化層のⅥ層下部からⅦ層上部の5集中地点で、約3200点の遺物が出土した。本遺跡の楔形石器は小円礫素材で、石材はチャートが最も多く、次いで安山岩、凝灰岩、玉髄、頁岩などが続き、山武市赤羽遺跡、横芝光町遠山天ノ作遺跡と共通する。

本遺跡の楔形石器を構成する第1文化層は、ナイフ形石器は伴わず石器としては楔形石器と敲石のみで、ほかに石核、剥片で構成される。楔形石器は微細調整されているものが多く、両極打撃剥離しただけのものは多くない。対して長さ2～3cmの縦長剥片が多く、本遺跡ではこれが楔形石器の調整剥片とされる。これによって本遺跡の楔形石器の製作過程が説明され、楔形石器の積極的な作出とその用途について考察している。

千田台遺跡

千田台遺跡は、多古町水戸字千田に所在し、南の高谷川と北の多古橋川の間の開析が進んだ、標高40ｍの丘陵状となった台地上の、ほぼ中央の最高所に27か所の旧石器時代Ⅵ層下部の遺物集中地点が検出された。集中地点は径30ｍほどの範囲にまとまり、中央部で遺物が多く、周辺へ広がるにつれ少なくなるが、環状ブロックのようではないが、一体として形成されたと思われる。

本遺跡の楔形石器は、石材を黒曜石、珪質頁岩、チャートが多く、剥片を素材としているものが多く、礫面を残しているものは少ない。形態では微細剥離した完成形と思われるものは、剥離辺が直線的でなく円形に近いものが多い。他の石器では基部加工のナイフ形石器、台形石器、彫器、掻器、削器、石刃などがあり、中でも珪質頁岩製の長大な石刃は東北系のものとして特異な存在である。

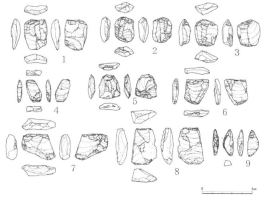

第6図　千田台遺跡

東峰御幸畑西遺跡

東峰御幸畑西遺跡は、成田市成田空港内敷地の中に位置し、利根川と太平洋岸との分水界に当たり、標高40ｍの下総台地のこの地域で最も高いところになる。遺跡は南から入る木戸川谷の谷津頭に区切られ、旧石器時代は3つの文化層が検出され、第1文化層は東部に、第2文化層は中央部、第3文化層は南部と西部に分布

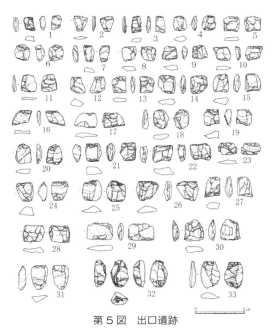

第5図　出口遺跡

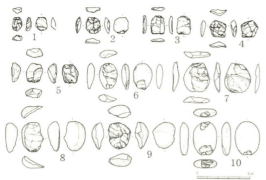

第7図　東峰御幸畑遺跡

した。その中で第2文化層はⅥ層下部からⅦ層で、2か所の遺物集中地点が検出され、小円礫を素材とした楔形石器の石器群で、石材ではチャートが最も多い。

東峰御幸畑遺跡の楔形石器は、円礫を台石に乗せて打割し、薄くなった素材をさらに調整して、形態を整えている。しかし、微細剥離を施し、上下剥離辺が直線になった完成品と思えるものは2点のみである。

大林遺跡

大林遺跡は、佐倉市の西部、下総台地の中央部にあって、印旛沼に注ぎ込む小河川の谷津頭部にあり、標高25mの平坦な台地が広がる所に立地する。本遺跡の旧石器時代は、そのほぼ全域から9層の文化層が検出され、楔形石器はその中で第Ⅰ・Ⅳ・Ⅵ・Ⅶの4層の文化層に含まれ、中でも第Ⅵ文化層が最も多い81点が抽出された。第Ⅵ文化層はⅦ層からⅨa層に属し、18か所の遺物集中地点が遺跡中央の南北に分布していた。

第Ⅵ文化層の楔形石器は、石材が珪質頁岩、安山岩、凝灰岩などで、素材は剥片が多く、形態では微細調整したものは剥離辺が平行で方形であるが、微細調整のないものは不定形である。ほかの石器ではナイフ形石器が3点、削器、錐などがあり、剥片は不定形が多い。

草刈遺跡

草刈遺跡は、市原市草刈の東京湾に注ぐ村田川北岸の標高35mの台地に立地し、旧石器時代遺物集中地点は台地縁辺から斜面、また狭隘になった所に分布する。文化層は7層検出され、このうち楔形石器を含む文化層は、第2・4・5・6の4層があり、その中で第4文化層からは38点出土した。第4文化層はⅦ層からⅨa層に属し、20の遺物集中地点があり、主に遺跡南部に分布し、本遺跡で最も多い文化層である。

第4文化層の楔形石器は、多くが剥片素材で、石材は珪質頁岩、瑪瑙、黒曜石、安山岩などが使われ、微細調整したものは長さ2cm以下の小さいものである。対して石刃、ナイフ形石器などは円礫は大ぶりで同じ石器群とは思えない。Ⅵ層の第5文化層は数が少なくなるが、第4文化層とほぼ同じ様相を示す。

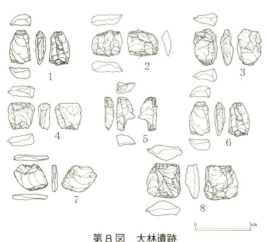

第8図　大林遺跡

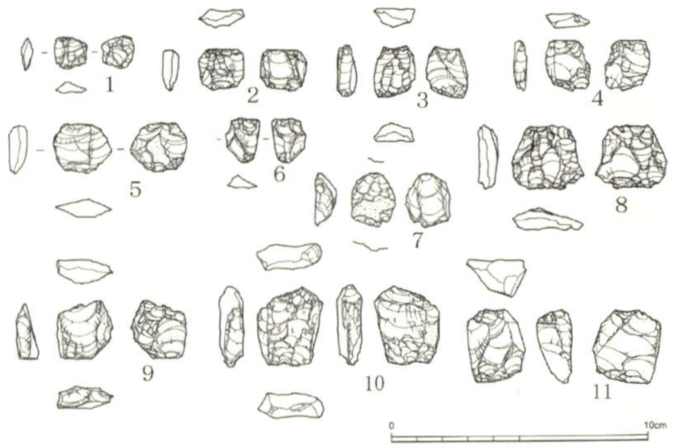

第9図　草刈遺跡第4文化層

5. 下総台地の楔形石器の特徴

前述で下総台地での楔形石器を主体とする石器群を8遺跡取り上げ、その概要を紹介したが、これで浮かび上がってきた特徴をここで一考したい。

まず第1として、素材が大きく二つに分けられることである。素材の一つは小扁平円礫であり、もう一つは剥片である。小扁平円礫は石材がチャートが最も多く、次いで安山岩・凝灰岩などで、下総台地では龍ヶ崎層あるいは千葉段丘の段丘礫層のなかに見いだされ、中でも山武市の赤羽遺跡の直下にその礫層が確認されていて、そこが採取地の有力な候補地と考えられる。特に小扁平円礫を素材にした楔形石器を主体にする遺跡は、赤羽遺跡をはじめ遠山天ノ作遺跡、出口遺跡、東峰御幸畑遺跡と、下総台地東部に分布する。対して剥片素材の楔形石器は、石材では黒曜石、安山岩、瑪瑙など遠隔地産地石材が多く、その遺跡分布は各地に点在する。

第2の特徴として、楔形石器全体を概観して微細剥離—調整剥離した石器は、形態及び法量ががほぼ一定している。楔形石器とされるもの全体では、法量、形態、また剥離の状態など様々であり、一定していない。そもそも楔形石器の定義は、両極打法によって剥離されたものを指し、それが石器として完成されたものであるかは問うてなかった。そこで取り上げた8遺跡の楔形石器とされたものと完成品と思われるものとの数的比較を見ると、赤羽遺跡では257点中完成形31点、遠山天ノ作遺跡では129点中完成品5点、鷺山入り遺跡では50点中13点、出口遺跡では178点中27点、千田台遺跡では78点中8点、東峰御幸畑西遺跡2では78点中5点、大林遺跡Ⅵでは81点中7点、草刈遺跡4では38点中5点で、ほとんどが1割強の比率で、円礫から製作している遺跡ほど比率は小さい。特に遠山天ノ作遺跡は5%以下で最も少な

く、対して鷺山入遺跡では黒曜石石材で剥片素材からの製作であるためか2割強である。このことから円礫素材で製作された楔形石器の多くは、両極打法によって剥離された剥片あるいは未成品、または不適格品がほとんどであり、完成品はわずかであったと思われる。また、完成品は道具として使われるため遺跡から搬出され、使用に供されれば遺跡に残される比率は少なくなるであろう。それは他の石器についても同じであろう。

完成楔形石器の法量を見ると、赤羽遺跡31点では18 × 16 mmから36 × 38 mmで平均25 mm方形、遠山天ノ作遺跡5点では22 × 17 mmから27 × 26 mmで平均25 mm方形、鷺山入遺跡では18 × 20 mmから24 × 27 mmで平均27 mm方形、千田台遺跡では20 × 15 mmから29 × 22 mmで平均24 mm方形、東峰御幸畑遺跡では12 × 10 mmから17 × 15 mmで平均15 mm方形、出口遺跡で15 × 14 mmから20 × 22 mmで平均17 mm方形、大林遺跡では24 × 23 mmから30 × 30 mmで平均25 mm方形、草刈遺跡第4文化層では13 × 15 mmから30 × 25 mmで平均20 mm方形である。このことから下総台地東部におけるⅦ層からⅨ層の楔形石器の完成形と考える石器の法量が、20から30 mm方形の範囲に集中し、その製作形態及び形状に加えて法量からこの定型的な石器としての型式が認定されよう。考古資料の型式とは時間と空間との一定の範囲に基づいて、共通性が認められるものとされる。ここに取り上げる楔形石器は下総台地東部という地域の空間と、Ⅶ層からⅨ層という時間の範囲に集中する。

下総台地の楔形石器の出現は、後期旧石器時代初期にすでにみられ、その最も早いと思われる石器群は、草刈遺跡Ⅹ層上部から1点が確認されている。これを下総台地では今のところ最古と考え、その後のⅨ層では四ツ塚遺跡、出口・鐘塚遺跡等の環状ブロック遺跡で数が増加し、楔形石器の定型化がみられる。次いで赤羽

遺跡のⅨ～Ⅷ層の石器群を経て、遠山天ノ作遺跡、出口遺跡、鷺山入遺跡、大林遺跡などⅦ層の多様な石器群が展開し、楔形石器文化の最盛期を迎えた。Ⅶ層以降では千田台遺跡が其の盛期の終わりの石器群を示し、Ⅵ層からⅣ層下部で漸減してⅣ層中ではほとんど見られなくなる。このように旧石器時代では後期後半では楔形石器はほとんど見られなくなるが、縄文時代に入ってしばしば見られるのがこの石器の普遍的な形と機能の妙であろう。

　下総台地の楔形石器はその素材において大きく二つに分けられるが、この石器の製作技術、完成形態、それから考えられる道具としての利用については共通している。さらに楔形石器を含む石器群は層位ではⅨ層からⅦ層の後期旧石器時代前期に集中し、分布では台地中央部から東部に偏っている。地域的な楔形石器の分布は、下総台地では西部でほとんど見られなくなり、武蔵野台地で希薄になるが、遠く長野県野尻湖畔の貫の木遺跡で突出している。また、近畿の二上山遺跡群では国府型ナイフに伴って楔形石器がある。

6. 地域文化としての楔形石器

　ここではある石器の形態、型式、製作技術等について云々するのではなく、地域における共通の石器の分布について、一つのまとまりを有するかを問うたのである。これまでに国府型ナイフや茂呂型ナイフなど型式名を得て、その特徴的形態から時期的・地域的な分布を論じたり、瀬戸内技法や湧別技法のように、特徴的な石器製作技術体系などを論じられた石器群もあった。しかし、ここで取り上げた楔形石器は、国内においては旧石器時代を通じて出現し、さらに縄文時代にも多く存在する。世界的には各地に分布し、その意味では普遍的な石器であり、石器型式としては捉えることは不可能ともいえる。その中で下総台地東部という地域的で、当地域

のⅨ層からⅦ層の後期旧石器時代前葉という時間的に限られた範囲に、楔形石器が集中するということは、それを製作し、使用した集団の存在を想起させる。一つの文化圏とは、一つの技術的な共通性を有する範囲だけではなく、一つのものを使用する共通の生活文化を有する範囲も含まれるであろう。その意味から考えると、この下総台地東部に分布する楔形石器は、その製作技術体系では大きく二つ認められるが、その完成形態は法量も含めてほぼ共通していて、その使用に供した生活文化は共通のものであったろうと思われる。このことから下総台地の一部の地域のある時期に、一つの文化圏が存在したことが想起される。ここで取り上げた石器群（遺跡）はここに言う完成形態を有する8か所であるが、このほかにも様々な楔形石器を有する石器群がある。それらをどう捉えるかも考えなければならないが、ここでは紙数の制約から割愛する。また、ここで示した楔形石器の完成形態の把握の先には、この石器の使用実態にも迫らなければならないが、それも後顧とした。それだけ楔形石器が単純ではなく、奥が深い石器であることを改めて知ることとなった。

おわりに

　30年前に楔形石器を主体にした遠山天ノ作遺跡の報告が出て、旧石器時代の石器群の中で特異な内容から、様々に論じられた。その後も下総台地からは多くの楔形石器を有する石器群が発見され、ある程度地域的な普遍性を有する石器であることが分かった。しかし、逆に楔形石器の本質がよりわからなくなり、その論考は少なくなった。ここでは楔形石器の下総台地における分布とその概要をとらえただけにとどめたが、これが内包する問題はまだ多々ある。下総台地には全国で最も多い旧石器時代遺跡があり、もう全体を把握することが難しくなっている。筆者がこの楔形石器を取り上げたのは初め

てであるが、これまでに30年以上にわたって
有樋尖頭器について考えてきた。安蒜先生は、
さらに長い間、砂川遺跡について論考を重ねて
こられた。考古学の研究にはこのように長い時
間を費やして、一つの対象を研究していくこと
の大切さを安蒜先生から学んだ。まだまだ砂川
遺跡については、多くの内包している問題があ
ろう。先生には今後もこの遺跡を通して、我々
後進に指針を与えていただければ幸いである。

引用・参考文献

岡村道雄 1979「ピエス・エスキーユについて」『東
　北考古学の諸問題』東北考古学会

奥田正彦・高橋博文 1986『遠山天ノ作遺跡　主要地
　方道成田松尾線Ⅲ』千葉県文化財センター

斎藤　岳 2011「両極打法とピエス・エスキーユ（楔
　形石器）についての研究史」『研究紀要』第16号、
　青森県埋蔵文化財調査センター

島立　桂 2003「市原市草刈遺跡（東部地区旧石器時
　代）」『千原台ニュータウンⅩ』財団法人千葉県文
　化財センター

田島　新 2003「松尾町赤羽根遺跡　旧石器時代」『千
　葉県東金道路（二期）埋蔵文化財調査報告書12』
　財団法人千葉県文化財センター

田村　隆 1989「第2章　佐倉市大林遺跡　第2節　先
　土器時代、第6章　収束」『佐倉市南志津地区埋蔵
　文化財発掘調査報告書1』　千葉県文化財センター

新田浩三 1989「遠山天ノ作遺跡の再検討」『竹べら』
　第3号、北総たけべらの会

新田浩三 1991「出口遺跡　旧石器時代、出口遺跡第
　1文化層出土の楔形石器について」『東関東自動車
　道埋蔵文化財調査報告書Ⅵ』財団法人千葉県文化
　財センター

矢本節郎 1996）「旧石器時代」『多古町千田台遺跡』
　財団法人千葉県文化財センター

吉田直哉 1999『鷺山入遺跡　先土器時代』財団法人
　山武郡市文化財センター

吉田政行 2004『両極剥離技術と楔形石器　石器作り
　の実験考古学』学生社

相模野台地とその周辺地域における富士玄武岩の利用(1)
—旧石器時代の磨石状礫について—

鈴木次郎

はじめに

　石器の石材は、用途や機能に適った岩質の石材が選ばれており、その採取場所（石材産地）は付近の河原などを基本としながら一部は遠隔地にも求めている。相模野台地を例にとると、鋭利な刃部や鋭い先端部をもつ剥片石器では、緻密で硬質な石材が求められ、相模川やその支流で採取可能な硬質細粒凝灰岩・ホルンフェルスなど地元の石材とともに、多摩川のチャート・珪質頁岩、箱根のガラス質黒色安山岩といった近隣地域の石材や信州・神津島の黒曜石などの遠隔地石材も利用されている。これに対して石皿や磨石・敲石等の礫塊石器では、安山岩類・閃緑岩類・緑色凝灰岩類など、いずれも地元の相模川で採取可能な石材を利用している。ここで取り上げる富士玄武岩[1]は、富士山の熔岩礫で、相模川に所在する石材である。富士玄武岩は、相模野台地とその周辺地域においては、旧石器時代の磨石状礫、縄文時代の石皿・磨石、弥生時代の環状石器など、旧石器時代から弥生時代まで利用されており、本稿では、旧石器時代に特徴的にみられる磨石状礫を中心に検討する。なお、弥生時代の環状石器については、別稿（鈴木 2017）を参照していただきたい。

1. 富士玄武岩の物理的特性と所在状況

　富士玄武岩は、柴田 徹の岩種判定基準によると、「火山岩を示す斑状組織を呈し、斑晶に斜長石及び輝石、かんらん石が認められるもの。気泡の認められるもの、認められないもの、いずれもある。かんらん石が確認できない場合は、多孔質安山岩との判別は難しい。相模川・酒匂川に礫として分布する。」とされている（柴田・柴田 2007）。実際に、筆者が相模川・酒匂川両河川の河原で採取した富士玄武岩礫と小田原市御幸ノ浜で採取した多孔質安山岩礫を比較した結果、多孔質安山岩が富士玄武岩に比べてより黒色を呈するものが多いものの、ほとんど区別のつかない礫が多かった。また、柴田　徹を含め、過去には（多孔質）安山岩として鑑定・報告された遺跡も多い。このため本稿においては、（多孔質）安山岩と報告されている石器も含めて扱うことにする。

　富士玄武岩礫の特徴は、礫面観察によると、緻密さを欠いて礫面がザラザラしており、多くは多数の空隙部がみとめられ、多孔質である。また、剥片石器に多用される石材に比較して軟質で、変形を伴う加工がしやすいという特徴をもつ。こうした物理的特性は、感覚的には考古学研究者の間で広く共有されているが、上本進二・御堂島正等により空隙率と一軸圧縮強度という数値によって説明されている[2]。こうした見かけ上の特徴と物理的特性は、多孔質安山岩とほぼ共通している。

　また、富士玄武岩は、富士山を起源とし、神奈川県域では相模川・酒匂川に河川礫として所在している。相模野台地を形成し、現在もその西側を南流する相模川の河川礫は、その大半は関東山地と丹沢山塊の岩石（小仏層群と丹沢層群など）に由来するもので、富士山起源の玄武岩の構成比率はけっして多くはない。相模原市地形・地質調査会による相模川河床における富士玄武岩礫の構成比率の推移をみると、相模原段

丘形成時には富士玄武岩礫はまだ流入しておらず、人類活動が開始された中津原段丘形成時や田名原段丘形成時にはじめて2～5%の礫が流入し、最寒冷期の陽原段丘形成前後には10～45%と多量に流入している。そして現河床では6～9%と再び減少している[3]。この中で、相模原段丘礫層には富士玄武岩が含まれないということは、相模原段丘上に立地する大半の遺跡では、直下の段丘礫層には富士玄武岩礫が存在せず、相模川の河床など遺跡から離れた場所から持ち込まれた可能性が高いことを示している。また、多摩丘陵南東部（多くは横浜市域）では、相模原段丘形成以前に鶴見川流域や帷子川流域に相模川が流入し、これらの流域に相模川の河川礫から構成される礫層が分布するが（関東ローム研究グループ 1965）、それらの礫層中にも富士玄武岩は含まれないことになり、この地域においても富士玄武岩礫の採取場所は相模川の河床がもっとも近かったと推定される。一方、陽原段丘礫層に富士玄武岩礫が多量に含まれるのは、陽原段丘形成時に富士山の火山活動による泥流（富士相模川泥流）の流下が活発となり、泥流と一緒に多量の玄武岩礫が流下したとされている（町田ほか 1986・1990）。陽原段丘上に立地する遺跡を検討する際には、この点を留意する必要がある。

2. 縄文時代の石皿・磨石の石材

本稿は、旧石器時代の磨石状礫を検討するものであるが、最初に、この石器と形態的に類似し、用途が植物質食糧の加工とほぼ判明している縄文時代の磨石と、磨石と一緒に使用された石皿の石材について確認しておきたい。

第1表は、相模野台地とその周辺各地の縄文時代中期を中心とする集落遺跡から出土した石皿と磨石・敲石の石材構成を示したものである。まず、石皿の石材構成をみると、安山岩類（富士玄武岩を含む）と閃緑岩類が多く用いられ、

そのほかに緑色凝灰岩類・砂岩類・緑泥片岩といった石材が用いられている。相模野台地の多くの遺跡では、安山岩類が最も多く、閃緑岩類・緑色凝灰岩類がこれに次いでおり、これらの石材はすべて相模川で採取可能である。これに対して武蔵野台地では、閃緑岩類が多くを占め、次いで安山岩類や砂岩類・緑泥片岩が利用されている。この中で多摩川で採取可能な石材は閃緑岩類と砂岩類であり、安山岩類は相模川や利根川水系から、緑泥片岩は荒川や利根川水系の三波川から持ち込まれたと推定されている（上本 1999）。そして相模野台地で比較的多く用いられる緑色凝灰岩類は武蔵野台地には多くは持ち込まれておらず、石皿の石材としての適性が相対的に低いことを示している。また、多摩丘陵では、相模野台地と武蔵野台地の中間的な石材構成を示し、その地理的な位置関係を反映している。次に、磨石の石材構成をみると、各地とも大凡石皿の石材構成と共通するが、多摩丘陵・相模野台地では緑色凝灰岩類、武蔵野台地では砂岩類といった地元の石材が石皿に比べて多く利用されている。これは磨石の使用方法が石皿と同じ「磨る」機能に加えて「敲き潰す」機能もあるためであり、専ら「敲く」機能を中心とする敲石の石材構成をみると、相模野台地では緑色凝灰岩類、武蔵野台地では砂岩類がもっとも多く利用されている。緑色凝灰岩類や砂岩類は、安山岩類（その多くは富士玄武岩）や閃緑岩類に比べて「敲く」機能に対する耐久力が高いことがその理由と考えられる。

このように、縄文時代の石皿・磨石の石材構成からは、粒度が粗く緻密さを欠き礫面がザラザラした安山岩類や閃緑岩類が「磨る」機能にもっとも適した石材であることが明らかである。そして、富士玄武岩は、多孔質安山岩とともに多摩丘陵以西の神奈川県域各地で石皿と磨石に盛んに利用されており、武蔵野台地にも少量搬入されている。

相模野台地とその周辺地域における富士玄武岩の利用（1）

第1表　相模野台地及びその周辺における縄文時代の石皿・磨石・敲石の石材構成

遺跡名	地域・段丘	時期	器種	総点数	石材と点数（％）					
					安山岩類	閃緑岩類	緑色凝灰岩類	砂岩類	緑泥片岩	その他
子易・大坪	丹沢南麓	中・後期	石皿	53	30 (56.6)	13 (24.5)	10 (18.9)			
			磨石	96	43 (44.8)	15 (15.6)	36 (37.5)	2 (2.1)		
			敲石	33		2 (6.1)	29 (87.8)	2 (6.1)		
上依知上谷戸	相模川西岸陽原段丘	中期	石皿	44	26 (59.1)	9 (20.5)	6 (13.6)	2 (4.5)		1 (2.3)
			磨石	82	31 (37.8)	22 (26.8)	27 (32.9)	2 (2.4)		
			敲石	34	9 (26.5)	9 (26.5)	16 (47.0)			
早川天神森	相模野台地相模原段丘	中期	石皿	35	17 (48.5)	5 (14.3)	7 (20.0)			6 (17.1)
			磨石	96	43 (44.3)	24 (25.0)	18 (18.8)	4 (4.2)	2 (2.1)	5 (5.2)
			敲石	79	18 (22.8)	5 (6.3)	38 (48.1)	17 (21.5)	1 (1.6)	
川尻中村	相模野台地田名原段丘	中期	石皿類	807	296 (36.7)	365 (45.2)	117 (14.5)	27 (3.3)		2 (0.2)
			磨石類	3,288	896 (27.3)	1,495 (45.5)	687 (20.9)	124 (3.8)		86 (2.6)
多摩NT No.72・795・796	多摩丘陵北部	中・後期	石皿	146	45 (30.8)	54 (40.0)	20 (13.7)	15 (10.3)	9 (6.2)	3 (2.1)
			磨石	237	43 (18.2)	69 (29.1)	42 (17.7)	67 (28.3)	1 (0.4)	15 (6.3)
			敲石	167	9 (5.4)	11 (6.6)	46 (27.5)	62 (37.1)	0	39 (23.4)
篠原大原	多摩丘陵南部	中期	石皿類	49	23 (47.0)	8 (16.3)	4 (8.2)	1 (2.0)	11 (22.4)	2 (4.1)
			磨石類	507	36 (7.1)	88 (17.4)	248 (48.9)	79 (15.6)		
向郷	武蔵野台地立川段丘	中期	石皿	99	7 (7.1)	78 (78.8)		4 (4.0)	10 (10.1)	
			磨石	201	10 (5.0)	132 (65.7)	4 (2.0)	54 (26.8)	1 (0.5)	
			敲石	140		49 (35.0)		79 (56.4)		12 (8.6)
武蔵台東	武蔵野台地武蔵野段丘	中期	石皿	369	50 (13.6)	250 (67.8)		30 (8.1)	30 (8.1)	9 (2.4)
			磨石	930	11 (1.2)	672 (72.3)	5 (0.5)	210 (22.6)		32 (3.4)
			敲石	888	2 (0.2)	196 (22.1)	13 (1.5)	585 (65.9)	2 (0.2)	90 (10.1)

1) 網掛けは最も多い石材を示す
2) 安山岩類は、玄武岩、富士玄武岩、安山岩、多孔質安山岩、熔岩を含む
3) 閃緑岩類は、閃緑岩、斑糲岩、変質斑糲岩、花崗岩等を含む
4) 緑色凝灰岩類は、硬質細粒凝灰岩、細粒凝灰岩、中粒凝灰岩、粗粒凝灰岩、火山礫凝灰岩、輝緑岩等を含む
5) 砂岩類は、砂岩、硬質砂岩、片状砂岩を含む
6) 石皿類には台石・蜂の巣石等を含み、磨石類には敲石等を含む
7) 多摩NT No.72・795・796遺跡の点数は、図化された石器に限定する
8) 各遺跡の出典は、子易・大坪遺跡（三瓶ほか 2013）、上依知上谷戸遺跡（栗原ほか 2007）、早川天神森遺跡（岡本ほか 1983）、川尻中村遺跡（天野ほか 2002）、多摩ニュータウンNo.72・795・796遺跡（原川ほか 1999）、篠原大原遺跡（天野ほか 2004）、向郷遺跡（伊藤ほか 1992）、武蔵台東遺跡（上本 1999）で、文献を本文末に示す。

3. 磨石状礫とその調査・研究略史

　磨石状礫とは、河原礫を素材とし、一見磨石のような形態を示すが、器面に明瞭な敲打痕や顕著な摩耗痕といった使用痕跡がみとめられない「石器」である。一部を除き、多くは礫群の構成礫のような赤化などの被熱痕跡はみとめられない。各報告書での器種名は、磨石（磨り石）・磨石的な亜石器、磨石状石器、磨石状円礫、磨石（磨り石）状礫など多様であり（第2表参照）、ここでは磨石状礫という名称を用いる。

　磨石（磨石状礫）が最初にまとまって出土したのは、1970年に調査された武蔵野台地の野川遺跡で、Ⅳ4文化層から磨石9点の出土が報じられている（小林・小田ほか 1971）。その後に

調査された西之台遺跡B地点のⅤ上文化層でも安山岩製の磨石9点が集積して出土し、野川遺跡と同じく火山岩製の磨石で、しかも時期的に近いということから注目された（小田 1980）。

　相模野台地では、1980年に調査された早川天神森遺跡が最初で、B2L層上部から富士玄武岩の磨石（磨石状礫）が4点出土し、そのうち3点が集積していた。その直後には、橋本遺跡と柏ヶ谷長ヲサ遺跡のB2層においても、この石器が集積して出土し注目された。そして、1980年代末から90年代前半になると川尻遺跡・湘南藤沢キャンパス内遺跡（以下、SFC遺跡という）・南葛野遺跡・吉岡遺跡群・原口遺跡など、いずれもB2層から同様の発見が相次ぎ、このうち柏ヶ谷長ヲサ遺跡第Ⅸ文化層・SFC遺跡・

吉岡遺跡群C区では、それぞれ48点、60点、261点（179個体）という多量の磨石状礫が出土している。これらの遺跡では、その特異な石器の特徴と出土状態からいずれも報告書において分析・検討が行われている。そして、1996年には、磨石状礫を対象とした論考が相次いで発表された（須田1996、加藤1996）。このうち加藤の論考は、須田論考を踏まえてシンポジウムの予稿集として発表されたもので、シンポジウムでは加藤・須田を中心に議論が行われた（須田1998、加藤1998）。また、堤隆は、磨石状礫の集積を磨石の保管遺構（キャッシュ）として捉え、集団の回帰的遊動という行動形態の根拠としており（堤1996）、その後、磨石状礫の用途については、掻器を補完する皮鞣し用具と捉えている（堤2000）。

一方、1997年には、相模川沿岸の陽原段丘に立地する田名向原遺跡から住居状遺構が発見され、住居状遺構を構成する外周円礫の多くが富士玄武岩を石材とする磨石状礫であることが報告された。田名向原遺跡では、他の遺構や石器集中部からも磨石状礫がまとまって出土しており、出土層位はいずれもB1層上部と位置づけられ、B2層の磨石状礫との関連性についても問題となる。また、須田英一は、1996年以降の研究状況について総括している（須田2002）。

4. 磨石状礫の出土状態と形態的特徴

磨石状礫は、相模野台地及びその周辺においては、B2層に集中して検出されており、これまで22遺跡、25石器群（文化層）が確認されている（第2表）。当該地域のB2層では、出土石器が100点をこえる石器群は27確認されているが、約半数を占める14の石器群において磨石状礫がみとめられる。こうした状況は、これまでの研究でも明らかにされていることであり、以下、B2層石器群における磨石状礫の出土状態と形態的な特徴をみてみる。

出土状態　各遺跡での磨石状礫の出土位置をみると、ブロックとよばれる石器集中地点の範囲内あるいは範囲外、礫群ないし礫集中部（石器集中地点と重複している場合が多い）など様々である。その出土状態は、2・3点から10点をこえる磨石状礫が集積して出土する事例が多く（第1図）、報告書が未刊行の上土棚遺跡・下九沢山谷遺跡・淵野辺山王平遺跡を除き、磨石状礫が3点以上出土している15石器群ではいずれも2点以上の集積または近接した出土状態が報告されている。吉岡遺跡群C区では、3点から最大24点までの集積遺構が16ヶ所検出されたほか、ブロックに散在している状態もみとめられる。こうした出土状態は、この石器の性格・用途と密接に関係していると考えられる。

石材　各石器群とも富士玄武岩がその全てまたは大半を占めており、ここで取り上げた25石器群の磨石状礫596点のうち549点（92%）が富士玄武岩・多孔質安山岩などの安山岩類であり、縄文時代の石皿をこえる強い石材の選択性がみとめられる。他の石材は47点で、その内訳は緑色凝灰岩類21点、閃緑岩類19、ホルンフェルス4点、砂岩類2点、玢岩1点である。

形状と大きさ　素材は、河原礫（箱根産多孔質安山岩であれば海岸礫の可能性がある）で礫面に稜線がみられない円礫である。形状は、個別にみると平面形が概ね円形や楕円形、厚さが球状に近いものから扁平なものまで多様であるが、やや扁平な楕円形を呈するものが多い（第1図）。これは素材となる河原礫の形状をそのまま反映したもので、「やや扁平」という点以外の形状面での選択性は特にみとめられない。また、大きさは、179個体261点（富士玄武岩は169個体247点）出土した吉岡遺跡群C区の計測値によると、長さ・幅・厚さの平均値は、それぞれ10.3cm・8.2cm・4.6cmであり、完形の重量は300g〜600gに集中している。こうした形

相模野台地とその周辺地域における富士玄武岩の利用（1）

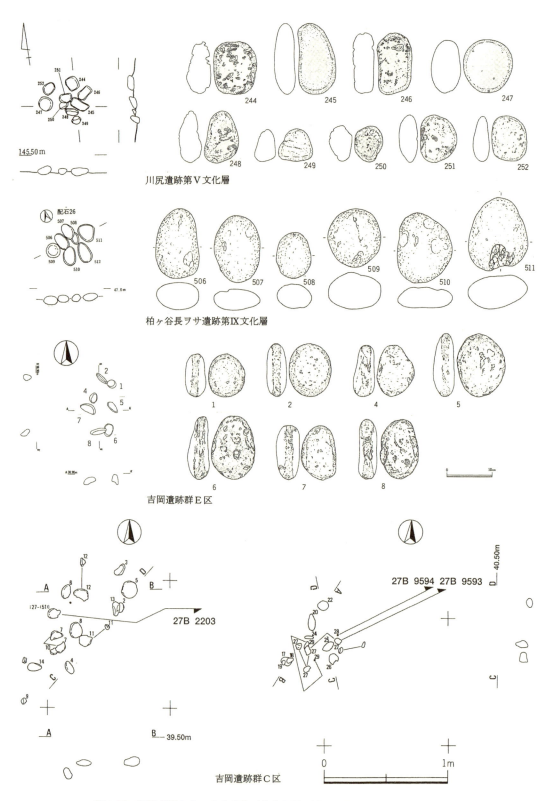

第1図　磨石状礫とその出土状態（集積遺構）（集積遺構：1/30、磨石状礫：1/8）

鈴木次郎

第2表　B2層の磨石状礫出土遺跡とその内容

遺跡名と文化層	立地する段丘と河川	出土層位	磨石状礫の名称・出土点数・石材・出土状態					遺跡の規模			報告書等
			報告書での名称	出土点数	富士玄武岩	他の石材	出土状態	ブロック数	礫群数	出土石器総数	
根下Ⅰ	田名原段丘相当　引地川	L2～B2U	磨石	2	2	0	礫群から出土	1	4	26	①
SFCⅣ第6調査区	高座丘陵　小出川支流	L2下部～B2U	磨石的な亜石器	60	56	4	礫集中から13点～2点の集積・近接出土多数	12	18	437	②
吉岡B区B2層	高座丘陵　目久尻川	B2U	磨り石状礫	1	1	0			0	9	③
橋本Ⅳ	相模原段丘　境川	B2U	磨石	10	10	0	7点の集積を含み径2mの範囲から9点出土	－	13	130	④
栗原中丸Ⅵ	相模原段丘　目久尻川支流	B2U	磨石	1	1	0		1	0	35	⑤
地蔵坂	相模原段丘　蓼川	B2U下部	磨石	1	1	0	礫群から出土	3	1	71	⑥
川尻Ⅴ	田名原段丘相当　相模川	B2U下～B2L上	磨石	15	14	1	9点・3点の集積あり、礫群中にも3点散在	4	4	60	⑦
南葛野Ⅱ	相模原段丘　引地川支流	B2上～中	磨石的な亜石器	20	20	0	6点・5点・3点の集積あり、礫集中にも分布	8	9	510	⑧
柏ヶ谷長ヲサⅥ	相模原段丘　目久尻川	B2L上面	磨石	2	1	1		1	8	183	⑨
菖蒲沢大谷Ⅲ	相模原段丘　一色川	B2L上面	磨石状円礫	35	31	4	礫群の範囲内外から出土、最大16点の集積	12	17	405	⑩
上土棚笹山Ⅲ	相模原段丘　蓼川	B2L上面	磨石	14	14	0	1ブロックから7点出土(4点は集積)	7	4	207	⑪
用田南原Ⅵ1石器集中	高座丘陵　目久尻川	B2L上面～上部	磨石	1	0	1		1	1	365	⑫
用田大河内Ⅵ3～9石器集中	高座丘陵　目久尻川	B2L上面～上部	磨石	3	3	0	2点の集積あり	7	8	1,077	⑬
早川天神森Ⅵ	相模原段丘　目久尻川	B2L上部	磨石	5	5	0	3点の集積あり、近くから掻器2点出土	3	0	19	⑭
柏ヶ谷長ヲサⅧ	相模原段丘　目久尻川	B2L上部	磨石	12	12	0	礫群範囲に分布、台石の脇2点と6点・3点の集積	7	15	1,121	⑨
下九沢山谷Ⅷ	田名原段丘　鳩川	B2L中部	多孔質玄武岩礫	5	5	0	散漫な礫群中から出土、3点の集積	－	－	－	⑮
柏ヶ谷長ヲサⅨ	相模原段丘　目久尻川	B2L中部	磨石	48	48	0	礫群範囲内外に分布、7点・4点・3点の集積	24	125	2,855	⑨
上土棚Ⅴ	相模原段丘　蓼川	B2L中部	磨石	4	4	0	4～5点の集積あり	7			
忠生B地区	相模原段丘　境川	B2L中層	磨石	2	2	0	ブロック内に1点、他に単独出土	2		50	⑰
菖蒲沢大谷Ⅳ	相模原段丘　一色川	B2L下部	磨石状円礫	12	12	0	1ブロックから出土、4点、2点の集積あり	4	0	166	⑩
吉岡C区B2層	高座丘陵　目久尻川	B2L	磨石状石器	261	247	14	3～24点の集積16ヶ所、他礫群・ブロック内に散在	36	34	1,815	⑱
吉岡E区B2層	高座丘陵　目久尻川	B2L	磨り石状礫	9	9	0	7点の集積あり、		0	11	③
淵野辺山王平	相模原段丘　境川	B2L	磨石	○	○		安山岩製の磨石がまとまって出土				⑯
上粕屋・和田内	丹沢南麓　渋田川支流	B2L	磨石状円礫	27	19	8	ブロック内に散在し、4点・3点の集積有り	2	1	437	⑲
原口Ⅱ	大磯丘陵　金目川支流	B2	磨り石	46	33	13	礫群範囲内外に分布、10点～5点の集積あり	－	4	2,464	⑳
合計				596	549	47					

＊報告書等は、⑮を除き文献一覧の○数字に一致する。　⑮は、中村喜代重氏のご教示による。

状と大きさの特徴は、各石器群の磨石状礫にほぼ共通している。

器面の特徴 川尻遺跡第Ⅴ文化層では、「両面中央部は摩耗によりツルツル、縁辺部はザラザラしている」という観察結果が報告されている。また、筆者が吉岡遺跡群Ｃ区出土の富士玄武岩を石材とする資料を観察した結果、窪んだ位置（凹面）では素材礫の特徴であるザラザラした感触を示すものが多いのに対して、凹面以外の器面では摩耗痕と推定されるツルツルした感触を示すものが多い傾向がみられた。そして、ザラザラ・ツルツルといった感触の違いがみとめられないもの、つまり使用痕跡が明瞭でないものもある。一方で、縄文時代の磨石のように、使用により礫面が磨り減って「面取り」を含む新たな器面（明瞭な研磨面）が形成されているものは皆無であった。こうした器面の特徴は他の石器群でも共通しており、このことが「磨石状石器」・「磨石的な亜石器」・「磨石状円礫」などといった名称で呼ばれる所以である。

また、礫群中から出土した磨石状礫には、器面の赤化・黒色物付着などの被熱痕跡がみられるものもある。しかし、SFC遺跡第Ⅵ文化層での集計によると、礫集中部の構成礫合計552点のうち磨石状礫以外の礫496点の礫面観察では、178点（35％）に赤化が、214点（43％）に黒色付着物が確認されているのに対して、磨石状礫56点では赤化が6点（11％）・黒色付着物が11点（20％）と少なく、礫群の範囲から出土した場合でもすべて礫群構成礫と同じ機能を果たしたものではない。むしろ磨石状礫の一部が礫群の構成礫として扱われたことを示すものであろう。礫群の範囲外から出土したものでは赤化等の被熱痕跡の報告例はほとんどみとめられず、逆に礫群構成礫との違いが指摘されることが多い。また、菖蒲沢大谷遺跡第Ⅲ文化層では、111点の礫から構成される密集した礫群の範囲から16点の磨石状礫が集積して出土して

いるが、赤化や黒色付着物など被熱痕跡は報告されていない。

5. 磨石状礫の用途と性格

それでは磨石状礫の用途はいかなるものであろうか。先学の見解をみると、加藤勝仁は、磨石状礫の集積が礫群の近くで検出されることを踏まえて植物質食糧の加工に使用した磨石と推定し（加藤1996）、須田英一は、器面の特徴と出土状態から磨石の素材として遺跡に持ち込んだ可能性を指摘している（須田1996）。そして、堤 隆は、器面の特徴から磨る道具ではあるが対象物は推定できないとしていたが（堤1997）、その後、掻器を補完する皮鞣し用具と捉えている（堤2000）。また、筆者は、早川天神森遺跡の報告書において、植物質食糧の加工とともに皮鞣し用具の可能性を指摘した（岡本・鈴木1983）。その理由は、磨石状礫の集積に近接して掻器2点が出土したことと、エスキモーの民族例を参考にしたものであった。以下、あらためて用途を検討してみたい。

まず、富士玄武岩が大半を占めるという強い石材の選択性からは、高い空隙率つまり多孔質という石材の岩質が用途と強く関連しており、対象物はともかく縄文時代の石皿・磨石と同じく磨る道具であったと推定される。これは使用面とは考えられない窪んだ礫面（凹面）がザラザラしているのに対して使用面と考えられる器面がツルツルと摩耗しているものが多いことから明らかである。縄文時代の磨石と大きく異なる点は、使用により礫面が磨り減って「面取り」を含む新たな器面（明瞭な研磨面）が形成されているものがほとんどないことである。縄文時代の磨石は石皿の上で磨る作業を行うため器面の磨滅が大きく、その結果、新たな器面が形成されるのに対して、磨石状礫はおそらく柔軟な素材を対象物として磨る作業を行ったもので、そのため器面の磨滅が弱かったと推定され

る。その対象物はやはり動物の毛皮が想定される。磨石状礫と掻器が複数近接して出土した事例は早川天神森遺跡以外では、南葛野遺跡第Ⅱ文化層などけっして多くはないが、B2層の石器群では他の時期に比べて掻器が突出して多く、堤が指摘するように、磨石状礫は掻器とともに皮鞣し用具であったと推定される。

次に、磨石状礫の多くが集積した出土状態を示すことについては、加藤は、磨石を一箇所にまとめて保管してその場で複数の人間が使用したことを想定し（加藤1976）、堤は、地点間を移動する際には携帯せず次に戻るまで保管したキャッシュとして捉え、回帰的遊動という集団行動様式の根拠の一つとしている（堤1987）。筆者は、剝片石器に比べて重量のある磨石状礫が複数集積して遺跡に残されていることは、移動時に携帯せずキャッシュとして保管した可能性があるが、それとともに、吉岡遺跡群C区で多数の磨石状礫がブロック内に散在し、その一部が集積している状況をみると、むしろ皮鞣し作業には多数の磨石状礫が必要だったことが主な理由であったと推定している。磨石状礫の用途は、皮鞣し作業としては具体的には掻器と同じ脂肪の削ぎ取りや皮革の柔軟化が想定されるが、前者であれば、脂肪の付着が顕著なため複数個の礫を取り替えて使用することが必要であったと考えられる。

6. 磨石状礫の時空的な広がり

前項までは、B2層出土の磨石状礫の特徴と用途を検討してきたが、この石器の時間的な推移をみてみよう。以下、磨石状礫あるいは磨石と報告された石器（側面や縁辺に敲打痕が残され、敲石として使用された可能性のある石器を除く）の層位別の出土事例を検討する。

まず、B2層の出土石器が100点をこえる27石器群について、磨石状礫をもつ14石器群の出土層位を詳しくみると、B2U層は少なく多くはB2L層上面から中部である（第2表）。これに対して、磨石状礫をもたない13石器群は、出土層位が明確にB2L層に位置づけられるのは4石器群と少ない。また、磨石状礫が2点以下と少数出土している石器群の出土層位はB2U層が多く、このことは磨石状礫の集積遺構がB2L層に集中することの裏返しでもある。各遺跡の層序の堆積状態や調査者の層位認定基準が微妙に異なることが想定されるものの、磨石状礫が特に多く使用された時期は、B2L層中部から上部（上面）を出土層位とする相模野第Ⅲ期の前半から中葉に位置づけられる。

相模野第Ⅲ期（B2層）以外の時期については、まず、ＡＴ下位での磨石あるいは磨石状の礫の出土例をみると、L5層1・B4層4・B3層3の合計8石器群[4]がみられる。しかし、その内容をみると、藤沢市№220遺跡を除き出土点数はいずれも1点で、安山岩類以外の石材が圧倒的に多い。次に、B2層よりも上層での磨石あるいは磨石状の礫の出土例は、B1層上部の田名向原遺跡を除き、B1層下部6・同中部3・同上部2・L1H層1・B0層2の合計14石器群[5]がみられる。そのうちB1層下部では、他の層位に比較して出土事例が多いだけではなく、大和配水地内遺跡第Ⅴ文化層（戸田・麻生ほか2012）と栗原中丸遺跡（大上・鈴木1984）では、ともに3個体4点（石材はすべて富士玄武岩）出土している（但し、集積遺構はない）。これに対して、B1層中部～B0層の8石器群では、田名塩田原Ⅱ（B1上）の2点を除きいずれも出土点数は1点で、石材も多様である。こうした状況から、藤沢市№220遺跡（B4層上面）と田名向原遺跡（B1層上部）についてはなお検討を要するが、当該地域における磨石状礫を使用した恒常的な活動は、最寒冷期に相当する相模野第Ⅲ期の前半に始まって活発に行われ、その後、徐々に廃れて相模野第Ⅳ期前半（B1層下部）まで続いた可能性が考えられる。

なお、B4層上面の藤沢市№220遺跡の事例は、複数の石皿状の礫を伴う点がB2層の多くの事例と異なり、違った観点からの検討が必要である。また、陽原段丘に立地する田名向原遺跡では、B1層上部から発見された住居状遺構を特徴づける外周円礫約200点のうち107点が富士玄武岩を主体とする磨石状礫であり、住居状遺構以外のブロック内外からも合計42点の磨石状礫（富士玄武岩を含む安山岩類が37点）が出土している。そして、住居状遺構との関連が想定される平成18年度調査区1号遺構からは50点の磨石状礫（富士玄武岩は46点）が出土している（戸田・麻生ほか1999・2001・2003、麻生ほか2010）。相模野台地では、B1層上部の石器群は数多くみられるが、田名向原遺跡以外に磨石あるいは磨石状礫をもつのは2石器群で、その数量は1・2点と少ない。この時期には、田名向原遺跡の直下を流れる相模川の河床礫には多量の富士玄武岩が含まれ、富士玄武岩の礫を容易に採取することができたことを考慮してもこの遺跡の特殊性が指摘される。

次に、相模野台地を中心とする神奈川県域以外での磨石あるいは磨石状礫についてみてみる。武蔵野台地では、加藤勝仁がまとめた以降、複数個の集積例は増加していないが、磨石の集中（集積）が最初に確認された野川遺跡IV4層をはじめ、西之台遺跡B地点V上層、自由学園南遺跡IV層下部（萩・萩谷ほか1991）、下野谷遺跡IV層下部〜V層上部（柳谷1991）から磨石の集積が報じられている。その石材は、記載のない下野谷遺跡をのぞき安山岩もしくは多孔質安山岩である。また、大宮台地の提灯木山第2文化層（IV層下部）では磨石が13点出土しており、4点、3点の集積がみとめられる。その石材は、13点のうち11点が安山岩で、同一文化層の礫が砂岩とチャートを石材とすることと対照的である（西井1990）。このように、富士玄武岩や多孔質安山岩を石材とする磨石状礫の集積遺構は、南

関東一帯に広く分布しており、時期的にも相模野第III期と同時期に限定される。武蔵野台地では、縄文時代の石皿や磨石の石材は閃緑岩類が圧倒的に多く安山岩類が少ないのに対して、磨石状礫の集積では安山岩類が多く、石材の強いこだわりが看取される。

7. 磨石状礫を使用した活動の背景

磨石状礫を使用した活動が活発に行われた相模野第III期は、AT降灰以降の寒冷化が進んだビュルム氷期最寒冷期に相当する。この時期の相模野台地やその周辺地域では、遺跡数の急増がみられるものの、一部の拠点的な遺跡を除き規模の小さな遺跡が多いことから、遊動生活での移動周期が短く回帰的な移動を行っていたと想定される（堤2000、鈴木2006）。また、礫群活動の活発化や掻器の増加などは、寒冷気候下での狩猟活動で捕獲した動物食糧の調理と皮革処理の需要が高くなったことを反映したもので、磨石状礫の急増も同様であったと考えられる。

一方、田名向原遺跡は、磨石状礫を使用した恒常的な活動が行われなくなった時期での特殊な事例であり、遺跡の立地条件との関連でその特殊性を検討すべきである。田名向原遺跡は、相模川の川辺に立地した遺跡で、旧石器時代としては他にほとんど例がない堅牢な建物と推定される住居状遺構は、毎年特定時期に回帰して行った狩猟活動や漁撈活動[6]の拠点、いわば番屋としての施設の可能性が考えられる。その生業活動が狩猟とすればその場で皮革処理も集中的に行ったことが想定されるが、住居状遺構では多量の槍先形尖頭器とともにスクレイパーが多く組成し、6号ブロックでは掻器がまとまって出土している。磨石状礫は、掻器とともに皮鞣しなど皮革処理に使用したと考えると、狩猟活動の拠点であった田名向原遺跡では、狩猟道具の槍先形尖頭器とともに掻器と磨石状礫が欠くことのできない道具であったと推定される。

おわりに

　本稿では、富士玄武岩の利用という観点から旧石器時代の磨石状礫の検討を行った。そこでは、相模野台地周辺のみではなく、富士玄武岩の石材産地（相模川）から距離を隔てた武蔵野台地においても富士玄武岩（多孔質安山岩を含む）の磨石状礫の集積がみられ、縄文時代の石皿・磨石以上にこの石材へのこだわりが看取された。磨石状礫の用途については、器面の使用痕跡の状況と、皮革処理の石器とされる掻器の発達と機を一にして多く検出されることから、最寒冷期に盛んに行われた皮革処理（皮鞣し）に使用された一種の磨石と捉えた。こうした理解はすでに堤隆によって提示されており、筆者自身かつて早川天神森遺跡の報告書で提示した内容とも大きく変わるものではない。本稿においては、相模野台地の資料を中心に検討を行い、南関東一帯に磨石状礫の類例がみられることを確認したが、南関東以外の地域については検討を行っておらず、今後の課題である。また、石皿状の大形礫は、B4層の藤沢市№220遺跡以外でもB2層の吉岡C区や原口遺跡などから出土しているが、紙面の関係もあって触れなかった。この点も今後の課題である。

謝辞

　最後に、本稿を草するに当たり、資料の提供や各種ご教示・ご協力をいただいた井関文明・大塚健一・小川岳人・加藤勝仁・栗原伸好・柴田　徹・砂田佳弘・諏訪間順・中村喜代重・畠中俊明・三瓶裕司・脇　幸生の諸氏にお礼申し上げます。

　また、安蒜政雄先生には、月見野遺跡群・上土棚遺跡の調査以来、調査・研究の先輩としてご指導いただいた。先生の古希を祝福するとともに、これまでの学恩に感謝申し上げます。

註

(1) この石材は、これまで「玄武岩の熔岩礫」（岡本孝之・鈴木次郎 1983、鑑定者は松島義章）、「玄武岩」（金山喜昭・土井永好・武藤康弘ほか 1984、鑑定者は松島義章）、「玄武岩質熔岩」（御堂島正 1992、鑑定者は上本進二）、「玄武岩質安山岩」（関根唯充他 1992、鑑定者は末包鉄朗）、「多孔質安山岩」（中村喜代重・堤隆・諏訪間順ほか 1997、鑑定者は柴田徹）、「安山岩」（白石浩之ほか 1997、鑑定者は柴田徹）、「多孔質玄武岩」（戸田哲也・麻生順司ほか 1999）、「かんらん石玄武岩」（戸田哲也・麻生順司ほか 2003、鑑定者は五十嵐俊雄）などと報告され、石材鑑定者により微妙に名称が異なっている。なお、柴田徹は、2004年頃から「富士玄武岩」という名称を採用しており、現在、神奈川県内の石材鑑定の大半を柴田が行っていることから本稿でもこの名称を使用する。

(2) 上本進二・御堂島正等によれば、緻密さの指標となる空隙率（％）は、サヌカイト（0.015）、黒曜石（0.53～0.73）、硬質細粒凝灰岩・黒色頁岩・硬質砂岩（0.4～0.6）など剝片石器の石材では低い（緻密さが高い）のに対して、富士玄武岩（15.6）は凝灰質泥岩（軟質凝灰岩、16.4）とともにその数値が高く（緻密さが低い）、富士玄武岩礫はこうした多孔質で空隙率の高い特性から石皿・磨石に適していると指摘している。また、使用等による表面の磨耗・損傷度合いの指標となる一軸圧縮強度（kgf／㎡）は、サヌカイト（2060）、黒曜石（1910～1500）、硬質細粒凝灰岩（2190）・黒色頁岩（2200）など剝片石器の石材が高い数値を示すのに対して、富士玄武岩（410）は凝灰質泥岩（850）・石英閃緑岩（900）とともに強度が低く、傷つき易い特性をもつとしている。そして、空隙率と一軸圧縮強度は負の相関関係にあると指摘している（上本・御堂島・松岡 1990）。

(3) 相模原市地形・地質調査会の調査によれば、相模川現河床礫の個体数量比では富士玄武岩が6～9％を占めている（座間入谷6.4％、高田橋8.8％、小倉橋7.4％）。また、相模野台地各段丘礫層の富士玄武岩の構成比の推移は、相模原面（約6万年前）0％、中津原段丘座間面（S2S層下、約3.5～4万年前）2％（重量比）、田名原原当麻面（B3層下、約3万年前）2％（重量比、構成比は5％）、陽原各

段丘面（B2U 〜 B1 上、約 2.5 〜 2 万年前）20％ 弱（重量比、構成比は 10 〜 45％）である（町田ほか 1986・1990）。

(4) AT 下位の磨石もしくは磨石状の礫の検出例は、栗原中丸Ⅸ（L5 層、1 点、石材は凝灰岩）、吉岡 D 区（B4 中部、1、安山岩）、同 C 区（B4 上部、1、凝灰岩）、根下Ⅳ（B4 上部、1、砂岩）、藤沢市№.220（B4 上面、5、安山岩 5）、上和田城山 4 次Ⅲ（B3 下部、1、流紋岩）、吉岡 C 区（B3、1、斑糲岩）、矢指谷Ⅲ（B3 中部、1、閃緑岩）がある。このうち藤沢市№.220 遺跡（加藤・安達）は、断面採集ではあるが、B4 層上面から磨石状のやや扁平な小形礫 5 点が石皿状の扁平な大形礫 3 点とともに集積して出土しており、石材はすべて多孔質を含む安山岩である。

(5) B2 層よりも上層からの検出例は、B1 上部の田名向原遺跡を除くと、SFC Ⅲ（B1 下部、2、砂岩 2）、下鶴間長堀Ⅲ（B1 下部、1、凝灰岩）、上野第 1 Ⅴ（B1 下部、1、富士玄武岩）、栗原中丸Ⅴ（B1 下部、4、富士玄武岩 3 個体 4 点）、下森鹿島（B1 下部、1、富士玄武岩）、大和配水地内Ⅴ（B1 下部、4、富士玄武岩 3 個体 4 点）、横山 5 丁目Ⅱ（B1 中部、1、富士玄武岩）、上和田城山 4 次Ⅰ（B1 中部、1、流紋岩）、長堀南Ⅲ（B1 上部、1、閃緑岩）、中村Ⅲ（L1H、1、石材不明）、田名向原遺跡（B0、1、富士玄武岩）、田名塩田原Ⅲ（B1 中部、1、石材不明）、同Ⅱ（B1 上部、2、石材不明）、同Ⅰ（B0、1、石材不明）がある。

(6) 田名向原遺跡を拠点として行った生業活動としては、戸田哲也は、特定時期に川を遡上するサケ類を捕獲する内水面漁撈を想定しており（戸田・麻生 1998）、筆者も同様に考えていた（鈴木 2015）。また、中川真人は、シカが越冬期に群れをなして移動する習性があることから、相模川の渡河地点でシカを捕獲した狩猟活動を想定している（中川 2013）。磨石状礫を掻器とともに動物の皮鞣し道具と考えた場合、狩猟活動も積極的に検討する必要があるだろう。

引用・参考文献

麻生順司ほか 2010『田名向原遺跡Ⅳ』相模原市埋蔵文化財調査報告 39

天野賢一ほか 2002『川尻中村遺跡』かながわ考古学財団調査報告 133

天野賢一ほか 2004『篠原大原遺跡』かながわ考古学財団調査報告 175

伊藤和人ほか 1992『向郷遺跡』立川市向郷遺跡調査会

上本進二・御堂島正・松岡憲知 1990「石器石材の物理的性質（予察）」『旧石器考古学』40、pp.41-44

上本進二 1999「武蔵台東遺跡出土石器の石材と推定産地」『武蔵台東遺跡 Ⅱ-(1) 縄文時代』都営川越道住宅遺跡調査会

大上周三・鈴木次郎ほか 1984『栗原中丸遺跡』神奈川県立埋蔵文化財センター調査報告 3 ⑤

岡本孝之・鈴木次郎 1983『早川天神森遺跡』神奈川県立埋蔵文化財センター調査報告 2 ⑭

小田静夫 1980『小平市西之台遺跡 B 地点』東京都埋蔵文化財調査報告 7

加藤信夫・安達崇伸 1996「藤沢市№.220 遺跡 B4 層出土の石器について」『考古論叢 神奈河』5

加藤勝仁 1996「礫石器」『石器文化研究』5、pp.219-230 ⑯

金山喜昭・土井永好・武藤康弘ほか 1984『橋本遺跡 先土器時代編』相模原市橋本遺跡調査会 ④

関東ローム研究グループ 1965『関東ローム—その起源と性状—』築地書館

栗原伸好ほか 2007『上依知上谷戸遺跡』かながわ考古学財団調査報告 214

栗原伸好・新開基史ほか 2004『用田大河内遺跡』かながわ考古学財団調査報告 167 ⑬

栗原伸好・新開基史ほか 2004『用田南原遺跡』かながわ考古学財団調査報告 168 ⑫

黒坪一樹 1983・1984「日本先土器時代における敲石類の研究（上）（下）」『古代文化』36-2：pp.11-31、36-3：pp.17-33

小林達雄・小田静夫ほか 1971「野川先土器時代遺跡の研究」第四紀研究 10-4、pp.231-252

相模考古学研究会編 1974『地蔵坂遺跡発掘調査報告書』綾瀬町文化財調査報告 2 ⑥

柴田　徹・柴田亮平 2007「上依知上谷戸遺跡出土石材の構成岩種について」『上依知上谷戸遺跡』かながわ考古学財団調査報告 214、pp.463-478

白石浩之ほか 1997『吉岡遺跡群Ⅳ』かながわ考古学財団調査報告 21 ⑱

鈴木次郎 2006「ビュルム氷期最寒冷期における石器

群の変容―相模野第Ⅲ期石器群の評価―」『考古論叢 神奈河』14、pp.1-29

鈴木次郎 2015「公開セミナー全体総括」『考えよう！旧石器人のライフスタイル』（平成24年度 東京・神奈川・埼玉埋蔵文化財関係財団普及連携事業公開セミナー 講演録）（公財）かながわ考古学財団

鈴木次郎 2017「相模野台地とその周辺地域における富士玄武岩の利用（2）―弥生時代の環状石器について―」『21世紀考古学の現在』（山本暉久先生古希記念論文集）投稿中

須田英一 1996「礫群から出土する玄武岩質安山岩礫の性格について―慶応SFC遺跡・南葛野遺跡の資料分析を通して―」『民族考古』3、pp.1-22

須田英一 2002「先土器時代の磨石集積遺構に関する研究の現状―キャッシュ・道標・移動―」『民族考古』6、pp.38-44

砂田佳弘ほか 1997『吉岡遺跡群 Ⅲ』かながわ考古学財団調査報告20　③

関口昌和ほか 1999『忠生遺跡 B地区（Ⅰ）』忠生遺跡調査会　⑰

関根唯充ほか 1992『湘南藤沢キャンパス内遺跡』2巻（岩宿時代・縄文時代Ⅰ）慶應義塾藤沢校地埋蔵文化財調査室　②

関根唯充ほか 1995『南葛野遺跡』南葛野遺跡発掘調査団　⑧

堤　隆 1996「遺跡の空間構造と遊動パターンについての素描―相模野台地のⅤ～Ⅳ下層段階―」『石器文化研究』5、pp.257-265

堤　隆 1997「柏ヶ谷長ヲサ遺跡第Ⅷ・第Ⅸ文化層の敲石・磨石類」『柏ヶ谷長ヲサ遺跡』pp.373-378

堤　隆 2000「掻器の機能と寒冷適応としての皮革利用システム」『考古学研究』47-2、pp.66-84

戸田哲也・麻生順司ほか 1987『藤沢市大庭根下遺跡発掘調査報告書』根下遺跡発掘調査団　①

戸田哲也・麻生順司ほか 1998「相模原市田名向原№4遺跡の住居状遺構（補足発言）」『公開セミナー記録集「旧石器時代の住居遺構を探る」（財）かながわ考古学財団・神奈川県立埋蔵文化財センター

戸田哲也・麻生順司ほか 1999『田名塩田遺跡群 Ⅰ』田名塩田遺跡群発掘調査団

戸田哲也・麻生順司ほか 2001『田名塩田遺跡群 Ⅱ』田名塩田遺跡群発掘調査団

戸田哲也・麻生順司ほか 2003『田名向原遺跡 Ⅰ』相模原市埋蔵文化財調査報告30

戸田哲也・麻生順司ほか 2006『菖蒲沢大谷遺跡』北部第二（三地区）土地区画整理事業区域内埋蔵文化財発掘調査団　⑩

戸田哲也・麻生順司ほか 2012『上草柳遺跡群大和配水池内遺跡発掘調査報告書』大和市№199遺跡発掘調査団

中川真人 2013「2万年前の生活」『考えよう！旧石器人のライフスタイル』（平成24年度 東京・神奈川・埼玉埋蔵文化財関係財団普及連携事業公開セミナー 予稿集）（公財）かながわ考古学財団

中村喜代重・堤　隆・諏訪間順ほか 1997『柏ヶ谷長ヲサ遺跡』柏ヶ谷長ヲサ遺跡調査団　⑨

西井幸雄 1990『提灯木山遺跡』埼玉県埋蔵文化財調査事業団報告書92

萩　幸二・萩谷千明ほか 1991『自由学園南遺跡』東久留米市埋蔵文化財発掘調査報告書16

畠中俊明・亀田直美 2002『原口遺跡 Ⅳ』かながわ考古学財団調査報告135　⑳

原川雄二ほか 1999『多摩ニュータウン№72・795・796遺跡（8）』東京都埋蔵文化財センター調査報告50

町田　洋ほか 1986『相模原の地形・地質調査報告書』（第3報）相模原市地形・地質調査会

町田　洋ほか 1990『相模原の地形・地質調査報告書』（第4報）相模原市教育委員会

三瓶裕司ほか 2013『子易・大坪遺跡』かながわ考古学財団調査報告292

御堂島正 1992『川尻遺跡』神奈川県立埋蔵文化財センター調査報告23　⑦

矢島國雄・小滝　勉ほか 2000「綾瀬市上土棚笹山遺跡の調査」『綾瀬市史研究』7　⑪

柳谷　博 1991「下野谷遺跡の調査概要」早稲田大学埋蔵文化財調査室月報80、pp.2-8

脇　幸生ほか 2016『伊勢原市上粕屋・一ノ郷南遺跡、上粕屋・和田内遺跡』かながわ考古学財団調査報告312　⑲

九州地方北西部における後期旧石器時代初頭の様相

荻　幸二

はじめに

九州地方において、後期旧石器時代初頭の遺跡は、先ず1960年代半ばに学術調査として、東北大学による大分県岩戸遺跡（芹沢編 1978）などが発掘されたが、その石器群の内容は判然とせず、次いで1980年代に入ると、行政機関による調査の増加が進み、熊本県曲野遺跡（熊本県文化財保護協会 1984）など九州北西部を中心に徐々に増え始め、また、日本列島を縦断して検出される姶良Tn火山灰（以下、ATと略す）の実態が広まってくると、AT直下の二側縁加工ナイフ形石器を主体とする石器群の下位に、台形様石器主体の石器群が存在することが明らかになってきた。

1990年代以降は、東北地方を中心とするいわゆる前期旧石器の調査・研究が進展し、その中で東京大学系の理論考古学派を主体に、"斜軸尖頭器"などの中期旧石器時代的な石器を想定する用語が飛び交うようになった。しかし、2000年に入ると東北地方の前期旧石器遺跡の殆どが捏造であることが発覚し、日本列島に中期旧石器時代以前の遺跡がほぼ存在しないことが明らかになってきて、中期旧石器時代的な石器用語が、何の検証もなく消滅していった。

だが、それ以前から、宮崎県を初めとして後期旧石器時代初頭遺跡の発掘が増加しつつあり、捏造などに伴う霧散が晴れてくると、後期旧石器初頭の様相が徐々に判明し始めてきた。が、その研究は依然として進展しておらず、歯痒い思いが続いてきた。若干でも打破したく、踏み台の如きものでも、この場で提示したい。

1. 研究史

九州地方における後期旧石器時代初頭石器群の研究に関しては、先ず、岩戸遺跡第1次調査の報告（芹沢編 1978）が挙げられるが、角錐状石器や今峠型・国府型ナイフ形石器を主体とする第1文化のかなり下層に、縦長剥片とナイフ形石器などが伴う第3文化を述べているに過ぎず、出水高校による鹿児島県上場遺跡の正式報告は相当に遅れる。

確実な行政機関による報告の嚆矢は、熊本県の曲野遺跡（熊本県文化財保護協会 1984）で、40点近くのナイフ形石器、台形石器、削器、敲石、台石が共伴する石器群が、石材と共に提示され、台形石器を4種に分け、それまでに分類され

第1図　遺跡の位置　1.岩戸 2.百枝 3.牟礼越 4.宇土 5.地蔵平 6.耳切 7.瀬田池ノ原 8.沈目 9.曲野

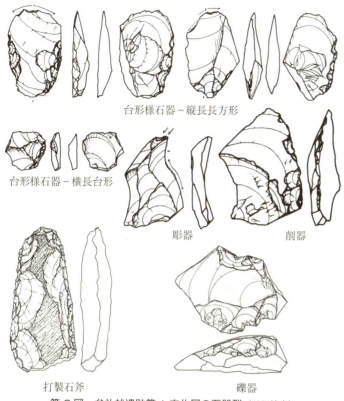

第2図　牟礼越遺跡第1文化層の石器群（40%縮小）

育委員会 1999）、東方地方を中心とする前期旧石器時代の石器群の増加・流布、東大系理論考古学者による研究の歪曲化などが相俟って、日本に、或いは九州では存在しない石器群を想定する時期が続いた。

続いて 2000 年代に突入すると、前期旧石器の捏造が発覚し、理論考古学派が九州での当該時期の研究から検証もなしで撤退した。そして、宮崎県での東九州自動車道に関連のものや、熊本県・佐賀県などの当該時期の石器群の検出の増加の中で、台形様石器の加工の簡素なものと複雑なものへの二分化、幅広剥片主体の中でも縦長剥片の実在などが判明しつつある。その中で、筆者が石材を補助的に当時の石器器種の実態に迫ろうとした（荻 2009）が、中途半端だった。

ていた台形石器に当て嵌めようとしたが、時期が判然とせず、成功していない。が、従来の台形石器・ナイフ形石器の先後による編年観に疑問を投げかけている。

以後、1980 年代は、大分県で岩戸遺跡第2次調査・宇土遺跡（坂田、大分県天瀬町教育委員会 1986）などが僅かに調査・報告されたが、幅広剥片素材の台形石器を主体とする石器群であること以外、判然としなかった。

1990 年代に入ると、後期旧石器時代初頭の石器群の増加（熊本県教育委員会 1999、三重町教

2. 九州地方北西部における現状 (第1図)

前章で述べたように、後期旧石器時代初頭の遺跡は、九州全域で増加しつつあるが、九州を中央の九州山地を境とし、福岡・佐賀・長崎県、大分県、熊本県北部の北西部と、熊本県南部、宮崎県、鹿児島県の南東部に二分し、本稿では頁・時間の問題もあり、九州北西部を検討してゆきたい。

(1) 大分県

岩戸遺跡第1次調査第3文化は縦長剥片しか目立たず、第2次調査J文化層も台形様石器が1点伴っているだけで判然とせず、また、宇土遺跡は台形様石器が若干出土しているが、ここでは取り上げない。

第1表　牟礼越遺跡第1文化層の台形様石器

石　材	形　状	素材	加　工	点数
流紋岩	縦長長方形	横長剥片	ブラ＋平坦	1
流紋岩	縦長長方形	幅広剥片	ブランティング	1
流紋岩	横長台形	幅広剥片	ブランティング	2
小国産黒曜石	縦長長方形	幅広剥片	ブラ＋折断	1
象ヶ鼻産黒曜石	縦長長方形	幅広剥片	ブランティング	1
石　英	横長台形	幅広剥片	平坦加工	1

ブラ＝ブランティング状

牟礼越遺跡第1文化層（第2図、三重町教育委員会 1999）

AT下位の黒色層の下位のⅥ層から、石器286点、礫・礫片196点が報告されている。

・台形様石器（第1表）

7点出土しており、縦長の長方形状、やや横長の台形状の2種がある。幅広ないしは横長剥片を素材とし、加工は左右側縁へのブランティング状を主体とし、それに平坦加工・折断が加わるものが各1点、平坦加工のみが1点である。石材は大野川流域産流紋岩が大半で、黒曜石・石英が若干加わる。

・彫器・掻器・削器

彫器は縦長剥片素材の流紋岩製1点である。

掻器は、縦長剥片素材の玄武岩製1点と、石核素材の流紋岩製1点である。

削器は幅広剥片素材の流紋岩製1点である。

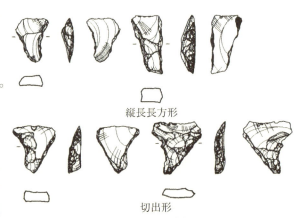

縦長長方形

切出形

第3図　地蔵平遺跡の台形様石器（40％縮小）

第2表　地蔵平遺跡1区10d層の台形様石器

石材	形状	素材	加工部位	加工
腰岳系黒曜石	縦長長方形	幅広剥片	片側縁	ブランティング
腰岳系黒曜石	逆三角形	幅広剥片	両側縁	ブラ＋平坦加工
腰岳系黒曜石	逆三角形	幅広剥片	両側縁	ブランティング
腰岳系黒曜石	抉入台形	幅広剥片	両側縁	ブラ＋平坦加工
腰岳系黒曜石	抉入台形	幅広剥片	両側縁	ブランティング
腰岳系黒曜石	抉入台形	幅広剥片	両側縁	ブラ＋平坦加工
針尾系黒曜石	縦長長方形	幅広剥片	片側縁	ブランティング
針尾系黒曜石	縦長長方形	幅広剥片	両側縁	ブランティング
サヌカイト	縦長長方形	幅広剥片	片側縁	ブランティング

ブラ＝ブランティング状

・使用痕剥片・幅広剥片・縦長剥片

使用痕剥片は、縦長剥片素材が5点で流紋岩が4点、安山岩1点で、幅広剥片素材は流紋岩が5点である。

幅広剥片は、流紋岩が48点で最多で、安山岩・砂岩・チャート・玉髄・石英・象ヶ鼻産黒曜石・玄武岩と続く。

縦長剥片は、流紋岩6点と最も多く、石英2点、安山岩・玄武岩各1点となっている。

・打製石斧・礫器・敲石・磨石

打製石斧は、緑色片岩製1点のみである。

礫器は全て礫片素材で、流紋岩・砂岩・不明各1点となっている。

敲石は、砂岩製が12点出土している。

磨石は、流紋岩製・凝灰岩製各1点である。

(2) 佐賀県

地蔵平遺跡（第3図、佐賀県教育委員会 2012）

AT下位で層位堆積が判然とせず、AT直下の二側縁加工ナイフ形石器を主体とする石器群との分離が困難。

・台形様石器（第2表）

表採品を含め、9点が出土しており、縦長の長方形状、横長台形状、逆三角形状が見られ、全て幅広剥片を素材とし、石材は腰岳系黒曜石が過半を占め、針尾系黒曜石、サヌカイトが続く。加工は、片側縁のみブランティング状、両側縁にブランティング状、両側縁にブランティング状＋平坦加工となっている。

(3) 熊本県北部

瀬田池ノ原遺跡第1文化層（第4図、熊本県教育委員会 2010）

Ⅻ層を中心とし、5基の礫群、1基の土坑が検出され、96点の石器が記載されている。

・台形様石器

幅広剥片を素材とする、縦長の長方形に近く、両側縁にブランティング状に加工が3点出土しており、凝灰岩1点、阿蘇4起源の黒曜石が2

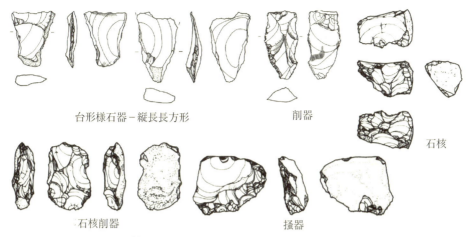

第4図 瀬田池ノ原遺跡の石器群 (40%縮小)

第3表 瀬田池ノ原遺跡第2文化層の剥片

形　状	大きさ	石　材	点数
幅広剥片	中　形	阿蘇4黒曜石	35
幅広剥片	小　形	阿蘇4黒曜石	18
幅広剥片	小　形	腰岳系黒曜石	6
幅広剥片	中　形	凝灰岩	2
幅広剥片	中　形	安山岩	1
縦長剥片	中　形	阿蘇4黒曜石	22
縦長剥片	小　形	阿蘇4黒曜石	8
縦長剥片	中　形	阿蘇3黒曜石	1
縦長剥片	中　形	凝灰岩	1

点となっている。

・掻器・削器・使用痕剥片

掻器は幅広剥片素材が2点出土。

削器は、縦長剥片素材の腰岳系黒曜石製の中形品が出土している。

使用痕剥片は、縦長・幅広剥片各1点を素材とし、ともに腰岳系黒曜石である。

・剥片（第3表）

石核が幅広剥片用だけなのと同様、幅広剥片が縦長剥片を圧倒しており、石材は両者とも阿蘇4起源の黒曜石が大半となっている。

耳切遺跡第Ⅰ石器文化層（第5図、熊本県教育委員会1999）

暗色帯下部に当るⅥb～Ⅶ層から956点の石器が出土している。

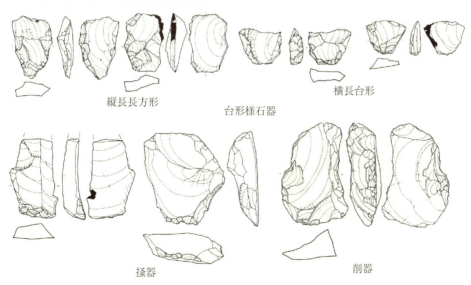

第5図 耳切遺跡の石器群 (40%縮小)

九州地方北西部における後期旧石器時代初頭の様相

第4表　耳切遺跡第Ⅰ石器文化層の台形様石器

石　材	形　状	素　材	加工部位	加　工	点数
象ヶ鼻産黒曜石	縦長長方形	幅広剝片	両側縁	ブランティング	1
象ヶ鼻産黒曜石	縦長長方形	幅広剝片	両側縁	ブラ＋平坦加工	4
象ヶ鼻産黒曜石	縦長長方形	幅広剝片	両側縁	ブラ＋平坦＋折断	2
象ヶ鼻産黒曜石	縦長長方形	幅広剝片	両側縁	ブラ＋折断	2
象ヶ鼻産黒曜石	縦長長方形	幅広剝片	両側縁	平坦加工＋折断	1
象ヶ鼻産黒曜石	横長台形	幅広剝片	両側縁	ブラ＋平坦＋折断	1
象ヶ鼻産黒曜石	横長台形	幅広剝片	両側縁	ブラ＋折断	2
象ヶ鼻産黒曜石	横長台形	幅広剝片	両側縁	ブランティング	3
象ヶ鼻産黒曜石	横長台形	幅広剝片	両側縁	折断	1
象ヶ鼻産黒曜石	縦長長方形	幅広剝片	片側縁	ブラ＋平坦加工	2
象ヶ鼻産黒曜石	縦長長方形	幅広剝片	片側縁	ブランティング	1
安山岩	横長台形	幅広剝片	両側縁	ブラ＋折断	1

ブラ＝ブランティング状

第5表　耳切遺跡第Ⅰ石器文化層の掻器・削器・使用痕剝片

器種	石　材	素　材	器種	石　材	素　材	器種	石　材	素　材
掻器	硬質頁岩	幅広剝片	削器	硬質頁岩	幅広剝片	使用痕剝片	小国産黒曜石	幅広剝片
掻器	硬質頁岩	幅広剝片	削器	硬質頁岩	幅広剝片	使用痕剝片	小国産黒曜石	幅広剝片
掻器	硬質頁岩	幅広剝片	削器	小国産黒曜石	幅広剝片	使用痕剝片	小国産黒曜石	縦長剝片
掻器	硬質頁岩	幅広剝片	削器	象ヶ鼻産黒曜石	縦長剝片	使用痕剝片	小国産黒曜石	縦長剝片
掻器	硬質頁岩	幅広剝片	削器	腰岳系黒曜石	幅広剝片	石　核	腰岳系黒曜石	幅広剝片
掻器	硬質頁岩	幅広剝片				使用痕剝片	腰岳系黒曜石	幅広剝片
掻器	象ヶ鼻産黒曜石	縦長剝片				使用痕剝片	硬質頁岩	幅広剝片

・台形様石器（第4表）

全21点が出土している。

形状は縦長長方形状、横長台形状である。

加工では、片側縁のみに、ブランティング状が2点、ブランティング状＋平坦加工が3点、両側縁に、ブランティング状が4点、ブランティング＋平坦加工が4点、ブランティング状＋平坦加工＋折断が2点、折断が2点、片側縁にブランティング状か平坦＋片側縁に折断が4点、となっている。

石材は、象ヶ鼻産黒曜石が最も多く、小国産黒曜石・阿蘇山系安山岩が各1点である。

素材は、全て幅広剝片製である。

・掻器・削器・使用痕剝片（第5表）

掻器は、象ヶ鼻産黒曜石が1点のみで縦長剝片素材で、他は全て硬質頁岩で幅広剝片素材である。

削器は、象ヶ鼻産黒曜石が1点で縦長剝片素材、硬質頁岩製2点・小国産黒曜石製1点で幅広剝片素材、腰岳系黒曜石製が1点で石核素材となっている。

使用痕剝片は、幅広剝片素材が5点で、縦長剝片素材は2点。石材は小国産黒曜石・腰岳系黒曜石・硬質頁岩で、点数は表の通り。

沈目遺跡（第6図、城南町教育委員会2002）

AT下位のⅥｂ層を中心に373点が出土しているが、全点が提示されておらず、残りは筆者が大半を実見した。また器種は、類ナイフ形石器・二次加工ある不定形石器など独特なので、ここでは筆者の名称で検討する。なお、輝緑凝灰岩は近在で採取される。

・台形様石器（第6表）

全24点が検出されている。

形状は、やや横長の台形状が最も多く、縦長の長方形状が、逆三角形状となっている。

石材は、輝緑凝灰岩が最も多く、チャート、ホルンフェルス・象ヶ鼻産黒曜石・緑色チャートと続く。

加工は、折断のみで装着痕が認められるものが最も多く、装着痕のみのもの、ブランティング状のみ、ブランティング状＋折断、ブランティング状＋平坦加工、ブランティング状＋折断＋

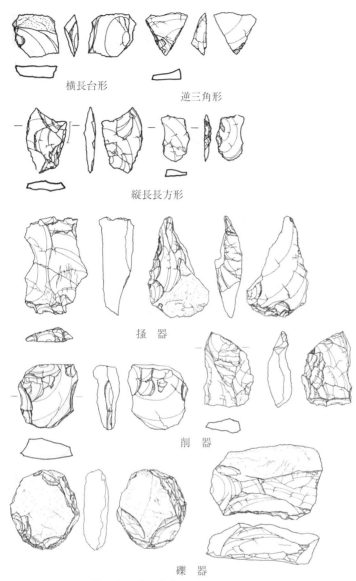

横長台形
逆三角形
縦長長方形
掻器
削器
礫器

第6図　沈目遺跡の石器群（40％縮小）

平坦加工が認められる。

・掻器・削器・鋸歯縁削器・石錐・背付石器・楔形石器

掻器は6点が出土しており、石材は輝緑凝灰岩が最も多く、チャートが続く。素材は、縦長剥片、幅広剥片、石核が認められる。

削器は20点が出ており、石材は輝緑凝灰岩が最多で、チャートが続く。素材は、石核が最多で、幅広剥片、縦長剥片・不明が続く。大きさは、中形が最多で、大形が続き、20点中16点が分厚く、やや大形で分厚いのが、本石器群の特徴である。

鋸歯縁削器は中形品4点が出土しており、石材はチャート、輝緑凝灰岩・サヌカイトがある。素材は、幅広剥片、石核・不明がある。

石錐は10点出土しており、石材では、輝緑凝灰岩が最も多く、チャートが続き、素材は幅広剥片が多そうである。

背付石器は12点検出されており、石材では、輝緑凝灰岩が最も多く、安山岩・水晶が見られる。素材は石核が4点見られ、また分厚いものが4点認められる。

楔形石器は、輝緑凝灰岩製1点である。

・二次加工剥片・使用痕剥片

二次加工剥片は、チャート・玉髄各1点。

使用痕剥片は全126点が出土している。

石材は、輝緑凝灰岩が最多で、チャート、メノウ点、安山岩・サヌカイトが続く。

素材は、幅広剥片が圧倒的に多い。

6点を数える大形品、10点を有する分厚いものが特徴的である。

・礫器・台石・敲石

礫器は8点出ており、石材は全て輝緑凝灰岩、大形品が多く、中形品少ない。素材は、石核が多く、礫・中形剥片が続く。

台石は砂岩製・花崗岩製が各1点である。

敲石は、輝緑凝灰岩1点のみ。

九州地方北西部における後期旧石器時代初頭の様相

第6表　沈目遺跡Ⅵb層の台形様石器

石材	形状	加工部位	加工	点数
輝緑凝灰岩	横長台形	両側縁	ブランティング	2
輝緑凝灰岩	横長台形	両側縁	ブラ＋折断	1
輝緑凝灰岩	横長台形	両側縁	折断	5
輝緑凝灰岩	横長台形	片側縁	折断	3
輝緑凝灰岩	縦長長方形	両側縁	ブラ＋折断	1
輝緑凝灰岩	縦長長方形	両側縁	ブラ＋平坦加工	1
輝緑凝灰岩	縦長長方形	両側縁	折断	1
輝緑凝灰岩	逆三角形	両側縁	ブラ＋折断	1
チャート	横長台形	両側縁	折断	2
チャート	横長台形		装着痕のみ	1
チャート	縦長長方形	両側縁	ブラ＋平坦加工	1
チャート	縦長長方形	両側縁	ブランティング	1
チャート	縦長長方形	片側縁	折断	1
チャート	逆三角形	両側縁	ブラ＋折断	1
緑色チャート	横長台形	片側縁	折断	1
ホルンフェルス	横長台形	両側縁	ブラ＋平坦＋折断	1
輝緑凝灰岩	横長台形			8
輝緑凝灰岩	縦長長方形			4
輝緑凝灰岩	逆三角形			1
チャート	横長台形			3
チャート	縦長長方形			3
象ヶ鼻産黒曜石	横長台形			1

第7表　沈目遺跡Ⅵb層の掻器・削器・使用痕剥片

器種	石材	素材	点数	器種	石材	素材	点数
掻器	輝緑凝灰岩	縦長剥片	2	削器	輝緑凝灰岩	幅広剥片	6
掻器	輝緑凝灰岩	幅広剥片	1	削器	輝緑凝灰岩	縦長剥片	2
掻器	輝緑凝灰岩	石核	3	削器	輝緑凝灰岩	石核	9
掻器	チャート	石核	1	削器	輝緑凝灰岩		2
石錐	輝緑凝灰岩	幅広剥片	2	削器	チャート	幅広剥片	1
石錐	輝緑凝灰岩		5	削器	チャート		1
石錐	チャート	幅広剥片	1	礫器	輝緑凝灰岩	礫	1
石錐	チャート		1	礫器	輝緑凝灰岩	石核	4
背付石器	輝緑凝灰岩		7	礫器	輝緑凝灰岩	中形剥片	1
背付石器	安山岩	石核	1	礫器	輝緑凝灰岩		2
背付石器	水晶		1	鋸歯縁削器	チャート	石核	1
鋸歯縁削器	輝緑凝灰岩	幅広剥片	1	使用痕剥片	輝緑凝灰岩		81
鋸歯縁削器	サヌカイト	幅広剥片	1	使用痕剥片	チャート		11
使用痕剥片	輝緑凝灰岩	幅広剥片	19	使用痕剥片	メノウ		3
使用痕剥片	輝緑凝灰岩	縦長剥片	4	使用痕剥片	安山岩		1
使用痕剥片	チャート	幅広剥片	4	使用痕剥片	サヌカイト		1
使用痕剥片	チャート	縦長剥片	1				

・幅広剥片・縦長剥片

幅広剥片は、石材が、緑凝灰岩が最多で、チャート、サヌカイト、メノウが続く。

縦長剥片は全て輝緑凝灰岩製。

曲野遺跡（第7図，熊本県文化財保護協会 1984）

第Ⅰ～第Ⅲ調査区のⅥ層から696点の石器が出土。但し、腰岳系と報告されている黒曜石は、阿蘇4起源が含まれる可能性が高い。

・台形様石器（第8表）

全33点が検出されている。

形状は、縦長の長方形状・やや横長の台形状が最多で、切出状が続く。

石材は、腰岳系黒曜石が最も多く、象ヶ鼻産黒曜石、産地不明黒曜石、チャート・針尾系黒曜石・小国産黒曜石、サヌカイトが続く。

素材は、幅広剥片が28点と圧倒的に多い。

加工は、折断のみ、ブランティングのみ、折断＋ブランティング、ブランティング＋平坦加工が認められる。

・削器・彫器・背付石器

削器は全11点で、石材は、腰岳系黒曜石・産地不明黒曜石、象ヶ鼻産黒曜石、針尾系・小国産黒曜石、チャートが見られる。素材は、縦長・幅広剥片が各5点、石核が1点である。

彫器は、腰岳系黒曜石製が1点である。

背付石器は産地不明黒曜石製で1点である

・使用痕剥片・幅広剥片・縦長剥片

使用痕剥片は全32点で、素材は縦長・幅広剥片が拮抗している。石材は、腰岳系黒曜石が最も多く、象ヶ鼻産黒曜石、産地不明黒曜石・チャート、針尾系黒曜石、砂岩が続く。

・打製石斧・敲石

打製石斧は砂岩製1点である。

敲石は、チャート・象ヶ鼻産黒曜石・安山岩が各1点である。

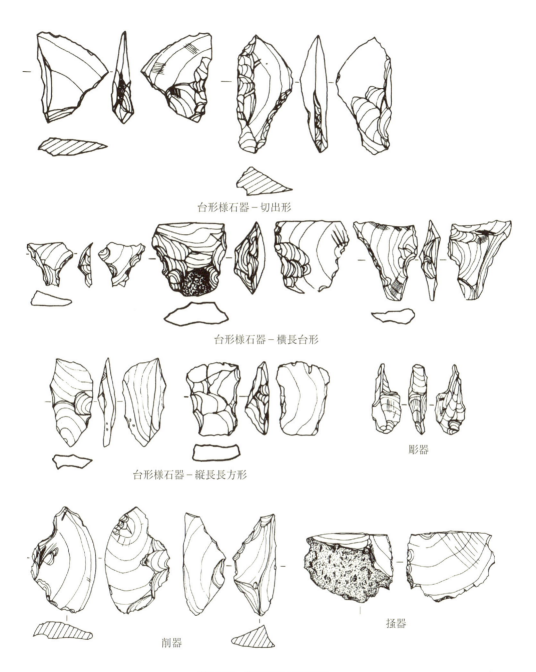

第7図 曲野遺跡の石器群

第8表　曲野遺跡第Ⅵ層の台形様石器

石　材	形　状	素材	加　工	点数
腰岳系黒曜石	切出形	幅広剥片	ブランティング	1
腰岳系黒曜石	横長台形	幅広剥片	ブランティング	4
腰岳系黒曜石	横長台形	幅広剥片	折断	1
腰岳系黒曜石	横長台形	幅広剥片	ブラ+平坦加工	1
腰岳系黒曜石	縦長長方形	幅広剥片	ブランティング	2
腰岳系黒曜石	縦長長方形	幅広剥片	ブラ+折断	2
針尾系黒曜石	横長台形	幅広剥片	ブラ+平坦加工	2
針尾系黒曜石	横長台形	幅広剥片	平坦加工+折断	1
象ヶ鼻産黒曜石	切出形	幅広剥片	ブランティング	1
象ヶ鼻産黒曜石	縦長長方形	幅広剥片	折断	2
象ヶ鼻産黒曜石	縦長長方形	横長剥片	折断	1
象ヶ鼻産黒曜石	縦長長方形	幅広剥片	ブランティング	2
象ヶ鼻産黒曜石	縦長長方形	横長剥片	ブラ+折断	1
小国産黒曜石	縦長長方形	幅広剥片	ブラ+折断	2
小国産黒曜石	横長台形	幅広剥片	折断	1
黒曜石	切出形	幅広剥片	ブランティング	1
黒曜石	切出形	横長剥片	ブラ+平坦加工	1
黒曜石	横長台形	幅広剥片	ブラ+平坦加工	1
黒曜石	横長台形	幅広剥片	平坦加工+折断	1
黒曜石	縦長長方形	幅広剥片	折断	1
チャート	切出形	幅広剥片	ブラ+平坦加工	1
チャート	切出形	横長剥片	ブラ+平坦加工	1
チャート	横長台形	幅広剥片	ブラ+折断	1
サヌカイト	切出形	幅広剥片	ブランティング	1

3. 後期旧石器初頭石器群の検討

　ここでは、後期旧石器初頭の九州北東部の6遺跡の石器群を検討してゆく。

（1）当該期の特徴的な共通性

　本時期の石器群で、共通する石器群は少なくない。先ず、剥片石器では、削器・掻器・石錐・使用痕剥片・二次加工剥片、礫石器では、敲石・台石などがあるが、こられは後続する他の時期でも連続してゆく。

　だが、台形様石器・石斧・礫器は、本時期を特徴づける器種である。

　そのうち石斧は、打製と世界的に特種な局部磨製が認められ、本時期以降、細石器文化期まで殆ど見られない、本時期特有な器種である。機能としては、木材の伐採、大形動物の分解などが考えられるが、ここでは取り扱わない。

　また礫器であるが、本時期以降にも若干認められるが、数量が一定以上検出されるのは、本時期以降では、縄文時代早期にまで持ち越される（荻 2002）。素材には、礫・礫片だけでなく、大・中形の分厚い剥片も含まれる。

　そして台形様石器であるが、本時期を最も特徴づける石器で、AT下位では若干残し続けるが、本時期のような定形的なものは殆どなく、また量的にも本時期に比ぶべくもない。AT上位では、原の辻型・枝去木型・百花台型という定形的な形態が現れるが、それらは素材の剥取も組織的で、本時期のものとは異なる。そこで、若干の検討を行なう。

　また、削器の中には、本時期以降では、主に薄平な剥片を素材とし、中・小形を主体とするのに対して、本時期では分厚い中・大形の剥片を素材とし、削器と礫器の中間的なものが一定以上に存在する。これについても、以下で若干の検討を加えたい。

（2）特徴的な器種の検討

・台形様石器

　先ず、本器種の形態について見て行く。

　形状　縦長の長方形状、やや横長の台形状、逆三角形状、切出形状の4種が見られる。

　ⅰ）縦長長方形状　長方形を縦長に置いた形状で、左右側縁が浅い抉入状となることもあり、他の3種に比すとやや大形である。

　ⅱ）横長の台形状　台形を逆にしたもので、左右がやや広くなる。左右側縁が浅い抉入状となることもあるが、左右側縁への加工が折断だけの場合、直線状となる。

　ⅲ）逆三角形状　三角形を逆に置いた形状。

　ⅳ）切出形状　縦長長方形状のやや縦が短く、片側縁にやや深い抉入状の抉りが入る。

　素材　次いで、素材だが、縦長剥片・横長剥片・幅広剥片の3種があるが、幅広剥片が一般

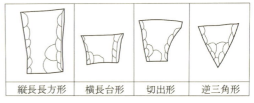

第8図　台形様石器の形態分類

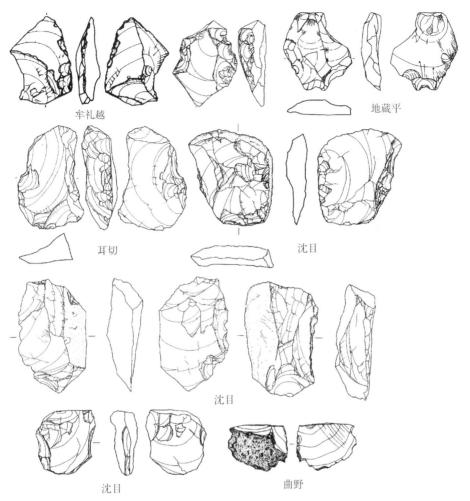

第9図 分厚い大形削器（40％縮小）

的である。

　加工　以下の3種が認められ、また3種が組み合わせて用いられる。

　ⅰ）折断　幅広剝片素材の場合、打面と素材の末端部を折り取る加工である。

　ⅱ）ブランティング状　主に、素材の左右側縁に施される、細かで急斜度の加工。稀に、刃部や下端部にも用いられる。

　ⅲ）平坦加工　表・裏面の内奥部に施される、浅くて、やや広い加工である。

　この加工の組合せのうち、折断のみというのがある。折れによる欠損と判別が困難だが、装着によると推察される微細な剝離痕の有無によって選択しており、間違いないだろう。最も古拙なタイプだと考えられ、6遺跡中3遺跡では検出されておらず、耳切遺跡では台形様石器21点中1点のみで、残る沈目・曲野の2遺跡では若干数出土しており、また他遺跡では縦長長方形が最多となるが、その2遺跡では横長台形や切出形の方が多出しており、いっそう古拙な観を与える。

　折断のみのものが一定数出土する石器群と、折断のみが殆ど認められない石器群が層位を上下した例はないが、前者の方が編年的に旧いと推察される。また折断のみが多用される旧い時期にも、平坦加工が併用されている。

・削器

旧石器時代の削器は、小〜中形で厚みは1cm以下であるのが一般的だが、本時期にはそれ以外に、中〜大形で厚みが1cmを超える分厚いものが若干含まれる。それらを提示したのが第9図である。

その大きさ・厚みともに一般的な素材剝片ではなく、石核調整剝片類を素材としているようであるが、石核削器や礫片・礫を主素材とする礫器に比べると一廻り大きさ・厚みが落ちる。

細石器を除く他の時期にも若干はみられるが、これほどまとまって検出されるのも、当該時期の特徴と言える。

（3）まとめ

後期旧石器時代初期の石器群の特徴として、以下のものを挙げることができる。

ⅰ）台形様石器・石斧・礫器・分厚い削器が当該期の特徴的な器種と言える。

ⅱ）台形様石器は、縦長長方形・横長台形・逆三角形・切出形の4形状が認められ、折断・ブランティング・平坦加工の3種の加工が見られる。

ⅲ）折断のみで製作される台形様石器が一定数出土する石器群の方が、加工3種を併用する石器群より一段階旧いと推察される。

ⅳ）礫器・石核削器・分厚い削器というより大形の刃器のまとまった検出が当該期の特徴である。

4.　最後に

後期旧石器時代初頭の九州北西部の様相を雑多に論述してきたが、なおまとめきれておらず、字足らずの感を拭えない。

石器数の遥かに多い九州南西部の様相を論述する機会があったら、補足したい。

最後に、安蒜政雄先生、長い間のお勤め、大変ご苦労様でした。

引用・参考文献

大分県天瀬町教育委員会 1986『宇土遺跡発掘調査報告書』

荻　幸二 2009「後期旧石器時代の石材利用」『九州旧石器』第13号、九州旧石器文化研究会

荻　幸二 2002「縄文時代早期の大分平野出土の礫器に関する一考察(2)」『利根川24・25合併号』

鹿児島県出水市教育委員会 2007『市内遺跡（上場遺跡他）発掘調査報告書』

熊本県教育委員会 1999『耳切遺跡』

熊本県文化財保護協会 1984『曲野遺跡Ⅱ』

佐賀県教育委員会 2012『地蔵平遺跡』

芹沢長介編 1978『大分県大野郡清川村岩戸遺跡旧石器時代遺跡出土資料』東北大学文学部考古学研究会考古学資料集　第2冊

三重町教育委員会 1999『牟礼越遺跡』

後期旧石器時代前半期前葉の九州地方における石器群編年と^{14}C年代

阿部　敬

はじめに

　九州地方は地理的に大陸に近く、列島の旧石器文化を議論する際に欠かすことのできない位置にある。とりわけ後期旧石器時代前半期前葉（阿部2007）は、その開始期の様相が列島全体に影響した可能性があるため大変重要である。九州では近年、該期資料の基礎情報の集成（九州旧石器文化研究会編2009、鎌田2012）が行われ、層位的な出土例に依拠した編年（萩原2006、宮田2006、萩原・木﨑2010）も提示されていることから、周辺地域との関係を議論する基盤が整備されつつある。本論では、従来から注意されている諸石器群の型式学的検討に加え、放射性炭素年代についても検討し、広域対比に資する該期の編年案を提示する。

1. 熊本県北部

(1) 前半期前葉石器群と^{14}C年代

　まず^{14}C年代と石器群を概観する（図2）。この地域で年代測定された遺跡は、石の本遺跡8区VIb層（熊本県教育委員会編1999）、同54区VIa層を主体とする「AT下位第1石器群」（以下、それぞれ8-VIb、54-VIaとする。）（同2001、瀬田池ノ原遺跡第1文化層（同2010）、河原第14遺跡第1文化層（芝・小畑編2007）である。

　石の本遺跡群では暗色帯（V層）の下位に褐色ローム（VI層）が堆積し、VIa層（上部）、VIb層（中部）、VIc層（下部）に分けられている。石器群は8区でVIb層、54区でVIa層にそれぞれ濃集していた。8-VIbの放射性炭素年代はベータ線計数法によるため、ここでは取り上げない。54-VIaの較正年代は約38,150～35,100 cal yr BPである（n=2）（第2図）。誤差範囲が幅広いが、ここでは約36,500 cal yr BP前後とみておく。8-VIbは層位的に下位にあるためこの年代よりも遡ると考えられる。

　石の本8-VIbの石器群は、台形様石器（第3図21～23）、局部磨製石斧、大型の鋸歯縁削器（同24）、ピックなどを特徴とする。台形様石器は折断面や簡素な二次加工で整形した大型品である。同54-VIaは台形様石器（同15・16）、大型削器類、局部磨製石斧（同17）が主体である。台形様石器はトリミング状の加工を施した小型品である。

　瀬田池ノ原1文では、包含層であるXVIIa層と直上のXVIc層とに測定例があり、XVIIa層で36,400～33,950 cal yr BP（n=4）、XVIc

1. 崎瀬
2. 牟田の原
3. 耳切
4. 石の本
5. 瀬田池ノ原
6. 河原第14
7. 曲野
8. 沈目
9. 百枝
10. 牟礼越
11. 矢野原
12. 山田
13. 後牟田
14. 音明寺第2
15. 東畦原第1
16. 勘大寺
17. 高野原

第1図　対象遺跡の分布

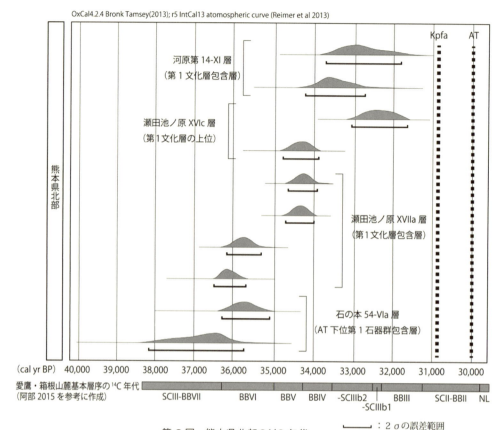

第 2 図　熊本県北部の ^{14}C 年代　　　━━━：2σの誤差範囲　　┅┅：較正年代中央値

層で 34,750 〜 31,650 cal yr BP（n=2）である。またより上位の層で草千里ヶ浜パミス（Kpfa）が検出されており、その年代（宮縁・星住 2003）は約 30,900 cal ye BP であるから、全体として層位的上下関係を反映した結果といえる。ただし XVIIa 層は約 36,500 〜 35,500 cal yr BP（n=2）と 約 34,500 〜 34,000 cal yr BP（n=2）の 2 グループにわかれ、より古い方は石の本 54-VIa と重なり、新しい方は XVIc 層の年代と重なっている。採取・測定した試料の具体的な情報が掲載されていないが、同層の年代的上下幅を含んでいる可能性がある。対比すべき他遺跡の年代や層位がほとんどないので、とりあえずは約 36,000 cal yr BP 前後から 34,000 cal yr BP 前後の可能性があるものと捉えておく。石器群は台形様石器、石刃製側縁加工石器、敲石などで構成される（第 3 図 3 〜 6）。

河原第 14-1 文では暗色帯下部にある包含層で 34,200 〜 31,800 cal yr BP（n=2）であった。ここでも草千里ヶ浜パミスが上位で検出されており、包含層の年代とは整合的であるが、誤差範囲が大きすぎて他との比較が困難である。ただし 33,000 cal yr BP 前後であるとすれば少なくとも瀬田池ノ原 1 文よりも新しい年代である。石器群は台形様石器（同 1・2）のほかに目立ったものがない。なお AT 下位の暗色帯下部で発見された台形様石器群としては、ほかに耳切遺跡 A 地区 I 石器文化がある。

以上の年代を前半期の年代編成がよく整備されている愛鷹・箱根山麓の層位年代（阿部 2015）に対比すると、石の本 8-VIb、同 54-VIa、瀬田池ノ原 1 文は前半期前葉（愛鷹・箱根山麓 SCIV 〜 BBIV）の範囲に収まり、河原第 14-1 文は前葉の終わりから後葉の始め頃（同じく BBIV

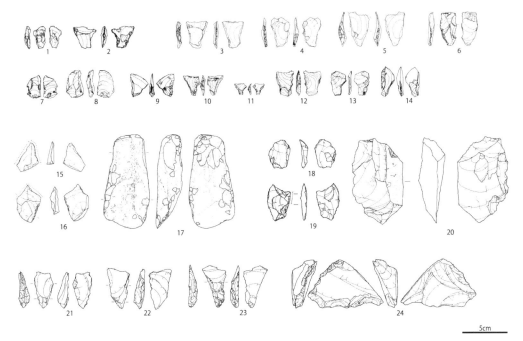

第3図　熊本県北部の前半期前葉石器群
1・2：河原第14-1文、3～6：瀬田池ノ原1文、7～14：曲野1文、15～17：石の本54-Ⅵa、18～20：沈目、21～24：石の本8-Ⅵb

～BBⅢ)の年代に並行する（第2図）。

(2) 台形様石器群

次に編年対比の比較的行いやすい台形様石器群を中心にみていきたい。台形様石器群の分類については佐藤宏之のよく整備された案（佐藤1998）があるのでこれにならう。参考のためにここに要約しておく。

　Ⅰ類　横打剥片の横位使用
　　a類　求心剥離により生産される
　　　1類　小型品（約2～4cm）
　　　2類　大型品（約4～5cm）
　　b類　同一方向への連続剥離で生産される
　　　1類　小型品（約2～4cm）
　　　2類　大型品（約4～5cm）
　　　3類　両側縁全体を背部加工するもの
　Ⅱ類　横打剥片の縦位使用　尖頭部あり
　Ⅲ類　多種類の剥片端部にトリミング状の加工をするもの

まず年代の上で最も古い約36,500 cal yr BP前後ないしそれ以前の台形様石器群には、①側縁を折断面か少ない回数の打撃で切取り加工するもの（第3図21～23：I-a-2類）と、②トリミング状の二次加工を施すもの（同16：Ⅱ類、同15・18・19：Ⅲ類）が認められる。後期初頭と推測される石器群においてすでに大型のもの（I-a-2類）が出現していることは列島の他地域と比べて特異である。多孔質安山岩の石質によるバイアスが指摘されることもあるが、この石材でも小型剥片は生産でき、素材剥片は選択によるので、小型品が別にある可能性は排除されない。この台形様石器群の技術的特徴は殆ど加工する必要のない剥片の選択を重視していることである。

Ⅱ類とⅢ類は小型剥片の選択が重視されていることから①とは区別される。「Ⅲ類」は石の本54-Ⅵaと沈目では素材が求心剥離によって得られたものが認められ、同一方向への連続剥離によって生産されたものはほとんどない。Ⅰ類とⅢ類は上記のように石器製作過程上の諸技術が異なるため別系列で考えたい。Ⅱ類は

189

基部加工尖頭形石器と外形が類似するが、製作技術上は台形様石器の一部である。

瀬田池ノ原1文の台形様石器群はI-b-3類（同3～5）である。同一方向へ連続剝離した、ねじれが少なく厚みが均一な横長・幅広剝片を素材とし、やや縦に長く相称性の高い台形ないし三角形に整形している。また比較的大型である。剝片剝離、素材選択、二次加工までの連鎖性と製品形態の高い規格性が特徴である。このような台形様石器は曲野遺跡第1文化層（同7～14）の内部にも類品（同12・13）が存在するが、曲野例は石材に統一性がない上、素材生産過程には多打面転移を介在する求心剝離と同一方向への連続剝離とが混在しており、またこれらと二次加工技術との間に明確な相関関係が見られない。結果的にI-a類とI-b類をほぼ等分に製作している。また、平坦剝離や切取り加工の区別は多様な素材形状に応じて選択的に行っており（安斎2000、萩原2006）、規格性においても瀬田池ノ原1文とは異なる様相である。

瀬田池ノ原1文の石刃製側縁加工石器（同6）は腰岳産黒曜石製で同一方向に連続剝離して得られた石刃の縁辺の半ばまでを平坦剝離により整形したものである。また、小口面型の石刃・縦長剝片剝離技術を示す接合資料も得られている。曲野1文に基部加工尖頭形剝片石器の類品（同7）と縦長剝片製の端部加工石器（同8）が伴っており、関連があるだろう。佐藤によれば後期旧石器時代前半期の石器群構造は石刃・縦長剝片剝離技術とナイフ形石器、横長・幅広剝片剝離技術と台形様石器を両極点として振幅をもつ位相で表される2極構造であるといい、その初期（武蔵野台地編年を基準とするX層段階）においては石刃・縦長剝片剝離技術が組織だっておらず、未分化の状態であるという。曲野1文における石刃・縦長剝片剝離技術はその他一般的な剝片剝離技術の内部に埋没しており、ここから縦長の好適形態の剝片が選択されているもの

と考えられる。他方、瀬田池ノ原1文では特定の製品との結びつきについては不明瞭であるものの、同技術が明らかに区別されている（熊本県教育委員会編2010）。曲野1文と瀬田池ノ原1文はともに、2極構造（佐藤1988）の初期的な状況をあらわしているといえるが、前者から後者へ推移した可能性を考慮することが可能である。

耳切遺跡A地点I石器文化（熊本県教育委員会編1999）は暗色帯下部を主体とし、曲野1文などよりも上位のものと考えられる。石器群は台形様石器群が主体である。石材の風化が著しく二次剝離痕の判別が難しいが、台形様石器群は求心剝離を介在する多打面転移石核から剝離した素材を平坦剝離で二次加工したI-a-1類とI-b-1類で、小型品だけで構成されている。縦長剝片が組成している。

河原第14-1文も暗色帯下部を主体とする石器群である。台形様石器はI-a-1類である（同1・2）。両側縁が平行に近いもの（同1）と、基部をすぼめた逆三角形状のもの（同2）がある。石刃・縦長剝片剝離技術に関連する資料は得られていない。

以上の観察から、熊本県北部における前葉石器群（一部は後葉）は、仮説的な年代推定と合わせて以下のように編年される。

【＞約36,500前後】石の本8-VIb
【約36,500前後】石の本54-VIa、沈目
【約35,000前後】曲野1文→瀬田池ノ原1文
【約34,000前後】耳切AI
【約33,000前後】河原第14-1文

全体を通覧すると、36,500 cal yr BP前後には各種の台形様石器が一通り出現し、台形様石器II類ないし基部加工尖頭形剝片石器（いわゆる「基部加工ナイフ形石器」）は、35,000 cal yr BPまでには北部九州で広く存在することが推測された。しかし石刃・縦長剝片剝離技術と特定の製品が系統的に大きく発展した形跡はほと

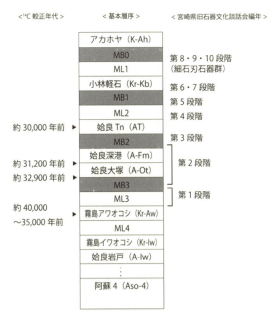

第4図　宮崎平野の¹⁴C 較正年代・基本層序・段階編年
（宮崎県旧石器文化談話会 2006 第1図をもとに作成）

んどなく、34,000 cal yr BP 前後でも確かな証拠が認められなかった。

2. 宮崎平野

(1) 石器群と¹⁴C 年代

宮崎平野の状況を検討する。宮崎平野の基本層序は第4図の通りである。本論に関連する石器群が包含される層は AT 下位の MB2、MB3、ML3 である。また MB2/MB3 境界に堆積する姶良深港テフラ（A-Fm）と姶良大塚テフラ（A-Ot）、および ML3 の下に堆積する霧島アワオコシ（Kr-Aw）が指標的テフラとなっている。姶良深港テフラ（A-Fm）と姶良大塚テフラは直下層の炭化物の測定値（奥野 1997、長岡・奥野ほか 2001）が明らかにされており、中央値はそれぞれ 31,200 cal yr BP と約 32,900 cal yre BP である。霧島アワオコシの年代は、その下限から姶良大塚テフラの上限年代付近までに相当する期間と推測されている（長岡・奥野ほか 1997、町田・新井 2003）。

層位と ¹⁴C 年代を古い方から概観する（第5図）。最も下位の石器群は ML3 出土の音明寺第2遺跡第1文化層（宮崎県埋蔵文化財センター編 2003）と勘大寺遺跡（1次調査）X 層（同 2007b）である。ともに霧島アワオコシ上位にあり、また後述の後牟田遺跡第Ⅲ文化層（後牟田遺跡調査団・川南町教育委員会編 2002）よりも下位から出土していることから、年代としては約 40,000～34,000 年前に位置付けられる。音明寺第 2-1 文は礫石器類と剝片（第6図 16・17）で構成される。勘大寺 X 層は石器集中に伴う台形様石

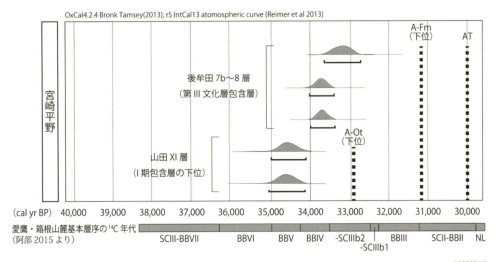

第5図　宮崎平野の¹⁴C 年代

器群（同18）である。

　上位のMB3の後牟田III文では、霧島イワオコシ（霧島アワオコシよりも古いテフラ）より上位の8層（ML3上部相当）から7b層（MB3相当）にかけて出土し、8層上面（＝7b層下面）が濃集層と報告されている。7b層上位の7層（MB2相当）には始良深港テフラが包含されていた。8層から7b層出土の炭化物の測定値を較正したところ、約34,000～32,650 cal yr BP（n=3）となった。炭化物も石器群と同様に8層/7b層境界に集中していたとされている（佐藤2000a）。石器群は鋸歯縁削器（同16）、扇形石器（同17）、基部加工石器（同18）、側削器、礫石器類などで、台形様石器はない。東畦原第1遺跡第I文化層（宮崎県埋蔵文化財センター編2006a・b・c）も側削器（同13）、扇形石器（同14）、基部加工石器（同15）などで構成され、後牟田III文と同群である。

　山田I期もMB3に濃集する。ML3上部の炭化物の較正年代は35,000～34,100 cal yr BP（n=2）である。始良大塚テフラや後牟田III文の8層/7b層境界の年代と概ね調和する結果である。これによりML3/MB3境界の年代は約34,000 cal yr BP前後と推定可能である。したがって後牟田III文と東畦原第1-I文および山田I期はともに約34,000 cal yr BP前後から約32,800 cal yr BP前後までの年代に入る。MB3出土の国光原I文、矢野原I文（秋成・藤木ほか2003）、牧内第1-X層、東畦原第1（三次）1期も同様であろう。勘大寺X層の台形様石器を伴うブロックはこれらよりも遡る。

　約34,000 cal yr BP前後から約32,800 cal yr BP前後という年代値は愛鷹・箱根山麓のBBIV～SCIIIb2の年代幅（阿部2015）に含まれ、また武蔵野台地IX層下部から上部にあたる年代とされている（中村2014）。

（2）台形様石器群—大野川流域等との対比—

　ML3からMB3に包含される石器群は宮崎県

旧石器文化談話会編年（2005）の「第1段階」にあたり、「二次加工の顕著な剝片が少なく、定形化した石器にとぼしい。礫塊石器の大量出土も目立つ。小地域差も予想される。」（同50頁）とされるが、その後の資料増加で再検討の必要が生じている（松本2014）。すでに熊本県北部の石器群を検討して台形様石器群の推移を観察したので、それを参考にしながら大野川流域と合わせて検討してみたい。

　宮崎平野の前半期前葉の台形様石器群は、管見の限りML3の勘大寺X層（第6図18）、MB3最下部の国光原I文（同8）、東畦原第1（三次）1期（同9）に組成する。やや上位の始良大塚テフラから始良深港テフラまでを主要な包含層とする高野原5-II文、始良深港テフラ包含層にある牧内第1-X層にも組成するが、ともに始良大塚テフラ上位であることから、年代的に前半期後葉に属する可能性が高い。

　勘大寺X層の例（同18）はI-a-1類で、裏面の平坦剝離で左右側縁をわずかに内湾させる特徴が認められ、曲野1文の台形様石器群と類似するが、わずか1点であり、また宮崎平野では関係する石器群をまだ見出せない。東畦原第1-I期については、同一方向への連続剝離で得られた横長剝片の打面側にわずかな平坦剝離を施して縦長にする大型品（I-b-2類：同9）がある。資料的に乏しい勘大寺X層と東畦原第1-I期の台形様石器群の位置付けについては、学史的に古くから知られた大分県大野川流域等の台形様石器群の層位事例を参照することである程度推定することができる。

　大野川流域ではAT直下暗色帯とその下位の褐色ロームから石器群が出土し、層位編年が構築されてきた。褐色ロームの下部では目立った石器がないが、褐色ローム上部で台形様石器・石斧主体の石器群、暗色帯下部でも台形様石器を主体とする石器群、同上部で石刃・縦長剝片製の側縁加工ナイフ形石器主体の石器群が出土

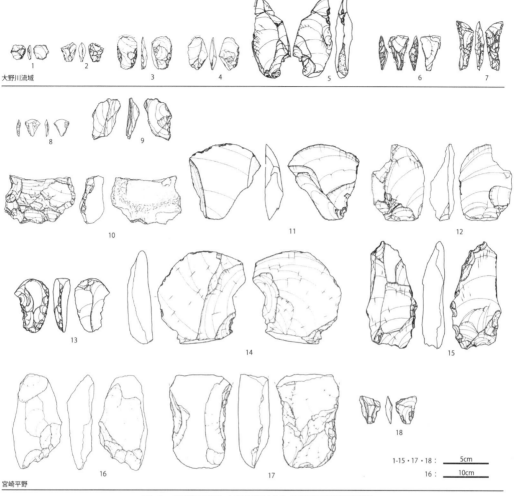

図6　宮崎平野と大野川流域の前半期前葉石器群
1〜5：牟礼越1文、6・7：百枝B-Ⅵ下、8：国光原1文、9：東畦原第1-Ⅰ期、10〜12：後牟田Ⅲ文、13〜15：東畦原第1-1文、16・17：音明寺第2-Ⅰ文、18：勘大寺Ⅹ層

し、Ⅸ層下部〜Ⅶ層上部に並行するとされている（佐藤1992）。

褐色ローム上部の牟礼越1文（同1〜5）では、台形様石器群が主体であり、大型剥片石核から求心剥離して得られた幅広剥片に平坦剥離で二次加工する小型のもの（同2・3：Ⅰ-a-1類）、剥片を縦位に用いて基部加工し尖頭形を呈するもの（同4：Ⅱ類）、剥片端部を加工するもの（同1：Ⅲ類）が組成し、これに基部加工石器（同5：端削器に転用）、局部磨製石斧が伴う。台形様石器群は大きさや加工部位などに多様性が認められることが特徴である。九州では極めて稀少な

台形様石器Ⅱ類が組成することや、同一の接合資料中に小口面から尖頭形の縦長剥片（微細剥離痕付き）を剥離したことがわかる資料があり、台形様石器群の生産過程に埋め込まれた尖頭形剥片石器群の初期的状態が認められる。この石器群は構造上、瀬田池ノ原1文や曲野1文と類似している。

暗色帯下部の百枝B地区Ⅵ層下部（同6・7）はまだ全容が公表されていないものの、一部の公表資料によると、基部全体を平坦剥離で覆う非常に狭長のもの（同7：Ⅰ-a-2類）と両側縁全体を切取って細長い逆三角形に整形するも

の（同6：1-b-3類）とがあり、実見ではさらに、求心剝離か同一方向への連続剝離で得られた横長・幅広剝片に切取りや平坦剝離で二次加工して側縁を内湾させ、縦に長い三角形から切出形を呈するもの（I-b-2類）が組成することを確認した。狭長のI-a-2類は長崎県崎瀬遺跡第4文化層（平戸市教育委員会編1989）の台形様石器に類例がある。I-b-2類は、混在資料ながら長崎県牟田の原遺跡第I文化層（平戸市教育委員会編1990）にも類例があるほか、東畦原第1遺跡I期との同時期性を示している可能性が高い。

牟礼越1文から百枝B-VI下への変化には、①求心剝離を介在する剝片生産から、同一方向への連続剝離頻度の高い剝片剝離技術による横長・幅広剝片生産への変化、②素材形状を大きく変化させない低頻度の平坦剝離による二次加工から、同種ながら入念な平坦剝離および切取り加工による安定した側縁を形成する頻度の増加、③中・大型品の増加、などが認められる。また、石刃・縦長剝片製石器群の生産痕跡ないしそれを素材とする石器がみられなくなる可能性にも注意しておきたい。

熊本県北部と比較すると石器群の両極性の強弱に違いが見られるが、台形様石器群の変化の方向性についてはおおよそ対応するものであることが理解可能である。また、宮崎平野の勘大寺X層と東畦原第1-I期の台形様石器群の相違は、構造的にこの変化の方向性の中に表出しうるものであり、時間的にもおおよそその対応関係にあるものと推測される。

3. まとめ

熊本県北部と宮崎平野および大野川流域の前半期前葉の層位、年代、石器群内容について検討してきた。地域間で解像度に違いはあるが、全体の変遷は層位、年代、型式学的に判別可能な3群にわけて概観することができるだろう。

【1群】台形様石器群には大型と小型の別があり、ともに好適な形態の剝片選択を重視して簡便な二次加工を施したものが主体である。大型品には切取り加工、小型品にはトリミング加工を施すものが多い。現在のところ石刃・縦長剝片剝離技術とこれに関連する石器群は皆無である。局部磨製石斧と鋸歯縁削器も存在する。石の本8-VIb、同54-VIa、沈目が該当するが、他の地域では不明である。約36,500 cal yr BP前後ないしそれ以前であることから、年代的には愛鷹・箱根山麓SCIV ～ BBVI期（武蔵野台地X層下部期）に並行する。

【2群】台形様石器群は、求心剝離を含む多打面転移型の剝片剝離過程により小型幅広剝片を生産し、形態的に多様な剝片を素材にして、平坦剝離と切取り加工とを組み合わせた二次加工を施し、主として小型の台形様石器を製作する。磨製石斧と大型削器類も広く存続する。石刃・縦長剝片剝離技術とこれに関連する石器群として端部を加工する石器があり、製作技術や規格生産において安定していないが、台形様石器群との初期的な2極構造をなしている。曲野1文、牟礼越1文、勘大寺X層がほぼ同群と推測される。本群の帰属年代は約35,000 cal yr BP前後であり、年代的には愛鷹・箱根山麓BBV期（武蔵野台地X層上部期）に並行する。

【3群】台形様石器群は同一方向への連続剝離によって得られる横長剝片を切取りや平坦剝離で二次加工し、相称性や規格性の高いものが主体である。宮崎平野では各遺跡での点数が極めて少ない。石刃・縦長剝片剝離技術と関連性を示す石器群は熊本県北部で確認されているが、特定の器種が発達する様相は観察されない。局部磨製石斧は広く存在するが、鋸歯縁削器や礫器類は地域的偏りが大きい。瀬田池ノ原1文、耳切AI、百枝B-VI下層、東畦原第1-1文、山田I期などが該当する。約34,000 cal yr BP前後であることから、年代的には愛鷹・箱根山麓BBIV期（武蔵野台地IX層下部期）に並行する。

上記の1～3群の石器群は、層位や年代の検討と合わせると、この順で推移する可能性が高い。前半期前葉を通じた傾向として、台形様石器群、石斧石器群、鋸歯縁削器などの加工具類が一貫して存在している一方で、石刃・縦長剝片剝離技術とこれに関連を示す石器群は、1群では存在せず、2群になって熊本と大分で萌芽的なものが確認されるものの、宮崎ではほぼ認められなかった。全域で台形様石器群と石斧石器群が盛行するが、同様の地域区分に対応して削器類と礫石器類の組成比率に大きな差異が生じていた。2群以降に現れた地域的相違は資源環境の相違に対応して通時期的に植物質資源への依存度と関連する移動・居住性の相違に基づく可能性を示唆している。

おわりに

九州地方の代表的な地域を軸にして遺跡・文化層の層位、年代、石器群の内容を検討してきた。石器群の相対的前後関係については既存の見解（萩原2006、宮田2006）と大きく変わるものではなかったが、これまであまり注目されていない（または報告されていない）重要な資料を抽出した上で石器群構造上の位置付けを提示し、さらに年代による尺度を与えることで、共有可能なレベルで広域に比較できるようになったのではなかろうか。熊本県南部から種子島の状況についても検討したが、今回は及ばなかった。また機会を改めて議論したい。

謝辞

越知睦和氏から文献収集のご協力をいただきました。宮崎県埋蔵文化財センターには未公表資料の公表について便宜を図っていただきました。比田井民子氏と小菅将夫氏には投稿にあたりご高配を賜りました。以上の方々に感謝申し上げます。最後になりましたが、安蒜政雄先生の積年のご指導に深く感謝申し上げるとともに、

本稿を先生の古稀の祝辞にかえて献呈します。

引用・参考文献

阿部　敬 2007「九州の後期旧石器時代石器群の編年」『日本旧石器学会 第7回講演・研究発表・シンポジウム予稿集』日本旧石器学会、1-3頁

阿部　敬 2015「後期旧石器時代の中部地方における石器群と ^{14}C年代」『旧石器研究』第11号、日本旧石器学会、13-28頁

秋成雅博・藤木　聡・松本　茂 2003「宮崎県域における旧石器資料の再検討（1）—北方町矢野原遺跡第Ⅰ文化層（AT下位）石器群—」『古文化談叢』第50集、125-152頁

安斎正人 2000「台形様石器と台形石器」『九州旧石器』第4号、九州旧石器文化研究会、53-70頁

奥野　充 1997「埋没土壌の加速器 ^{14}C年代から知る噴火年代」『金沢大学文学部地理学報告』No.8、金沢大学文学部、53-70頁

後牟田遺跡調査団・川南町教育委員会編 2002『後牟田遺跡』

鎌田洋昭 2012「旧石器時代の年代と広域編年対比—九州—」『日本旧石器学会 第11回講演・研究発表・シンポジウム予稿集』日本旧石器学会、73-77頁

九州旧石器文化研究会 編 2009『九州旧石器』第13号

熊本県教育委員会編 1984『曲野遺跡Ⅱ』

熊本県教育委員会編 1999『石の本遺跡Ⅱ』

熊本県教育委員会編 2001『石の本遺跡Ⅳ』

熊本県教育委員会編 2010『瀬田池ノ原遺跡』

佐藤宏之 1988「台形様石器研究序論」『考古学雑誌』第73巻第3号、1-37頁

佐藤宏之 1992『旧石器時代文化の構造と進化』柏書房

佐藤宏之 2000a「後牟田遺跡第Ⅲ文化層の編年的意義と行動論」『後牟田遺跡』後牟田遺跡調査団・川南町教育委員会、382-408頁

佐藤宏之 2000b「日本列島後期旧石器文化のフレームと北海道及び九州島」『九州旧石器』第4号、九州旧石器文化研究会、382-408頁

志賀智史 2000『九州における後期旧石器時代文化の成立』九州旧石器文化研究会、79-197頁

芝康次郎・小畑弘己編 2007『阿蘇における旧石器文化の研究』熊本大学文学部考古学研究室

橘昌信編 1999『牟礼越遺跡』三重町教育委員会

中村雄紀 2014「関東地方における旧石器時代石器群の編年と年代」『旧石器研究』第10号、日本旧石器学会、107-128頁

長岡信治・奥野 充・新井房夫 2001「10〜3万年前の始良カルデラ火山のテフラ層序と噴火史」『地質学雑誌』第107巻第7号、日本地質学会、432-450頁

長岡信治・奥野 充・鳥井真之 1997「2万5千年前以前の始良カルデラの噴火史」『月刊地球』19号、海洋出版、257-262頁

萩原博文 2006「九州北部の地域編年」安斎正人・佐藤宏之(編)『旧石器時代の地域編年的研究』同成社、207-240頁

萩原博文・木﨑康弘 2010「九州地方」稲田孝司・佐藤宏之編『講座日本の考古学1 旧石器時代（上）』青木書店、579-621頁

平戸市教育委員会編 1989『崎瀬遺跡』

平戸市教育委員会編 1990『大戸遺跡II 牟田の原遺跡II 津吉遺跡群―鮎川地区―平戸城跡（亀岡城）II』

松本 茂 2014「九州地方における旧石器時代石器群と遺跡群について」『九州旧石器』第18号、九州旧石器文化研究会

宮崎県教育委員会編 1995『打扇遺跡・早日渡遺跡・矢野原遺跡・蔵田遺跡』

宮崎県埋蔵文化財センター編 2003『音明寺第2遺跡』

宮崎県埋蔵文化財センター編 2004『高野原遺跡（第5地点)』

宮崎県埋蔵文化財センター編 2006a『東畦原第1遺跡（一次調査)』

宮崎県埋蔵文化財センター編 2006b『東畦原第1遺跡（二次調査)』

宮崎県埋蔵文化財センター編 2006c『東畦原第1遺跡（三・四次調査)』

宮崎県埋蔵文化財センター編 2007a『山田遺跡』

宮崎県埋蔵文化財センター編 2007b『勘大寺遺跡（1次調査)』

宮崎県埋蔵文化財センター編 2007c『国光原遺跡』

宮崎県旧石器文化談話会 2005「宮崎県下の旧石器時代遺跡概観」『旧石器考古学』66、旧石器文化談話会、47-61頁

宮田栄二 2006「九州島南部の地域編年」佐藤宏之・安斎正人 編『旧石器時代の地域編年的研究』同成社、242-273頁

宮縁育夫・星住英夫・高田英樹・渡辺一徳・徐勝 2003「阿蘇火山における過去約9万年間の降下軽石堆積物」『火山』第48巻第2号、日本火山学会、195-214頁

東日本における瀬戸内技法の展開

野田　樹

はじめに

　瀬戸内技法は、近畿・瀬戸内地方の特徴的な石器製作技術として多くの研究がなされている。近畿以東の東日本においても、瀬戸内技法に関する資料の出土数は増加している。新潟県御淵上遺跡や山形県越中山遺跡K地点をはじめ、近年では群馬県上白井西伊熊遺跡でまとまった接合資料が見つかった。一方、福井県西下向遺跡などでは、瀬戸内技法に類似した石器製作技法が提唱され、長野県野尻湖周辺では、国府系（瀬戸内系）石器群と呼称される石器群が発掘された。このように、東日本では瀬戸内技法とそれに類似した石器製作技法が見られる。本稿では、それらの資料を分析し、東日本における瀬戸内技法の展開を考える。また、本稿においては国府型ナイフ形石器や有底横長剥片製ナイフ形石器における各部の呼称を統一した（第1図）。

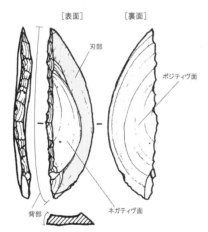

第1図　国府型ナイフ形石器の各部の呼称

1. 東日本における瀬戸内技法の研究と課題

　瀬戸内技法は、1957年、大阪府国府遺跡の調査を行った鎌木義昌によって提唱され、「翼状剥片の打撃面に、調整痕とは反対のがわから打撃をくわえ、打瘤をも剝ぎとってつくったもの」を国府型ナイフ形石器とした（鎌木 1960・1965）。東日本においては、68年から越中山遺跡K地点の調査が行われ、初めて瀬戸内技法を示す資料が見つかった。さらに、69年の御淵上遺跡の調査後に刊行された報告書から、新潟県にも瀬戸内技法が存在していたことが分かった。その後、松藤和人が二上山山麓の分布調査を通して瀬戸内技法について再検討し、第1～3工程（第2図）を示した（松藤 1974・1979）。

　再検討が行われた後、東日本における瀬戸内技法関連の研究は、松藤による瀬戸内技法との技術比較が中心となった。東日本においては、資料の増加とともに瀬戸内技法に類似する資料の発掘も相次いだ。西下向遺跡の調査では、平口哲夫らが「三国技法」を提唱（平口・松井・樫田 1984）。埼玉県殿山遺跡では、織笠昭が「殿山技法」を提唱し、国府型ナイフ形石器の形態的特徴からの定義を試みている（織笠 1987a）。いずれも、瀬戸内技法が見られない遺跡におい

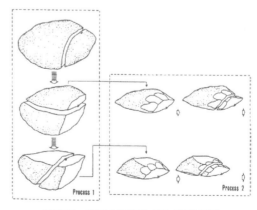

第2図　瀬戸内技法模式図（松藤 1979）

て国府型ナイフ形石器が見られたことが、類似技法の提唱の要因になっている。

資料増加に伴って技術論的研究が複雑化してくると、瀬戸内技法の定義が大きな問題となった。93年に全国の瀬戸内技法の研究を集成した『瀬戸内技法とその時代』においては、瀬戸内技法の定義を、①盤状剥片の生産から国府型ナイフ形石器の製作まで、②翼状剥片の生産までで、国府型ナイフ形石器の製作は除外するもの、③翼上剥片の生産のみに限定し、盤状剥片石核の生産をも除外するもの、④盤状剥片の生産段階を除外するもの、の4つにまとめている（藤野 1994）。

その後も瀬戸内技法に類似する資料は、新潟県や長野県野尻湖周辺など日本海側を中心に出土が相次いだ。瀬戸内技法に類似する有底横長剥片剥離技術をもつ石器群は「国府系（瀬戸内系）石器群」と呼ばれるようになった（麻柄 2006 など）。この「国府系（瀬戸内系）石器群」に見られる資料は、盤状の剥片を石核に転用し、底面を剥ぎ取って刃部とする点で瀬戸内技法関連資料と共通している。そのため、ここでは翼状剥片や国府型ナイフ形石器と区別するため、有底横長剥片、有底横長剥片製ナイフ形石器と呼ぶ。

いわゆる「国府系（瀬戸内系）石器群」の研究が盛んになる中、2003～04年の上白井西伊熊遺跡の調査では、大量の瀬戸内技法接合資料が見つかった。北関東で接合資料が確認されたのは初めてで、東日本で瀬戸内技法の接合資料が見つかった遺跡は、越中山遺跡K地点、御淵上遺跡、岐阜県日野Ⅰ遺跡を合わせて4遺跡となった。

これらの資料をもとに、東日本における瀬戸内技法と「国府系（瀬戸内系）石器群」の変遷を捉える研究も行われている。（白石 1976、安斎 2004、麻柄 2006、絹川 2014 など）。東日本における瀬戸内技法の変遷については、層位的なアプローチが難しい。日本海側に見られる遺跡の資料は層位条件が悪く、野尻湖周辺では複数の文化層が見られるが疑問の声も多い（森先 2010 など）。また、関東地方では国府型ナイフ形石器の完成品が見つかるのみである。形態と石器製作に注目した麻柄一志や絹川一徳らは、「瀬戸内技法から類似技法による有底横長剥片製のナイフ形石器製作へ」という大きな変遷で一致している。

東日本での瀬戸内技法の展開を捉えるには、接合資料の見つかった4遺跡の検討する必要がある。越中山遺跡K地点や御淵上遺跡は、松藤による瀬戸内技法との近似性が指摘されてきた。松藤による瀬戸内技法と比較すれば、4遺跡の瀬戸内技法の類似点や相違点が明らかになるはずである。まず、松藤による瀬戸内技法第1～3工程が行われているかに注目する。さらに、松藤が調査した二上山周辺における近畿地方の鶴峯荘（原産地）－翠鳥園（生産地）－群家今城（消費地）の二上山モデル（安蒜 1995）が東日本において成り立っているか確認するため、原石の獲得と完成品の有無にも注目する（第3図）。

2. 瀬戸内技法の見られる4遺跡の検討

4遺跡の石材の獲得、瀬戸内技法第1～3工程の有無、完成品の有無を比較すると、各遺跡の性格と遺跡同士の共通点が見えてくる（第1表）。

4遺跡は、いずれも瀬戸内技法による石器製作が行われ、完成品の持ち出しが考えられる点で共通している。また、石器製作工程に注目すると、越中山遺跡K地点と御淵上遺跡では第1工程が不明瞭であった。越中山遺跡K地点では、第2工程を示す接合資料（個体Ⅰ）が原石に近い状態に接合するが（母岩2）、その中に石刃状剥片剥離を示す接合資料がある（第4図）。御淵上遺跡においては図化されていないものの、翼状剥片石核と石刃が接合する資料が確認されている（第5図）。東北で発達した石刃の製作が同

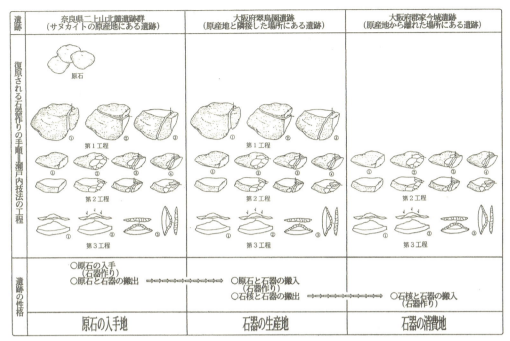

第3図 二上山モデル（安蒜 1995）

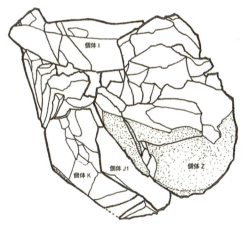

第4図 越中山遺跡K地点の接合（会田 2008）
（180×150×110mmの円礫）

第5図 御淵上遺跡の接合資料（小菅編 2001）
（長さ93mm）

一の母岩から行われており、盤状剥片を連続で剥ぎ取る第1工程とは様相が異なる。両遺跡からは石刃が出土している。それに比べ、上白井西伊熊遺跡と日野I遺跡は近畿地方における瀬戸内技法に類似していて、完成品が見られない。日野I遺跡は近畿地方に距離が近いことが要因に考えられるが、上白井西伊熊遺跡は近畿から距離があり、その特異性が浮かび上がる。

また、石材の利用については、近畿地方から遠くなるにつれて、在地石材と遠隔地石材の併用から在地石材のまとまった利用になっている（第6図）。日野I遺跡では、在地のチャートをはじめ、遠隔地石材の板取珪質凝灰岩が用いられている（長屋 2003）。二上山系の安山岩も確認され、立地的にも近畿地方の影響を受けた可能性が高い。御淵上遺跡でも、在地石材の緑色凝灰岩と、遺跡の立地する五十嵐川流域では確認できない無斑晶質安山岩が用いられている。

第1表　瀬戸内技法の見られる4遺跡の比較

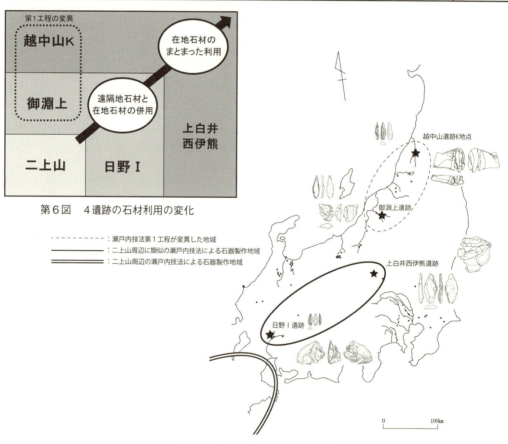

第6図　4遺跡の石材利用の変化

第7図　4遺跡の位置関係と性格

一方、越中山遺跡K地点では、在地石材の硬質頁岩、凝灰質砂岩、流紋岩、鉄石英、玉髄などが用いられている。出土数は多く、「横剥ぎのナイフ形石器」53点、翼状剥片石核54点、翼状剥片54点などが確認されている（会田 1994）。上白井西伊熊遺跡では、在地石材の黒色安山岩と黒色頁岩である。両石材の産出地は利根川上流に存在している（大西 2011）。利根川から目と鼻の先の立地と原石の大きさを考えれば、利根川の河岸で石材を獲得し持ち込んだ可能性が高い。

以上のように、4遺跡を検討すると、2つの

点で特徴を捉えることができた。1点目は、瀬
戸内技法が第1〜3工程を保ちながら、日本海
側を北上する間、第1工程が変容した可能性が
あるということである。2点目は、石材利用は
近畿地方から東にいくにつれて、二上山のサヌ
カイトに性質の似た遠隔地石材と在地石材と併
用から、在地石材のまとまった利用にシフトし
ていったということである。

3. 国府系（瀬戸内系）石器群の検討

東日本で瀬戸内技法の見られる4遺跡の検討
した結果、瀬戸内技法第1工程に変容が見られ
た。研究上でもう一つの課題となっているのが、
いわゆる「国府系（瀬戸内系）石器群」の捉え
方である。日本海側の新潟県や野尻湖周辺、北
陸では出土数が増加し、石核の底部を剥ぎ取っ
て刃部をつくり出す点で瀬戸内技法と共通して
いる。これも前章と同様に、瀬戸内技法との比
較が必要になる。しかし、瀬戸内技法のような
接合資料は乏しい。そこで、国府型ナイフ形石
器や翼状剥片石核に対応する有底横長剥片製ナ
イフ形石器と有底横長剥片石核について、形態
的特徴をもとに分類して整理する。

瀬戸内技法の第2工程では、盤状剥片に打面
調整を加え、幅いっぱいに翼状剥片を剥ぎ取り、
これを繰り返す。翼状剥片石核は打面が表面に

あり、作業面は1枚になる。また、剥ぎ取られ
た翼状剥片は、第3工程で裏面から加工が加え
られ、国府型ナイフ形石器がつくられる。翼状
剥片剥離と翼状剥片の背部加工に大きな特徴を
もっている。

よって、分類では国府型ナイフ形石器を含む
有底横長剥片製ナイフ形石器は表面のネガティ
ヴ面の枚数と背部加工に注目し、翼状剥片石核
を含む有底横長剥片石核は打面と作業面に注目
する。そこで、有底横長剥片製ナイフ形石器は、
表面のネガティヴ面の枚数が1枚（Ⅰ）のもの、
複数枚のもの（Ⅱ）、裏面からの加工があるか
（A）、表面からの加工があるか（B）の基準を
もとに4つに分類する。また、有底横長剥片
石核は、作業面が1枚のもの（ⅰ）、複数枚の
もの（ⅱ）、打面が表面にあるもの（a）、打面
と作業面が入れ替わるもの（b）の基準をもと
に4つに分類する（第2・3表）。ⅠAは国府型
ナイフ形石器、ⅰaは翼状剥片石核を示す。麻
柄はⅡB類は「直坂Ⅱ型ナイフ形石器」と呼び、
ⅱb類との関連を指摘している（麻柄1984）。

対象の遺跡は、横長剥片製ナイフ形石器や有
底横長剥片石核がある程度まとまって出土して
いる各地域の19遺跡とした。関東においては、
まとまった出土が乏しいため、神奈川県柏ヶ谷
長ヲサ遺跡と埼玉県提灯木山遺跡を追加した。

第2表　有底横長剥片製ナイフ形石器の分類

第3表　有底横長剥片石核の分類

東日本における瀬戸内技法の展開

第4表　各遺跡における形態ごとの分類

所在	遺跡名	ナイフ形石器 ⅠA	ⅠB	ⅡA	ⅡB	石核 ⅰa	ⅰb	ⅱa	ⅱb	石材	石刃	角錐状石器	切出形石器	剥片尖頭器
山形南部～新潟中部	越中山K	2※		2※		54※				硬質頁岩、凝灰質砂岩ほか	○			○
	樽口	1		5						珪質頁岩	○	○		○
	坂ノ沢C			4						珪質頁岩、無斑晶質安山岩				
	御淵上	3				7		10		緑色凝灰岩、無斑晶質安山岩ほか	○		○	
新潟南部	加用中条A	1		4				3		無斑晶質安山岩				
野尻湖	東裏	2		5				2	1	無斑晶質安山岩	○		○	○
	貫ノ木			4	2			4	9	無斑晶質安山岩	○		○	
	西岡A			3	4			5	2	無斑晶質安山岩	○	○		
	上ノ原	1		17	19			6	3	無斑晶質安山岩	○			
北陸	直坂Ⅱ				2				1	安山岩				
	新造池A				2					安山岩				
	西下向	2		2				2		無斑晶質安山岩				
東海	椿洞			2				1		チャート、下呂石				
	日野Ⅰ			13		5		15※		板取珪質凝灰岩、安山岩、チャート				
	内野前			5		2※				チャート、下呂石				
関東	上白井西伊熊			6		47				黒色安山岩、黒色頁岩	○			
	殿山	1		2		(2)				玉髄			○	
	柏ケ谷長ヲサ	1								細粒凝灰岩			○	
	提灯木山			1						ホルンフェルス	○	○		

※は報告書や論文の報告を参照

　検討の結果は第4表のようになった。第4表には、瀬戸内技法のみられる4遺跡も含め、地域ごとにまとめた。注目する点は3つある。まず1つは、瀬戸内技法に注目すると西下向遺跡や長野県東裏遺跡のように翼状剥片石核（ⅰa類）が見られない遺跡でも、国府型ナイフ形石器（ⅠA類）が見られる点である。一方、瀬戸内技法の見られる4遺跡においては、ⅡA類も確認されているが、ⅡB類は1点も確認されていない。そのため、東日本において、瀬戸内技法とⅡB類は、同時期に広がったものとは考えにくい。

　2つ目は、ネガティヴ面が複数枚になる有底横長剥片製ナイフ形石器（Ⅱ類）と作業面が複数枚になる有底横長剥片石核（ⅱ類）には関連性が見られる点である。複数枚の作業面になっている有底剥片石核からさらに有底横長剥片剥離をしようとすると、その剥片に背部加工を加えた有底横長剥片製ナイフ形石器のネガティヴ面は複数枚になる。このことから、幅いっぱいに剥ぎ取る瀬戸内技法第2工程と異なり、「三国技法」のように打点を左右にず

らしながら剥片剥離を行っていたと考えられる。

　3つ目は、ⅡB類とⅱb類の関連についてである。両者は野尻湖周辺から北陸にかけて見られる。ただ、両者が見られる遺跡にはⅡA類、ⅱa類も確認できる。両者に関係があるとの指

第8図　各形態の位置関係と性格

摘があるが、ⅱb類から剥離した有底横長剥片でⅡB類が製作されたかは現時点では判然としない。

以上の検討から、いわゆる「国府系（瀬戸内系）石器群」の性格を示した（第8図）。「国府系（瀬戸内系）石器群」には、瀬戸内技法でいう第2工程が、剥片剥離の段階で異なっている。さらに、ⅡA類の有底横長剥片製ナイフ形石器は瀬戸内技法第3工程と同様に背部加工を加えるが、ⅡB類の有底横長剥片製ナイフ形石器では第3工程とは加工の方向が異なっているのである。

4. 東日本における瀬戸内技法の展開

これまで、東日本において瀬戸内技法のみられる4遺跡と、瀬戸内系石器群のみられる遺跡の検討を行ってきた。まず、松藤の瀬戸内技法と二上山の原産地－生産地－消費地モデル（安蒜1995）をもとに石材の獲得、石器製作工程、完成品の有無に注目し、各遺跡の特徴と関連性を導き出した。その結果、越中山遺跡K地点と御淵上遺跡では、瀬戸内技法第1工程が二上山でみられる瀬戸内技法と異なり、石刃や石刃状剥片との接合が見られた。一方、上白井西伊熊遺跡と日野Ⅰ遺跡は、近畿・瀬戸内地方の瀬戸内技法とほぼ一致していた。これは瀬戸内技法が日本海側を北上する際、東日本の石刃石器群の影響を受けて、瀬戸内技法第1工程が崩壊し始めたことを示している。

また、近畿地方から離れるにつれて、遠隔地石材と在地石材の併用から在地石材のまとまった利用への石材選択の変化が見られた。原産地―生産地―消費地の二上山モデルを保つには、原産地遺跡で剥ぎ取った盤状剥片を生産地遺跡に持ち込む必要がある。しかし、東にいくにつれて、瀬戸内技法に適したサヌカイトのような石材の入手が困難になったと考えられる。そのため、最終的には越中山遺跡K地点や上白井西伊熊遺跡で、在地石材のまとまった利用にシフ

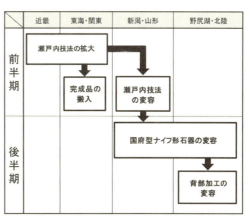

第9図　東日本における瀬戸内技法の変遷

トしたと考えられる。石材利用の変化も、規格的に素材を剥離していく瀬戸内技法第1～2工程に影響を与えた可能性は高い。

続けて、形態的特徴をもとに瀬戸内系石器群を検討した。新潟県南部から北陸、岐阜県にかけては有底横長剥片製ナイフ形石器製作が行われている。野尻湖と北陸では背部加工の方向が異なる有底横長剥片製ナイフ形石器が見られた。また、瀬戸内技法と背部加工の異なる有底横長剥片製ナイフ形石器の分布からは、同時期に拡大した可能性が低いことが分かった。

2つの分析から、瀬戸内技法における1つの変遷が見えてくる（第9図）。瀬戸内技法は、東日本で拡大・変容した前半期から、いわゆる「国府系（瀬戸内系）石器群」が拡大した後半期へ推移したと考えられる（第5表）。瀬戸内技法は近畿・瀬戸内地方から北上し、その間に瀬戸内技法第1工程が崩壊していった。石材利用の変化から、サヌカイトのような瀬戸内技法に適した石材の入手が困難になったことが瀬戸内技法の変容に影響したことが考えられる。後半期になると、瀬戸内技法第2工程も変容し始める。獲得できる石材の性質から、盤状剥片に打面調整を加えても幅いっぱいに剥片剥離することが難しくなったことが考えられる。第2工程が崩壊し、国府型ナイフ形石器に類似した有底横長剥片製ナイフ形石器が登場するようになった。

野尻湖と北陸地方においては、ついに第3工程の逆方向からの背部加工が現れ、規格的に素材を剥ぎ取り、国府型ナイフ形石器を量産する瀬戸内技法は消滅した。そして、各地に国府型ナイフ形石器を模した有底横長剥片製ナイフ形石器のみが残ったのである。

5. まとめ

以上の分析・考察から、これまで「国府系（瀬戸内系）石器群」とされた石器群は、瀬戸内技法の変遷の延長線上にある石器群といえる。東日本において瀬戸内技法は東に拡大しながら、次第に石刃石器群や石材の影響を受けて3つの工程を変容させ、消滅していく。また、二上山モデルも同様に石材の確保に苦しみながら、列島中央部（原産地・生産地）－関東地方（消費地）の広範で拡大したが、瀬戸内技法の変容・消滅を経て縮小していく。その後、二上山モデルは国府型ナイフ形石器を模したナイフ形石器によって構成された単位で各地に残っていったと考えられる。

おわりに

本稿では、東日本における瀬戸内技法について検討し、大枠の変遷を捉えた。瀬戸内技法においては、近畿・瀬戸内地方の資料との比較・検討が欠かせない。今後は、東日本での検討をもとに、近畿・瀬戸内地方をはじめとする各地域の変遷を捉えていきたい。

註

本稿は2014年度に明治大学に提出した卒業論文を加除筆したものである。執筆にあたっては、指導教授の安蒜政雄先生から様々なご教示をいただいた。また、資料の実見にあたっては関晴彦氏、小熊博史氏にご助力賜った。武井遺跡調査団、岩宿フォーラム実行委員会の方々には、様々な場で助言をいただいた。末筆ではあるが、記して感謝申し上げる。

引用・参考文献

会田容弘 1992「東北地方における後期旧石器時代石器群の剥片剥離技術の研究」『加藤稔先生還暦記念東北文化論のための先史学歴史学論集』加藤稔先生還暦記念会、pp.209-292

会田容弘 1994「越中山遺跡K地点」『瀬戸内技法とその時代』資料編、中・四国旧石器文化談話会、pp.176-177

安斎正人 2004「東北日本における'国府系石器群'の展開―槍先形尖頭器群出現の前提」『考古学』Ⅱ、安斎正人編集・発行、pp.1-28

安蒜政雄 1979「石器の形態と機能」『日本考古学を学ぶ2』pp.19-41、有斐閣

安蒜政雄 1995「岩宿時代石器群の時代と地域―石器群の特徴・編年・地域性と文化の動態」『岩宿時代を知る』1993年度岩宿大学講義集、笠懸野岩宿文化資料館編

安蒜政雄 2010『旧石器時代の日本列島史』 学生社

岩宿フォーラム実行委員会編 2011『岩宿フォーラム2011 シンポジウム「上白井西伊熊遺跡と東日本の瀬戸内技法」予稿集』岩宿博物館・岩宿フォーラム実行委員会

大西雅広 2011「群馬県上白井西伊熊遺跡における瀬戸内技法」『旧石器考古学』74、pp.29-39

織笠昭 1987a「殿山技法と国府型ナイフ形石器」『考古学雑誌』74-2、pp.1-38

織笠昭 1987b「翼状剥片の構造的矛盾」『考古学研究』34-1、pp.79-86

織笠昭 1987c「国府型ナイフ形石器の形態と技術（上）」『古代文化』39-10、pp.8-23

織笠昭 1987d「国府型ナイフ形石器の形態と技術（下）」『古代文化』39-12、pp.15-30

加藤稔 1965 「東北地方のナイフ形石器文化」『歴史教育』13-3、pp.22-27、日本書院

加藤稔 1992『東北日本の旧石器文化』雄山閣

加藤稔・鈴木和夫 1969「越中山K遺跡の接合資料」『考古学研究』22-5、pp.139-143

柏ヶ谷長ヲサ遺跡発掘調査報告団 1983「第Ⅸ文化層」『先土器時代 海老名市柏ヶ谷長ヲサ遺跡発掘調査概要報告書』

柏倉亮吉・加藤稔編 1969『山形県史 考古資料編』山形県

鎌木義昌 1960「先縄文文化の変遷、打製石器にみる

生活技術」『図説　世界文化史大系』第20巻日本Ⅰ、水野清一編、pp.42-49、角川書店

鎌木義昌 1965「刃器文化」『日本の考古学』Ⅰ先土器時代、pp.131-144、河出書房新社

絹川一徳 2014「東日本における瀬戸内技法の展開」『二上山と岩宿―関西と北関東の旧石器文化―』香芝市二上山博物館、pp.33-42

小菅将夫編 2011『第52回企画展　岩宿時代の東西交流―瀬戸内技法と上白井西伊熊遺跡―』岩宿博物館・岩宿フォーラム実行委員会

白石浩之 1976「東北日本におけるナイフ形石器変遷の素描」『神奈川考古』第1号、神奈川考古同人会、pp.31-45

中・四国旧石器文化談話会 1994『瀬戸内技法とその時代』本編・資料編

中村由克・森先一貴編 2008『上ノ原遺跡（第5次・県道地点）発掘調査報告書』信濃町教育委員会

長屋幸二 2003「岐阜市日野遺跡瀬戸内技法接合資料に用いられている石材について」『東海石器研究』1、pp.32-37

平口哲夫・松井政信・樫田誠 1984「福井県三国町西下向遺跡の横剥ぎ技法―主要石器類の定性分析を中心に―」『旧石器考古学』28、pp.5-18

藤野次史 1994「瀬戸内技法の学史的展望」『瀬戸内技法とその時代』本編　中・四国旧石器文化談話会、pp.13-30

麻柄一志 1984「日本海沿岸地域における瀬戸内系石器群について」『旧石器考古学』28、pp.19-35

麻柄一志 1994「中部地方および東北地方日本海側の瀬戸内系石器群について」『瀬戸内技法とその時代』本編　中・四国旧石器文化談話会、pp.73-80

麻柄一志 2006『日本海沿岸地域における旧石器時代の研究』雄山閣

麻柄一志 2011「瀬戸内技法と日本列島の石器文化」『岩宿フォーラム2011シンポジウム「上白井西伊熊遺跡と東日本の瀬戸内技法」予稿集』岩宿博物館・岩宿フォーラム実行委員会、 pp.2-8

麻柄一志・古森政次 1992「御淵上遺跡の瀬戸内技法（1）」『旧石器考古学』45、pp.61-72

麻柄一志・古森政次 1993「御淵上遺跡の瀬戸内技法（2）」『旧石器考古学』46、pp.47-53

松藤和人 1974「瀬戸内技法の再検討」『ふたがみ』同志社大学旧石器文化談話会編、学生社、pp.138-163

松藤和人 1979「再び"瀬戸内技法"について―瀬戸内技法第一工程を中心に―」『二上山・桜ヶ丘遺跡―第1地点の発掘調査報告―』奈良県史跡名勝天然記念物調査報告第三十八冊　奈良県立橿原考古学研究所編

松藤和人 1985「瀬戸内技法・国府石器群研究の現状と課題」『旧石器考古学』30、pp.119-134

森先一貴 2010『旧石器社会の構造的変化と地域適応』六一書房

森先一貴 2011「国府系石器群の多様性」『旧石器考古学』74、pp.49-59

※紙幅の都合上、発掘調査報告書などは省略しました。

九州石槍文化の成立と「石槍文化」の東方波及

木﨑康弘

はじめに

九州石槍文化を提唱したのは、今から20年前のことだった（木﨑1996）。それは、剝片尖頭器や三稜尖頭器という、それまで見られなかった、大形の狩猟具が登場したり、遺跡数が爆発的に増加したりするなど、それまでの様態から明らかに一変したことを評価してのものだった。ただし、その認識は、決して先取権を持ったものではなく、先行研究にも見出すことができた。その代表的な研究が、中村和正氏が呼んだ「尖頭器的様相」論（中村1981）だった。

中村氏は、「尖頭器的性格をもつ石器群を尖頭器出現前の尖頭器的様相としてとらえ」と述べた。そして、その対象となる石器として、「九州において、尖頭器的様相を構成する石器は現在の所、剝片尖頭器、大形ナイフ形石器、日の岳型尖頭器様石器、ゴロゴロ石器、三稜尖頭器、三面加工尖頭器」を挙げていた。そうだとはいえ、中村氏の趣旨は、九州で槍先形尖頭器が登場した背景を考察したものであって、その点では、九州石槍文化の提唱とは一線を画すものだった。ただし、そうした様相に着目したという点では、先行研究の一つとして、評価したのだった。

ところで、「九州石槍文化」提唱後の議論の一つとして、剝片尖頭器の東方波及の問題を取り上げたことがあった（木﨑2005）。また、「西日本型切出形ナイフ様相」（第1図）が、九州（九州石槍文化）、近畿・瀬戸内（瀬戸内石槍文化）、中部・関東（中部・関東切出形ナイフ文化）の、3つの地域文化に分立したことの背景を、剝片尖頭器の九州地方における出現と評価したこともあった（木﨑2005）。

そこで、今回は、その一環として、剝片尖頭器に加え、三稜尖頭器の東方波及に言及することで、九州石槍文化の成立に伴う、「石槍文化」の東方への波及を、再度評価することとしたい。

1. 剝片尖頭器と三稜尖頭器の原郷土問題

(1) 剝片尖頭器の原郷土問題

九州石槍文化は剝片尖頭器や三稜尖頭器の登場によって成立した地域文化、と評価した筆者

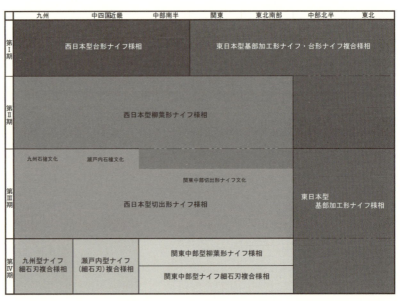

第1図　ナイフ形石器文化の様相

は、その成立の事情を解明するうえで、鍵を握っているのが大分県の岩戸D石器文化（第2図）ということになると考えた（木﨑1996）。一緒に出土した柳葉形ナイフや斜軸形ナイフ、部分加工ナイフ、台形ナイフのナイフ形石器が、その前の時期、つまり木﨑九州編年の九州Ⅱ期後半（木﨑1988、2002）、萩原九州編年の前期、中期段階1（萩原1980、1995）、宮田南九州編年第Ⅱ期、第Ⅲ期（宮田2006）、宮崎編年2段階、3段階（宮崎県旧石器文化談話会2005）、吉留福岡編年の段階3（吉留2013、福岡県旧石器文化研究会2015）の特徴的な石器だったからだ。素材となる剥片においても、製作技術においても、決定的に違う、剥片尖頭器とその他のナイフ形石器。このコントラストは、九州第Ⅱ期後半の最終末期の中に、突如として剥片尖頭器が入ってきた、その辺の事情を窺わせてくれるのではなかろうか。

第1表　各種編年の対比

	萩原九州編年	木﨑九州編年	宮田南九州編年	宮崎編年	吉留福岡編年
早期	段階1	九州第Ⅰ期前半	Ⅰa期	―	段階1
	段階2				
	段階3	九州第Ⅰ期後半	Ⅰb期	1段階	段階2
	段階4				
前期	段階1	九州第Ⅱ期前半	Ⅱ期	2段階	前半期 段階3
	段階2				
	段階3				
	段階4				
中期	段階1	九州第Ⅱ期後半	Ⅲ期	3段階	
	段階2	九州第Ⅲ期初頭	Ⅳ期	4段階	段階4
					段階5
	段階3	九州第Ⅲ期前半	Ⅴa期	5段階	段階6
	段階4		Ⅴb期		
後期	段階1	九州第Ⅲ期後半	Ⅴc期	6段階	後半期 段階7
	段階2		Ⅵ期		
晩期	段階1	九州第Ⅳ期	Ⅶ期	7段階	段階8
	段階2～4	九州細石器文化Ⅱ期・Ⅲ期	Ⅷ期・Ⅸ期	8段階・9段階	終末期 段階9・10

(40000年前／28000年前 AT／16000年前)

そんな岩戸D石器文化だが、抉入加工で茎を明瞭に作り出した、典型的な形状の剥片尖頭器が含まれていた。それは、朝鮮半島で確認される抉りの程度が著しいスムベチルゲによく似たシルエットでもあった。そこに、両者の系統関係を連想させてくれるものでもあったのだ。また、吉留秀敏氏や杉原敏之氏は、第6次調査の有田遺跡で出土した剥片尖頭器（第2図）に注目し、枝去木中山遺跡2期や岡本A遺跡、山王遺跡なども挙げて、「剥片尖頭器を含む石器群の変遷」の1期（吉留2002）やⅠ期（杉原敏2004、2005）に位置付ける議論を展開した。

そしてその評価として、吉留氏は、「この段階の石器群は北部九州に偏っており、剥片尖頭器の出現を関連する可能性が指摘できる」と、朝鮮半島からの門戸を意識した発言を行った。

一方、筆者は、剥片尖頭器の発生について、日本列島の姶良Tn火山灰（以下、「AT」という。）下位にも兆候が認められると述べたことがあった（木﨑2005）。それは、剥片尖頭器的な要素、つまり茎を作り出す行為が臨機的に発生していたことを踏まえた議論だった（第3図）。例えば、関東の四ツ塚遺跡や後田遺跡などや東北の下堤G遺跡の基部加工形ナイフだ。基部加工

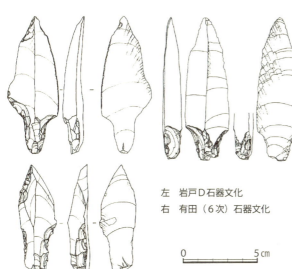

左　岩戸D石器文化
右　有田（6次）石器文化

0　　　5cm

第2図　吉留秀敏氏編年1期の剥片尖頭器

九州石槍文化の成立と「石槍文化」の東方波及

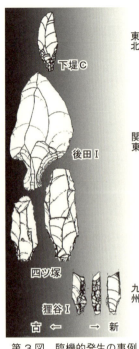

第3図 臨機的発生の事例

形ナイフを母体に剝片尖頭器が成立した可能性は高いとした佐藤の議論（佐藤宏1992）も含め、注目される石器ではある。ただし、それらと剝片尖頭器とは編年的に隔絶していることにも、留意が必要だろう。また、狸谷I石器文化でも、安山岩製の「茎を持つ」柳葉形ナイフもあり、注目しておきたい。ただし、これらも普遍的なものではない。そのことも確認しておきたい。

要するに、剝片尖頭器的な形態要素は、東日本型基部加工・台形ナイフ複合様相（第1図）の基部加工形ナイフや、西日本型柳葉形ナイフ様相（第1図）の柳葉形ナイフの石器製作上においても現れるが、それは、あくまでも例外的で、臨機的なものだった。

筆者は、これまでも繰り返してきたように、朝鮮半島が剝片尖頭器の原郷土だと考えている。

剝片尖頭器や基部加工形ナイフ、三稜尖頭器類似の石器などが見つかっている、垂楊介遺跡の特徴は、九州石槍文化の様態（木崎1996a、b、c）に類似するものだ。また、お互いの地理的な位置も、関連を想定する上で、重要な要素となる。そして、朝鮮半島においては、「後期旧石器時代」初頭の段階で刃器技法が存在するとともに、基部加工形ナイフも存在しているもいるようだ（白石1989）。こうしたことから、確認したいことが、次の3点だった（木崎2005）。

a 「基部加工形ナイフが古くから存在していた可能性が高いこと」

b 「東北や北陸に共通する技術基盤にあった可能性が高いこと」

c 「今は海底下の『古日本湖（東湖）』をめぐる土地を介して、両地方の技術が常に連動していた可能性が高いこと」

この3点を含め合せると、茎状基部を作り出す現象は、部分加工ナイフが作られていた、AT下位の朝鮮半島と東日本の中で、臨機的に現われていたのではないだろうか。そして、それが恒常的に現れたのが朝鮮半島だったのではないだろうか。これこそが、剝片尖頭器の成立ではなかったろうか。要するに、その成立地を朝鮮半島と考えても、一向に差支えないだろう（木崎2000、2004、2005）。

現に、38,500年±1,000BPという年代の韓国「龍保洞遺跡の3文化層」に、剝片尖頭器が存在しているらしい（張2002、2005）。また、張龍俊氏もこうした資料を基に、韓国の後期旧石器時代初頭に剝片尖頭器が出現した可能性を指摘している（張2005）。

(2) 三稜尖頭器の原郷土問題

次に、話題を三稜尖頭器に移そう。

九州における三稜尖頭器の出現を窺わせる石器文化は、萩原博文氏も指摘する（萩原1996）、片田石器文化や岩戸D石器文化（第4図）が代表例だ。それは、一緒に出土した、若しくはそのように判断できたナイフ形石器の形態組成の特徴から、認識できる。具体的には、柳葉形ナイフ、部分加工形ナイフ、切出形ナイフ等との形態組成で、その時期は、木崎九州編年の九州第Ⅲ期初頭、すなわち九州石槍文化の成立段階であったと考えられる。しかもこれらの三稜尖頭器は、出土数こそ少ないものの、すでに定型化したものだった。

ただし、系統上つながる石器を前の時期に見出せるわけではない。こうしたことから、この種の石器の出自を大陸に求めざるを得ないと考

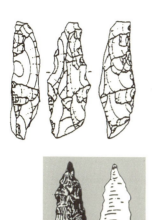

上段　片田石器文化
下段　岩戸D石器文化

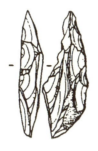

垂楊介遺跡

第4図　九州第Ⅲ期初頭の三稜尖頭器

えるのだ。

ところが、これとは違う議論があることにも留意すべきだろう。それは、荻幸二氏の意欲的な議論である（荻2002）。そこで、それを取り上げたい。

荻氏は、こう結論付けた。

「従って、出土量の多さ、亜形態の多様さ、製作技術要素が他地域より比率が高いことからして三稜尖頭器の起源が九州島にあるのは明らかであり、そのうちでも登場時期である第2段階において分布密度が濃く、Ⅱ類・刃部を残すものという亜形態の比率の高さから、九州東部に比定できるのではないかと考える。」

そして、筆者も同意するが、「ブランティング・面的加工、稜上調整といった技術要素自体はAT降灰以前から存在するとは言え、狩猟具として分厚い素材を用いることや、素材に関わらず—剝片の種類は疎か、手頃な形状の礫・礫片でも構わない—二次加工に重点を置いて素材を大きく変形させるという製作思考法は、九州島では全く見受けられなかったもの」との認識を示した。そして、その発生の起因が、「その起

原地の九州東部の登場時期である第2段階の石器群を考慮するとひとつの可能性が浮かび上がってくる。勿論、九州東部に隣接する瀬戸内地域で自生したと考えられる国府型（系）ナイフ形石器」であった、と考えたのだった。

確かに、その可能性もないわけではない。しかし、そうはいっても、「国府型（系）ナイフ形石器」と三稜尖頭器との間には、「製作思考法」の点で相当な乖離が存在することも事実だろう。

そこで注目したいのが、朝鮮半島だ。現に、日本列島の周辺地域の黄河中・下流域以北や朝鮮半島では、「三稜尖状器」や船底形石器などが出土している。特に、朝鮮半島での舟底形石器の存在は重要で、こうした技術基盤の下、垂楊介遺跡の三稜尖頭器類似のスムベチルゲが成立したと考えてもいいだろう（第4図）。そしてその石器を見れば、打面を基部に置き、残置させた作りの石器であって、片田石器文化の、古手の三稜尖頭器に似た特徴を持ってもいた。

三稜尖頭器の原郷土もまた、朝鮮半島ということになるのではないだろうか。

2. 剝片尖頭器と三稜尖頭器の東方波及

(1) 剝片尖頭器の東方波及

木﨑九州編年の九州第Ⅰ期では、同じ技術基盤の下で作られた切出形ナイフと台形ナイフが存在した（木﨑1989）。こうした様相に新たな石器が付加されたのが、次の九州第Ⅱ期だった。その石器とは、切出形ナイフや台形ナイフとは異なる技術基盤で製作された柳葉形ナイフだった。この現象こそ、旧来の石器に、新たな技術

九州石槍文化の成立と「石槍文化」の東方波及

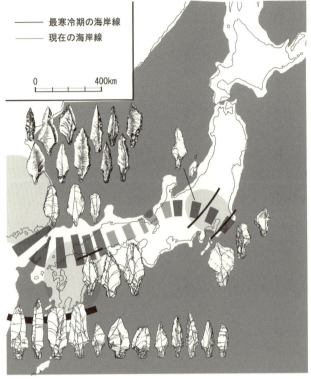

第5図　剝片尖頭器の東方波及

下の柳葉形ナイフを付加させたものだったが、実は、九州第Ⅲ期の成立期でも、そうした新来技術の附加という現象が起こっていた。それは、旧来技術を背景にした柳葉形ナイフや切出形ナイフに、その新来技術によって製作された剝片尖頭器や三稜尖頭器が付加された現象だ。

次に、旧来技術への新来技術の同化が九州第Ⅱ期にあったらしい、と指摘したことがあった（木﨑1989）。具体的に言うと、もともと刃器技法の下で製作されていた柳葉形ナイフだったが、狸谷Ⅰ石器文化に見られるように、切出形ナイフや台形ナイフの素材剝片をも素材にして製作されるようになった。その結果、大形品である柳葉形ナイフと小型品である切出形ナイフや台形ナイフと関係は、狸谷Ⅰ石器文化の段階でより緩やかなものとなっていった。

実は、こうした傾向は、九州第Ⅱ期から九州石槍文化への移行でもさらに程度を強めて、認められた現象だった（木﨑2004）。長さ4cm前後

〜2cm前後の狸谷Ⅰの柳葉形ナイフや切出形ナイフから、4cm前後〜3cm弱の狸谷Ⅱの切出形ナイフへと変移・集約されたのだった。つまり、九州第Ⅱ期で大型品と小型品との関係にあった柳葉形ナイフと切出形ナイフ・台形ナイフが、九州石槍文化では均質化、等質化したとも評価できるわけだ。いわば、旧来技術への新来技術の技術的埋没ということになるだろう（木﨑2003）。こうした中で登場したのが、剝片尖頭器や三稜尖頭器であった。これによって成立したのが、大形品としての剝片尖頭器と三稜尖頭器に対する、小形品としての切出形ナイフ、台形ナイフなどの新たな構図だったようだ。

ところで、木﨑九州編年の九州第Ⅲ期初頭（表）に九州に伝播した剝片尖頭器だったが、その後、中部や関東など、東方へと波及していった（木﨑2005）。そのことは、長野県東浦遺跡や東京都高井戸東遺跡、神奈川県柏ケ谷長ヲサ遺跡などで見つかった、ほぼ同じ時期の剝片尖頭器類似石器の存在が示していることだった（第5図）。ところが、波及があったとしても、九州のように定着化するところまでは至らなかった。その原因がどこにあったのかは分からないものの、製作に適合する石材の確保が困難だったことと関係があったのかもしれない。

(2) 三稜尖頭器の東方波及

次に、三稜尖頭器もまた九州から波及した石器であった可能性を見てみたい。

九州第Ⅲ期（表）とその並行期の西日本においては、「角錐状石器」（西川・杉野1959）等と呼ばれる石器が広く広がっていた。そしてその広域性が背景となっているのだろう、例えば、九州の「三稜尖頭器（三稜ポイント）」（橘1970）や近畿・瀬戸内の「舟底形石器」（松藤

210

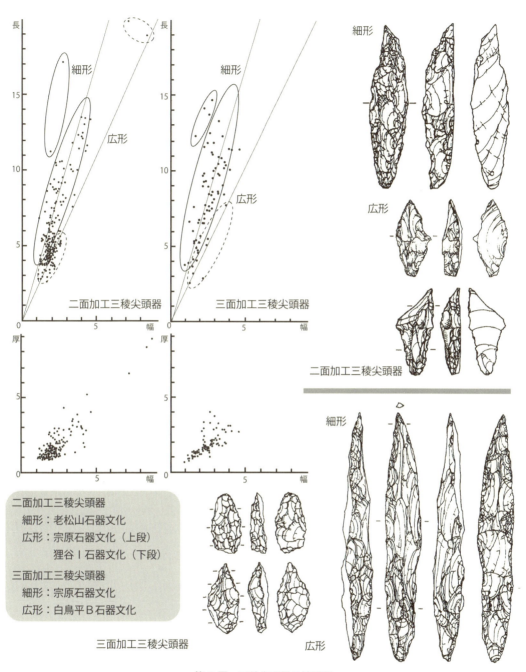

第6図　三稜尖頭器の諸形態

1981)、関東の「ゴロゴロ石器」(小田1980)、「尖頭器様石器」(矢島・鈴木1975)、「尖頭形石器」(安蒜1986)のような呼ばれ方もしている。とはいえ、それらの石器は、対応関係が見出されていること、つまり、「角錐状石器」と「三稜尖頭器」、「舟底形石器」、それに「ゴロゴロ石器」等は、それぞれの形態論的・型式論的特徴の共通性から、同じ石器であると見なされていることも事実である(佐藤達1969)。現に、九州の中においては、同じ石器を三稜尖頭器と呼ぶ研究者もいれば、角錐状石器と呼ぶ研究者もいるのである。このことは、「角錐状石器」やその他の石器名

で呼ばれる石器が類似する形態論的特徴を示す同じ石器形態として、ほぼ同じ時期に広く日本列島の西側を中心に分布することを示しているのではなかろうか。それ故に、この石器が「広域石器」として、日本列島内の編年対比においても石器文化内容の検討においても重要な研究対象だと評価されているのである（佐藤達1969、織笠1988、白石1989、比田井1990）。

ところが、そのような「広域石器」という側面がある一方で、広域という側面から出てくることは、地域毎の特性の顕在化でもあった。その結果、それぞれの地域間で、定義の幅や石器名称のバラツキが生じてきていた。

例えば、亀田直美氏の、角錐状石器の定義は、「厚手の素材の両側縁に急角度の二次加工を施すことにより、一端、または両端が尖頭状をなすもので、二次加工の形態により、石器の断面形が三角形、あるいは台形を呈する石器」（亀田1996）である。この定義を形態論的な要素（杉原荘1943）ごとに整理してみると、次のように整理できるだろう。

①「原料（≒素材）」：厚手の素材
②「製法」：両側縁に急角度の二次加工
③「形象」：一端、または両端が尖頭状をなす・断面形が三角形、あるいは台形

この定義は、基本的には西川宏・杉野文一両氏の定義（西川・杉野1959）に沿うものだ。また、白石浩之氏（白石1974）や比田井民子氏（比田井1981）、松藤和人氏（松藤1981）、矢島國雄氏（矢島1985）、織笠昭氏（織笠1988）、荻幸二氏（荻1987）、杉原敏之氏（福岡県教育委員会1994、杉原敏2011）、越智睦和氏（越知2011）らの定義にも共通点が多い。

ところが仔細にみると、それぞれが指し示す範囲は、明ら

かに荻氏や杉原氏の定義の方が格段に広いのである。杉原氏を例にとると、「分割礫などを素材とし、平坦剝離や背面中央の稜上調整によって三面加工にする」「大型三面加工品を中心とする一群」と、「厚い幅広の横長剝片を素材とし、腹面からの急傾斜剝離によって、背面を中心に二面加工にする」「小型の一群」があるのだ。また、越智氏は、その多様性を背景に、「角錐状石器」、「角錐状尖頭器」、「三稜尖頭器」、「断面台形状尖頭器」に再分類して、再定義してもいるのである。

また、筆者は、三稜尖頭器を大きく二つに分類されると考えている（木﨑1998）。

一つ目は、裏面に調整加工を施さない三稜尖頭器で、二面加工三稜尖頭器と呼ぶ（第6図）。この二面加工三稜尖頭器は、長幅比6：1〜5：3前後、幅厚比3：2〜1：3前後の範囲にまとまる（第6図）。ただし、大きさでは、20cmを超える大型のものから2.5cm前後の小型のものがあるなど、グラフ上の分布が広い（第6図）。この形態の三稜尖頭器は、長幅比と大きさ、そして幅厚比を参考にした傾向から、さらに、大きく二つの細分形態に分類できる。一つは、細身で大型のもので、細形と呼ぶ（第6図）。もう一つは、幅広で小型のもので、広形と呼ぶ（第6図）。

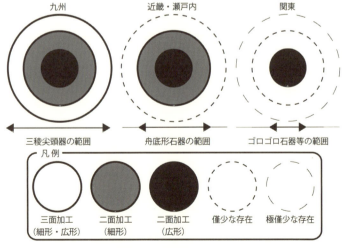

第7図　三稜尖頭器及び類似石器の概念範囲

二つ目は、三面共に調整加工を加える三稜尖頭器で、三面加工三稜尖頭器と呼ぶ。この三面加工三稜尖頭器は、長幅比６：１～５：３前後である（第６図）。これは、二面加工三稜尖頭器の傾向に近似したものだ。こうした両者の類似性は、３：２～１：３前後の範囲にまとまる幅厚比でも認められる（第６図）。ただし、グラフ上での偏在では、三面加工三稜尖頭器の方が幅厚比１：３側に偏っている。つまり、二面加工三稜尖頭器に比べて三面加工三稜尖頭器が薄手であるというだろう。大きさでは、15cm前後の大型のものから2.5cm前後の小型のものまである（第６図）。三面加工三稜尖頭器は、長幅比と大きさ、そして幅厚比を参考にすれば、大きく二つの細分形態に分類できる。一つの細分形態は、細身で大型のものであり、細形と呼ぶ（第６図）。もう一つは、幅広で小型のものということで、広形と呼ぶ（第６図）。

今日、「角錐状石器」が広く日本列島に拡がっているという認識は、定着しているのだが、それは、一面では説明することができない問題をはらんでいる。つまり、石器の顔つきが微妙に変わることによって、西日本各地でそれぞれに様態が顕在していたようなのだ。その結果、角錐状石器の他に、三稜尖頭器、舟底形石器、そしてゴロゴロ石器、尖頭状石器、尖頭様石器、尖頭器様石器と、さまざまな石器呼称と定義が現れてきたのである。

こうしたことを踏まえて考えれば、三稜尖頭器は、角錐状石器や舟底形石器、ゴロゴロ石器などと評価される石器に比べ、その形態論的な特徴が豊富で、その概念の範囲がより広いと見なすことはできる。ここに「西高東低」（第７図）という傾向が見られる形態論的特徴を指摘できるのではないだろう（木﨑1998）。

こうした点と、朝鮮半島が三稜尖頭器の原郷土だという先ほどの議論を踏まえてみよう。そうすれば、より多様性を持った九州地方が発信源となって、近畿・瀬戸内へ、さらには中部・関東へと波及していったのが、三稜尖頭器であり、船底形石器であり、角錐状石器であり、ゴロゴロ石器だったという議論が可能になるのではなかろうか。

因みにその波及の時期だが、亀田氏が興味深い議論を行っていた（亀田1996、2011）。それは、Ⅰ期のⅤ層下部の段階に、「出土例は少なく、角錐状石器は遺跡内の他の石器群とは異なる『構造外』の在り方を示す」というもの。そして、その後のⅡ期のⅤ層上部～Ⅳ層下部の段階に、「国府系石器群の流入や角錐状石器の伝播などのイベントが起こる」というものだった。亀田氏が示した、この認識から推察されることは、AT降灰直後の九州第Ⅲ期初頭には、すでに関東まで第一派が及び、その後の九州第Ⅲ期前半に、本格的な波及が起きたということだ。つまり、朝鮮半島からの波及早々に、関東まで第一派が及んだことになり、「『構造外』の在り方」も含め、今後の課題としてその背景が問題となってこよう。

おわりに

九州石槍文化については、新来技術と旧来技術が共存する構図の時期と評価できる。その新来的な技術の象徴が、大型の狩猟具であった剝片尖頭器や三稜尖頭器等だ。一方、この狩猟具の大型化は、近畿・瀬戸内での「国府型」ナイフの発生とともに、両地方での「石槍文化」化を生成したようだ。そしてさらには、九州や近畿・瀬戸内の様相の、中部や関東への波及によって、西日本一帯での狩猟具の大型化が進み、西日本型切出形ナイフ様相を形成したものと考えられる。

このように、剝片尖頭器と三稜尖頭器の出現は、先土器時代の日本列島で起きた狩猟具の大型化を促した出来事だったと評価される。おそらくそれは、最終氷期の最寒冷期という気候変

動の極点とも関連した出来事だったともいえる
のではないだろうか。

　安蒜政雄先生、定年退職、おめでとうござい
ます。併せて、先生の学恩を余りあるほど浴び
た人間として、心より御礼を申し上げます。先
生とは、学部2年の時に初めてお会いしました
から、もう40年近くになります。その間、幾
度となく九州、熊本を訪れられ、多くの学的刺
激を受けさせていただきました。また、韓国に
も4回ほど、同行させていただき、これまた同
様の刺激となりました。さらに、博士論文の執
筆では、折に触れて御指導と叱咤激励を頂き、
充実した5年間となりました。こうした思い出
を感じながら、細やかな本文を、先生への献呈
論文とさせていただきます。

引用・参考文献

安蒜政雄 1986「先土器時代の石器と地域」『岩波講
　　座日本考古学5　文化と地域性』岩波書店
荻　幸二 1987「九州地方のナイフ形石器文化」『旧
　　石器考古学』3　旧石器文化談話会
荻　幸二 2002「九州地方の角錐状石器の製作技術に
　　関する一考察」『九州旧石器』6　九州旧石器文化
　　研究会
小田静夫 1980『西之台遺跡B地点』東京都教育委員会
越智睦和 2011「中九州における角錐状石器の製作技
　　術について」『九州旧石器』15　九州旧石器文化研
　　究会
織笠　昭 1988「角錐状石器の形態と技術」『東海史学』
　　22　東海大学史学会
亀田直美 1996「角錐状石器」『石器文化研究』5　石
　　器文化研究会
亀田直美 2011「関東地方の角錐状石器」『九州旧石器』
　　15　九州旧石器文化研究会
木﨑康弘 1988「九州ナイフ形石器文化の研究―その
　　編年と展開―」『旧石器考古学』37　旧石器文化談
　　話会
木﨑康弘 1989「始良Tn火山灰下位の九州ナイフ形
　　石器文化」『九州旧石器』創刊号　九州旧石器文化
　　研究会
木﨑康弘 1994「剝片尖頭器と石文化について」『九

州旧石器時代関係資料集成Ⅲ―剝片尖頭器編』九
　　州旧石器文化研究会
木﨑康弘 1995「石器組成について」『始良火山噴火
　　後の九州とその人びと―2万年前の石器文化―』九
　　州旧石器文化研究会
木﨑康弘 1996a「九州地方の様相―九州石槍文化の
　　成立と展開―」『石器文化研究』5　石器文化研究会
木﨑康弘 1996b「九州石槍文化の展開と細石器文化
　　の成立」『九州旧石器文化研究会第21回発表集』
　　九州旧石器文化研究会
木﨑康弘 1996c「石槍の出現と気候寒冷化―地域文
　　化としての九州石槍文化の提唱―」『旧石器考古学』
　　53　旧石器文化談話会
木﨑康弘 1998「亀田直美氏『角錐状石器』へのコメ
　　ント―九州地方からの発言―」『石器文化研究』6
　　石器文化研究会
木﨑康弘 2000「剝片尖頭器の出現と九州石槍文化」
　　『人類史研究会第12回大会発表予稿集』人類史研
　　究会
木﨑康弘 2002「ナイフ形石器文化の変遷と中期旧石
　　器的要素の変容」『九州旧石器―下川達彌先生還暦
　　記念特集号―』6　九州旧石器文化研究会
木﨑康弘 2003「後期旧石器時代の変遷と剝片尖頭器
　　の評」『旧石器研究40年記念　旧石器人の生活と
　　遺跡』忠北大学校考古学博物館
木﨑康弘 2005「ナイフ形石器文化の展開と剝片尖頭
　　器」『考古学ジャーナル』527　ニューサイエンス社
坂入民子 1981「関東地方における角錐状石器と関型
　　石器」『石器研究』2　石器文化研究会
笹原芳郎 1995「第2期・第3期の石器群」『愛鷹・
　　箱根山麓の旧石器時代編年』静岡県考古学会
佐藤達夫 1969「ナイフ形石器の編年的一考察」『東
　　京国立博物館紀要』5　東京国立博物館
佐藤宏之 1992『日本旧石器文化の構造と進化』柏書
　　房
白石典之 1989「朝鮮半島における後期旧石器時代
　　初頭の石器群―特にクム洞窟遺跡を中心として―」
　　『筑波大学　先史学・考古学論集』1　筑波大学
白石浩之 1974「尖頭器出現加工における内容と評価」
　　『信濃』26-1　信濃史学会
白石浩之 1989『旧石器時代の石槍』UP考古学選書
　　7　東京大学出版会
杉原荘介 1943『原史学序論』

福岡県教育委員会 1994『宗原遺跡』

杉原敏之 2004「AT降灰後の西九州―尖頭器石器群の出現と展開」『九州旧石器』88　九州旧石器文化研究会

杉原敏之 2005「列島西端における角錐状石器の出現」『地域編年と文化の考古学I』明治大学考古学研究室

杉原敏之 2011「西北九州の黒曜石製角錐状石器」『九州旧石器』15　九州旧石器文化研究会

芹沢長介編 1978『岩戸』東北大学考古学研究室

髙尾好之 1995「第1期の石器群」『愛鷹・箱根山麓の旧石器時代編年』静岡県考古学会

橘　昌信 1970「周辺遺跡の調査（その2）―宝満川流域先土器時代―」『福岡南バイパス関係埋蔵文化財調査報告』1　福岡県教育委員会

張龍俊 2001「諱半島出土剥片尖頭器の特徴と編年」『季刊考古学』87　雄山閣

張龍俊 2002「韓半島の石刃技法と細石刃技法」『九州旧石器』6　九州旧石器文化研究会

張龍俊（金正培・村越純子訳）2005「韓国の後期旧石器時代と剥片尖頭器」『考古学ジャーナル』527　ニューサイエンス社

中村和正 1981「尖頭器的様相と尖頭器の出現」『九州の旧石器文化』1 九州旧石器文化研究会

西川宏・杉野文一 1959「岡山県玉野市宮田山西地点の石器」『古代吉備』3

萩原博文 1980「西南日本における旧石器時代の石器群の様相―九州地方を中心として―」『考古学研究』26-4　考古学研究会

萩原博文 1995「第二章平戸の旧石器時代」『平戸市史自然・考古編』平戸市

萩原博文 1996「西南日本後期旧石器時代後半期における石器群の構造変容」『考古学研究』43-3　考古学研究会

比田井民子 1990「角錐状石器の地的動態と編年的予察」『古代』90　早稲田大学考古学会

福岡県旧石器文化研究会 2015「第IV章第1節：旧石器時代石器群の編年」

松藤和人 1981「西日本における舟底形石器の編年的予察―近畿・瀬戸内地方の出土例を中心に―」『旧石器考古学』22　旧石器文化談話会

松藤和人 1987「海を渡った旧石器"剥片尖頭器"」花園史学 8　花園史学会

宮崎県旧石器文化談話会 2005「宮崎県下の旧石器時代遺跡概観」『旧石器考古学』66　旧石器文化談話会

宮田栄二 2006「九州島南部の地域編年」『旧石器時代の地域編年的研究』同成社

宮田栄二 2007「剥片尖頭器と三稜尖頭器の出現及び展開」『九州旧石器』11 九州旧石器文化研究会

矢島國雄 1985「尖頭状の石器の性格―いわゆる角錐状石器・尖頭器様石器の再検討―」『論集　日本原史』明治大学考古学研究室

矢島國男・鈴木次郎 1976「相模野台地における先土器時代研究の現状」『神奈川考古』1　神奈川考古同人会

吉留秀敏 2002「九州における剥片尖頭器の出現と展開」『九州旧石器』6 九州旧石器文化研究会

吉留秀敏 2013「第2章旧石器時代」『福岡市史 - 特別編自然と遺跡からみた福岡の歴史』福岡市

挿図出典

第1図　次の文献掲載の編年表を基に、作成した。
　木﨑康弘 2005「ナイフ形石器文化の展開と剥片尖頭器」『考古学ジャーナル』527　ニューサイエンス社

第2図　次の文献の挿図を基に、構成した。
　坂田邦洋 1980『大分県　岩戸遺跡』広雅堂。
　福岡市教育委員会 1994『有田・小田部　第19集』福岡市教育委員会

第3図　次の文献の挿図を基に、構成した。
　木﨑康弘 2005「ナイフ形石器文化の展開と剥片尖頭器」『考古学ジャーナル』527　ニューサイエンス社

第4図　次の文献の挿図を基に、構成した。
　坂田邦洋 1980『大分県　岩戸遺跡』広雅堂。
　延岡市教育委員会 1990『片田遺跡』宮崎県

第6図　次の文献の挿図によって構成。
　福岡県教育委員会 1994『宗原遺跡』
　熊本県教育委員会 1987『狸谷遺跡』
　熊本県教育委員会 1994『白鳥平B遺跡』
　佐賀県教育委員会 1989『老松山遺跡』

第7図　次の文献の挿図を基に、加筆修正して作成。
　木﨑康弘 1998「亀田直美氏『角錐状石器』へのコメント―九州地方からの発言―」『石器文化研究』6

剥片尖頭器の構造と展開

杉原敏之

はじめに

　列島西端に位置する西北九州は、朝鮮半島や中国大陸に近接する地理的特質から、人類の移住や文化の接触地域として重要である。特に最終氷期の寒冷化による海面低下によって、東シナ海の大陸棚が陸化した頃、この地域では新たな人類文化の導入を推測させる器種が出現する。その一つである剥片尖頭器は、朝鮮半島南部で同形態の器種が確認されることから、列島外の人類集団との接触による痕跡とみられている。

　剥片尖頭器は、それまでの黒曜石主体のナイフ形石器とは異なり、非ガラス質のサヌカイト石材を使用し、石材産地周辺に石器製作に関わる大規模なアトリエを残すなど石器群としても異彩を放っている。それは、AT降灰後に顕在化する、人類集団の新たな領域形成や行動戦略に深く関わるものと考えられる。

　本論では、列島西端に出現した剥片尖頭器の構造的検討を行い、この器種の特質や出現背景について素描したい。

1. 剥片尖頭器の技術と組成

（1）剥片尖頭器の形態と技術

　剥片尖頭器は、素材である石刃の形状を活かした器種である。素材背面には、剥離面の切合いによって形成した鏑状の稜線を中央に一条留めるものが多く、石刃石核の作業面小口を取り込んで素材剥離を行ったことが分かる。そして、基部付近の両側縁をノッチ状の二次調整によって中茎状に加工する。西北九州では、多久・小城地域のサヌカイトや松浦地域の玄武岩を主に石材として使用している。大きさは、概ね7.5cm以上の大型、6.5cm前後の中型、5cm以下の小型に分かれる。

　剥片尖頭器の具体的な製作技術については不明な点が多い。石刃技法を技術基盤とするが、消費地で製作痕跡を留めるものは殆ど無く、石材産地周辺において大規模な石器製作跡を残している。例えば、サヌカイト原産地の多久三年山遺跡1次調査では、19,011点中、大型石刃を剥離した縦長剥片石核38点、縦長剥片104点であり、素材の石刃や石核が多くみられる（杉原・戸沢・安蒜1983）。さらに2次調査では、石刃技法主体の石器群のブロックが検出されている（岩永2004、第1図）。AT降灰層準上位に位置づけられるⅢ層では329点出土しており、多くの剥片や石核が接合している。大型の角礫や多面体の分割礫を石核素材として礫の小口より稜線を取り込む形で第一次剥離を行い、次の段階では打点をずらして剥片の背面に稜線を取り込んでいる。接合状況から、平面逆三角形で先細りの大型石刃剥離を目的として、良品を遺跡外へ搬出していることが分かる（杉原2004）。

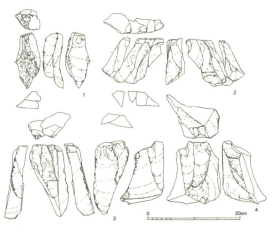

第1図　多久三年山遺跡2次石刃技法関係資料

こうした原産地遺跡における断片的な資料から、剥片尖頭器は、石器製作工程の大半を原産地に留め、素材あるいは製品段階で搬出されたと理解される。

(2) 剥片尖頭器を組成する石器群

西北九州の剥片尖頭器は、五島列島や平戸島、玄界灘沿岸、上場台地から北松浦、筑紫平野、島原半島、大村・諫早地域に分布している。ここでは、剥片尖頭器を組成に含む、概ね時期的にまとまりを持つ石器群を抽出した（第1表）。

石器群ブロック単位での剥片尖頭器の出土状況をみると、1〜4点程度であり、ナイフ形石器や台形石器を組成に持つ例が多い（第2図）。通常、視覚的に確認でき

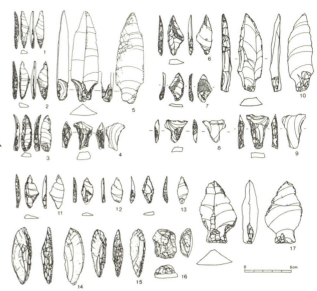

第2図 剥片尖頭器石器群
（1〜5:有田6次、6〜10:西輪久道下層、11〜17:船塚Ⅶ層）

第1表 剥片尖頭器の器種組成

遺跡名	地区等	ブロック	SPan	Sp	KN	PsP	Po	Tp	HTp	PE	No	ES	SS	Sc	GB	W	RF	MF	Bd	Fk	Cp	Cr	HS	Oth	計
大坂遺跡				1	1			2															1	1	6
中山遺跡	4層（'76）	「4」		1	13			11			1		1		3			1	11			7		1	50
	3層（'76）	—		1	2	9		11				1		1	2	1		3	9			7	1		45
	その他			3	2		1																		6
原の辻遺跡	大川地区	—		1		18			7	2			4						3			4			39
日ノ出松遺跡	掲載分	—		2	8	97			5	5		2	11	17	10		3	15		1			27			205
川原田遺跡	Aユニット	1			1	2							2	4				14		10	116	25	2			176
	Bユニット	1		1	2	3		1				1	2	1						9	138	43	2			203
	Cユニット	1		2	7		3						11							25	391	127	9			575
	Dユニット	1			1	7		2					3							17	226	162	3			421
	〈総数〉			1	6	19		6				3	20	1				14		61	871	357	16			1,375
平沢良遺跡		—		1		5		1	1			1	8			1	19			33	○	○	113			183
有田遺跡6次		1		1		6		1												1						9
三苦遺跡群3		3			2	7	1					3	1							2						16
原田辻遺跡A地点		1		12	3	15	3		3	2	1			5				7	6	7	3	3		3		73
原田榎本ノ一遺跡		—		2		2	4	2	6											2	2		7			29
地蔵平遺跡	2A区4層	3		11	5	18	7		4					40	1			48	19		1	862	422	24	2	4	1,468
	2A区5層	4		4	2	10	2		3					14	1			18	5			414	182	11		2	668
船塚遺跡	E4区Ⅵ層	—			1		1		1	1				4				1	6		107	134	7		1	272
	E4区Ⅶ層	—			2	17				3	3		1	2				2	10		55	222	5		1	323
	G3区Ⅵ層	—			1	8					1			4	1				1		29	15	1			67
	G4区Ⅵ層	—		1	2	4			1				1	2	6		1	4	4	12		73	79	8		3	201
老松山遺跡		—		5		35	102	17	1					29	8								41			238
岡本遺跡LocA	LocA	—		8		21	2		5					3					26				6		13	84
山王遺跡					1	11			21																	33
多久三年山遺跡	1次	—					11	186			1								104	18,549			38		10	18,899
	2次	1										○							○	○	○	○				329
百花台D遺跡	D区Ⅵ層	13		3		39	2	5	14			2	12		2		4	4		443	2,558	11	4	4		3,107
	D区Ⅴ層	12		1		27	3	5	12				3				4	7		194	1,499	10		1		1,766
	D区Ⅳ層	11		1	4	14	7	10	16				2				4			163	1,025	6		1		1,253
	E区Ⅵ層	11		1	1	53	2	4	12					2		2	8	8		219	3,160	17	36	65		3,592
百花台遺跡2地区	Ⅵ層	—		1	1	45	1	3	3			2					3	4		22		9	1			95
	Ⅵ層	—		2	1	21	3	2	14								5									48
百花台遺跡4地区	Ⅴ層	—		2		7	10	3	20			1		1						2		6		1		56
	Ⅳ層	—		3		14			1			1	4				4	1								33
百花台東遺跡I	CⅠ	1			1	3			4			1					2		98		376		4			489
	CⅡ	1							3			1					2		1		21					28
	CⅢ	1												1			3		3		59					69
	CⅣ	1							1								2		1		42		1			47
	CⅤ	1		1								1			1		2		3	1	13		1			23
	CⅥ	1							1				2				1		2	9	46		5			67
	CⅦ	1		2					1								1		11		44					59
	CⅧ	1							1								1		24		92					120
	その他								1				2				1		14		15	7	3			43
	〈総数〉	8		5	6	1			11			3	4		3	2	16	164	1		708	7	14			945
真正寺条里跡	2区	1		1	5		2		3			3	1		2		4	3			13		1			25
西輪久道遺跡	上層	4		2	2	14	6	6	14			2	1				7				13				34	103
	下層	3			1	6			5	4		1					4				13		6	4		44

SP：剥片尖頭器、KN：ナイフ形器器、PSP：角錐状石器、PO：尖頭器、TP：台形石器、HTP：原の辻型台形石器、PE：楔形石器、No：ノッチ、ES：エンドスクレイパー、SS：サイドスクレイパー、Sc：スクレイパー、GB：彫器、W：ドリル、RF：二次加工剥片、MF：微細剥離を有する剥片、Bd：石刃、Fk：剥片、Cp：砕片、Cr：石核、HS：敲石等、Oth：その他器種

217

るブロックの規模は、石器製作を中心とする石器消費の累積過程を示すが、また一方では集団による遺跡形成の最小単位としての道具の在り方も反映している。そのため、時間軸上での詳細な分離は困難だが、遺跡における多数の剝片尖頭器の出土は道具の保有や回帰的な累積状況の結果とみられる。

剝片尖頭器に組成する特徴的な器種型式として、原の辻型台形石器がある。百花台東遺跡Ⅰ文化層（松藤編 1994）、西輪久道遺跡下層（副島・伴編 1985）、日ノ出松遺跡（田島編 1993）では数点程度が組成している。特に百花台東遺跡Ⅰ文化層ＣⅠ集中部には良好な接合資料があり、原の辻型台形石器の製作技術が復元されている。この器種は、求心状剝離によって得られた幅広の剝片を素材とし、打面部を除去する形で背面から、端部を腹面からそれぞれ二次調整を行い、刃部側縁に突起状の張り出しを持つ技術形態的特徴がある。さらに、同じ尖頭器としての機能が想定される国府系ナイフ形石器と共伴する事例もある。船塚遺跡では、瀬戸内技法を基盤とする国府系石器群と共に剝片尖頭器が出土している（八尋編 1984）。

このような特徴的な器種型式の組成は、領域を形成する集団間における道具の志向や他集団との接触を示すものと考えられる。

2. 剝片尖頭器の構造と拡がり

(1) 遺跡構造

福岡平野西の有田遺跡6次では、黒曜石製ナイフ形石器やスクレイパー等で構成される径1.5mの極めて散漫なＡ群ブロックの縁辺より、剝片尖頭器が1点出土している（山崎編 1994）。サヌカイト製の大型石刃素材で、基部にノッチ状の調整を施した長さ9.2cm、幅2.4cm、厚さ1.2cmである。黒曜石主体の石刃技法を基盤に持つ石器群において、"大型石刃技法"の剝片尖頭器が技術構造上独立して存在している。

これに対して、島原半島の百花台東遺跡Ⅵ層上部の第Ⅰ文化層では、剝片尖頭器（中原型含む）11点、原の辻型台形石器11点、角錐状石器1点、スクレイパー、石核等、945点が出土している。遺物集中部（ブロック）は、母岩別資料・接合資料によってＣⅠ～ＣⅧの8つに分けられ、ＣⅠ集中部を中心に半環状に他の集中部が分布している（第3図）。剝片尖頭器は、ＣⅠ：4点、ＣⅢ：2点、ＣⅤ：1点、ＣⅥ：2点、ＣⅦ：2点とそれぞれ認められる。特にＣⅠ集中部では黒曜石製原の辻型台形石器を製作したブロック周辺に4点が製品単体で分布している。このうち、サヌカイト製の1点以外は片側縁調整や周縁調整を施した頁岩製で、3点は中茎状の基部形態である。また、ＣⅦ集中部では折損した剝片尖頭器と角錐状石器が炭化物集中部に近接して確認されている。

以上のように、剝片尖頭器は、いずれもブロックの縁辺部に製品単体の独立した状態で出土している。同様の出土状況は、西輪久道遺跡下層

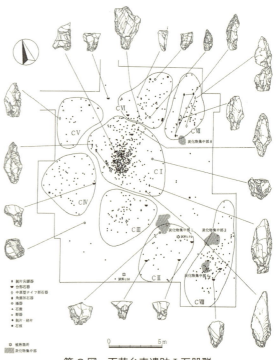

第3図 百花台東遺跡Ⅰ石器群

や川原田遺跡B・Dユニットなどでも認められ、剥片尖頭器はブロック内の石器製作に直接関係するものではないことが分かる。このような遺跡構造上の特徴は、他の石器類との関係において、器種としての独立性や道具としての管理形態や機能的側面を強く示すものとみられる。

一方、剥片尖頭器には欠損品の事例も多い。例えば、百花台東遺跡Ⅰ文化層では、出土11点中、欠損した先端部2点と基部が2点ある。このうちCⅥ集中部より出土した頁岩製は破損後に調整剥離がみられ、転用を意図した可能性もある。さらに、筑紫野地峡帯の原田辻遺跡A地点では、15点中8点が胴部上半を欠損した基部で、先端部を欠損するものも4点ある（森山編 2011）。基部に二次調整を施す転用品がみられないことから、柄から取り外してそのまま遺棄したものとみられる。このような剥片尖頭器の遺棄形態が一定量みられる時、場の機能を表現している可能性が高い。

(2) 剥片尖頭器の型式分布

剥片尖頭器には幾つかの型式が存在する。かつて吉留秀敏は、二次調整によって大きく5型式、基部形態でA・B類に分け、この型式設定によって剥片尖頭器の時間差と機能差を見出そうとした（吉留 2002a、第4図）。つまり、出現期に基部両側縁にノッチ状の二次調整を施す枝去木山中遺跡や有田遺跡6次の大型品を位置づけ、次段階以降に片側縁や両側縁調整を施す中・小型品が出現するとしたのである。

この吉留の意見に対して、石材・技術・組成や堆積物の諸条件の差異が大きい九州地方では、技術形態から編年的位置を示すことに慎重な意見もある（藤木 2016）。筆者も藤木聡と同様の認識に立つが、西北九州では松浦地域の黒曜石と筑紫平野のサヌカイトという脊梁山地を挟んだ南北に分かれる資源環境から抽出の粗密はあるが、ある程度の傾向を把握することは可能と考えている。ここでは、吉留の分類に照らして剥片尖頭器の型式と石材を整理した（第2表、第5図）。

玄界灘沿岸部では、枝去木山中遺跡、有田遺跡6次、平沢良遺跡でサヌカイトや安山岩製のⅠA・ⅡA類が単体で出土している。さらに、共伴器種の型式から次段階に位置づけられる日ノ出松遺跡や川原田遺跡では、ⅠA類のほか、側縁調整を基本とする黒曜石製のⅢA類やⅣA類もみられる。これに対して、脊振山地南側のサヌカイト原産地を控える筑紫平野では、圧倒的にサヌカイト製が多く、側縁調整を施すⅢ・Ⅳ類が主体となる。こうした傾向は、筑紫平野南方の島原半島や諫早地域にまで認められる。さらに島原半島の百花台東遺跡Ⅰ文化層で

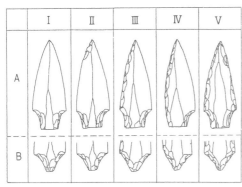

第4図　剥片尖頭器の型式（吉留2002a）

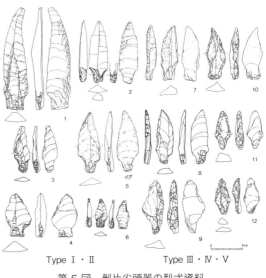

第5図　剥片尖頭器の型式資料
（1：枝去木、2：有田6次、3・6：日ノ出松、4・9：船塚、5：平沢良、7・10：百花台D、11・12：百花台東Ⅰ）

第２表　剝片尖頭器の型式分布

| 地域 | 遺跡名 | 地区等 | Ⅰ | | | | Ⅱ | | | | Ⅲ | | | | Ⅳ | | | | Ⅴ | | | | 備考 |
| | | | A | | B | | A | | B | | A | | B | | A | | B | | A | | B | | |
			an	o/s	an	o/s	an	o/s	an	o/s	an	o/s	an	o/s	an	o/s	an	o/s	an	o/s	an	o/s	
五島・平戸・壱岐	大坂遺跡		1	1																			
	中山遺跡	4層（'76）						1															
		3層（'76）	1					2															
		その他	2				1	1							1								
	原の辻遺跡	大川地区									1												
		苣木地区																				1	
			4	1			1	4			1				1							1	
上場台地・松浦	日ノ出松遺跡	掲載分	1	3				1			1	1											
	川原田遺跡	Bユニット				1									1	1							
		Cユニット								2													
		Dユニット					1																
		その他			1		1	1			1	1	1	1									
	原遺跡			2								2											
	新木場遺跡			2							1												
	生石遺跡										1	1											
	枝去木山中遺跡	単独出土	1																				
	平沢良遺跡			1																			
	楼楷田遺跡		1	1								1											
			3	9	1	1	2	2		2	4	6	1	1	1	1							
福岡平野・宗像	有田遺跡6次		1																				
	三苫遺跡群3											2											ⅢA：珪化木1
	勝浦井ノ口遺跡							1															
	牟田池遺跡	表採	1				1					2											
			2				1	1				4											
筑紫野地峡帯	大宰府条坊跡81次																		1				
	原田辻遺跡A地点						1	1	1										1				
	原田榎本ノ一遺跡											1											
	原田遺跡群		1						1		1				1	1							ⅣA：頁岩1
	隈・西小田遺跡群										1	2											
	上ノ宿遺跡												1										
			1				1	1	2		2	3	2		1	1	1		2				
筑紫平野西部	地蔵平遺跡	2A区4層	2					1			1	3	3			1			2	1	1		ⅣA：流紋岩1
		2A区5層	1	1				1			2									1			
	船塚遺跡	E4Ⅶ・Ⅵ他	1	1				1								1							
	老松山遺跡	道路調査分	2					1			1												
	岡本遺跡LocA							1		2	3	1			1								
	東分遺跡	表採									1												
	山古賀遺跡										1	1											
	吉野ヶ里遺跡	遺構埋土等	1										2										
	山王遺跡		1																				
			8	2				5		2	10	4	5		2	1	1		3	2	1		
島原半島	百花台D遺跡	D区Ⅵ層	1								1				1								
		D区Ⅴ層									1												
		D区Ⅳ層					1				1	3											ⅡA：頁岩1、ⅢA：頁岩2
		E区Ⅵ層						1															ⅡA：頁岩1
		2地区Ⅵ層										1											
		4地区Ⅵ層	1								1	1											
		4地区Ⅴ層									2												
		4地区Ⅳ層									1				1								
	魚洗川A遺跡	Ⅵ層											3										
	百花台東遺跡	Ⅰ文化層CⅠ								1						1						2	ⅣA：頁岩1、ⅤB：頁岩2
		Ⅰ文化層CⅢ																					安山岩1、頁岩1分類不可
		Ⅰ文化層CⅤ									1												
		Ⅰ文化層CⅥ																			1		ⅤB：頁岩1
		Ⅰ文化層CⅦ																					
	真正寺条里跡2区		2	2			1	1			1	1											ⅠA：頁岩1、ⅡA：頁岩1
			2	2			3	2		1	10	6	3	1	2	1					1	3	
大村・諫早	泉福寺洞穴	12層									1												
	上原遺跡															1							
	野田の久保遺跡										2												
	牛込B遺跡											1											
	西輪久道遺跡	上層	1																	1			
		下層														1							
			1	0							3	1				2				1			

は、Ⅲ類が中心でⅤ類も存在する。特にこの地域の遺跡では頁岩を多く確認できるが、百花台東遺跡Ⅰ文化層例は南九州産の可能性も指摘されている。西北九州南端に位置し、他地域との結節点でもある雲仙北麓遺跡群の特徴であろう。

　以上のように、西北九州の型式分布からみえるのは、吉留が指摘したように出現期のⅠA類が玄界灘沿岸部に偏在すること、サヌカイト原産地周辺に側縁調整が主体のⅢ・Ⅳ類が多いことである。ただし、出現期の剝片尖頭器と密接な結びつきが想定される多久サヌカイト原産地では、ⅠA類に該当する資料が山王遺跡のみに

限られる点は注意される。これは、出現期の剥片尖頭器の構造と密接に関っている可能性が高い。また、船塚遺跡Ⅶ層、原遺跡等の黒曜石製の中・小型品は分類上ここに含めたが、短寸で幅広剥片に近い素材剥離技術や器種組成から出現期に該当するものではない。

吉留の指摘で重要なのは、平坦打面を残し素材形状を活かした大型のⅠA類に突き槍を想定し、素材形状が多様なⅢ・Ⅳ類や、左右対称形のⅤ類に中茎状の基部を作出するB類が多いことから、これらに投槍の機能を想定したことである（吉留 2002a・2007）。特にⅤ類の分布をみると、黒曜石原産地を控える玄界灘沿岸部よりも、サヌカイト原産地を控える筑紫平野において顕著である。これは、サヌカイト原産地を背景に成立する独立器種としての大型尖頭器の展開と深く関わっている可能性がある。

3. 原産地開発と尖頭器石器群の展開

(1) 尖頭器石器群の成立

出現期の剥片尖頭器は、有田遺跡6次や枝去木山中遺跡にみられるように、AT下位の技術系譜に繋がる石刃技法を技術基盤とする黒曜石製石器群の中に単体で存在している。そして、サヌカイトや安山岩等の非ガラス質石材を使用した大型石刃の基部両側縁にノッチ状の調整を施す技術形態をとる。西北九州では、このような石材組成や製作技術を含めた構造的独立性が出現期の様相を示している。九州他地域において、剥片尖頭器がこのような在り方を示す事例はなく、AT降灰直後に比定される（杉原 2011）。

大型尖頭器と密接な関わりを持つ、多久・小城地域のサヌカイト原産地の開発が本格化するのはAT降灰後である。AT上位の多久三年山遺跡2次調査資料は大型石刃技法を主体とする石器群だが、僅かな二次加工剥片やスクレイパーがある程度で明確な器種はみられない。接合状況から、石刃の良品が遺跡外に搬出されている。現時点でこのような石刃技法を基盤とする石器群が石刃や石刃石核を伴って消費地で確認された例はない。つまり、それは出現期の剥片尖頭器が石器群中に製作痕跡を示さず、製品単体で存在する状況にも対応している。

さらに、小城サヌカイト原産地には、岡本遺跡Loc. Aや老松山遺跡、東分遺跡などがあり、主要器種ごとに地点が分かれる状況がある（山下・富永1983）。例えば、岡本遺跡Loc. A（富永2005）では多量の石刃や石刃石核と共に僅かな剥片尖頭器やナイフ形石器の製品や未成品がみられるが、老松山遺跡（松尾編1989）では総重量3t中に多量の角錐状石器や石刃素材で尖頭

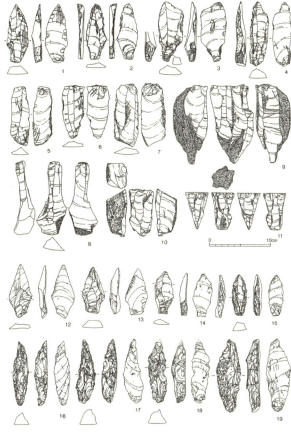

第6図　小城サヌカイト原産地の尖頭器石器群
（1～11：岡本Loc. A、12～19：老松山）

剝片尖頭器の構造と展開

状形態をとるナイフ形石器、剝片尖頭器の製品や未成品が存在する（第6図）。老松山遺跡の石器群は角錐状石器主体で、サヌカイトの亜角礫を素材とする交互剝離技術や石刃技法による素材剝離がみられるが、特に後者では石核小口から剝離した大型石刃を素材として腹面からの成形を行いながら角錐状石器を製作している。

西北九州では、出現期の剝片尖頭器と角錐状石器が共伴する事例はなく、両者の技術系譜は異なると考えられるが、この状況から、サヌカイト原産地では両石器技術が接触する時期があったことは確かである（杉原2005）。

(2) 尖頭器装備集団の行動領域

多久サヌカイト原産地を中心にサヌカイト製剝片尖頭器の分布をみると、東は筑紫平野の船塚遺跡（約28km）や筑紫野地峡帯の原田遺跡群（約46km）、西は島原半島の百花台Ｄ遺跡や百花台東遺跡（約50km）、北は脊振地域の地蔵平遺跡（約22km）などに拡がっている（第7図）。このような剝片尖頭器の拡がりは、石刃技法を中心とする石器製作の大半を原産地に留めて素材や製品を携帯して移動しながら石器消費を行い、再び原産地へと回帰する幾つかの集団の往還的な領域行動を示すものとみられる。

同様の分布は、剝片尖頭器の次段階に発達するサヌカイト製角錐状石器にも認められる。つまり、大型尖頭器を装備する集団による、サヌカイト原産地を基点とする行動領域は石器技術の変化の中で継続していることが分かる。

また一方で、AT降灰後にこの地域に出現するサヌカイト製国府系石器群も剝片尖頭器と同様の分布をみせる。船塚遺跡の瀬戸内技法は、

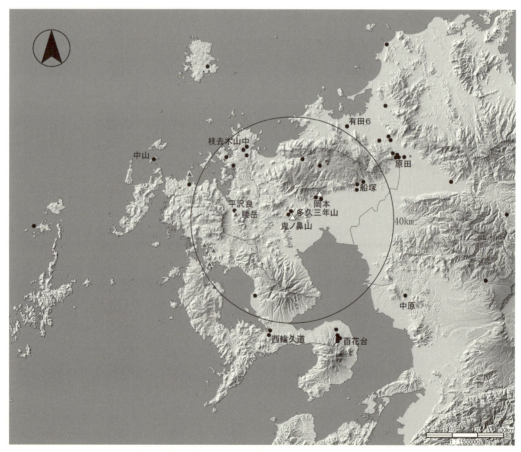

第7図　サヌカイト製剝片尖頭器の分布

翼状剝片石核から一定量の翼状剝片剝離を行っているが、この国府系石器群に黒曜石製ナイフ形石器や剝片尖頭器が共伴している（八尋編1984）。このうちE4区Ⅶ層では国府系石器群に共伴する剝片尖頭器には黒曜石製が多い。やや幅広の縦長剝片素材で長さ6.6cmの完形品がある。これに対してサヌカイト製剝片尖頭器は石刃素材で最大8.0cmを超える。

黒曜石製剝片尖頭器は遺跡内製作の可能性もあるが、サヌカイト製は痕跡も無く搬入品である。同じ尖頭器の機能が想定されるサヌカイト製大型国府系ナイフ形石器も同様の在り方を示すが、両器種は石器製作を含めて技術構造上の差異は大きい。国府系石器群が他地域からの集団の移動によって出現した石器技術と理解される限り、両器種の共存を単一集団の痕跡とみるより、異なる尖頭器を装備する集団同士が同じ活動領域内で接触した状況とみることもできる。

サヌカイト製剝片尖頭器を装備する集団の道具立てをみると、原産地以外では概ね黒曜石製のナイフ形石器や台形石器を組成している。

島原半島の百花台東遺跡Ⅰ文化層CⅠ集中部では、サヌカイト製や頁岩製の剝片尖頭器と針尾淀姫系黒曜石製の原の辻型台形石器が共伴している。台形石器は石材搬入による石器製作の痕跡を残すが、剝片尖頭器は製品かそれに近い状態で搬入されている（松藤前掲、中川2015）。

本遺跡から多久サヌカイト原産地や針尾淀姫周辺の黒曜石原産地までの距離は概ね50～60kmである。両石材産地を行動領域に取り込んだ集団の活動痕跡とみるか議論の余地は残るが、直接採取による石材運搬リスクは同等と言える。むしろ、サヌカイト製剝片尖頭器が原産地製作を基本的構造とし、西の諫早地域以北で殆ど確認できないことを踏まえれば、本遺跡は剝片尖頭器を装備する集団の行動領域縁辺における他集団との接触地の様相を示すものとみられる[1]。

あらためて多久・小城地域のサヌカイト原産地を中心にサヌカイト製剝片尖頭器の分布をみると、地理的要衝に位置する遺跡群に集中している。南の天草・出水地域へ繋がる島原半島の火山性台地上に百花台遺跡群が、福岡平野へ抜ける回廊状地形の筑紫野地峡帯に原田遺跡群等がある。両遺跡群はサヌカイト原産地から約50kmの距離にある。埋没遺跡を考慮する必要もあるが、百花台遺跡群を始めとする雲仙北麓遺跡群で37点中22点（60%）、筑紫野地峡帯の遺跡群で17点中13点（76%）の割合で剝片尖頭器にサヌカイトが使用されている。

視点を変えれば、これらの遺跡群は最終氷期の海面低下によって陸化した「古有明平野」南北の出入り口に位置している。それは集団の領域内の移動や他集団との接触地となるだけでなく、福岡平野から地峡帯を介して南下する動物群の移動ルートにもあたる。そう捉えると、剝片尖頭器の出現によって、サヌカイト原産地と消費地を往還的に繋ぐ遺跡間構造が成立する背景には、集団の狩猟活動と密接に関わる狩猟具の機能と用途が想定される。

4 剝片尖頭器の出現背景

(1) 半島南部石器群との相関性

列島西端に剝片尖頭器が出現した頃はLGM（28～24ka ice-core BP、工藤2010）に向かう寒冷化が進行した時期に該当する。LGMには海水面が100m以上も低下して、列島周辺の大陸棚は陸化した。仮に海退を-120mとした場合、玄界灘から響灘周辺で30,000km²、五島列島、天草灘から八代海周辺は10,000km²が陸化して、対馬の北側に幅十数kmの海峡が残る程度であったと考えられている（吉留2002b）。

多くの研究者が指摘するように、朝鮮半島南部で発達した石刃技法と基部調整主体の尖頭器（スムベチルゲ）が、LGMへ向かう時期に剝片尖頭器として九州地方に導入された可能性は高

剥片尖頭器の構造と展開

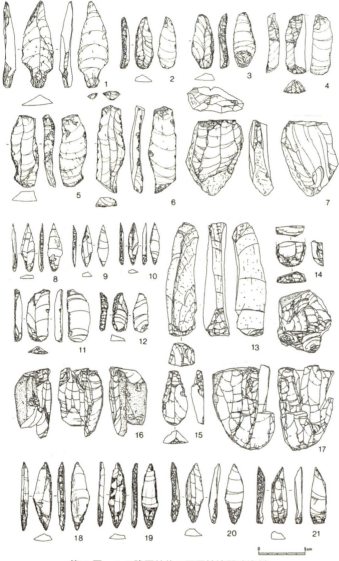

第8図　ＡＴ降灰前後の石刃技法関連資料
（1～7：平沢良、8～17：根引池、18～21：百花台ＤＥ区）

い（小畑2010他）。

　両地域の器種としての技術形態的親和性を説く際、石刃技法と共に常々基部形態の類似性が強調される。吉留秀敏は九州の剥片尖頭器の基部形態の検討から「緊縛」と「挿入」の2つの装着方法を想定しているが（吉留1997）、半島南部のスムベチルゲの大半は中茎状の「挿入」の基部形態で装着に一定の規範性があったとみられる。

　吉留と同様に基部形態に着目した森先一貴は、南九州より北九州に細身が多く半島との共通性を指摘する（森先2015）。だが、西北九州における組成や時期的細分を踏まえてみると、出現期には圧倒的に幅広で打面平坦部を残すものが多く、必ずしもそのような帰結にならない。そのようにみると何故、半島南部からこの地域に導入された剥片尖頭器の技術形態が異なるのか、集団の移動による単純な技術の移入や模倣ではなく、独自の機能と用途が付加されて出現した可能性がある[2]。

（2）石刃技法の動向と構造変化

　剥片尖頭器の出現前後、黒曜石原産地周辺でも石刃技法による石器製作を集中的に行う遺跡形成がみられる。腰岳北麓遺跡群の平沢良遺跡は剥片尖頭器が最初に見出されたことで著名だが、報文によれば、ナイフ形石器5点、台形様石器1点、尖頭器2点（剥片尖頭器1点含む）、掻器4点、削器7点、抉入削器4点、錐1点、両面調整石器1点、二次加工剥片等18点、石刃33点、石核113点、多量の剥片・砕片類がある（杉原・戸沢1962、第8図上）。石器群が複数時期に分かれる可能性もあるが、角礫材黒曜石を使用した石刃技法を主体とする一群が存在し、僅かな製品に対して多量の石刃剥離が行われている。石刃は最大10cm程度で、石刃石核類は剥離途中で遺棄されているものが多い。

　同時期の石刃技法を基盤とする石器群には、根引池遺跡石器群（福田編2000、第8図中）、百

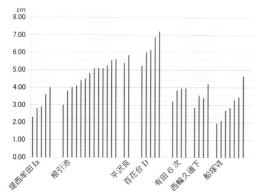

第9図　ＡＴ降灰前後のナイフ形石器の長比

花台Ｄ遺跡Ｅ区Ⅵ層石器群等がある（第8図下）。百花台Ｄ遺跡Ｅ区の黒曜石製大型ナイフ形石器群はＡＴ降灰前後に比定され、蛍光Ｘ線分析では腰岳系黒曜石製と推定されている（辻田2014他）。

　このような黒曜石を主体とする石刃技法を備えた西北九州の集団の一部が、剥片尖頭器に接触してその技術を受容した可能性はある。特に出現前後、黒曜石原産地周辺における石刃技法の展開と石刃素材の黒曜石製ナイフ形石器の大型化には相関性があり（第9図）、鋭い先端と中茎状の基部を備え、大きさや重量等、機能的にも剥片尖頭器に近い要素がある。たが、これらの石刃技法も他地域集団との接触よる痕跡かもしれない。平沢良遺跡の特徴的な大型ナイフ形石器や根引池遺跡のような石刃製エンドスクレイパー等は九州でも極めて限定的な存在である。

　ＡＴ降灰前後、列島における石刃技法の発達と大型ナイフ形石器群の展開には広域的連動性があり、後半期社会の構造変化へ繋がっていくものと理解される。同様の動きは列島西端部の当該期石器群にも認められるが、特に本地域では腰岳などの大規模な黒曜石原産地を基点としていることが分かる。そして、この動向の中で剥片尖頭器がサヌカイト原産地において大型石刃技法を技術基盤として成立する。それは、新たな石材資源の獲得や消費活動の起点に位置づけられ、列島西端における後半期社会の確立に大きな影響を与えていると考えられる。

おわりに

　列島西端に導入された剥片尖頭器は、出現段階より石器群において構造的に独立している。この器種は、黒曜石という豊富な資源環境の中で既に展開していた人類文化に導入され、大型石刃技法を基盤として新たな石材資源の開発と共に消費構造を確立した。それは、寒冷化による、人類集団の広域的移動や他集団との接触が契機となったが、その背景には、この地域を介して移動する動物群を対象とした、新たな狩猟技術の導入が予測される（吉留2002b）。

　そして、本地域では剥片尖頭器の出現に連動するように、石器群の構造変化が起こる。つまり、石器製作を行う原産地遺跡と狩猟活動を中心とする消費遺跡とが形成され、大型尖頭器の展開によって象徴される集団の活動領域における機能的分化が明確になる。これは列島旧石器文化の後半期に顕在化する、石材産地開発と特定器種の大量生産という新たな集団活動と領域形成の起点にも位置づけられる（安蒜2010b他）。さらに、それは剥片尖頭器から角錐状石器へ、そして槍先形尖頭器へと展開する九州における尖頭器石器群の成立に深く関わるものであったと言える。

献辞

　安蒜政雄先生のご退職をお祝いいたします。

　学生時代以来、先生の教えを受け多くのことを学んできました。卒業論文指導の際、「多くの資料をみたことだけは評価する」の先生の一言によって資料に向き合う大切さを学びました。

　そして今日まで、先生の教えから自らのテーマとして、九州の尖頭器研究に取り組み続けることになりました。

　まだ果たせていない約束もありますが、ここ

に長年の学恩に感謝し、謹呈いたします。

註

(1) ただし、尖頭器装備集団の行動については、季節や特定対象獣に特化した狩猟活動も想定される。そのため、このような現象がそのまま限定的な集団領域を示すものとは言えない。

(2) 例えば、吉留秀敏が指摘するように、同じ大型尖頭器の角錐状石器も出現当初は平坦打面の基部を残すものが多い（吉留2007）。そして、これらの重量のある大型尖頭器の機能は必然的に投槍よりも突槍に収斂される。筆者も同様の認識であり、列島西端における出現期の角錐状石器には大型品が多く、次第に左右対称形で扁平な槍先形尖頭器に形態進化していく過程に狩猟技術の変化を予測している（杉原2005）。また、この地域における大型尖頭器の出現背景には、剥片尖頭器と同じくLGMの外的要因が大きいと考えており、角錐状石器の技術系譜については大陸を視野に入れている。

引用・参考文献

安蒜政雄 2010a『旧石器時代の日本列島史』学生社

安蒜政雄 2010b「4 石器石材原産地の遺跡」『講座日本の考古学2 旧石器時代下』青木書店 pp.72-95

岩永雅彦 2004「佐賀県多久・小城地域における原産地遺跡の調査・研究歴」『Stone Sources』No.4 石器原産地研究会 pp.9-22

小畑弘己 2004「九州島および朝鮮半島における石刃技法と石材」『日本旧石器学会第2回シンポジウム 石刃技法の展開と石材環境』日本旧石器学会 pp.7-10

小畑弘己 2010「3 朝鮮半島の旧石器文化」『講座日本の考古学2 旧石器時代下』青木書店 pp.481-510

小畑弘己・岩永雅彦 2005「九州地方における原産地研究の現状—佐賀県多久・小城安山岩原産地遺跡群を中心として—」『旧石器考古学』67 旧石器文化談話会 pp.41-51

川道 寛 2016「西北九州の黒曜石原産地研究の課題」『公開シンポジウム 東アジアと列島西端の旧石器文化—朝鮮半島・九州・南西諸島の対比から—』九州歴史資料館 pp.31-34

工藤雄一郎 2010「旧石器時代研究における年代・古環境論」『講座 日本の考古学1 旧石器時代 上』青木書店 pp.124-155

芝康次郎 2016「巨大な黒曜石原産地・腰岳」『公開シンポジウム 東アジアと列島西端の旧石器文化—朝鮮半島・九州・南西諸島の対比から—』九州歴史資料館 pp.19-22

杉原荘介・戸沢充則 1962「佐賀県伊万里市平沢良の石器文化」『駿台史学』12 駿台史学会 pp.135-160

杉原荘介・戸沢光則・安蒜政雄 1983『佐賀県多久三年山における石器時代の遺跡』明治大学文学部考古学研究室 第9冊

杉原敏之 2004「AT降灰後の西北九州—尖頭器石器群の出現と展開—」『九州旧石器』8 九州旧石器文化研究会 pp.77-88

杉原敏之 2005「列島西端における角錐状石器の出現」『地域と文化の考古学』I 明治大学文学部考古学研究室編 pp.107-123

杉原敏之 2011「AT降灰後の石器群—西北九州の視点と課題—」『九州旧石器』14 九州旧石器文化研究会 pp.223-230

杉原敏之 2012「西北九州におけるAT降灰前後の石器群」『九州旧石器』16 九州旧石器文化研究会 pp.55-64

杉原敏之 2013「国府系石器群の技術と展開—西北九州サヌカイト原産地周辺の事例—」『九州旧石器』17 九州旧石器文化研究会 pp.49-58

杉原敏之 2013「平沢良遺跡の石刃技術をめぐる問題」『九州旧石器』17 九州旧石器文化研究会 pp.189-194

杉原敏之 2015「剥片尖頭器の構造と拡散」『九州旧石器』19 九州旧石器文化研究会 pp.67-74

杉原敏之 2016「黒曜石と石刃技法」『公開シンポジウム 東アジアと列島西端の旧石器文化—朝鮮半島・九州・南西諸島の対比から—』九州歴史資料館 pp.27-30

副島和明・伴耕一朗 1985「西輪久道遺跡」『諫早中核工業団地造成に伴う埋蔵文化財緊急発掘調査報告書II』長崎県埋蔵文化財調査報告書第74集 長崎県教育委員会

田川肇・副島和明・伴耕一朗 1988『百花台広域公園建設に伴う埋蔵文化財緊急発掘調査報告書』長崎県文化財調査報告書92 長崎県教育委員会

田島龍太編 1993『日ノ出松遺跡』唐津市文化財調査報告書第 55 集　唐津市教育委員会

辻田直人 2014「島原半島の遺跡群」『九州旧石器』18　九州旧石器文化研究会　pp.95-106

辻田直人 2016「百花台遺跡群と黒曜石の動向」『公開シンポジウム　東アジアと列島西端の旧石器文化―朝鮮半島・九州・南西諸島の対比から―』九州歴史資料館　pp.23-26

張　龍俊 2002「韓国の石刃技法―古礼里遺跡を中心に―」『旧石器考古学』63　旧石器文化談話会　pp.1-19

張　龍俊 2016「韓半島の旧石器文化と九州」『公開シンポジウム　東アジアと列島西端の旧石器文化―朝鮮半島・九州・南西諸島の対比から―』九州歴史資料館　pp.8-18

富永直樹 2004「佐賀県岡本遺跡 Loc. A および周辺遺跡出土石器群の再検討」『Stone　Sources』石器原産地研究会　pp.9-22

中川和哉 2015「剝片尖頭器を含む石器群に関する予察―百花台東遺跡と韓国の旧石器文化―」『森浩一先生に学ぶ：森浩一先生追悼論集』松藤和人編　pp.47-58

萩原博文 1996「西南日本後期旧石器時代後半期における石器群の構造変容」『考古学研究』43-3 号　考古学研究会　pp.62-85

萩原博文 2004「ナイフ形石器文化後半期の集団領域」『考古学研究』202　考古学研究会　pp.35-54

藤木　聡 2011「入戸火砕流による大災害と片田段階の歴史的特質」『九州旧石器』14 号　九州旧石器文化研究会　pp.171-176

藤木　聡 2015「素描：九州島の石刃技法と遺跡群」『九州旧石器』18　九州旧石器文化研究会　pp23-34

藤木　聡 2016「九州における剝片尖頭器の展開」『公開シンポジウム　東アジアと列島西端の旧石器文化―朝鮮半島・九州・南西諸島の対比から―』九州歴史資料館　pp.39-42

福田一志編 2000『根引遺跡』江迎町文化財調査報告書第 2 集　長崎県江迎町教育委員会

松尾吉高編 1989「老松山遺跡」『九州横断自動車道関係埋蔵文化財調査報告（10)』佐賀県教育委員会

松藤和人編 1994『百花台東遺跡』同志社大学文学部考古学調査報告書第 8 冊　同志社大学文学部文化財学科、pp21-24

森先一貴 2015「剝片尖頭器の出現―現世人類文化の交流―」『日本考古学協会第 81 回研究発表要旨』一般社団法人日本考古学協会　pp112-113

森山栄一編 2011『原田地区遺跡群 2―地質・旧石器・縄文時代編―』筑紫野市文化財調査報告書第 105 集　筑紫野市教育委員会

八尋実編 1984『船塚遺跡』神崎町教育委員会

山崎純男編 1994『有田・小田部　第 19 集』福岡市埋蔵文化財調査報告書第 377 集　福岡市教育委員会

山下実・富永直樹 1984「佐賀県東分遺跡の旧石器」『旧石器考古学』29　旧石器文化談話会　pp.51-76

宮田栄二 2006「剝片尖頭器の柄の装着痕と使用痕―宮崎県矢野原遺跡出土例から―」『宮崎考古』第 20 号　宮崎考古学会　pp.12-20

吉留秀敏 1983「九州における先土器時代の石器群集中分布の構造」『古文化談叢』11　九州古文化研究会　pp.117-148

吉留秀敏 1997「剝片尖頭器」『九州旧石器』3　九州旧石器文化研究会　pp.39-46

吉留秀敏 2002a「九州における剝片尖頭器の出現と展開」『九州旧石器』6　九州旧石器文化研究会　pp.61-75

吉留秀敏 2002b「更新世大型猟獣狩猟活動の確立と展開―尖頭器石器群研究の一視点―」『環瀬戸内海の考古学―平井勝氏追悼論集―』古代吉備研究会　pp.3-17

吉留秀敏 2004「九州の様相」『旧石器時代の集団関係』中・四国旧石器文化談話会　pp.99-108

吉留秀敏 2007「剝片尖頭器の出現と展開」『日本考古学協会第 73 回研究発表要旨』一般社団法人日本考古学協会　pp.96-97

綿貫俊一 1992「九州の旧石器石材」『考古学ジャーナル』No345　ニューサイエンス社　pp.28-33

瀬戸内地域の終末期ナイフ形石器

氏家敏之

1. 終末期石器群の認定

　中四国地方の先土器時代終末期に関する研究において、その嚆矢となったのは香川県香川郡直島町井島遺跡の発掘調査である。2度（昭和29年夏、昭和30年7月）にわたるトレンチ調査では、表土層を中心として石鏃、無文土器と伴に横刳（長）刃器、small blade、が出土し、それよりも下の第二層からは大、小の横刳（長）刃器が出土している（第1図）。鎌木義昌氏は出土した石器のうち、「第二層より比較的純粋に出土した小形横刳石器」を「井島第一群石器」、表土層から出土或いは採集された「micro-core、small bladeの一群」を「井島第二群石器」とそれぞれ分離して呼称した。この際に「井島第一群石器」の特徴としては「knife状、あるいは切り出し形の形態を持ち、横刳ぎのflakeである点」とされている。二つの石器群の編年的な関係は出土層位の上下関係から「井島第一群石器」→「井島第二群石器」と想定し、同時期に行われていた岡山県倉敷市（旧児島市）鷲羽山遺跡の発掘調査（昭和29年12月）における石器の出土層位から「point（鷲羽山第二群石器）」がそれらよりも先行する時期と考えた。また近接する宮田山西地点から採集された「宮田山type」の中形の石器（西川・杉野1959）と井島遺跡採集の「やや大形で、片側辺加工を原則とし、厳密には井島第一群の石器とはいい得ない」一群の石器を「宮田山石器群」として「point（鷲羽山第二群石器）」と「井島第一群石器」の間に位置づけた[1]（鎌木1957a）。石器群の抽出にあたり第二層の地山に張り付いて出土したとされる「大形半月形石器」（第1図1）を分離して考えるとしていることや、「やや大形」の「宮田山type」の石器を編年的に先行する可能性を指摘していることなどから、当時より「井島第一群石器」の石器は「小型」の一群であることが意識されていることが分かる。

　その後、鎌木氏は瀬戸内地方の「無土器文化」の変遷を提示する中で、「井島Ⅰ」石器群を「横刳小形刃器」として、「極めて小型の横刳の刃器」で、「極めて幾何学的な形態をもち」、「原則として切り出し形の形態」であると、その形態について具体的に記述している。また同じ図内において「宮田山タイプ」の石器を示しており、そこには井島遺跡表土からの出土資料で「井島Ⅰ」石器群より大形である「一辺のみの加工」のものと「切り出し形」のものが載せられている（鎌木1957b）。そして1959年に調査が行われた兵庫県姫路市（旧飾磨郡）太島遺跡から出

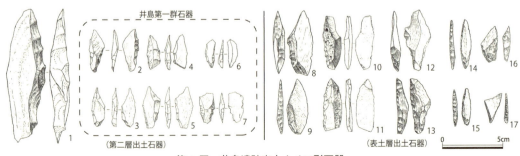

第1図　井島遺跡出土ナイフ形石器

土した小形のナイフ形石器の一群によって、「井島Ⅰ」石器群の純粋性と独立性が再確認されたとして、いわゆる「瀬戸内編年」の公表へと繋がっていく（鎌木・高橋1965）。ここでは「井島Ⅰ」石器群は「幾何形細石器」として「細刃器」に先行する石器群として位置づけられた。石器の出土層位に関しては、岡山県倉敷市（旧児島市）堅場島遺跡において最下層より国府型ナイフ形石器、中層より宮田山型ナイフ形石器、上層から井島Ⅰ石器文化、Ⅱ石器文化が出土したと認定され、編年の根拠とされている。「井島Ⅰ」石器群に伴うナイフ形石器は「柳葉形で小形のナイフ形」のものと「小形の切り出し形」の2種類の形態が存在しており、形態において宮田山型ナイフ形石器との分類は困難であるが、大きさにおいて大小の差（井島Ⅰは3.5cm以下）みられるとした。こうして「国府型」、「宮田山型」、「井島Ⅰ型」のナイフ形石器3型式の時間的な変遷観に、「瀬戸内技法崩壊仮説」と「小型化（細石器化）仮説」という歴史的価値観が付与されて研究史初期における終末期の石器群の位置付けがなされたのである。

2. 終末期＝「小型（形）化」という呪縛

「井島Ⅰ」石器群を終末期として捉える考え方は、間壁葭子氏が指摘した櫃石島採集資料中の石核、剝片類と宮田山型ナイフ形石器との関連性に基づき（間壁1968）、瀬戸内地域の剝片剝離技術の変遷を「小形化」と「不定形化」という方向性に基づいてまとめた小野昭氏の論考や（小野1969）、井島Ⅰ型のナイフ形石器を精製、粗製の2類に分類を行った佐藤達夫氏によっても支持されている（佐藤1970）。

当該地域において新規資料が少なかった1970年代前半期は編年研究も小康状態であったが、後半期以降から1980年代に入ると近畿地方を中心に新たに出土した資料を基に編年を再考する動きが現れてくる。松藤和人氏は従来

の「瀬戸内編年」の基準となった資料の遺物の包含状況が不安定であることを指摘し、それを克服するために瀬戸内地域と石材と石器製作技術に相関性のみられる近畿西部地域の一括性の高い石器群を分析対象の中心とし、ナイフ形石器の形態組成の変化から編年の検証を行っている。しかし、ここにおいても終末期として設定された「太島期」の石器群の特徴は、「極小形ナイフ形石器を主体としている点」で「井島第1地点のナイフ形石器」と「大きな共通点」をもっており、「切出形」を基本形としながらも素材剝片の性状が多様であることから斉一性に乏しいと指摘されているが、編年自体の枠組みの認識については大きな変化はみられない（松藤1980）。その後も近畿や瀬戸内地域に関して出された編年案は、瀬戸内技法および国府型ナイフ形石器の石器群内に占める割合の低減化と連動してナイフ形石器の形態の多様化と小型化が進行していくという仮説が主流を占めている（久保1989、藤好1989）。

またこの時期、井島Ⅰ型ナイフ形石器の学史検討を行った絹川一徳氏は、「井島Ⅰ期の石器群が、時期の前後する石器群と層位的に検出されたり、それ自体に年代が与えられるような形で検出された例は皆無」であり、「極小形のナイフ形石器ということで、漠然とその時期が当て嵌められていた」と指摘する。そして井島Ⅰ型ナイフ形石器が、「形態上のバラエティが豊富」であること、「非サヌカイト石材の使用が顕著であること」などから、他地域との接触を含めた石材の利用状況の変化を原因として小型化した可能性や、「全国的な編年研究の進展に伴い小型ナイフが必ずしもナイフ形石器の新相的要素として捉えられないこと」から時期的に異なる様相の石器群が含まれている可能性を指摘している（絹川1989）。その後、中部・東海地方から近畿、中四国地方にかけての地域の小型ナイフ形石器を11類に分類し、ATとの層

位的関係が明らかな小型ナイフ形石器の形態との比較を行う中で、従来の井島Ⅰ型ナイフ形石器の位置付けを試みており、その結果、瀬戸内地域の層位の不安定さや石器群の混在状況が原因で複数時期の石器群の存在する可能性を考えている（絹川 1992）。絹川氏の視点は隣接した地域の石器群の様相から同形態の小型ナイフ形石器の分布域を把握することで、地域差と時期差を読み取ろうとするものであった。この解釈に従えば備讃瀬戸地域の遺跡から出土した石器群は各形態のナイフ形石器毎に解体されることになり、以前までの当該地域の石器群の地域的な特徴としての仮説は部分的に否定される方向を示唆していた。

3. 恩原2遺跡S文化層石器群の評価

1980～1990年代にかけて、瀬戸内地域から離れた中国山地周辺での先土器時代遺跡の調査が増加してくる。岡山県苫田郡鏡野町（旧上斎原村）恩原遺跡群では恩原2遺跡において5次にわたって調査が行われ、その後に行われた恩原1遺跡の調査と併せて広域火山灰の検出とともに4枚の石器群が確認された（稲田編 1996・2009）。終末期に関連する石器群としては細石器文化層（M文化層）の下のソフトローム層中より出土したS文化層石器群が該当する。S文化層の組成の中心となるナイフ形石器の石材はサヌカイトを主体としており、横長剥片を素材として大形の柳葉形から小形の切出形、台形状、ペン先形まで、多様な形態のナイフ形石器が出土している。報文をまとめた稲田孝司氏はS文化層のサヌカイト製ナイフ形石器について、隠岐産黒曜石の瀬戸内地域での分布状況との関連から、「大きさの違いや多様な形態変化で備讃瀬戸のより規格性の高いナイフ形石器のあり方とはやや異なり、サヌカイト製石器の分布中心地の集団の製作というより、技術を伝えられた周辺地域の集団」が製作した可能性を考え

ている。その後、山本誠氏により恩原2遺跡S文化層出土のナイフ形石器と「櫃石島技法」[2]が設定された瀬戸内地域の石器群との比較が行われた（山本 1998）。山本氏はナイフ形石器の素材（横長剥片・縦長剥片）、加工部位（一側縁加工・二側縁加工）、長さ（大形・中形・小形）、の3つの属性を中心として恩原遺跡と瀬戸内地域のナイフ形石器の組成について比較を行い、両方の地域ではWⅠM型（横長素材・一側縁加工・中形）とWⅡS型（横長素材・二側縁加工・小形）の2つの形態のナイフ形石器が共通して存在しているとした。この指摘は従来の「小型化」をキーワードとした変遷観に一石を投じたものであり、終末期の石器群におけるナイフ形石器の大きさの多様性を予測したものであったが、比較対象とした備讃瀬戸地域（櫃石島・宮田山など）の資料が採集資料であるため時間軸を定めるには至らなかった[3]。

21世紀に入る前後の時期になると、瀬戸内地域においても徐々に発掘調査による石器資料が増加してくる。これらの石器群は以前まで「瀬戸内編年」の標識資料とされてきたものと比べると、出土量がコンパクトで石器集中部としてもまとまりを持った一括性の高い資料群であった。広域火山灰の検出は一部の遺跡に限られていたが、地域内の遺跡毎の石器群や周辺地域の様相との比較を通じて新たな編年が企図されるようになる。しかしこうした流れの中でも、ナイフ形石器が時間の経過とともに「小型化」するという解釈は依然として学史の中心を占めていた[4]。

この頃に筆者は松藤和人氏によって提唱された国府型ナイフ形石器の刃角の属性が、瀬戸内技法という特殊化した剥片剥離技術においては数値幅が限定される傾向があることを備讃瀬戸地域においても確認した（氏家 2005）。そうした事実を基にAT降下以降の瀬戸内地域の石器群に組成する「刃部とは反対側の一側縁を中

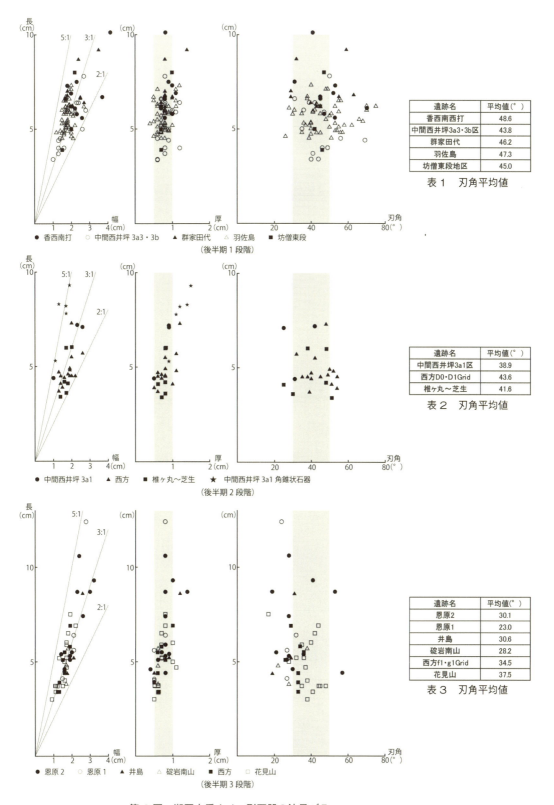

第2図 瀬戸内系ナイフ形石器の法量グラフ

心に調整加工を施し、平面形状が木葉形から柳葉形を呈する一群」の横長剥片ナイフ形石器（これらを瀬戸内系ナイフ形石器と呼称）の刃角の数値が、「国府型ナイフ形石器を主体とする一群」、「角錐状石器を伴う横長剥片ナイフ形石器の一群」、「井島Ｉ型ナイフ形石器を伴う横長剥片ナイフ形石器の一群」の３つのグループによってそれぞれ異なる値を示すことを確認し、その製作技術の違いが周辺地域の出土層位例と併せて鑑みて時期差を現していると考えた。こうした編年観に立ち筆者は恩原遺跡Ｓ文化層の石器群について、周辺地域の石材（玉髄、黒曜石など）を一部利用しながらも、サヌカイト製の瀬戸内系ナイフ形石器を主体とした終末期の石器群であると位置付けたのである（氏家 2014）。

4. 終末期の瀬戸内系ナイフ形石器

　AT降灰以後の瀬戸内系ナイフ形石器は主体となる大型品の刺突具[5]が国府型ナイフ形石器、角錐状石器、国府型以外の瀬戸内系ナイフ形石器のいずれの形態であるかにより３時期（以下では後半期１～３段階と呼ぶ）に区分される（氏家 2014）。３つの時期の瀬戸内系ナイフ形石器は法量を比較していくと、それぞれの形態に違いや特徴が見えてくる（第２図）。

　まず長幅比については３時期とも２：１～５：１の間に収まるのだが、後半期３段階のものは３：１前後に集中する傾向がみられ、平面形状においてはその他の時期に比べてより柳葉形を呈する傾向がみられる。また長さについてはいずれの時期も中型（４～７cm）～大型（７cm以上）まで存在しているが、後半期２段階では大型品の割合が少なくなっており、ナイフ形石器ではなく角錐状石器にその主体が置換している。次に石器の厚さについて比較すると、後半期１段階のものは１cmを超える厚型の形態が一定量存在し

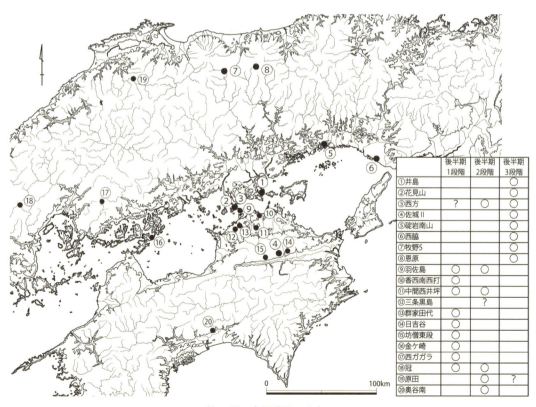

第３図　主要遺跡の分布

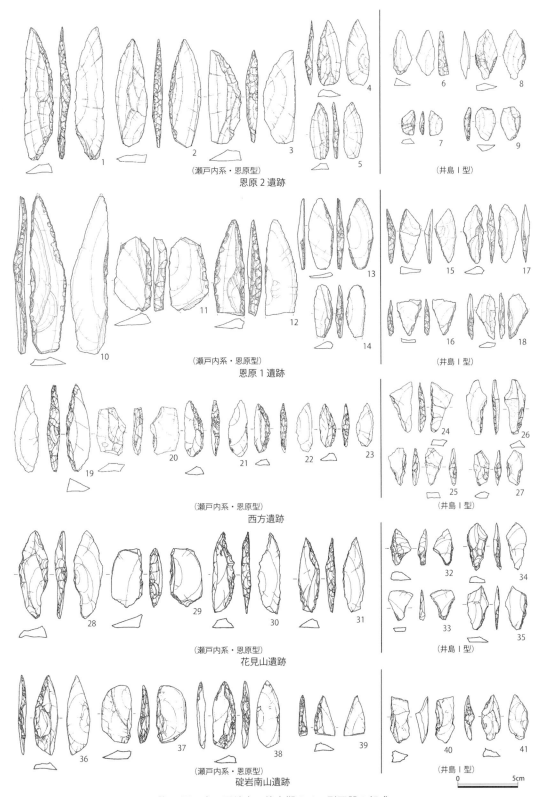

第4図 中四国地方の終末期ナイフ形石器の組成

瀬戸内地域の終末期ナイフ形石器

ており、続く後半期2段階のものは角錐状石器が1cmを超える以外はほぼ1cm以下で収まっている。残る後半期3段階では0.5〜1.0間に集中しており、時間の経過とともに薄型となる傾向が認められる。最後に刃角であるが、後半期第1段階の国府型ナイフ形石器の刃角は40〜60°を中心として分布のまとまりがみられ、各遺跡での平均値についても45°前後となっているのに対して、後半期2段階では30〜50°が分布の中心となっており、各遺跡の平均値は40°前後となっている。そして終末期である後半期3段階になると刃角の分布は20〜40°と最も分布の値が小さくなり、各遺跡の平均値でも30°台の前半に集中している（表1〜3）。特に刃角と各段階との関係は瀬戸内島嶼部の遺跡である西方遺跡内の資料中にも現れている。西方遺跡は備讃瀬戸に浮かぶ与島の尾根筋に立地する遺跡であり、11万点を超える多くの石器が出土している（藤好他 1985）。しかしその膨大な資料も分布をみれば石器組成にまとまりが確認できる。そこで角錐状石器がまとまって出土している調査区D0・D1グリッドと井島I型ナイフ形石器がまとまって出土している調査区F1・G1グリッドにそれぞれ供伴した瀬戸内系ナイフ形石器の刃角の値を比較すると、両地点の平均数値はD0・D1グリッドでは43.6°、F1・G1グリッドでは34.5°であり、約10°もの差が存在しており、各段階の資料と数値的に整合を示す。この事例からも瀬戸内系ナイフ形石器が特定の石器組成と強く結びつきながら形態

が変化していることは明らかである。

瀬戸内地域ではAT下位の前半期からサヌカイトを主要な石材とし、横長剥片剥離技術を駆使することにより伝統的に木葉形、柳葉形ナイフ形石器（瀬戸内系ナイフ形石器）を製作してきた可能性が高い（山口他 1991）。そして普遍的に利用されていた瀬戸内系ナイフ形石器の製作技術（いわゆる櫃石島技法）が後半期1段階になり、サヌカイト原産地地域において大型でやや厚手の石槍の製作を目的とした技術（瀬戸内技法）へと収斂化することで国府型ナイフ形石器という形態が出現したと考えられる。こうした大型刺突具の製作伝統は瀬戸内技法から再び一般化した横長剥片剥離技術（いわゆる櫃石島技法）によるナイフ形石器の製作に戻った後半期2段階になっても、角錐状石器を製作することにより存続している。そしてナイフ形石器終末期に該当する後半期3段階には従来の横長剥片剥離技術を用いて薄型柳葉形のナイフ形石器が製作されるようになり[6]、その後の細石器による組み合わせ大型槍へと続いたと考えられる。筆者は終末期の瀬戸内系ナイフ形石器について、一括性が高い資料の出土した遺跡名称から「恩原型」と呼ぶことにしたい[7]。恩原型ナイフ形石器を伴う石器群は瀬戸内地方から中国山地にかけて分布しており、その多くは井島I型ナイフ形石器と共伴関係にある（第4図）。同じ地域内には井島I型ナイフを主体とした石器群（西脇遺跡[8]、佐城II遺跡、牧野遺跡第5地点など）も存在している（第5図）。両者の違いは遺跡毎

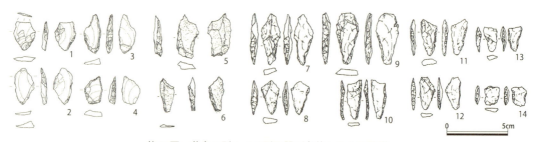

第5図　井島I型ナイフ形石器が主体となる石器群
1〜4 佐城II遺跡、5・6 牧野遺跡第5地点、7〜14 西脇遺跡

の組成の偏りとして理解すべきであり、出土している井島Ⅰ型ナイフ形石器の形態はいずれも精製、粗製の両形態のセットが認められること、より小型で精製品とされるものにサヌカイト以外の石材利用が看取されることなどの共通性がみられる。またこれまでも指摘されてきているが、備讃瀬戸と中国山地において隠岐産黒曜石の縦長剥片を素材とした小型柳葉形ナイフ形石器が出土している（稲田編 1996）。こうした日本海側の地域石材との結びつきは前段階までにはみられない様相であり、瀬戸内系ナイフ形石器を有する集団の行動範囲が、後半期1、2段階までは瀬戸内海の回廊を中心としてサヌカイト、安山岩原産地を遊動していたのが（東西方向ルート）、後半期3段階になると四国山地から中国山地にかけての地域を遊動する（南北方向ルート）行動へと行動領域に変化が生じたと考えられる。また遺跡内に残されたサヌカイトの重量についても、後半期1、2段階では原産地から40km圏内の遺跡においては原産地近郊を除くと一つの遺跡内で1kg未満程度の廃棄であったものが、後半期3段階の恩原遺跡や西脇遺跡では原産地からの直線距離が100kmを超えているにもかかわらず2〜5kgという多くの量のサヌカイト製石器が廃棄されているのである。こうした石材消費行動の大きな変化も前述の遊動経路の変化と併せて瀬戸内地域の終末期ナイフ形石器石器群の特徴といえるだろう。

おわりに—井島Ⅰ群石器の様相—

最後に研究史の原点に戻るならば、井島遺跡の第二層からは井島Ⅰ型ナイフ形石器とされた「井島第一群石器」と伴に「大形半月形石器」出土している（第1図1）。この資料を平面形態や刃角の数値から恩原型ナイフ形石器と捉えるならば、第二層出土の資料はほぼ同時期の一群と考えられ、大形の刺突具と小型ナイフ形石器を製作・使用し続けた瀬戸内地域のAT降下

以後の後半期石器群の中でも終末期（後半期3段階）の石器組成を現している資料として再評価が可能であると考えられる[9]。

本稿の執筆にあたって岡山理科大学の白石純氏並びに明石市教育委員会の稲原昭嘉氏より資料の実見に際して便宜を図っていただきました。文末ではありますが感謝の意を表しまして謝辞とさせていただきます。

註

(1) この時点で井島、鷲羽山の両遺跡から出土した石器の層位関係を決定する時に、攪乱による遺物の移動・混在の可能性が含まれる表土層出土の遺物を含めてしまったことは、「point（鷲羽山第二群石器）」の位置付けについて解釈の幅を限定してしまう結果（2層出土の point が1層（表土）から出土したナイフ形石器よりも編年的に古い）を招いてしまい、その後の編年（鎌木 1957b、鎌木・高橋 1965）にも影響を与えている。また石器の大きさによる編年を優先させたことは、第二層から出土した「井島第一群石器」と表土から出土の「小型半月形刃器（宮田山）」の編年が逆転してしまうなど矛盾が生じてしまっている。

(2) 山本氏は「櫃石島技法」によって残された石核について「櫃石島」型石核と呼んでいるが、「AT火山灰の上下で共通な石核」で「特定の時期に存在するものではな」いととしているので、特定の型式名称を冠するよりは「並列・反転・横長剥片石核」或いは、いわゆる「櫃石島技法」による石核と称するのが適当と考えられる。

(3) 恩原遺跡のS文化層石器群に対する一括性への疑義は、国府型ナイフ形石器とその他のナイフ形石器との共伴関係に関するものと考えられる（中・四国旧石器文化談話会 1994、山本 1998に関する討議記録）。

(4) 主な編年案としては藤野次史氏によるものと、森先一貴氏によるものがある（藤野 2006、森先 2010）。藤野氏の場合はナイフ形石器終末期に小型だけではなく中型ナイフの一群も加えて同時期に想定しているが（藤野 1999）、瀬戸内系ナイフについては評価していない。森先氏の場合は恩原2遺跡S文化層を立川ロームⅣ層中部並行に考える

が、瀬戸内地域の小型ナイフとの関係は触れていない。

(5) ナイフ形石器の大きさの基準に就いては（氏家2014）文献と同様に小型品（4cm未満）、中型品（4cm以上、7cm未満）、大型品（7cm以上）という表現に統一しておく。

(6) その他に技術的な特徴として、背面方向からの調整加工によって整形する個体がみられることが挙げられる。これは井島Ⅰ型ナイフ形石器においても特徴的な整形技術であり、二つの型式間の技術的な親和性とみることができる。

(7) 同様の形態のナイフ形石器に対して、須藤隆司氏は櫃石島技法を用いて剝離した大型薄型剝片を素材とする刺突・解体槍と考えて、砂川・杉久保型尖頭器・男女倉型有樋尖頭器に対比させ、「直坂Ⅱ型尖頭器」と呼称している（須藤2005）。筆者は須藤氏の年代観は支持するが、この形態が瀬戸内地域において「井島Ⅰ型ナイフ形石器」とのセット関係にある地域性を重視して、「恩原型ナイフ形石器」と呼ぶことにする。

(8) 西脇遺跡の資料の中にも瀬戸内系ナイフ形石器は全く存在しないわけではなく、中型品（稲原昭嘉氏の分類ではⅠa類）は組成しており、筆者が実見した中には素材剝片なども存在している（稲原1996）。

(9) 井島遺跡の資料中にも背面側からの調整加工によって仕上げられた恩原型ナイフ形石器が存在している（第1図9）。

引用・参考文献
【論文】

稲原昭嘉 1996「明石市西脇遺跡出土の石器群について」『旧石器考古学』52、旧石器文化談話会、pp.37-48.

氏家敏之 2005「吉野川流域の国府型ナイフ形石器(3)―国府型ナイフ形石器の刃角に関する覚書―」徳島県埋蔵文化財センター研究紀要 第5号、（財）徳島県埋蔵文化財センター、pp.1-10.

氏家敏之 2013「後期旧石器時代後半期」『石器石材と旧石器社会』中・四国旧石器文化談話会、pp.113-122.

氏家敏之 2014「中・四国地域における先土器時代後半期石器群」『青藍』第10号、考古フォーラム蔵本、

pp.1-41.

小野　昭 1969「ナイフ形石器の地域性とその評価」『考古学研究』第16巻第2号、考古学研究会、pp.21-45.

鎌木義昌 1956「岡山県鷲羽山遺跡調査略報」『石器時代』第3号、石器時代文化研究会、pp.1-11.

鎌木義昌 1957a「香川県井島遺跡―瀬戸内における細石器文化―」『石器時代』第4号、石器時代文化研究、pp.1-11.

鎌木義昌 1957b「西日本の無土器文化について」『私たちの考古学』第4巻第1号、考古学研究会、pp.15-22.

鎌木義昌・高橋　護 1965「瀬戸内地方の先土器時代」『日本の考古学Ⅰ』河出書房新社、pp.284-302.

絹川一徳 1989「井島Ⅰ型ナイフ形石器に関するノート」『古代吉備』第11集、古代吉備研究会、pp.1-15.

絹川一徳 1992「井島Ⅰ型ナイフ形石器をめぐる問題とその評価」『古代吉備』第14集、古代吉備研究会、pp.1-23.

久保弘幸 1989「大阪湾沿岸地域における小型ナイフ形石器とその編年について」『旧石器考古学』38、旧石器文化談話会、pp.83-92.

久保弘幸 1997「いわゆる櫃石島技法を伴う石器群について」『旧石器考古学』54、旧石器文化談話会、pp.3-11.

小林博昭 1988「岡山県中国山地ソフトローム期における剝片生産技術の一側面」『考古学と関連科学』鎌木義昌先生古稀記念論文集刊行会、pp.31-69.

佐藤達夫 1970「ナイフ形石器の編年的一考察」『東京国立博物館紀要』5、東京国立博物館、pp.23-61.

須藤隆司 2005「杉久保型・砂川型ナイフ形石器と男女倉型尖頭器―基部・側縁加工尖頭器と両面加工尖頭器の技術構造論的考察―」『考古学』Ⅲ、安斉正人編、pp.73-100.

中・四国旧石器文化談話会編 1994『瀬戸内技法とその時代』

西川　宏・杉野文一 1959「岡山県玉野市宮田山西地点の石器」『古代吉備』第3集、古代吉備研究会、pp.1-9.

藤野次史 1999「中部瀬戸内における小型ナイフ形石器―井島遺跡の評価をめぐって―」『考古学研究』第46巻第2号、考古学研究会、pp.92-111.

藤野次史 2006「中・四国地方、近畿地方の編年」『旧石器時代の地域編年的研究』同成社、pp.174-206.

藤野次史・多田仁 2010「中国・四国地方」『講座日本の考古学1 旧石器時代（上）』青木書店、pp.544-575.

藤好史郎 1989「備讃瀬戸におけるナイフ形石器文化終末期の様相」『旧石器考古学』38、旧石器文化談話会、pp.133-142.

間壁葭子 1968「香川県坂出市櫃石島採集の石器」『倉敷考古館集報』第4号、財団法人 倉敷考古館、pp.35-44.

松藤和人 1980「近畿西部・瀬戸内地方におけるナイフ形石器文化の諸様相」『旧石器考古学』21、旧石器文化談話会、pp.213-259.

森先一貴 2010『旧石器者会の構造的変化と地域適応』六一書房

山本 誠 1998「岡山県恩原2遺跡S文化層の石器群と「櫃石島技法」」『旧石器考古学』57、旧石器文化談話会、pp.1-6.

【報告書】
稲田孝司編 1996『恩原2遺跡』恩原遺跡発掘調査団
稲田孝司編 2009『恩原1遺跡』恩原遺跡発掘調査団
小川 賢 2000『高松港頭地区再開発関連事業に伴う埋蔵文化財発掘調査報告書 香西南西打遺跡』高松市教育委員会

金森映人他 2001『四国縦貫自動車道建設に伴う埋蔵文化財発掘調査報告21』（財）徳島県埋蔵文化財センター

久保脇美朗 1994『四国縦貫自動車道建設に伴う埋蔵文化財発掘調査報告6』（財）徳島県埋蔵文化財センター

佐藤竜馬 1996『四国横断自動車道建設に伴う埋蔵文化財発掘調査報告 第二十四冊 郡家田代遺跡』（財）香川県埋蔵文化財センター

西村尋文他 1989『瀬戸大橋建設に伴う埋蔵文化財発掘調査報告Ⅵ 花見山遺跡』香川県教育委員会

藤好史郎他 1985『瀬戸大橋建設に伴う埋蔵文化財発掘調査報告Ⅳ 西方遺跡』香川県教育委員会

森下英治 2001『四国横断自動車道建設に伴う埋蔵文化財発掘調査報告 第三十七冊 中間西井坪遺跡』（財）香川県埋蔵文化財センター

山口卓也他 1991『板井寺ヶ谷遺跡—旧石器時代の調査—近畿自動車道舞鶴線関係埋蔵文化財発掘調査報告書ⅩⅣ-1』兵庫県教育委員会

山口卓也他 1995『碇岩南山遺跡Ⅰ』兵庫県揖保郡御津町教育委員会

横田温夫他 2001『四国縦貫自動車道建設に伴う埋蔵文化財発掘調査報告17』（財）徳島県埋蔵文化財センター

渡部明夫 1984『瀬戸大橋建設に伴う埋蔵文化財発掘調査報告Ⅰ 羽佐島遺跡』香川県教育委員会

図版出典
第1図 1～17（鎌木1957）
第4図 1～9（稲田編1996）、10～18（稲田編2009）、19～27（藤好他1985）、28～35（西村他1989）、36～41（山口他1995）
第5図 1～4（金森他2001）、5・6（小林1988）、7～14（稲原1996）

北海道における細石刃石器群の変遷の背景

大塚宜明

はじめに

旧石器時代の終末には、細石刃石器群が東アジア一帯にひろがる。本論の対象である日本列島北部に位置する北海道においても、24,000～13,000 cal BPというおよそ1万年もの間、細石刃剥離技術の変遷を伴いながらも細石刃石器群が継続してみとめられる。一方で、環境に注目すると、北海道に細石刃石器群が展開する期間は、MIS2 Last Glacial Maximum（LGM）Cold 2～Late Glacial（LG）Warmという気候変動の期間と重なることがわかっている（工藤2012）。つまり、このことは北海道の細石刃石器群がLGM Cold 2～LG Warmという気候変動をこえて存続したことを意味する。本論では、北海道の細石刃石器群の変遷を石器の詳細な分析によりあきらかにするとともに、細石刃石器群の変遷と自然環境との対応関係の検討を通して、自然環境の変化と人類活動の関係について予察する。

1. 対象地域の古環境と石器群編年の対応関係

（1）古環境

日本列島は、ユーラシア大陸の東端に位置し、現在北海道・本州・四国・九州の4つの島からなる。本論の研究対象である北海道は、その中でも最北部に位置し、宗谷海峡を隔てて最短距離45kmでロシア領サハリン島と接する。このように北海道とサハリン島は現在それぞれ独立した島であるが、本研究の対象時期を含む7万～1万年前の最終氷期には海面の低下により出現した間宮陸橋、宗谷陸橋によって北海道とサ

ハリンは大陸と地続きであり（小野1990）、陸橋によって結ばれたサハリンと北海道はアジア大陸から突き出た大きな半島をなしていた（佐藤2005）。

工藤（2012）による本州の環境区分を参照すると、北海道の細石刃石器群はLGM Cold 2（約24,000～15,000 cal BP）～LG Warm（約15,000～13,000 cal BP）という全球的な寒暖の気候変動をこえて存在する。このような気候変動と対応するように、北海道の植生は、LGM Cold 2の寒冷期に伴うグイマツ・ハイマツの優先林あるいは疎林ステップから、LG Warmではグイマツが衰退し温暖期に伴うトウヒ属・カバノキ属が増加する。その後、LG Cold（約13,000～11,500 cal BP）では気温の温暖化とともにトウヒ属・カバノキ属がひき続き増加するが、グイマツが再び増加する（ヤンガー・ドリアス期）という変遷がみとめられる（五十嵐ほか2012）。

次に、動物相について、高橋（2015）を主に参照しみていく。当該期の北海道に生息した動物相は、マンモス動物群である。マンモス動物群はマンモスゾウ、バイソン、ヘラジカに代表され、基本的にステップに棲む動物から構成される。現在までにマンモスゾウは日本列島では北海道からのみ産出しており、このことはこの地域に寒冷気候に適応したマンモスゾウの生息環境であるステップが広がっていたことを示している。北海道で産出したマンモスゾウの年代は、およそ45,000～20,000 cal BPであるが、最も新しい年代値の標本は北海道産か疑問視されている。そのため、確実な最も新しい年代は23,000 cal BPとなる。LGM Cold 2が終了するにしたがって始まった温暖化によっ

て、LGM Cold 2 ～ LG Warm の境ころに大型
獣が絶滅したと考えられる（高橋 2015）。大型
獣絶滅後は、現在のヒグマ・ニホンジカを伴う
動物群へと移行する（Kawamura1994、佐藤・出
穂 2011）。

(2) 北海道における旧石器編年と
古環境の対応関係

近年、これまでの膨大な調査成果を整理した、
北海道の旧石器時代編年が提示されている。細
石刃石器群以前については、細石刃石器群以前
に特徴的な石器群とされる「不定形剥片石器群」
が 30,000 cal BP より遡るとする説（Izuho et al.
2012）と、2,8000 ～ 26,000 cal BP 程度とする説（大
塚 2014）があり、その位置づけについては意見
の一致をみていない。一方、細石刃石器群出現
以降の編年については、一部の石器群を除け
ば、石器製作技術や遺跡形成過程の検討および
[14]C 年代測定結果の蓄積もあり、おおよそ見解
が一致している（Izuho et al. 2012、寺崎 2006、直
江 2014）。

細石刃石器群以前の年代については大塚
（2014）を採用すると、北海道における旧石器
時代の石器群は約 28,000 ～ 13,000 cal BP の間
みとめられ、そのうち細石刃石器群の存続期間
は約 24,000 ～ 13,000 cal BP である。第 1 図は、
北海道の旧石器時代編年（大塚 2014、直江 2014、
山田 2006）と、工藤（2012）の環境区分を対応
させた編年図である。

2　分析資料と方法

(1) 分析資料

北海道の細石刃石器群は、石器群に伴う細石
刃核型式により区分されることが一般的である
（寺崎 2006、山田 2006）。細石刃核には、蘭越型、
札滑型、白滝型、オショロッコ型、峠下型、ホ
ロカ型、広郷型、置戸型の細石刃核と小形舟底
形石器[1]がある（鶴丸 1979、山原 1999）。

本論では、遺跡数が豊富で、かつ石器組成が

あきらかであり、編年的位置が定まっている札
滑型細石刃核を有する石器群（札滑石器群）、オ
ショロッコ型細石刃核を有する石器群（オショ
ロッコ石器群）、小形舟底形石器を有する石器群
（小形舟底形石器石器群）を分析対象とする。オ
ショロッコ石器群は、さらに細石刃核の特徴か
ら、左右非対称形の木葉形の両面調整石器を素
材とするもの（オショロッコ石器群 1 類）と、斜
状平行剥離により整形された柳葉形の両面調整
石器を素材とするもの（オショロッコ石器群 2 類）
にわけられる（寺崎 2006）。

これらの石器群は、札滑石器群→オショロッ
コ石器群 1 類→オショロッコ石器群 2 類→小形
舟底形石器石器群という順で変遷すると考えら
れ、その年代はおよそ 18,000 ～ 13,000 cal BP
である（鈴木 2014、寺崎 2006、直江 2014）。以下
に本論で分析対象とする遺跡を石器群ごとにみ
ていく。

札滑石器群：オルイカ 2 遺跡（LCS1 ～ 4）、
石川 1 遺跡、上幌内モイ遺跡、暁遺跡（スポッ
ト 6・8）、幌加沢遺跡遠間地点を対象とする。
なお、幌加沢遺跡遠間地点については、黒耀石
原産地に位置する大規模な石器製作跡であり、
複数の異なる石器群で繰り返し石器製作がおこ
なわれていた可能性があるため、所属する石器
群を明確に判断できる細石刃核のみを分析対象
とする。

オショロッコ石器群：オショロッコ石器群 1
類は、居辺 17 遺跡、メボシ川 2 遺跡（ユニット
A ～ C）、祝梅上層遺跡、水口遺跡 A 地点、日
出 11 遺跡を対象とする。オショロッコ石器群
2 類は、オサツ 16 遺跡 B 地点ブロック 1、北
上台地遺跡 C 地点、嵐山 2 遺跡を対象とする。

小形舟底形石器石器群：上白滝 5 遺跡 Sb6
～ 11、上白滝 2 遺跡 Sb-13、落合遺跡スポッ
ト 3 ～ 5、南町 1 遺跡を対象とする。

(2) 分析方法

北海道の細石刃石器群は、細石刃と彫器とい

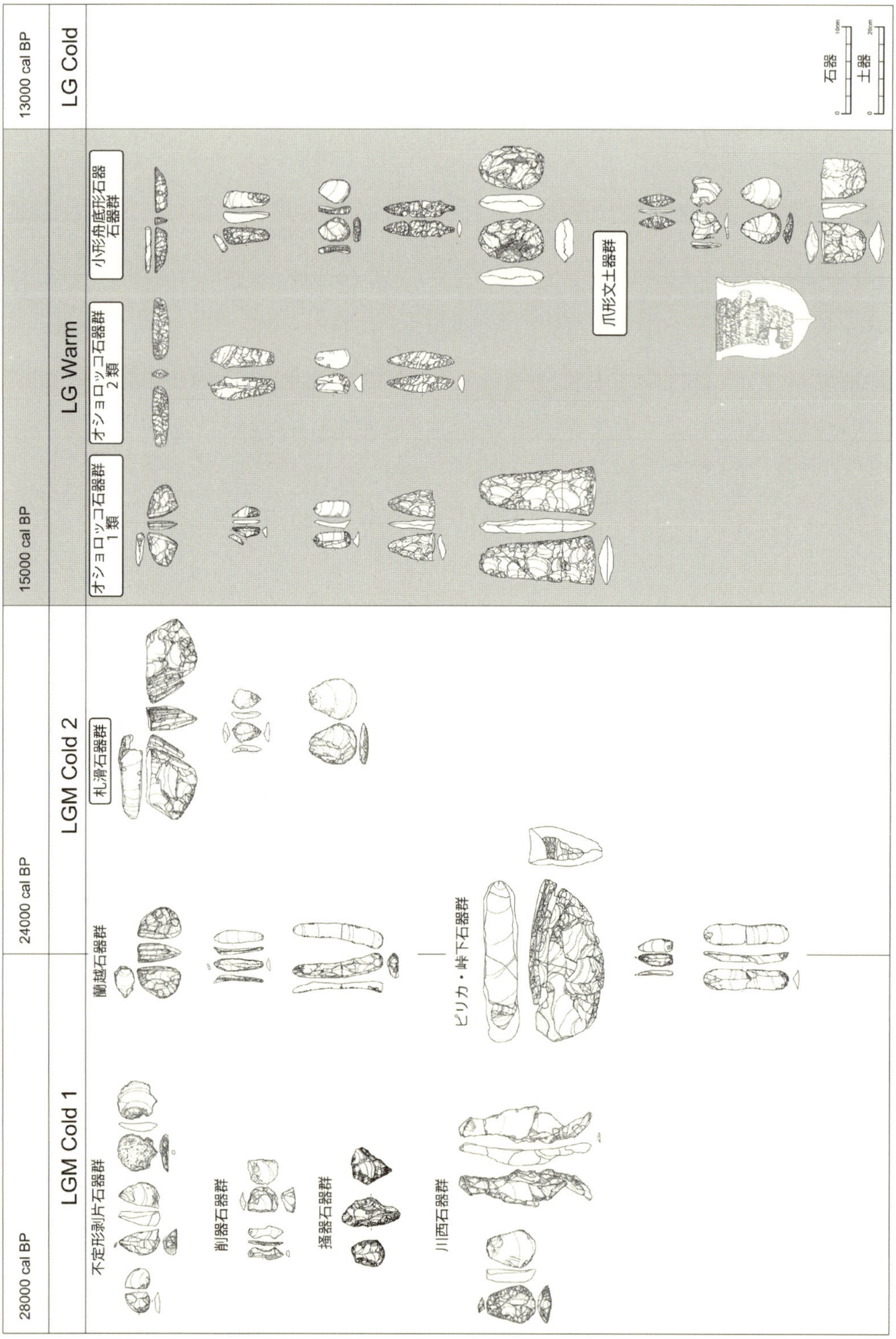

石器
土器

28000 cal BP	24000 cal BP	15000 cal BP	13000 cal BP
LGM Cold 1	LGM Cold 2	LG Warm	LG Cold

不定形剥片石器群

削器石器群

掻器石器群

川西石器群

蘭越剥片石器群

札滑石器群

ピリカ・峠下石器群

オショロッコ石器群1類

オショロッコ石器群2類

小形舟底形石器群

爪形文土器群

第1図　北海道における旧石器時代編年

う特徴的な組み合わせを有している。細石刃は植刃槍の部品で、彫器は植刃槍製作の工具（堤1997）であることから、植刃槍を中心とした石器作りがおこなわれていたことがわかる。植刃槍中心の石器作りがおよそ1万年もの長期間継続するのではあるが、大塚他（2013）において、北海道の札滑石器群～小形舟底形石器石器群を対象に予備的な検討をおこない、①細石刃の小形化、②彫器の刃部再生時のメンテナンスの高頻度化、③石器組成の変化が、当該期に同時に生じることを予察した。

本論では、細石刃のサイズ、彫器の刃部再生のあり方、石器組成という3項目を観点に、分析資料を拡充し詳細に分析し、北海道における細石刃石器群の変遷をあきらかにする。そして、最後に、細石刃石器群の変遷と自然環境との対応関係の検討を通して、自然環境の変化と人類活動の関係について予察する。

3 細石刃のサイズの検討

細石刃のサイズを検討する。細石刃は折断されている資料が多いことから、細石刃の計測により細石刃の完形の長さをあきらかにすること

は難しい。そのため、細石刃核の作業面の長さを計測することで、細石刃の完形の長さを求める。分析資料は第1表、分析結果は第2図の通りである。

札滑石器群：47点の細石刃核を分析した。作業面の長さは、最大で116mm、最小で30mm、平均59mmである。最大と最小で86mmもの長さの開きがある。50mm、62mmの付近にピークをもつ。

オショロッコ石器群1類：60点の細石刃核を分析した。作業面の長さは、最大で46mm、最小20mm、平均35mmである。31mm～38mmに集中する。

オショロッコ石器群2類：120点の細石刃核を対象とした。1点の細石刃核で2つの作業面をもつ資料が2点あるため、122の作業面を分析した。作業面の長さは、最大で29mm、最小9mm、平均16mmである。12mm～18mmに集中する。

小形舟底形石器石器群：28点の細石刃核を対象とした。1点の細石刃核で2つの作業面をもつ資料が2点あるため、30の作業面を分析した。作業面の長さは、最大で14mm、最小6mm、平均10mmである。8mm～12mmに集中する。

第1表　細石刃核の分析資料

石器群	遺跡	分析点数	文献
札滑石器群	オルイカ2遺跡 LCS1～4	8	北海道埋蔵文化財センター 2003・2005
	石川1遺跡	1	北海道埋蔵文化財センター 1988
	上幌内モイ遺跡	3	厚真町教育委員会 2006
	暁遺跡 スポット6・8	4	帯広市教育委員会 1986
	幌加沢遺跡遠間地点	31	札幌大学埋蔵文化財展示室 2007、筑波大学遠間資料研究グループ 1990
オショロッコ石器群1類	居辺17遺跡	28	上士幌町教育委員会 2001
	メボシ川2遺跡 ユニットA～C	13	千歳市教育委員会 1983
	祝梅遺跡上層	10	佐久間 2008
	水口遺跡A地点	8	畑・田村 1975
	日出11遺跡	1	訓子府町教育委員会 1985
オショロッコ石器群2類	オサツ16遺跡B地点 ブロック1	91	北海道文化財保護協会 2000
	北上台地遺跡C地点	24	大場他 1984
	嵐山2遺跡	5	北海道埋蔵文化財センター 1987
小形舟底形石器石器群	上白滝5遺跡 Sb6～11	15	北海道埋蔵文化財センター 2002
	上白滝2遺跡 Sb-13	4	北海道埋蔵文化財センター 2001
	落合遺跡 スポット3～5	9	帯広市教育委員会 1999a

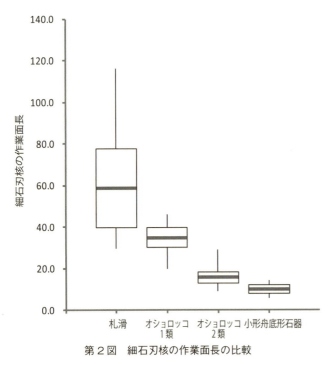

第2図　細石刃核の作業面長の比較

細石刃核の検討からあきらかにされた細石刃の平均長を通時的に並べると、札滑石器群では59mm、オショロッコ石器群1類では35mm、オショロッコ石器群2類では16mm、小形舟底形石器石器群では10mmとなる。

以上の検討により、細石刃は徐々に小形化し、最終的に小形舟底形石器石器群の細石刃の平均長は札滑石器群のそれの約六分の一の大きさに縮小していることがわかる。

4　彫器のメンテナンスの検討

つづいて、植刃槍の工具である彫器のメンテナンスについて検討する。綿貫・堤（1987）や大塚・安蒜（2011）により、彫器の刃部再生を効率良くおこなうため、刃部再生に先立ってメンテナンスをおこなうことがあきらかにされている。メンテナンスは二種類あり、彫刀接面調整は彫刀面作出打面の微調整を主目的としたものであり、彫刀面調整は彫刀面のねじれの除去や器形の修正を目的としたものである。彫器や彫器削片を分析し、それらのメンテナンスの施される比率をあきらかにする。

分析対象について以下に記載する。札滑石器群では、石川1遺跡、オショロッコ石器群1類では居辺17遺跡、オショロッコ石器群2類ではオサツ16遺跡B地点ブロック1、小形舟底形石器石器群では落合遺跡スポット3～5を分析対象とした。なお、提示した分析結果のうち、石川1遺跡は大塚（2013）、落合遺跡スポット3～5は大塚（2012）に基づいている。

分析結果（第2表）をみると、いずれの遺跡でも彫刀接面調整が彫刀面調整より多くみとめられる点で共通する。刃部再生にあたり、彫刀面作出打面の微調整がより念入りに施されていることがわかる。一方で、彫器・彫器削片全体におけるメンテナンス（彫刀接面調整と彫刀面調整の合計値）が施される割合は、石川1遺跡では48％、居辺17遺跡は67％、オサツ16遺跡B地点ブロック1は62％、落合遺跡スポット3～5では79％となる。札滑石器群に属する石川1遺跡では50％未満であるのに対し、オショロッコ石器群1類の居辺17遺跡、オショロッコ石器群2類のオサツ16遺跡B地点ブロック1、小形舟底形石器石器群の落合遺跡スポット3～5では60％を超えてメンテナンスが施されている。以上のことから、オショロッコ石器群1類以後、彫器の刃部再生にあたりメンテナンスが高頻度で施されていることを指摘できる。

加えて、小形舟底形石器石器群に属する上白滝5遺跡の彫器と彫器削片を含む接合資料（第3図）をみると、一点の彫器に対して10～20回もの刃部再生が施されていることがわかる。刃部再生の頻度は彫器を用いた作業量との関連性が想定されることから、彫器の作業量の増加に伴い刃部再生を効率良く行う必要性が生じた

大塚宜明

第2表 彫器メンテナンスの分析

石器群	遺跡	分析点数	彫刀接面調整		彫刀面調整		彫刀接面調整 + 彫刀面調整		メンテナンスが施された割合
札滑石器群	石川1遺跡	23	8	35%	3	13%	0	0%	48%
オショロッコ石器群1類	居辺17遺跡	95	54	57%	7	7%	3	3%	67%
オショロッコ石器群2類	オサツ16遺跡 B地点ブロック1	93	54	58%	3	3%	1	1%	62%
小形舟底形石器石器群	落合遺跡	37	27	73%	1	3%	1	3%	79%

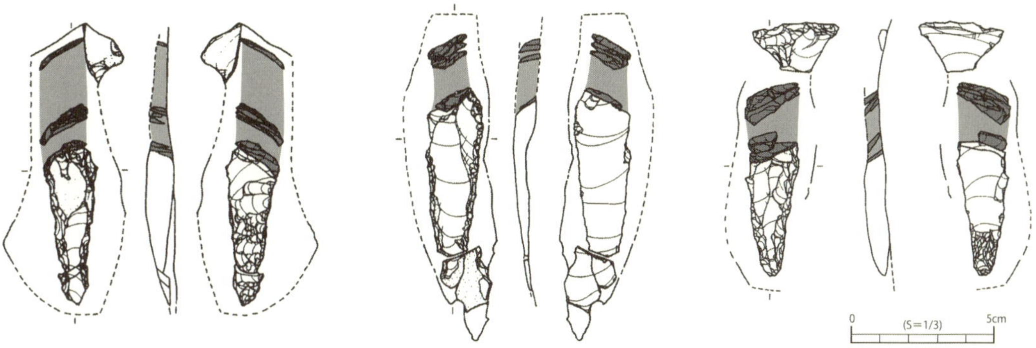

凡例　■:彫器削片　■:接合資料から復元される刃部再生の範囲
　　　……:接合資料から復元される素材剥片の形状

第3図　彫器の刃部再生過程を示す接合資料

ことが彫器のメンテナンスの増加の背景として考えられる。

5　石器組成の検討

　対象遺跡の石器組成を第3表に示した。石器組成の検討をおこなう前に、註1で触れたように主要な石器の一つである小形舟底形石器の理解については諸説ある状況であることを改めて確認しておきたい。そのため、第3表の作成にあたり引用した報告書のデータでは、小形舟底形石器から剥がされた“微小石刃”は剥片や砕片に含められており、細石刃としてカウントされていないことを断っておく。

　上記した点をふまえると、すべての石器群が細石刃関連資料（細石刃核、小形舟底形石器、細石刃核削片、細石刃）と植刃槍の工具である彫器をもつ点で共通する。一方で、石器組成には相違点もみとめられる。第3表からもあきらかなように、有茎尖頭器と石斧は札滑石器群にはみ

とめられず、オショロッコ石器群1類、オショロッコ石器群2類、小形舟底形石器石器群に限ってみとめられる。

　つまり、オショロッコ石器群1類以後、有茎尖頭器と石斧が新たに組成に加わったことがわかる。

6. 北海道における細石刃石器群変遷の背景

　以上みてきたように、オショロッコ石器群を境に、新しい槍（石槍としての有茎尖頭器）や石斧が加わるのと同時に、植刃槍の部品である細石刃が小形化し、植刃槍の工具である彫器のメンテナンスが高頻度化していることがあきらかになった。それでは、このような石器にみとめられる変化は何を背景としているのだろうか。

　それらの石器にみとめられる変化の背景をあきらかにするため、小形舟底形石器石器群と年代が並行すると考えられる、大正3遺跡についての研究事例を取りあげる（第4図）。大正3遺

北海道における細石刃石器群の変遷の背景

第3表 石器組成

石器群	遺跡	細石刃核	細石刃核削片	細石刃	小形舟底形石器	有茎尖頭器	尖頭器	彫器	掻器	石錐	削器・RFI	両面・片面調整石器	石斧	石核	彫器削片	石刃	剥片・砕片	合計
札滑石器群	オルイカ2遺跡 LCS1～4	11	13	436				15	16		86	5		4	10		2214	2810
	石川1遺跡	2		88				23	4	8	26	17			9	13	5022	5212
	上幌内モイ遺跡	3		151				1	2	1	7				10		1179	1354
	暁遺跡 スポット6	2	1	80				2			1				5		37	128
	暁遺跡 スポット8	12		1833				20	7		49			2	108		3478	5509
オショロッコ石器群1類	居辺17遺跡	35		165			12	117	318	32	101	59	6	84	63	255	27524	28756
	メボシ川2遺跡 ユニットA～C	17		320	3			10	96	1	31	1	3		160		4642	5152
	祝梅遺跡上層	11		159	2			18	168	5	4	2	2		165		5439	5978
	水口遺跡A地点	7		80		1		7	80	4	4			3	157		2929	3272
	日出11遺跡	1			1	4		9	21	4	8	4	1	11	1	36	2358	2462
オショロッコ石器群2類	オサツ16遺跡B地点ブロック1	94	6	1018			1	136	174	13	104	4	2	3	271	404	29982	32236
	北上台地遺跡C地点	14						○	○	○								不明
	嵐山2遺跡	5	9	75	2	1	3	7	20	1	9	5			10	2	1601	1751
小形舟底形石器群	上白滝5遺跡 Sb6～11				67		27	68	28	2	51		2	27	36	98	9347	9753
	落合遺跡 スポット3～5				23		1	42	6	8	46			4	250	76	4774	5240
	上白滝2遺跡 Sb-13				40	1	16	13	22	3	63			35	8	69	5464	5734
	南町1遺跡				54	1		65	23	2	191	1	1	20	105		29726	30189

※オサツ16遺跡B地点ブロック1の石斧は、その破片である。
　南町1遺跡の小形舟底形石器は、未成品である。

跡は、爪形文土器群に属し、年代は15,030～13,780 cal BPである（直江2014）。石器組成は、尖頭器や掻器、彫器、石斧からなり、細石刃および細石刃製作に関連する資料はみとめられない。また、彫器はみとめられるものの、先にみてきた細石刃石器群の彫器とは対照的に、刃部再生に伴うメンテナンス等はみとめられない。

本遺跡を最も特徴づけるのは爪形文土器である。近年、それらの土器に付着する炭化物に理化学的な分析が実施され、海産資源が加工された可能性（Craig et al. 2013）および、海産資源に加えサケやマスのような遡河性魚が利用された可能性（Kunikita et al. 2013）が指摘されている。つまり、これらの理化学的な分析結果は、大正3遺跡と同時期にあたる細石刃石器群の終末に、人類が少なくともサケ・マスなどの水産資源にアクセス可能であったことを示しているのである。

ここで改めて、石器群と自然環境との対応関係を確認すると、本論で対象とした石器群

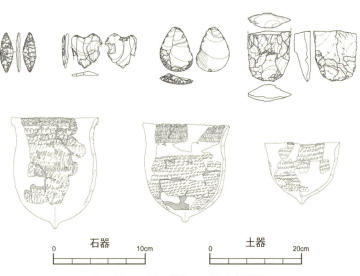

第4図　大正3遺跡の爪形文土器群

のうち、札滑石器群はLGM Cold 2に属し、オショロッコ石器群以後はLG Warmに該当した。LG Warmでは、植生の温暖化と関連するように伐採具である石斧が出現し、小形舟底形石器石器群と並行する時期にはサケ・マスなどの水産資源へのアクセスが可能となった。このように北海道において細石刃石器群が展開する期間に生じた地球温暖化は、新しい資源（サケ・マスなどの水産資源や木材など）を人類に提供した一方で、これまで狩猟対象とされていたマンモスゾウなどの絶滅をもひきおこした（高橋2015）ことは注意される。そして、気候変動に伴い利用可能な資源に大きな変化が想定されるまさにその時、植刃槍の部品の小形化、植刃槍製作工具に対するメンテナンスの高頻度化、新しい狩猟具である石槍の追加というように、狩猟具と関連した石器に変化が生じているのである（第5図）。

仮に狩猟対象獣と狩猟具に関係性があるとするならば、石槍は縄文時代以降にも継続して存在することから、LG Warm以後に生じた現在の動物相であるヒグマを伴う動物群への移行と関連する可能性が高い。それでは、植刃槍関連資料にみとめられる変化は何を示しているのだ

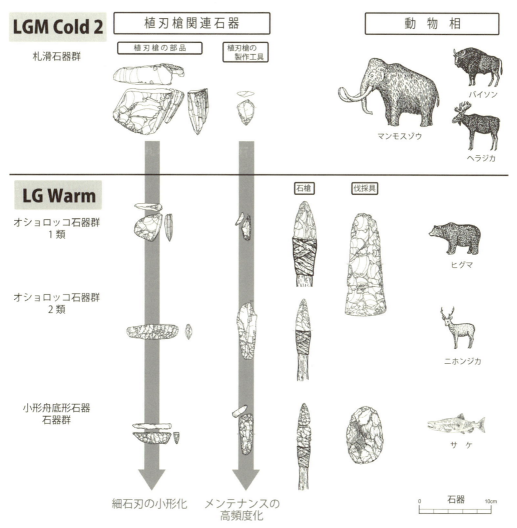

第5図 北海道における細石刃石器群の変遷と自然環境の変化

ろうか。この点についても、同様に動物相の変化および水産資源の証拠を考慮するならば、工具である彫器をより酷使するような細工の細かいカエシがつけられた銛先や極小な細石刃が埋めこまれた、多様な狩猟具が製作された可能性も想定される。

つまり、北海道における細石刃石器群の変遷は、地球温暖化に起因した自然資源の変化に対する人類適応を示唆しているのである。

註

(1) 小形舟底形石器についての先行研究と筆者の認識を記載する。まず先行研究をみると、小形舟底形石器は、それ自体に石器の可能性が指摘されており、細石刃核として認識されたのは最近である（山原1999）。小形舟底形石器を細石刃核と理解する先行研究の分析結果は下記のとおりである。①他の細石刃核と同様に押圧剝離により、"微小な石刃"が連続的に剝離されていること（山原1999）、②オショロッコ石器群2類の細石刃核から剝がされる細石刃と小形舟底形石器から剝がされる"微小石刃"のサイズが一部重複すること（佐久間2000）、③小形舟底形石器と小形舟底形石器から剝離された"微小石刃"の使用痕分析によって、小形舟底形石器には使用痕がなく、"微小石刃"に使用痕がみとめられること（辻1977）があきらかにされている。

以上のように、小形舟底形石器自体に道具として使用された痕跡がなく、他の細石刃核と同様に石刃剝離が押圧剝離により、かつ小形舟底形石器から剝離した"微小石刃"に使用痕跡がみとめられることから、本論では小形舟底形石器を細石刃核と捉え検討する。

引用・参考文献

厚真町教育委員会 2006『上幌内モイ（1）』

五十嵐八枝子・成瀬敏郎・矢田貝真一・檀原　徹 2012「北部北海道の剣淵盆地におけるMIS7以降の植生と気候の変遷史—特にMIS6/5eとMIS2/1について」『第四紀研究』51-3、日本第四紀学会、pp.175-191

Izuho,M., F.Akai, Y.Nakazawa, andA.Iwase, 2012 The Upper Paleolithic of Hokkaido: Current evidence and its geochronological framework, In Environmental Changes and Human Occupation in East Asia during OIS3 and OIS2, edited by A.Ono and M.Izuho, pp.109-28, British Archaeological Report, International Series 2352, Oxford.

大塚宜明 2012「北海道島における黒耀石製荒屋型彫器の検討—彫刀面微調整技術を観点として—」『明治大学文学部・文学研究科学術研究論集』2、明治大学文学部・文学研究科、pp.121-130

大塚宜明 2013「北海道島における彫刀面微調整技術の検討—湧別系細石刃石器群の分析—」『明治大学文学部・文学研究科学術研究論集』3、明治大学文学部・文学研究科、pp.103-112

大塚宜明 2014「北海道における旧石器文化のはじまり—「前半期」石器群の古さ—」『日本考古学』37、日本考古学協会、pp.1-18

大塚宜明・安蒜政雄 2011「荒屋型彫器における彫刀面再生過程の検討—彫器削片の分析を中心に—」『考古学集刊』7、明治大学文学部考古学研究室、pp.1-20

大塚宜明・金成太郎・鶴丸俊明 2013「常呂川流域採集の細石刃核の検討—細石刃石器群研究の視点—」『考古学集刊』9、明治大学文学部考古学研究室、pp.75-89

大場利夫・近藤裕弘・久保勝範・宮　宏明 1984「北上台地遺跡発掘調査報告」『北見郷土博物館紀要』14, 北見市立北見郷土博物館、pp.14-83

小野有五 1990「北の陸橋」『第四紀研究』29、日本第四紀学会、pp.183-192

帯広市教育委員会 1986『帯広・暁遺跡2』

帯広市教育委員会 1999a『帯広・落合遺跡2』

帯広市教育委員会 1999b『帯広・南町1遺跡』

帯広市教育委員会 2006『帯広・大正遺跡群2』

帰山雅秀 2004『最新のサケ学』成山堂書店

上士幌町教育委員会 2001『上士幌町　居辺17遺跡』

Kawamura.Y,1994. Late Pleistocene to Holocene mammalian faunal succession in Japanese islands, with comments on the late Quaternary extinctions.Archaeozoologia Vol.VI-2, pp.7-22.

工藤雄一郎 2012『旧石器・縄文時代の環境文化史：高精度放射性炭素年代測定と考古学』新泉社

Kunikita.D, Shevkomud.I, Yoshida.K, Onuki.S,

Yamahara.T, Matsuzaki.H, 2013. Dating Charred Remainson Pottery and Analyzing Food Habits in the Early Neolithic Period in Northeast Asia. Radiocarbon55（2-3）, pp.1334-1340.

Craig,O.E, Saul.H, Lucquin.A, Nishida.Y, Tache.K, Clarke.L, Thompson.A, Altoft.D.T, Uchiyama.J, Ajimoto.M, Gibbs.K, Isaksson.S, Heron.C.P, Jordan. P, 2013. Earliest evidence for the use of pottery. Nature 496, pp.351-354.

訓子府町教育委員会 1985『日出―11 遺跡』

札幌大学埋蔵文化財展示室 2007「白滝幌加沢遠間地点における考古学的調査―2006 年度第 13 次調査概報―」『Aru:k』2、pp.63-195

佐久間光平 2008「北海道千歳市祝梅上層遺跡の石器群」『考古学』Ⅵ、pp.45-65

佐藤宏之 2005「日本列島の自然史と人間」『日本の地誌』1、朝倉書店、pp.80-94

佐藤宏之・出穂雅実 2011「総括：環日本海北部地域における後期更新世の環境変動と人間の相互作用の変遷史」『環日本海北部地域における後期更新世の環境変動と人間の相互作用に関する総合的研究』東京大学大学院人文社会系研究科付属北海文化研究施設常呂実習施設、pp.225-232

鈴木宏行 2014「北海道」『第 12 回講演・研究発表シンポジウム予稿集　石材の獲得・消費と遺跡群の形成』日本旧石器学会、pp.44-50

高橋啓一 2015「旧石器時代から縄文時代にかけての動物相の変化」『季刊考古学』132、雄山閣、pp.23-27

千歳市教育委員会 1983『メボシ川 2 遺跡における考古学的調査』

筑波大学遠間資料研究グループ 1990『湧別川』遠軽町教育委員会

堤　隆 1997「荒屋型彫刻刀形石器の機能推定―埼玉県白草遺跡の石器使用痕分析から―」『旧石器考古学』54、旧石器文化談話会、pp.17-35

辻　秀子 1977「製作技術と機能」『勢雄遺跡』更別村教育委員会、pp.26-32

鶴丸俊明 1979「北海道地方の細石刃文化」『駿台史学』47、駿台史学会、pp.23-50

寺崎康史 2006「北海道の地域編年」『旧石器時代の地域編年的研究』同成社、pp.276-314

直江康雄 2014「北海道における旧石器時代から縄文時代草創期に相当する石器群の年代と編年」『旧石器研究』10、日本旧石器学会、pp.23-39

畑　宏明・田村良信 1975「水口遺跡」『日本の旧石器文化』2、雄山閣、pp.42-56

北海道文化財保護協会 1997『千歳市オサツ 16 遺跡（2）』

北海道埋蔵文化財センター 1987『鷹栖町嵐山 2 遺跡』

北海道埋蔵文化財センター 1988『函館市石川 1 遺跡』

北海道埋蔵文化財センター 2001『白滝遺跡群Ⅱ』

北海道埋蔵文化財センター 2002『白滝遺跡群Ⅲ』

綿貫俊一・堤　隆 1987「荒屋遺跡の細石刃文化資料」『長野県考古学会誌』54、長野県考古学会、pp.1-20

山田哲 2006『北海道における細石刃石器群の研究』六一書房

山原敏朗 1999「落合遺跡に関する分析」『帯広・落合遺跡 2』帯広市教育委員会、pp.51-55

図版出典
第 1・3・4 図　各報告書より引用し作成。
第 5 図　石器については各報告書より引用、動物については（帰山 2004、Kawamura 1994）より引用し作成。

古北海道半島における初期細石刃石器群と
前半期石刃石器群の石刃技術
―広郷型・オバルベツ型尖頭器石器群の再検討―

須藤隆司

1. 目的と方法

大陸と陸続きであった古北海道半島（佐藤2005）における後期旧石器時代の変革は、細石刃石器群の出現であり、細石刃石器群以前の前半期と出現以降の後半期に区分されている（寺崎・山原1999、寺崎2006）。

千歳市柏台1遺跡の恵庭aテフラ（En-a）降灰以前の初期細石刃石器群（蘭越型細石刃石器群）の較正年代は25.5-23.5ka cal BPであり、帯広市川西C遺跡のEn-a降灰以前の前半期石刃石器群（川西型石刃石器群）の較正年代は26-25.5ka cal BPである（直江2014）。

En-a降灰との前後関係・放射性炭素年代は確認されていないが、広郷型ナイフ形（尖頭形・尖頭状）石器群（坂本2003、佐藤2003、寺崎2006）と基部加工ナイフ形（尖頭形）石器群（佐藤2003、寺崎2006）は、川西型石刃石器群以前に位置付けられ、前半期石刃石器群と理解されている（佐藤2003、寺崎2006、直江2014）。

今金町神丘2遺跡（今金町教育委員会1990）で共伴すると考えられた基部加工尖頭形石器群と広郷型尖頭形石器群は、古本州島（佐藤2005）東北地域の基部加工尖頭形石刃石器群（Ⅵ・Ⅶ層段階）の影響下に、古北海道半島の資源に適応した行動戦略で成立した石器群と評価された（佐藤2003）。

小稿では、第1に、広郷型ナイフ形（尖頭形・尖頭状）石器群と長万部町オバルベツ2遺跡の基部加工ナイフ形（尖頭形）石器群を広郷型尖頭器石器群、オバルベツ型尖頭器石器群と呼称

し、それらの石刃技術と川西型石刃石器群・初期細石刃石器群における石刃技術革新との関係性を検討する。第2に、大陸・古本州島の石刃技術革新との関係性から、広郷型・オバルベツ型尖頭器石器群における石刃技術の歴史的位置を再考し、古北海道半島と古本州島東北地域で展開した石刃技術変革の歴史的背景を展望する。

石刃技術の分析方法は、石核整形技術、石核打面・頭部調整技術に着目した石刃剝離技術、打面の特徴、大きさ、形状に着目した石刃の形態、石刃から製作される石器の形態と調整・再生技術を検討項目とする。ここで用いる石刃技術とは、石刃剝離技術から石刃による石器調整・再生技術を構造的に把握した石器製作技術ということである。

2. 石刃技術の諸様相

（1）川西型石刃技術

川西C遺跡（帯広市教育委員会1998）、遠軽町旧白滝15遺跡B区（北海道埋蔵文化財センター2012）・旧白滝5遺跡D3a区（北海道埋蔵文化財センター2013）の川西型石刃石器群を指標とした石刃技術（北海道埋蔵文化財センター2013、直江・鈴木・坂本2016）を川西型石刃技術とする。

石刃剝離技術は、石核側面調整などの石核整形技術がないこと、頻繁に行われる打面調整と打面再生を特徴とする。目的とされた石刃（第1図1〜3）は、幅広で厚い大型打面を有する長大な厚型幅広石刃である。打面調整は、石核打面縁から1cm程奥の加撃予定点の頂部を形成するが、打面縁細部調整は部分的で打点位置整形

に至らないため、中央から左右に外れる打点位置も多く打面形状は多様である。頭部調整は施されず、石刃頭部は両肩が張るものが主体である。剥離方法は、バルバスカーが発達するものが多く、フラクチャー・ウイング分析によれば、硬質剥離具を用いた直接打撃法が同定されている（高倉 2012・2014）。

石刃を用いて掻器・削器・彫器（第2図1〜8）が製作される。石器調整技術には急斜度調整、緩斜度調整（平坦剥離）による縁辺調整がある。削器や掻器側縁に刃部を形成する平坦剥離は不規則で、器面を覆う剥離深度は多様である。

石器再生技術（第2図5〜8）は、長大な厚型幅広石刃を有効に利用するために、器体の折断と折断後の樋状剥離を特徴とする（山原 2004）。平坦剥離による刃部再生は限定され、最終的な再生加工には急斜度の鋸歯状調整が用いられる。樋状剥離は刃部形成・再生に用いられたと考えられるが、下総型石刃再生技法（新田 1995）と同等に折断面を打面とし側縁から削片（小石刃）を連続剥離する方法が特質である。

(2) 蘭越型石刃技術

旧白滝15遺跡B区、柏台1遺跡（北海道埋蔵文化財センター 1999）、オバルベツ2遺跡（北海道文化財保護協会 2000、長万部町教育委員会 2002）、知内町湯の里4遺跡（北海道埋蔵文化財センター 1985）の蘭越型細石刃石器群を指標とする石刃技術（役重 2012、直江・鈴木・坂本 2016）を蘭越型石刃技術とする。

石刃剥離技術は、管理的な石核整形技術と打面調整・再生技術を特徴とする。石核整形は、側面調整、背縁・下縁調整を特徴とし、石刃剥離進行に伴い背面・下面側からの側面調整が行われ背縁・下縁が整形されて行く（第1図12・13）。石刃剥離から細石刃剥離に移行し、細石刃核は平坦剥離による器面調整で覆われた両面調整体（第2図23）となる。

石刃の特徴（第1図9）は、頻繁な打面調整・再生と側面調整により長さ・幅が減少して細石刃に至るが、小口作業面から剥離された薄型狭長石刃が特質となる。打面は小型点状化し、石刃頭部は突出する。打面縁細部調整と頭部細部調整により打点位置が整形され、石核縁辺を擦り取るように剥離された石刃と考えられる。フラクチャー・ウイング分析によれば、有機質剥離具を用いた直接打撃法による剥離方法が同定されている（高倉 2012）。

初期段階に剥離された大型狭長石刃で掻器、彫器（第2図27）が製作される。相対的に幅広な石刃では側縁調整が施される。彫器の削片剥離は側縁に対して斜方向となり、刃部再生技術で長さが減じられる。

(3) 美利河型・峠下1型石刃技術

木古内町新道4遺跡（北海道埋蔵文化財センター 1988）の美利河型・峠下型1類細石刃石器群を指標とする石刃技術を美利河型石刃技術とし、遠軽町上白滝8遺跡石器ブロック14〜19（北海道埋蔵文化財センター 2004）の峠下型1類細石刃石器群を指標とする石刃技術を峠下1型石刃技術とする。

新道4遺跡の接合資料№50に示された石刃剥離技術は、石核整形・打面調整による薄型狭長石刃と厚型幅広石刃の剥離（藤田 2005）を特徴とする。

石核整形は、長軸両端の小口面に設けられた作業面側からの側面調整と稜形成調整である（第1図11）。剥離初期の小口面から剥離された薄型狭長石刃（第1図7・8）は、蘭越型石刃技術と同質な打面縁細部調整と頭部細部調整による点状化した打面を特徴とする。蘭越型石刃技術と同質な石器調整技術で、掻器・彫器・削器（第2図24〜26）が製作される。黒曜石製削器（第2図25）の刃部形成では、縁辺に連続する平坦剥離が用いられている。

剥離後半に作出された大型調整打面の厚型幅広石刃（剥片）は、細石刃核に整形される。細

石刃核の特徴は、美利河型・峠下型1類（寺崎2006）であり、削片剥離・細石刃剥離の進行に伴う石核側面の精緻な器面調整によって、細石刃核は半両面・両面調整体に整形される。

上白滝8遺跡石器ブロック14〜19における石刃剥離技術（鈴木2004、直江・鈴木・坂本2016）の特徴（第1図21）は、石核整形がないこと、単剥離面打面が再生されるが打面調整は行われないこと、頭部細部調整によって打面縁辺部の打点位置整形を行い平坦な作業面から幅広石刃を剥離することである。

突出した小型打面を特徴とする幅広石刃（第1図19・20）は、細石刃核に用いられる。細石刃核の整形には、折断、縁辺調整、器面調整があり、より幅広で厚型の石刃（剥片）では平坦剥離による器面調整が顕著となる（鈴木2004）。削片剥離（打面形成・再生）、細石刃剥離の進行に伴う石核側面の精緻な器面調整によって、細石刃核は半両面・両面調整体（第2図21・22）に整形される。

（4）広郷P型石刃技術

遠軽町上白滝7遺跡石器ブロック4〜10（北海道埋蔵文化財センター2000）、上白滝8遺跡石器ブロック61（北海道埋蔵文化財センター2004）の広郷型尖頭器石器群を指標とする石刃技術を広郷P型石刃技術とする。また、北見市広郷8遺跡（北見市北見郷土博物館1985）の広郷型尖頭器石器群との対比において石器製作・再生技術を検討する。

石刃剥離技術の特徴（坂本2003、直江・鈴木・坂本2016）は、石核整形がないこと、単剥離打面で打面縁頭部に連続した細部調整が施されること、打面縁からやや奥を加撃点として厚型石刃を剥離することである。石核打面は平坦であるが打瘤の発達した大型剥片剥離で形成されるため、ネガティブバルブの縁辺となる打縁が内傾斜する。剥離進行で打縁が鈍角化した場合は大型剥片剥離で打面再生される。連続した頭部細部調整は、突出した剥離稜を除去し打面縁を弧状に整形している（第1図17）。

石刃の特徴は、厚型幅広石刃で、頭部の肩は弧状であるがやや広い打面が残される。側面形は直線的であるが打瘤部が厚く、最大厚位置は打面付近にある（第1図14〜16・18）。打瘤・バルバスカーの発達は軟石製ハンマーの直接打撃法によるものと考えられ、フラクチャー・ウイングの分析によれば硬質打撃具を用いた直接打撃法が同定されている（高倉2014）。

尖頭器・掻器が製作される。精緻な平坦剥離による器面調整技術で機能部作出と器体整形が行われている点が重要である。

尖頭器は、基部側に最大幅がある円基形態であり、短形小型円基木葉形（第2図12・13）と長形大型円基木葉形・柳葉形（第2図14〜17）がある。長形大型尖頭器は尖頭状削器と認識することも可能であり、工具的性格の強い尖頭器である。先端部は表面側の片面調整で尖頭状に、基部は両面調整で円形に整形される。素材縁辺を刃部として残すことが多いが、素材縁辺を残さない半両面調整尖頭器（第2図12・13）が特徴的に存在する。石刃打面部は基部側に限定されることなく先端側にも用いられており、器面調整による素材変形技術の革新性がうかがえる。

製作遺跡である上白滝7・8遺跡の長形尖頭器は素材縁辺の残存率が高いが、消費遺跡である広郷8遺跡の長形尖頭器では周辺調整尖頭器（第2図16・17）が存在する。上白滝7遺跡の掻器は、端刃部形成が主体で側縁調整は少ない。広郷8遺跡には精緻な器面調整で整形された掻器（第2図18）が存在する。

調整加工技術の特徴は、素材を変形させ機能部を作出する精緻な器面調整技術を有することである。大型石刃素材石器の折断による再生技術が想定（坂本2003）されているが、器面を覆う平坦剥離の進行を再生技術として評価することも可能である。

250

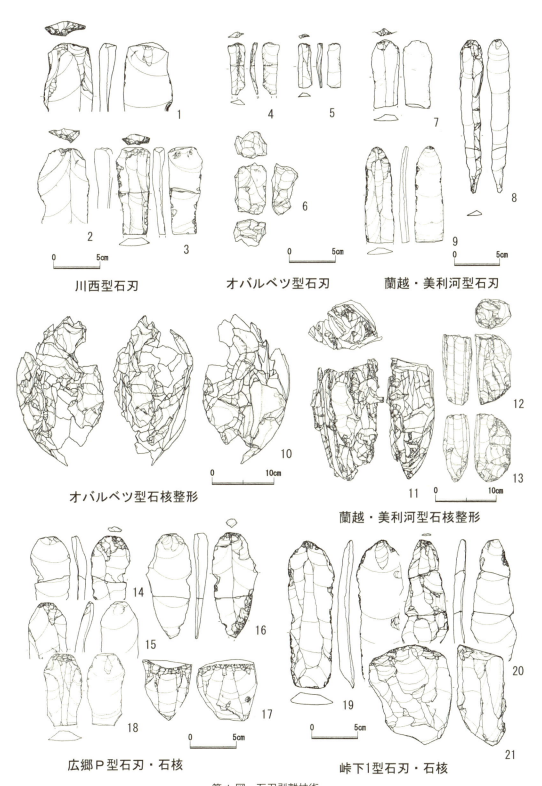

第 1 図　石刃剥離技術
1・2：旧白滝5、3：川西C、4〜6・10：オバルベツ2、7・8・11：新道4、9：柏台1、12・13：湯の里4、
14〜17：上白滝7、18：広郷8、19〜21：上白滝8

古北海道半島における初期細刃石器群と前半期石刃石器群の石刃技術

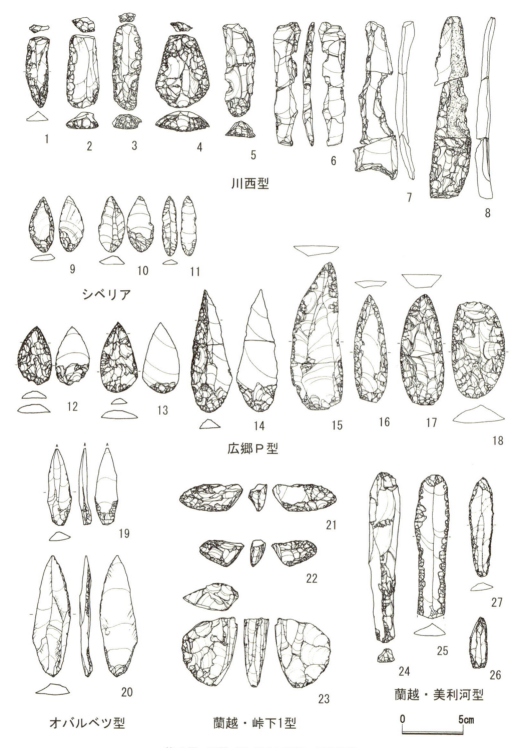

第2図　石器（細石刃核）調整・再生技術
1～8：川西C、9：ココレヴォIV、10・11：マリタ、12・14：上白滝8、13：上白滝7、15～18：広郷8、19・20：オバルベツ2、21・22：上白滝8、23・27：柏台1、24～26：新道4

252

（5） オバルベツ型石刃技術

オバルベツ 2 遺跡ブロック 3 の基部加工尖頭器石器群（北海道文化財保護協会 2000）を指標とする石刃技術（寺崎・鈴木 2006）をオバルベツ型石刃技術とする。

石刃剝離技術の特徴は、石核整形が行われること、打面調整・打面再生が行われること、両設打面によって側面形が直線的な中型の薄型石刃（第 1 図 4・5）を剝離することである。

石核整形は、作業面側からの側面整形と稜形成、背面整形と背面側からの側面整形（第 1 図 10）が行われている。打面は周辺からの調整剝離で傾斜打面が形成・再生される。石刃剝離に際しては打面縁に規則的な細部調整が施され、打点位置が山形に整形（第 1 図 4・6）される。

石刃を用いて大型・中型の基部加工尖頭器（第 2 図 19・20）が製作される。形状は、最大幅が基部側にある円基柳葉形尖頭器であり、投槍形態と考えられる。端部が尖鋭な石刃が選択され、石器先端として活用される。先端に対向剝離が存在する石刃が主体であり、先端尖鋭石刃剝離を目的とした両設打面による剝離過程が知れる。

基部調整は、急斜度表面調整、急斜度錯向調整、急斜度・平坦裏面調整である。縁辺の急斜度調整が多いが、裏面調整は両側縁から均等に施され、打瘤部を除去する平坦剝離も両側縁からから均等に施される。そのあり方は、器面調整技術と評価できる。

3. 石刃技術の関係性

（1） 石核整形・石核打面調整技術

川西型、蘭越型・美利河型、オバルベツ型（以下、石刃技術省略）の相互関係を検討する。

川西型は石核整形がなく大型打面石刃を剝離し、オバルベツ型、蘭越型・美利河型は石核整形を有し小型打面石刃を剝離する。

オバルベツ型、蘭越型・美利河型の石核整形技術は、多方向からの側面調整技術である。蘭越型では下縁・背縁整形に石核整形の精緻化が示される（第 1 図中段）。

川西型の打面縁細部調整は、不均一な調整であり、安定した山形の打点位置は形成さない。オバルベツ型は均一な打面縁細部調整により山形の打点位置が形成される。蘭越型・美利河型の打面縁調整では、頭部調整を加えて突出した打点位置を整形する（第 1 図上段）。

放射性炭素年代による変遷は、川西型→蘭越型・美利河型であり、石核整形技術、打点位置整形技術の革新という視点（山原 1996）では、川西型→オバルベツ型→蘭越型・美利河型の変遷が考えられる。ただし、蘭越型・美利河型の発達した技術の影響下に川西型→オバルベツ型の革新が生じたと想定すれば、オバルベツ型は蘭越型・美利河型と同時期以降に開発された技術と理解できる。

（2） 石核頭部調整技術

石核整形技術がなく、単剝離面の平坦打面と顕著な頭部調整技術を特徴とする広郷 P 型と峠下 1 型の関係性を検討する（第 1 図下段）。

広郷 P 型、峠下 1 型の頭部調整は、連続細部調整である。峠下 1 型では、突出させた縁辺整形で打点位置整形が明確化する。打点位置整形いう視点に立脚すれば、広郷 P 型→峠下 1 型という変遷が考えられる。

（3） 石器（細石刃核）調整・再生技術

川西型、広郷 P 型、美利河型・峠下 1 型の厚型幅広石刃では、長さ・幅・厚さを減じる調整・再生技術を特質とした。以下、それらの関係性を検討してみよう（第 2 図）。

川西型の調整・再生技術には、折断、縁辺調整（急斜度・平坦剝離・鋸歯状調整）、樋状剝離がある。再生技術の主体は折断、鋸歯状調整、樋状剝離である。

広郷 P 型の調整技術は、器面調整であり、片面調整・半両面調整石器が整形される。再生技術には折断、器面調整が想定される。

美利河型・峠下１型の細石刃核調整・再生技術には折断、急斜度調整、削片剥離、器面調整がある。特に断面Ｄ字の両面調整体に至る器面調整技術に特性が見出せる。同質の特性は、蘭越型の細石刃核調整・再生技術にある。

器面調整技術の革新に着目すると、川西型→広郷Ｐ型→美利河型・峠下１型の変遷が考えられる。ただし、広郷Ｐ型の機能部を作出する器面調整を初期細石刃石器群以降で展開する石器調整技術革新の初期開発と理解すると、峠下１型と同時期以降に広郷Ｐ型を位置付けることも可能である[1]。また、オバルベツ型の基部裏面調整に用いられた調整技術を器面調整と理解すると広郷Ｐ型と同時期的な評価が与えられる。

4. 古本州島の石刃技術との関係性[2]

(1) オバルベツ型と古本州島の石刃技術

オバルベツ型尖頭器石器群には、以下の評価が与えられている。寺崎康史（2006）は、東山系ナイフ形石器との類似から岩手県大渡Ⅱ遺跡、新潟県樽口遺跡、山形県乱馬堂遺跡の石刃石器群（Ⅵ・Ⅴ層段階）に対比した。佐藤宏之（2003）は、山形県金谷原遺跡の石刃技術（Ⅵ層段階）との類似性を指摘した。

乱馬堂遺跡（新庄市教育委員会 1982）を代表とする基部加工ナイフ形石器群の石刃剥離技術は、管理された石核整形技術がないこと、打面縁調整が不規則な大型調整打面を特徴とする厚型幅広石刃を剥離することを特質とし、川西型石刃技術と同構造である。

金谷原遺跡の基部加工ナイフ形石器群における石刃剥離技術（藤田 1992）は、薄型狭長石刃を剥離する点でオバルベツ型と同質であるが、管理的な石核整形技術がないこと、打面縁調整が部分的であること、石刃の反り・ねじれが顕著なことで、オバルベツ型とは異なる。

東山型・金谷原型ナイフ石器と呼ばれた基部

加工ナイフ形石器には、錯向調整、打瘤除去の基部裏面調整があるが、オバルベツ型の特質である両側縁からの均等な器面調整は存在しない。以上の点で、オバルベツ型は東山型や金谷型の石刃技術と同質の石刃技術とは考えられない。

古本州島の石刃技術において、石核両側面整形、打点位置整形による反りのない薄型狭長石刃の剥離、両側縁からの器面調整による基部裏面整形を特質とする石器群は、杉久保型ナイフ形石器群（須藤 2005）である。杉久保型ナイフ形石器群の薄型狭長石刃には打面縁細部調整に頭部調整を加えて打点位置を突出させる技術があり、蘭越型技術との類似性が高い。

(2) 広郷Ｐ型と古本州島の石刃技術

広郷Ｐ型石刃技術の頭部調整技術を特徴とする古本州島の石刃技術を概観してみよう。

古本州島の初期石刃技術は分割素材の平坦面を打面、小口面を作業面とし、石核整形や打面調整をもたない石刃技術（須藤 2006：分割型石刃技術と呼ぶ）である。分割型石刃技術の頭部調整は、打瘤の発達した石刃剥離で生じた石核縁辺の突出部除去を目的とする。部分的な調整で剥離深度も不揃いであるため、打面縁の上面観は鋸歯状を呈し、頭部の両肩に角を有する。

広郷Ｐ型では細部調整が連続的に施され打面縁の整形度が増し、頭部の両肩が弧状となり、古本州島の初期分割型石刃技術とは異なる。それでは、同等な頭部細部調整は如何なる石器群に見出せるのか。ＡＴ降灰以前の石器群には見出せない。検討対象として、山形県埖山牧場Ⅰ遺跡Ａ区第３・４文化層石刃石器群（岩手県文化振興事業団埋蔵文化財センター 1999）等が考えられる。検討の詳細は別稿とする。

5. 石刃技術研究の展望

これまでに、石核整形技術、石核打面縁細部調整技術、石核頭部細部調整技術、石器器面調整・再生技術の技術革新を基準に、蘭越型、美

利河型、峠下1型、川西型、広郷P型、オバルベツ型石刃技術の関係性を検討してきた。その結果、古本州島のAT降灰以前のナイフ形石器群に対比され川西型石刃石器群以前に位置付けられていた広郷型尖頭器石器群、オバルベツ型尖頭器石器群が、川西型石刃石器群に後続する石器群である可能性を指摘し、古本州島のナイフ形石器群の影響下にオバルベツ型・広郷P型石刃技術が成立したという見解に対して否定的な見解を提示した。

古本州島の初期石刃技術は、分割型石刃技術であり石器調整技術は急斜度調整を基本としていた。石核整形、打面縁細部調整、器面調整という技術構成要素の一新は技術内的改変では想定が難しい。技術構成要素変革による石刃技術の構造的改変はいかなる過程で生起したのか。大陸の一部であった古北海道の環境的特質から、大陸との関係に視点を定めて見よう。

木村英明(1997)は大陸との関連を重視し、「北方ルートによる異なる石刃剝離技術の将来」を提唱する。シベリアのマリタ遺跡で示された剝片剝離技法Aは、ルヴァロワ技術を改変した山形打面調整による石刃技術、剝片剝離技法Bは、頭部細部調整技術による石刃技術である。

マリタ遺跡・マカロヴォⅣ遺跡の尖頭器(第2図9〜11)には、円基木葉形尖頭器、円基柳葉形尖頭器があり、周縁・基部裏面の器面調整を特徴とする。器面調整技術はムステリアン尖頭器を起源とし、マリタ遺跡以降、細石刃剝離技術と共に発展する。

川西型、オバルベツ型、広郷P型、蘭越型、美利河型、峠下1型に示された石核整形技術、打面縁細部調整技術、器面調整技術は、シベリアを起源とする大陸の石刃技術伝統における技術構成要素であり、「北方ルートによる異なる石刃剝離技術の将来」が、複合的技術革新の要因であった可能性は高い。それでは、オバルベツ型・広郷P型と蘭越型・美利河型・峠下1型の関係は如何に捉えられるのか。

これまでの検討では、尖頭器石器群から初期細石刃石器群への変遷として理解したが、尖頭器石器群を川西型石刃石器群以降とすると尖頭器石器群から初期細石刃石器群への変遷は極めて短期間となる。そこで、初期細石刃石器群(大陸型新技術)と尖頭器石器群に示される石刃技術の共有と選択的な異なり、峠下1型と広郷P型における技術選択の同質性と異質性、川西型(大陸型古技術)からオバルベツ型への技術革新を、地域資源環境・地域社会環境に適応した同時期的変革過程の多様性と理解する認識方法を

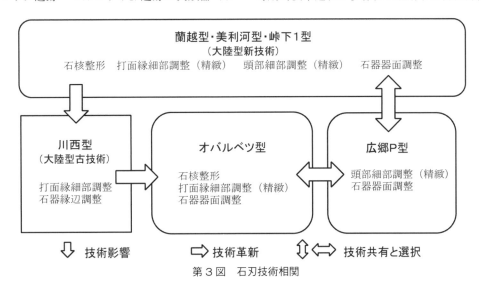

第3図　石刃技術相関

提案したい（第3図）。

　古北海道半島で初期細石刃石器群における複合的な技術革新が行われた同時期ないし以降に、古本州島では削片系両面調整技術（男女倉技法、須藤2014）が開発され、石刃技術革新による杉久保型ナイフ形石器群が成立する。古北海道半島においても、川西型石刃石器群が東山型ナイフ形石器群と相互関連を有するとしたならば、初期細石刃技術と同時期ないし以降に尖頭器石器群が開発されても不自然ではない。放射性炭素年代が確定できるオバルベツ型・広郷型尖頭器石器群の発見を熱望する。

謝辞

　安蒜先生には、明治大学在籍時（学部・大学院・考古学博物館）において、旧石器研究の正道を否応なしに叩き込まれました。私の挑戦的な研究を可能としているのはその賜物です。ここで心から感謝の念を申し上げます。

　瀬下直人、山原敏朗、藤井浩、寺崎康史、高倉純、遠軽町埋蔵文化財センター、帯広百年記念館埋蔵文化財センター、北海道埋蔵文化財センター、ピリカ旧石器文化館、長万部町民センター郷土室の諸氏、諸機関から、資料実見のご配慮、文献の提供、北海道の石刃技術に関するご教示を賜った。記して感謝申し上げます。

　なお、小稿は、2014年度明治大学大久保忠和考古学振興基金奨励研究「古北海道半島と古本州島東北地域の石刃技術」による成果の一部である。

註

(1) 前半期初頭に位置付けられた台形様石器群（白滝Ⅰ群）における台形様石器と広郷型尖頭器の基部裏面調整に用いられた器面調整の類似性が指摘（寺崎2006、直江2014）されている。しかし、台形様石器の平坦剥離は階段状や蝶番状剥離となり剥離稜も突出し、古本州島におけるAT降灰以前の台形様石器・ナイフ形石器の基部裏面調整と同

質であり、広郷型の平坦な器面調整とは異なる。蘭越型・美利河型の石刃剥離技術には、間接技法ないし有機質ハンマーによる直接加撃法といった加撃具と加撃法の革新が示されていた。広郷P型の器面調整技術にも、同様な加撃具・加撃法の革新が想定される。フラクチャー・ウイングなどの分析により器面調整の剥離方法が解明されれば、広郷型尖頭器石器群の歴史的位置付けもより明確となろう。

(2) 紙数の関係上、要点のみの記述で詳細は別稿とする。佐藤宏之（2003）は、草原性草食獣の組織的狩猟における遠距離移動を背景とした石刃技術変遷を古北海道半島の特質とする。古本州島においても環境変動による北方系大型動物群の生息地移動を背景として、遠距離移動に適応した調整型石刃技術の開発と改変が想定できる。

引用・参考文献

今金町教育委員会　1990『神丘2遺跡』166頁

岩手県文化振興事業団埋蔵文化財センター　1999『垈山牧場Ⅰ遺跡A地区発掘調査報告書』（2分冊）830頁

長万部町教育委員会　2002『オバルベツ2遺跡（2）』166頁

帯広市教育委員会　1998『帯広・川西C遺跡』170頁

北見市北見郷土博物館　1985『広郷8遺跡（Ⅱ）』191頁

木村英明　1997『シベリアの旧石器文化』426頁、札幌、北海道大学図書刊行

坂本尚史　2003「広郷型ナイフ形石器を伴う石器群への一理解」『古代文化』55（4）、17-31頁

佐藤宏之　2003「北海道の後期旧石器時代前半期の様相—細石刃文化期以前の石器群—」『古代文化』55（4）、3-16頁

佐藤宏之　2005「日本列島の自然史と人間」『日本の地誌　第1巻　日本総論Ⅰ（自然編）』80-94頁、東京、朝倉書店

新庄市教育委員会　1982『乱馬堂遺跡』65頁

鈴木宏行　2004「原産地における細石刃石器群の技術構造—上白滝8遺跡の分析を通して—」『シンポジウム日本の細石刃文化』Ⅲ、1-17頁

須藤隆司　2005「杉久保型・砂川型ナイフ形石器と男女倉型有樋尖頭器—基部・側縁加工尖頭器と両面

加工尖頭器の技術構造論的考察—」『考古学』Ⅲ、73-100 頁

須藤隆司 2006『石槍革命』93 頁、東京、新泉社

須藤隆司 2014「削片系両面調整石器—男女倉・東内野型有樋尖頭器の再構築—」『明治大学黒耀石研究センター紀要　資源環境と人類』4、39-56 頁

高倉　純 2012「フラクチャー・ウイングの分析による剝離方法の同定」『白滝遺跡群ⅩⅡ』547-566 頁、札幌、北海道埋蔵文化財センター

高倉　純 2014「北海道での押圧細石刃剝離技術出現以前の石器群における剝離方法の同定」『北大史学』54、1-55 頁

寺崎康史 2006「北海道の地域編年」『旧石器時代の地域編年的研究』275-314 頁、東京、同成社

寺崎康史・山原敏朗 1999「北海道地方」『旧石器考古学』58、3-10 頁

寺崎康史・鈴木宏行 2006「北海道の石刃石器群」『東北日本の石刃石器群』213-225 頁、山形、東北日本の旧石器文化を語る会

直江康雄　2014「北海道における旧石器時代から縄文時代草創期に相当する石器群の年代と編年」『旧石器研究』10、23-39 頁

直江康雄・鈴木宏行・坂本尚史 2016「白滝遺跡群の石刃技法」『晩氷期の人類社会』209-234 頁、東京、六一書房

新田浩三 1995「下総型石刃再生技法の提唱」『千葉県文化財センター研究紀要』16、1-40 頁

藤田　淳 1992「金谷原出土石器群の研究」『東北文化論のための先史学歴史学論集』293-339 頁、仙台、加藤稔先生還暦記念会

藤田征史 2005「細石刃核素材としての石刃—新道 4 遺跡の事例分析—」『北海道旧石器文化研究』10、93-100 頁

北海道文化財保護協会 2000『オバルベツ 2 遺跡 (2)』630 頁（2 分冊）

北海道埋蔵文化財センター 1985『湯の里遺跡群』412 頁

北海道埋蔵文化財センター 1988『新道 4 遺跡』667 頁

北海道埋蔵文化財センター 1999『柏台 1 遺跡』363 頁

北海道埋蔵文化財センター 2000『白滝遺跡群Ⅰ』383 頁

北海道埋蔵文化財センター 2004『白滝遺跡群Ⅳ』1477 頁（3 分冊）

北海道埋蔵文化財センター 2012『白滝遺跡群ⅩⅡ』980 頁（2 分冊）

北海道埋蔵文化財センター 2013『白滝遺跡群ⅩⅢ』1409 頁（4 分冊）

役重みゆき 2012「蘭越型細石刃石器群の技術構造」『東京大学考古学研究室紀要』26、63-105 頁

山原敏朗 1996「北海道における細石刃文化以前の石器群について—十勝地域の恵庭 a 火山灰降下以前の石器群の分析から—」『帯広百年記念館紀要』14、1-28 頁

山原敏朗 2004「十勝地方の石器変形過程—帯広市川西 C 遺跡の石刃製石器の変形過程について—」『考古学ジャーナル』512、4-7 頁

幌加型細石刃石核の石核素材の生産工程
—芳見沢遺跡の接合資料の分析—

諸星良一

序

後期旧石器時代後半期の細石刃石器群におい
て、文化系統が北方系と称される石器文化（橋
本 1989、桜井 1991）の一つに、「幌加技法」で
製作された「幌加型細石刃石核」を伴う石器群
が存在する。その細石刃石核製作技術は、R.E.
Morlan により定義されたものである（Morlan
1967・1976）。「幌加型細石刃石核」については、
その技術的特徴、分布、石器組成、また研究
史上の諸問題などが各研究者により論じられ
ている（安蒜 1979、鶴丸 1979、横山 1980、佐久間
2000・2007、橋本 2015）。

本稿では、この「幌加型細石刃石核」について、
北関東地方群馬県前橋市（旧勢多郡宮城村）に所
在する芳見沢遺跡を主題として、細石刃石核の
Blank（以下、〈細石刃〉石核素材と意訳する：筆者註）
の製作技術、工程について論じたい。

なお、本稿では、筆者は同技法については地
名に即して漢字の書き言葉を使用し、「幌加技
法」と表記する。また、研究者ごとに表記が異
なる場合は、括弧付けで記した。Morlan 自身、
後述の2本の論文において、同技法の書き言葉
の表記（シニフィアン）については、カタカナ、
ひらがな、漢字の書き言葉の表記について一切
言及していない。この点は、「幌加技法」に関
連して、「船底形石器」と称するか、「船形石器」
と称するか、という書き言葉の問題と同様な問
題である。筆者は、書き言葉、専門用語につい
ては、研究者が各自、研究史とその脈絡からそ
の書き言葉や意味、定義を理解し選択、使用す
れば良いと考えている。

1.「幌加技法」の定義と「幌加型細石刃石核」の石核素材の認識

1)「幌加技法」の定義

「幌加技法」は、北海道紋別郡遠軽町の白滝
川流域のホロカ沢遺跡I地点（通称内田地点）
の資料に由来する（白滝団体研究会 1963）。I地
点は、湧別川左岸の沖積面から比高差 35 m の
第3段丘上に位置し、石器の出土状況は 3 m 四
方の範囲の表層下の粘土化が進んだ酸化鉄を含
む砂層上面に集中し、単一の石器文化層として
捉えられている。出土遺物の総点数は、8,466
点（大形 blade233 点、「船底形石器」15 点、ホロカ
型 Angle graver 3 点、End-Scraper 6 点、Keeled-
Scraper 2 点、Core、Core rejuvenated flake 17 点、
Utilized flake 92 点、Flake8,097 点）と多量であり、
大形 blade を主体とした石器文化として位置づ
けられた。

この報告書の記載の段階では、「幌加技法」
は認識されておらず「船底形石器」として認識
され、素材の厚さが原則的に 20 mm 以上の「大
形 blade」か「縦長 flake」を使用し、主要剥離
面を打面として周辺に加工を加えて「あたかも
細長い舟のような形にしあげている」ものと定
義されている。船底部側から打面方向に施され
る加工は、部分的で多くないという。この石器
の最大サイズは、長さ 245 mm、幅 39 mm、厚さ
47 mm で、形態は精製された形のものを「タイ
プA」、「タイプA」に比べて寸詰まりの形態を
「タイプB」に分類しており、石材は全て黒曜
石を使用しており、頁岩を使用した2点の小型
の形態を「タイプC」に分類している。

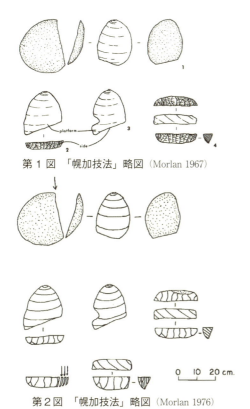

第1図 「幌加技法」略図 (Morlan 1967)

第2図 「幌加技法」略図 (Morlan 1976)

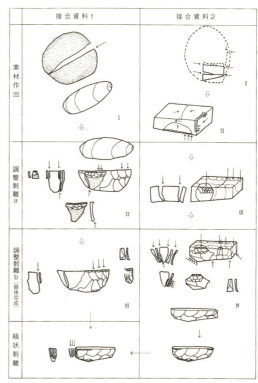

第3図 船底形石器製作工程復元模式図 (横山 1980)

　これらの石器は、樽岸遺跡の「fabricator」や白滝遺跡 Loc.4 の粗製「船底形石器」に比して、「そのつくりがやや精巧な傾向を示す」という。また、黒曜石製の先端部が残存した「keeled-scraper」は、「あたかも精製された船底形石器の先端部に fluting を施した」ものと認識された。

　1967年に、R.E.Morlan は北海道の先土器時代の石器文化に関する論考において、ホロカ沢遺跡 I 地点の「船底形石器」を「舟形石器 (boat-shaped tool)」と意訳し論じている (Morlan 1967・第1図)。Morlan は、「舟形石器」について 3 種類に分類しているが他の遺跡との比較が不明確であると指摘し、「舟形石器」の素材が、大形幅広の剥片で円礫か他の大形の破片を敲打して得られると指摘している。この素材の腹面が完成された道具 (石器) の「打面」となり、側面は「打面」からの敲打により形成されるという。石器の横断面の形状は縦長で、二つの側面の剥離面との交点により形成された「打面」に対向する縁辺を持ちほぼ三角形であり、再加工は少しも施されず、原材の剥片背面に礫面を持つ遺物もあり、それをより薄く (加工) することが必要ならば再加工される。直接的に少しも加工されない打面の剥離軸の方向は、(石器の) 長軸に対して、あらゆる角度で志向され、敲打による破砕線と圧力線を示す。整形には、下縁からの敲打により打面形成や側辺整形がなされるという。これは、「打面」が頻繁に、完成された道具の縁辺からかなり (隔たった) 距離からの敲打により形成されたことを示すことから、「舟形石器」が本来の (素材) 剥片のあらゆる部分が剥離されることがあるという事実を示している。「打面」上からの敲打による主な側辺形成と共に、これらの「打面」の特徴が、「幌加技法」により製作された実例の判別的特徴であることが指摘された。

　さらに、Morlan は、1976 年に「北アメリカ

北西部と北アジアのいくつかの楔形石核の技術的特徴（註：筆者邦訳）」という論考を発表し、「幌加技法」について上述の概念を更新した（Morlan 1976、第2図）。Morlanのこの論考において、「幌加技法」が研究史上において明確に定義されていないことを指摘した上で、素材が円礫か礫塊から生産された長さ20cm以上の剥片であると具体的に指摘し、さらに「最終的に、細石刃は打面末端での敲打により剥離される」として、細石刃生産が最終目的であることを指摘している。「幌加技法」の技術的系譜については、北海道の「先土器時代のインダストリー（約17,000B.P.）」の草創期に出現し、「一端でのフルーティングの欠如」、と「キールド・スクレーパーの一種」として使用されたことを示す点においてのみ楔形石核と異なり、「舟形石器」の生産で取り扱われた」と指摘している。そして、「その直後、フルーティングがこれらの石器でみられるようになり、「幌加技法」により製作された楔形石核は約12,000B.P.まで存在し続けた」と述べている。さらに、「幌加技法」が、「楔形石核や楔形石器の形状の点で、幌加技法は上述の他の全ての技術との関係において生じた」と他の技法との関連性についても指摘した。

Morlanのこの論考は、「幌加技法」が明確に細石刃石核であることを指摘するとともに、その技術的消長が他の技術との関連において発生し、当初は「キールド・スクレーパー」として機能し、後に細石刃石核としての機能を果たすという「幌加技法」の構造変動論的な解釈（小室 1974）を提示した。このMorlanの見解は、当否は別として「幌加技法」の研究において、看過できないであろう。

2）「幌加技法」と石核素材の認識

上記のMorlanの論考以後、「幌加型細石刃石核」の石核素材は、各研究者によりどのように認識されていたかを確認する。

1979年、安蒜政雄氏は「日本の細石核」という論考において、汎日本的な細石刃石核の原形、整形手順、細石核生産、石核修正、残核形態などの技術形態の在り方を分析し、各細石刃石核の系統について論じている（安蒜 1979）。安蒜氏による「ホロカ技法」は「船底形石器」の製作方法として解説され、これと類似した手順を踏んで整形される細石刃石核であると指摘しており、その概念は参考文献からおそらくMorlanの論考（Morlan 1967）がベースであると思われる。石核素材は、礫かそれに近い石塊を相応に分割した素材を用い、その「打ち割面」が細石刃石核の打面であると指摘し、この打面の剥離方向には法則性がなく、調整が施されないが、バルブによる面構成の歪みがある場合は整形されることを指摘している。

1979年、鶴丸俊明氏は、北海道地方の細石刃文化の細石刃生産技術について、技術形態学的な観点から論じている（鶴丸 1979）。鶴丸氏は、「加撃面（＝打面：筆者註）形成が、定形的な削片剥離によって行われる石核」を「削片系石核」、「加撃面形成に際して、定形的な削片剥離を行わない石核を一括」して「非削片系石核」に大別しており、「ホロカ技法」による細石刃石核は、「幌加型石核」と称され、「非削片系石核」の範疇に位置づけられている。

鶴丸氏は、「幌加型石核」の製作工程を三つのプロセスでまとめているが、石核素材は、石核原形となる剥片や礫の剥離面に打面を形成する「Ⅰ」工程により生産されると指摘している。さらに、Morlanの「幌加技法」の定義は、当初「舟形石器（boat-shaped tool）」の製作技術であり、「舟形石核」の製作が含まれていないと鶴丸氏は指摘している。また、「舟形石器」の定義が不明確であり、石核も「舟形石器」の範疇に含まれる可能性が考慮されることから、「舟形の細石刃核をも用意する技術」として包括的に「幌加型石核」を定義した。

1980年、横山裕平氏は、青森県の『大平山

元Ⅱ遺跡発掘調査報告書』において、二つの接合資料（接合資料①・②）の検討から「船底形石器」の製作工程について論じている（横山 1980・第3図）。接合資料①はⅠ〜Ⅲまでの工程が説明されている。石核素材は、「Ⅰ分割」により、扁平礫の自然面を打面として礫が分割され確保される。接合資料②はⅠ〜Ⅳまでの工程が説明されているが、石核素材は、「Ⅰ分割」において大形の円礫を粗割した個体を生産すると指摘した。さらに、横山氏は、素材の分割方法と素材について、礫を半裁した分割礫、大礫を分割した分割剝片、大礫を分割した角柱状剝片の三つのパターンが存在し、いずれも円礫が原材であることを指摘した。

横山氏は、大平山元Ⅱ遺跡の「船底形石器」の石核素材の生産の方法に、三つの分割方法があることを明示した上で、「素材が得られたあとの工程は、他の素材と同様であると考えられるため、調整された素材上の平坦面に甲板面を形成するものを含めて、ホロカ技法と呼ぶことにする」と「ホロカ技法」について定義し、模式図において細石刃生産を図示している。

1988年、相沢忠洋氏、関矢晃氏は『赤城山麓の旧石器』において、前橋市（旧勢多郡宮城村）に所在する枡形遺跡の細石刃石核石器群の資料を公表している（相沢・関矢 1988b）。枡形遺跡は、1951年に第一次調査、1973年に第二次調査が実施され、細石刃石核、「船底形石器」の製作工程は「第Ⅰ〜Ⅴ類」の5つの類型に分類されている。石核素材については、「第Ⅰ類」は湧別技法との関連性が指摘されている「両面調整した尖頭状の素材」、「第Ⅱ類」は「「幌加技法」による礫や分厚い剝片を分割したもの」、「第Ⅲ類」は「第Ⅱ類の亜型で、礫や分厚い剝片を分割した小形の素材」、「第Ⅳ類」は「分厚い剝片」、そして「第Ⅴ類」は第Ⅳ類の亜型で「片側の側面は分厚い剝片の腹面」を残した素材である。

以上の各研究者の論考における「幌加型細石刃石核」の石核素材に関する記述は、Morlanの「幌加技法」の定義を基盤として、実資料の検討により提示されている。しかし、石器技術においていくつかの相違点がある。すなわち、Morlanが表記した規範的工程以外の工程により生産された石核素材を用いた資料の存在が、大平山元Ⅱ遺跡や枡形遺跡の資料から明確であるが（横山 前掲、相沢・関矢 前掲）、これら以外に当該石器群や接合資料の分析が過少なため（橋本 2015）、初期工程である石核素材の生産に端を発する「幌加技法」の生産工程や技術構造の体系的な研究は今日ほとんど進展していない。この様な研究状況を鑑み、「幌加型細石刃石核」の石核素材の技術形態学的研究を実践することは、「幌加技法」の研究の進展に資すると考える。

次章では、群馬県前橋市（旧勢多郡宮城村）に所在する芳見沢遺跡の「幌加型細石刃石核」の一組の接合資料の検討から、「幌加技法」における石核素材の生産工程について検討する。

2. 芳見沢遺跡の「幌加型細石刃石核」

1）芳見沢遺跡について

芳見沢遺跡は、群馬県前橋市（旧勢多郡宮城村）柏倉町の赤城山南麓の南方に張り出す舌状台地上に位置し、標高は380〜410mを測り、西〜南方を高田川とその支流に、東方を芳見沢川に画されている（萩谷ほか 2005）。発掘調査は、県営の土地改良事業に伴い1990年に実施され、台地平坦面の東西15m、南北20mの範囲から3か所の遺物集中区を構成し、189点の黒色頁岩、黒色安山岩を主体とした「幌加型細石刃石核」を主体とする石器群が、基本層序の浅間−板鼻黄色軽石層を塊状に含むⅠ層から浅間−白糸軽石層を含むⅡ層の層位間において検出された。

筆者は芳見沢遺跡の剝片生産技術について（諸星 2015）、剝片の属性を分析し、剝片生産において頭部調整、背面稜線の導線配置、敲打技

幌加型細石刃石核の石核素材の生産工程

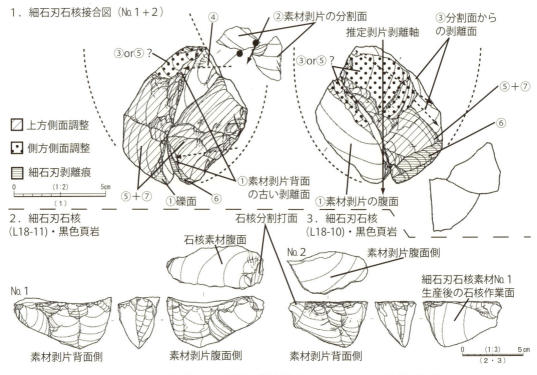

第4図　芳見沢遺跡細石刃石核及び接合図（萩谷ほか2005に一部加筆・修正）

術が駆使され、統制されていることを指摘した。また、容積的特徴から、「幌加型細石刃石核」の素材と二次加工石器の素材は異なる工程により生産されている可能性も指摘した。二次加工石器の技術形態について（諸星2016）は、器種組成を再検討し、側辺加工の石器が主体であることを明らかにするなど、技術形態学的分析により、「幌加型細石刃石核」石器群の技術構造の解明を目的とした研究を実践している。

2）細石刃石核の接合資料（第4図）

石核素材の分析方法については、これまでの芳見沢遺跡の分析（諸星2015・2016）において、技術形態学的分析方法と定義について述べているが、基本的な分析、研究概念は、一点の石器の製作技術を素材、加工技術、形状の要素から具体的に観察し、計測し、属性を抽出し、数値化、類型化やモデル化という作業によりデータを記録し、属性の比較と相互連関の検討から技術的特徴を帰納法的に集約して石器の実像と技術形態的特徴を理解し、当時の狩猟採集民達の身体を介した社会的選択、製作行為の所産である石器の実存を「書き言葉」で記述することであり、その研究基盤は山中一郎氏（山中1994）、竹岡俊樹氏の実践的研究（竹岡1989・2003a・2003b）による技術形態学的方法論をベースとしている。分析資料については、これまで前橋市教育委員会から計2回借用し、細石刃石核については計3回借用し、観察・分析している。

接合資料（No.1+2）は、黒色頁岩製の2点の「幌加型細石刃石核」の接合例である（第4図）。石材の表面は風化しているが、灰色を呈し細粒緻密、良質である。この細石刃石核の石質は、他の二次加工石器や剥片類と異なり良質であることから、細石刃石核の生産に当たり黒色頁岩の石質は、十分に吟味されていたと推定される（小菅将夫氏個人的教示）。接合図は、部分的に残された剥片腹面の剥離軸を基準として配置を修正した。

「幌加型細石刃石核」の母岩となる石核の素材は厚手の剝片が分割された個体であり、残存するサイズは、長さ73㎜、幅66㎜、厚さ30㎜ほど、総重量は144.66gである。この接合資料は、本来の剝片の打面部が残存せず、中央から下部付近の部位が使用されているが、それぞれ細石刃石核の器体調整により除去された部分を考慮すると、石核素材はこのサイズより容積が多い剝片であったことは確実である。剝片生産技術の分析において、黒色頁岩の剝片のサイズの検討から、上記の個々のサイズを上回る剝片は存在するが、残存サイズ以上の単体の剝片は存在しない（諸星2015：pp.20-21）。上端の平坦な面は、剝片を腹面側から分割して作出された打面であり、この打面を利用して、2点の「幌加型細石刃石核」が生産されているが、接合する他の剝片が存在しないことから、この接合個体に近い剝片形態が移動前の場所で生産され芳見沢遺跡に移送されたものと推定される。

剝片素材の背面と腹面、断面を観察すると、時系列的に断片的ではあるが、石核素材である剝片の本来の剝離面やいくつかの調整、剝離痕が観察できる（第4図）。

第一に、剝片背面にわずかに残された礫面と横方向からの古い剝離面と腹面（第4図①）、

第二に、細石刃石核素材の生産工程において、打面となる上端の剝片分割面（第4図②）、

第三に、腹面右位に残された分割面打面からの縦長の剝離面（剝片剝離痕跡であるが、縦長剝片の生産を目的としたものか、細石刃石核素材の器体整形を目的としたものかは、現状では判断できない・第4図③）、

第四に、№1の細石刃石核の素材生産に関わる石核素材の主要剝離面（＝内側打面角は140°）、№2の細石刃石核の側面に残されたネガティブな剝離面（第4図④）、

第五に、それぞれの細石刃石核素材生産後に、№1は石核素材生産時の主要剝離面を打面とし

て、№2は素材剝片の主要剝離面を打面として施された上位、あるいは側方の分割面打面からの器体調整の剝離面（第4図⑤）、

第六に、細石刃石核から細石刃を生産した作業面（第4図⑥）、

第七に、細石刃生産後に打面から細石刃石核の側面に施された器体整形（第4図⑦）、である。

これらの剝離面の中で、細石刃石核素材の生産に関連する剝離面は、第一～第四までの剝離面である。№1＋2の接合図の断面から、№1の細石刃石核は素材生産に先立つ剝片生産と細石刃石核素材時の器体整形により、かなりの容積を減じている。また、分割面打面を観察すると、№1と№2の間に間隙が観察されることから、№1の剝離後に、何枚かの剝片が分割面打面から生産され、№2の細石刃石核素材が得られたものと推定される。

3) 細石刃石核素材の生産工程（第5図）

以上の2点の細石刃石核の接合資料の観察から得られた、断片的な痕跡、あるいは剝片生産技術の分析（諸星2015）から、細石刃生産技術の構造の一部、細石刃石核素材の生産工程を仮説構成体（小室1974：pp.47-48）として設定してみよう（第5図）。工程1は、素材となる剝片の分割であるが、打面から中位を分割し除去しており、この分割面が後の石核の打面の役割を担っている。工程2は、この石核素材を腹面からさらに敲打し、分割面から右側辺にかけて斜めに除去し容積を減じている。工程3は、左側辺の背面と腹面の稜線付近から、分割面打面を用いた剝片生産を想定した。この場合、剝片生産技術の観察から、小口をうまく利用した縦長剝片の連続生産（石核素材調整1）と厚手の縦長剝片の連続生産（石核素材調整2）を想定したが、目的となる細石刃石核素材の形態を用意する目的を持つ。また、これらの工程が複合し、工程2と順序が入れ替わる可能性もあろう。工程4は、斜位分割面の打面から、厚手の剝片を剝

幌加型細石刃石核の石核素材の生産工程

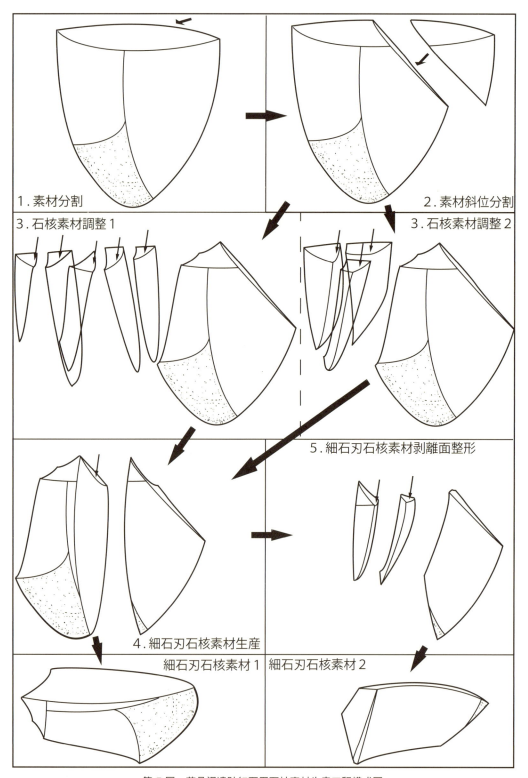

第5図　芳見沢遺跡細石刃石核素材生産工程模式図

離し、細石刃石核素材1を生産する。工程5は、残された石核の斜位分割面打面から数枚の縦長剥片を生産し、器体を整形し、石核から細石刃石核素材2を得る作業である。これらの技術工程に際しては、黒色頁岩の石質と硬度から、硬質ハマーが使用されたものと推定される。

3. 結 論

1) 芳見沢遺跡の「幌加型細石刃石核」の石核素材

本稿では、「幌加型細石刃石核」の石核素材の生産工程について、芳見沢遺跡の細石刃石核の接合資料を対象として検討した。その結果、芳見沢遺跡では、1点の分割剥片を素材とした石核から、2点の細石刃石核素材が得られていることが確認できた。その工程は、少なくとも2度に及ぶ剥片の分割により剥片素材を整形し、その分割面を打面として、石核から剥片を生産し、細石刃石核素材生産のための石核整形を行い、細石刃石核素材1を生産し、さらに剥離後の石核作業面を整形する剥片生産を行い、残された石核から細石刃石核素材2を生産するものと仮構した。

芳見沢遺跡の細石刃石核の石核素材は、これまでの「幌加技法」の石核素材に関する見解と比較すると、枡形遺跡のⅡ類か、Ⅲ類あるいはⅤ類に該当するが（相沢・関矢 1988b）、枡形遺跡の細石刃石核の類型化は具体的な技術形態学的分析を経ておらず厳密性を欠いている。芳見沢遺跡遺跡の「幌加技法」の生産工程は、素材となる分割剥片の半分以上の容積を2点の細石刃石核素材の容積が占めており、経済的にも、機能要件的にも、効率的な生産工程であり、新たな石核素材の生産システムとして認識できよう。おそらく、赤城山南麓における「幌加技法」の石器技術の運用において、入手石材の質量という経済的要件に、機能的不充足やコンフリクト（摩擦）や制約が生じたため、この技術の行

為者たちがシステムの機能的不充足空間の解消を目的として（小室 前掲：p.75）、効率的な原材使用のために剥片素材の分割利用を適用し、技術構造が均衡を保ち変動しないように、技術システムにおける技術要素（敲打技術、加工方式）などの諸変数の機能要件の相互関係の修正と維持を指向したのであろう（小室 1967：p.26）。

「非削片生産」の「幌加型細石刃石核」の技術構造は、第一に、その工程において石器原材の形態に応じて、打面を石核素材の形態獲得の段階で保有することが目標の一つであり、その達成が志向されている技術システムである。第二に、この目標が工程において達成されることが、「幌加型細石刃石核」の技術システムの機能維持のための必要、十分条件、さらに安定条件、収束条件（小室 1974：p.67）であったと言える。前者が技術構造の「制御システム」の一部で、後者が「幌加技法」の「構造変動の公準」である（小室 1974：p.65）。「幌加技法」は、石核素材や石器素材の段階で打面を確保し得なければ、未来の「幌加型細石刃石核」あるいは「船形石器」の生産という目標は達せられず、技術構造は均衡を保てずに変動、そして崩壊し、実存し得ない（小室 前掲）。

2) 課 題

本稿に関する課題としては、仮説構成体として提示した芳見沢遺跡の「幌加型細石刃石核」の石核素材の生産工程が、断片的な実資料からの情報により仮構されたものであることから、今後も仮説構成体の妥当性があらゆる実資料から検討されなければならない。

「幌加型細石刃石核」の石核素材については、Morlan の定義以外に、横山氏の分析、相沢、関谷氏の分析、あるいは今回分析したように剥片を再分割したものを素材とする事例の実存が明白である。こうした石器技術の多様性を十分に踏まえずに石器製作技術や技法を概念化することは、「多数要因無視の誤り」（小室 1974：

幌加型細石刃石核の石核素材の生産工程

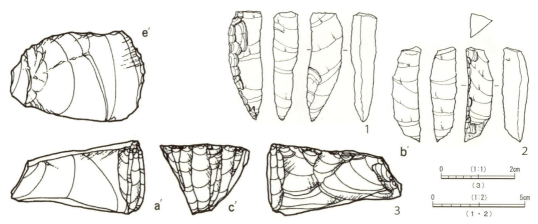

第6図　枡形遺跡出土石器（1 相沢・関矢 1988a、2・3 相沢・関矢 1988b）

pp.30-31）となり、技術構造を断片的に理解してしまい、その本質を見誤り、誤った石器技術を措定してしまう可能性がある。

　また、石核素材の生産に先行して生産された剥片類の二次加工石器への供給の可否の検討も必要であろう。こうした石核素材生産において作出される剥片の類例は、枡形遺跡で検出されている、横断面が三角形で腹面以外に石核のポジティヴな剥離面を持つ縦長剥片に該当する可能性があるのではないだろうか（第6図1・2）。同様に、素材のポジティヴな剥離面を持つ「幌加型細石刃石核」（第6図3）も存在しており、芳見沢遺跡との技術的関連性が伺え、石器製作行為を通じた社会諸集団、個々人の「幌加技法」の地域的な文化受容や社会的選択、生態系への適応戦略の一端を示していると考える。

　「幌加技法」の研究の脈絡は、Morlan の1967年の論考を起点とした今日までの研究状況に即したものであり至極妥当なものである。しかし、発表から40年を経た Morlan の1976年の「幌加技法」の改訂版の定義が、各研究者により全く認知されておらず、発表から50年を経た最初の定義が今日までそのまま理解され、使用されていることは、重大な問題ではないだろうか。

　筆者は、Morlan の提唱した「幌加技法」の定義について、今一度、1点の石器、一括資料の石器群を対象として、方法論を明示した技術形態学的分析を地道に実践し、技術構造の概念を再考する必要があると考える。今日、資料の質量的制約があることは明白であるが、断片的でも石器から得られる技術形態的属性を相互に比較、検討することで得られる知識が、「幌加技法」の実存について、新たな理解や解釈をもたらすと筆者は考える。

　残念ながら北方系の細石刃石核石器群の研究は、J・デリダが西洋哲学の研究において指摘したロゴス中心主義（デリダ 1992、高橋 1998、仲正 2016）のように、階層秩序的な二項対立、つまりは石核素材時の「削片剥離」の有無という技術的な差異（différence）を基軸として、湧別技法などが中心的研究主題（＝話し言葉）で、優位となり、「幌加技法」は書き言葉のように、劣位に相対化され、良好な一括・接合資料に恵まれないなどの質量的制約も相まって、技術形態学的研究が不十分なまま今日まで進展してきたのではないだろうか。効率的な技術構造をも適用しうる「幌加型細石刃石核」が、未だ過小評価されているのではなかろうか。斯様な状況から、筆者は、「幌加技法」の研究現状を「脱構築」する必要があると考え、定点的に芳見沢遺跡の細石刃石器群の技術形態学的研究を展開

している（諸星 2015・2016）。

　今後も、「幌加技法」石器群の技術形態学的分析を実践し、技術構造の制御システムとメカニズムの解明から、身体行為を駆使し石器技術を行使した個々人、社会諸集団の社会的選択、文化受容の仮構に向けた研究に取り組みたい。

謝辞

　本稿を草するにあたり、前橋市教育委員会からは芳見沢遺跡の資料借用と観察の機会を賜った。前原豊氏からは芳見沢遺跡の資料借用にご配慮頂くとともに、枡形遺跡の「幌加技法」について種々ご教示を賜った。小菅将夫氏からは常日頃から石器技術研究に関して種々ご教示を賜ると共に、岩宿博物館所蔵の和田遺跡の細石刃石核を観察する機会を与えて頂いた。萩谷千明氏からは芳見沢遺跡の石器図版修正に快諾を頂くとともに、「幌加技法」について機会あるごとに種々ご教示を賜った。末筆ではありますが、心よりお礼申し上げます。

引用・参考文献
【邦文】

相沢忠洋・関矢晃 1988a「7　枡形遺跡」『群馬県史資料編1　原始古代1（旧石器・縄文）』106-118頁、群馬県史編さん委員会

相沢忠洋・関矢晃 1988b「枡形遺跡」『赤城山麓の旧石器』241-255頁、講談社

安蒜政雄 1979「日本の細石核」『駿台史学』第47号、152-183頁、駿台史学会

小室直樹 1967「構造機能分析の原理」『社会学評論』第18巻第3号、28-38頁

小室直樹 1974「第2章　構造―機能分析の論理と方法」『社会学講座　第1巻　理論社会学』15-80頁、東京大学出版

佐久間公平 2000「北海道の細石刃石器群における「ホロカ技法」の問題」『佐藤広史君追悼論文集　一所懸命』121-135頁、佐藤広史君を偲ぶ会

佐久間公平 2007「東北日本の「ホロカ技法」細石刃石器群の実相」『考古学談叢』85-108頁

桜井美枝 1991「北方系細石刃文化の南下」『考古学ジャーナル』No.341、2-7頁

白滝団体研究会 1963『白滝遺跡の研究』

高橋哲哉 1989『デリダ』講談社

竹岡俊樹 1989『石器研究法』言叢社

竹岡俊樹 2003a『石器の見方』勉誠出版

竹岡俊樹 2003b『旧石器時代の型式学』学生社

鶴丸俊明 1979「北海道の細石刃文化」『駿台史学』第47号、23-50頁、駿台史学会

デリダ, J. 1992『ポジシオン』青土社

仲正昌樹 2016『〈ジャック・デリダ〉入門講義』株式会社作品社

萩谷千明 2012「桝形系細石刃文化の石器群」北関東地方の細石刃文化　予稿集、28-33頁、岩宿博物館、岩宿フォーラム実行委員会

橋本勝雄 1989「東日本の細石器文化」『考古学ジャーナル』No.306、12-21頁

橋本勝雄 2015「東日本におけるホロカ型細石刃石器群の様相とその時間的位置づけ」『旧石器考古学』80、31-49頁

諸星良一 2015「芳見沢遺跡の分析（1）」『利根川』37、1-22頁、利根川同人会

諸星良一 2016「芳見沢遺跡の分析（2）」『利根川』38、10-25頁、利根川同人会

横山裕平 1980「2. 船底形石器の製作工程について」『大平山元Ⅱ遺跡発掘調査報告書』青森県立郷土館調査報告第8集・考古-4、41-43頁、青森県立郷土館

山中一郎 1994『石器研究のダイナミズム』大阪文化研究会

【英文】

Kimura,Hideaki. 1992 Reexamination of the Yubetsu technique and Study of the Horokazawa Toma Lithic Culture.

Morlan,R.E. 1967 "The preceramic period of Hokkaido: an outline" Arctic Anthropology, Volume Ⅳ,Number Ⅰ, pp.164-220.

Morlan,R.E. 1976 "Technological Characteristics of Some Wedge-Shaped Cores in Northwestern North America and Northeast Asia" Asian Perspective, Vol.19, No.1, pp.96-106.

神奈川県長津田遺跡群宮之前南遺跡出土石器群の検討

及川　穣

1. 対象石器群の概要と検討の目的

(1) 検討の目的

　本論では、神奈川県長津田遺跡群宮之前南遺跡出土石器群について検討する。遺跡は多摩丘陵から南に続く丘陵上の地形に立地し、相模原台地との境界付近に位置する（標高約50m）。隆起線文土器等34点と石器群、礫群が約10mの範囲に一箇所に重なって検出されている。出土層位はローム斬移層からB0層までを主とし、北東から南西にむかって傾斜しながら分布する。つまり厳密な意味でのいわゆる原位置を保っていないが、土器や石器群の特徴から有茎尖頭器石器群の技術的な検討に耐え得るまとまりとしては評価できると判断する。出土状況の詳細等は報告書に譲る（かながわ考古学財団 1998）。

　対象資料は隆起線文土器に伴う石器群として位置づけられ、放射性炭素年代測定値では14,000 cal BP前後に位置づけられており（工藤2012；小林 2016）、土器型式でいえば微隆起線文土器を指標にした時期（1-2期：小林 2016）、つまり更新世末に位置づけられる。

　石器群については、著者もこれまで再三にわたって論考に取り上げてきたとおり（及川 2004, 2008, 2014, 2015）、小形有茎尖頭器を指標とする石器群である。拙稿において、当該石器群を残した集団の行動・領域論的な考察をおこない、重要な遺跡として位置づけてきた。

　既報告書（かながわ考古学財団前掲）に記載のデータとくに「草創期遺物一覧表」に必要な情報（重量以外の法量や接合関係）が記載されておらず、また誤記（記載番号や器種、石材、法量）も多いため、論拠となるデータを再提示する必要があると判断するに至り、ここに検討する。

(2) 検討にあたっての課題

　拙稿では、埼玉県砂川遺跡の調査研究から本格化した「個体別資料分析法」（戸沢1968；安蒜 1974）の考えを応用して当該時期の集団の行動型をもとに領域論を展開した。とりわけこの研究はいわゆる「砂川モデル」（安蒜 1992）の提示以降、資料分類にかかわる課題の提示や検討が行われてきた。一例には黒曜石製石器の理化学的産地推定分析における全点分析の提唱が位置づけられる（望月・池谷ほか 1994）。また個体別や母岩別の分類とそれに基づく製作品と搬入品の類型化にかかわる客観性について課題が整理され、石器製作にかかわった集団の行動解釈の根拠とすることに警笛が鳴らされてきた（五十嵐 1998, 2013 等）。一方、石器集中部や礫群などを分析の単位とした居住集団の復元や生活空間の構成を考察するいわゆる集団論や集落論に対し、居住システム全体を俯瞰して石材獲得行動を明らかにする領域論（国武 2008 等）の視点では、遺跡から出土するすべての石器の石材がどこからきたのかという問題意識によって悉皆的な石材調査の重要性が提示された（田村ほか 2003 等）。この研究視点によって切り開かれた研究の動向には、石材の産地推定分析者が設定した疑似的原産地を地質学的にも考古学的にもより精査する方向（及川ほか 2016；腰岳黒曜石原産地研究グループ 2014 等）や石材鑑定の厳密さ、客観性についての議論等が挙げられる。

　資料の分類や認識からそれを残した集団の行動復元をおこなう石器群研究の課題整理と克服は、遺跡や石器集中部といった構成内容をどのように理解すべきか、という点に集約される（野

口2005・2014)。この点を実践的に進めるためには個々の石器群を目的に応じて発掘調査し、整理、分類していくしかない。本論の石器群の検討にあたって上記のような目的意識をもって挑んだ。

2. 剥片石器群の石材別・石質別分類

上記の課題に実践的に取り組んだ石器資料の分類項目の事例は、東京都下原・富士見町遺跡で示されている（野口ほか編 2015）。接合作業を実施するにあたって意味をもつ単位として、石材の下位に石質細分という分類項目が設定され、番号が与えられた（鈴木 2015）。この単位はすべての資料に適応できるものではないし、考古学的な解釈に際してどこまで有効かどうかも実践的に検証していくしかないが、課題の提示以降（五十嵐前掲）、議論を進めていることに変わりない。

本論では、未図化の剥片類を中心に石材別、石質別の分類をおこない、その剥片類について法量を計測した。再検討の結果提示できる石材別の石器群組成は第1表である。本遺跡における有茎尖頭器とその破片の合計が最も多いのは黒曜石である。南関東地域における当該石器群の中で、きわめて特異な遺跡であると評価できる。石材別、石質別の法量等の一覧を第2・3表に示す。既報告書（かながわ考古学財団前掲）において図化された資料については既報告書の

第25・26表に準じて作成した。ただし、いくつかの石材や器種の判定について著者が修正した。出土した石器群は、実見可能なすべての石器を観察し、礫群の礫と敲石以外のすべてを表に掲載した。また石質細分は、やはりすべての資料に対して平等に実施していない。現状の収蔵状況（袋ごと・小箱ごと）をやや反映している部分もあるため、本単位は最低限の細分数、ということになる[1]。

黒曜石：藁科（1997）と池谷（2014）によって神津島産黒曜石と判別された。肉眼観察では、黒曜石の色と球晶の特徴から、出土した黒曜石はすべてこの石質であると判断できる。本論において、未図化資料に多くの有茎尖頭器製作関連資料と二次加工のある剥片を見出した。

チャート：報告書掲載資料の有茎尖頭器や剥片は、すべて異なる石質であると判断できる。未図化資料については、青色の筋入りや、緑色のもの、濃い青色のものと、少なくとも3種類の石質が見出される。

頁岩：黒色頁岩と珪質頁岩の少なくとも2種類の石質が確認でき、さらに細別されるような細かな特徴を有している。

石英：はじけ礫に1点のみ確認できる。

砂岩：磨石と敲石、微細な砕片1点に確認できる。

ガラス質黒色安山岩：図化された有茎尖頭器や削器類にも縞の入るものや入らないものなど、

第1表　長津田遺跡群宮之前南遺跡石材別石器群組成表

器種／石材	黒曜石	チャート	頁岩	石英	砂岩	ガラス質黒色安山岩	凝灰岩	玄武岩	輝緑岩	ホルンフェルス	合　計
有茎尖頭器（含未成品）	5	4	1			4	7			1	22
有茎尖頭器破片	7	2				1	1				11
削器・掻器						1	2				3
二次加工のある剥片	3		3			2	5	2		1	16
揉錐器							1				1
剥片類（含礫片）	83	22	32	1	1	81	160	5	13	60	458
残核		1	3			1	3			1	9
礫器							1			9	10
敲石					1		1				2
磨石・台石					1		1				2
合　計	98	29	39	1	3	90	182	7	13	72	534

※表に反映していない器種として、敲石（片状砂岩1・閃緑岩1）と礫群礫（主に凝灰岩）がある。

神奈川県長津田遺跡群宮之前南遺跡出土石器群の検討

第2表　長津田遺跡群宮之前南遺跡出土石器群の石材別一覧（黒曜石）

取り上げ No.	薈科分析 No.	池谷分析 No.	器種	長	幅	厚さ	重	備考
167	28	1	有茎尖頭器	2.6	1.5	0.5	0.2	576と接合し完形1点に。第164図40
179	24	2	有茎尖頭器	2.6	1.4	0.5	1.6	報告書掲載図 No.51
184	25	3	有茎尖頭器	2.3	1	0.3	0.5	報告書掲載図41
228	29	4	有茎尖頭器破片	1.2	0.9	0.2	0.2	報告書掲載図54。先端部
676	26	5	有茎尖頭器	1.9	1.8	0.3	0.5	報告書掲載図39
30	30	6	剥片	1.33	1.05	0.24	0.4	140と折れ接合。表裏比熱。
39	31	-	剥片	0.5	1.3	0.2	0.2	表裏比熱。
45	32	-	剥片	1.0	0.7	0.13	0.1	押圧剥離によるTP調整剥片。
91	33	-	剥片	0.7	0.65	0.15	0.1	TP調整剥片。
103	34	7	剥片	1.25	1.3	0.23	0.5	
109	35	-	剥片	0.75	1.6	0.15	0.2	比熱。
135	36	8	剥片	0.95	1.7	0.3	0.4	TP調整剥片。
140	37	9	剥片	1.37	1.31	0.24	0.4	30と折れ接合。一枚の剥片に。
144	38	-	剥片	1.15	0.65	0.25	0.2	
171	39	-	剥片	0.8	1.2	0.15	0.1	
247	40	10	剥片	0.95	1.25	0.18	0.2	比熱。
258	41	11	剥片	1.0	1.16	0.36	0.3	
263	42	12	剥片	1.35	2.0	0.22	0.6	TP調整剥片。比熱。
275	43	-	剥片	0.95	0.8	0.14	0.1	押圧剥離によるTP調整剥片。
277	44	13	剥片	1.5	1.4	0.36	0.5	TP調整剥片。
282	45	-	剥片	0.65	1.15	0.15	0.1	
290	46	-	剥片	2.4	0.5	0.44	0.3	TP調整剥片。
350	47	-	剥片	0.8	0.75	0.15	0.1	押圧剥離によるTP調整剥片。
351	48	-	剥片	1.3	0.9	0.2	0.1	
371	49	-	二次加工のある剥片	1.1	1.2	0.27	0.4	TP未製品の可能性あり。比熱。
396	50	-	剥片	0.9	0.5	0.17	0.1	
412	51	-	有茎尖頭器破片	0.58	1.26	0.17	0.2	表裏両面に加工あり。
415	52	-	剥片	1.1	0.8	0.15	0.1	押圧剥離によるTP調整剥片。
422	53	14	剥片	1.9	0.7	0.25	0.3	比熱。
430	56	15	剥片	1.1	1.3	0.3	0.2	
434	57	16	剥片	1.05	2.0	0.21	0.3	比熱。
437	54	-	剥片	1.1	0.9	0.15	0.1	押圧剥離によるTP調整剥片。
439	55	-	有茎尖頭器破片	0.75	0.75	0.44	0.2	片面加工。上下折れ
438	58	17	剥片	0.95	1.0	0.2	0.2	
440	64	-	剥片	0.8	0.9	0.2	0.1	
442	59	18	剥片	1.9	1.75	0.21	0.9	TP調整剥片。
444	60	19	剥片	1.0	0.85	0.29	0.2	
445	61	20	有茎尖頭器破片	0.9	1.0	0.32	0.2	先端部
459	62	-	有茎尖頭器破片	1.25	0.65	0.4	0.2	側面部。茎の抉部。
468	63	-	剥片	1.15	0.9	0.18	0.1	押圧剥離によるTP調整剥片。
482	65	-	剥片	0.7	1.05	0.24	0.1	TP調整剥片。
491	66	-	剥片	0.9	0.7	0.15	0.1	
509	67	-	剥片	1.05	0.7	0.26	0.1	
516	68	-	剥片	1.05	0.95	0.2	0.1	
517	69	21	有茎尖頭器破片	0.9	1.4	0.36	0.3	比熱。
547	27	22	有茎尖頭器未製品	1.78	2.09	0.58	2.2	
555	70	-	剥片	0.85	0.6	0.15	0.1	比熱。
558	71	-	剥片	1.1	0.75	0.13	0.1	押圧剥離によるTP調整剥片。
575	72	-	剥片	0.75	0.95	0.15	0.1	押圧剥離によるTP調整剥片。
577	73	-	剥片	1.2	0.6	0.12	0.1	
578	74	-	剥片	0.65	0.8	0.15	0.1	押圧剥離によるTP調整剥片。
586	75	23	二次加工のある剥片	2.0	0.58	0.7	0.7	TP未製品の可能性あり。
599	76	-	剥片	1.0	0.8	0.2	0.2	押圧剥離によるTP調整剥片。
610	77	-	剥片	0.9	1.1	0.15	0.1	TP調整剥片。
616	78	-	剥片	0.95	0.6	0.15	0.1	押圧剥離によるTP調整剥片。
669	79	-	剥片	0.6	1.3	0.13	0.1	
681	80	-	剥片	1.0	0.7	0.15	0.1	TP調整剥片。
702	81	24	剥片	1.15	0.9	0.2	0.2	押圧剥離によるTP調整剥片。
50	-	-	剥片	0.5	0.7	0.2	0.1	押圧剥離によるTP調整剥片。
52	-	-	剥片	1.1	0.5	0.1	0.1	リップ形成。
36	-	-	剥片	0.3	0.7	0.1	0.1	
39	-	-	剥片	0.5	0.4	0.1	0.2	
12	-	-	剥片	0.7	0.3	0.2	0.1	
42	-	-	剥片	0.5	0.7	0.2	0.1	
61	-	-	剥片	0.8	0.4	0.2	0.1	押圧剥離によるTP調整剥片。
78	-	-	剥片	0.6	0.6	0.2	0.1	
87	-	-	剥片	0.8	0.6	0.1	0.1	押圧剥離によるTP調整剥片。
95	-	-	剥片	0.6	0.7	0.2	0.1	
131	-	-	剥片	0.4	0.3	0.1	0.1	
168	-	-	剥片	0.7	0.5	0.1	0.1	
174	-	-	剥片	0.5	0.5	0.1	0.1	
176	-	-	剥片	0.5	0.5	0.1	0.1	
254	-	-	剥片	0.8	0.6	0.2	0.1	
282	-	-	剥片	0.5	0.6	0.1	0.1	水和層発達。比熱か。
286	-	-	剥片	0.8	0.5	0.1	0.1	
338	-	-	剥片	0.8	0.6	0.1	0.1	押圧剥離によるTP調整剥片。
347	-	-	剥片	0.7	0.6	0.1	0.1	
398	-	-	剥片	0.6	0.6	0.2	0.1	
394	-	-	剥片	0.5	0.8	0.3	0.1	TP調整剥片。対向剥離。
441	-	-	剥片	0.6	0.7	0.2	0.1	押圧剥離によるTP調整剥片。
443	-	-	剥片	0.5	1	0.2	0.1	
446	-	-	剥片	0.8	0.4	0.2	0.1	
447	-	-	剥片	0.6	0.8	0.2	0.1	押圧剥離によるTP調整剥片。
461	-	-	剥片	0.7	0.5	0.2	0.1	
507	-	-	有茎尖頭器破片	0.7	0.6	0.3	0.1	
512	-	-	剥片	0.5	0.6	0.1	0.1	
514	-	-	剥片	0.4	0.5	0.1	0.1	
528	-	-	剥片	0.6	0.5	0.1	0.1	押圧剥離によるTP調整剥片。
541	-	-	剥片	1.0	0.5	0.1	0.1	水和層発達。比熱か。
556	-	-	剥片	0.9	0.7	0.2	0.1	
574	-	-	剥片	0.6	0.7	0.2	0.1	
579	-	-	剥片	0.7	0.4	0.1	0.1	
584	-	-	剥片	0.7	0.5	0.1	0.1	
606	-	-	剥片	0.8	0.5	0.1	0.1	
609	-	-	剥片	0.9	0.5	0.2	0.1	
630	-	-	剥片	0.4	0.4	0.1	0.1	
693	-	-	剥片	0.7	0.9	0.1	0.1	
616	-	-	二次加工のある剥片	0.5	0.7	0.1	0.1	二次加工のある剥片の破片

※表2・3における法量の単位はcm、g。破線は報告書掲載資料と未掲載資料との区分線。実線は石材別の区分線。

第3表　長津田遺跡群宮之前遺跡出土石器群の石材別一覧（黒曜石以外）

石材・石質	取り上げNo.	器種	長	幅	厚さ	重量	備考
チャート	10	有茎尖頭器	4.1	1.5	0.4	1.6	報告書掲載図44
	116	有茎尖頭器	4.6	2.5	0.7	3.0	報告書掲載図47　180と接合して1点に。
	157	有茎尖頭器	3.4	2.6	0.6	0.9	報告書掲載図48　705と接合して1点に。
	183	有茎尖頭器	2.9	2.2	0.6	3.1	報告書掲載図49
	487	有茎尖頭器先端部	1.6	0.9	0.3	0.3	報告書掲載図53
	221	有茎尖頭器先端部	1.1	0.8	0.1	0.1	報告書掲載図55。硬質細粒凝灰岩とされていたもの
	108	剥片	2.6	4.5	0.9	7.8	報告書掲載図97
青透明チャート	82	剥片	3.6	3.5	1.1	11.1	報告書掲載図121
チャート　緑色に黒い筋入り	297	残核	2.1	5.4	1.0	10.7	報告書掲載図123
	292	剥片	1.5	0.5	0.3	0.2	報告書掲載図135
チャート　緑色	142	剥片	0.8	1.3	0.3	0.3	砕片
	235	剥片	0.5	1.0	0.1	0.1	砕片。240と剥片剥離接合
	240	剥片	1.2	1.3	0.4	0.5	砕片。235と剥片剥離接合
チャート　青色筋入り	56	剥片	1.3	0.7	0.2	0.2	有茎尖頭器か削器類の調整剥片
	66	剥片	0.8	0.7	0.2	0.1	有茎尖頭器か削器類の調整剥片
	158	剥片	0.7	0.5	0.1	0.1	有茎尖頭器か削器類の調整剥片
	159	剥片	1.0	0.6	0.1	0.1	有茎尖頭器か削器類の調整剥片（押圧剥離）
	161	剥片	0.8	0.6	0.1	0.1	有茎尖頭器か削器類の調整剥片（押圧剥離）
	170	剥片	0.7	0.6	0.1	0.1	有茎尖頭器か削器類の調整剥片
	355	剥片	1.6	1.4	0.3	0.6	有茎尖頭器か削器類の調整剥片
	504	剥片	0.6	0.7	0.2	0.1	有茎尖頭器か削器類の調整剥片
	542	剥片	0.8	0.5	0.1	0.1	有茎尖頭器か削器類の調整剥片（押圧剥離）
	618	剥片	0.8	0.4	0.1	0.1	有茎尖頭器か削器類の調整剥片
	694	剥片	1.0	0.7	0.2	0.1	有茎尖頭器か削器類の調整剥片（押圧剥離）
チャート　濃い青色	41	剥片	2.5	0.7	0.2	0.3	砕片
	169	剥片	0.8	0.3	0.1	0.1	青、透明。砕片
	389	剥片	1.3	1.5	0.3	0.4	
	677	剥片	0.7	2.2	0.4	0.6	青っぽい。単体？
黒色頁岩	104	有茎尖頭器未成品	3.2	1.7	0.5	1.8	報告書掲載図52
	716	二次加工のある剥片	4.4	3.4	1.9	23.4	報告書掲載図77　650+685+690+566+431+76 剥片剥離接合
	741	二次加工のある剥片	3.3	4.2	1.3	13.2	報告書掲載図85
	650	二次加工のある剥片	2.5	3.2	0.8	4.7	報告書掲載図86
	596	剥片	1.4	1.3	0.4	0.7	報告書掲載図98
	672	剥片	4.2	4.4	1.1	20.0	報告書掲載図99
	748	剥片	3.6	5.1	1.3	17.7	報告書掲載図100
	648	剥片	3.1	7.3	1.3	21.9	報告書掲載図101
	685	残核	3.5	5.6	2.6	46.7	報告書掲載図111　剥片素材
	690	剥片	3.4	5.1	2.1	26.5	報告書掲載図112
	566	剥片	3.0	2.7	1.1	7.8	報告書掲載図113
	431	剥片	2.5	2.8	1	4.6	報告書掲載図114
	76	剥片	2.0	2.0	0.6	1.5	報告書掲載図115
	593	剥片	3.1	5.0	0.9	2.3	報告書掲載図129　384と折れ面接合して1点の剥片に。
	451	剥片	1.5	2.6	0.5	2.3	報告書掲載図136
	51	剥片	1.5	0.9	0.3	0.3	報告書掲載図137
	729	剥片	0.7	1.2	0.4	0.4	報告書掲載図138
	448	剥片	0.9	1.7	0.3	0.4	報告書掲載図139
	623	剥片	0.9	1.4	0.3	0.3	報告書掲載図140
黒色頁岩	71	剥片	1.2	2.5	0.3	1.1	
	281	剥片	2.0	1.4	0.2	0.4	TPかScの調整剥片。白色の斑点入り
	321	剥片	0.8	1.2	0.5	0.4	
	429	剥片	0.9	1.3	0.5	0.4	
	430	剥片	1.7	2.7	0.6	3.0	重複ナンバー？
	729	剥片	0.5	0.9	0.2	0.1	重複ナンバー
灰緑の珪質頁岩	743	残核	3.3	4.1	3.1	45.2	報告書掲載図102
	740	残核	2.5	2.3	3.0	17.9	報告書掲載図103　744+744+746+463+737+627+628+717 剥片剥離接合
	744	剥片	1.6	1.5	0.3	0.6	報告書掲載図104
	746	剥片	3.1	2.0	1.0	5.7	報告書掲載図105
	463	剥片	2.7	1.8	0.7	3.1	報告書掲載図106
	737	剥片	1.5	2.4	0.4	1.3	報告書掲載図107
	627	剥片	1.4	1.6	0.5	0.8	報告書掲載図108
	628	剥片	2.2	1.7	0.7	2.2	報告書掲載図109
	717	剥片	2.7	1.6	0.6	1.8	報告書掲載図110
	738	剥片	3.0	2.6	1.2	5.7	報告書掲載図89
珪質頁岩　緑灰筋入り	646	剥片	4.6	3.1	1	14.3	報告書掲載図124
	673	剥片	6.5	3.8	1	24.4	報告書掲載図90。硬質細粒凝灰岩とされていたもの
	727	剥片	4.1	4.1	1.2	25.9	報告書掲載図125。硬質細粒凝灰岩とされていたもの
	423	剥片	0.7	1.0	0.2	0.1	細粒凝灰岩に似る。黄緑色。チップ
石英	53	礫	1.3	1.6	0.8	1.4	はじけ礫
砂岩	311	磨石	9.6	7.4	4.6	390.8	報告書掲載図69
	28	敲石	5.4	3.6	1.8	43.8	報告書掲載図72
	134	剥片	0.7	1.1	0.3	0.3	砕片
ガラス質黒色安山岩	54	有茎尖頭器	2.3	1.4	0.4	0.8	報告書掲載図36
	473	有茎尖頭器	2.1	1.5	0.3	0.6	報告書掲載図37
	427	有茎尖頭器未成品	2.8	1.6	0.5	1.7	報告書掲載図46
	F-21-8	有茎尖頭器	4.4	1.8	0.8	5.4	報告書掲載図50。縞入り
	687	削器	4.5	6.6	1.0	31.7	報告書掲載図59
	206	二次加工のある剥片	1.9	3.4	0.8	3.9	報告書掲載図76
	325	二次加工のある剥片	1.9	2.1	0.3	1.2	報告書掲載図79
	688	剥片	2.5	2.6	0.8	4.4	報告書掲載図116　689+667と剥片剥離接合
	689	剥片	1.2	1.6	0.4	0.5	報告書掲載図117
	667	残核	3.6	6.2	1.8	21	報告書掲載図118　684と接合し1点に。

神奈川県長津田遺跡群宮之前南遺跡出土石器群の検討

石材・石質	取り上げNo.	器種	長	幅	厚さ	重量	備考
ガラス質黒色安山岩	25	剥片	0.8	1.2	0.1	0.1	
	31	剥片	1.1	1.7	0.2	0.3	
	43	剥片	0.6	0.9	0.2	0.1	
	57	剥片	0.3	0.9	0.2	0.1	
	59	剥片	0.5	1.0	0.1	0.1	
	63	剥片	1.0	1.9	0.4	0.5	縞入り
	72	剥片	1.2	0.8	0.2	0.2	
	77	剥片	0.5	0.7	0.1	0.1	
	86	剥片	1.5	0.8	0.1	0.2	重複ナンバー
	130	有茎尖頭器破片	0.9	0.65	0.3	0.2	先端部
	133	剥片	1.0	1.2	0.1	0.2	
	138	剥片	0.5	0.6	0.1	0.1	
	141	剥片	0.7	1.2	0.2	0.2	
	145	剥片	1.1	2.5	0.2	0.6	
	150	剥片	1.2	1.8	0.3	0.5	
	151	剥片	1.0	1.9	0.2	0.5	縞入り
	154	剥片	0.7	1.1	0.2	0.2	
	160	剥片	0.7	0.8	0.1	0.1	
	162	剥片	0.7	1.3	0.1	0.1	
	193	剥片	0.3	0.6	0.1	0.1	
	194	剥片	1.6	1.0	0.3	0.4	
	196	剥片	0.9	1.6	0.1	0.1	
	199	剥片	0.9	1.5	0.2	0.3	
	203	剥片	1.2	1.3	0.3	0.3	
	212	剥片	1.3	2.0	0.4	0.9	
	236	剥片	0.9	1.0	0.1	0.1	
	238	剥片	1.1	1.8	0.2	0.5	縞入り。両面調整剥片
	253	剥片	1.9	1.3	0.4	0.84	
	256	剥片	1.2	2.7	0.4	1.3	縞入り。両面調整剥片
	278	剥片	1.2	1.6	0.2	0.4	
	317	剥片	1.2	1.7	0.1	0.3	
	328	剥片	1.5	2.3	0.3	1.0	
	339	剥片	1.1	1	0.1	0.2	
	342	剥片	1.6	1.7	0.2	0.8	縞入り
	346	剥片	0.5	0.9	0.1	0.1	
	354	剥片	0.6	1.6	0.3	0.3	
	357	剥片	2	1.7	0.3	1.5	有茎尖頭器か削器類の調整剥片
	358	剥片	1.1	2.2	0.3	0.7	
	361	剥片	2.4	3.1	0.5	2.8	有茎尖頭器か削器類の調整剥片。縞入り
	368	剥片	1	1.3	0.2	0.3	
	372	剥片	1.1	1.7	0.2	0.7	
	373	剥片	1.1	1.1	0.2	0.3	
	375	剥片	0.7	0.9	0.1	0.1	
	377	剥片	1.2	1.3	0.2	0.3	
	386	剥片	1.9	1.1	0.2	0.5	縞入り。両面調整剥片
	390	剥片	0.9	1.5	0.5	0.5	
	400	剥片	0.7	0.7	0.1	0.1	
	405	剥片	1.3	1.1	0.3	0.4	縞入り。両面調整剥片
	419	剥片	1.3	1.6	0.4	1.0	
	426	剥片	1.5	0.8	0.3	0.4	
	453	剥片	1.0	1.8	0.2	0.4	縞入り。両面調整剥片
	456	剥片	1.5	2.3	0.4	1.1	
	478	剥片	2.0	1.3	0.3	0.6	
	479	剥片	1.1	0.9	0.1	0.2	
	486	剥片	0.8	1.2	0.2	0.2	
	490	剥片	1.2	0.6	0.2	0.1	
	493	剥片	0.9	0.5	0.1	0.1	
	495	剥片	0.8	1.6	0.2	0.3	
	502	剥片	1.2	0.7	0.1	0.2	重複ナンバーか。
	519	剥片	0.9	0.9	0.2	0.2	
	525	剥片	1.2	1.5	0.3	0.8	
	526	剥片	1.0	2.6	0.6	1.1	
	546	剥片	1.5	1.1	0.2	0.4	両面調整剥片
	557	剥片	1.4	1.0	0.3	0.4	
	561	剥片	1.1	1.2	0.2	0.2	
	569	剥片	0.6	1.0	0.2	0.1	
	572	剥片	1.3	0.7	0.3	0.1	
	573	剥片	0.4	0.6	0.1	0.1	
	587	剥片	0.6	0.8	0.1	0.1	
	621	剥片	0.5	0.8	0.1	0.1	
	644	剥片	3.0	3.1	0.4	4.8	有茎尖頭器か削器類の調整剥片
	657	剥片	3.0	2.4	0.3	1.8	有茎尖頭器か削器類の調整剥片。縞入り
	681	剥片	1.8	0.9	0.1	0.2	
	726	剥片	1.5	1.0	0.5	0.9	
	注記なし	剥片	0.3	0.6	0.1	0.1	
ガラス質黒色安山岩（ホルンフェルスとされていたもの）	139	剥片	1.6	1.2	0.2	0.3	ホルンフェルスとされていたもの。黒色
	374	剥片	0.7	0.7	0.1	0.1	ホルンフェルスとされていたもの。黒色
	508	剥片	0.9	1.1	0.2	0.1	ホルンフェルスとされていたもの。黒色
	601	剥片	0.8	0.8	0.2	0.1	ホルンフェルスとされていたもの。黒色
	647	剥片	0.6	0.7	0.1	0.1	ホルンフェルスとされていたもの。黒色
硬質中粒凝灰岩	181	有茎尖頭器未成品	3.2	1.7	0.6	3.3	報告書掲載図32。張り出し状の茎形態。
	8	有茎尖頭器破片	1.9	1.7	0.8	1.8	報告書掲載図35。未成品
	182	有茎尖頭器	3.2	1.7	0.7	1.9	報告書掲載図43
	661	有茎尖頭器	3.3	2.3	0.5	2.6	報告書掲載図45

石材・石質	取り上げ No.	器 種	長	幅	厚さ	重量	備 考
	267	掻器	1.9	2.3	0.9	3.4	報告書掲載図 57
	9	削器	3.3	7.2	1.1	20.9	報告書掲載図 58
	718	礫器	11.2	11.3	5.8	882.9	報告書掲載図 65
	720	敲石	7.7	5.6	4.1	116.9	報告書掲載図 73
	745	台石	22.8	16	13	5915.7	報告書掲載図 74
	233	二次加工のある剥片	3.2	2.1	0.7	5.7	報告書掲載図 78
	432	二次加工のある剥片	3.1	4.2	1.0	9.9	報告書掲載図 80
	220	二次加工のある剥片	3.4	2.8	1.1	9.7	報告書掲載図 81
	301	剥片	4.2	5.8	1.2	24.5	報告書掲載図 84。輪切り状剥片剥離を示す
	20	剥片	4.5	2.4	1.0	7.6	報告書掲載図 92
	722	剥片	3.1	5.4	1.2	20.4	報告書掲載図 93
	L-9	剥片	4.2	5.4	1.1	20.0	報告書掲載図 94
	706	剥片	2.7	2.1	0.9	4.0	報告書掲載図 95
	300	二次加工のある剥片	3.0	2.9	0.5	4.6	報告書掲載図 96
	721	残核	4.1	8.5	7.1	287.8	報告書掲載図 119。686+163 と剥片剥離接合
	195	剥片	7.1	4.8	1.1	22.7	報告書掲載図 120
	237	剥片	4.4	5.6	1.0	21.9	報告書掲載図 127。輪切り状剥片剥離を示す
	294	剥片	3.2	3.2	1.0	12.7	報告書掲載図 128。輪切り状剥片剥離を示す
	83	剥片	3.1	5.8	1.1	14.7	報告書掲載図 131。輪切り状剥片剥離を示す
	75	剥片	2.2	2.6	0.9	3.4	報告書掲載図 132
	272	剥片	2.3	1.2	0.5	0.9	報告書掲載図 134
硬質中粒凝灰岩（単独個体と されていたもの）	84	剥片	4.0	8.9	1.3	38.8	
	166	剥片	1.8	2.1	0.7	2.0	
	295	剥片	1.0	1.4	0.2	0.3	
	335	剥片	1.0	1.4	0.3	0.4	
	411	剥片	2.1	1.7	0.4	1.4	
	604	剥片	2.0	3.5	0.6	3.6	輪切り状剥片
	655	剥片	2.8	2.2	0.7	3.2	
	671	剥片	8.0	8.7	3.8	227.5	大形剥片。円礫自然面あり。
硬質中粒凝灰岩　黄緑色	163	剥片	2.0	1.2	0.6	1.1	686→163→721 と接合。円礫自然面あり
	686	剥片	3.8	4.9	1.3	20.4	686→163→721 と接合。円礫自然面あり
	721	残核	4.1	8.5	7.1	287.8	686→163→721 と接合。報告書掲載図 119
単独個体、もしくは小片過ぎ て分類できないもの	334	剥片	0.5	0.9	0.1	0.1	
	410	剥片	1.6	1.0	0.5	0.5	
	413	剥片	0.3	0.4	0.1	0.1	
	562	剥片	1.1	1.3	0.4	0.4	
	591	剥片	0.5	0.6	0.2	0.2	
	620	剥片	0.6	0.9	0.1	0.1	
硬質中粒凝灰岩　茶・緑色	11	有茎尖頭器未成品	4.9	3.6	1.1	17.9	
	34	剥片	0.8	1.7	0.3	0.4	
	38	剥片	2.1	1.7	0.5	1.1	
	211	剥片	1.4	1.8	0.3	0.5	
	252	剥片	1.2	1.8	1.0	2.3	
	304	剥片	0.9	1.5	0.4	0.5	
	341	剥片	1.2	1.2	0.2	0.4	
	352	剥片	1.0	1.3	0.5	0.5	
	401	剥片	1.3	2.5	0.4	1.9	
	455	剥片	1.4	2.7	0.6	2.0	
	707	剥片	2.4	1.6	0.4	1.0	
硬質中粒凝灰岩　緑色筋入	231	剥片	1.1	1.8	0.3	0.6	
硬質中粒凝灰岩　緑色白点入	46	剥片	0.7	1.5	0.2	0.2	
	47	剥片	1.6	1.2	0.2	0.5	291 と剥片剥離接合。自然面あり
	48	剥片	0.8	1.7	0.5	0.5	
	92	剥片	0.7	0.9	0.1	0.1	
	128	剥片	1.5	1.4	0.2	0.3	
	173	剥片	1.0	1.8	0.1	0.2	
	175	剥片	1.0	1.6	0.2	0.4	
	178	剥片	1.0	0.9	0.1	0.1	
	216	剥片	1.1	0.8	0.2	0.1	
	241	剥片	0.9	1.9	0.5	0.7	円礫自然面あり
	250	剥片	1.2	1.6	0.5	0.5	
	287	剥片	0.7	0.8	0.2	0.1	
	289	剥片	0.7	1.1	0.1	0.1	
	291	剥片	1.5	1.1	0.3	0.5	47 と剥片剥離接合。自然面あり
	302	剥片	1.4	0.5	0.2	0.1	
	322	剥片	0.7	0.9	0.1	0.1	
	324	剥片	1.0	1.1	0.2	0.1	
	435	剥片	1.0	0.7	0.1	0.1	
	462	剥片	1.5	1.6	0.3	0.3	
	513	剥片	1.2	1.1	0.2	0.3	
	520	剥片	1.2	1.0	0.2	0.2	
	590	剥片	1.2	0.8	0.2	0.3	
	620	剥片	0.5	0.9	0.1	0.1	
茶色変色	333	剥片	1.9	1.6	0.5	1.7	
	474	剥片	1.2	2.0	0.4	1.2	
緑色　ザラザラ	467	剥片	2.7	2.2	0.5	2.4	円礫自然面あり
	481	剥片	1.3	2.9	0.4	1.5	538 と剥片剥離接合
	531	剥片	2.0	1.1	0.4	0.9	712 と折れ面接合。円礫自然面あり

神奈川県長津田遺跡群宮之前南遺跡出土石器群の検討

石材・石質	取り上げNo.	器種	長	幅	厚さ	重量	備考
	538	剝片	1.8	1.7	0.4	0.9	481 と剝片剝離接合
	539	剝片	1.2	2.4	0.6	1.6	595 と剝片剝離接合
	551	剝片	1.1	1.4	0.3	0.6	
	552	剝片	1.5	1	0.5	0.8	円礫自然面あり
	585	剝片	1.9	2.5	0.5	1.8	645 と剝片剝離接合。輪切り状に剝離。円礫自然面あり
	595	剝片	2.4	3.5	0.6	4.8	539 と剝片剝離接合
	645	剝片	1.9	2.5	0.4	0.7	585 と剝片剝離接合。輪切り状に剝離。円礫自然面あり
	663	剝片	3.3	2.6	0.6	4.3	
	664	剝片	1.5	2.0	0.4	0.9	
	712	剝片	2.0	1.3	0.5	1.5	531 と折れ面接合。円礫自然面あり
	715	剝片	1.2	1.0	0.5	0.6	
	728	剝片	1.8	1.6	0.5	1.7	
	742	剝片	1.3	2.4	0.3	1.1	
ホルンフェルスとされたもの	210	剝片	1.1	1.4	0.4	0.6	
	488	剝片	1.0	2.1	0.4	1.0	
	605	剝片	1.4	1.1	0.2	0.4	
硬質中粒凝灰岩 緑～黄緑色（未分類とされているもの）	88	剝片	0.8	1.3	0.3	0.3	
	90	剝片	0.7	1.6	0.3	0.4	
	152	剝片	0.7	0.7	0.1	0.1	
	224	剝片	0.7	0.9	0.1	0.1	
	232	剝片	0.7	0.5	0.1	0.1	
	243	剝片	0.6	0.6	0.2	0.1	
	296	剝片	0.9	0.7	0.2	0.1	
	319	剝片	0.8	0.5	0.1	0.1	
	348	剝片	0.6	0.8	0.1	0.1	
	404	剝片	0.6	1.0	0.2	0.1	
	428	剝片	1.8	1.3	0.3	1.0	白い縞入り
	500	剝片	0.8	1.1	0.3	0.2	
	501	剝片	0.8	1.0	0.2	0.1	
	502	剝片	0.6	1.4	0.2	0.1	自然面あり
	564	剝片	0.5	0.8	0.2	0.1	
	588	剝片	0.9	1.5	0.3	0.4	
	592	剝片	0.7	0.9	0.2	0.2	有茎尖頭器調整剝片
	608	剝片	1.8	1.7	0.3	0.7	有茎尖頭器調整剝片
	注記なし	剝片	0.4	0.7	0.3	0.1	
硬質中粒凝灰岩 茶～灰色（未分類とされているもの）	137	剝片	0.6	0.9	0.1	0.1	
	166	剝片	1.2	1.2	0.2	2.0	
	218	剝片	0.7	0.5	0.2	0.1	
	219	剝片	0.9	1.4	0.2	0.2	
	245	剝片	0.7	0.8	0.2	0.1	
	260	剝片	0.7	1.3	0.1	0.1	
	271	剝片	0.7	1.2	0.1	0.2	
	408	剝片	1.0	1.3	0.4	0.4	
	498	剝片	0.6	0.8	0.2	0.1	
	565	剝片	0.9	0.9	0.2	0.1	
	581	剝片	1.2	1.9	0.6	0.9	
"硬質中粒凝灰岩 緑色斑緑模様"	21	剝片	1.0	1.1	0.2	0.3	
	60	剝片	2.3	1.5	0.3	1.0	重複ナンバーか。
	70	剝片	1.5	2.5	0.5	2.7	
	80	剝片	1.4	0.6	0.2	0.2	
	89	剝片	1.2	0.7	0.2	0.1	
	132	剝片	0.8	0.7	0.1	0.1	
	234	剝片	0.7	0.7	0.1	0.1	
	244	剝片	0.6	0.9	0.1	0.1	
	293	剝片	0.9	0.8	0.1	0.2	
	298	剝片	0.9	0.9	0.1	0.1	
	299	剝片	1.3	2.3	0.5	1.2	
	303	剝片	0.7	1.2	0.1	0.1	
	305	剝片	1.0	1.0	0.3	0.3	
	320	剝片	0.9	1.0	0.1	0.1	有茎尖頭器か削器類の調整剝片
	336	剝片	0.8	0.5	0.1	0.1	
	343	剝片	0.8	1.5	0.1	0.1	
	345	剝片	0.5	1.0	0.1	0.1	
	383	剝片	2.3	1.7	0.3	0.8	有茎尖頭器か削器類の調整剝片
	421	剝片	0.5	0.9	0.2	0.1	
	505	剝片	0.7	0.7	0.2	0.1	
	529	剝片	1.3	1.1	0.3	0.3	
	683	剝片	0.9	0.7	0.1	0.1	
	713	剝片	0.7	1.0	0.1	0.1	
硬質中粒凝灰岩 緑点入り	65	残核	5.0	6.6	2.1	87.6	711 と節理面で接合。節理で剝がれた後、その節理面を打面として 537 + 545 + 649 + 709 が剝離された
	537	剝片	4.1	2.8	0.9	7.7	
	545	剝片	2.7	2.0	0.8	4.0	
	649	剝片	2.7	1.5	0.6	1.9	
	700	剝片	3.6	1.1	1.0	4.5	700+710+711+719 と剝片剝離時の節理面接合。自然面あり
	709	剝片	3.0	2.5	0.8	7.6	
	710	剝片	4.0	2.2	1.1	10.0	"700+710+711+719 と剝片剝離時の節理面接合。円礫自然面あり"
	711	剝片	5.7	7.0	1.8	94.8	

石材・石質	取り上げ No.	器種	長	幅	厚さ	重量	備考
	719	剥片	1.6	2.8	0.4	2.3	
硬質細粒凝灰岩	466	有茎尖頭器未成品	3.4	2.3	1.0	7.8	報告書掲載図 33
	117.1	有茎尖頭器未成品	2.6	2.1	0.5	2.1	報告書掲載図 34
	214	有茎尖頭器	1.7	1.6	0.4	0.6	報告書掲載図 38
	503	掻錐器	4.5	2.6	1.2	14.0	報告書掲載図 56
	113	二次加工のある剥片	5.2	5.3	1.0	15.5	報告書掲載図 91
	273	剥片	4.3	3.9	1.0	12.4	報告書掲載図 122。自然面あり、輪切り状剥片剥離を示す。
	204	剥片	4.8	4.5	1.2	26.6	報告書掲載図 126。自然面あり、輪切り状剥片剥離を示す。
	549	剥片	1.2	2.3	0.2	0.5	報告書掲載図 133
硬質細粒凝灰岩 茶〜緑	106	剥片	0.8	1.6	0.3	0.3	
	165	剥片	3.6	2.2	0.6	4.5	
	207	剥片	1.3	0.7	0.1	0.1	
	331	剥片	1.2	0.7	0.2	0.1	
	379	剥片	1.7	1.0	0.2	0.3	
	589	剥片	0.4	0.6	·0.1	0.1	
硬質細粒凝灰岩	708	剥片	3.0	2.2	0.8	3.8	縞入り
硬質細粒凝灰岩 緑色良質	73	剥片	1.0	2.7	0.5	1.5	
	208	剥片	1.0	1.2	0.1	0.2	
	337	剥片	0.9	0.5	0.1	0.1	押圧剥離
	367	剥片	0.6	1.1	0.1	0.1	
	395	剥片	0.8	0.9	0.2	0.1	
	506	剥片	0.7	0.5	0.1	0.1	
	629	剥片	0.9	0.7	0.2	0.2	
輝緑岩	417	剥片	3.0	4.5	0.6	10.3	417+622+682+691+731+733 剥片剥離接合
	469	剥片	0.7	1.8	0.3	0.4	
	622	剥片	3.0	4.3	1.8	16.7	417+622+682+691+731+733 剥片剥離接合
	625	剥片	1.3	2.2	0.3	0.9	
	643	剥片	2.1	1.3	0.4	0.9	
	682	剥片	5.9	6.4	2.0	91	417+622+682+691+731+733 剥片剥離接合
	691	剥片	1.6	2.7	0.4	2.6	417+622+682+691+731+733 剥片剥離接合
	697	剥片	4.1	4.5	1.3	26.4	
	731	剥片	3.2	5.4	0.7	15.6	417+622+682+691+731+733 剥片剥離接合
	732	剥片	0.9	1.2	0.4	0.5	
	733	剥片	3.5	3.0	1.2	11.6	417+622+682+691+731+733 剥片剥離接合
	注記なし	剥片	0.6	0.3	0.1	0.1	
	注記なし	剥片	1.1	0.4	0.1	0.1	
硬質細粒玄武岩	112	二次加工のある剥片	3	4.7	1.4	14.2	報告書掲載図 82
	246	二次加工のある剥片	3.5	1.8	0.9	4.5	報告書掲載図 83
硬質細粒玄武岩	215	剥片	0.7	0.9	0.1	0.1	ガラス質黒色安山岩に似る。茶色
	229	剥片	0.9	0.7	0.1	0.1	TP か Sc の調整剥片
	248	剥片	0.8	0.6	0.1	0.1	TP か Sc の調整剥片
	353	剥片	1.0	0.7	0.2	0.1	TP か Sc の調整剥片
	409	剥片	1.1	0.8	0.3	0.3	砕片
ホルンフェルス	120	有茎尖頭器	2.4	1.5	0.4	1.1	報告書掲載図 60
	79	礫器	11.8	7.3	1.5	73.6	報告書掲載図 60。110+251+32 と折れ面接合して 1 点に。
	7	礫器	16.7	8.3	2.7	515.4	報告書掲載図 61
	—	礫器	23.2	9.7	3.4	989.5	報告書掲載図 62
	359	礫器	14.8	10.4	4.3	604.6	報告書掲載図 63
	62	礫器	16.1	10.3	4.9	1120.0	報告書掲載図 64。64+68+69+107+222 と接合して 1 点に。
	115	礫器	13.5	11.0	6.1	81.8	報告書掲載図 66。312 と接合
	309	礫器	11.3	12.1	5.8	820.8	報告書掲載図 67
	747	礫器	16.5	11.1	10.0	2037.5	報告書掲載図 68
	149	剥片	4.5	3.7	1.0	13.4	報告書掲載図 87
	257	二次加工のある剥片	4.3	1.8	0.7	5.1	報告書掲載図 88
	J-24 撹乱	残核	9.3	6.1	5.3	344.9	報告書掲載図 141。J-24 一括 +J-25-1+117.2 と剥片剥離接合
	J-24 一括	剥片	6.7	5.1	2.4	71.6	報告書掲載図 142
	J-25-1	剥片	6.6	5.5	1.5	58.4	報告書掲載図 143
	117.2	剥片	5.4	3.2	1.4	17.7	報告書掲載図 144
ホルンフェルス	29	剥片	1.5	1.0	0.2	0.3	
	49	剥片	0.7	1.1	0.2	0.2	重複ナンバー
	209	剥片	1.5	1.1	0.3	0.5	
	264	剥片	0.9	0.9	0.2	0.2	
	330	剥片	2.0	1.5	0.3	0.9	
	543	剥片	1.0	1.4	0.4	0.6	
	548	剥片	1.5	0.9	0.2	0.4	
	642	剥片	2.2	1.8	0.6	2.5	
	674	剥片	1.2	2.5	0.4	1.4	
	692	剥片	1.3	2.5	0.6	1.9	695 と折れ面接合
	695	剥片	3.8	3.6	0.7	27.8	692 と折れ面接合
	718	礫器	11.2	11.3	5.8	882.9	報告書掲載図 65。(725 + 739) → (695 + 692) → 718
	725	剥片	3.0	1.7	0.7	3.9	739 と折れ面接合して 1 点の剥片に。
	730	剥片	1.3	0.9	0.4	0.3	
	739	剥片	3.1	2.5	0.7	6.9	725 と折れ面接合して 1 点の剥片に。
ホルンフェルス 単体	33	剥片	2.3	3.0	0.3	3.0	単独個体とされたもの
ホルンフェルス 縞入り	100	剥片	5.2	2.4	0.9	12.2	255 と剥片剥離接合
	155	剥片	2.0	1.5	0.6	2.0	
	255	剥片	4.9	4.2	1.5	23.7	100 と剥片剥離接合
	268	剥片	2.5	3.6	0.7	7.4	
	276	剥片	2.3	1.7	0.6	2.2	
	326	剥片	1.3	1.2	0.3	0.3	
	395	剥片	1.5	1.6	0.4	0.7	重複ナンバーか。

神奈川県長津田遺跡群宮之前南遺跡出土石器群の検討

石材・石質	取り上げNo.	器種	長	幅	厚さ	重量	備考
	511	剥片	1.0	1.5	0.4	0.4	
	654	剥片	1.4	2.5	0.3	1.4	
	注記なし	剥片	1.5	1.2	0.4	0.6	
"ホルンフェルス梨肌状の斑点"	213	剥片	1.1	1.4	0.2	0.4	
	239	剥片	0.7	1.4	0.3	0.4	
	249	剥片	1.0	1.4	0.2	0.4	
	265	剥片	1.6	1.5	0.3	1.0	梨肌状の斑点あり（縞なし）
	369	剥片	1.9	1.5	0.5	2.0	
	407	剥片	2.2	2.2	0.2	1.7	tool類の調整剥片
ホルンフェルス	23	剥片	6.0	2.6	0.8	11.5	折れ面接合（23+563+420）で一枚の剥片になる。
	49	剥片	0.7	1.0	0.2	0.2	重複ナンバー
	69	剥片	1.3	1.4	0.2	0.5	
	96	剥片	0.6	0.9	0.2	0.1	
	197	剥片	1.2	1.0	0.1	0.2	
	217	剥片	1.7	1.2	0.2	0.5	
	226	剥片	1.0	0.8	0.1	0.1	
	230	剥片	1.3	2.1	0.3	0.7	
	318	剥片	0.8	2.6	0.3	0.7	
	340	剥片	0.3	0.9	0.1	0.1	
	362	剥片	1.3	0.8	0.1	0.2	
	374	剥片	1.2	1.1	0.1	0.1	
	376	剥片	1.3	0.7	0.1	0.1	
	381	剥片	1.4	2.3	0.2	0.9	
	420	剥片	2.1	1.4	0.5	1.2	折れ面接合（23+563+420）で一枚の剥片になる。
	487	剥片	0.8	1.2	0.1	0.4	重複ナンバーか。
	494	剥片	1.5	2.1	0.2	1.0	
	497	剥片	1.3	0.5	0.1	0.2	
	499	剥片	1.7	2.3	0.7	2.4	
	563	剥片	5.5	2.0	0.6	7.4	折れ面接合（23+563+420）で一枚の剥片になる。
	570	剥片	0.6	0.7	0.1	0.1	
	605	剥片	1.3	1.4	0.1	0.4	
	注記なし	剥片	0.9	0.5	0.2	0.1	
	注記なし	剥片	0.5	0.2	0.1	0.1	
単独 灰色	285	剥片	0.8	0.8	0.1	0.1	灰色
単独	285	剥片	0.8	0.9		0.1	

いくつかの石質が確認できる。未図化資料においても、黒色良質のもの、縞入り、ホルンフェルスとされていたものなど少なくとも3種類の石質を確認できる。

　凝灰岩：硬質中粒凝灰岩と硬質細粒凝灰岩の大きく2種類に分けられる。前者には黄緑色（第3図の1）や緑色、緑色白点入り、ホルンフェルスとされていたもの、斑緑模様のあるものなどいくつかの石質が認められる。後者においても、緑色のもの、緑色で良質のものなど数種の石質に細分できる。

　輝緑岩：輝緑岩製の石器は未図化資料のみである。ひとつの石質を確認でき、ややざらつく表面を有している。石器の素材剥片の剥片剥離を示す接合例が見出された（第3図の2）。

　硬質細粒玄武岩：報告書掲載の二次加工のある剥片と未図化の剥片に認められる。

　ホルンフェルス：報告書掲載資料と未図化資料ともに、縞の入るものや入らないものが認め

られ、未図化資料には梨肌状斑のあるものなど少なくとも3種類以上の石質を確認できる。

3. 石器製作作業内容と特徴

　石材・石質別剥片類一覧表の作成とともに、既報告で未図化の剥片類のうち、いくつかの石質の法量について第1図に示した。また、新たに数点の石器を図化し、第2・3図に示した。

　第1図に示すように未図化資料の多くは、その法量から、有茎尖頭器や削器類を製作した際の調整剥片であると判断できる。図示している完形と考えられる有茎尖頭器は同じ石材の参考資料である。

　第2図の1～3は、神津島産黒曜石製の有茎尖頭器の破片である。いずれも製作途上で折損したことがわかることから、有茎尖頭器の完形品としてはカウントしていない。1は、片面調整の有茎尖頭器である。上下が折れており、右側縁の折れ面み認められるように、球殻を含む

及川 穰

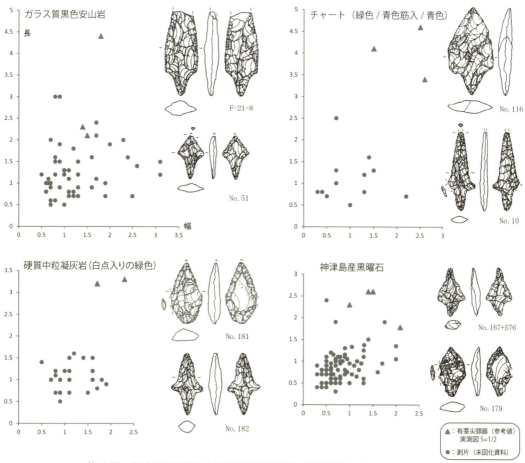

第1図　長津田遺跡群宮之前南遺跡出土石器の剝片法量（未図化資料の代表例）

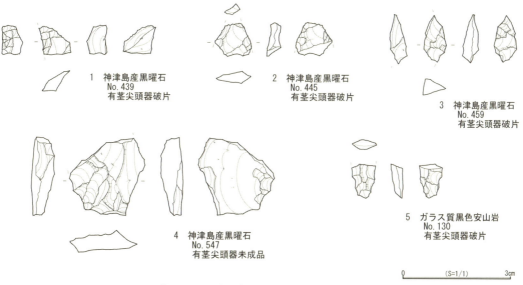

第2図　長津田遺跡群宮之前南遺跡出土石器①

神奈川県長津田遺跡群宮之前南遺跡出土石器群の検討

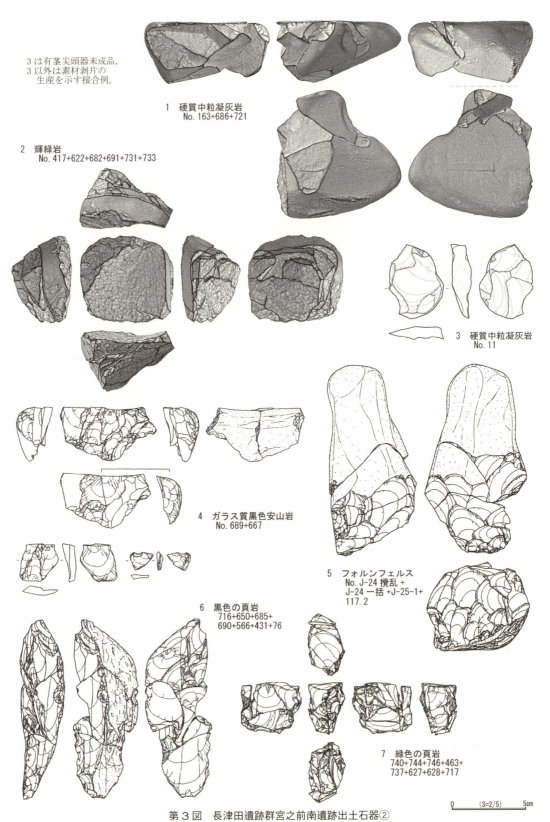

第3図　長津田遺跡群宮之前南遺跡出土石器②

ため折損してしまったものと思われる。加工の順番は下面から上面へと進んでいることがわかる。2は、先端部。上下とも折損している。加工手順を追うと、表面右側の剝離面が最も新しい。次に裏面右側の剝離面が新しく、いずれも右肩上がりの剝離面群によって占められている。3は、有茎尖頭器の茎部分にあたる側縁部である。表裏とも茎部よりも上部の剝離面の方が新しい。4は、有茎尖頭器の加工途中の未成品と判断した。裏面に残る素材剝片のバルブの厚みを除去する剝離面が最も新しい。主に表面左下部からの右肩上がりの剝離群によって成形されている。上下折れ。5は、ガラス質黒色安山岩製の有茎尖頭器の破片である。加工の度合いから茎部先端であると判断した。

第3図の3は、硬質中粒凝灰岩製の有茎尖頭器の製作途中の未成品と判断した。右側面と表面下部に自然面を残し、輪切り状剝片剝離を経て得られた剝片を素材としていることがわかる。二次加工はいずれも裏面左に残り、素材の厚みを除去するような平坦で面的な剝離痕が認められ、裏面右上には素材剝片の主要剝離面を残している。加工の度合いから、有茎尖頭器原形と捉えられる可能性がある。

有茎尖頭器や削器類の素材生産の剝片剝離を示す資料は第3図によって示すことができる。1と2、4〜7は、剝片剝離個体として認識できる接合例である。1は、硬質細粒凝灰岩製の剝片剝離個体である。平坦な自然面を打面として数枚の剝片を剝離している。2は、輝緑岩製の剝片剝離を示し、すべて剝片である。4は、ガラス質黒色安山岩。裏面に円礫に近い自然面を残している。小形の有茎尖頭器の素材を得るための剝片剝離個体であると考えられる。5は、ホルンフェルス製の礫器の製作過程を示しているのか、素材剝片を剝離しているのか判断が困難な接合例である。残核にあたる資料は礫器と判断した。6は、黒色頁岩製。大形の剝片を素

材に、さらに剝片剝離をおこなっている。接合には二次加工のある剝片1点を含んでいるため、削器類の素材を得るための剝片剝離であると判断できる。7は緑色の頁岩製。良質の珪質頁岩で、小形の有茎尖頭器の素材を得るための剝片剝離個体であると考えられる。

4. 石器群の位置づけと今後の課題

(1) 石器群の位置づけ

上記の石器製作作業内容と特徴から導き出される行動・領域論としての本遺跡の位置づけは、拙稿で意義づけている通りである（及川前掲）。周辺地域における有茎尖頭器や削器類の素材生産遺跡は同県川崎市万福寺遺跡や横浜市花見山遺跡、藤沢市南鍛冶山遺跡、同市慶応SFC遺跡、伊勢原市三ノ宮・下谷戸遺跡など比較的規模の大きい遺跡に限られる。これに対し、本石器群では、最も近場で獲得できる凝灰岩等の円礫原石を中心に素材生産をおこなっているものの、多摩川水系と考えられるチャート・頁岩に加え、箱根周辺のガラス質黒色安山岩の素材生産を示す接合例を有していることから、異なる領域に位置する拠点的な大規模遺跡からの派生的な分散の単位として評価した。さらに、複数の神津島産黒曜石製有茎尖頭器の製作痕跡が認められることから、台地外（島嶼環境下）に産出する石材の獲得に別働的な遠征者集団の結成を予測した。特定の集団による石材資源の遠征による目的的獲得行動を仮説提示した。

これらの結論は、生業・領域論の中で後期旧石器時代後半期における中心地発生説（国武前掲）の延長線上で評価される。つまり、居住システム全体を俯瞰して石材獲得行動を明らかにするという論点のもとに、本論の資料の分類、再検討は意味を持ち、当時の具体的な集団を復原する目的が果たされる。

(2) 今後の課題

本論でおこなった資料の分類や得られた認識、

そしてそれを残した集団の行動復元の手続きについては、客観性や再現性を十分担保したものとは言えないと考えられる。石材別分類や石質細分などは出土した石器群の整理作業上、必要なことである。しかし、第三者に石材や石質の違いを客観的に提示することは現在の多くの発掘調査報告書の体裁では困難である。石器群の類型化に基づく行動復元についても前提に前提を重ねての解釈であると言わざるを得ない[2]。そもそも、モノとモノ、モノと場所との関係論（五十嵐 2013）を思考するにしても、対象資料についての記録と解釈が一体型の情報媒体しか現状では持ち得ていないのである。しかも資料をめぐる様々な状況も平等に担保されているとは言えない。

資料をどのように捉えるか、石器群研究の課題の克服を含め、現在、資料のデジタル3D計測技術とその映像化という新たな方法によって実践し、上記課題を乗り越えるための見通しを得ている（及川ほか 2015, Oyokawa et. al 2016）。例えば第3図の1と2は、我々が資料を実見して得られる認識（輝緑岩は凸凹のある表面に対し、凝灰岩はそれより滑らかな表面）について、従来とは異なるレベルの記録情報の提示を果たしている。デジタル3D点群データをもとに特徴線（尾根線）を抽出しており、画像から得られる質感の違いは石材・石質の違いに基づく定量的データである。つまり、資料分類の再現性と客観性が定量的に担保され、誰に対しても平等で公平な記録をようやく揃えることが可能となる。この知的情報基盤に立って人文学を進める必要があると考える。まだ問題も多く、手探りの状況ではあるが、今後も継続して資料の記録と認識の客観性、再現性、そして論理展開について思考したい。少なくとも、資料についての記録と解釈を一体にしない方向性は示されたと考えている（及川ほか前掲；野口ほか 2016；横山ほか 2016）。

謝辞

本稿の成果は、日本学術振興会科学研究費補助金「黒耀石原産地の開発と利用からみた先史社会の複雑化」（若手B・課題番号：25770277）の成果を含んでいる。

本稿を作成するにあたって、神奈川県埋蔵文化財センターの井澤　純氏、竹内俊吾氏、加藤勝仁氏には何度にもわたり資料を見学させて頂き、お世話になりました。接合資料の図化には、（株）ラングの千葉　史氏、横山　真氏にご協力いただきました。また論集作成ご担当の比田井民子氏に大変お世話になりました。

最後に、安蒜政雄先生には資料を観察する姿勢について、表現できないほどのご指導を頂きました。学恩に心から感謝申し上げます。

註

(1) 石材の鑑定や石質の細分については、報告書刊行時や、神奈川県埋蔵文化財センターによる国庫補助事業（再整理）によって行われた成果を基本的に利用している。資料の保管状況もこの事業成果を反映して袋や小箱に分けられている。

(2) 石材原産地の踏査を共同で実施している地質学者によれば、研究プロセスに前提条件が2つ以上あれば、それは科学ではなく空想、とのことである。

引用・参考文献

安蒜政雄 1974「砂川遺跡についての一考察—個体別資料による石器群の構造的な研究—」『史館』2：1-18

安蒜政雄 1992「砂川遺跡における遺跡の形成過程と石器製作の作業体系」『駿台史学』86：101-128

五十嵐彰 1998「考古資料の接合—石器研究における母岩・個体問題—」『史学』67-3・4：105-128

五十嵐彰 2013「石器資料の製作と搬入—砂川三類型区分の再検討—」『史学』81-4：125-140

及川　穣 2004「神子柴・長者久保石器群をめぐる行為論—石器製作工程の類型化と遺跡の連関に関する考察—」『駿台史学』122：37-82

及川　穣 2008「有茎尖頭器石器群をめぐる行動論的研究—複数階層分析枠を利用した領域研究—」『旧

石器考古学』70：1-10

及川　穣 2014「有茎尖頭器からみた時代の変革」『岩宿フォーラム 2014/ シンポジウム　石器の変遷と時代の変革―旧石器から縄文へ―予稿集』p.68-74　岩宿博物館・岩宿フォーラム実行委員会

及川　穣 2015「石器に見る生活の変化（2）西日本」『季刊考古学』132：42-46

及川　穣・横山　真・品川欣也・小菅将夫・今野晃市・松山克胤・千葉　史 2015「3D 計測技術を用いた考古資料の接合研究―旧石器時代研究における新しい資料の認識にむけて―」『日本考古学協会第 81 回総会・研究発表要旨』p.20-21　日本考古学協会

及川　穣・隅田祥光・高村優花・灘　友佳・野村尭弘・藤原　唯・望月　暁・田原弘章・梶浦由佳・松尾真理帆 2016「長野県霧ヶ峰地域における黒曜石原産地の研究―長和町男女倉北地区，同南地区，ツチヤ沢地区，下諏訪町星ヶ台地区の踏査成果と遺跡・遺跡群の認識に関する考察―」『資源環境と人類』6：15-37

Minoru Oyokawa, Shin Yokoyama, Yoshiya Shinagawa, Masao Kosuge, Kouichi Konno, Katsutsugu Matsuyama, Fumito Chiba "Analysis of Materials Refitting using the 3D measurement technology: Toward a new recognition in the Palaeolithic Archaeological Study." The 8th Meeting of the Asian Paleolithic Association. p73, 2016.

かながわ考古学財団編 1998『かながわ考古学財団調査報告 37　長津田遺跡群Ⅳ　宮之前南遺跡』

工藤雄一郎 2012『旧石器・縄文時代の環境文化史』新泉社

国武貞克 2008「回廊領域仮説の提唱」『旧石器研究』4：83-98

腰岳黒曜石原産地研究グループ 2014「佐賀県伊万里市腰岳黒曜石原産地における黒曜石露頭および遺跡の発見とその意義」『九州旧石器』18：169-184

小林謙一 2016「縄紋時代草創期・早期の縄紋土器型式期の実年代比定（東日本）」『日本列島における縄紋土器出現から成立期の年代と文化変化　発表要旨』p.2-5　中央大学

鈴木美保 2015「石材・石質・石質細分と接合」『明治大学校地内遺跡調査団調査報告書 7　東京都三鷹市・調布市　下原・富士見町遺跡Ⅲ　後期旧石器時代の発掘調査（3）出土石器』p.36-47　明治大学

田村　隆・国武貞克・吉野真如 2003「下野－北総回廊外縁部の石器石材」『千葉県史研究』11：1-11

戸沢充則 1968「埼玉県砂川遺跡の石器文化」『考古学集刊』4-1：1-42

野口　淳 2005「旧石器時代遺跡研究―いわゆる「遺跡構造論の解体と再構築」―」『旧石器研究』1：17-37

野口　淳 2014「遺跡構造へのアプローチ―定性的解釈から定量的理解へ―」『第 31 回中四国旧石器文化談話会「遺跡構造から読み取る旧石器社会」発表要旨・資料集』p.39-43　中四国旧石器文化談話会

野口　淳・鈴木美保・市川雅洋編 2015『明治大学校地内遺跡調査団調査報告書 7　東京都三鷹市・調布市　下原・富士見町遺跡Ⅲ　後期旧石器時代の発掘調査（3）出土石器』　明治大学

野口　淳・横山　真・千葉　史 2016「石器研究 3.0 ―3D 計測が拓く新たな地平―」『3D 考古学の挑戦―考古遺物・遺構の三次元計測における研究の現状と課題―』p.7-12　早稲田大学総合人文科学研究センター

望月明彦・池谷信之・小林克次・武藤由里 1994「遺跡内における黒曜石製石器の原産地別分布について―沼津市土手上遺跡 BBV 層の原産地推定から―」『静岡県考古学研究』26：1-24

横山　真・千葉　史 2016「PEAKIT 画像処理による三次元情報の視覚化」『3D 考古学の挑戦―考古遺物・遺構の三次元計測における研究の現状と課題―』p.38-43　早稲田大学総合人文科学研究センター

藁科哲男 1997「長津田遺跡群出土の黒曜石製遺物の石材産地分析」『かながわ考古学財団調査報告 14　長津田遺跡群Ⅲ　玄海田遺跡　玄海田南遺跡』p.449-458　かながわ考古学財団

図版出典

第 1 図　かながわ考古学財団 1998 から引用して作成。
第 2 図　著者作成。
第 3 図　1・2 は、デジタル 3D モデリングを著者が行い（SfM〈PhotoScan〉利用）、画像処理 PEAKIT（http://www.lang-co.jp/）を（株）ラングに依頼し、接合線を著者が書き加え作成。3 ～ 6 はかながわ考古学財団 1998 から引用して作成。

伊豆の国市湯ヶ洞山遺跡出土石器の編年的位置と黒曜石産地

池谷信之

1. はじめに

 天城柏峠黒曜石原産地は、天城山の主峰万三郎岳（1406m）から北東方向に続く山稜上にある。原石は旧道柏峠トンネルの南側に広がる標高350m〜450mの斜面一帯に分布し、さらに分水嶺を越えた伊東市側の斜面でも発見することができる。

 最近になって諏訪間順による資料紹介（諏訪間2005）、静岡県埋蔵文化財調査研究所のメンバーによる踏査（阿部ほか2010）や、杉山浩平をリーダーとする伊豆・箱根黒曜石原産地研究会による踏査と発掘調査（杉山編2012、2013、2014）が行われたことによって、原産地の状況は次第に明らかになってきた。しかしそこから旧石器時代遺跡の集中地域である箱根山麓や愛鷹山麓までの原石の動きや、伊豆山塊における遺跡形成についてはなお不明な部分が多い。

 伊豆山塊の北側にあたる狩野川中流域（旧大仁町・旧韮山町・旧伊豆長岡町）には少なからず旧石器時代遺跡が存在するが、発掘調査が実施された例は極めて少ない。今回紹介する湯ヶ洞山遺跡は、そのほぼ唯一の調査例であり、発掘調査報告書（伊豆長岡町教育委員会1993）が刊行

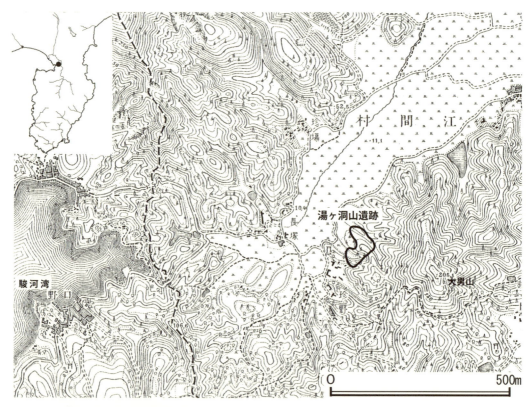

第1図　湯ヶ洞山遺跡の位置（大日本帝國陸地測量部明治35年発行2万分の1地形図「韮山」）

されているものの、その存在が十分に認知されているとは言えないことから、石器の3D図を提示し、黒曜石製石器については、産地推定を行ったうえで、その編年的位置などについて検討を加えた。

2. 遺跡の立地と発掘調査

湯ヶ洞山遺跡は伊豆の国市（旧伊豆長岡町）南江間字湯ヶ洞1716他の丘陵地に立地する。遺跡の東側には標高207mの大男山があり、一見するとそこから延びた尾根のように見えるが、この丘陵の基盤には第三紀の段丘礫層が存在する。天城柏峠原産地までは直線距離で15km、愛鷹山麓の休場遺跡までは同じく15km、箱根山麓の初音ヶ原遺跡までは8.5kmの距離がある。

発掘調査は遺跡一帯の宅地開発に伴い、1992年10月26日から1993年4月9日にかけて、旧伊豆長岡町教育委員会からの業務委託を受けた静岡人類史研究所により実施された。この調査では旧石器時代の石器ブロックのほか、弥生時代～律令時代にかけての住居址数軒が検出されている。なお現地の旧石器時代相当層と、愛鷹・箱根山麓の上部ローム層との対比は行われていない。

3. 旧石器時代の遺構と遺物

(1) 文化層の取り扱い

発掘調査報告書では、旧石器時代の文化層は3層に分層されているが、平面分布がほぼ重なり、垂直分布にも明確な差異が認められないことから、ここでは1つの文化層として取り扱った。

(2) 出土石器の概要

報告書では計9点のナイフ形石器、4点の掻器、3点の石核が紹介されているが、伊豆の国市に収蔵されているすべての資料を実見させていただき、器種の再認定と石材の集計を行った。その結果、12点のナイフ形石器、4点の削器、2点の掻器、1点の彫器、3点の加工痕のある剝片、8点の石核、1点の原石を改めて認定することができた。本稿ではそのすべてを図化した（第4図～第8図）。

また石材は、黒曜石412点（92.0％）、F.ホルンフェルス（富士川系ホルンフェルス）18点

第2図　湯ヶ洞山遺跡の地理的環境（カシミール3Dにより作成）

(4.0％)、ガラス質黒色安山岩1点（0.2％）、硬質細粒凝灰岩15点（3.4％）、赤玉石1点（0.2％）、珪質頁岩1点（0.2％）によって構成されている。

(3) 黒曜石原産地推定

掲載した黒曜石製石器全点について、筆者が所有するSII社製蛍光X線分析装置SEA2110を用いて原産地推定した。分析方法は紙数の関係から省略したが、池谷（2009a）に紹介してあるので参照されたい。原産地推定のための判別図を第3図に、1点ごとの分析結果を第1表に示した。

分析の結果は、天城柏峠産（AGKT）20点（58.8％）、諏訪星ヶ台産（SWHD）9点（26.5％）、和田鷹山産（WDTY）2点（5.9％）、箱根畑宿産（HNHJ）産2点（5.9％）、和田小深沢産（WDKB）1点（2.9％）、分析不可2点であった。製品としての石器の推定結果は以上であるが、肉眼による観察では、剝片類も含めると天城柏峠産が80％以上を占めていると思われる。

(4) 出土石器

ナイフ形石器（第4図1～第5図12） ナイフ形石器は12点出土しているが、破損しているものなど一部を除くと、素材の打面の一部を残し、その形状を大きく変形しないものが多い。

二側縁加工（1～3・5～7・10） ナイフ形石器の主体を占める形態であるが、刃部に対向する側縁全体にブランティングを施す真正の二側縁加工は10のみで、他は3に典型例をみる基部と先端に調整を加えたものである。1の加工は基部のみであるが、左側縁先端側が鈍角となっているため本分類に加えた。2は下半部を欠損するが、左側縁基部側にわずかなブランティングを認めることができる。3の基部加工は右側縁が基部側から先端側へ、左側縁が先端側から基部側方向へ斜行している。5の先端部は破損ではなく右側縁まで調整加工が回り込んでいる。10の基部は切断面となっているが、左側縁側から後出の調整加工が及んでいる。

基部加工（8） 8の基端部の加工は階段状剝離となり、右側縁の加工は全長の1/3程度まで及んでいる。

部分加工（9・12） 9は素材の打面を残し、

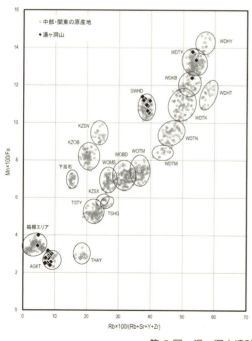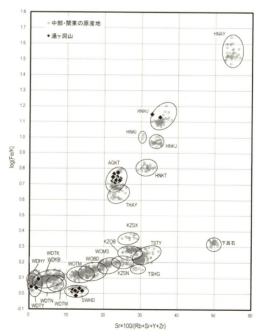

第3図　湯ヶ洞山遺跡の黒曜石原産地判別図

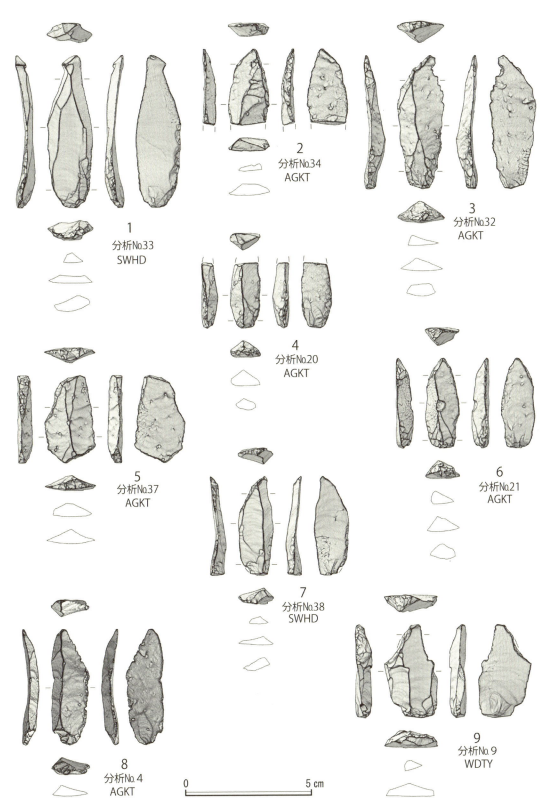

第4図 湯ヶ洞山遺跡出土石器3Dプロファイル図（1）

伊豆の国市湯ヶ洞山遺跡出土石器の編年的位置と黒曜石産地

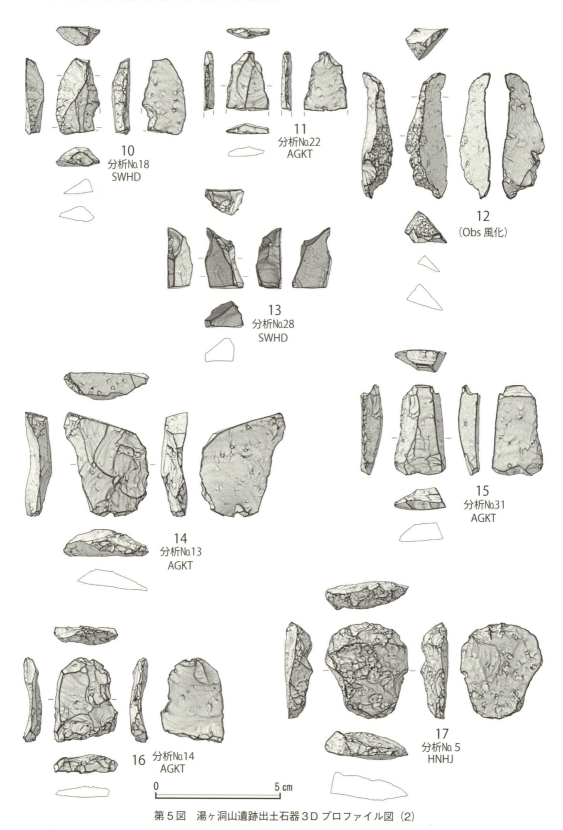

第5図 湯ヶ洞山遺跡出土石器3Dプロファイル図 (2)

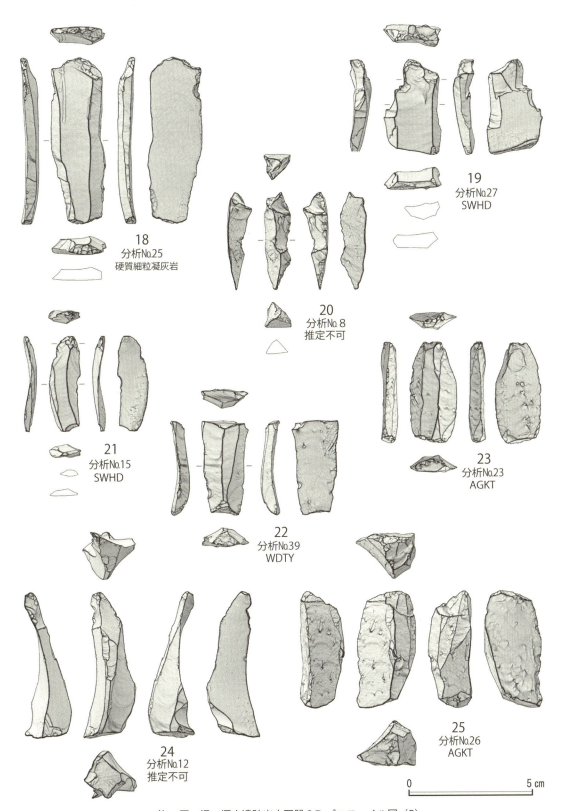

第6図　湯ヶ洞山遺跡出土石器3Dプロファイル図（3）

伊豆の国市湯ヶ洞山遺跡出土石器の編年的位置と黒曜石産地

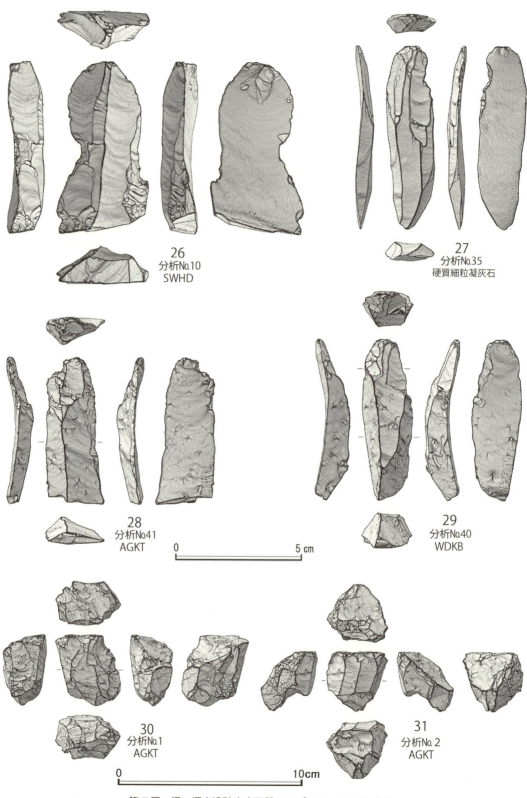

第7図　湯ヶ洞山遺跡出土石器3Dプロファイル図（4）

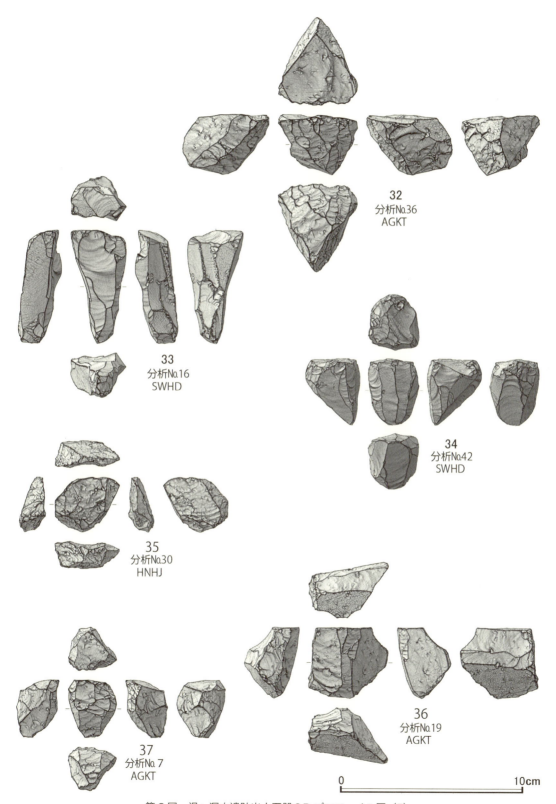

第8図 湯ヶ洞山遺跡出土石器3Dプロファイル図（5）

調整加工は左側縁先端側に限定されている。12
は風化が激しいために産地推定を実施しなかっ
た。おそらく天城柏峠産の打面調整剝片が素材
であり、左側縁は礫面が残されているが、先端
側に回り込むような調整加工が認められる。

その他（4・11） 4は先端側を破損するため、
基部加工あるいは二側縁加工のどちらか、判断
がつかない。11も基部側を大きく破損してい
るが、先端刃部側に打面が残されており、未製
品の可能性もある。

削器（第5図13〜16） 抉入石器も含めて4
点の削器が出土している。13の基端部は切断
面となっているが、右側縁にはここを打面とし
てスポール状の剝離が入る。先端部は右側縁
背部側からの調整加工の後に、抉入部が設け
られている。14の上端部は切断面ではなく礫
面が残されている。下端の一部にも素材の打
面が残されている。15は上下端が切断された
後、下端に比較的急傾斜な調整が加えられてい
る。左側縁の刃部はこの調整の後に設けられて
いる。16の上端部には素材の打面が残されて
おり、下端には背部側からの急傾斜な調整加工
が認められる。

掻器（第5図17・第6図18） 17の腹面左側に
素材剝片の打瘤が認められるが、打面は残され
ていない。18は硬質細粒凝灰岩の石刃を素材
とする。上方に打瘤が残るが、打面は調整加工
により失われている。

彫器（第6図19） 19は素材の腹面に打瘤の
厚さを減じるように剝離が加えられた後に、彫
刻刀面が作出されている。

加工痕のある剝片（第6図20〜22） 21は素
材剝片の打点周辺に調整が加えられている。図
4-4・6などと共通する点があり、基部加工ナ
イフ形石器の未製品である可能性もある。22
は石刃の端部に腹面から急傾斜な調整が加えら
れている点は掻器と共通するが、一般的な掻器
とは異なり刃部が湾入する形状となるため、加

工痕のある剝片として扱った。

剝片・石刃（第6図23〜29） 剝片類から7
点を抽出して図示した。26の左側縁で抉入状
に見える部分は発掘時の破損である。

石核（第7図30〜第8図36） 31・33に典型例
を見るように、単設打面から縦長剝片を得てい
るものが多いが、32・34は180度の打面転移
が行われている可能性があり、36は90度方向
の転移が行われている。また32・35・36から
はやや幅広の剝片が得られている。

4. 出土石器の検討

（1）石器群の特徴と編年的位置

以上紹介した湯ヶ洞山遺跡出土石器群の特徴
をまとめると以下のようになろう。

二側縁加工のナイフ形石器を主体とし、これ
に掻器・削器・彫器 が伴う。ナイフ形石器に
は真正の二側縁加工は少なく、素材の打面を残
し、基部と先端、あるいは基部のみに加工が偏
る傾向が認められる。ナイフ形石器には「甲高」
のものが多く、基部に加えられるブランティン
グは、その厚さを減ずる目的のためか、やや緩
傾斜となるものが認められる。石材は黒曜石が
主体となり、その産地は天城柏峠産が多数を占
める。こうした特徴は、愛鷹・箱根編年の第3
期（笹原芳郎 1995）に対比される。

（2）愛鷹・箱根編年第3期をめぐる議論

「愛鷹・箱根シンポ」と通称されるシンポジ
ウムの予稿集の中で、笹原芳郎は第3期をa〜
cの3段階に区分し、その出土層準をそれぞれ
ニセローム（NL）層直上つまりBB I 層最下部、
BB I 層、BB0層に対比させた（笹原芳郎 1995）。
しかし翌1996年に刊行された同シンポジウム
の収録集において、第3期の指標とした掻器の
出現がより遡ると予測されることや、第2期の
規格的な石刃素材のナイフ形石器の消滅を根拠
として、第2期終末に位置づけられていた清水
柳北遺跡NL段階を新たに第3期a段階に組み

第1表　黒曜石原産地推定結果

分析No.	遺物No.	推定産地	判別図判別群	判別分析						Rb%	Mn/Fe	Sr%	Fe/K
				候補1	距離1	確率1	候補2	距離2	確率2				
1	30	AGKT	AGKT	AGKT	3.98	1.00	HNKT	58.90	0.00	8.54	3.00	22.97	1.05
2	31	AGKT	AGKT	AGKT	6.48	1.00	HNKT	72.69	0.00	6.85	2.77	22.96	5.57
4	08	AGKT	AGKT	AGKT	1.90	1.00	HNKT	58.36	0.00	8.19	2.64	23.60	5.15
5	17	HNHJ	HNHJ	HNHJ	13.47	1.00	HNKI	56.72	0.00	4.82	3.99	32.94	5.60
6	未掲載	AGKT	AGKT	AGKT	9.58	1.00	HNKT	66.81	0.00	7.77	3.11	22.73	5.33
7	37	AGKT	AGKT	AGKT	3.01	1.00	HNKT	56.80	0.00	8.16	2.65	23.58	5.43
10	26	SWHD	SWHD	SWHD	2.49	1.00	WDTN	79.16	0.00	39.03	10.91	11.58	1.03
12	24	不可	不可	SWHD	30.01	1.00	WDTK	126.35	0.00	38.93	12.06	10.10	5.35
13	14	AGKT	AGKT	AGKT	4.56	1.00	HNKT	56.03	0.00	8.53	2.64	23.98	5.38
14	16	AGKT	AGKT	AGKT	4.01	1.00	HNKT	71.81	0.00	8.22	3.13	22.25	1.08
15	21	SWHD	SWHD	SWHD	6.51	1.00	WDTK	103.94	0.00	38.08	11.28	13.67	5.22
16	33	SWHD	SWHD	SWHD	7.24	1.00	WDTK	118.34	0.00	37.26	11.39	12.96	5.44
17	09	WDTY	WDTY	WDTY	1.11	1.00	WDHY	16.55	0.00	54.09	13.36	0.59	5.27
18	10	AGKT	AGKT	AGKT	7.07	1.00	HNKT	53.08	0.00	9.12	2.97	23.67	14.08
19	36	AGKT	AGKT	AGKT	4.23	1.00	HNKT	62.24	0.00	7.89	3.17	22.89	0.97
20	04	AGKT	AGKT	AGKT	1.13	1.00	HNKT	58.30	0.00	8.79	2.56	23.56	1.06
21	06	AGKT	AGKT	AGKT	2.52	1.00	HNKT	68.90	0.00	7.75	2.50	23.25	1.08
22	11	AGKT	AGKT	AGKT	1.63	1.00	HNKT	62.60	0.00	9.11	3.00	22.63	5.32
23	23	AGKT	AGKT	AGKT	4.75	1.00	HNKT	76.86	0.00	6.99	2.50	23.16	0.81
24	未掲載	SWHD	SWHD	SWHD	4.46	1.00	WDTK	114.05	0.00	37.67	11.20	14.22	5.27
26	25	AGKT	AGKT	AGKT	0.54	1.00	HNKT	59.37	0.00	8.66	2.92	23.14	1.03
27	19	SWHD	SWHD	SWHD	1.96	1.00	WDTN	62.50	0.00	39.32	10.54	12.57	5.31
28	13	SWHD	SWHD	SWHD	8.27	1.00	WDTN	100.56	0.00	39.70	11.17	13.46	1.24
29	未掲載	不可	不可	SWHD	9.29	1.00	WDTK	87.53	0.00	40.08	11.19	14.03	5.77
30	35	HNHJ	HNHJ	HNHJ	3.80	1.00	HNKJ	55.21	0.00	4.61	3.43	35.11	5.65
31	15	AGKT	AGKT	AGKT	2.24	1.00	HNKT	44.19	0.00	8.06	2.88	24.43	1.04
32	03	AGKT	AGKT	AGKT	0.43	1.00	HNKT	65.10	0.00	8.41	2.80	22.99	1.04
33	01	SWHD	SWHD	SWHD	2.03	1.00	WDTN	86.71	0.00	38.36	10.97	11.78	13.47
34	02	AGKT	AGKT	AGKT	5.07	1.00	HNKT	75.10	0.00	8.03	2.76	22.40	5.48
36	38	AGKT	AGKT	AGKT	4.01	1.00	HNKT	55.87	0.00	7.26	2.81	23.77	5.98
37	05	AGKT	AGKT	AGKT	1.72	1.00	HNKT	68.47	0.00	8.49	2.40	23.30	5.96
38	07	SWHD	SWHD	SWHD	3.42	1.00	WDTN	93.13	0.00	38.62	10.95	12.89	5.53
39	22	WDTY	WDTY	WDTY	5.66	1.00	WDHY	12.86	0.00	52.95	13.79	1.92	1.10
40	29	WDKB	WDKB	WDKB	4.25	0.89	WDTY	10.19	0.11	52.80	12.40	2.51	5.85
41	28	AGKT	AGKT	AGKT	7.79	1.00	HNKT	56.18	0.00	7.15	2.78	24.27	1.04
42	34	SWHD	SWHD	SWHD	1.42	1.00	WDTN	72.40	0.00	38.88	10.64	12.38	0.53

込んだ。あわせてa段階の編年的指標を極めて小形のナイフ形石器と尖頭状石器の存在に、b段階は大型粗製石器の増加に、c段階は角錐状石器や断面三角形のナイフ形石器の存在に求めた（笹原芳郎1996）。

　笹原千賀子は笹原芳郎の3段階区分を踏襲しながらも、西大曲遺跡・寺林遺跡出土石器群を「c段階後半」ないし「c′段階」として第4期との移行期に位置づけた（第9図）（笹原千賀子2004）。笹原千賀子の段階区分を素材剥片とナイフ形石器の関係性に着目して要約すると、a段階は石刃を素材とする切断技法を用いた比較的小形のナイフ形石器の存在を特徴とし、b段階は第2期から「刃器」として単独で使用されてきた石刃がさらに大形化して分厚くなり、その一部がナイフ形石器として加工され、大形のナイフ形石器として組成される時期、c段階（前半）は石刃系の素材と入れ替わるように顕著となった幅広ないし横長剥片が、切出形石器や角錐状石器の素材となり、c段階後半（c′段階）ではこれらの器種に加えて、再び増加した縦長剥片や石刃を切断した二側縁加工のナイフ形石器、あるいは槍先形尖頭器など、第4期に特徴的な器種が組成に加わる、となろう。

　近年急速に増加した第3期、特にc段階の出土例が示す様相は、一見するときわめて複雑であり、高尾好之はこれを再編するために愛鷹・箱根編年の根幹ともいえる第1期〜第5期の区分を棄却して、第3期を「子ノ神段階前半」「子ノ神段階後半（前半・後半）」に再定義している

（高尾2006）。また中村雄紀は従来の3段階区分の限界性を指摘したうえで、BBI層最下部〜BB0層・YL層最下部を6段階に細分する編年案を示している（中村2010）。

しかし新出の器種やその形態的変化、あるいは器種の組み合わせという外形的特徴に同調させた編年は、新たな資料の出現によってさらにチューニングを強いられる可能性が高く、素材剥片の変化と石器形態の関係性に視点を置いた笹原千賀子による編年の枠組みは、今後も一定の有効性を保つものと考えられる。

(3) 湯ヶ洞山遺跡出土石器群の位置づけ

湯ヶ洞山遺跡出土石器群の位置づけを検討するために、第10図に第3期石器群の長幅

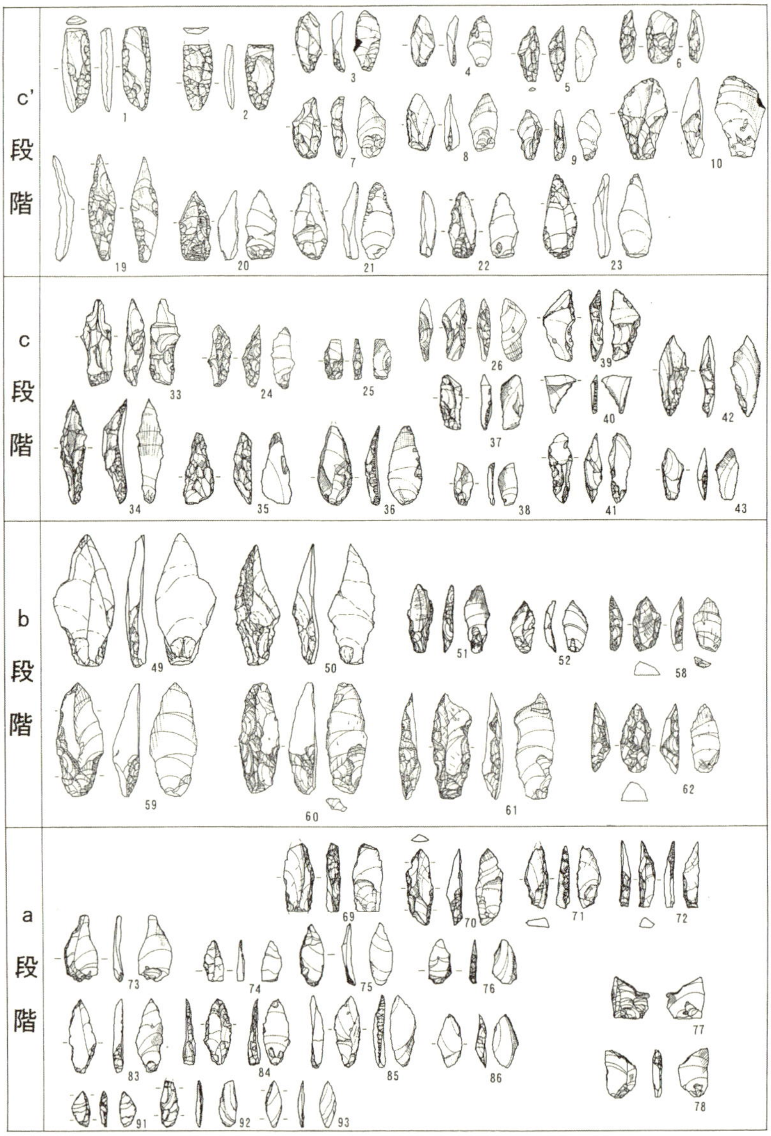

第9図　笹原千賀子による愛鷹・箱根第3期の編年（笹原2004図5を転載）

比をグラフ化した[1]。下段の第3期a段階では、ナイフ形石器は比較的小形であり、50mmを超えるものはほとんど認められない（以下、50mmを超えるものを「大型」と記載する）。しかし清水柳北NL以外の石器群は、比較的大形の石刃・縦長剥片を一定量保持しており、これらが単独使用されていた可能性を考慮しておく必要がある。子ノ神遺跡BBIに示された「大型」の尖頭状石器の存在[2]が示すように、この段階にも刺突具と考えられる器種は存在し、その機能の一部

は大形の石刃・縦長剥片も担っていたと考えられる。

中段のb段階では「大型」のナイフ形石器（基部加工を含む）が急激に増加する。これらの多くはF.ホルンフェルス（富士川系）ないしガラス質黒色安山岩、あるいは天城柏峠産黒曜石などの近在の石材が用いられている。また基部加工のナイフ形石器が、比較的大形のものに偏る状況は、前段階で単独使用されたと考えられる石刃・縦長剥片の機能を推定する上でも重要で

池谷信之

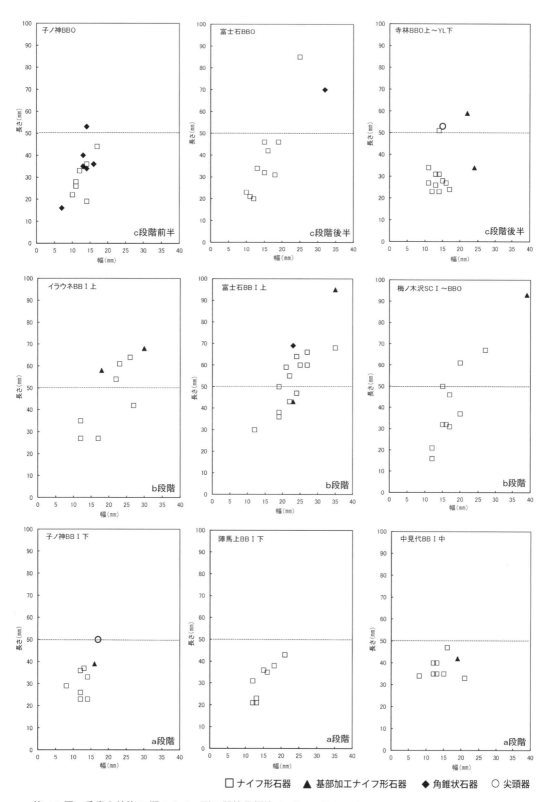

第10図　愛鷹山麓第3期のナイフ形石器等長幅比（下段：a段階、中段：b段階、上段：c段階前半・後半）

伊豆の国市湯ヶ洞山遺跡出土石器の編年的位置と黒曜石産地

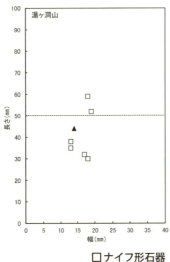

第11図　湯ヶ洞山遺跡ナイフ形石器長幅比

ある。

上段に示したc段階は子ノ神BB0が前半に、富士石BB0と寺林BB0〜YL下が後半段階に位置づけられる。

子ノ神BB0には「大型」の角錐状石器が1点含まれており、破損品の中にも長径50cm前後に達すると思われる角錐状石器を認めることができる（沼津市教育委員会1982 第31図15・18）。

富士石BB0における「大型」のナイフ形石器2点は、いずれもF.ホルンフェルス製である。いっぽう50mm以下のもの9点のうち8点は黒曜石製である。

寺林BB0上〜YL下に見られるように、初現期の尖頭器が「大型」となる点は、a〜b段階の剥片類を含む「大型」の石器群の機能を類推するうえで重要である。このサイズの尖頭器あるいは尖頭状石器は、寺林遺跡にもう1点（静岡県埋蔵文化財調査研究所2003 第43図18）、西大曲遺跡に1点[3]存在する。

寺林遺跡の「大型」のナイフ形石器2点は、いずれもF.ホルンフェルス製、尖頭器は流紋岩製で、50mm以下のナイフ形石器11点はすべて黒曜石製である。こうした形態あるいは器種による石材の志向性は、続く第4期にさらに顕著となる（池谷・望月1998）。

第11図には湯ヶ洞山遺跡の長幅比を示した。このグラフに基づけば、湯ヶ洞山遺跡出土石器は「大型」の器種が組成するb段階あるいはc段階に比定することができる。さらに甲高のナイフ形石器を含む点、角錐状石器や切出形石器を組成しない点を考慮すると、その編年的位置をb段階に限定することが可能である。

5. 結　語

伊豆の国市湯ヶ洞山遺跡出土石器を紹介し、愛鷹・箱根第3期の編年を再検討して、同石器群をb段階に対比した。愛鷹・箱根山麓から外れた伊豆山塊に立地する遺跡においても、編年的対比は可能であった。以上が本稿の第1の成果である。

また本遺跡は愛鷹山麓と天城柏峠原産地との中間地点にあり、石材と黒曜石の組成を得られたことも成果の一つである。第3期は黒曜石が石材の主体となる時期ではあるが、b段階に限れば比較的黒曜石の比率が低く、清水柳北遺跡BBⅠ（上）例のように、その組成が50％を下回る石器群も存在する（池谷2009b）。しかし本石器群の石材全体に占める黒曜石の比率は92％に達する。その理由の一つには、天城柏峠原産地に近いという地理的条件が挙げられるが、さらに比較的大形の石刃・縦長剥片類にF.ホルンフェルスやガラス質黒色安山岩がまったく含まれないという状況が寄与しているものと考えられる。本遺跡ではこれらの剥片類に天城柏峠産黒曜石のほか、信州系黒曜石・硬質細粒凝灰岩も一定量含まれている。

F.ホルンフェルスの原石は、潮流の影響を受けて富士川河口からさらに駿河湾岸を東に移動しており、現状では狩野川河口付近まで採取可能である。本遺跡からわずか10km足らずの距離であり、当時の海岸線がより愛鷹山側にあったとしても、恒常的な採取が可能な距離で

ある。こうした状況はF.ホルンフェルスが愛鷹・箱根山麓周辺で限定的に使用された石材であることも示していよう。

伊豆山塊の北麓には複数の旧石器時代遺跡の存在が知られている。その中には本遺跡と同様に天城柏峠原産地からの黒曜石が大量に供給された遺跡が含まれているものと考えられる。これらの遺跡を漏らさず調査することが、愛鷹・箱根山麓や関東地方への黒曜石供給過程の、特に初期段階の様相を明らかにするものと期待される。

謝辞

安蒜政雄先生には、大学に入学してから現在まで、暖かくかつ厳しいご指導をいただきてきた。筆者が縄文土器から黒曜石に研究対象を移してからは、遠い目標でもあった。この小稿が古希のお祝いに相応しいものかどうか心許ないが、献呈をお許しいただきたい。末筆ではあるが、横山真氏には3Dプロファイル図の作成にあたって、前島秀張氏には出土石器の観察にあたってお世話になった。感謝申し上げる。

註

(1) 「ナイフ形石器」としたものには二側縁加工と一側縁加工のものを含み、部分加工を含まない。またこの時期に特徴的な基部加工ナイフ形石器のサイズを明らかにするために、別のシンボルを用いて図上に示した。尖頭器には全周にブランティングを回した尖頭状石器を含む。なお筆者は笹原芳郎がa段階に組み込んだニセローム層上部の石器群は、第2期の最終段階に位置づけるべきと考えており、第10図には含めなかった。
(2) 子ノ神遺跡の尖頭状石器は、報告書（沼津市教育委員会1982）には図示されていないが、報告書刊行後、第15図10と11が接合して尖頭状石器となることが判明した。
(3) 西大曲遺跡の正式報告書は刊行されていない。主要な石器の実測図は、静岡県考古学会シンポジウム実行委員会1995『愛鷹・箱根の旧石器時代編

年予稿集』110頁に掲載されている。

引用・参考文献

阿部敬・中村雄紀・三好元樹・柴田亮平 2010「静岡県柏峠黒曜石原産地の産状に関する考古学的評価」静岡県埋蔵文化財調査研究所研究紀要16

池谷信之・望月明彦 1998「愛鷹山麓における石材組成の変遷」静岡県考古学研究30　静岡県考古学会

池谷信之 2009a「第Ⅰ章2黒曜石原産地推定法」『黒曜石考古学』新泉社

池谷信之 2009b「第Ⅱ章1愛鷹山麓における石材環境と石材利用の歴史」『黒曜石考古学』新泉社

笹原千賀子 2004「愛鷹・箱根山麓第3期の石器群－第3期から第4期へ、寺林遺跡の編年的位置」財団法人静岡県埋蔵文化財研究所設立20周年記念論文集

笹原芳郎 1995「第2・3期の石器群」『愛鷹・箱根山麓の旧石器時代編年予稿集』静岡県考古学会

笹原芳郎 1996「第2・3期の石器群をめぐって」『愛鷹・箱根山麓の旧石器時代編年収録集』静岡県考古学会

杉山浩平編 2012『伊豆天城柏峠黒曜石原産地の基礎的研究』伊豆・箱根黒曜石原産地研究会研究報告1

杉山浩平編 2013『伊豆天城柏峠黒曜石原産地の基礎的研究2』伊豆・箱根黒曜石原産地研究会研究報告3　柏峠学術調査団・伊豆市教育委員会

杉山浩平編 2014『伊豆天城柏峠黒曜石原産地の基礎的研究3』伊豆・箱根黒曜石原産地研究会研究報告4　柏峠学術調査団・伊豆市教育委員会

諏訪間順 2005「伊豆柏峠黒曜石原産地採集の石刃石核」旧石器研究1　日本旧石器学会

高尾好之 2006「東海地方の地域編年」『旧石器時代の地域編年的研究』同成社

中村雄紀 2010「第Ⅶ章まとめ第1節旧石器時代」『桜畑遺跡』Ⅰ　静岡県埋蔵文化財調査研究所調査報告224

伊豆長岡町教育委員会 1993『湯ヶ洞山遺跡発掘調査の記録』

（なお発掘調査報告書については、紙数の関係から省略させていただいた。）

黒曜石回廊西端の原産地研究事情

川道　寛

1. はじめに

九州地方は、安蒜政雄のいうオブシディアン・ロードの西端を占める重要な位置にあり、伊万里市腰岳を初めとして佐世保市淀姫など数多くの原産地を要している。近年蛍光X線分析による原産地研究の進展に伴い、九州地方でも黒曜石原産地の研究が進められ成果を挙げつつある。しかし依然として遺跡出土の石器群分析の事例は少なく、あったとしても数多くの石器のなかから任意に抽出したわずかな点数の分析にとどまり、石器群全体の原産地の様相を知ることは困難である。

平成21年に開所した長崎県埋蔵文化財センターでは波長分散型蛍光X線装置を使って、九州各地の黒曜石原産地のデータを集約すると同時に長崎県内の旧石器時代から縄文時代草創期の石器群についても産地同定の作業を進めているところである。本稿ではその分析結果をもとに本地域の石器石材獲得のあり方について一定の見通しを示したい。

2. 黒曜石原産地研究の現状

本地域における考古学的な黒曜石原産地研究は、1965年下川達彌による佐世保市東浜淀姫神社の黒曜石原石の報告を嚆矢とする（下川 1965）。次いで下川は、松浦市牟田産黒曜石を芝本一志と共著で報告（芝本・下川 1966）した。

清水宗昭は針尾島に所在する針尾中町・古里海岸等の原産地とともに西彼杵半島亀岳の黒曜石原産地について報告（清水 1971）した。こうして西北九州における大方の原産地のあり方が周知された。

その後別府大学の坂田邦洋が九州地方の黒曜石原産地を悉皆調査し、その包括的な報告を行った（坂田 1982）。この報告には原産地の状況が詳細に記述されておりいまでも参考になる。

こうした考古学側の原産地研究をまとめたのが橘昌信である。橘は九州地方における黒曜石原産地研究と産地同定を展望（橘 2002）し、本地域における黒曜石原産地の抱える問題点を鋭く指摘した。

蛍光X線分析装置を用いた科学的な分析は、1994年の雲仙市百花台東遺跡の報文を初見とする（藁科・東村 1994）。次いで古谷昭彦・久村貞男が泉福寺洞穴の分析結果を明らかにした（古谷・久村 2002）。それによると漆黒色の黒曜石を腰岳系松浦大崎産と推定するとともに、淀姫系青灰色黒曜石については淀姫と土器田が分離され泉福寺洞穴のそれを土器田産とした。本地域での旧石器時代から縄文時代草創期の遺跡から出土した黒曜石製石器の科学的原産地分析はこの2例にとどまっていた。

長岡信治らは北部九州のサヌカイト・黒曜石原産地の調査を網羅的に行い、原産地の地質学的検討、蛍光X線分析、顕微鏡による観察などを行った。原産地の地質図を示し、原石の産状を明らかにしたこの報告は本地域における原産地研究のバイブル的価値を有している（長岡ほか 2003）。

近年、沼津高専の高橋豊や明治大学文化財研究施設による黒曜石原産地の判別図が作成され、本地域の原産地研究は飛躍的に進歩しているが、依然として旧石器遺跡出土の石器群の分析例は乏しく、石器群ごとの石材の需給関係を議論するまでには行き着いていないのが現状である。

3. 蛍光X線分析

現在長崎県埋蔵文化財センターでは黒曜石の原産地ならびに旧石器時代から縄文時代草創期の遺跡から出土した黒曜石製石器の蛍光X線分析を鋭意進めている。分析にはエネルギー分散型蛍光X線分析装置 SII ナノテクノロジー社製のSEA1200VXを用い、沼津高専の望月昭彦が考案した判別法を使用して産地同定を行っている。原石は原則として新しい断口面で、石器製品の場合は非破壊で行うこととしている。原産地によっては十分な原石が入手できていないところもあり、今後分析資料の点数を増やす必要がある。

原産地として集約したのは第1表の通りである。西北九州の原産地はおおよそ集約できているが、中九州～南九州については不十分な点は否めない。

西北九州の黒曜石原産地をめぐってはこれまでの蛍光X線分析によっていくつかの課題が提起されている（藁科・東村 1994、橘 2002、長岡ほか 2003、金成ほか 2011 など）。集約すると、

● 第1　腰岳系黒曜石に伊万里市腰岳以外に複数の原産地が含まれること。

● 第2　腰岳系と同様なことが淀姫系黒曜石にも当てはまること。

● 第3　西北九州地方の地域的な課題である同一原産地において計測値が異なり複数の分布域を示す場合があること。

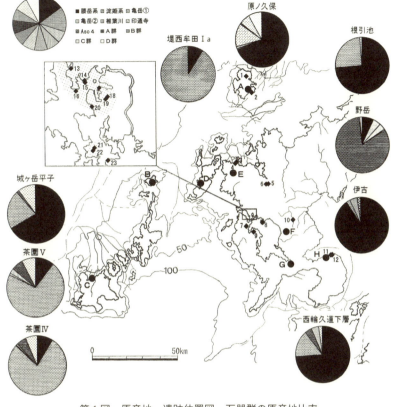

第1図　原産地・遺跡位置図、石器群の原産地比率

第1表　黒曜石原産地

県名	地区	原産地
佐賀県	伊万里	5：腰岳　6：有田川
	嬉野	10：椎葉川
長崎県	壱岐	1：箱崎本村触　2：印通寺
	松浦	3：松浦牟田　4：松浦大崎
	淀姫	13：前畑弾薬庫　14：淀姫神社　15：東浜　16：久木島米軍基地　17：針尾米軍基地　18：土器田　19：牛ノ岳　20：砲台山
	針尾島	21：針尾中町　22：針尾無線塔
	波佐見	無窮洞
	川棚大崎	8：川棚大崎
	西彼杵半島	7：亀岳　9：上土井行
	島原半島	11：神代海岸　12：国見町海岸
大分県	姫島	姫島
	西小国	竹の首　小国山甲川上
熊本県	阿蘇	象ヶ鼻　南阿蘇村長谷峠　阿蘇市的石　熊本市和泉町　御船町
	球磨	球磨白浜林道
鹿児島県	伊佐	日東　五女木
		上青木　桑ノ木津留

数字は地図に対応

腰岳系[1]の抱える第1の課題は、本センターの分析でも同様である。腰岳系の群には松浦牟

黒曜石回廊西端の原産地研究事情

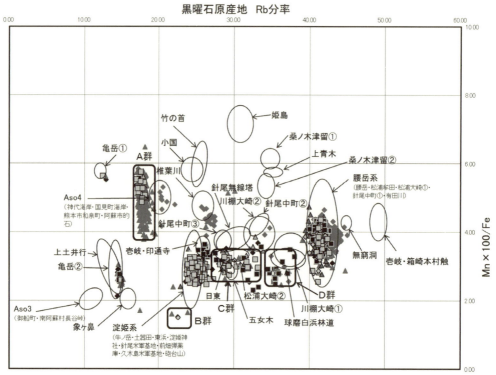

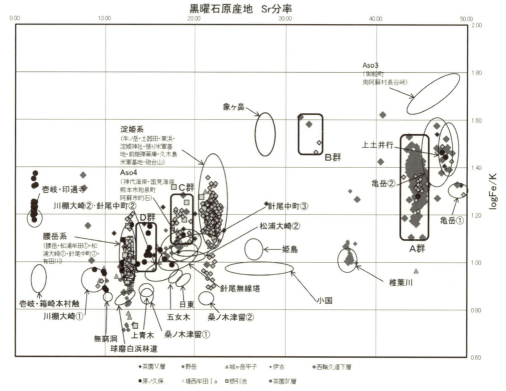

第2図 石器群判別図

田、松浦大崎に加えて針尾中町の一部が同一エ
リアに含まれる。松浦牟田産について長岡ら
は牟田産黒曜石はその給源となる流紋岩帯が近
傍にないことや海成段丘礫層に含まれ、形状が
亜円礫を呈していることから河川や海流によっ
て複数の給源から運搬され堆積したものと推測
している（長岡 2002）。牟田原産地の牟田池上
遺跡の報告書によれば黒曜石原石の包含層は小
さい砂岩礫を含んだ厚さ 10 ～ 20cm の茶褐色粘
質土層で、2 × 4 m の調査区から 163 点の原石
が出土している。原石の形状は、円礫、鶏卵形、
扁平な円礫など様々である。大きさは親指大～
大き目の鶏卵大（主体は 3 ～ 4cm）で 5cm を超え
るものは無い。本遺跡の原石は牟田産としては
小形である。礫面は平滑なものと浅い爪形のも
のの 2 様がある。報告では顕微鏡観察から 3 種
類に区分している。

　蛍光X線分析では分離できない腰岳系の腰岳
および牟田の各原産地であるが、考古学的には
礫面の形状で両者を弁別してきた経緯がある。
前者の礫面が角礫状になるのに対し後者は円礫
～亜円礫を呈しており、礫面が保持されていれ
ば識別できる。つまり遺跡から出土した石器に
残された礫面の観察と蛍光X線分析の結果を照
らし合わせれば産地同定は十分可能である。

　淀姫系については、長岡らは淀姫・東浜原産
地が二次堆積であることを指摘し、牛ノ岳を給
源とする可能性を示唆した（長岡ほか 2003）。金
成らの示した判別図では牛ノ岳と淀姫が上下に
明瞭に分離されている（金成ほか 2011）。しかし
今回の計測結果では針尾島北部の牛ノ岳とその
周辺の土器田・針尾米軍基地・砲台山および対
岸の淀姫・東浜・前畑弾薬庫・久木島米軍基地
という多くの地点から採集した青灰色の風化面
を持つ黒曜石はほぼ同じ範囲に収まることが明
らかになった。これらの産地の原石の形状は一
様に角礫もしくは亜角礫がほとんどで円磨はそ
れほど進んでいない。

　針尾島南部の針尾無線塔・針尾中町を中心と
する地点の黒曜石は長岡らによって別当礫層の
構成礫と評価され、異なる給源から運搬された
ことが想定されている。センターの判別図でも
数箇所に分散しており、しかも原石の形状や礫
面のあり方は変異に富んでいる。こうした傾向
は古里海岸でも同様である。西北九州の旧石器
時代の遺跡から出土する石器においてこうした
形状や礫面をもつ石器はほとんど見られない。
類例の増加を待たなければならないが、現時点
では針尾島南部の原産地が旧石器時代において
は未知の可能性もある。ましてや腰岳系・淀姫
系に匹敵するようなことは無かったといえよう。

　原産地の判別図に遺跡から出土した石器を重
ねると、大部分は腰岳系と淀姫系に集中するが、
既知の原産地とは異なる分布を示すものがある。
そのうち有意のまとまりが認められるものを四
角で囲むとA～Dの 4 群の存在が浮かび上がる。

　A群は野岳遺跡の細石刃核・細石刃に多用さ
れており、不時的な石材獲得とは考えられない。
原産地を知悉した選択的な石材獲得がなされた
ものであろう。判別図の位置や野岳遺跡の細石
刃核に残された礫面の形状から長距離を移動し
たような摩滅が認められないことから亀岳周辺
の可能性を指摘しておきたい。

　B群は西輪久道下層・野岳遺跡でみられるも
ので量的には多くない。淀姫系と亀岳系の間
にありいずれかに近いところに原産地が存在す
る可能性がある。

　C群は多くの遺跡からも出土する普遍的な石
材である。形状は牟田産に似ており、円礫で平
滑な礫面をもち、断口面は漆黒色で良質である。
石器製作に適しており、細石刃核に多用される。
形状等からみて松浦大崎②に該当する可能性が
ある。

　D群は、伊古遺跡の 1 点の細石刃核を除いて
壱岐原ノ久保地区でのみ見られる石材である。

　原ノ久保地区では原の辻型台形石器の石器製

作を行っている。良質の石材であり、石器製作に適している。

4. 石器群の蛍光X線分析

(1) AT前後の石器群
① 堤西牟田Ⅰa文化層（地図D）

堤西牟田遺跡は平戸島の南部に位置し原産地から離れた遺跡である。Ⅰa文化層は径3mあまりの1つのブロックからなる総数123点のAT直前の二側縁加工のナイフ形石器を主体とする石器群である。萩原博文は石材の分析に際して白色に風化した黒曜石を白色黒曜石と分類し、123点中116点を占めるとした。腰岳系の黒色黒曜石は圧倒的に少なく僅か4点に過ぎない。分析では黒色黒曜石1点、白色黒曜石21点を対象としたがその結果黒色黒曜石は腰岳系、白色黒曜石は淀姫系であることが判明した。こうした傾向は本遺跡では上層の石器群でも同様であり、萩原は平戸島南部に共通するあり方という（萩原1995）。

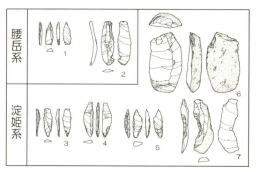

第3図　堤西牟田Ⅰa文化層

ところで本遺跡の淀姫系黒曜石は、形状と礫面のあり方が原産地の針尾島北部のそれとは異なっている。萩原もその違いに着目して白色黒曜石と呼んだ経緯がある。石核の礫面は平滑で、河川等の運搬による円磨作用が考えられる。つまり現在知られている淀姫系原産地とは異なる原産地の可能性が想定できる。同じような円礫は日ノ岳Ⅲ層からも出しており、後述するが茶園遺跡の様相とあわせて考察するとその信憑性が高い。

② 根引池遺跡（地図E）

根引池遺跡は、牟田産黒曜石の近傍にある原産地遺跡の性格が色濃い遺跡である。AT前後の二側縁加工のナイフ形石器を主体とする石器群で、豊富な接合資料に恵まれ石器製作の構造が把握できる。

原産地別では、腰岳系を主体とし、淀姫系を客体とする割と単純な構成である。量は少ないがC群2点が存在する。石材による石器製作の差が認められ、柳葉形の細身のナイフ形石器を腰岳系黒曜石で、幅広の二側縁加工のナイフ形石器を淀姫系黒曜石で製作している。あわせてエンドスクレイパーを安山岩で製作し、C群黒曜石製の彫器が搬入されたものであろう。

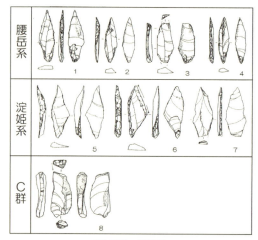

第4図　根引池

(2) AT後の石器群
③ 原の辻遺跡原ノ久保地区（地図A）

腰岳・牟田・淀姫など主要な原産地から遠く離れた壱岐島に位置する。狸谷型ナイフ形石器および原の辻型台形石器を主体とする石器群である。

出土した黒曜石製石器全点を分析した。石材の主体は約7割を占める腰岳系であるが礫面から判断して牟田産と評価できる。以下在地の印通寺（君ヶ浦）産、D群、C群の順になる。そのほか亀岳②が2点、淀姫系・A群が僅かに1点となる。D群は原ノ辻地区に集中しており在

地系（壱岐）として評価できる可能性もある。原ノ久保地区石器群の石材利用については腰岳系に依存しながらも遺跡近傍でも石材の獲得を意識しており、D群黒曜石を素材とした原の辻型台形石器1点の製作まで至っている。しかし遺跡の直近に所在する印通寺産は遺跡内で石器製作を行った痕跡はあるものの製品化には至っていない。この石材が加撃によって折断しやすく石器製作には不向きなためと思われる。なお壱岐島内産黒曜石が本土部の遺跡の搬出された痕跡は認められない。

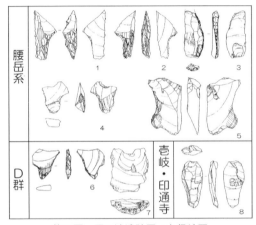

第5図　原の辻遺跡原ノ久保地区

④ 西輪久道遺跡下層石器群（地図G）

原産地から離れた大村湾南奥に位置する。剥片尖頭器および二側縁加工のナイフ形石器と原の辻型台形石器を主体とする石器群である。

本石器群の黒曜石製石器の原産地は5群からなる。腰岳系（牟田産）が7割強を占め、ついで淀姫系が15％程度、さらにA〜C群が数点となる。石器別に見るとナイフ形石器が腰岳系に限定されるのに対し、台形石器は腰岳系・淀姫系の両者が使用される。A群黒曜石を素材とする剥片尖頭器は剥片等も見当たらないことから製品で搬入されたものであろう。このA群は③の原ノ久保地区でも出土しており、この時期に新たに開発された可能性が高い。

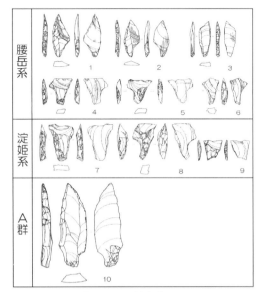

第6図　西輪久道下層

(3) 細石刃石器群

⑤ 茶園遺跡V層石器群（地図C）

茶園遺跡（五島市岐宿町）は五島列島福江島北部の丘陵端部に位置する。原産地である牟田、

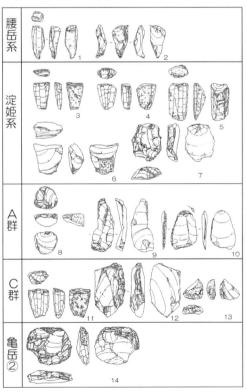

第7図　茶園V層

針尾島牛ノ岳までは直線距離で100kmを超える遠隔地の遺跡である。第Ⅴ層石器群は，野岳型細石刃核とりわけ扁平な位牌塔型・茶園型細石刃核を主体としブランク・打面再生剝片、細石刃剝離作業面再生剝片などの細石刃製作に係わる資料の他，掻・削器類、石錐、彫器などからなる旧石器時代終末の細石刃石器群である。蛍光Ｘ線分析の結果、主体となるのは淀姫系で7割強を占め、次いで腰岳系が約1割となる。未知の原産地であるＡ群およびＣ群も一定程度を占める点も特徴的である。

淀姫系黒曜石原石の形状は円礫で、円磨が進み平滑な礫面であり、堤西牟田Ⅰａ文化層に類似する。腰岳系黒曜石の形状も円礫であり牟田産に比定できる。

⑥ 野岳遺跡 （地図Ｆ）

大村市東野岳町に所在する野岳遺跡は、井手寿謙によって戦前に発見された膨大な細石刃関係資料である（鈴木1972、川道2012）。遺跡は大村湾東岸にあり、原産地である腰岳まで約32km、牟田までは約53km、淀姫系黒曜石の給源である牛ノ岳までは約25kmである。

本遺跡の細石刃核を初めとする資料は4〜6cm大の亜角礫を素材とし、風化面は「安山岩に似たグラッシーなもの」と表現され、これまで淀姫系黒曜石と認識されてきた経緯がある。蛍光Ｘ線分析の結果はそれを否定するもので8割を優に越える資料が産地不明のＡ群とされた。Ａ群が凌駕する遺跡は野岳遺跡以外には見当たらない。その他亀岳②や松浦大崎②も少数存在する。腰岳系もある程度検出されているが、遺跡からは草創期の細石刃石器群も出土しておりその時期に該当すると思われる。

Ａ群黒曜石はAT後の石器群にごく僅かに

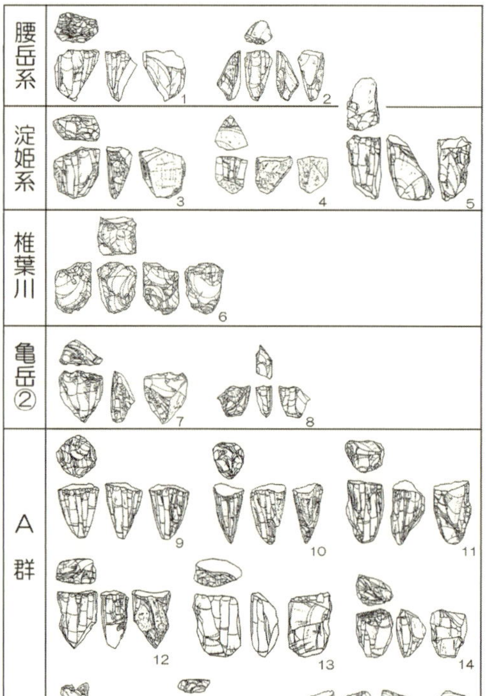

第8図　野岳

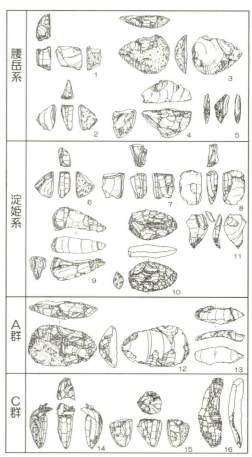

第9図　茶園Ⅳ層

認められるが、本格的に使用されるのは茶園Ⅴ層・野岳遺跡の段階になってからであり、縄文時代草創期までその使用は続く。

(4) 縄文時代草創期

⑦ 茶園遺跡Ⅳ層石器群

　縄文時代草創期の細石刃石器群で、細石刃に石槍・石鏃が伴う。Ⅴ層段階よりも淀姫系の占める割合が増加し約8割にのぼる。原石の形状は礫面の観察から円礫であり、堤西牟田Ⅰa文化層、茶園Ⅴ層と同じである。腰岳系は円礫を主体としており、牟田産に依存している状況は前代と同様である。そうした中にあって僅か2点ではあるが腰岳産の角礫個体が出土していることは注目される。A群、C群でも少量ではあるが細石刃製作が行われており、特にC群は原礫面の観察から円礫と推定され平滑な礫面が牟田産に酷似していることから松浦大崎産の可能性が高い。

⑧ 城ヶ岳平子遺跡（地図B）

　遺跡は五島列島の北端宇久島の標高77mの丘陵鞍部に所在する。各原産地までの距離は50kmを越える。開地遺跡で草創期の細石刃石器群に土器が伴うことを始めて明らかになった遺跡である。

　肉眼観察による石材別の内訳は、黒曜石が83％、安山岩が17％である。黒曜石だけでは、漆黒色黒曜石が66％、青灰色の淀姫系が34％となり、蛍光X線分析では腰岳系が67％とほぼ同様であった。特徴的なことは石器群の主体となる細石刃核の石材に腰岳系の場合親指大の円礫（1～5）が選択的に使用されていることである。この原石は牟田や松浦大崎の原産地には普遍的に存在するが、この時期までは石器石材として用いられず新開発の石材といえよう。

　C群黒曜石も1割程度使用されており、細石刃核・ブランクなど細石刃製作にかかわる資料が出土している。礫面の観察から原石の形状は円礫であり、松浦大崎産と思われる。

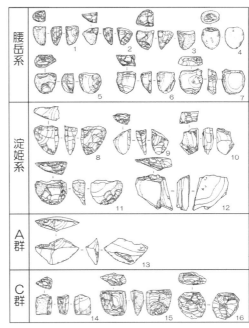

第10図　城ヶ岳平子

⑨ 伊古遺跡（地図H）

　島原半島北部の瑞穂町に所在し、標高15mの低位丘陵に位置する。島原半島は石器製作に適した石材に恵まれない石なし地帯として知られ、原産地までは50km以上離れている。多量の細石刃関係資料が出土しているがスクレイパーなどの加工具は貧弱で細石刃生産に特化した遺跡といえよう。

　伊古遺跡の主体を占める石材は腰岳系であるが、これまでみてきた遺跡と違って円礫ではなく角礫である腰岳産黒曜石が約9割で牟田産は認められない。次いで椎葉川、淀姫系、阿蘇4火砕流起源の順となる。

　本遺跡では6箇所の原産地が同定されるがそのいずれの原産地の石材を素材とする細石刃核が出土しており石材獲得の効率性が高いといえよう。また椎葉川産黒曜石は島原半島ではナイフ形石器文化期の初期からみられるが諫早以北の長崎県ではほとんど見られない。島原半島と椎葉川の強い紐帯の存在が予想される。

　親指大の阿蘇4火砕流起源の石材は、島原半島の阿蘇4火砕流堆積物に包含されている。こ

の時期に開発され細石刃核に限定して使用された石材である。島原半島で特徴的に用いられる石材で百花台遺跡の細石刃核に多用されている。

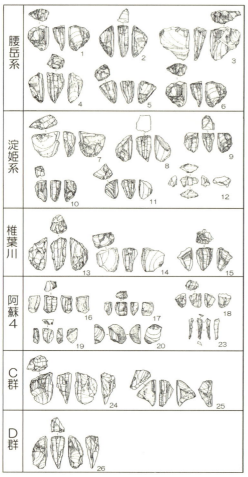

第11図　伊古

5. 黒曜石原産地研究の展望

西北九州では旧石器時代から縄文時代草創期を通して腰岳系、淀姫系黒曜石が2大ブランドであったことに大きな変更は認められない。しかし時期的、地域的に細かく見ていくと原産地利用のあり方に変化が見られる。

海面が現在よりも下降し、古本州島と陸続きとなり東シナ海に半島状に突き出た平戸南部・五島においては、淀姫系が腰岳系を凌駕している。両遺跡の主体となる淀姫系原石の形状は円礫で平滑な礫面をもつもので占められている。現在の淀姫系原産地である針尾島北部から淀姫神社等の原石の形状は角礫〜亜角礫がほとんどである。両者の給源が同一と考えた場合、前者については後者よりも長距離の移動が想定できよう。一つの仮説として平戸島の南から五島列島北部の五島灘に原産地があった可能性を指摘しておきたい。

2点目は、原産地の開発時期の問題である。資料の増加を待つ必要があるが、ナイフ形石器文化期の石器群の段階は腰岳系牟田産もしくは未知の淀姫系を主たる石材獲得地点とし、堤西牟田Ⅰaでは牟田産を、原ノ久保地区ではD群を従とする2箇所の原産地からの石材で石器製作が行われている。AT後の石器群では前段階に比べて遺跡内に搬入された石材の原産地は増加するが石器製作の痕跡は認められない。

画期は旧石器時代終末の細石刃石器群段階である。石器群によって主たる石材原産地は異なるものの、細石刃核を製作する石材原産地の増加は否定しがたい事実である。その要因としては細石刃製作という技術的な面を指摘できる。細石刃自体が極小な石器であることから、それ

第2表　時期・石器群別の黒曜石原産地の動向

			腰岳系		淀姫系		亀岳		椎葉川	印通寺	阿蘇4	A群	B群	C群	D群
			腰岳	牟田	未知	淀姫	亀岳①	亀岳②							
AT前後		堤西牟田Ⅰa		○	◎										
		根引池		◎	○									・	
AT後		原ノ久保		◎				・		・		・		・	○
		西輪久道下層		◎	○							・		・	
細石器	旧石器	茶園Ⅴ層		○	◎		・	・	・			○	○		
		野岳			○		○	○	・			◎			
	草創期	茶園Ⅳ層	・	○	◎		・	・				○	○		
		城ヶ岳平子			◎	○						・			
		伊古	◎			○		○							・

◎：主体　○：少量　・：僅少

を製作する細石刃核の大きさも小さく、ナイフ
形石器文化期では使用の対象とならなかった阿
蘇4火砕流起源、牟田産の小形円礫が新たに石
器素材として開発された。

　腰岳系黒曜石については、大きく長崎県と佐
賀県の県境である脊梁山地の東西で両者の使い
分けが指摘できそうである。島原半島を除く長
崎県および佐賀県上場台地では円礫である牟田
産黒曜石が凌駕し、磯道技法のような円礫素材
に起因する石刃技法まで開発される。

　一方角礫素材の腰岳系黒曜石は、島原半島で
はAT以前から用いられており[2]、細石刃石器
群まで連綿としてその状況は変わらない。伊古
遺跡の腰岳系に至っては円礫の姿は全く無いと
いっても過言ではない。小ヶ倉A遺跡でも同じ
様相である。このことから脊梁山地の東側にあ
る現有明海を流れていたであろう旧筑後川ルー
トの存在が浮かび上がる。

6. 終わりに

　西北九州の旧石器時代石器群の黒曜石製石器
の産地同定作業はその緒についたばかりである。
今後多くの石器群の分析が進み、黒曜石原産地
のあり方についての情報が集約されれば、本地
域の集団の行動パターンの解析が可能になるも
のと思われる。

　西北九州の黒曜石原産地についてはその給源
が不明でしかも同一原産地でも複数の給源が考
えられるなど他地域とは異なる問題を内包して
いることも事実である。しかし石器群全体の蛍
光X線分析と石器群自体の分析を合わせ行うこ
とにより実相の解明に行き着くものと期待され
る。

　本稿は黒曜石回廊の西端にみられる黒曜石原
産地研究の序章である。

　安蒜先生、明治大学御退職おめでとうござい
ます。

　今後ますますのご活躍をお祈りします。

註

(1) 腰岳系とは判別図で分離できない腰岳産と牟田
　産をいい、淀姫系とは牛ノ岳を給源としその周辺
　に産する角礫・亜角礫のものと遺跡から出土する
　円礫形状の原石で判別図において分離できないも
　のを総称した。
(2) 雲仙市教育委員会辻田直人氏の教示によると百
　花台Ⅵ層のナイフ形石器や龍王遺跡などのAT下
　位の石器群に認められるという。

引用・参考文献

安蒜政雄 2009「環日本海旧石器文化回廊とオブシディ
　　アン・ロード」『駿台史学』135号
安蒜政雄 2010『旧石器時代の日本列島史』学生社
安蒜政雄 2013『旧石器時代人の知恵』新日本出版社
川道　寛 2004「日本列島最西端の細石器文化」『地
　　域と文化の考古学』Ⅰ　明治大学考古学研究質
川道　寛 2006「土黒川流域の細石器文化」『九州旧
　　石器』第9号　九州旧石器文化研究会
下川達彌 1965「佐世保市東浜町淀姫発見の黒耀石産
　　地」『若木考古』74
杉原敏之 2003「九州北部の細石刃文化」『日本の細
　　石刃文化Ⅰ』八ヶ岳旧石器研究グループ
橘　昌信 2002「九州地域における黒曜石研究の展望」
　　『黒耀石文化研究』創刊号
橘　昌信 2009「九州島の細石刃石器群における西北
　　九州産黒曜石の流通」『駿台史学』135号
萩原博文 1996「第2章　平戸の旧石器時代」『平戸
　　市史　自然・考古編』長崎県平戸市
清水宗昭 1971「針尾島の黒曜石原産地群」『速見考古』
　　創刊号
芝本一志・下川達彌 1966「伊万里湾沿岸における無
　　土器文化」『古代学研究』46
長岡信治ほか 2003「野首遺跡における石器の石材と
　　原産地の推定」『野首遺跡』小値賀町文化財調査報
　　告書第17集
古谷昭彦・久村貞男 2002「泉福寺洞穴遺跡から出土
　　した黒曜岩の微量元素組成からみた原産地特定に
　　ついて」『泉福寺洞穴研究編』
藥科哲男・東村武信 1994「百花台・百花台東遺跡出
　　土のサヌカイト。黒耀石製遺物の原材産地分析」『百
　　花台東遺跡』

旧石器時代の黒曜石利用について
―輸送経路推定と原産地推定分析に基づいて―

金成太郎

はじめに

黒曜石は旧石器時代の人類にとって有用な資源であった。黒曜石はほぼ全体がガラスとして固結しているため、打ち割るだけで簡単に鋭利な刃を得ることができ、石器の原料として非常に適している。そうした性質のため、黒曜石製石器は国内外を問わず多くの旧石器時代の遺跡で出土し資源としての有用性を示している。また、黒曜石は火山噴出物として生成されるため、火山固有の化学組成を持つ。従って、その化学組成を明らかにすることで供給源となる火山を特定することができる。

石器製作における資源選択性が反映する黒曜石製石器について理化学分析を用いて供給源を特定する原産地推定は、黒曜石の輸送・流通を通して人類の移動・拡散を明らかにすることに役立つ。こうした分析は蓄積されるものの、理化学分析よる黒曜石製石器の原産地推定結果は考古学に十分反映されていないと考えられる。日本の分析点数は少なく見積もっても10万点はあり、世界でも有数の規模である。また、遺跡報告書に黒曜石製石器の原産地推定結果を掲載することが多く、石器の出土状況や器種との対比が可能であり考古学的価値は高い。しかしながら、概観するような研究視点や、遺跡内での研究視点はあるが、中間領域の研究が乏しいと考えられる。

この点については、原産地推定が原産地と遺跡を直接的に結びつけてしまうためと考えられる。石器観察から得られる角レキや転レキといった外見上の特徴から石材の採取場所は特定

が可能かも知れないが、理化学分析が示すのはどの火山から産出したかであり、産出地から遺跡までの空間的な脈絡は示さない。黒曜石自体が移動することはないので、黒曜石製石器が遺跡から出土する事実は人類の痕跡であり、黒曜石原産地から遺跡までの経路を推定する試みは、旧石器時代の資源利用に基づく社会復原には重要であると考える。

よって本論では、蛍光X線分析装置を用いた黒曜石製石器の原産地推定結果とGISを用いた経路推定に基づき、旧石器時代の資源利用について検討する。なお、本論では黒曜石原産地名称など原産地推定に関する用語は、金成ほか（2010）や明治大学古文化財研究所（2011）に準じて使用する。

1. 黒曜石製遺物の原産地推定について

(1) 黒曜石とは

日本には、沈み込み帯によってできた多くの火山が分布し、黒曜石も多く産出する。黒曜石を産出する火山は約200カ所が確認されている（杉原・小林 2004・2006）。石質などから石器製作に適しているとされる黒曜石原産地を第1図に示す。黒曜石は流紋岩から安山岩質のマグマが急冷されて生じるガラス質の岩石であり、火道貫入岩体や溶岩の周縁部、火砕流堆積物のほか、溶結凝灰岩中に黒曜石レンズとしても含まれる。SiO_2 量は約60％〜78wt％であるが、大部分は74〜78wt％に集中する。含水量は低く、大半は1wt％以下であるが、稀に1％を越える場合もある（明治大学古文化財研究所 2014）。黒曜石の産出状況は大きく分けて二つあり、火山体に

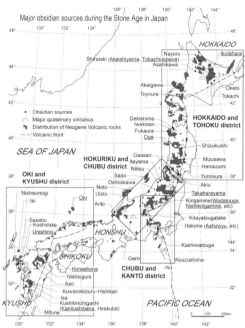

第1図　石器時代における日本の主な黒曜石原産地
(Kannari et al. 2014)

由来する一次産出地と、それらが自然の影響を受けて移動した二次産出地がある。一般的な火山地質学で重要視されるのは、一次産出地であり、火道貫入岩体、溶岩流、火砕流堆積物の本質岩塊である。それらが浸食を受けて流出し、河床礫や段丘礫として二次堆積したものが二次産出地である。石器時代の黒曜石利用を想定した場合、大形の石器製作に適するのは一次産出地であるが、石器製作に合わせた原石の採取も想定されるので、一次産出地だけでなく、二次産出地についても把握する必要がある。第2図に黒曜石の産出状況の模式図を示す。

(2) 原産地推定の歩み

黒曜石の原産地推定について、日本の研究当初には、晶子形態に注目した研究（増田 1962）も実施されていたが、現在は理化学分析機器を用いた方法が主流である。例えば、蛍光X線分析（藁科・東村 1988、大沢 1991、望月ほか 1994、杉原・金成 2010 など）、電子線マイクロアナライザー（EPMA）法（和田・佐野 2011 など）、中性子放射化分析（INAA）法（戸村ほか 2003 など）、レーザアブレーション誘導結合プラズマ質量分析（LA-ICP-MS）法（新藤ほか 2007）などが挙げられる。特に、蛍光X線分析法は装置の簡便さや石器に与えるダメージが少ないなど、石器を非破壊で分析することが好まれる日本の分析環境に適しているため積極的に採用されてきた。

藁科・東村は、黒曜石と同じ火山岩であるサヌカイトを対象として分析を実施し（藁科・東村 1973）、その後黒曜石製石器へ応用し、黒曜石の広域な利用を明らかにするなど多くの成果を挙げている。望月・池谷ら（1994）は遺跡から出土する全ての黒曜石製石器を分析対象とする「全点分析」を提唱し、継続的な分析を実施し静岡県や南関東の遺跡を中心に多くの成果を残している。また、望月は分析方法の確度と精度についても論じている（望月 1997）。分析方法の確度と精度は、これまであまり注目されていないが、分析化学では非常に重要である。杉原・金成らのグループは、後発のグループであり分析方法は望月らの方法に準拠している。しかし、全国で産出する黒曜石の多くを対象として分析し、定量分析結果と比較することで望月らの分析確度を再検証し、日本の黒曜石を体系的に分析するシステムを構築した（明治大学古文化財研究所 2011）。これらのグループの分析総計は 10 万点以上である。蛍光X線分析は分析時間が短く、また非破壊であるので分析実施後の考古学研究に支障がない点によると考えられ、この点数は世界でもトップクラスである。しかしながら、現在はほとんどのラボは閉鎖もしくは縮小しており分析可能点数は激減している。よって、今後の分析動向は不透明である。

近年は分析機器の性能が大きく向上しており、ファーガソン・出穂らのグループのように可搬型XRFによる分析も実施されている（ファーガソンほか 2014a・2014b）。可搬型XRFの強みは、分析場所を選ばない点であり、アゼルバイジャンの新石器時代遺跡でも分析が実施されている

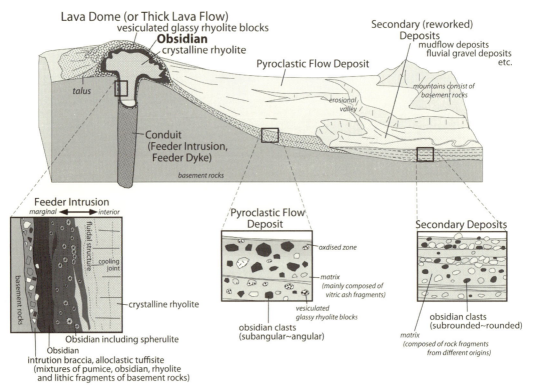

第2図　黒曜石の産出状況の模式図（Kannari et al. 2014）

（金成ほか 2012）。

（3）考古学における原産地推定

日本では黒曜石製石器の原産地推定結果を用いて多くの研究が実施されている。100kmを超える長距離輸送の視点からは、一例として新潟県樽口遺跡での秋田県男鹿産黒曜石の出土例（藁科・東村 1996）や、千葉県内田端山越遺跡での信州産黒曜石の出土例（杉原ほか 2008）、鹿児島県小原野遺跡での長崎県佐世保産の例（金成ほか 2008）、静岡県休場遺跡での東京都神津島産の例（杉原・金成 2010）などが挙げられるほか、多くの分析結果が示されている。

こうして得られた原産地推定の結果に基づいて黒曜石利用の復原が試みられている（例えば安蒜 2009 など）。

ところで、小野（2011）によれば、考古学における資料の種類と研究領域の階層関係について、Ⅰを考古学の方法が適用できる領域（純粋な考古誌プロパー）、Ⅲを純粋な環境史と位置づけ、その間に自然環境と人類活動の関係の解明には人類の働きかけが可能なⅡの有効環境の領域を考古学的に解明することが課題になるとしている。黒曜石製石器の原産地推定は、このⅡの領域へのアプローチを容易にする研究といえる。ただし、小野（2011）が示すように、「適切な課題設定が行われ産地推定が正しくおこなわれれば目にみえない人類集団の動きや素材・半製品・完成形態の石器の起点と終点を明示できる」とあるように、黒曜石製石器の原産地推定が示す結果は起点と終点のみである。起点は当然、黒曜石原産地であり、終点は遺跡である。しかしながら、起点と終点は空間的に結びついていないと考えられる。あくまでも、点と点である。これまでの研究はあくまでも原産地と一定の距離を持つ消費地との関係性で論じられており、原産地と消費地という対立する両者を空間的に分断し、二極化することで結論を導きやすくしていたと考えられる。しかし、黒曜石原

産地が近接して存在する中部高地や、北海道東部の状況では、原産地遺跡は原産地との性格を持ちつつも消費地としての性格も持ち複合的である。こうした原産地の複雑な性格をひもとくには、各原産地を直線で結ぶ原産地構成の集積だけでなく、原産地と遺跡の間に存在する地形を含む空間的な要素を考慮することが重要になると考える。

黒曜石自体は自然の営利を受けない限り移動はしない。従って、自然の営利の外にある遺跡からの出土という事実には、必ず輸送という人類活動がある。また、黒曜石の比重は岩石の中では軽いが、輸送には少なくない労力が費やされているはずである。輸送に係るコストを考慮するには、原産地と遺跡を点と点ではなく線で結ぶ必要がある。こうした視点はこれまでの研究ではほとんど考慮されていない。これまでも、地図上で経路を推定することは可能であったが、あくまでも二次元的であり、高低差を考慮することは困難であった。そのため、原産地と遺跡の直線距離で代用していたと考えられる。こうした現状のなか、国武（2008）は、黒曜石以外の石材については理化学分析が実施されているか不明だが、地形的要因も組み込みながら具体的な経路推定に基づいて人類行動の復原をしている。

2．黒曜石輸送経路の推定について

（1）分析方法

近年はGISの整備が進み、多用な数値情報の入手が非常に容易である。例えば、国土地理院の数値標高モデル、国土交通省の国土数値情報（海岸線、河川など）、宇宙航空研究開発機構（JAXA）の全球数値地表モデル、アメリカ航空宇宙局（NASA）のShuttle Radar Topography Mission（SRTM）などが挙げられる。こうした数値情報と地図作成ソフトのカシミール3D、GMTや、GISソフトのQ-GIS、GRASS GISなどのフリーソフトを組み合わせることで、三次元情報を持った地図を容易に作成することができる。これまでの地図は、俯瞰した平面図が主体であり、等高線などから推測する、もしくは断面図を作成することは可能であるが、任意の経路について断面図を作成することは困難であり、多くの労力を必要とした。一方、GISの導入で、地球規模で三次元地図を作成することが容易となり、これまでは困難であった輸送経路の復原などが可能になると考える。GISを活用した輸送経路の推定は、Le Bourd-onnec et al.（2012など）で用いられており、GISの活用による人類の輸送経路の復原は、今後の研究の発展に寄与すると考えられる。

今回は、経路推定の基本となる地図はGMTを用い作成した。DEMはSRTM3を用いた。高低差を示す断面図はカシミール3Dのスーパー地形セットを用いて作成した。

輸送経路推定は、河川移動を基本とし、分水嶺などの稜線を越える場合は等高線及び断面図より標高の低い箇所を極力選択した。

本論で対象とする北海道は黒曜石の産出が豊富である（第3図）。大規模原産地がある一方で、小規模原産地も多数あり、大規模原産地以外でも石器製作に適する質及び量を産出する。

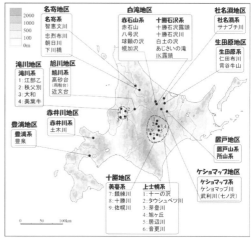

第3図　石器時代における北海道地方の黒曜石原産地（明治大学古文化財研究所2011）

対象とする石器群は北海道の旧石器時代において広域に分布する札滑型細石刃核を含む石器群（札滑型石器群）とした。札滑型細石刃核を有する集団は、広域移動とそれに適した装備を持つ集団とされている（佐藤・役重 2013 など）。黒曜石原産地で移動に適した形まで製作され、原産地から遠く離れた遺跡でも細石刃核が出土するので、黒曜石の輸送を研究するには適した石器群と考えられる。原産地推定もいくつかの遺跡で実施されている。

(2) 結　果

原産地から各遠隔地遺跡への推定輸送経路（第4図）と高低差（第5図）を示す。モデルケースとして、オルイカ2遺跡、上似平遺跡、上幌内モイ遺跡を例示する。

オルイカ2遺跡は石狩低地帯に位置し、白滝地区との直線距離は約160kmであり、直線距離上には、北海道の最高峰である旭岳（2,291m）を含む大雪山系が存在する。白滝地区からオルイカ2遺跡までは、湧別川水系と石狩川水系の分水嶺（①）の約900mの地点を越え、その後は河川に沿ってなだらかに下ってく経路とした。最高到達点は約900mで、総距離は約220kmである。

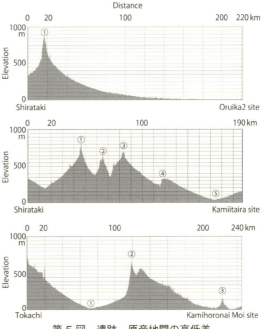

第5図　遺跡－原産地間の高低差
カシミール3Dを用いて作図した。

上似平遺跡は十勝平野に位置し、白滝地区との直線距離は約130kmであり、直線距離上には石狩岳（1,967m）を最高峰とする石狩山地が存在する。白滝地区から南東方向は1000m程度の丘陵地であるので、避けるように一度湧別川を下り、武利川との合流地点から武利川を遡上し、ケショマップ地区周辺で分水嶺（①）を超えて南下し、置戸地区の西方の丘陵（②）を超えて更に南下し、オホーツクと十勝平野の分水嶺（③）を超え河川を下り十勝平野に入る（④）経路とした。最高到達点は約800mで、総距離は約190kmである。

上幌内モイ遺跡は石狩低地帯の東方の厚真川流域に位置する。十勝地区の産出地に近いと推測される十勝三股との直線距離は約125kmであり、直線距離上には北海道唯一の山脈である日高山脈が存在する。最高峰は幌尻岳（2,053m）である。十勝地区から音更川を下り、十勝川との合流点（①）で十勝川を遡上し、日高山脈を②付近で越えその後は鵡川に沿って下り、鵡川下流域の勇払丘陵地（③）を超える経路とした。

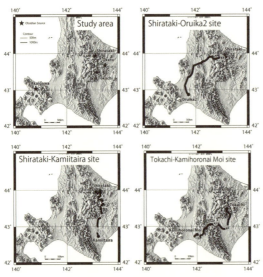

第4図　黒曜石製石器の推定輸送経路
DEMはSRTM3に基づき、GMTを用いて作図した。

第 1 表　札滑型石器群の原産地構成（佐藤・役重 2013 に加筆して作成）

遺跡名	原産地	地域	原産地別構成				文献
			白滝	置戸	十勝	赤井川	
上白滝2遺跡	○	白滝	○				藁科2001
上白滝5遺跡	○	白滝	＋				藁科2002a
置戸安住遺跡	○	置戸	＋	○			杉原ほか2009
暁遺跡	×	十勝平野	○		○		藁科1993，東村・藁科1995
上似平遺跡	×	十勝平野	○		○		藁科2002b
南町2遺跡	×	十勝平野	○		△		ファーガソンほか2014a
上幌内モイ遺跡	×	石狩低地帯	△		○	＋	ファーガソンほか2014b
オルイカ2遺跡	×	石狩低地帯	○		△		藁科2003

原産地：○ 原産地遺跡，× 非原産地遺跡
原産地別構成：○ 10点以上，△ 10点未満5点以上，＋ 5点未満

最高到達点は約700mで、総距離は約245kmである。

黒曜石製石器の原産地推定結果（第1表）をみると、上白滝2遺跡、上白滝5遺跡は原産地遺跡であり、近距離にある白滝産の黒曜石を利用している。置戸安住遺跡は原産地遺跡であり、置戸産が主体であり、白滝産も少量認められる。十勝平野の南町2遺跡は白滝産が主体であり十勝産も少量認められる。上似平遺跡は白滝産と十勝産である。暁遺跡は、白滝産、十勝産が主体に用いられる。暁遺跡は白滝産のみで構成される。石狩低地帯の上幌内モイ遺跡では、十勝産が主体的に用いられ、白滝産や赤井川産も認められる。オルイカ2遺跡では、白滝産が主体的であり、十勝産も認められる。

（3）考　察

札滑型石器群の原産地構成を見ると、石狩低地帯と十勝平野では白滝産が優勢なものの、十勝産も認められる。地域別では、白滝では原産地に隣接しているので白滝産のみである。石狩低地帯では、オルイカ2遺跡は白滝産が主体であり、上幌内モイ遺跡は十勝産が主体である。十勝平野では、暁遺跡は白滝産のみであり、上似平遺跡は白滝産と十勝産が均衡し、南町2遺跡は白滝産が主体で十勝産が少量である。札滑型石器群は白滝産黒曜石との強い関係性が指摘されており（佐藤・役重2013）、白滝で大量に製作され北海道全域で利用された一原産地多消費地としてモデル化されている。一方、置戸地区

の黒曜石原産地に隣接する置戸安住遺跡では、置戸産黒曜石による札滑型細石刃核の製作例（杉原ほか2009）が認められる。置戸産黒曜石による札滑型細石刃核の出土例は希であるが、白滝地区以外でも原産地遺跡が存在することが重要である。上幌内モイ遺跡では、十勝産黒曜石が多く出土するが、これまで十勝地区では札滑型石器群の原産地遺跡は認められていない。しかし、札滑型細石刃核は細石刃核の中では大形であり、河床礫のような小形の原石で製作できないので、遺跡から出土する以上は未発見の原産地遺跡があると考えるのが妥当である。黒曜石原産地と遺跡との関係では、白滝産は起点と終点が揃っており、置戸産は起点のみで、十勝産は終点のみと白滝産以外は一方がかけているものの、札滑型石器群と黒曜石原産地の関係性は多様であったと考えられる。なお、今後の出土例や分析例の蓄積により補完されていくと思われる。

こうした多様性を解明するためには原産地から遺跡までの経路を推定し相互関係を明らかにしていくことが必要であろう。原産地から遺跡まで黒曜石を輸送するには、何かしらのエネルギー（労力）を必要とし、旧石器時代においては主に人力が想定される。従って、輸送にかかる労力は移動、拡散を考える際に正確に見積もる必要がある。そうした観点では、原産地と消費地を結ぶための経路推定が必要なのである。

推定した輸送経路をみると全て標高1000m

を超えずに輸送が可能である。これまで示された各原産地と遺跡を直線的に結んだ場合、2000m級の山を含む日高山脈、大雪火山群、十勝岳連峰、石狩産地などが直線上に存在し、これらは黒曜石の輸送に影響を与える自然障壁と考えることができる。札滑型石器群は恵庭aテフラ（En-a、17,000BP、加藤1994）上位であり、帰属年代については出穂・赤井（2005）や山田（2006）によれば札滑型石器群は15,000BPより新しい年代にまとまる。当時の北海道は亜寒帯針葉樹林帯（小野・五十嵐1991）と推定され、最終氷期最寒冷期よりは温暖化しているものの現在よりも寒冷な気候である。そうした環境下では、現在よりも自然障壁が与える影響は大きいと推察される。従って、今回の推定経路では、標高1000m以下の輸送であり、それらを回避して黒曜石を輸送できた可能性が高い。

　次に推定距離では、全ての経路で約200km以上となり、直線で結ぶより距離が全て延びている。オルイカ2遺跡では1.4倍、上似平遺跡では1.5倍であり、上幌内モイ遺跡では約2倍近く延びている。遺跡と原産地の直線上に存在する自然障壁を迂回するために推定距離が延びるのは当然であると推定されるが、障壁となる山や谷を移動する必要がなくなり、結果として高低差が少なく輸送にかる労力は少なくて済むと考えられる。ところで、上幌内モイ遺跡の輸送経路は十勝原産地から北上する経路も想定できる。これは大雪山系を縦断した後に、白滝オルイカ間の経路と重なる。この経路も想定は可能であるけれども、オルイカ2遺跡で十勝産が少なく、上幌内モイ遺跡とは原産地構成が逆転しているため棄却した。

　札滑型細石刃核は、北海道で自生したのではなく、ユーラシア大陸から宗谷海峡を南下した人類が導入した技術といわれている（木村1995）。宗谷海峡を越えて北海道に渡ってきた集団が北海道の四大原産地の内、最北に位置す

る白滝地区に到達し、採取した大形の黒曜石原石を用いて札滑型細石刃核の製作を開始したとしよう。製作後、拡散的志向に基づき北海道中央部の自然障壁を迂回しつつ、オルイカ2遺跡や上似平遺跡へ拡散して至った。そうした拡散の中で、黒曜石原産地の置戸地区や十勝地区が順次発見されたと想定される。十勝平野の暁遺跡や南町2遺跡では白滝産の札滑型細石刃核が残されており、石器としての役割が終了したといえる。他方、十勝産については、南町2遺跡や上似平遺跡で出土しており、石器製作技術は伝播していたと考えられる。南町2遺跡では石器製作の痕跡に乏しく（出穂ほか2014）、また上似平遺跡でも白滝産より十勝産は黒曜石の消費が乏しいと指摘されている（山原2002）。このように十勝産の札滑型石器群について、十勝平野では石器製作の痕跡に乏しい点、本来的に広域に移動する傾向がある点から、日高山脈を横断する輸送経路が推定できる点から、十勝平野を横断して上幌内モイ遺跡へと拡散していったと考えられる。このように、札滑型石器群を有する集団は、白滝からオルイカ2遺跡へ拡散した北回りの集団と白滝から十勝平野へ拡散し、十勝平野の石材環境に適応してから十勝地域から上幌内モイ遺跡へと拡散した南回りの集団と存在していたと考えられる。こうした拡散経路の異なる集団が石狩低地帯で遺跡を形成したことにより、同地での多様な原産地構成が認められたと考えられる。このように考えると拡散の途中で各原産地へ適応していく集団が存在したならば、白滝から十勝平野へ、十勝から石狩低地帯へというように、石狩低地帯から頁岩地帯を越えて函館へ、さらに函館を越えて本州へと黒曜石とは異なる石材環境にも適応しながら拡散していったかもしれない。

　こうした黒曜石の輸送に伴う経路を推定する試みは、これまでの直線的な原産地と遺跡の関係性では現れてこなかった当時の輸送を介在さ

せた人類の拡散について復原するができ、旧石器時代の考古学研究に貢献できると考えられる。

おわりに

本論では、蛍光X線分析装置を用いた黒曜石製石器の原産地推定結果とGISを用いた経路推定から、旧石器時代の資源利用の一端について検討した。その結果、下記のことが明らかになった。

● 札滑型石器群と黒曜石原産地の関係性は多様であった。

● 黒曜石の輸送に関わる経路推定では、標高1000m以下の経路で輸送できる可能性を示した。

● 黒曜石原産地と遺跡間の推定距離は、直線で結ぶ場合より全ての経路で距離が延びた。

● 札滑型石器群を有する集団は、拡散の過程で発見した黒曜石原産地に適応しながら石器製作をしていた可能性を示した。

引用・参考文献

安蒜政雄 2009「環日本海旧石器文化回廊とオブシディアン・ロード」『駿台史学』135、pp.147-168

出穂雅実・赤井文人 2005「北海道の旧石器編年―遺跡形成過程論とジオアーケオロジーの適用―」『旧石器研究』1、日本旧石器学会 pp.39-55

出穂雅実・ジェフリーR.ファーガソン・尾田識好・赤井文人・中沢祐一・山原敏郎 2014「北海道帯広市南町2遺跡の札滑型細石刃核を伴う石器群における石器石材の調達とリダクション戦略」『黒曜石の流通と消費からみた環日本海北部地域における更新世人類社会の形成と変容(II)』pp.165-171

大沢真澄 1991「黒曜石の化学組成：遺跡出土黒曜石石器の原産地推定の基礎として」科学研究費補助金(一般研究〈B〉)研究成果報告書；平成2年度、p.69

小野昭 2011「旧石器時代の人類活動と自然環境」『第四紀研究』50、pp.85-94

小野有五・五十嵐八枝子 1991『北海道の自然史―氷期の森林を旅する―』、北海道大学出版会、p.219

加藤茂弘 1994「恵庭a降下軽石層の降下年代とその降下前後の古気候」『地理学評論』67、pp.45-54

金成太郎・太田陽介・中村守男・杉原重夫 2008「鹿児島県大口市小原野(こばるの)遺跡における黒曜石製遺物の原産地推定」『明治大学博物館研究報告』13、pp.99-120

金成太郎・杉原重夫・長井雅史・柴田徹 2010「北海道・東北地方を原産地とする黒曜石の定量・定性分析」『考古学と自然科学』60、日本文化財科学会、pp.57-81

金成太郎・西秋良宏・柴田徹・ファルハド=キリエフ・長井雅史・杉原重夫 2012「アゼルバイジャン、ギョイテペ遺跡出土黒曜石製遺物の原産地推定―定性・定量分析に基づいて―」『日本文化財科学会第29回大会研究発表要旨集』pp.260-261

木村英明 1995「黒曜石・ヒト・技術」『北海道考古学』31、pp.3-64

国武貞克 2008「回廊領域仮説の提唱」『旧石器研究』4、pp.83-98

佐藤宏之・役重みゆき 2013「北海道の後期旧石器時代における黒曜石産地の開発と黒曜石の流通」『旧石器研究』9、pp.1-25

ジェフリーR.ファーガソン・出穂雅実・尾田識好・中沢祐一・山原敏郎 2014a「北海道帯広市南町2遺跡スポット3の黒曜石遺物の蛍光X線分析」『黒曜石の流通と消費からみた環日本海北部地域における更新世人類社会の形成と変容(II)』pp.97-102

ジェフリーR.ファーガソン・マイケルD.グラスコック・出穂雅実・尾田識好・赤井文人・中沢祐一・佐藤宏之 2014b「北海道勇払町厚真町上幌内モイ遺跡旧石器地点出土黒曜石遺物の蛍光X線分析および放射化分析」『黒曜石の流通と消費からみた環日本海北部地域における更新世人類社会の形成と変容(II)』pp.75-83

新藤智子・中井弥生・福岡孝昭・佐野貴司・杉原重夫 2007「霧ヶ峰地区における黒曜石産地の微量元素組成による識別」『黒曜石文化研究』5、pp.71-81

杉原重夫・小林三郎 2004「考古遺物の自然科学的分析に関する研究」『明治大学人文科学研究所紀要』55、pp.1-83

杉原重夫・小林三郎 2006「文化財の自然科学的分析による文化圏の研究」『明治大学人文科学研究所紀要』59、pp.43-94

杉原重夫・金成太郎・太田陽介 2008「千葉県佐倉市内田端山越遺跡出土黒曜石の産地推定」『ちば

リサーチパーク開発事業予定地内埋蔵文化財調査（7）』三菱地所株式会社・財団法人印旛郡市文化財センター、pp.648-657

杉原重夫・金成太郎・柴田徹・長井雅史 2009「北海道、置戸安住遺跡出土黒耀石製遺物の原産地推定」『旧石器研究』5、pp.131-150

杉原重夫・金成太郎 2010「静岡県、休場遺跡出土黒曜石遺物の原産地推定—神津島産黒曜石の利用について—」『明治大学博物館研究報告』15、pp.1-30

戸村健児・輿水達司・西本豊弘 2003「中性子放射化分析による礼文島浜中2遺跡出土黒曜石の産地推定」『国立歴史民族博物館研究報告』、107、pp.189-197

東村武信・藁科哲男 1995「帯広市宮本遺跡他出土の黒曜石製遺物の原材産地分析」『帯広・宮本遺跡2』帯広市教育委員会、pp.65-74

増田和彦 1962「本邦産黒曜岩の晶子形態と考古学への応用に就いて」『上野遺跡』津南町文化財調査報告4、pp.87-99

明治大学古文化財研究所 2011『蛍光X線分析装置による黒曜石製遺物の原産地推定—基礎データ集〈2〉—』p.294

明治大学古文化財研究所 2014『蛍光X線分析装置による黒曜石製遺物の原産地推定—基礎データ集〈3〉—』p.75

望月明彦 1997「蛍光X線分析による中部・関東地方の黒曜石産地の判別」『X線分析の進歩』28、pp.157-168

望月明彦・池谷信之・小林克次・武藤由里 1994「遺跡内における黒曜石製石器の原産地別分布について—沼津市土手上遺跡BBV層の原産地推定から—」『静岡県考古学研究』26、pp.1-24

山田哲 2006『北海道における細石刃石器群の研究』六一書房、p.244

山原敏郎 2002「上似平遺跡から出土した旧石器文化遺物の黒曜石原材産地分析についての補足説明」『帯広百年記念館紀要』20、pp.53-56

和田恵治・佐野恭平 2011「白滝黒曜石の化学組成と微細組織—原産地推定のための地質・岩石資料—」『旧石器研究』7、pp.57-73

藁科哲男 1993「帯広市落合、上似平、暁、空港南A遺跡出土の黒曜石製遺物の原材産地分析」『帯広百年記念館紀要』11、pp.7-16

藁科哲男 2001「上白滝2・上白滝6・北支湧別4遺跡出土の黒曜石製石器の原材産地および非破壊分析による水和層の測定」『白滝遺跡群II』北海道埋蔵文化財センター、pp.235-247

藁科哲男 2002a「自然科学的分析等　奥白滝1・上白滝5・北支湧別4遺跡出土の黒曜石製石器の原材産地および非破壊分析による水和層の測定」『白滝遺跡群III』北海道埋蔵文化財センター、pp.295-316

藁科哲男 2002b「上似平遺跡出土の旧石器時代黒曜石細石刃、石片の原材産地分析」『帯広百年記念館紀要』20、pp.43-52

藁科哲男 2003「オルイカ2遺跡出土の黒曜石製石器・剥片の原材産地分析」『オルイカ2遺跡』北海道埋蔵文化財センター、pp.169-178

藁科哲男・東村武信 1973「螢光X線分析法によるサヌカイト石器の原産地推定」『考古学と自然科学』6、pp.33-42

藁科哲男・東村武信 1988「石器原材の産地分析」『鎌木義昌先生古稀記念論集 考古学と関連科学』pp.447-491

藁科哲男・東村武信 1996「樽口遺跡出土の黒曜石、安山岩製遺物の石材産地分析」『樽口遺跡』奥三面ダム関連遺跡発掘調査報告書、5、新潟県朝日村教育委員会、pp.176-185

Kannari, T., Nagai, M., and Sugihara, S. 2014. The effectiveness of elemental intensity ratios for sourcing obsidian artefacts using energy dispersive X-ray fluorescence spectrometry: a case study from Japan. In Methodological Issues of Obsidian Provenance Studies and the Standardization of Geologic Obsidian (BAR international series 2620), ed. A. Ono, M. D. Glascock, Y. V. Kuzmin and Y. Suda, pp.47-66.

Le Bourdonnec, F.-X., Nomade, S., Poupeau, G., Guillou, H., Tushabramishvili, N., Moncel, M.-H., Pleurdeau, D., Agapishvili, T., Voinshet, P., Mgeladze, A., and Lordkipanoidze, D. 2012. Multiple origins of Bondi Cave and Ortvale Klde (NW Georgia) obsidians and human mobility in Transcaucasia during the Middle and Upper Palaeolithic. Journal of Archaeological Science, 39, pp.1317-1330.

佐賀県多久出土の尖頭器の研究
―製作実験を通じて―

岩永雅彦

はじめに

　多久三年山・茶園遺跡発掘より、56年、報告書刊行より36年が経過した。そこで、示された問題に次の2点がある。

1) 尖頭器が制作された時期はいつごろか

2) 三年山遺跡と茶園原遺跡の尖頭器の違いや石器組成の差はなにか。

　報告書では、1) は旧石器時代、2) は時期差で三年山は古く・茶園原は新しい、とされた。その後の研究で、1) の編年的問題は大枠で方向性が見えてきた[1]。2) は1) の編年の細分に関わってくる問題でもあるのだが、若干の考察がある程度でほぼ未解決である。この問題を考えるにあたっては、製作実験による検討が必要であると考えられる。原産地遺跡ゆえ製作工程を示す遺物も豊富であり、尖頭器の理解のためには有効な手続きであるはずである。しかし、これまで、製作実験を通した検討はなされてこなかった。筆者は平成6年頃から多久産の安山岩を使用して尖頭器の製作実験を継続してきたのでその成果と若干の考察を提示したい。なお本論では岩石名を安山岩で記述する。

1. 研究小史と実験にいたる動機

(1) 原産地の実態

　原産地遺跡では、時期違いの遺物が混在しており、土層の堆積も劣悪である。そのため、編年研究には慎重を要する。このことが、小畑による論考で総括されたのは2005年であった。ここにいたるまでの研究史を振り返ると、安蒜は三年山・茶園原遺跡の両面加工尖頭器はナイフ形石器の段階とした。その根拠となった多久での発掘調査一連の報告の根幹には、三日月町・岡本遺跡で表面採集された、剥片尖頭器・ナイフ形石器・縦長剥片関連資料が全て旧石器時代のものであるという認識があった。ナイフ形石器・剥片尖頭器は旧石器時代の遺物であることに疑いはないが縦長剥片については問題があった[2]。時期違いの遺物の混在を認識できず、編年の誤りが続いたのである。この問題は2002年度の三年山遺跡の確認調査（2次調査とした）で解決した。旧石器時代の縦長剥片のブロックと尖頭器製作時の調整剥片が層位的に分離することが確認された。土層は4層に分離され、第2片のブロック・3層下部にATの降灰層準があることが確認された。尖頭器が旧石器時代の遺物と共伴しないことが確認されたのである。2005年に小畑が先の論考で「縄文時代後期の長尾開拓技法・旧石器時代の三年山技法」を提唱した。多久では、旧石器時代の遺物に、主に縄文時代草創期頃の尖頭器制作時の遺物・縄文時代後期の鈴桶技法の時期の遺物が混在する状況が明示されたのである。

(2) 研究動機

　平成4年から多久市の埋蔵文化財調査担当になった。収蔵された尖頭器の量にも驚いたが、形態の多様さに困惑した。制作グループ差・時期差・未製品等さまざまな原因が考えられた。また、縦長剥片等のその他の石器の風化の程度に違いも目に付いた。このような原産地の複雑な状況を理解していくには、石器を観察する力が必要で、それには製作実験を行うことが一番よいだろうと考えた。幸いなことに材料には事欠かない状況であった。

2. 製作実験

(1) 制作実験の経過

多久の尖頭器らしく製作することを目標にした。薄く、幅広い、扁平なイメージである。他の石器製作も行いながら製作を続けていった。しばらくすると安山岩にもなれ縦長剥片・瀬戸内技法による剥片生産なども出来るようになっていった。本来の目的であった尖頭器もある程度、制作できるようになってきた。しかし扁平にならず、多久の尖頭器のような雰囲気がでなかった。先端を薄くしても胴部が厚くなったり、その逆であったりして、全体の厚みのバランスががとれなかった。それでも製作実験を継続するうちに、尖頭器を作成するのに手順（コツ）があるのではないかと考えるようになった。

遺物を観察し、手順を推定し製作実験で実施してみるということを繰り返すうちにうちに、先端を後回し気味にして加工してゆくのではないか、と思い始めた。その後は徐々に器体全体を薄く加工することが可能に能になってきた。又、最初は鹿の角を使用していたが、鯨の歯を入手する機会がありそれをハンマーに使用するようになって、ステップが出現しにくくなっていった。

(2) 製作実験の様相

① 加工の道具について（第1図1）

1. 石製ハンマー　1：約2kg　2：0.7kg
2. 鯨の歯　約0.5kg・最大経4cm・長さ17cm

② 尖頭器の制作

1）原石の選定（第1図2）

今回は、かまぼこ状の形態の原石を選定した。

2）素材の剥離（第1図3・4）

大型のハンマーによる加撃。

革を敷きこみ、原石の角度を調整した。

剥離した、剥片の保護の意味もある。

今回は一度の加撃で、2枚の剥片が剥がれた。

③ 整形（第1図5〜8、第2図9〜14、第3図16〜20）

A（第1図5）

は、素材の粗整形の段階で半折し尖頭器製作を断念した。

B（第1図6〜8）

続けて素材を剥離しようとしたが、うまくいかなかったため、これを素材に尖頭器を作ることにした。途中で折れたため断念した。

C（第2図9〜15）

まず、荒い整形を行った。先端が、約4cm程度折れたため、サイズの縮小覚悟で加工を続けた。

石のハンマーで、できるだけ薄くなるように剥離を全周した。次は、道具を鯨の歯に変え、剥離を続けてゆく。先端部を控えめに加工し胴部を先行して加工した。胴部の加工があらかたできると、先端部を加工した。残しておいた先端部から剥離を加えていき尖頭器へ仕上げた矢印は、折面であり最終段階まで面を残した。

D（第3図16〜20）

Dは別の剥片で加工を行ったものである。同じような手順で行い尖頭器を作成した。

(3) 実験の結果

① 原石の選択

・安山岩原石

なるべく、座りのよい原石がよい。丸い原石は大型の剥片を剥離するのには不向きである。摂理が発達した石材が加工し易い。原石を摂理にそって外すという感覚である。なお、多久市では、場所による質の大きな違いはない。

② 道具について

鹿角より質量のある鯨の歯を使用するようになってうまく作れるようになった。ステップも現しにくくなった。

③ 素材について

大形の剥片が必要である。幅が狭い縦長剥片では制作できない。

④ 手順について

第1図 製作実験の様相 (1)

佐賀県多久出土の尖頭器の研究

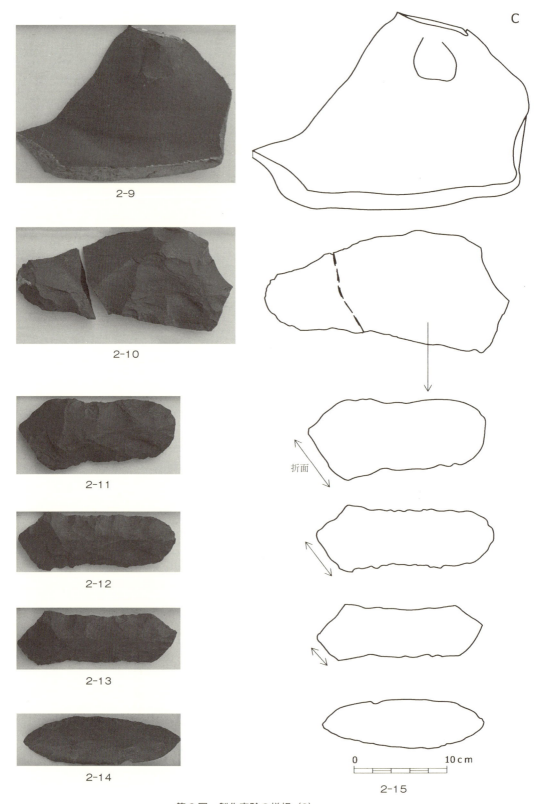

第2図　製作実験の様相（2）

岩永雅彦

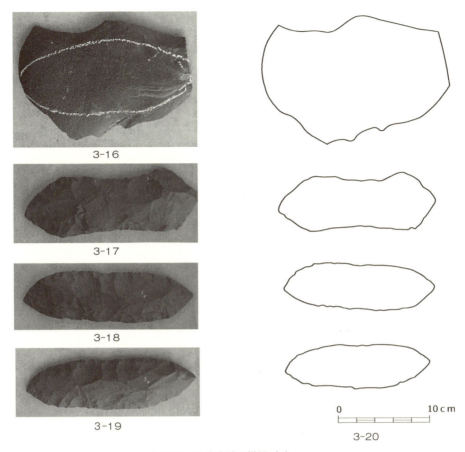

第3図 製作実験の様相 (3)

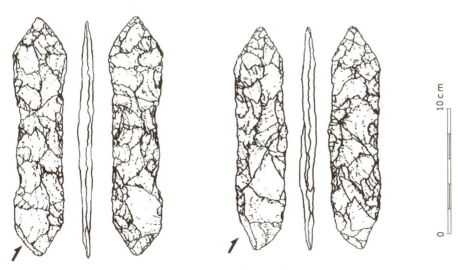

第4図 茶園原Ⅸ地点出土尖頭器

319

1：素材剥離（ハンマー大 石）、2：素材の粗調整（ハンマー　中 石）、3：仕上げ（鯨の歯）の手順である。時折、仕上げの工程で石の小ハンマーを使用することもあり臨機応変であるが、最初から鯨の歯や鹿角は使用しない。力が抜け切らず剥離がうまくいかない。鹿角や鯨の歯が痛んで消耗する。粗い加工から細かい成形へと移行してゆくのであるが　先端を後回し気味にしてゆくと、失敗が少ない。尖頭器のような両面体のなだらかなカーブをもつ石器を、薄く剥離してゆくには修練が必要である。しかし、角度をつけて直線的なラインを作っておくと（平面的に）比較的剥離が容易である。必然的にいわゆる圭頭形になる。このときに、断面的にも平坦であるとさらに剥離が容易である。これがCで折れ面を仕上げまで残しておいた理由である。このことは遺物に残された痕跡から思いついた方法である。先端に平坦面が残されている資料が一定量あることに気が付いてはいたが（第4図）、製作実験を始めるまでは理由がわからなかった。実験では折面を利用したが、最初からそういう工程を意識していると思われる。

(4) 実験に基づく考察

報告書での、三年山・茶園原遺跡の違いについての要旨をまとめると、「三年山遺跡の尖頭器は階段状剥離で茶園原遺跡は押圧剥離で製作されている。石器組成にも違いがあり、茶園原は圭頭形の尖頭器を含む。階段状剥離から押圧剥離への槍先形尖頭器を作る技術の発達からみて三山遺跡は古く茶園原遺跡は新しい」ということになるだろう。このうち、石器組成については、研究史の項目で記載したように縦長剥片・船底形石器等については編年的な誤りである。

尖頭器そのものについては圭頭形の尖頭器・階段状剥離・押圧剥離がキーワードである。それぞれのキーワードを実験結果から検討してみる。

① 圭頭形

圭頭型は制作経過を示している可能性が高い。尖頭器のような両面体を多久産の安山岩で制作する場合、押圧剥離が困難なため幅3cm程度からの減厚の加工は急激に難しくなる。その様な性質を持つ石で薄く平坦な尖頭器を制作するためには工夫がいる。それが初期段階から、先端を後回し（平面的に・できれば断面的にも）加工しゆくことである。早い段階で平面形を整え過ぎるとその後の作業が困難になるのである。

② 階段状剥離

階段状剥離の直接の原因は剥離道具の重量の違いの可能性がある。原因としては、素材（原石）の質の違いも考えられるが、特に場所による〈多久市内で〉違いを感じたことはない。

③ 押圧剥離

多久産安山岩製で茶園原遺跡・三年山遺跡出土サイズの尖頭器を押圧剥離で製作は不可能。北部九州で出土する、幅1.5cm前後の押形紋土器に伴う細身の石槍程度ならなんとか可能だろう。

つまり、冒頭の論法は成立しない。実験結果から言えることは、三年山と茶園原遺跡の尖頭器の違いの直接の原因は、若干のコツ（圭頭形）＋ハンマーの重量差であろうということである。その背景にあるものが今後の検討課題であるが、仮に時間差であるとすれば旧石器時代・縄文時代研究で編年研究に影響のあるような時間差ではないのかもしれない。そもそも、大形の尖頭器制作は、かなりの熟練者でないと出来ることではない。筆者の個人的な感覚では素材の剥離の段階から仕上げまでを総合的に考えると茶園原遺跡・三年山遺跡の両遺跡の尖頭器制作技術に大きな差を感じない。

3. 報告書の記載内容の検討

報告書掲の尖頭器をいままで推定した、製作工程の観点から検討してみる。仮に尖頭器制作

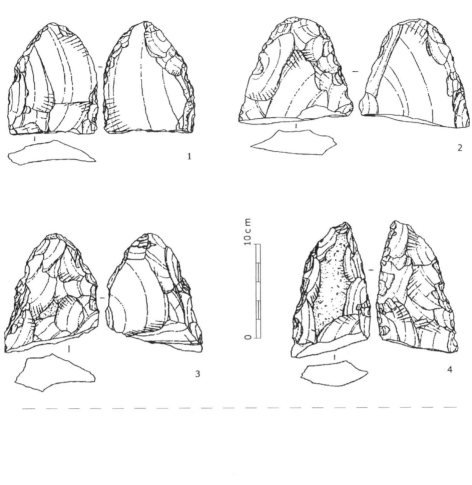
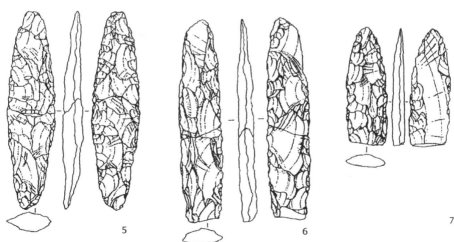

第5図　三年山遺跡出土尖頭器（1）

佐賀県多久出土の尖頭器の研究

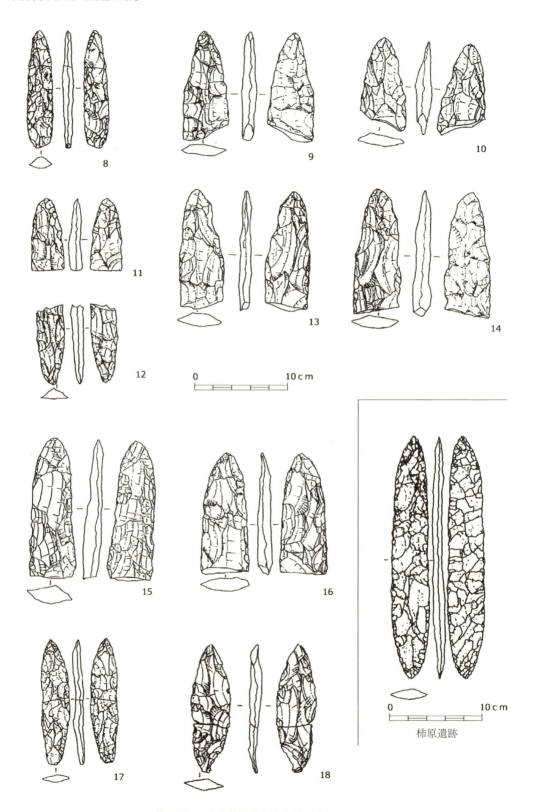

第6図 三年山遺跡出土尖頭器 (2)

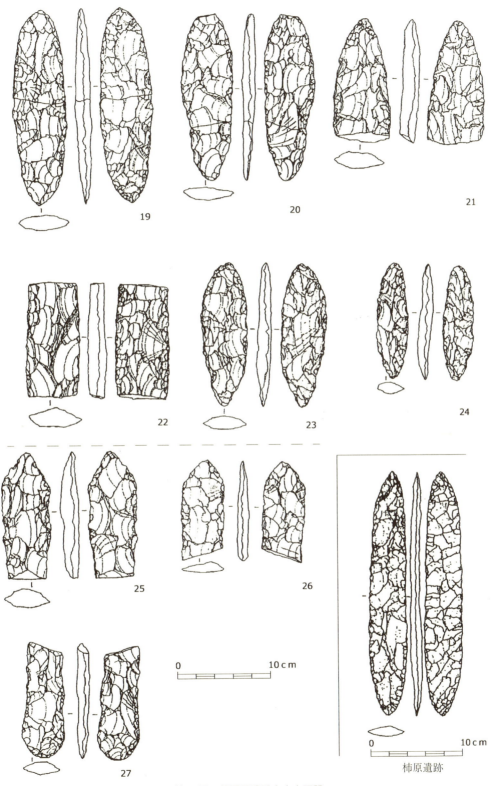

第7図 茶園原遺跡出土尖頭器

柿原遺跡

の工程を示す一連の遺物が含まれているのもの
と考えて報告書掲載図版を再構成してみる。ま
ず工程の段階を設定する。

1段階（素材の粗加工）・2段階（両面体への整形）・
3段階（仕上げ準備段階）・4段階（完成直前段階）
としてみた。次に両遺跡をそれぞれ検討する。

三年山遺跡（第5・6図）

1〜4（報告書では削器と分類）は1段階で第
1図5の破損品に該当。5〜7は2段階に該当。
8〜18は4段階に該当。

茶園原遺跡（第7図）

19〜24は2段階（第2図10に該当）、25〜
27は3段階に該当（第2図11〜13）。

やはり、両遺跡にある尖頭器の数種類の形状
は制作の各工程を示していると考えたほうがよ
さそうである。次に考えねばならないのが両遺
跡が目指した完成品のイメージである。3段階・
4段階の実測図を熊本県柿原遺跡の尖頭器の実
測図と並べて比較してみると、幅も厚みも柿原
遺跡の尖頭器に近いか一回り大きい程度である
ことがわかる。柿原遺跡の尖頭器は、形態と推
定される材料の安山岩の大きさから多久産と推
定される資料であるが、このことからそうであ
ることが裏付けられよう。

4. 今後の課題

(1) 研究方法として

尖頭器製作実験を継続し、ある程度の尖頭器
製作は行えるようになってきた。現在、自分が
製作できる程度のレベルの尖頭器も遺物として
存在する。しかし遺物が製作された技術の全体
のレベルには遥か遠くおよばない。調整剝片の
分析等も行いながら製作実験をさらに繰り返し
てゆくしかない。時間を要するが、実際に製作
せねば気が付かないことも多々あり中断するわ
けにはいかない。それにあたっては原産地での
石材を使用して製作実験を行わなければ意味が
ないので、多久で石器製作を継続できる研究者

の養成も課題である。

(2) 研究の視点として

いままでほとんど、取り扱われなかった問題
として、誰が尖頭器製作を始めたかとういう点
がある。このことを考えるにあたって重要と思
われる遺物に半月状や三日月状の石器がある。

明治大学調査時には出土していないが、その
後の多久市の調査では一定量の出土がある。

尖頭器の未製品の可能性もあるが、製作実験
の立場からすれば、尖頭器の加工途中で半月形
や三日月状に加工する必要性は感じない。いわ
ゆる、半月形石器の存在を認めるべきだろう。

おわりに

安山岩による尖頭器製作実験を継続してきて、
考えついたことを記載してみた。感覚的な論に
なったが石器製作経験者でしか伝えられない部
分もあることをご理解いただきたい。

註

(1) 尖頭器の時期については、草創期〜早期で落ち
着きそうであるが、決定的な発見はいまだない。
このような現況の中で重要な発見があった。佐賀
市の縄文早期の貝塚である東名遺跡から圭頭形尖
頭器が1点出土したのである。低湿他の遺跡であ
るためか、安山岩製の石器の大部分が風化はあま
り進行していない。対して、この1点は風化が強い。
通常、多久で採集できるものと同等の風化である。
間接的であるが、尖頭器の時期示す、重要な発見
である。

(2) 縦長剝片を量産するのは、九州では旧石器時代
と縄文時代の鈴桶技法しか思い当たらず、一部の
資料はその後者の可能性が高いと思われる。

引用・参考文献

岩永雅彦 2004「佐賀県多久・小城地域における遺跡
の調査・研究歴」『Stone Sources』4 石器原産地
研究会

江本 直 1974「ナイフ形石器の初源的な形態が示さ
れるサヌカイト製石器の紹介—佐賀県三日月町岡
本遺跡採集—」『熊本史学』

小畑弘己・岩永雅彦 2005「九州地方における原産地遺跡研究の現状―佐賀県多久・小城安山岩原産地遺跡群を中心として―」『旧石器考古学』67　旧石器文化談話会

佐賀県教育委員会 1988『長尾開拓遺跡』九州横断自動車道関係埋蔵文化財発掘調査報告書（8）

佐賀県教育委員会 1989『老松山遺跡』九州横断自動車道関係埋蔵文化財発掘調査報告書（10）

佐賀市教育委員会 2009『東名遺跡群Ⅱ―東名遺跡2次・久富二本過杉遺跡―佐賀市文化財報告書第40集

白石浩之 1989『旧石時代の石槍』ＵＰ考古学選書7　東京大学出版会

杉原壯介・戸沢充則・安蒜政雄 1983 『佐賀県多久三年山における石器時代の遺跡』明治大学文学部研究報告書・考古学第9冊

杉原敏之 2004「多久産尖頭器の編年的再検討」『Stone Sources』4　石器原産地研究会

杉村彰一 1967「熊本県柿原発見の尖頭器」『考古学集刊』第3巻第3号　東京考古学会

長井謙治 2009 『石器づくりの考古学―実験考古学と縄文時代のはじまり―』ものが語る歴18　同成社

『岩宿カレンダー』をつくる

萩谷千明

はじめに

私が勤務していた岩宿博物館では、『岩宿人のくらしを探る』という夏休み期間中に岩宿遺跡のことを学習に来た主に小学生を対象とした展示を開催している。今からちょうど10年前、私の小学2年生と1年生の甥っ子が夏休みを利用して岩宿博物館に見学に来るというので、叔父としてちょっといいところを見せてやろう、という不純な動機で展示解説パネルのリニューアルを行った。文字や図表を使ったパネルにイラストを使って子どもにもダイレクトに岩宿遺跡や岩宿遺跡の時代について理解を深めてもらいたい、というわけである。

そこで、1つの試みとして岩宿時代の人々の1年間の生活誌を1枚のカレンダーとしてまとめようということを思い立った。原始時代の生活誌をイラストを用いて1枚のカレンダーにした先輩には小林達雄氏原案の『縄文カレンダー』（小林 1975）があり、これを岩宿時代版でつくってみようというものであった。

1. 前提条件

岩宿時代は、理化学的な年代測定とその較正により、現在では3万数千年前から1万数千年前までとおよそ2万年間続いたとされている。この2万年の間、気候は常に一定だったわけではなく、現在に比べて冷涼だった時期もあれば寒冷だった時期もあるという。そこで『岩宿カレンダー』をつくるにあたっては、最終氷期の最も寒かったとされる日本の旧石器時代（岩宿時代）第Ⅲ期（武蔵野編年第Ⅱa期〔Oda, Kealley 1975〕・相模野編年第Ⅲ期〔矢島・鈴木 1976〕に相当）とした。

また、日本列島は南北に細長く広がりをもっており、最終氷期の最寒冷期においても日本の南と北、平野部と山間地では植生が異なることが示されている（那須 1980）。そこで、岩宿博物館で『岩宿カレンダー』をつくるのであるから、当然カレンダーは「岩宿遺跡の『岩宿カレンダー』」としなければならないことはいうまでもない。

都市名 （標高）	釧路 （標高5m）	札幌 （標高17m）	青森 （標高3m）	盛岡 （標高115m）	仙台 （標高39m）	若松 （標高212m）	草津 （標高1223m）	前橋 （標高112m）	桐生 （標高87m）	東京 （標高6m）	鹿児島 （標高3m）
1月	-5.3	-4.1	-1.4	-2.1	1.5	-0.7	-4.0	3.3	3.2	5.8	8.3
2月	-5.3	-3.5	-1.1	-1.6	1.7	-0.4	-4.1	3.6	3.8	6.1	9.3
3月	-1.6	0.1	2.0	1.8	4.5	3.0	-0.7	6.9	7.2	8.9	12.1
4月	3.3	6.7	7.9	8.4	10.1	9.9	5.8	12.9	13.0	14.4	16.8
5月	7.9	12.1	13.1	13.8	14.9	15.5	11.0	17.7	17.6	18.7	20.2
6月	11.4	16.3	17.0	18.2	18.3	19.8	14.7	21.2	20.9	21.8	23.6
7月	15.5	20.5	21.1	21.8	22.1	23.4	18.2	24.7	24.3	25.4	27.9
8月	17.8	22.0	23.0	23.2	24.1	24.8	19.4	26.1	25.9	27.1	28.2
9月	15.6	17.6	18.9	18.3	20.4	19.9	15.2	21.9	21.9	23.5	25.8
10月	10.4	11.3	12.6	11.8	14.8	13.2	9.4	16.1	16.1	18.2	20.8
11月	4.2	4.6	6.4	5.7	9.1	7.0	4.2	10.5	10.4	13.0	15.6
12月	1.9	-1.0	1.3	0.8	4.3	1.9	-0.9	5.8	5.6	8.4	10.4
年平均	6.0	8.5	10.1	10.0	12.1	11.4	7.4	14.2	14.2	15.9	18.3
結氷の初日	10月21日	10月26日	未調査	未調査	11月16日	未調査	-	11月19日	-	12月11日	12月9日
結氷の終日	5月4日	4月23日	未調査	未調査	4月9日	未調査	-	4月3日	-	3月12日	3月4日

各都市の平均気温の変化および結氷の初日と終日は1971〜2000年までの平年値（気象庁HPから）

第1図　各都市の月別平均気温と結氷の初日と終日

最終氷期の最寒冷期は、東京で現在よりも約6〜8℃低かったとされ、北海道の札幌市あたりの気候を参考にするとよいと説明されている（鈴木 1984ほか）。それでは、岩宿遺跡の最寒冷期の気候はどこを参考にしたらよいであろうか。

　岩宿博物館において『岩宿大学』という講座が開催されている。2001年度の講座で講師として招請した信州大学理学部教授酒井潤一氏の講義「後期更新世における日本列島の古気候と陸橋」では、本州では高山蝶とされるチョウの北海道での分布など興味深い話があった。古気候の様々な分析の中で桐生市（岩宿遺跡の東方4kmに所在）の最終氷期最寒冷期の気候は、現在の釧路市の気候に相当するのではないかとの話があったことを記憶していた。

　そこで、岩宿遺跡の『岩宿カレンダー』をつくる1年間の気温の変化は、現在の北海道釧路市の平年値（1971年〜2000年）をベースとすることにした。

2.「岩宿時代の冬」をどう設定するか

　日本列島を含む温帯には四季がある。これら季節の区切り方には、春分・夏至・秋分・冬至をそれぞれ季節の区分とする方法や、旧暦のように1年を4等分し更に24節季に細分する方法などがあるとのことである。

　その一方で、冷帯や寒帯のように高緯度に住む人々は「長い冬短い夏」、反対に低緯度では「常夏」と言われているように、季節は体感する気温や周辺の植物の芽吹きや紅葉・落葉によって感覚的なものとして理解する者の方が多いように思われる。

　岩宿時代の人々が星の運行や体感温度により季節の移り変わりを理解したことは当然あったであろう。しかしながら、最終氷期の最寒冷期を生きた人々が、1年を4等分して季節を理解していたとは考えがたい。

　そこで、『岩宿カレンダー』をつくるにあたっては、季節を設定する明確な基準を設ける必要があった。上述のように、最終氷期最寒冷期の東京は現在よりも平均気温が6〜8℃低かったとされており、感覚的な「冬」は現在よりも長かったと考えてよいだろう。

　そこで、冬の基準は、最低気温が氷点下になる期間とした。第1図に任意に選んだ主要都市の1971年〜2000年の月別平均気温と結氷の初日と終日を示した（気象庁ホームページから作成。省略したものや結氷のデータのないものもある）。

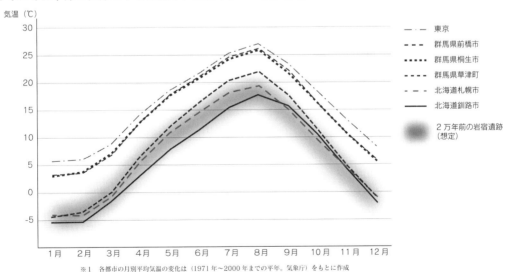

※1　各都市の月別平均気温の変化は（1971年〜2000年までの平年、気象庁）をもとに作成
※2　岩宿遺跡の気温変化は、岩宿遺跡の所在する群馬県南部の月別平均気温の変化よりも6〜8℃低いものとして想定。

第2図　各都市の月別平均気温と最終氷期最寒冷期の岩宿の気温（想定）

冬の期間を結氷期間とし、岩宿遺跡近郊の１年間の気温変化が現在の釧路市のそれに相当するのであれば、現在の暦でいう10月下旬から5月はじめまでの7か月弱が最終氷期の最寒冷期の「岩宿遺跡の冬」ということになる。

なお、現在の釧路市（標高5m）の月別平均気温の変化が似通ったものを群馬県内で探したところ、草津町（標高1,233m）のものがそれにほぼ相当していた。なお、岩宿遺跡（A地点）の標高は約150m、桐生市の標高は87mである。「今の草津町の気候が岩宿時代の岩宿遺跡のそれに近いんだよ」と説明する方が群馬県の児童・生徒にはより身近なものとして理解しやすいのではなかろうか。

3. 岩宿時代の植物相と食べられる植物

最終氷期の最寒冷期の日本列島の植物相を説明した代表的なものとして「最終氷期最寒冷期の古地理と古植生」（那須 1980、第4図）がある。それによれば、岩宿遺跡を含む関東平野はブナを伴う冷温帯針広混淆林とされているが、冬は著しく乾燥するため、ブナは純林をつくることができず谷筋に散在するにとどまり、ナラ類やシラカバのような落葉広葉樹とヒメマツハダやコメツガのような針葉樹が混成する疎林だったと考えられている（那須 1985）。

このような植生のもと、鈴木忠司氏は、チョウセンゴヨウを主とするマツの実、ノイチゴ、クロマメノキ、ヤマブドウ、サルナシなどの漿果、クルミ、ハシバミ、クリ、ブナなどの堅果類のほか、若干の根茎類、水辺のヒシなどそのまま（あるいは加熱する程度で）食べられるものを岩宿時代の人々が口にした可能性をあげている。また、鈴木氏は縄文時代との比較により、ドングリのアク抜きに用いられた石皿や根茎類の採集に用いられた土掘り具である打製石斧が岩宿時代の遺跡から出土しないことから、調理用具や調理法の技術的な制約があると考え、植

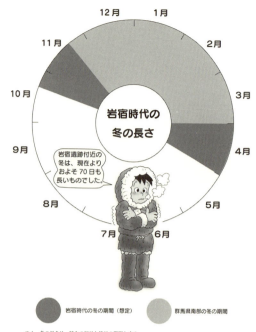

第3図　岩宿時代の冬の長さ （初出：2006）

第4図　最終氷期最寒冷期の古地理と植生
　　　（那須 1980）

物質食糧の利用は限定的であり、先述の食べられる植物をあげておくことが精一杯であるとしている（鈴木1984）。

そこで、「岩宿カレンダー」において岩宿人が植物質食糧の採集時期を、鈴木氏が示した食べられる木の実類が現在の北海道や東北地方北部で採集可能である時期をあててみることとした。

4. 岩宿時代の動物相

日本列島における哺乳類は、60〜50万年前の中期更新世中頃には、ニホンザル、オオカミ、タヌキ、アナグマ、ニホンサイ、ヤベオオツノジカ、ニホンムカシジカが現れ、やや遅れて30万年前頃にナウマンゾウやハタネズミが登場するといい、現在日本に棲んでいる動物はこの頃には出揃っていた。また、これらの動物は森林の生活に適しているものと考えられている。

そして、更新世の後期後半になると、ヒグマやヘラジカといった北方の動物が本州にも認められるようになるといい、最終氷期の極寒気にシベリア・沿海州と陸続きになった北海道と、本州との間の津軽海峡に氷の橋ができ、それを渡って北方の動物が南下したと考えられている。その反対にナウマンゾウやオオツノジカが本州から北海道に北上したとも考えられている（亀井・樽野・河村1988、河村・亀井・樽野1989、河村1998、河村1999、第5図）[1]。

岩宿時代の石器群は、ナイフ形石器や槍先形尖頭器を中心に、掻器・削器などの剥片石器類、敲石や礫器などによって構成されている。石器の構成の中心となるナイフ形石器や槍先形尖頭器は、ものを突き刺したり切り裂いたりする道具とされ、主として動物の狩りに用いられたと考えられており、石器以外の道具の発見がきわめて乏しい日本の旧石器時代段階（岩宿時代）において、当時の人々の生活は動物の狩りを中

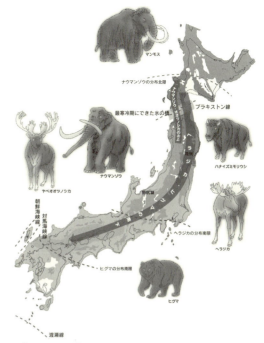

第5図　後期更新世の大型動物の分布と最終氷期最寒冷期の古地理と植生
（那須1980、日本第四紀学会1992、河村2001ほかから作成）

心にみていかざるを得ない。

ナウマンゾウはともに見つかったヘラジカとともに岐阜県熊石洞の放射性炭素14による理化学的年代測定により16,720±880年 B.P.〔未較正〕までは棲息が確認され（奥村ほか1982）、ヤベオオツノジカは広島県帝釈峡馬渡岩陰遺跡の発掘調査により縄文時代草創期まで棲息が確認されているといい、「岩宿カレンダー」における狩りの対象としての俎上に載せることとした[2]。その他、シカなど現在も狩猟獣となっているもの、ほかに食用としてはノウサギ、アナグマなども俎上に載せることができるであろう。

岩宿人の生活を狩猟中心に考えると、上記の食用の哺乳類は通年捕獲されたことであろう。しかし、個体の安定的な確保や狩りでの安全面、肉の味、そして群れをなすものであれば移動性といった問題から食用獣の狩りも現在も猟期のような季節性は考えられていたことであろう。タヌキ、キツネ、テンなども毛皮利用のため季

節的に捕獲されたことであろう[3]。

5.『岩宿カレンダー』とその後

このような前提条件の下、第6図としてできあがったものが『岩宿カレンダー』である。ビジュアル的にわかりやすいもの、と意気込んだ割りには文字が多く、それほど絵が上手なわけではないので動物の図像は河村善也氏（河村2001）の論文で使用されたものを拝借している。

また、現在の重要な狩猟獣とされているイノシシが『岩宿カレンダー』に掲載されていない。これは、後期更新世のイノシシの化石の発見例に乏しく、イノシシは列島内に限定的な分布をしていたとされてきたことによるものである。なお、神奈川県吉岡遺跡群では相模野編年第Ⅲ期に相当する礫群内からイノシシの乳歯が出土しており（かながわ考古学財団1997）、今後『岩宿カレンダー』に載せることの検討が迫られよう。

さて、『岩宿カレンダー』であるが肝心の甥っ子たちの評価はどうであったろうか。甥っ子たちは石器づくりや石蒸し料理などの体験学習に夢中でカレンダーには見向きもされず、私は少なからずがっかりしていた。しかしながら、その後の10年の間に私も子どもをもち育てていくようになると、多くの子どもたちがこういったことへの関心や探求心が芽生え始めるのは小学校の高学年になってからということが理解できるようになった。

私が勤務する群馬県みどり市では、岩宿遺跡の発見と発掘調査を記念した岩宿文化賞を制定・運営しているが、この中に小学生から高校生を対象とした研究奨励賞学生部門賞を設け、研究作品の募集と選考を行っている。学生部門賞に応募してくる主として小学校の高学年の児童の作品に、『岩宿カレンダー』を引用してくる作品が毎年数点～10数点見受けられる。『岩宿カレンダー』の制作者としてはうれしく思う一方で、註（1）に記したとおり、ナウマンゾウやヤベオオツノジカなどの絶滅年代が最近の研究では最終氷期最寒冷期ごろとされてきている。今後早急な修正を迫られることになるかも

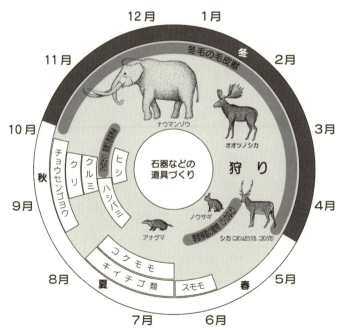

第6図 岩宿人の生活カレンダー（初出：2006）

しれない。

縄文カレンダーはその登場以降、例えば北海道地方であれば狩猟の対象にアザラシなど海獣類が加わったり、あるいは貝塚周辺では貝の成長線の分析からいつが貝の採集時期なのかが加えられたりと、遺跡の立地する地域や立地環境の特性に合わせたアレンジが施されるようになっている。『岩宿カレンダー』が有意なものとして受け容れられるものであれば、各地の様相に合わせた『岩宿カレンダー〇〇編』といったものも制作でき、各地域での岩宿時代の生活誌をわかりやすく説明できる一助となろう。

註

(1) 第5図に示したが、ナウマンゾウの分布限界は森林（疎林）的な環境と草原的な環境との境界にほぼ一致していた。ナウマンゾウとマンモスとはそれぞれ臼歯の咬合面の細かさが異なっており、森林的な環境に適応したナウマンゾウ、草原的な環境に適応したマンモスということで環境と調和しているように思えた。しかしながら、ナウマンゾウが氷の橋を渡って北上したとする説には根強い反対意見がある。

(2) これらの棲息年代は、岩宿カレンダー制作時（2006年）のデータや発掘調査の所見に基づくものであった。最近の研究によると、ナウマンゾウ、ヤベオオツノジカの棲息が確認される最も新しい時期は最終氷期の最寒冷期頃とされており、これらの大型獣を当時の狩猟対象に載せるか微妙なものになっている。

(3) ほかに季節的な移動をする動物に、ガン、カモなどの鳥、サケ、マスなどの魚も十分狩猟対象として考えられた。しかし、いずれも遺跡における遺体の発見例がほぼないこと、岩宿時代遺跡の立地論から漁の可能性を追求した鈴木忠司氏の諸研究（鈴木1984・1985）においても積極的な根拠が見つけられなかったことにより「岩宿カレンダー」への掲載は行わなかった。

引用・参考文献

奥村潔・亀井節夫・石田克・美山団体研究グループ

1982「岐阜県熊石洞産のナウマンゾウ」『日本地質学会第89年学術大会講演要旨』日本地質学会

Shizuo Oda, Chaeles T. Kealley, 1975, 'Japanese Preceramic Cultural Chronology', Occasional Papers, No.2 I.C.U. Archaeology Reserch Center

亀井節夫・樽野博幸・河村善也 1988「日本列島の第四紀地史への哺乳動物相の持つ意義」『第四紀研究』第26巻3号、日本第四紀学会

河村善也 1998「第四紀における日本列島への哺乳類の移動」『第四紀研究』第37巻3号、日本第四紀学会

河村善也 2001「哺乳類」『季刊考古学』第74号、雄山閣出版

河村善也・亀井節夫・樽野博幸 1989「日本の中・後期更新世の哺乳動物相」『第四紀研究』第28巻4号、日本第四紀学会

小林達雄 1975「縄文カレンダー」『図録縄文人展』朝日新聞社

鈴木忠司 1984『先土器時代の知識』東京美術

鈴木忠司 1985「再論日本細石器文化の地理的背景」『論集日本原史』吉川弘文館

那須孝悌 1985「先土器時代の環境」『日本考古学』2、岩波書店

那須孝悌ほか 1980『鬼虎川遺跡調査概要Ⅰ』東大阪市遺跡保護調査会

日本第四紀学会編 1992「B 最終氷期（約6万～1万年前）」『日本第四紀地図』東京大学出版会

岩宿博物館（萩谷千明）2006『岩宿人のくらしをさぐる』（来館者配布用パンフレット）岩宿博物館

矢島国雄・鈴木次郎 1976「相模野台地における先土器時代研究の現状」『神奈川考古』1

朝鮮半島におけるスムベチルゲの形態的属性と機能

金　恩正

はじめに

朝鮮半島におけるスムベチルゲの最初の発見は、韓国旧石器研究の出発点である石壮里遺跡の第7～9次調査（1970～1972年）に遡る（손보기 1973）。しかし、その報告書では先端部の折れたこの石器が揉錐器と紹介された。その後、垂楊介遺跡から45点のスムベチルゲを始めとしたスムベ石器が報告され、石壮里の石器もスムベチルゲとして再認識される切っ掛けとなる（이기길 1999）。なお、垂楊介遺跡から出土した「スムベ石器」（報告書の表記）の大半は左右対称形であることから、刺す機能あるいは穂先としての機能が推定された（李隆助 1985）。その後、刺す機能を表わした「スムベチルゲ」という名称が確立され、今日に至っている（이기길 1999・2011・2014、장용준 2002・2007、金正培 2005、金煥逸 2006、이정철 2007、최승엽 2009、朴영榮 2012、최철민 2014、김은정 2016）。

一方、柄と連結される中子が形成されている形態的特徴は共通するが、先端部に多様な機能を持たせるという前提を根拠に「スムベ石器」という名称を維持および継承している研究もある（이융조ほか 1999、이융조・공수진 2002、이헌종 2009、이헌종・장대훈 2011）。このように石器の名称をめぐる見解の差は、道具としての石器が持つ本来の機能により注意を払った結果であり、とくに中子のある石器の形態的変化および変移に対する解釈の違いから始まったと考えられる。

ところで、石器の機能と石器の果たした歴史的な役割を解明するためには石器の形態的研究が先行しなければならない（安蒜 1979）。本論では石器の機能に近づくため、石器の形態的な変化様相を検討し、そのような変化が発生する原因を製作および使用の側面から明らかにする。そして中子を備えた石器の製作－使用－破損－修理をめぐる一連の過程を復元する。これによって石器の機能と多様な形態との間に一連の構造性が明確に提示されることを目的とする。

1. スムベチルゲの分析

朝鮮半島でスムベチルゲが報告された遺跡は、表採資料を含め29ヶ所281点である。朝鮮半島南半部のほぼ全域にかけて出土しているこの石器は、概して一ヶ所の遺跡で5点未満の少量で確認される。そのせいで石器製作の全工程を探ることができる資料は多くない。この中で垂楊介、ジングヌル、龍山洞など3ヶ所の遺跡からは、それぞれ55点、99点、38点の石器が報告されている。これは石器の出土数量の側面から見ると、より集中的な石器製作が行われたことを示すものと推定される。そのため本論では、垂楊介・ジングヌル・龍山洞遺跡の石器を中心に検討する。

しかし、各遺跡では中子あるいは先端だけが破片で出土する例があり、また破損で明確な観察が難しい例もある。そこで、分析の項目に対する観察が可能な石器を選び、垂楊介遺跡では40点、ジングヌル遺跡では45点、龍山洞遺跡では13点を分析対象とする。

石器の部分名称は基部－胴部－先端部に分ける（第1図）。しかし基部のみ、あるいは先端部のみなど破片

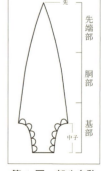

第1図　部分名称

の状態で出土しているものは、今回の観察対象から除外する。そのため、基部といえば中子と胴部が共に残っているもの、先端部は先端と胴部が共に残っているもの、胴部は中子や先端が残ってない真ん中の胴部のみが残っているものを指す。

(1) 石器の大きさ

1) 長さ（第2図①）

垂楊介遺跡における石器の長さは44〜95mmに分布し、その内55〜73mmに20点（50％）が集中する。これを完形品（26点）と破損品（14点）に分けてみると、完形品は46〜90mmに等しく分布するが、その中でも素材の一部分だけが残存する13点は48〜78mmに分布する。一方、破損品は44〜95mmに分布し、44〜73mmに13点が集まっている。

ジングヌル遺跡では31〜80mmに等しく分布し、45〜68mmに31点(69％)が集中する。この中、完形品（26点）は31〜80mmに分布するが、素材の一部分だけが残存する16点は37〜80mmに分布し、長さの分布域が広い。破損品（19点）は33〜74mmの分布し、その中でも33〜54mmに14点が集中している。

龍山洞遺跡では47〜80mmに分布し、とくに47〜54mmに9点（69％）が分布する。また、この中で5点の完形品の長さは47/48/50/54/80mmなどであり、素材の全体が残っているのは1点（50mm）のみである。破損品（8点）は51〜54・59・70〜71mmである。

要約すると、垂楊介遺跡の石器はジングヌル・龍山洞遺跡に比べより長い。龍山洞遺跡の場合、ジングヌル遺跡と同じかより長いが、素材の一部分だけが残存する例がほとんどである。ジングヌル遺跡の石器は非常に短い石器も目立つ。

2) 幅と厚さ（第2図②・③）

垂楊介遺跡における石器の幅は16〜32mmに分布し、19〜28mmに集まっている。厚さは5〜15mmに分布し、6〜11mmにより集まっている。

ジングヌル遺跡は幅15〜33mmに分布し、17〜23mmにより集中的である。厚さは4〜12mm

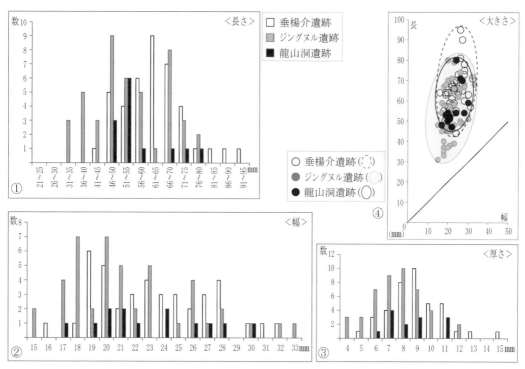

第2図 3遺跡における石器の大きさ

に分布し、6～9mmにより集まっている。とくに、完形品はより薄い（6～7mm）素材が多く、破損品はより厚い（8～9mm）方が多い。

龍山洞遺跡の場合、幅が17～30mmに分布する。遺物の数が少ないため明確ではないが、その中でも20～21mmに集中する。また、厚さは6～11mmに分布し、その中で7～9mmにより一層集中する。とくにジングヌルと同じで、完形品は6～7mmに、破損品は8～9mmにより多い。

要約すると、ジングヌル遺跡と龍山洞遺跡からは、完形品はより薄く、破損品はより厚いという共通点がみとめられるが、垂楊介遺跡とは相違点がみとめられる。

（2）石器の諸属性

1）素材の剥離方法

スムベチルゲの背面に残っている剥離痕跡の観察から剥離方法を推定した。まず、垂楊介遺跡では片方向剥離（35点）が最も多く、両方向剥離（1点）と二方向剥離（2点）、その他（2点）の順である。他に、礫面の残っている石器が存在する。

ジングヌル遺跡からも片方向剥離（23点）が最も多く、両方向剥離（9点）、三方向剥離（8点）、二方向剥離（4点）、その他（1点）の順で分けられる。他に、礫面が残っている剥片や石器が存在し、さらに廃棄された石核も出土する。

龍山洞遺跡では垂楊介・ジングヌル遺跡とは異なり、片方向剥離（9点）と両方向剥離（4点）だけがみとめられる。また、遺物組成を確認すると、廃棄された石核が出土している。

素材剥片は基本的に片方向剥離によって用意されるが、ジングヌル遺跡と龍山洞遺跡からは両方向剥離による素材もみとめられる。これは垂楊介遺跡とジングヌル・龍山洞遺跡との間にみとめられるまた一つの相違点ともいえると考えられる。

2）素材の残存部位

垂楊介遺跡から出土したスムベチルゲのうち、素材全体が残存するものは14点である。一方、破損で一部分だけが残存するものは26点であり、その内基部の残存が14点で最も多く、次に先端部の残存（7点）、胴部のみ残存（5点）の順である。すなわち、素材全体の残存と基部残存の石器が等しい比率を占める。これを完形品と破損品に分けてみると、完形品は素材全体の残存が13点で最も多く、一部分の残存は先端部7点＞基部4点＞胴部2点の順である。破損品は素材全体の残存（側縁の部分破損）が1点だけである反面、基部の残存が10点、胴部の残存が3点である。まとめると、完形品は素材全体の残存と先端部の残存の比率が高く、破損品は基部残存の比率が高いことがわかる。

ジングヌル遺跡の石器は、基部の残存（17点）＞素材全体の残存（11点）＞先端部の残存（9点）＞胴部の残存（8点）の順であり、全体的には先端部が折れたままの基部残存の石器が最も多い。これを完形品と破損品に分けてみると、完形品は素材の残存部位が全体（10点）＞先端部＝基部（7点）＞胴部（2点）順であるが、破損品は基部（10点）＞胴部（6点）＞先端部（2点）＞全体（1点）の順である。これを考察すると、素材の全体あるいは先端部が残っているものは完形品がより多い反面、胴部あるいは基部だけが残っているものは破損品が多い。言い替えると、素材の先端部が残っていると完形品が、先端部が残ってないと破損品の比率がより高いということがわかる。

龍山洞遺跡の石器は、素材全体が残存するものは1点のみで、その他は全て素材剥片の一部分だけが残存する。その中には胴部の残存（7点）が最も多く、その他に先端部の残存（1点）と基部の残存（4点）に分かれる。完形品は全体の残存と先端部の残存がそれぞれ1点で、胴部の残存（3点）が最も多い反面、破損品は基部の残存と胴部の残存がそれぞれ4点である。

垂楊介遺跡からは素材全体の残存と基部の残

存の石器が同じ比率であり、ジングヌル遺跡からは基部の残存が、龍山洞遺跡からは胴部の残存が最も多いという遺跡ごとの差がみとめられる。しかし垂楊介とジングヌル遺跡では、完形品の場合、素材全体の残存と先端部の残存の比率が高く、破損品は基部残存の比率が高いという共通点がある。これに反して、龍山洞遺跡ではほとんどの石器が素材の一部分だけが残存し、とくに胴部のみの残存と基部の残存が多い現状は他の2ヶ所の遺跡と異なる。

3）基部の選択と調整剥離

垂楊介遺跡におけるスムベチルゲの基部は39点が打面側である反面、先端部側を基部として利用した例は1点のみである。また、基部形態から辺形（A型、29点）と角形（B型、11点）に分けて検討すると、数量の面からはA型の基部がより基本形態であることがわかる（第3図）。

さらに、この形態ごとに素材残存の部位を確認すると、A型は29点の内22点に基部が残っている反面、B型は11点の内6点に基部が残っているが5点は残ってないので、その明確な差は確認できない。このことから垂楊介遺跡からは、A型に基部残存の素材が多いということだけがいえる。

ジングヌル遺跡の石器は、45点中43点が打面側を基部として調整し、2点は先端部側が基部に用いられた。それから基部形態は、A型が33点、B型が10点であり、残りの2点は折れて区分が難しい。これを素材の残存部位と共に検討すると、A型は素材の全体残存と基部残存など基部の残っているものが76％を占める。これに反して、B型は胴部あるいは先端部の残存など基部が残ってないものがさらに目立つ。

龍山洞遺跡の場合、13点のスムベチルゲのうち、先端部側を基部として用いられたものが4点もあり、他遺跡に比べとくに多い。また、基部形態はA型（9点）とB型（4点）に分けられる。これを素材の残存部位とともに検討してみると、ジングヌル遺跡と違い、基部の形態と素材の残存部位との関連性がみとめられない。石器のほとんどが素材の一部分しか残ってない現状が影響を与えた結果であると考えられる。また胴部のみ残存のものが多いというのは、盛んに使った結果ともいえ、素材の先端部側を基部に設定した例がとくに多い現状との関連性があるとも考えられる。

4）側縁の調整加工剥離

側縁の調整加工度は加工のないもの（a）、片側縁の一部分に限られる加工（b）、片側縁の（ほぼ）全体に加工（c）、両側縁に加工（d）などの四つに分けられる（第5図）。

垂楊介遺跡では、aの13点、bの6点、cの8点、dの1点で分けられ、残りの12点は先端部の破損で区分が難しい。この中で、完形品だけを扱うと、a（12点）＞c（7点）＞b（6点）＞d（1点）の順であり、加工のないaが最も多い。さらにこれを加工度と素材の残存部位とを共に検討してみる。加工のないaは、素材全体の残存（9点）＞先端部（2点）＞基部（1点）の順である。すなわち、1点以外には全て先端部が残存し、先端部が残存する場合は素材の側縁が刃としてそのまま活用されたことがうかがえる。

加工bは先端部（3点）＞胴部（2点）＞素材全体（1点）の順であり、また加工cは素材全体＝基部（3点）＞先端部（1点）の順である。加工bと加工cの先端部が残存する例は、先端部が残っているにも関わらず加工が認められ（第6図①〜④）、加工のないaと対立する結果を見せている。しかし、このような例の全ては側縁の加工によってようやく対称構造を成しているのが目立つ[1]。言い換えると、非対称の素材を対称的形態に調整するための措置であると考えられる。したがって、先端部が残っている

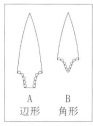

第3図　基部の分類

素材も対称のため加工を施す場合があると考えられる。

最後に加工dは、先端部残存の素材で1点のみである（第6図⑤）。これも加工によって素材の縦軸に対称を成している。そのため、先端部残存の素材にも関わらず、素材の非対称的形態を調整するために両側縁にかけて加工を施した稀な例と考える。

ジングヌル遺跡の場合、aの12点、bの11点、cの10点で似たような比率を占め、dは1点だけである。それから残りの11点は先端部の破損で分けることが難しい。これを完形品と破損品に分けてみると、完形品はa（11点）>b（8点）>c（6点）>d（1点）の順である反面、破損品は破損で不明（11点）>c（4点）>b（3点）>a（1点）の順であり、互いに反比例的様相を見せている。すなわち、完形品は加工のない例がより多く、破損品はより積極的な加工がみとめられる。これに加えて、完形品の加工度を素材の残存部位とともに検討してみる。加工のないa（11点）は素材の全体残存（8点）と先端部の残存（3点）に分かれるが、全て先端部が残されている。

加工b（8点）は先端部の残存（3点）、基部の残存（3点）、胴部のみ残存（2点）で、全て素材の一部分のみが残存する。これは石器の破損と共に先端部の加工が始められるということが推察できる。これはさらに先端部の残存（3点）と先端部の破損（5点）とに二分できる。その先端部の残存は形態的変化がほとんどない加工（b′）が、先端部の破損はより形態変化が大きい加工（b）がみとめられる（第7図参照）。

また、加工c（6点）は、全体残存（1点）、先端部の残存（1点）、基部の残存（4点）に分けられ、先端部が折れた基部残存の石器は加工cの比率が高まる。その反面、先端部残存（2点）の石器は、素材の残存とは関係なく先端部が非対称的な素材の形態を修正するために加工を施したものと考える（第7図①・②）。合わせて、石器の整形

には先端の対称を目的としていることがうかがえる。

最後に、加工dは1点のみであり、素材の全体が残存する。この石器は中子が形成されているが、先端部の角度が緩やかであり、また、加工により対称が乱れている。先端部の対称を狙っているスムベチルゲの属性に基づくと、異なる機能の石器である可能性もある。

龍山洞遺跡におけるスムベチルゲの先端部および側縁の加工は、c（6点）>b=a（2点）の順であり、残りの3点は先端部が折れて不明である。すなわち、先端部の加工はより変形度の高いcが多い。これを完形品と破損品に分けて検討すると、完形品は加工のないaと加工cがそれぞれ2点ずつで、加工bが1点だけである。一方、破損品は加工cが4点、加工bが1点であり、残りの3点は折れた状態である。これは、具体的な数量による大きい差はみとめられない。ただ、完形品からは加工のない例があるが、破損品からはより積極的な加工を見ることができる。

完形品の側縁加工を素材の残存部位と結びつけてみると、まず、加工のないa（2点）は素材の全体残存と先端部の残存がそれぞれ1点ずつで、全て先端部が残存する。すなわち、剝片の先端部をそのまま刃として用い、破損しても先端部が残存すると再生させる直し方が推定できる。また、加工b（1点）と加工c（2点）は全て胴部残存の素材であり、破損率が大きいほど加工による変形度が高まることがうかがえる。

5）石器の形状

スムベチルゲの素材は片方向剝離あるいは両方向剝離による縦長剝片であり、その対称性が確認された。しかし、先端部の加工は石器の破損によって施され、破損度によって先端部加工の範囲が変わっていく。また、その過程で石器の対称性が乱れる例もみとめられる。それでは、使用によってスムベチルゲの対称性が崩れても、

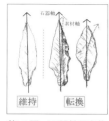
第4図 石器軸の変化

同じ機能を維持していたと解釈することができるのか。破損度によっては再生を越え、他の機能に転用される可能性は考えられないのか。新たに提起された問題を検討するため、ここでは石器軸の変化に注目する(第4図)。

ここでは石器製作の結果品であるスムベチルゲの基本形は、素材の全体が残存するということを前提としている。これを適用すると、完形のスムベチルゲであるが素材の一部分のみが残存するならば、これは再生品と分類できるはずである。さらに、再生された完形石器の調整加工度と石器軸の変化などを探り、石器の機能を類推してみたい。そこで本論では素材の一部分のみが残存する完形の石器を分析対象として扱う。

垂楊介遺跡で素材の一部分のみが残存し再生品とみられる完形の石器は13点であり、その残存部位は先端部(7点)>基部(4点)>胴部(2点)である。先端部が残存する例は全て素材軸と石器軸が一致する。一方、基部残存と胴部残存の例は1点を除く全て石器軸が転換されている。

ジングヌル遺跡の場合、再生品とみられる完形石器は16点であり、残存する部位は先端部=基部(7点)>胴部(2点)の順である。先端部が残存する素材はやはり素材軸が石器軸として維持される。基部が残存する石器の場合、加工cの全ては石器軸が転換されている反面[2]、bは維持されている。しかし、bの内の1点(第7図③)は先端部がほぼ扁平であり、異なる機能、あるいは未完成の石器である可能性もある。また、胴部が残存する石器の先端部加工は全てbであり、石器軸も転換されている。

龍山洞遺跡から再生品とみられる完形石器は4点であり、胴部残存(3点)>先端部残存(1点)がある。先端部が残存する例は素材軸と石器軸が一致しなく、他遺跡と異なる。また、非対称の形態である。そして胴部のみ残存する例の調整加工度はc(2点)>b(1点)であり、石器軸を検討するとcは転換され、bは維持されている。

2. スムベチルゲの形態的属性

(1) 石器の大きさ：石器の製作と再生(第2図)

三つの遺跡から出土したスムベチルゲの中で完形品の長さを分析すると、垂楊介遺跡>龍山洞遺跡≧ジングヌル遺跡の順で並べることができる。より集中する分布域を見ると、垂楊介遺跡>ジングヌル遺跡≧龍山洞遺跡の順になる。すなわち、ジングヌル遺跡と龍山洞遺跡はスムベチルゲの出土数量によって変数が発生するだけで、石器の基本的な大きさは似ている。これに対し垂楊介遺跡の石器がより長いのは明らかである(第2図④)。

幅を検討すると、垂楊介遺跡に比べジングヌル遺跡の剝片剝離がより規格化されたということがわかる。また、ジングヌル遺跡では小・中形に当たるより多様な剝片が分布するが、龍山洞遺跡では中形の剝片が中心である。これは礫の搬入から剝片剝離が始まるジングヌル遺跡と、石核が搬入される龍山洞遺跡の間に生ずる、製作段階の違いが反映された結果であるといえる。

また、ジングヌル・龍山洞遺跡では、完形品はより薄い素材が多く、破損品はより厚い方が多いという共通点がみとめられる。石器の破損部位と厚さを共に調べた結果、薄い石器は基部の中子が折れやすく、先端部だけが残る例が多い。このような場合、残っている先端をそのまま活用し、折れた部分に新しく中子を作り直すものが多い。しかし厚いものはほとんど先端部が折れて、基部の中子が折れた例に比べると破損の状態が多く、再生の比率が低いのが目立つ。このような素材の厚さと破損部位の間の相関関係から、先端部が残存すると石器再生を行うという石器再生の一つの基準を窺うことができる。

(2) 素材剥片の剥離方法と石器製作地の性格

スムベチルゲの背面の観察から推定した素材剥片の剥離方法は、片方向剥離、両方向剥離、二方向剥離、三方向剥離などが認められた。この中、片方向剥離が最も多く、ここに両方向剥離を含めると垂楊介遺跡は変化がほとんどないが、ジングヌルと龍山洞遺跡の場合は変化が大きい。すなわち、垂楊介遺跡では片方向剥離によって、他の二ヶ所の遺跡では片方向剥離または両方向剥離によって素材剥片を剥離したと見ることができる。これはジングヌルと龍山洞遺跡に比べ垂楊介遺跡の素材剥片がより大きいという検討結果とも通じると考える。

一方で、二方向剥離と三方向剥離によるものは垂楊介遺跡（2点）とジングヌル遺跡（12点）にだけ認められ、とくにジングヌル遺跡で目につく。この二方向・三方向剥離による素材は石核の外側から行われる剥片剥離の初期段階のものと推定され、石核において作業面の両側縁辺から剥がした可能性が高い（김은정 2016）。これに加え、石器の背面に礫面が残存する例も垂楊介遺跡とジングヌル遺跡でのみがみとめられる。これによると、垂楊介とジングヌル遺跡では礫を遺跡に搬入し、石器製作は礫から進める初期段階の剥片剥離から始まったことが推定できる。これに反して龍山洞遺跡では石核が遺跡に搬入され、より進んだ核（心）部分の剥片剥離が中心的であったのが推定できる。

このように素材剥片の剥離方向からは、片方向剥離と両方向剥離によっては垂楊介遺跡－ジングヌル・龍山洞遺跡で、二方向および三方向剥離の有無によっては垂楊介・ジングヌル遺跡・龍山洞遺跡で、それぞれグループを付けることができる。言い換えると、垂楊介・ジングヌル遺跡は礫から始まり剥片剥離が進んだ原産地的性格の石器製作地と、龍山洞遺跡は礫面がもう除去されたより核（心）部分の石核から剥片剥離が行われた経由地的性格の石器製作地と

見ることができる。ここに石器造成も参考にすると、垂楊介・ジングヌル遺跡はスムベチルゲの製作と再生が盛んに行われた作業場であるとすれば、龍山洞遺跡はより小規模の製作とより活発な再生作業が考えられる作業場であると考える。

(3) 石器の調整加工度と形態的多様性
（第5～8図）

素材剥片の残存部位をとらえると、素材全体が残存する例と破損によって素材の一部分のみが残存する例とに区分できる。また素材の一部分のみが残存する例はさらに先端部の残存・胴部のみ残存・基部の残存に細分できる。

三つの遺跡における石器素材の残存部位を検討した結果、先端部残存の有無がスムベチルゲの廃棄あるいは再生を決定する一つの基準である可能性が考えられる。

また、スムベチルゲは素材の厚い部分を基部に調整する作り方がみとめられる（金煥逸 2006）。しかし、より真っ直ぐな部分を先端部に調整加工する作り方もみられる。つまり、素材剥片の厚さと曲度が石器の基部と先端部を決める一つの基準であることが考えられる。

次に、素材剥片の調整加工度と形態的変化の原因を明らかにするため、各々基部と先端部を分けて検討した。先に、基部形態をA型（辺形）とB型（角形）に分けてとらえると、A型が基部の基本形態であることがわかる。さらに素材の残存部位との関連性を調べると、素材の基部を石器の基部に調整する作り方が分かる。とくにジングヌル遺跡の分析によると、B型の基部は破損したものの再生過程から生ずる可能性があると考えられる。

先端部の調整加工剥離は加工のないa、片側縁の一部分に限る加工b、片側縁の（ほぼ）全体に至る加工c、両側縁の加工dなどの四つに分けた。垂楊介は加工のないaが最も多く、ジングヌルは加工dをのぞいてその他は加工度が

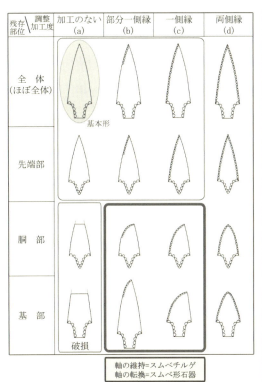

第5図　スムベチルゲとスムベ形石器分類

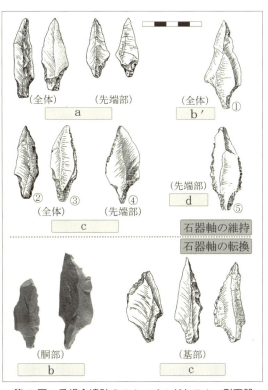

第6図　垂楊介遺跡のスムベチルゲとスムベ形石器

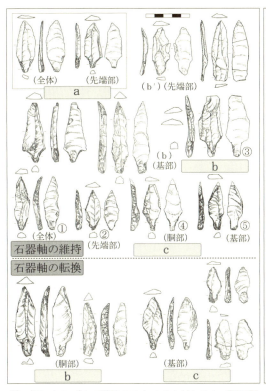

第7図　シングルヌ遺跡のスムベチルゲとスムベ形石器

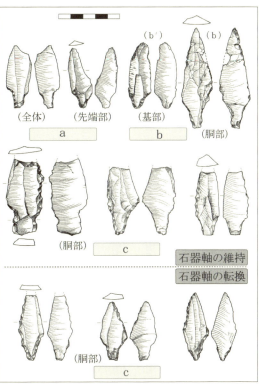

第8図　龍山洞遺跡のスムベチルゲとスムベ形石器

等しく、龍山洞は加工ｃが最も多い。これによるとそれぞれ石器製作の中心－石器製作と再生の中心－石器再生の中心という各々遺跡の性格がうかがえる。

　引き続き、完形品と破損品に分け、先端部の調整加工度を検討した。垂楊介遺跡の場合、完形品は加工のないａが最も多く、破損品の再生比率は低い。ジングヌル遺跡では完形品の場合加工のないａがより多い反面、破損品は加工ｃとｂが多くより積極的な加工度がみとめられる。龍山洞遺跡は大きい差はみとめられないが、完形品には加工のない例があり、破損品にはより積極的な加工を見ることができる。要約すると、先端部の調整加工度を検討した結果も前述したように製作中心－製作と再生中心－再生中心の遺跡性格を反映していたと理解することができる。

　最後に、先端部の調整加工の仕方や形態的変化の原因を探るため、各遺跡の完形品だけを扱い素材の残存部位と調整加工度を検討した。素材剥片の全体が残存する石器は先端部の加工が施されない（a）。これによって、素材の基部を石器の基部に面調整し、両側の縁辺が先へ収まる素材の先端部を石器の先端部にそのまま活用するのがスムベチルゲの基本形であるということがわかる。

　また、加工ｂはそのほとんどが剥片の一部分のみが残存することから、石器破損につれ先端部の加工が施されるということがわかる。なお、基部が破損しても先端部が残存すると新たに中子を造成するか、先端部に形態的な変化のない加工ｂ′で刃を補強する再生方式が推定できる。これに加え、素材の破損範囲が大きくなるにつれ加工の範囲もさらに拡大する様相が読み取れ、素材の残存部位と先端部の調整加工度との間の相関関係から形態的多様性が生ずることが理解できる。

（4）石器の形状と機能との関連性（第５〜８図）

　スムベチルゲの製作および再生方式を把握するため、素材剥片の剥離方法、大きさや形態的属性を検討した。素材は縦長剥片で、基本的に対称的な形態を取っている。スムベチルゲの対称性はその素材の縦軸をそのまま活用した結果であることが確認された。さらに、素材の残存部位と先端部の調整加工度との検討によって、スムベチルゲの基本形が抽出できた。しかし一方で、非対称の素材を用いる場合、素材の残存と関係なく先端部を調整加工する例もあり、石器の形態整形には先端の対称を意図していたことが考えられる。

　このようなことから、スムベチルゲは対称をなす縦長剥片の基部に面調整による中子を作り出し、先端部の両側縁が素材軸に収まる形で尖っている刺突具であると定義できる。その刺突具としての石器は主に先端部が折れやすく、破損品には基部残存の比率が高いのが確認された。そのため、使用および破損による石器の再生は対称形態に直し、先端部の加工ｂとｃへ拡大するということが確認された。

　ところで、そのような再生過程の中、石器形状の変化と機能との関連性を確かめるため、素材の一部分のみ残存する石器を扱いその破損過程を検討した。先端部の調整加工度から見ると、加工のないａと加工ｂ′は石器軸がそのまま維持されるといえる。これに反し、素材の基部あるいは胴部のみが残存する場合の石器先端部には、加工ｂと加工ｃが結合する。これは石器軸が維持される例と転換される例が共にみとめられる。石器軸が維持されるということは石器を使う方法と機能に変化がないということで再生が、逆に石器軸が転換されるということは石器の使用方法が変わる転用か、異なる石器である可能性が推定される。これによって先端部の調整加工度と石器軸の変化との間にも相関関係があるということがうかがえる。

このようにスムベチルゲの製作および再生・転用を作業連鎖の過程で理解すると、各段階を製作スムベチルゲ−再生スムベチルゲ−転用スムベ形石器で区分できそうである。三つの遺跡における完形品のスムベチルゲをこのような段階に分けてみると、72％はスムベチルゲであり、残りの28％は違う機能に転用された可能性が考えられる。しかし、後者である転用の可能性がある石器は数量の多少とは別に、中子が残っている形態的特徴から目的とした道具でないリサイクルの道具と見ることができる。これはスムベチルゲの破損品をリサイクルして違う機能を持つ石器に直したものであると考えられる。したがってこのような転用およびリサイクルの道具を目的の道具と区分するため、'スムベ形石器'という名称を付けておきたい。そして目的の道具である対称形態のスムベチルゲと区分し、各形態的特徴と製作技法からスムベ形掻器・スムベ形削器・スムベ形彫器などのように、その機能が推定できる細部名称も提示できる。

終わりに

朝鮮半島でスムベチルゲが大量に出土する3ヶ所の遺跡—垂楊介・ジングヌル・龍山洞—を対象とし、石器製作および修理の工程を復原し、さらに石器の斉一性を捉えようとした。そのためまず、石器の計測および形態的諸属性の分析を通じて一次的にスムベチルゲの基本形を抽出し、定義を提起した。

なおかつ2次的には諸属性の相関関係を捉え、形態の多様性が生ずる原因および機能との関連性を石器の製作−使用−破損−修理に達する一連の作業連鎖の過程で把握した。素材の全体が残存している完形品の観察により、スムベチルゲの作り方が確認された。これに反し、素材の一部分のみ残存している完形品の観察からは、スムベチルゲの再生方式がうかがえた。さらに、

素材の一部分のみが残存している完形品と破損品に対する石器軸の検討から、石器軸の転換と共に異なる機能へと転用される可能性が考えられた。つまり、スムベチルゲの形態的変化および変移は石器が持っている道具としての役割と連動し、一定の構造性を構えているということが認められた（김은정 2016）。

最後に、石器の作業連鎖の過程を復元し、各段階において石器の機能を検討した。それによって、目的の道具として刺突具の機能が反映されたスムベチルゲと、転用およびリサイクル道具としてそれぞれ異なる機能の刃を備えたスムベ形石器とに分けることができた。このような道具の細分は、スムベチルゲ石器群を残した集団が持っていた資源の運用と活用を巡る具体的な様相を解明する糸口になると考える。

註

(1) スムベチルゲの対称性と非対称性が区分できるその基準を明らかな数値として提示することはできない。しかし対称度を区分する一つの基準として加工の有無を適用すると相対的に有効な結果を得ることができると考える。即ち、石器の主な機能部である剝片の先端（部）が加工により対称性を確保した場合と、逆に剝片の先端（部）が加工によって対称性が乱れた場合とを分けてみると、対称性に対するその意図を比較的明らかに認めることができると考える。

(2) 石器の非対称な形状と機能との関連性を探る際、素材の一部分のみが残存する完形の石器を分析対象としている。しかし、第6図④・⑤の石器は破損品であるので、解釈に注意を要する。

引用・参考文献

【日本】

安蒜政雄 1979「石器の形態と機能」『日本考古學を学ぶ』2、pp.17-39、有斐閣

金正培 2005『韓国の旧石器文化』六一書

吉留秀敏 1997「AT降灰後の九州ナイフ形石器文化に関する尖頭器的様相—剝片尖頭器—」『九州旧石器』3

【韓国】

金煥逸 2006「대전 용산동 구석기유적 출토 슴베찌르개의 성격」『研究論文集』2

김은정 2016「진안 진그늘유적 슴베찌르개의 제작과 사용에 대하여」『湖南考古學報』53

朴䂓榮 2012「한반도 출토 슴베찌르개 연구」釜山大學校 大學院 文學碩士 學位論文

손보기 1973「石壯里의 후기 구석기시대 집자리」『韓國史研究』9

이기길 1999「슴베찌르개와 공반 유물에 대하여」『嶺南地方의 舊石器文化』

이기길 2011「진안 진그늘유적의 슴베찌르개 연구 : 제작기법 형식.크기를 중심으로」『韓國上古史學報』73

李隆助 1985「丹陽 수양개 舊石器 遺跡 発掘調査報告」『忠州댐 水没地區 文化遺蹟 延長発掘 調査報告書』

이융조・우종윤・공수진 1999「수양개 슴베연모의 고찰」『第4回國際學術會議 수양개와 그 이웃들』

이융조・공수진 2002「수양개유적의 슴베연모에 대한 새로운 연구」『한국구석기학보』6

이정철 2007「일본 후기 구석기시대 슴베찌르개 (剝片尖頭器) 연구에 대한 검토」『忠北史學』20

이헌종 2009「동북아시아 현생인류의 등장과 사냥도구의 지역 적응에 대한 연구」『한국구석기학보』20

이헌종・장대훈 2011「우리나라 후기구석기시대 슴베석기의 기능과 도구복원 연구」『한국구석기학보』23

이형우 2007「포인트형 석기의 기능적 변화에 대한 이론적 고찰」『湖西考古學報』16

張龍俊 2001「密陽 古禮里遺蹟 몸돌 (石核) 研究」釜山大學校 大學院 文學碩士 學位論文.

장용준 2002「우리나라 찌르개 (尖頭器) 연구」『한국구석기학보』6

張龍俊 2007「韓半島와 日本 九州地域의 後期舊石器文化의 交流 : 슴베찌르개(剝片尖頭器)를 中心으로」『韓國上古史學報』58

최철민 2014「후기 구석기시대 슴베찌르개 고찰」경희대학교 대학원 석사학위 논문

韓国細石器文化における製作技術と変容

大谷　薫

はじめに

韓国における細石器研究は石壮里遺跡発掘によって幕を開き、その後垂楊介遺跡の発掘を契機に国内外の多くの研究者の関心を集めてきた。とくに細石核形態の多様性から細石刃製作技術の検討および作業工程の復元（이융조 1989、이융조・윤용현 1994、Yi1992、성춘택 1998、大谷 2012）、編年研究（장용준 2002、大谷 2016）が進展してきた。また東北アジア全体の動きを捉え、地域間の比較検討を行った研究も多様性を見せており、中でもシベリア・北海道を通じた北方との関連（小幡 1989・2003・2011、加藤晋 1984、佐藤 1992・2002・2008、李憲宗 1997・1999・2015 など）、中国・九州など西方との関連（小幡 1983・1989・2005・2008、加藤真 2009、佐藤 2008 など）、またそれら全体を環日本海として一地域の様相と理解した研究（安蒜 2005・2008・2010、加藤学 1996、須藤 2009 など）が注目される。

しかし、韓国内における細石器製作技術分析や石材利用の内容に関する具体的・統合的な考察は未だ研究途上にあるといえる。各遺跡において異なる製作痕跡が残された背景にはどのような作業工程が進展し、地域間の連動関係が成立していたのか。本論では韓国内の細石器出土遺跡を中心に、遺跡ごとの細石核形態および石器石材組成の内容を明らかにし、遺跡間の動態を多角的に解析する。

1. 細石核分類

韓国で細石器関連遺物が確認されている遺跡は約60ヶ所を越え、中でも遺物が集中的に出土する遺跡は下花渓里Ⅰ（崔福奎ほか 1992）・Ⅲ（崔福奎ほか 2004）、ヌルゴリ（기호문화재연구원 2016）、上舞龍里Ⅱ（江原洞・江原大学校博物館 1992、김상태 1998）、好坪洞（홍미영・김종헌 2008）、垂楊介Ⅰ（이융조 1985）・Ⅵ（Lee et al. 2014）、石壮里（Sohn1968、손보기 1993）、老山里2地点（한국선사문화연구원 2008）、全州中洞（한수영・이창승 2013）、月城洞（慶尚南道文化財研究院 2008）、月坪（이기길 2002、이기길ほか 2004）、新北（이기길 2004）、集賢（부산대학교박물관 2002）、海雲台中洞（하인수 2001）遺跡などがあげられる（第1図）。これらの遺跡を中心に細石核形態を観察すると、4つの類型に分類することが出来る。

Ⅰ型―楔形細石核

Ⅰ型は器体を両面または片面調整によってととのえ、小口面から細石刃剥離を行うものであ

第1図　韓国細石器遺跡の細石核出土状況

韓国細石器文化における製作技術と変容

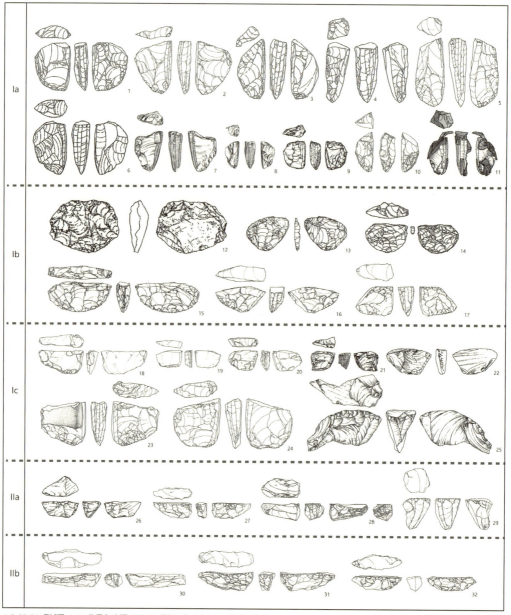

1・5・23・24: 月城洞, 6・14: 海雲台 中洞, 7・8・21: 月坪4文, 9・30・31: 老山里2地点, 10・12・15・16・18-20・27・28: 垂楊介Ⅰ地区,
11・25: 好坪洞2文, 12: 新北, 13: 民楽洞, 17・29・32: 集賢, 22: 堂下山, 26: 頭鶴洞ジュンマル

第2図　細石核形態別出土例（Ⅰ・Ⅱ型）

る。器体調整と細石刃剝離方法からさらに4つに分けられる。

　Ⅰa：両面調整を施した器体の長軸方向から細石刃剝離を行うものである（第2図1～11）。月城洞遺跡で最も多く出土し、そのほか好坪洞2文化層、垂楊介Ⅰ、月坪4文化層、海雲台中洞遺跡からも数点確認された。細石核打面は器体

の短軸方向から削片剝離または調整によって作出され、作業の進行状況に従って再生が行われる。作業面の反対側にあたる背縁に作業面と並行するように稜線が形成される点が特徴である。

　Ⅰb：両面調整によって準備された器体の短軸方向から細石刃剝離を行うもの。細石刃剝離前の細石核原形準備段階で2つの方法が確認さ

1-5・13-18: 下花渓里Ⅰ, 6: 下花渓里Ⅲ, 7: 老山里2地点, 8-11・23-25・40・41: 好坪洞2文, 12: 垂楊介Ⅰ地区, 19: 月坪4文, 20-22: 石壮里上部, 26: 清堂洞, 27: 金城, 28: 新北, 29-35: 上舞龍里Ⅱ

第3図　細石核形態別出土事例（Ⅲ・Ⅳ型）

れる。一つは、元来の平坦な自然面または調整によって作出された平坦面を打面とし、細石刃剥離が行われるもの（Ⅰb-1、第2図15）、もう一つは楕円形の両面調整体を準備した後、削片剥離によって作出された打面から細石刃剥離が行われるもの（Ⅰb-2、第2図12〜14）である。両者の違いは打面形成のタイミングであり、前者の場合では打面形成が細石核原形段階からすでに設定されているのに対し、後者の場合は打面形成が細石刃剥離時に行われるという段階差が確認できる。しかし作業が進行した細石核においては、両者を明確に判別することが困難であることから、細分を行わずⅠbとして統一した（第2図16・17）。

Ⅰc：片面調整によって準備された器体の短軸方向から細石刃剥離が行われるもの（第2図18〜25）。素材には薄手の剥片・砕片が用いられ、とくに剥片を素材とした場合では剥片の打面が器体縁辺に残されているものが多い。両面調整が施されるⅠa・bに比べ相対的に小形である。垂楊介Ⅰ・Ⅵ地区で集中的に出土した。

Ⅱ型─船底形細石核

自然面または平坦な剥離面を打面とし、側面を調整した後、器体短軸方向から細石刃剥離を行うもの。打面には一枚の平坦な剥離面を用いる場合（Ⅱa、第2図26〜29）と、剥片腹面をあてる場合（Ⅱb、第2図30〜32）があるが、前者は素材の分割面、後者は縦長剥片あるいはⅠ

型細石核の打面形成時に作出される削片を素材
としたものが多い。垂楊介Ⅰ・Ⅲ・Ⅵ地点、老
山里2地点、集賢、海雲台中洞遺跡などから確
認された。

Ⅲ型―稜柱形細石核

器体形態が円柱・円錐・角錐など素材形態に
応じて形状が多様である。概して打面調整を加
えてから細石刃剝離が行われる。細石刃剝離方
法から、狭小な小口面を作業面とするもの（Ⅲa、
第3図1～12）、幅広の正面を作業面とするもの
（Ⅲb、第3図13～25）、作業面が全周するもの
（Ⅲc、第3図26～28）の3つに細分される。Ⅲ
aとⅢbでは下花渓里1遺跡で黒耀石を用いた
石器製作が集中的に出土しているほか、好坪洞、
老山里2地点などからも確認された。Ⅲcは清
堂洞（전병우2006）、新北遺跡などから単独的に
出土した。素材形状に適応して細石刃剝離を行
うことから、打面・作業面の転位が頻繁に行わ
れるという特徴がみとめられる。

Ⅳ型―彫器形細石核

比較的大形・厚手の石刃または剝片を素材と
し、側縁から細石刃剝離を行うもの（第3図29
～35）。素材形状によっては側縁の一部に調整
を加えるものもあり、彫器削片剝離と類似した
技術形態的特徴をもつ。上舞龍里Ⅱ遺跡からま
とまった資料が出土したほか、石荘里、ヌルゴ
リ遺跡などからも単独的に確認されている。

2. 各遺跡出土細石核分析

細石核の技術形態的特徴をもとに、遺跡ごと
の細石核形態組成を見てみると、各遺跡の細石
核形態は単純に一形態から構成されるのではな
く、複数形態が共伴する複雑な様相を示してい
ることがわかる。ここでは細石核形態の組み合
わせをグルーピングして各遺跡の様相を検討す
る（第4図）。

グループ1

両面調整技術による器体成形を行うが、細石

核原形を製作しない一群。細石核形態では両面
調整技術によるⅠa・ⅡaとともにⅢa・Ⅲbを
伴う場合が多い。月城洞遺跡ではⅠaを中心と
するが、老山里2地点ではⅡa、好坪洞遺跡で
はⅢ型が多いというように、遺跡ごとに形態組
成の割合は異なるが、すべての遺跡ではあらか
じめ準備された細石核原形が伴わない点で共通
する。

グループ2

両面調整技術による器体成形と、楕円形細石
核原形製作を行う一群。Ⅰb・Ⅰc・Ⅱbを中心
とし、とくに楕円形の両面調整細石核原形を伴
う点が特徴である。垂楊介Ⅰ・Ⅵ、全州中洞、
月坪、集賢、海雲台中洞遺跡などから確認され
た。特に垂楊介Ⅰ遺跡では、大形両面調整体に
よる細石核原形が多く伴い、集中的な製作作業
が行われていたことが読み取れる。

グループ3

両面調整技術またそれによる細石核原形製作
を行わない一群である。Ⅲ・Ⅳ型の稜柱形細石
核を中心とする。規則的な原形形態を維持せず、
素材形状に従って柔軟に変化する特徴を持つた
め、形態のバラエティが豊富である。Ⅲ型を中
心とする遺跡では、下花渓里Ⅰ、石壮里上部層
などでまとまった資料が出土しているが、下花
渓里Ⅰでは黒耀石、石壮里上部では珪質頁岩な
どが主に用いられ、各遺跡において異なった石
材利用方法が確認される。また、Ⅳ型細石核を
中心とする遺跡は上舞龍里Ⅱ遺跡に限られるが、
ここでは黒耀石のみが使用されている点で他遺
跡との差異がみとめられる。

3. 細石核形態の特徴と細石刃剝離

このように各遺跡から出土した細石核では、
複数形態の多様な組み合わせが確認された。次
に、各遺跡における細石核形態の特徴を検討す
る。

まず、作業面を基準として細石核サイズの長

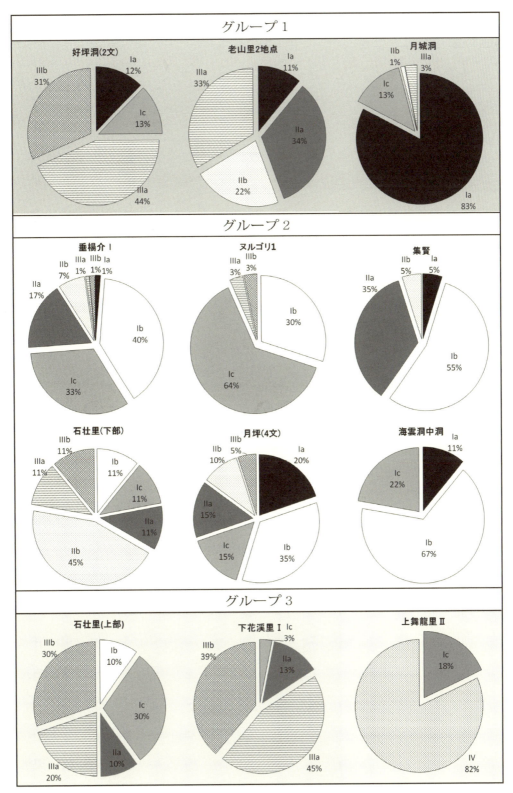

第4図 各グループにおける細石核形態組成

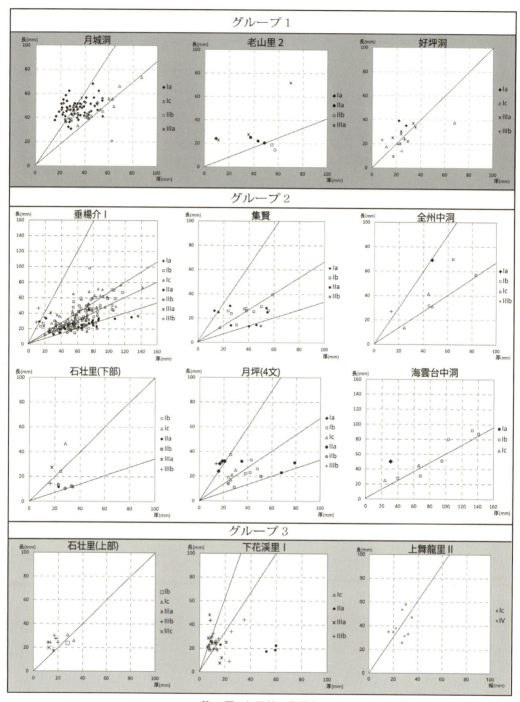

第5図 細石核の長厚比

厚比を見てみたい（第5図）。Ⅰa型が最も多く出土した月城洞遺跡では、細石核の長厚比が2：1をなし、作業面長がほぼ4〜5cmに集中した規則的な分布を示す。一方Ⅰb型が大半を占める垂楊介Ⅰ遺跡を見ると、長厚比は1：3〜1：1と多様で、作業面長も1cmほどの小形のものから10cmを超える大形のものもあり、ばらつきが大きい。これは両形態において作業工程に

違いがあることを示しているものと推察される。すなわち、Ⅰa型細石核では目的とする細石刃の大きさが一定であり、作業進行に伴う細石核サイズが縮小し目的以下の大きさとなった場合、作業を中断し石核は廃棄されたものと考えられる。一方、Ⅰb型細石核では細石刃の大きさに規定はなく、素材形状によって細石刃の大きさが多様に変化する柔軟性を持った作業工程が想定される。

このような違いは各遺跡における石器組成の状況からもとらえられる。Ⅰa型が集中的に出土した月城洞遺跡では細石核出土量（99点）よりはるかに多い約5,000点余りの細石刃が出土した一方、Ⅰb型を中心とする垂楊介Ⅰ遺跡では、約250点の細石核とともに出土した細石刃は月城洞の細石刃出土量の1/10にも及ばない（大谷2010b）。しかし細石核原形や細石核成形・調整過程に伴う削片・剝片など残滓の出土状況をみると、垂楊介Ⅰ遺跡では細石核原形製作が集中的に行われた痕跡がみとめられる一方、月城洞遺跡では細石核打面再生時に剝離される削片や細石核の細部調整に伴う残滓の他は、細石核成形・原形製作が行われた痕跡はほぼ確認されない。これは両遺跡もしくは両細石核形態における作業段階の違いを示しており、細石核原形製作→細石核成形・調整→細石刃製作という工程の流れが一遺跡において完結しない遺跡間作業連鎖の一角が現れているものと推察される（大谷2016）。

しかし、Ⅰa型では月城洞遺跡以外にも細石核原形製作が行われた痕跡が確認されておらず、Ⅰb型とは作業工程自体が異なる可能性がある。すなわち、細石核原形をあらかじめ大量生産するⅠb型とは違い、Ⅰa型は石核成形を行いながら細石刃剝離を進める連動的な工程手順を取っていたともいえる。

そのほか、Ⅰbに伴うⅠc型では、大きさは全体的にⅠbより小形であるが長厚比は大方1：

2に集中し、規則的な形状変化がみとめられる。反対に、Ⅱ型は細石核厚の値にばらつきがあるが、作業面長は一定である場合が多い。これは打面再生が行われないⅡ型の特徴であり、細石刃の長さに斉一性が保たれた状態で作業が進行したことがわかる。

Ⅲ型細石核では、多くが長さ3cm・厚さ2cm以内にとどまる小形の素材を利用している。大形素材を扱わず、打面・作業面転位を頻繁に行い、素材形状を最大限に活用した融通性のある作業痕跡がうかがえる。

Ⅳ型細石核はまとまった出土が上舞龍里Ⅱ遺跡のみであるが、石核調整をほぼ行わず素材縁辺に長軸方向から細石刃剝離を行う規則性がみとめられる。

4. 細石核形態と石材利用

最も多くの細石核が出土した垂楊介Ⅰでは主に頁岩が石器石材として利用されたが、一部黒耀石、石英などの石材も用いられている。しかし黒耀石の場合、頁岩とは異なり原石形状が小形であるため、Ⅰb型のような大形両面調整ではなく剝片を素材としたⅠa、Ⅰc型などが数点製作されたのみである（第2図10・28）。また、好坪洞遺跡では大量の黒耀石製石器が出土し、その大半は細石刃で占められるが、細石核では流紋岩、凝灰岩、石英などの石材が主体であり、黒耀石製細石核は3点に過ぎない。その中で作業工程を把握することのできる1点はⅠa型（第2図11）で、垂楊介Ⅰと同様、小形素材を利用したものである。

これらの黒耀石利用状況とは異なり、月城洞遺跡では黒耀石製細石刃が大量に出土した反面、細石核では1点も確認されておらず、共伴するⅠa型細石核はすべて流紋岩製である。注目されるのは細石核の代わりに出土した彫器の存在である。黒耀石製石器の中には細石刃とともに彫器7点と、細石刃に類似した多くの彫器

韓国細石器文化における製作技術と変容

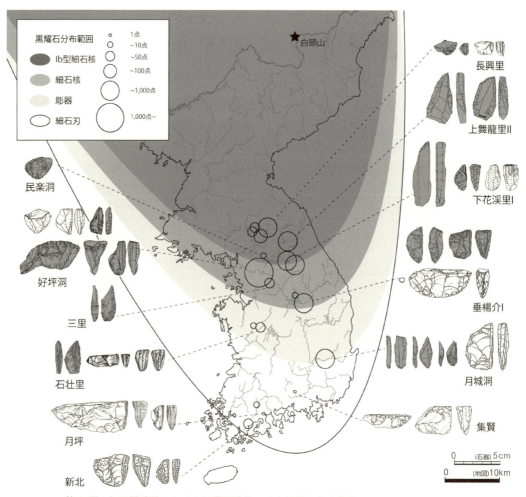

第6図　細石器遺跡における黒耀石遺物の分布範囲と出土状況　※黒色遺物は黒耀石

削片が含まれていることから、この細石刃も彫器から剝された産物である可能性も否定できない。こうした事例は、三里5地区（한창균ほか2013）でも確認され、黒耀石製石器中1点の彫器と11点の細石刃が出土しているが、細石核が存在しないことと類似している。

　一方、黒耀石製のⅠb型細石核では、民楽洞遺跡（최몽룡ほか1996）から韓国唯一の両面調整細石核原形が1点出土しているほかは、小形の細石核が長興里・ヌルゴリ遺跡などから数点出土しているのみである。

　それに対してⅢ型の黒耀石製細石核は下花渓里Ⅰ・Ⅲを中心にまとまった出土を見せている。下花渓里Ⅰ遺跡ではⅢ型細石核の中でもⅢa型

が13点で最も多く、全て黒耀石製である。Ⅳ型も上舞龍里Ⅱ遺跡のみであるが全て黒耀石で構成されている。

　このように黒耀石の利用は細石器石器群と深く関連しているが、遺物の出土状況は原産地と遺跡間の距離に比例することが推定される（第6図）。韓半島で確認されている黒耀石原産地のうち、確実性を伴うのは現在白頭山のみであるが、黒耀石全体の出土量が韓国北方地域に集中していることはこれに関連するものと考えられる。一方、個々の石器の分布を見ると、黒耀石製Ⅰb型細石核では民楽洞遺跡が韓半島の最も南側に位置し、そのほかの細石核では垂楊介Ⅰ遺跡、彫器は月城洞、細石刃は新北遺跡が最

350

南端の境界線にあたる。細石核—彫器—細石刃の順に分布範囲が南方に拡大するのは、細石核よりも彫器、彫器よりも細石刃がより移動性・携帯性の高い道具であったことを示しているものと解釈することができる。

以上のような石材利用状況と製作技術の相関性は、とくに黒耀石を利用する細石器製作過程において明確にみとめられる。材料消費が著しいＩ型に比べ、小形材料でも十分に活用できるⅢ型細石核は、稀少な黒耀石原石を節約的・効率的に消費することのできる画期的な技術であったといえる。また、作業進度、素材の残余量、石材環境などによっては材料の不足分を入手しやすい石材で補充し、常に円滑な作業サイクルが保たれていたと考えられる。

5. 韓国細石器文化と編年

韓国細石器文化の様相を、細石核形態の特徴、また石器・石材組成から検討してきた。各類型の細石核はそれぞれ独自の技術基盤に成り立っており、時期・地域的差異が確認される。最後にこれらの細石核形態に基づき、韓国細石器遺跡の編年を行い、文化的特徴を考察する。

編年を行うにあたっては、石器群の様相とともに、各遺跡で測定された絶対年代を参考にした。その結果、韓国の細石器文化は大きく４つの段階に区分できる。

Ｉ期：細石器技術の出現

最も早い登場は、垂楊介Ⅲ（2文化層）で、石英製のⅡa型細石核が1点出土している（이용조ほか2010）。絶対年代では37,900 ± 3,000、35,950 ± 3,000BP（OSL）という値が提示された。しかし出土事例が少なく体系的な作業内容を把握することができないため、今後資料の集成とともに詳細な検討が必要である。ここでは可能性の余地を残し、出現期の細石核として設定する。

Ⅱ期：特定石材の利用と細石刃剥離技術の発達

Ｉa型を含むグループ1の遺跡が登場する時期である。両面調整技術による石核成形が施されるが、楕円形の細石核原形製作は行われない。大半の遺跡で流紋岩、凝灰岩などの細粒質石材が主体的に用いるほか、一部では黒耀石の利用が開始される。細粒質石材は原産地が限定的な、遺跡遠隔からの搬入石材であると考えられることから、この時期から石材の選択的利用が積極的に行われるようになったと推定できる。

また、彫器の出土数が増加する点もこの時期の特徴としてあげられる。中でも、左肩斜軸方向に彫刀面が設定された小形の黒耀石製彫器が特徴的に伴い、新たな生業形態の成立がうかがえる。

絶対年代では好坪洞2文化層での黒耀石集中地点から、21,100 ± 200・22,200 ± 600BPという値が確認された。また老山里2地点では25,200 ± 200・22,700 ± 200・20,240 ± 120BP（한국선사문화연구원2008）という、25,000 〜 20,000BP の値が提示されている。

Ⅲ期：原産地の開拓利用と段階的な作業体系の確立

Ｉb型を中心とする両面調整細石核と原形製作が行われる、グループ2の登場である。とくに垂楊介Ｉ遺跡では、頁岩原産地周辺において両面調整技術による細石核原形製作を中心とした集約的な作業が行われていることからも、細粒質石材の原産地開拓に伴い計画的・段階的な作業体系が成立した時期といえる。

そのほか月城（4文化層）、新北、集賢、海雲台中洞遺跡などが該当する。絶対年代では垂楊介Ｉで18,630 〜 15,410BP、月坪21,500 ± 300BP（이기길2002）、集賢22,170 〜 18,730BP（박영철・서영남2004）、新北25,500 〜 18,500BP（이기길2004）などの値が得られたことから、3期の盛行時期を20,000 〜 15,000BP と推定することができる。

Ⅳ期：黒耀石原産地の活用と行動範囲の拡大化

韓国細石器文化における製作技術と変容

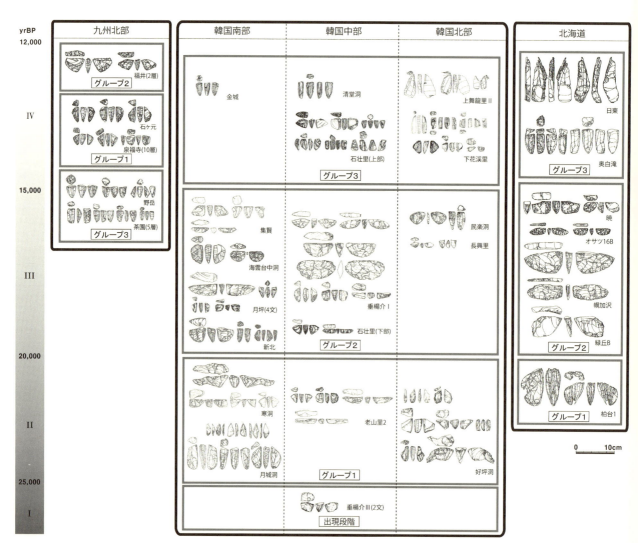

第7図　韓国細石器遺跡の編年試案

　より規則性の高まったⅢ型細石核と、Ⅳ型細石核が伴うグループ3が登場する時期である。Ⅲ型を中心とする下花渓里Ⅰ、石壮里（上部層）や、Ⅳ型が主体的である上舞龍里Ⅱ遺跡がこの時期に当たる。下花渓里Ⅰでは小形の黒耀石原石を用いた製作作業が行われる一方、石壮里上部層では黒耀石が使われず流紋岩などの細粒質石材が用いられる点で違いがみとめられる。
　また上舞龍里Ⅱ遺跡でも黒耀石製石刃を素材としたⅣ型細石核が集中的に出土し、黒耀石の積極的利用が確認される。
　このように、Ⅳ期に入ると黒耀石を中心とし

た作業形態が登場し、より積極的に黒耀石原産地を活用し始めたことがわかる。しかしここで製作される細石核はⅢ・Ⅳ型が中心で、両面調整技術を伴うⅠ・Ⅱ型は衰退する。

　絶対年代では下花渓里Ⅲ遺跡1文化層で13,390 ± 60BPの値が確認されていることから、当該期の盛行年代は大略15,000BP以降であると考えられる。

　以上、段階別に分けられる韓国の細石器遺跡は、各細石核形態によって多様な作業工程を復元することができる。隣接する日本列島の様相

352

と比較すると、中でも大陸と連結される北海道と九州北部地域では韓国との密接した関連性がみとめられる。

とくに北方連結部に当たる北海道での細石器遺跡の編年（出穂・赤井2005、木村1997・2012、寺崎1999・2006、直江2009、山田2006など）を見ると、韓国同様グループ1→2→3の順に大きく変遷し、各グループの出現年代は韓国での様相とほぼ一致することがわかる（第7図）。

一方、南方連結部の九州北部では、韓国におけるⅢ期後半〜Ⅳ期にかけて登場し、韓国でグループ3が盛行する以前に黒耀石を用いたⅢ型細石核の一群が急激に拡大する（川道2002、杉原2003、萩原2006、芝2011）。これは韓国中南部で細石器遺跡が激減することとも関連し、北方は白頭山、南方は九州の黒耀石原産地を中心に遺跡の分布が集中していくという、黒耀石利用の拡大に伴う集団の行動領域の変化を読み取ることができる。これを裏付ける資料として、黒耀石の南限にあたる新北遺跡では、一部に九州腰岳産の黒耀石が含まれることが判明した（J.C.Kim et al. 2007）。

おわりに

韓国の細石器石器群では、多様な細石核形態の変化とともに作業形態の変遷が確認された。このような変化の流れを経た細石器石器群の技術基盤は、石材獲得・利用のサイクルが集団の移動パターンの一部として組み込まれることにより、より効率的な作業形態が形成される結果となった。その背景には、行動範囲の拡大に伴う石材原産地の開拓があり、細粒質石材の原産地利用が活性化するとともに石材環境に適応した細石刃製作技術が生み出され、より計画性の高い石器・石材管理体系が成立したといえる。

しかし黒耀石原産地の積極的利用が始められると、さらなる移動範囲の拡大化とともに、大規模黒耀石原産地の不在する韓国内部では徐々

に遺跡数が減少する。一方、白頭山までの移動・情報経路が確保された北部地域では遺跡・資料数が増加し、小形原石を活用した集中的な製作作業が行われる。また九州北部においても、黒耀石原産地地帯を中心に小形稜柱形細石核を伴う細石器石器群が出現するという、韓国中南部とは対比的な現象が発生する。

このように、石材環境に制約された細石器技術の発展過程が多様な細石核形態を生み出した要因となり、複雑な作業痕跡が残される結果を導いた。しかし、目的物である細石刃の効率的な生産を行うためには、柔軟性のある作業工程の構築が必需であった。本分析の対象となった韓国における細石器文化の出現と発展、衰退過程は、地域的な文化変容の一角に過ぎない。だが、東アジア全体における細石器文化の流れをとらえる上で不可欠な存在であることは言うまでもない。

謝辞

本論文作成にあたって、執筆の機会を与えてくださいました安蒜政雄先生、比田井民子氏、小菅将夫氏に心よりお礼申し上げます。また、安蒜政雄先生には常にご指導、ご鞭撻して頂くとともに、今日まで様々な面でお心遣い頂きました。紙面を借りて、深く感謝申し上げます。

引用・参考文献

安蒜政雄 1979「日本の細石核」『駿台史学』47、152-183頁、駿台史学会

安蒜政雄 1984「日本の細石器文化」『駿台史学』60、133-159頁、駿台史学会

安蒜政雄 2005「環日本海の旧石器時代と石器作りの広がり」『日本海学の新世紀5 交流の海』、198-209頁、角川学芸出版

安蒜政雄 2009「環日本海旧石器文化回廊とオブシディアン・ロード」『駿台史学』135、147-168頁、駿台史学会

安蒜政雄 2010『旧石器時代の日本列島史』、学生社

出穂雅実・赤井文人 2005「北海道の旧石器編年：遺跡形成過程論とジオアーケオロジーの適用」『旧石器研究』1、39-55頁、日本旧石器学会

大谷　薫 2009「韓半島における先史時代の黒曜石利用」『駿台史学』135、117-146頁、駿台史学会

大谷　薫 2010a「韓半島の細石器文化」『旧石器考古学』73、1-12頁、旧石器文化談話会

大谷　薫 2010b「韓半島細石器石器群における作業行程の復元と遺跡構造についての一考察」『旧石器研究』6、107-118頁、日本旧石器学会

小畑弘己 1983「中国大陸から日本列島へ」『季刊考古学』29、48-51頁、雄山閣

小畑弘己 1989「九州の細石刃文化」『物質文化』41、1-12頁、物質文化研究会

小畑弘己 2003「朝鮮半島の細石刃文化」『シンポジウム日本の細石刃文化Ⅱ—細石刃文化研究の諸問題—』210-231頁、八ヶ岳旧石器研究グループ

小畑弘己 2005『極東及び環日本海における更新世−完新世の狩獵道具の變遷研究』平成14年度〜平成15年度科学研究費補助金基盤研究（C）（2）研究成果報告書

小畑弘己 2008「朝鮮半島細石刃石器と九州の細石刃文化」『伝播をめぐる構造変動』86-95頁、東京大学公開シンポジウム予稿集

小畑弘己 2011「朝鮮半島の旧石器文化」『日本の考古学講座2 旧石器時代（下）』481-510頁、稲田孝司・佐藤宏之編、青木書店

加藤晋平 1984「日本細石器文化の出現」『駿台史学』60、38-56頁、駿台史学会

加藤真二 2009「華北細石刃文化調査から—華北地域における細石刃石器群の出現—」『第10回北アジア調査研究報告会発表要旨』37-40頁

加藤真二 2014『中国細石刃文化の基礎的研究—河南省霊井遺跡石器群の分析を中新として—』平成22年度〜平成25年度日本学術振興会科学研究費補助金基盤研究（B）（海外学術調査）研究成果報告書

川道　寛 2002「茶園遺跡の再評価（1）—位牌塔型と茶園型の間に—」『九州旧石器』6、202-208頁、九州旧石器文化研究会

木村英明 1997『シベリアの旧石器文化』北海道大学図書刊行会

木村英明 2012『黒曜石原産地遺跡・「白滝コード」を読み解く—幌加沢遺跡遠間地点の発掘調査と研究—』六一書房

佐藤宏之 1992「北方系削片系細石刃石器群と定住化仮説」『法政大学大学院紀要』29、55-83頁、法政大学

佐藤宏之 2002「北海道の後期旧石器時代前半期の様相—細石刃文化期以前の石器群」『古代文化』55-4、3-16頁、古代学協会

佐藤宏之 2008「環日本海地域における細石刃石器群の〈伝播〉と構造」『伝播をめぐる構造変動』60-77頁、東京大学公開シンポジウム予稿集

佐藤宏之 2010「東アジアにおける削片系細石刃石器群の伝播」『比較考古学の新地平』895-904頁、同成社

芝康次郎 2011『九州における細石刃石器群の研究』六一書房

杉原敏之 2003「九州北部地域の細石刃文化」『シンポジウム日本の細石刃文化Ⅰ』321-367頁、八ヶ岳旧石器研究グループ

須藤隆司 2009「細石刃技術−環日本海技術と地域技術の構造と組織」『旧石器研究』5、67-97頁、日本旧石器学会

鶴丸俊明 1979「北海道地方の細石器文化」『駿台史学』47、23-50頁、駿台史学会

寺崎康史 1999「北海道細石刃石器群理解への一試論」『先史考古学論集』8、71-88頁

寺崎康史 2006「北海道の地域編年」『旧石器時代の地域編年的研究』275-314頁、安西正人・佐藤宏之編、同成社

直江康雄 2009「白滝産黒耀石の獲得とその広がり」『旧石器研究』5、11-22頁、日本旧石器学会

萩原博文 2006「九州西北部の地域編年」『旧石器時代の地域編年的研究』207-240頁、安西正人・佐藤宏之編、同成社

山田　哲 2006『北海道の細石刃文化』六一書房

（韓文）

江原洞・江原大学校博物館 1989『上舞龍里』

慶尚北道文化財研究院 2008『大邱月城洞777-2番地遺蹟（1）』

기호문화재연구원 2016『포천 늘거리 중리 구석기유적』

김상태 1998「상무룡리Ⅱ유적의 좀돌날석기」『科技考古研究』4、7-26、아주대학교 박물관

박영철·서영남 2004「密陽 古禮里 및 晉州 集賢 長興里遺蹟」『영남고고학 20년 발자취』、15-29頁、영남고고학회

부산대학교 박물관 2001『진주-집현간 4차선 도로건설 구간내 장흥리 구석기유적 현장지도위원호 (1차) 자료』

성춘택 1998「세석인 제작기술과 세석기」『韓國考古學報』38、27-61頁

손보기 1993『석장리 선사문화』동아출판사

大谷薫 2012「한반도 세석기제작 작업공정과 돌감이용 양상」『湖西考古學』26、4-37頁、호서고고학회

大谷 薫 2016「한국 세석기제작의 기술특징과 변화양상」『韓國上古史學報』91、4-41頁、韓國上占史學會

이기길 2002『순천 월평유적』조선대학교박물관

이기길 2004「장흥 신북유적의 발굴성과와 앞날의 과제」『東北亞細亞의 後期舊石器文化와 長興新北遺蹟』장흥 신북 구석기유적 발굴기념 국제학술회의 자료집、20-27頁

이기길 2007「한국 서남부와 일본 규슈의 후기구석기문화 비교 연구」『湖南考古學報』25、5-43頁、호남고고학회

이기길 2012「한국 후기구석기시대 석기군의 종류와 성격」『湖南考古學報』41、5-34頁、호남고고학회

이기길·김은정·김선주·윤정국·김수아 2004『순천 월평유적 2001년 2차발굴』、조선대학교박물관·전라남도·순천시

이기길·김은정·오병욱·김수아·차미애 2008『장흥 신북 구석기유적』、조선대학교 박물관·장흥군·익산국토관리청

이융조 1985「단양 수양개유적 발굴조사보고」『忠州댐 水沒地區 文化遺蹟 發掘調查 延長報告書』、104-252頁、충북대학교 박물관

이융조·우종윤·이승원·강민규·오오타니 카오루·윤병일·김미라 2013a『丹陽 垂楊介 III地區 舊石器遺蹟 (9次)』、한국선사문화연구원·단양군

이융조·윤용현 1994「한국 좀돌날몸돌의 연구—수양개수법과의 비교를 중심으로—」『先史文化』2、133-229頁

이헌종 1997「東北아시아 세형돌날문화의 起源問題에 대한 試考」『박물관연보』5、9-31頁、목포대학교박물관

이헌종 1999「우리나라 세형돌날문화의 편년、그 상한과 하한」『영남지방의 구석기문화』、97-119頁、영남고고학회

이헌종 2015「우리나라의 돌날과 세형돌날문화의 기원과 확산연구」『한국구석기학보』31、84-115頁、한국구석기학회．

장용준 2002「韓半島出土 細石核의 編年」『韓國考古學報』48、5-33頁、한국고고학회

장용준 2006『韓國 後期舊石器의 製作技法과 編年研究-石刃과 細石刃遺物相을 中心으로-』부산대학교 대학원 박사학위논문

전병우 2006『天安 淸堂洞 舊石器遺蹟』충청문화재연구원

최몽룡·이신복·최종택 1996『의정부 민락동 유적―시굴 및 발굴조사 보고서―』서울대학교 박물관·한국토지공사 서울지사

최복규·김용백·김남돈 1992「홍천 하화계리 중석기시대유적 발굴조사보고」『中央高速道路 建設區間內 文化遺蹟發掘調查報告書』13-244頁、강원도

崔福奎·崔三鎔·崔承燁·李海用·車在動 2001『長興里 舊石器遺蹟』강원고고학연구소

최복규·안성민·유혜정 2004『작은솔밭 舊·中石器遺蹟』강원대학교 유적조사단

하인수 2001『佐洞·中洞 舊石器遺蹟』부산광역시립박물관

한국선사문화연구원 2008『淸原 老山里 舊石器遺蹟 (2地點)』

한수영·이창승 2013『全州 中洞 舊石器遺蹟』호남문화재연구원

한창균·홍미영·김기태 2003『광주 삼리 구석기유적』기전문화재연구원

홍미영·김종헌 2008『남양주 호평동 구석기유적』기전문화재연구원

(英文)

Ambiru Masao 2008, Obsidian Culture and Obsidian Road,The 13th International Symposium for the Co mm emoration od the 25th Anniversary of Suyanggae Excavation: SUYANGGAE and Her Neighbours in Kyushu, 51-52

J.C.Kim, D.K.Kim, C.C.Yun, G.Pak, H.J.Woo, M.Y.Hong and G.K.Lee, 2007,PIXE Provenancing of Obsidian Artifacts From Paleolithic Site in Korea, Indo-

Pacific Prehistory Association Bulletin 27, 122–128

Lee Yung-jo, Woo Jong-yoon, Suh Ho-suhng, Lee Seung-won, An Ju-hyun and Park Jeong-mi,2014, New Findings from Loc Ⅵ、Suyanggae Site, Korea, International Symposium on Paleoanthropology in Co ㎜emoration of the 85h Anniversary of the Discovery of the First Skull of Peking Man

Sohn Pow-key, 1968, Grattoir-burin caréné discovered at Sökchang-ni, Korea, The Dong Bang Hak Chi 9, Seoul, 125–138

Yi Seonbok, 1992, Morphology of Microcores from Korea—A Preliminary Analysis, The Origin and Dispersal of Microblade Industry in Northern Eurasia, Sapporo, 68–71

グラヴェット文化におけるヴィーナスの様式の研究

竹花和晴

キーワード：グラヴェット文化、後期ペリゴール文化、ヴィーナスの様式、ヴィーナスの像、最終氷期

はじめに

安蒜政雄先生は杉原荘介先生の愛弟子であり、お二人はいわずもがな日本先史考古学の傑出した学者であり、このお二人から私が享受しました学術上のインスピレーションは「フランス先史学」でありました。この大きな命題は以後私を導き、私に試練を与え、そして学究の喜びを提供し続け、今日に至っております。両先生は先史学を考古学の一つの研究分野として、偏狭な民族意識や地域主義にとらわれることなく「人類の歴史」という位相に立たれておられ、このことが私自身においてもユーラシア大陸の研究成果を照合しながらその分野において自ら進める姿勢を導いてくださったのであります。小論を、先生のご退職を祝し、謹呈させていただきます。

1. グラヴェット文化

後期旧石器文化三番手の複合文化はグラヴェット文化と呼ばれ、29,000 ～ 22,000 年前 BP. にユーラシア大陸の西半分に広く濃密に分布した。その文化的統一性を示す要素は特に3つの明確な領域の中に類縁的特徴が認められる。第一にその地理的な広がりはイベリア半島のピレネー地方から東ロシア大平原まで、さらにウラル山脈東方の遙か西シベリアにも「ヴィーナスの像」と呼ばれる小型の豊満な裸婦像が協約

的に作られた（第1図参照）。また人々はマンモスの遺骸や石のブロックなどで半地下式の円形住居を共有する共通の生活様式をもった。そして各々の地方文化の石器組成中に、3つの背付尖頭器の類型（第2図35～44）が時間的そして空間的に相互に普及した。従ってグラヴェット文化は芸術表現と生活様式の面で、更には石器組成において統一的文化・技術複合であったのだ。

2. 当該文化の研究史

20世紀初頭、仏国の先史学者H. ブルイユは西欧後期旧石器文化の石器類型学上の発展的編年関係を把握し、オーリニャック文化、ソリュートレ文化、マドレーヌ文化等の諸階梯に識別した。これらを包蔵する遺跡堆積物の中で、就中ソリュートレ文化以前において、当時既に女性の小像が複数例発見されていた（第2図6・7・12 ～ 17・21 ～ 24）。これらは「オーリニャック文化の小像」と呼ばれていた。ただ今日定義されている狭義の「オーリニャック文化」の堆積層からは如何なる類型も出土していなかった。続く1933年までの時点で仏国南西部ペリゴール地方において、D. ペイロニーは後期旧石器文化前半に、広義のオーリニャック文化と平行して5つの地域文化の発展的諸段階が存在したことを指摘し、これをペリゴール文化と呼んだ。今日でもその後半の第IVとV、そしてVIとVII期のみが引き続き用いられている。これらの文化様相の変遷は明解で、編年学上において極めて蓋然性がある。この後期ペリゴール文化の細分を編年上の時間尺度として、当該文化はイベリア半島からロシアのドン川流域にいたる広大な

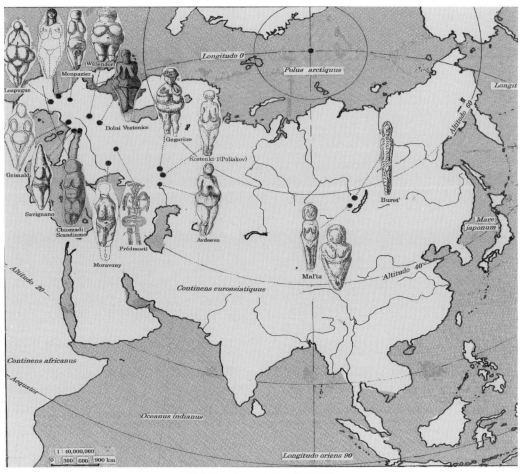

第1図 ヴィーナスの像の分布

地理的空間に展開した。ただ、この文化複合は仏国の標準遺跡に因んで今日ではグラヴェット文化とも呼ぶのである。

3. ヴィーナスの様式

かつてA.ルロワ・グーランはグラヴェット文化の地理的広がりを特徴づける要素には特定の動産芸制作に関する様式を指摘した（Leroi-Gourhan 1965）。この精神文化の統一性は所謂「ヴィーナスの様式」であり、裸の女性を表現した小さな彫刻あるいはレリーフ彫刻である。おもに、マンモスの牙（象牙）あるいは大理石等の柔らかい石材で作られた。これらの特徴は身体の特定部分におけるボリュウム観を誇張し、実際上の姿とかけ離れた独特の協約的姿が表現された。それは主に女性的特徴が表れる臀部、腹部そして乳房などの身体中央部が強調された（第2図1）。けれども、同様に女性的な特徴でもある頭部や足などの末端部は本来の均整から度外視され、極端なまでに省略された（Leroi-Gourhan 1982; p.252）。この特徴はアフリカ大陸の先住民（Hottentot）の臀部肥大症の特徴を表したものとも類推された（Delporte 1979）。

小論は、すでに多くの評価を得た先駆的研究や代表的な論考を検証しつつ、欧州全域で様式化された旧石器芸術の特徴的な表現を最新資料も交えて、また相互の地域間で比較しながら再検討を試みる。

4. 西欧における研究

(1) 研究史

19世紀半ばの西欧、特に仏国で科学的人類の起源が証明され、同時に地質年代における人類の存在が具体的に明らかにされて間もなく、本論の主題である旧石器時代人の芸術的創作にも注意が払われるようになった。1864年にP.-H.ヴィブレは同国南西部ロージュリ・バス岩陰で発見された象牙製女性小像について「みだらなヴィーナス」（第2図3）という表現をCh.ライエル著の仏語翻訳版補遺に表現し、「同ヴィーナス」の語源となる。これは文献に表された本主題に関する最も早い着目であった（Vibraye 1964; pp. 108-126）。1867年にベルギー・リエージュ市近郊のトゥール・マグリット岩陰で発見された象牙製のヒト形を模した小像（第2図12）が、発見者のE.デュポンによって発掘報告書内で紹介された（Dupont 1867; pp. 129-132）。同じ頃（1867～68年）、ランデスク神父はロージュリ・バス岩陰で象徴的に表現された線刻画の印された石灰岩片を発見し、「トナカイの女」と名付けた（Lumley 1984; pp. 308-309）。ただし、ロージュリ・バス岩陰の小像（第2図3）とこの資料は本論の時代考証として扱う創作群とは様式の上で明らかに異なり、おおよそ一万年後のマドレーヌ文化中期以降の所産例（第2図4・5・11）に分類しうる。1883～95年にかけて、伊国北西部のグリマルディ洞窟群中のバルマ・グランデ洞窟等で十数体の女性小像が発見された（第2図6・7・13）。これらは1900～同02年の間に、当時E.ピエットを擁する仏国立サン・ジェルマン・アン・レイ古文化財博物館が、この内の7体を購入した（Lumley 1984; pp. 177-179）。その後、ピエットは同国内で、特にピレネー地方を中心に調査研究を進めていたが、1888年にマスダ・ジィール洞窟でウマの門歯に彫刻されたマドレーヌ文化後期に帰属

する男性の小像（第2図11）を発見した。同じく1894～97年に、同地方のブラッサンプーイ洞窟で発掘を実施し、後期ペリゴール文化層から精巧な象牙製女性頭部像等を発見した（第2図14～17・21～24）。これは一般に「外套頭巾の夫人」（第2図14）等と呼ばれその名がよく知れている（Delporte, éd. Mohen 1989; pp. 18-19）。1965年にA.ルロワ・グーランは後期旧石器文化における洞窟壁画の体系的な編年案を発表し、その中で主にグラヴェット文化に展開した壁画の第II様式に「ヴィーナスの様式」が並行して制作されたことに論及した（Leroi-Gourhan 1965）。後年の著書で以下の様な「いわゆる"臀部肥大症のヴィーナス"の後期旧石器文化の女性小像は全く同一の図式的な構成をもっており、乳房、腹部そして生殖器が1つの環のなかに収まる。更に頭や脚などの末端は象徴上の重要性が劣るとおもわれ、双方が縮小され、それぞれ対称形を成す三角形を描く。この協約的な構成は実際の女性の身体的な特徴から程遠い。この先史時代の一つの規範はロシアからイベリア半島にいたるまで実例によって証明され得る。」（第1図、第2図1）と理解しうる内容で指摘した（Leroi-Gourhan 1982; p. 252, fig.7）。

(2) 西欧のヴィーナスの観察

① **素材** 西欧のヴィーナス像の材料は中欧や東ヨーロッパ大平原同様に象牙が最も重要であった。ただ、この地域に特有の素材も屡々活用され、大理石などの軟らかく彫刻に適したもの、岩陰や洞窟壁面の石灰岩もレリーフ画（第2図27～31: Laussel）の対象となり、この地域特有の伝統として特色を発揮した。反面、他地域で頻繁に制作された焼成粘土製の人物像などは全く見られず、この手法自体が共有されなかった。

② **類型** 本主題のヴィーナスの像は大きく分けて2つの異なった類型に分類可能である。第一は在地の岩片に彫刻された浮き彫り手法の

グラヴェット文化におけるヴィーナスの様式の研究

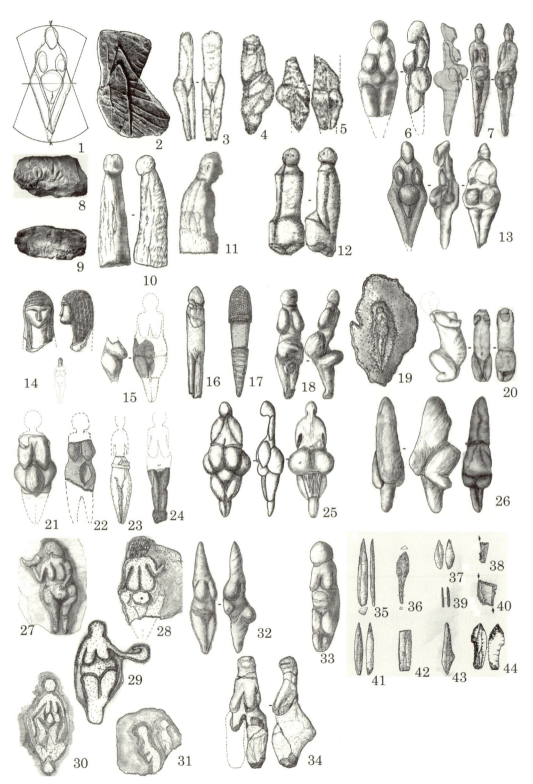

第2図　西欧のヴィーナス（竹花 2012 より）

レリーフ画（第2図27〜31: Laussel）で本来携行性がなく、動産芸術の範疇と異なる。第二は彫刻された小像であるが、ほぼ掌に収まる大きさが中心で、携行性も十分に備えているが、なかには数例の比較的大きなものも制作され（第2図32：Savignano；第2図34：Renancourt）、変異が認められる。大部分は本格的な彫刻による所謂「ヴィーナスの像」であるが、小さくて簡略的なミニチュア型の範疇も明確に存在する（第2図16: Brasse;pouy と同－33: Chiozza-di-Scandiano）。

③ **像各部の特徴**　頭部表現の趣は象徴的、写実的、主観的、簡略的等実に多様である。顔部表現の主流は明らかに具象性を排した非個性的あるいは類型的である。なかには十分に具象的に表された例もあるが、やや稀である。胸部は一般に豊満で垂れ下がった乳房が表現され、明らかに妊娠に伴う乳腺の発達を表現している。乳房が省略あるいは表現されなかったものはわずかである。上半身の表現は漸次縮約する特徴が一般的である。大部分のものは顕著な腹部の突出を伴い、そして大きな臀部を有するが、ことごとく典型的な「臀部肥大症」が優勢だとまでは言い難い。最大幅は腹部にあり最も関心が注がれたことが理解できる。下半身末端は点状に収縮し、誇張された腹部から明らかに漸次縮約的な傾向が一般化し、制作上の強い協約性が窺われる。複合的に判断して、大多数は明らかに妊娠と関連している。最も多い類型は妊娠した豊満な姿の没個性的な表現である。ただ、写実的で個性的なタイプも少数ながら含まれるし、そして非常に様式化された独創的な類型も若干存在する。他面、とても小さく簡略的なミニチュア型も同時に制作された。

④ **身体以外の物**　ヴィーナス像の4分の1には身体以外の人工物が表現され、衣類や装身具など当時の先史民族学上の重要な情報である。注目すべき点は直接生業に関わる狩猟具や

富や権威を表すものはない。むしろ、あまり実用的な効果が期待できないもの、例えば「角笛」（第2図27: Laussel）や「システラ」（第2図29: Laussel）等であるが、実際の機能が不明な器物である。

⑤ **臀部肥大症について**　かつて指摘された旧石器時代のいわゆる「臀部肥大症」の存在は確かに通常の肥満体型を超える外形上の特徴として頻繁に観察できるが（第2図25: Lespugue と同18: Monpazier 等）、病理学的あるいは遺伝学的な本来の形質なのかは判断が困難である。また、指摘された乳房、腹部、そして生殖器が1つの環のなかに収まる重点的表現部は大多数の「ヴィーナスの像」において観察される（第2図1）。相対的に象徴上の重要性が劣ると想定される頭や脚部側は、大多数において省略や縮小されて表現されている（第2図26: Tursac 等）。

⑥ **モティーフについて**　この件に関しては妊娠に伴う豊満な女性の姿が、隣接の中欧より明らかに優勢で、典型的ないわゆる「臀部肥大症」のような類型も頻繁に認められる。また中欧に比べて、特定部位のボリューム観の操作は主題のより重点的な関心を示すとおもわれるが、反面身体末端の縮約的な表現が同様に尊重されている。主題の諸所の協約性は相対的に強く、ただ各地の制作者集団の独自性も要素として介在していた（第2図20: Sireuil 等）。

5.　中　欧

（1）研究史

まず1891年に最初の知見がチェコ南東部モラヴァ地方ブルノ市で運河の整備工事中に、後期旧石器時代前半に相当する1基の墓（Brno II）から象牙製のヒト形の小像が単独で発見された（第3図21）。これはグラヴェット文化の「ヴィーナスの様式」とはかなり趣が異なっていた。まもなく、チェコ東部プレロフ市内にお

いて旧石器時代の良好な遺跡が発見され、1894年にK.J.マスカは発掘でマンモスの中足骨製の小型擬人像等を発見した（第3図30～32）。取り分け注目されたものは未加工の象牙に直に幾何学的な女性の像を描いた線刻画であった（第3図27）。20世紀に入り、1908年にJ.スゾムバティらはオーストリアのウィレンドルフⅡ開地（第1図）において、3体の女性小像をグラヴェット文化の石器群と共に発見した（第3図2・3）。中でも「ヴィーナス第1号」（第3図2）は粗粒の石灰岩製で造形性と保存状態のよさから非常に注目された。これは南欧や西欧で発見された「ヴィーナスの様式」の特徴と多くの点で共通していた。20世紀前半（1920年）には独国中西部ライン川中流のマインツ市リンゼンベルグ開地（第1図）で、東方グラヴェット文化の石器群と共に2体の女性像が発見された（第3図9・10）。1924～38年にアブソロン（Absolon K.）はチェコ南東部モラヴァ地方のドルニ・ヴェストニツェ開地（第1図）で発掘を実施し、1925年に遺跡堆積物の上部における炉跡の中央部で粘土を焼成した典型的な女性小像を発見した（第3図11～20）。これは「ヴェストニツェのヴィーナス」（第3図11等）として1939年に西欧への発掘調査速報でいち早く紹介され、非常に高い関心がよせられた。以後も1939、40、42年にA.ボーマース、1947～52年にB.クリマ、再び1973～79年にB.クリマらはそれぞれ発掘を継続し、成果をあげた。本遺跡は中欧の東方グラヴェット文化を代表する遺跡である。1930年代にスロヴァキア南西部タルナヴァ地方のモラヴァニー開地は既に東方グラヴェット文化の良好な遺跡として注目されており、L.ゾッツは1935～43年にかけて発掘を実施し、遺跡内ポドコヴィカ地点で2体の象牙製女性像を発見した。その内の大きい方は第2次世界大戦中に残念ながら失われたが、もう1体は「モラヴァニーのヴィーナス」と呼ばれる（第3図

34）。その後も、F.プロセックは1949～58年に、また1963年にJ.ボルタがそれぞれ発掘を行った。1948年にドイツ南東部バイエルン地方のワインベルグ洞窟群中（第1図）の中央岩陰から、L.ゾッツは硬質石灰岩製の女性像を発見した。この像は男女双性両立の意匠をもった非常に象徴化された造形である（第3図5）。1952と53年にチェコ南東部モラビア地方のペトルコヴィツェ開地（第1図）において、B.クリマは2体の女性像を発見した（第3図33等）。またモラビア地方のパヴロフⅠ開地とパヴロフⅡ開地は前述のドルニ・ヴェストニチェ開地に隣接するが、B.クリマによって継続的な調査が行われ、前者が1954～73年、後者が1952～73年まで実施された。象牙製ライオンのレリーフやマンモスの彫像、焼成粘土製のサイの頭部などが発見された。そして、非具象的で複雑な線刻画も含まれていた（第3図22～25・28・29）。以上のように西欧における知見の充実に殆ど連動して、この地域においても数多くの同様のものが見出された。発見された「ヴィーナスの様式」の女性小像などは前章の地域に比べて数量、質共に優るとも劣らない内容である。

（2）中欧のヴィーナスの観察

① **素材**　この地域の「ヴィーナスの像」は他の地域同様に主にマンモスの象牙で制作されたが、遺跡によっては焼成粘土など多様なものがある（第3図11: Dolni-Vestonice等）。

② **ヴィーナスのタイプ**　殆どが掌に収まる大きさで、いずれも小さく携行性に優れている。大きく分けて2つの異なった類型に分類できる。第一は象牙などに図案化された線刻画で本来携行性が余り良くないが、それでも動産芸術の範疇である（第3図27: Predomosti）。第二は彫刻された小像であるが、大部分が本格的な彫刻による所謂「ヴィーナス」であった。一方、小さくて簡略的なミニチュア型の範疇も明確に存在する（第3図18: Dolni-Vestonice等）。

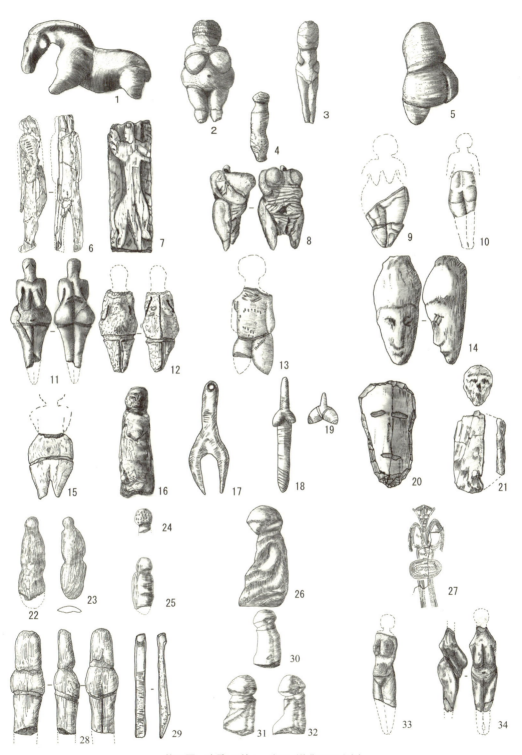

第3図 中欧のヴィーナス（竹花 2007 より）

③ 像の特徴　その趣は象徴的、写実的、主観的、省略的、そしてより多様である。妊娠に伴う豊満な女性という主題は数の上からは劣性で、また典型的ないわゆる「臀部肥大症」のようなタイプはそれ程多くはない。また他の地域で指摘された特定部位における肉厚観の操作は主題の重点的な関心ではなかったようであるが、反面、身体末端の縮約的な表現が尊重されている。主題の諸所の協約性は相対的に弱く、制作者の雑多な要素や地域性が介在している。

(3) 地域的な特徴

中欧の「ヴィーナスの像」は文字通り西欧と東ヨーロッパ大平原および西シベリアの伝統が行き交う特徴が認められる。同時に中欧固有の伝統を有していたことは個々の遺跡で繰り返し遭遇し指摘出来た特色である。

6. 東ヨーロッパ大平原

(1) 研究史

19世後半には西欧の学術情報がもたらされ、幾つかの遺跡で後期旧石器時代の遺物やマンモスなどの絶滅動物の化石が発見されはじめた。例えば中央部のコスティエンキⅠ開地遺跡（第1図）はI.S.ポリヤコフによって1879年に発見されたが、本論主題の女性彫像等は当時知られていなかった。20世紀に入り、とりわけ第一次世界大戦およびロシア革命後に多くの当該資料が発見されるようになった。まず前出の遺跡で、P.P.エフィメンコは1924年から発掘を実施し、グラヴェット文化期に由来する女性像等（第4図1〜8: Kostenki-I）を多数発見した（Lumley 1984: pp.203-208）。1926年にドン川流域のガガリノ開地（第1図）でS.N.ザミジャトニンは後期旧石器文化遺跡を発見し、1927〜29年に学術調査を行った。次いでドニエプル川支流デスナ川流域のエリセエヴィッチ開地では1930年にM.K.M.ポリカルヴィックが遺跡の性格を把握し、1935、36年そして同46年にそれぞれ調

査を実施した。1936年にロガチェフはコスティエンキにおける第Ⅷ地点で新たな遺跡を発見し調査を実施した。次いで1937年にエフィメンコは同遺跡群内のテリシィエフ地点で発掘を行い、「ヴィーナスの像」を発見した（第4図9: Kostenki-VIII）。ただ、これは粘土で成形後に焼かれた像であった。20世紀中盤以降、就中第二次世界大戦後には更に目覚ましい進展が見られた。1946〜48年にM.V.ヴォエヴォドスキー等はウクライナのアヴディエヴォ開地で発掘を実施し、次いで1949年にA.N.ロガチェフも調査を行った。これらの発掘（1946〜49年）において、象牙製のほぼ完全な女性像が複数（第4図11・12・15〜17:Avdeevo）と砂岩製と象牙製の動物像が幾つか見いだされた（Abramova 1967: pp.108-109）。同じくウクライナのモロドヴァ遺跡群において、A.P.チェルニスは1948年に同Ⅴ遺跡を発見し、1951〜64年の間に発掘を実施し、中欧に典型的な東方グラヴェット文化の石器群と共に、複数のヒト形の小像（第4図13・14: Molodova）を発見した（Leroi-Gourhan 1989）。1955年からロシア・ドン川流域のガガリノ開地ではA.N.ロガチェフによって発掘が再開され、その中でL.M.タラソフは考古学上の調査を担当し、グラヴェット文化の半地下式住居を確認し、この中から小型の女性像1体を発見した。最終的には象牙製のほぼ完全な女性像（第4図18〜24: Gagarino）が多数得られた（Abramova 1967: pp.107-108）。1963と65年に、V.D.ブディッコはエリセエヴィッチ開地の発掘を30年ぶりに再開した。次いでL.V.ゴレホーヴァはここで1970、72、74、76年に発掘を実施した。後者の発掘で象牙製の女性彫像1体（第4図10: Eliseevici）と同製板状片に線刻幾何学模様の女性画が発見された（Abramova A.Z. 1989; éd. Leroi-Gourhan 1989 p. 347）。やはり30年ぶりに1972年以降、アヴディエヴォ開地でソ連中央の研究機関が実施した発掘で少なくとも象牙

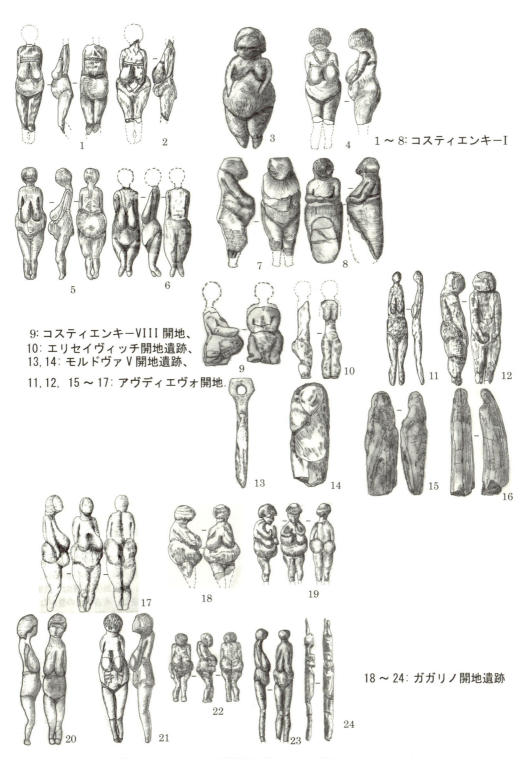

第4図 東ヨーロッパ大平原のヴィーナス（竹花 2010・2011 より）

製の複数の小像が発見されたといわれる（木村 1995: pp.8-9）。

（2）東ヨーロッパ大平原のヴィーナスの観察

① **素材**　ヴィーナスの像の素材は圧倒的にマンモスの象牙が重要であるが、中欧で盛んに製作された焼成粘土製の像も見られる（第3図 8: Kostenki-I）。また、滑石等の軟質で彫刻を受け入れやすい石材も使われた。

② **像の各部の特徴**　頭部の表現は東ヨーロッパ大平原において、欠くべざる要件で、極端な図案化や誇張に向かわず、むしろ写実性が尊重されていた（第4図 4: Kostenki-I 等）。これは他地域と異なる傾向である。

③ **地域性**　西欧では女性の妊娠に伴う特徴が重要な要素であったが、この地域のコスティエンキ I 開地とアヴディエヴォ開地ではこの傾向が薄れている。像の大きさは東ヨーロッパ大平原の遺跡群間でもやや明らかな相違が存在する。ガガリノ開地では全て掌に収まるより小型の一群であるが、アヴディエヴォ開地では掌からややはみ出す大きさであり、そしてコスティエンキ I 開地では最も大きな一群をなし、明らかに掌に余るものが殆どである。身体の均整はガガリノ開地で「やや痩身型」の一群をなし、アヴディエヴォ開地では「痩身型」から「超痩身型」に変異幅があり、コスティエンキ I 開地では、「痩身型」と「やや痩身型」の境界値を表す。所謂「臀部肥大症」の特徴については通常の肥満形質を超えるような外形上の目立った特徴がこの地域で観察できない。けれどもルロワ・グーランによって指摘された乳房、お腹そして生殖器が1つの環の中に収まる重点的表現は大多数の「ヴィーナス」に認められる。同様に、表現上の関心が低かった頭や脚には対称形をなすそれぞれの三角形を描く縮約性が殆どに認められる。ただし、西欧の典型的な傾向とされたものがそのまま東ヨーロッパ大平原に当てはめることは出来ない。

7.　シベリア

（1）研究史

まず 1928 年に、M.M. ゲラシモフがエニセイ川上流のマリタ開地を発見したことにはじまる（第1図）。この発掘調査は 1958 年まで行なわれ、多数の女性彫像をはじめ動物や鳥等の雑多な小彫像が得られた（Gerasimov 1931, 1935）。A.P. オクラドニコフは前述遺跡に近い地点で新たにブレチ遺跡を発見し調査を実施した、その結果、複数のヒト形や動物等の彫像を発見した。ただ、現在までのところ、一般にはこの2遺跡のみが知られているにすぎない。

① **ブレチ開地**　遺跡はシベリア中央部のロシア共和国イルクーツク州のエニセイ河支流アンガラ川流域に在る。イルクーツク市の下流 120 km のニジネ・ブレチ村に位置し、アンガラ川とベラヤ川の合流部の河岸段丘に展開する。遺跡の堆積層序は第1～3層が化石を含む砂泥である。第4層上部は考古学上の堆積水準で4つの住居跡が検出された。石器文化は石刃技法で生産された素材が基となり、細部加工石刃、掻器、彫器、揉錐器、円盤状石器など後期旧石器文化典型の構成である（Abramova 1988: pp. 656-657）。そして、この石器群は後述のマリタ開地のそれに最も近似する特徴である。オクラドニコフは5体の女性小像を発見した。その内の1体は女性的な特徴が殆ど表現されておらず、非常に細身に仕上げられている（第5図 29: Bul'ti）。頭部は他の地方の類例に反して大きく、顔が具象化され、頭巾付きの外套などがやや詳しく表現されている。この表現の趣は東ヨーロッパ大平原、中欧そして西欧のグラヴェット文化の典型的な表現とやや異なる。またマリタ開地で発見されたような鳥類を彷彿させる動物の彫像も発見された（Abramova 1988: p. 166）。5体の小像の内3体は優れて様式化されており、他の遺跡の資料との比較を可能にし

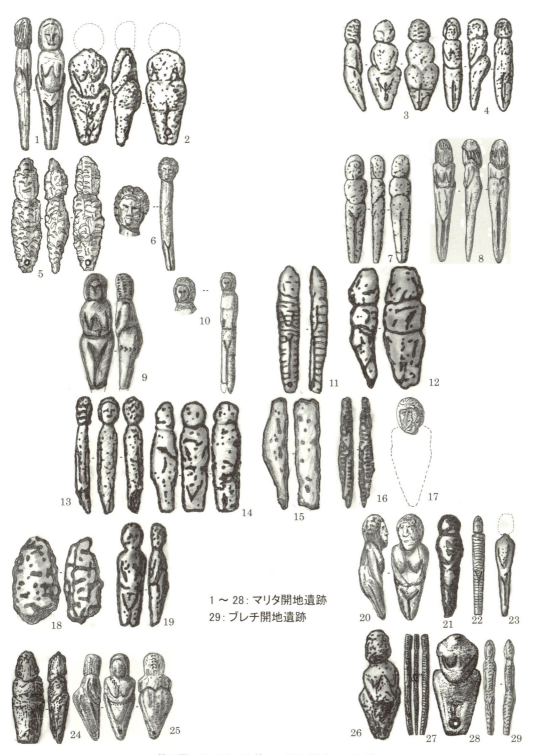

1〜28：マリタ開地遺跡
29：ブレチ開地遺跡

第5図　シベリアのヴィーナス（竹花 2014 より）

ている（Abramova 1967; pp. 111-112）。欧州各地のヴィーナスの特徴である腹部や腰部を中心としたボリュウム観の誇張的な表現は殆ど認められないが、反面、頭髪や顔の具象性が配慮されている。表現は身体の正確な観察や写実的な具象化が重要視されておらず、「ヴィーナスの像」のミニチュア判のようで、棒状の寸詰まりなものである。この特徴は携行性をより重視した小型で細身な形態がより求められた結果であろう。この特徴は各地のヴィーナスの像群に類例が見られる構成上の変異の一面の要素でもある。

② マリタ開地　遺跡はシベリア中央のイルクーツク州マリタ村にある。ここはバイカル湖の南西岸地方に位置し、イルクーツク市からエニセイ河の支流アンガラ川を80km下ったベラヤ川との合流部から、さらに上流へ25km遡った付近に位置する。遺跡堆積物の厚さは2mにも達し6つの堆積層が確認された。考古学上の水準は第3段丘の現地表下約1mにある第3層上部に認められる。出土した動物化石のイオニウム年代法では23,000±500年BP.が測定され、西欧で観察されるチルサック亜間氷期の終末から「最寒冷期」の初頭に相当し、グラヴェット文化終末に対比し得ると考えられる（Abramova 1988; pp.656-657）。石器文化は石刃技法を技術的基礎とし、生み出された石刃から尖頭器、揉錐器、彫刀面交差型彫器、背面調整石器、環状掻器などに骨角器も含まれる。以上の石器類型学上の組成はこの石器群が直ちに東方グラヴェット文化やパヴロフ文化と関連づけることは困難である。ただ、生活様式面で半地下式やテント式住居を擁し、墓壙などを築くことが確認され、グラヴェット文化のそれに通じる。彫像の性格は象牙製の動物像や個性的なヒト形像の小型簡略類型が優勢で十分に地域的な特徴を備えている。のみならず本格的なヴィーナスの彫像は西シベリアを代表する創作群として勢揃いした観がある（第5図1～28: Mal'ta）。これらは他の地

方と比べて明らかにより小型の傾向があり、この地方の生活様式、例えば季節的な移動距離の大きさなどの反映である可能性が考えられる。創作意匠は大きな頭部や顔の具象性などの独自な特徴も窺える。けれども、それはグラヴェット文化の所謂「ヴィーナスの様式」に矛盾するものではなく、創作上の一般的様式傾向は十分に認められるし、モティーフ自体が異なるものではない。

5.　編年上の位置

「ヴィーナスの様式」の誕生と発達過程は最後の氷河期のただ中、更新世後期ヴュルム第Ⅲ亜氷期に相当したが、現在よりも明らかに寒冷で乾燥した厳しい気候であった。少なくとも3つの温暖期が介在しながら、気候の振幅を繰り返し、その度ごとに、自然環境は明確に変容し続けた。中欧や東ヨーロッパ大平原では常により寒冷で乾燥し、絶滅種を含む氷期の大型動物が豊富に生息していた。

西欧で研究されたグラヴェット文化の編年体系と放射性年代は常に時間の尺度としてとても有効である。ただ全体をグラヴェット文化と総称しながらも、その文化のおよぶ領域の西端における一地方の文化にすぎない後期ペリゴール文化の編年細分が用いられ、文化の総論を展開する上で未整備な面も存在する。後期ペリゴール文化およびその類縁文化は欧州のオーリニャック文化から発展的に派生し、最終段階まで7つの階梯が識別され、ほぼ7,000年間にわたりユーラシア大陸の主だった地域に展開した。この時期、中欧や東ヨーロッパ大平原では東方グラヴェット文化と呼ばれる地方的様相が認められることもその証左であり、濃密な文化的類縁関係が指摘される。

西欧におけるグラヴェット文化の古い様相には「ヴィーナスの様式」が誕生する前段における未分化な創作が、ベルギーの洞窟遺跡や中欧

モラヴィア地方の開地遺跡などに一連の系譜の原類型が存在する。けれども、グラヴェット文化前半、すなわち後期ペリゴール文化第IVとVa期に属す本主題の創作例は稀であり、特に同IV期には皆無で、同Va期にただ一例が見出される。これらを含め西欧のグラヴェット文化領域で発見された資料は僅か50点にも満たない。これらは全て同VaからVI期までの約5,000年間に、特にそれらの9割強が後期ペリゴール文化Vc期の約1,500年間に制作されたと合理的に考えられる。その後期ペリゴール文化後半に至ると「ヴィーナスの様式」は全盛期を極め、わずか十数世紀余りの時間幅のなかで完成された。この極めて古典的な時期はノアイーユ文化とも呼ばれる。西欧のブラッサンプーイ洞窟の小像群、レスピューグ洞窟のヴィーナスなどはこの時期の明確な所産である。終末の様相は後期ペリゴール文化第VI・VII期に展開したが、その数が非常に少なく、確実なところではパトー岩陰のレリーフ像と最新のルナンクール開地の2例にすぎない。その後、後続のヴュルム氷期後半における最寒冷期のソリュートレ文化期には全く制作されなかったのだ。

結 論

以上最も注目すべきはグラヴェット文化盛期における僅か千数百年余りの時間の幅内で、ユーラシア大陸の東西に、地球の四分の一周に及ぶ空間にわたり張り巡らされた人類史最初の諸集団間の精神文化のネットワークに、芸術上の知性が閃光のような発信と反響を繰り返し駆け巡った、とも理解される点である。それは西欧大西洋岸のイベリア半島から中欧のライン川やドナウ川など、そして東ヨーロッパ大平原の二大大河流域、さらに西シベリアのバイカル湖西岸にいたるまで、文字通り最大の大陸を貫く規模であった。典型的な「ヴィーナスの様式」の展開した年代と文化編年上の位置は明確であ

るが、比較的狭い時間幅のなかで全盛期が百花斉放の如く展開し、そしてグラヴェット文化の終焉と共にこの芸術活動と精神文化は忽然と姿を消した。あるいは全く別のものに変化し、そして受け継がれた可能性も考えられる。

引用・参考文献

Abramova, Z.A. 1967 ; L'art mobilier paléolithique en URSS, *Quartar*, 18, p. 99-125.

Abramova, Z.A. 1988 ; Eliseevici (p.347), Mal'ta (pp.656-657), Buret' (p. 166), *Dictionnaire de la Préhistoire, Presses Universitaires de France*, Paris.

Bosinski G. 1990 ; *Homo sapiens, L'historire des Chasseurs du Paléolithique supérieur en Europe (40,000-10,000 av J.-C.)*, Edition Errance, Paris, 281 p..

Breuil, H. 1912 ; Les subdivisions du Paléolithique supérieur et leur signification, *Extr. du C.I.d'A. et d'A.P.*, 14e session, Genève, CR. Vol. 1, p. 165-238.

Breuil, H. et Peyrony, D. 1930 ; Statuette feminine aurignacienne de Sireuil (Dordogne). *Revue Anthropologique*, No. 1-3, 4 p., 2 fig..

Cohen C. 2003 ; *La femme des origins, Images de la femmes dans la préhistoire occidentale*, Berlin-Hersche, Paris, 191 p.,

Delporte, H. 1979 ; *L'image de la femme dans l'art préhistorique*, Picard, Paris, 287 p.,

Gailli R. 1978 ; *L'Aventure de l'os dans la Préhistoire*, Edition France-empire, Paris, 173 p.,

Gerasimov, M. M. 1931 ; *Mal'ta. Paleoliticeskaja stojanka*, Irkutsk.

Gerasimov, M. M. 1935 ; Raskopki paleolicheskoij stojanki v. s. Mal'ta. *Paleolite SSSR*. Igaimk.

Hahn J. 1971 ; La statuette masculine de la Grotte du Hohlenstein-Stadel (Würtemberg). *L'Anthropologie*, tome 75, facs, 3-4, Paris, p. 233-244, 5 fig..

木村英明 1995 ;『AMSU ニュース』No.5、札幌大学、埋蔵文化財展示室編、16、札幌。

Leroi-Gourhan, A. 1965 ; *Préhistoire de l'art occidental*. Paris, Mazenod, 480 p., 804 fig., (coll.

L'art et les grandes civilisations），（2e éd. revue et complétée, 1971）．

Leroi-Gourhan, A. 1982 ; *Les racines du monde.* Entretiens avec Claude-Henri Rocquet. Belfond, Paris, 279 p.,15 fig..

Leroi-Gourhan, A. 1988 ; *Dictionnaire de la Prehistoire, Presses Universitaires de France*, Paris, 1220 p.,

Lumley, H. et al. 198 ; *Art et civilisations des chasseurs de la Préhistoire: -34.000-8.000 ans av. J.-C.*, Laboratoire de Préhistoire du Musée de l'Homme et Museum National d'Histoire Naturelle, Paris, 415 p.,

Mohen J.-P. 1989a ; *Le temps de la phréhistoire 1*, tome1, Edition Archéologia, Paris, 479 p.,

Mohen J.-P. 1989b ; *Le temps de la phréhistoire 2*, tome 2, Edition Archéologia, Paris, 256 p.,

Mohen J. -P. et Olivier L. 1989 ; *Archéologie de la France, 30 ans de decouvertes*, Ministère de la Culture de la Communication, des Grands Travaux et du Bicentenaire, Editions de la Réunion des musées nationaux, Paris, 495 p.,

Movius H.L.Jr. 1975 ; Excavations at the Abri Pataud, Les Eyzeies（Dordogne）, *American School of Prehistoric Research*, Harvard, Massachusetts, vol. 30, 305 p., vol. 31, 167 p. 35 depl..

Okladnikov, A. P. 1960 ; Paleoliticeskie jenskie statuetki Burt', *Paleolit i Neolit SSSR*, 4 Materialy iissledovanja po arkheologii SSSR, 79 pp. 281-288.

Otte M. 1979 ; *Le Paléolithique supérieur ancien en Belgique*, Monographies d'archéologie nationale, Musées royaux d'art et d'histoire, Bruxelle, 684 p.

Otte M. 1981 ; *Le Gravettien en Europe centrale. Dissertationes Archaeologicae Gandenes*, vol. de Tempel, Brugge, 505 p.,251 fig.

Otte M. 1988 ; *Dictionnaire de la préhistoire*, éd. Leroi-Gourhan A.: Presses Universitaire de France, Paris, p. 445-446.

Peyrony, D. (1933) ; Les industries《aurignacienne》 dans le bassin de la Vézère. Aurignacien et Périgordien. B.S.P.F. t.30, p., 543-559, 13 fig..

Praslov N. D. et Rogacev A. N. 1982 ; *Paleolit*

Kostrnkovkogo-Borcevskogo rajana na Donu 1879-1979, Leningrad.

Rigaud, J.-Ph. 1989 ; Paléolithique supérieur ancien en Aquitaine, *Le temps de la Prehistoire 1*, tome 1, éd.: Mohen, P., Edition Archéologia, Paris, p. 269-273.

Taborin Y. et Thiebaut S. 1988 ; *Dictionnaire de la préhistoire*, éd. Leroi-Gourhan A.: Presses Universitaire de France, Paris, p. 611 et p. 904.

Taborin Y. 2004 ; *Langage sans parole, La parure aux temps préhistoriques*, La maison des roches, Paris, 216 p.,

竹花和晴 2007 ;「中部ヨーロッパにおける後期旧石器文化のヴィーナスの様式、『人文論究』76、北海道教

育大学函館校（北海道）、pp. 77-107。

竹花和晴 2010・2011 ;「東ヨーロッパ大平原に展開したヴィーナスの様式」上・下、『人文論究』79・80、北海道教育大学函館校（北海道）、79：pp. 29-38、80：pp. 123-135。

竹花和晴 2012 ;「グラヴェット文化のヴィーナスの様式、特に西欧地域の研究」上・下『旧石器考古学』76・77、旧石器文化談話会編、76：pp. 103-115、77：53-67。

竹花和晴 2014 ;「グラヴェット文化のヴィーナスの様式、特に西シベリア地域の研究」『旧石器考古学』79、旧石器文化談話会編、79：pp. 31-47。

Vibraye Marquis de 1984 ; *L'Anciennete de l'homme, Appendice*, Paris, Babillère J.-B. et Fils, in-8, 296 p.,fig.; éd. Lyell Sir Charles 1864; L'anciennete de l'homme prouvee par la geologie et emarques sur theories relatives a l'origine des especes par variation, traduit avec le concours de l'auteur par Chiper M. M. Paris, J.-B. Baillere et Fils, in-8,xvi-557 p., fig., Babillère J.-B. et Fils,in-8,296 p., fig.; éd. Lyell Sir Charles 1864; L'anciennette de l'homme prouvee par la geologie et remarques sur theories relatives a l'origine des especes par variation,traduit avec le concours de l'auteur par Chiper M.M. Paris, J.-B.Baillere et Fils, in-8°, xvi-557 p., fig.

中央アンデス先スペイン期の石器研究史

村越純子

はじめに

　従来、中央アンデス地域の研究は、先土器時代（紀元前1万1000年から紀元前1800年頃）を除き、土器出現期（紀元前1800年頃）から15〜16世紀のインカ帝国期（以下先スペイン期とする）にいたるまで、主に土器に研究が集中し、型式分類に基づく編年研究が中心であった。そして、土器編年、土器の図像や分布から当時の人々の活動などが議論されてきた。一方で石器に関しては、詳細な分析が行われた例はなく、石器組成と石材組成が示されているのみのものが多く、明らかに研究が不足しているのである。

　中央アンデス地域の考古学において、石器研究を行う意義は以下のようなものでる。

1：石器は生産用具・生活用具・工具・装飾品・儀礼用具・武器として利用され、中央アンデスに栄えた数多くの文化のさまざまな側面と関わりを持っていること。

2：中央アンデス地域では先スペイン期には鉄器は利用されなかった。そして、発掘調査された遺跡からの出土品を見てみると、動物の解体や皮の加工また木材の加工に用いたスクレイパー、武器として用いたナイフや土器を磨くための石、食料や顔料の加工に用いたすり石や石皿などが発見されており、石器が主な利器として重要な位置を占めていたこと。

3：石器は、土器や金属器など他の遺物と異なり、素材の獲得から、道具の製作、使用、廃棄に至るまでのライフヒストリーを把握することができること。

4：中央アンデス地域では、先土器時代を除き石器の分析研究はほとんど存在しない。石器

についての記述は石器組成と石材組成に言及するのみで、図化されているものもごくわずかであり、研究の余地が多く残されていること。

　本論では、まず中央アンデス地域の生態学的環境と歴史的環境を概観し、石器研究を時代ごとに述べ、また、今後の展望について言及する。

1. 中央アンデス地域の地域区分と自然環境

　南米大陸は、いくつかの類似する文化が分布する領域（文化領域）に分けられてきた。日本での南米を対象とした研究上では、Willy（ウィリー）（1971）が示した領域区分が一般的に用いられている（関1997、関・青山 編2005）。ウィリーの領域区分では、南米は、アンデス山脈に沿って北から、中間領域、ペルー領域（中央アンデスともいう）、南アンデス領域、フエゴ領域、南米大陸の東側に北からカリブ領域アマゾン領域、チャコ領域、パンパ領域、最東端の東部ブラジル領域の9つの領域に区分されている。

　その中で、中央アンデス地域は現在のペルーの大部分とボリビアの一部を含む。この中央アンデスはさらに、自然環境によって、海岸部（costa コスタ）・山間部（sierra シエラ）・熱帯雨林（selva セルバもしくは montaña モンターニャ）の3つに大別されることが一般的である。しかし、この3つの分類はスペイン征服者の世界観の産物で、アンデスの地理学の現実を反映したものではないとも論じられてもいる（Pulgar Vidal 1987）。

　そのため、Vidal（ビダル）は、"sabiduría popular"（民間伝承の知識）に基づいて、8つの生態的地域を区分した。

1) chala（チャラ）：アンデス山麓の太平洋岸に
　広がる海抜500m以下の砂漠地帯。

2) yunga（ユンガ）：海岸ユンガと山間ユン
　ガがある。海岸ユンガは、海抜500から
　2300mあたりに見られ、海岸地帯を流れる
　河川の中流域に当たる。山間ユンガは、海
　抜1000から2300mあたりに見られ、アン
　デス山系を深く切り込んだ河川の谷底や盆
　地の底部を指す。

3) quechua（ケチュア）：海抜2300から3500m
　の山の斜面や山間盆地に当たる。

4) suni（スニ）（jalca〈ハルカ〉とも呼ばれる）：
　海抜3500から4000mの山の斜面上部や河
　川の源流地帯を指す。

5) puna（プーナ）：4000から4800mの高所を
　指す。一般になだらかな起伏の多い草原で
　ある。

6) janca（ハンカ）：アンデス山脈の冠雪地帯。

7) rupa rupa（ルパルパ）：アンデス山脈の東斜
　面に当たる。降水量が多く、一般に高温多
　湿の熱帯雨林的景観を呈する。

8) omagua（オマグア）：海抜80から400mあ
　たりのアマゾンの熱帯雨林地帯。

　だが本論では、前述した海岸部（コスタ）・山
間部（シエラ）・熱帯雨林（セルバもしくはモンター
ニャ）3つの区分が一般的であることと、この
自然環境による区分は、同時に社会・経済・文
化的区分にもあたる（細谷1997）と評価されて
いることからこの3区分を用いることとする。
さらに、海岸部と山間部（高原部）はそれぞれ
北部・中央部・南部の3つに細分される（関・
青山編2005等）。

2. 中央アンデスの歴史的環境

　南米大陸に初めて確実に人類が登場するのは、
紀元前約1万1000年の最終氷期の末頃のこと
である。その頃の人類は、胴部に深い抉りのあ
る有樋尖頭器（一般的に魚尾型尖頭器と呼ばれて

いる）を用いていたことが明らかになっている。
この様な道具を使用していた人々のことをパレ
オ・インディアンと呼んでいる。

　パレオ・インディアンの生活を明らかにした
この時代の遺跡は中央アンデス地域ではまだ発
見されていない。同時代の遺跡として知られて
いるのは、チリの首都サンティアゴの南120km
に位置するTagua Tagua（タグア・タグア）の
キル・サイトで、そこでは魚尾型尖頭器、両面
加工のスクレーパーなどとともにゾウやマンモ
スなどに類似した大型哺乳類マストドンの牙を
加工した道具が大量に発見されている。

　やがて、紀元前7500年頃になると中央アン
デスでも、現在のペルー南部のタクナ県に位置
するToquepala（トケパラ）洞穴のように洞穴
や岩陰で生活した人々が現れる。そしてここま
での期間を南米の時期区分では石期と呼んでい
る。

　その後、紀元前5000年頃から農耕や牧畜が
始まり、そこから土器の出現までの時期を古期
と呼んでいる。一方、この古期と前述の石期を
合わせて草創期あるいは先土器時代と命名して
いる研究もある。この様に、中央アンデスの時
期区分は二つの編年体系が存在するのである。
以下にその二つの編年についての説明を示す。

　まず一つは、「ホライズン」（Horizon）と「時期」
（Period）の概念を組み合わせた「ホライズン型
編年」である。「ホライズン」とは、一つの「文
化」が一定の地理的領域の中を比較的短い時間
で広がった場合に用いられる（例えば、チャビン、
ワリ帝国、インカ帝国などの文化が当てはまる）。

　「時期」は「中間期」という名称が用いられる。
この「中間期」は、「ホライズン」と「ホライズン」
の狭間の時期であり、また、一定の地理的領域
に広がった文化的な統合が崩壊し、多様な文化
が併存していた時期でもある。

　中央アンデス地域の先スペイン期は「ホライ
ズン」と「中間期」の交互の段階に分けられて

きた。それぞれ三つの「ホライズン」と二つの「中間期」で、前期ホライズン、前期中間期、中期ホライズン、後期中間期、後期ホライズンである。そして、前期ホライズンの前を草創期ならびに先土器時代と命名した。

最近では、前期ホライズンにあたるチャビン文化にホライズンを当てはめることができるのかが問題になってきた。そのため、発展段階的な見方をとった編年体系といえるが、代わりに「形成期」という呼称を用いる傾向が強くなってきている。この編年体系を「形成期型編年」と呼んでいる。

形成期の名称を用いた場合、編年全体を別の名称で統一しなければならず、古い方から石期、古期、形成期、地方発展期、ワリ期、地方王国期、インカ帝国期とされる。

中央アンデス地域を対象とした多くの文献の編年表における時代区分は、「ホライズン型編年」と「形成期型編年」が二列になっていることが多い。それは、研究者によって使用する編年体系が異なっているためである。

日本における研究では、石期（B.C.11000 から B.C.5000）、古期（B.C.5000 から B.C.1800）、形成期（B.C.1800 から 0）、地方発展期（0 から 600）、ワリ期（600 から 900）、地方王国期（900 から 1400）、インカ帝国期（1438 から 1533）の「形成期型編年」の名称を用いるほうが主流となっている（関 1997）。本論では、時代区分については「形成期型編年」を用いることとする。

3. 中央アンデス地域における石器研究史

(1) 研究のはじまり

この地域の石器研究のはじまりにおいては、主に先土器時代の石期や古期の遺跡の分析が行われていた。

1958 年初頭と 1960 年にアルゼンチンの Cardich（カルディチ）によってペルーの Raura（ラウラ）山群のマラニニョン川の源頭、標高 4000 m の

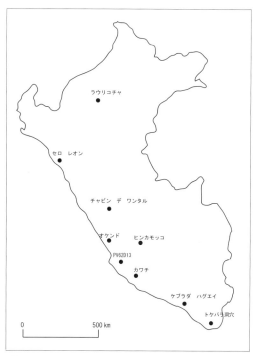

第 1 図　中央アンデス地域ペルー共和国内遺跡分布図

高地の Lauricocha（ラウリコチャ）遺跡の調査が行われた。この遺跡は、主として洞窟遺跡であり内部には 4 m に及ぶ堆積が見られ、B.C.8000 から植民地時代に至るまでの人間活動の痕跡が蓄積されている。そしてラウリコチャは、I から V の「ホライズン」に区分されている。

ラウリコチャ I は、B.C.8000 から B.C.6000 の年代が与えられていて、発見された遺物は、片面加工葉形ポイント、スクレイパー、剥片多数、ラクダ科動物の骨である。

ラウリコチャ II は、B.C.6000 から B.C.3000 の年代が与えられていて、発見された遺物は、両面加工葉形ポイント（小型二等辺三角形のものには歯状の縁がある）、石槍、スクレイパー、Cuchillo-raedera（エンドスクレイパーとナイフの両方の機能を想像させる片面加工、刃部にリタッチを施した石器）、剥片多数、リャマやビクーニャなどの獣骨、石核等である。

ラウリコチャ III は、B.C.3000 から B.C.2000 の年代が与えられていて、発見された遺物は小

型葉形ポイント（底の部分が丸いものととがったものがある）、石槍、スクレイパー、骨製品としてナイフ、錐、へらなど、獣骨多数と鳥骨若干がある。

ラウリコチャⅣは B.C.1000 前後の年代が与えられていて、発見された遺物は、葉形ポイント、石槍、スクレイパー、骨製の錐とナイフ、多数の獣骨と使用痕のあるもの若干、チャビノイデ土器である。

ラウリコチャⅤは、インカ帝国期以降のもので、植民地時代およびインカの土器、紡錘車、磨製石製ポイント、小型葉形ポイント、石皿、獣骨である。

このⅠからⅤの分け方の基準は、土色、あるいは無遺物層が挟まれていたのか等の記載がないため、妥当な区分かどうか判断できない、しかし、ペルーにおける先土器時代への関心を高め、その様相の一端を明らかにした点で、非常に大きな意義を有している（大貫 1961）。

その後、この地域の先土器時代の石器研究としては、Lanning（ランニング）や Patterson（パターソン）らを中心に行われてきた。ランニングとパターソンは、ペルー中央海岸の Chillón（チロン）谷にある Oquendo（オケンド）と Cerro Chivateros（セロ・チバテロス）という二つの遺跡から得られた石器組成の違い、遺跡の層準、コロンビアの花粉分析、放射性炭素年代測定などのデータから 12,000 から 8000 年頃までの編年を示した。

ランニングとパターソンが示した編年は 4 段階で、最下層は、セロ・チバテロスから発見されたもので、Red Zone と呼ばれ、赤らんだシルト層である。花粉分析から 12000 から 10500B.C. の年代が与えられ、遺物は、Scraper（straight-edged and notched）（スクレイパー：まっすぐな刃部とノッチ状のもの）と Perforator pointed either at one end or both（穴あけ器：一端を尖らせたものと両端を尖らせたもの）、Burin

（彫器）が組成する。

次の層はオケンド遺跡で発見された文化層で、Small and simply made implements（小さく単純に作られた道具）、Burin（彫器）を含んでいる。遺物の特徴が Red Zone と関連していることと、次の段階のチバテロス 1 段階の遺物と道具の形態と剥離パターンが類似していることから Red Zone とチバテロス 1 の間の文化層であるとして 10500 から 9500B.C. の年代が与えられている。

その次の層はセロ・チバテロス から発見されたもので、チバテロス 1 と呼ばれているこの文化層から発見された木製遺物の放射性炭素年代測定から、9500 から 8000B.C. の年代が与えられている。

遺物は、Thick pointed bifacial tool（厚い尖らせた両面体の道具）、Large tools with serrated edges（鋸歯状の刃部を持つ大きな道具）、Heavy unretouched flake（重い二次加工のない剥片）、Bifacially flaked spearpoints（両面加工の槍先形尖頭器）、Knife blades（ナイフ）などを含む。

一番上の層はセロ・チバテロス から発見されたもので、チバテロス 2 と呼ばれている。チバテロス 1 と遺物は非常に類似しているが、層の違いから 8000 年以前の文化層とされている（Lanning and Patterson 1967）。

研究の初期においては、紀元前 1 万 1000 年から 1534 年のスペインによる征服の間の先スペイン期の研究は、遺跡における層位関係、放射性炭素年代測定、そして先土器時代では石器の、それ以降では土器の型式分類に基づく編年研究が中心に行われてきたのである（藤井 1976）。

(2) 黒曜石研究のはじまり

1970 年代以降になると、土器出現以降の時期の石器についての研究が行われるようになった。また、発掘された遺跡の報告の中で石器の記述がなされるようになった。

藤井は、東大アンデス調査団と Huánuco（ワ

ヌコ）大学による、ペルー北高地の Huánuco 地域の紀元前 2000 年前後から紀元前後にわたる遺跡の発掘調査によって発見された 1000 点を超す石器資料を分析した。

これらの石器は、遺跡ごとの報告の中で異なった分類名を与えられていたため、全体の文化を把握するためには共通の名称で統一する必要があると考え、形態と加工技術を主として 40 のタイプに分類し、さらに石器を A）生産用具、B）生活用具、C）工作具、D）その他という機能でも分類した（藤井 1976）。

しかし、石器には多機能を有するものや、機能が変化する場合も考えられるため、機能による分類は難しいといえる。

また、1971 年に初めてミシガン大学において黒曜石の中性子放射化分析が行われ、ペルー産の黒曜石の分析が開始された。これ以降、黒曜石の分析に基づいて、交易ルート、交易圏や時期ごとの産地の組成などの研究が飛躍的に進むこととなる。

中央アンデス地域において黒曜石は貴石の一つとして利用され、先土器時代の狩猟採集の時代からインカ帝国期に至るまで利用された石材であり、ほとんどの主要文化の遺跡で発見されている。

その後 1974 年にペルー共和国およびボリビア共和国の 141 遺跡から遺物を集め、812 個を蛍光 X 線分析に、141 個を中性子放射化分析にかけて、組成的に八つのタイプに分類した。しかし、これらのタイプ名はほとんどが原産地名ではなく分析した遺物自体の分布地域の名称が用いられていた。

そして現在までに、主に米国の研究者たちによって世界中の黒曜石の採石地のデータベースが作られるようになり、ペルーの産地としては、1）Chivay（チバイ）、2）Aconcagua（アコンカグア）、3）Quispisisa（キスピシーサ）、4）Jampatilla（ハンパティーリャ）、5）Puzolana（プソラナ）、6）Alca（アルカ）、7）Uyo Uyo（ウョウョ）、8）Yanarangra（ヤナラングラ）、9）Polreropampa（ポルレロパンパ）、10）Lisahuacho（リサフアチョ）が知られている（中嶋 2007）。

(3) 石器資料の蓄積

リマから北に約 250 km のアンデス高地に位置する形成期の遺跡である Chavin de Huántar（チャビン・デ・ワンタル）の報告書中では、Stone tool は Projectile point（投槍）、Unifacial tools（片面加工の道具）、Stone perforators or Gravers（石製ドリルあるいは彫器）、Ground stone Knives or Point（礫塊石器ナイフあるいは尖頭器）、Ground stone Axe（礫塊石器握斧）、Grinding element（磨く要素）、Manos（石臼）、Porras（棍棒）、Ground stone Bowl（礫塊石器石皿）、などの遺物が発見されたこととそれぞれの簡単な特徴が示されている。

中央アンデス地域の南海岸に位置する、ナスカ台地の石器について言及した研究に Persis B. Clarkson（1990）の研究がある。クラークソンは台地に残された遺構を踏査し、石器を 14 点発見した。そして、

1. 石器組成は、スクレイパーが 1 点、使用痕のある剥片が 3 点、剥片が 6 点、石核が 2 点、両面体が 1 点、溝のある石が 1 点で、石器組成の特徴は剥片類が多く発見されている。

2. 石器の分布は、遺構周辺に分布し、台地の東部に偏っている。

3. 石器と地上絵・直線の地上絵などの遺構との関係については、台地の西部の一部の直線をのぞき、直接的な関係はないと結論付けている。

クラークソンの研究は中央アンデス地域でそれまで全く行われていなかった石器の分析を行ったという点で重要であるが、どのような資料を分析した結果このような結論に至ったかの分析過程が示されていないのである。

Shreiber（シュライバー）は、中央アンデス地域の中央高地のアヤクーチョから約百数十km南に位置する遺跡群を調査し、その中のワリ期の遺跡である Jincamocco（ヒンカモッコ）遺跡の報告の中で Lithic（石器）と Ground Stone（礫塊石器）について記述している（Shreiber 1992）。

発見された石器の総数は 4050 点で、その中で Tool 類は、cores（石核）、unutilized flake（使用痕のない剥片）、use-modified flake（使用で変形した剥片：不規則に剥離された）、unifacially flaked piece（片面加工の剥離された欠片）、bifacially flaked piece（両面加工の剥離された欠片）、projectile point（投槍：常に両面加工）、blades（石刃：常に片面加工）、drills（ドリル）に分類されている。

一方、Ground stone（礫塊石器）は、ほとんどが、manos（上臼）、metates（下臼）であり、他に batán（磨り潰すための石）、broken donutshaped mace head（壊れたドーナツ形の棍棒の頭）、broken axe head（壊れた斧の頭）、hoe（鍬）に分けられている。

また、石材に注目して、遺物の原料が比較的近接した場所のものであることを明らかにした。さらに、黒曜石について、原料の使用法の変化からこの遺跡は Tool の生産を行う遺跡でなく消費遺跡であると機能について言及している。

中央アンデス地域南海岸の、ナスカ川下流にある大形の祭祀センターである地方発展期の遺跡 Cahuachi（カワチ）の報告（Silverman 1993）の中で、石器は数多く発見されていると報告されているものの、詳細な石器分析が行われた例はなく、石器組成と石材組成とわずかな石器の写真と Projectile point（投槍）の実測図が示されているのみである。

石器の分析は、Frances Hayashida が担当し、剥片、石核、Utilized flake（使用痕のある剥片）、Projectile point（投槍）、Notched、Heavy-duty-tool に分類されている。

Deleonardis（デレオナルディス）は、中央アンデス地域南海岸のイカ谷の形成期の遺跡の調査によって、家庭的な遺跡とそうでない遺跡の特徴を明らかにし、定義を確立した。そして、それぞれの機能を提案し、形成期の村落の構造と遺跡での活動を明らかにした。その中の一節で石器について記述がされている。また、数点の石器については図化も行われている。

デレオナルディスの調査した遺跡の中で、PV62D13 という地点で表面採集でも、発掘調査においても最も多くの石器が得られた。ここで得られた石器は、1）Flaked tool、2）Ground stone、3）Debitage or waste flake、4）Fire-cracked rock、5）Unmodified rock の 5 つのカテゴリーに分類している。また、石器の使用石材について、玄武岩や安山岩が主に用いられており、黒曜石以外の石材は遺跡の周囲 5 km 以内で利用可能な石材であると述べている。さらにデレオナルディスは、Flake tool が編年の指標となるのかについても検討している（Deleonardis 1997）。

このように 1980 年代から 90 年代の研究では、土器出現以降の時代でも石器が土器に次ぐ重要な遺物であるという認識が広まり、報告書中で石器の記述が行われるようになったのである。

（4）様々な視点からの石器研究

2000 年代の研究になると石器について、石器組成と石材構成だけでなく、石器の製作技術や、製作工程、遺跡の機能などにも言及されるようになった。

中央アンデス地域南海岸の地方発展期の Marcaya（マルカヤ）遺跡の研究（Kevin J.Vaughn 2000、2009）では、多くの石器が出土し、その石器組成と使用石材の石材組成が示されている。また、黒曜石製の石器は、直接打撃によって剥片剥離され、押圧剥離によって二次加工されており、ドリルの素材となる剥片は粗製の石刃技法を用いているなど、石器製作の工程や技術に

も言及しているが、具体的な資料を用いた分析過程が全く示されていないという問題がある。

現代のペルーカマナ市から北に30km、ナスカからは南に約300kmのペルー南海岸に位置するQuebrada Jaguay（ケブラダ　ハグエイ）（ca11,000からca7,500年前：後期更新世から初期完新世）の調査を行ったTanner（ターナー）は石器群の属性を記録し、近接する遺跡との石器群の比較を行い、遺跡での作業内容の違いを明らかにした（Tanner 2001）。

石器分析のために有益であると考えられ記録された属性は、剝片の長さ・幅、重さ、剝片のタイプ、プラットフォーム、角度、礫面の残存、プラットフォームの準備、プラットフォームの切子面の有無、背面、使用痕、岩石タイプなど現在の日本における旧石器時代研究とも重なる属性について記録されているが、残念なことにこれ以降の研究でこれらの基本的な属性が記録され、石器群の分析が行われた例はない。

中央アンデス地域南海岸のインヘニオ川流域遺跡群の調査報告では、地方発展期の数多くの遺跡で黒曜石を発見し、その中で黒曜石製石器の作業場を発見したと述べている。しかし、どんな石器が見つかったのか、どのような資料によってそこが作業場であると断定したのか、そこではどのような石器の製作が行われていたのかについては全く触れていない（Silverman 2002）。

中央アンデス地域の北海岸の地方発展期のモチェ文化の石器について分析した研究では、石器の組成や石材の組成、器種の多寡によって遺跡の機能、遺跡間の関係や社会の変化などを検討している。

Surridge（サリッジ）は、Cerro León（セロ　レオン）（AD100から300：Highland Early Intermediate Period（高地初期中間期）、West Cerro León（AD1から200）、Ciudad de Dios（シウダド　デ　ディオス）（AD400から600：モチェ中期）の三つの遺跡を調査し、発見した石器の分析を行った。

そして、その中で泥岩製の鍬に着目し、鍬の廃棄された量の多さからセロ　レオンでは余剰の鍬を生産し、他の遺跡と交易していた遺跡であることを明らかにした。また、ウェスト　セロ　レオンでは鍬の生産に関係のある両面体の加工剝片がほとんどないことから鍬の生産や再生を行わない、消費遺跡であることを推察した（Surridge 2010）。

ワリ期の研究では、Pataraya（パタラヤ）という中央アンデス地域南海岸を流れるティエラス・ブランカス川の上流部のアンデスの前山標高1350mに位置する遺跡の分析から、この遺跡での主要な活動が織物の製造と関連する活動であり、ワリ帝国の植民地として重要なつながりがあったことを明らかにした研究がある。

石器については、土器以外の遺物を述べた章の一節で述べられている。石器は、土器に次いで遺物の組成の中で多いので、遺跡での重要な活動が推測されている。

石器は、剝片石器とGround Stone（礫塊石器）があり、剝片石器は、形態と原料によって1) Utilized Flale or flake tool（使用痕のある剝片）、2) Preform（subdivided as unifacial or bifacial）（予備的形成品：片面加工あるいは両面加工）、3) Unifacial knife（片面加工ナイフ）、4) Projectile point/ bifacial knife（投槍／両面加工ナイフ）、5) Perforator/ drill（穴あけ器／ドリル）、6) スクレイパー、7) チョッパーに分類された。

Ground stone は、1) Manos（石臼）、2) Polishers（磨石）、3) Pestles（乳棒）、4) Hammer stone（ハンマーストーン）、5) Platforms に分類された。

この研究で特徴的なのは、Debitage（石器製作の過程で生じる石屑）をリダクションの段階によって三段階に分けていること、遺構と石器の位置関係から食料製造と関係のある遺構を明らかにしたことがあげられる。しかし、リダクショ

ンがどのような過程で進んだのかということには触れられていない（Edwards 2010）。

4. 石器研究の現状と課題

中央アンデス地域の石器研究について、研究の初期は、先土器時代を中心に編年研究が進められてきた。そして、比較的近年に土器出現以降の遺跡の遺物でも土器に次いで石器が重要な遺物であるという認識がなされるようになった。

編年研究については、日本のように鍵となる火山灰が堆積しないという状況であり、中央アンデスの全域を対象とした編年を組むことは難しいといえる。また、これまでの編年研究では地層の区分の基準となるものの記述がなく、その区分が妥当なものであるのかどうか不明である。

現在のところ、研究者の関心は石器製作技術、遺跡の機能、遺跡群研究など様々な方向へ向かっている。

しかしこれらの研究は、遺跡ごとあるいは個々の研究者ごとに終始してしまっていて、研究が体系化されていないのである。

今後の課題としては、基礎的な資料となる石器の分析を、統一的な視点から行い、石器分析を積み重ね、研究どうしを有機的に結び付けるよう努力しなければならないだろう。

おわりに

現在の研究状況を見ると、石器分析に基づいた研究はまだ始まったばかりであるとするのが妥当であろう。しかし、冒頭で述べた通り石器研究は、中央アンデス地域の先スペイン期の人類の活動を解き明かすために大きな役割を果たすと考えられる。

謝辞

最後に明治大学大学院に入学以来、今日まで常に惜しみなく学問をご教示くださった安蒜先生には学恩に対してお礼申し上げるとともに、益々のご健康とご活躍をお祈りいたします。

引用・参考文献

大貫良夫 1961「ペルーにおける無土器文化への関心」『民族学研究』26-1、pp.99-101

L.G. ルンブレラス著　増田義郎訳 1977『アンデス文明―石期からインカ帝国まで』岩波書店

関　雄二 1997『世界の考古学① アンデスの考古学』同成社

関　雄二・青山和夫 2005『岩波アメリカ大陸古代文明辞典』岩波書店

中島直樹 2007「中央アンデス高地南部の黒曜石」『黒耀石文化研究』5、pp.37-70

藤井龍彦 1976「中央アンデス・ワヌコ地域の石器文化」『国立民族学博物館研究報告』1-2、pp.272-304.

細谷広美 1997『アンデスの宗教的世界―ペルーにおける山の神信仰の現在性―』明石書店

Burger, Richard and Michael Glascock 2000 Locating the Quispisisa Obsidian Source in the Department of Ayacucho, Peru. *Latin American Antiquity* 11. pp.258-268.

Clarkson Persis B. 1990 The Archaeology of the Nazca Pampa:Environmental and Cultural Parameters. *The Lines of Nasca*. Anthony F.Aveni(ed). 115-172 The American Philosophical Society Philadelphia.

Deleonardis, L. M 1997 Paracas Settlement in Callango, Lower Ica Valley, First

MilleniumB.C.,Peru. Ph.D. Dissertation, The Catholic University of America.

Edwards,M.J. 2010 Archaeological Investigations at Pataraya: A Wari Outpost in the Nasca Valley of Southern Peru. Ph.D. dissertation, Department of Anthropology, University of California, Santa Barbara.

Lunning.,E.P and Patterson,T.C 1967 Early man in south America. *Scientific American*, Vol.2 17-5 pp.44-50 Scientific American Inc New York.

Pulgar Vidal, J. 1987 Geografía del Perú: Las Ocho Regiones Naturales, Novena edición ed. Promoción Editorial Inca, S. A., Lima.

Schreiber, K. J. 1992 *Wari Imperialism in Middle Horizon Peru*. Anthropological Papers museum of Anthropology, University of Michigan 87. Ann Arbor.

Schreiber, K. J. 1999 Regional Approaches to the Study of Prehistoric Empires: Examples from Ayacucho and Nasca, Peru. *In Settlement Pattern Studies in the Americas: Fifty Years Since Virú*, edited by B. R. Billman and G. M. Feinman, pp.160-171. Smithsonian Institution Press, Washington D.C.

Silverman. H 1993 *Cahuachi in the Ancient Nasca World*. University of Iowa Press, Iowa City.

Silverman. H 1994 Paracas in Nazca: New data on the Early Horizon Occupation of the Rio Grande de Nazca Drainage. *Latin American Antiquity* 5:359-382.

Silverman. H 2002 *Ancient Nasca Settlement and Society*, University of Iowa Press, Iowa City.

Silverman and Donald A. Proulx 2002 *The Nasca*. BLACKWELL PUBLISHING

Surridge,E.W. 2010 Chipped Stone Technology and Agricultural Households in the Moche Valley, Peru. M. A thesis, Department of Anthropology (Archaeology) University of North Carolina.

Tunner, B. R. 2001 Lithic analysis of chipped stone artifacts recovered from Quebrada Jaguay,Peru M.S. thesis, (in Quaternary and Climate Studies). The University of Maine.

Vaughn, Kevin J. 2000 Archaeological Investigations at Marcaya: A Village Approach to Nasca Sociopolitical and Economic Organization Ph.D. dissertation, Department of Anthropology, University of California, Santa Barbara.

Vaughn, Kevin J. 2009 *The Ancient Andean Village Marcaya in Prehispanic Nasca*. The University of Arizona Press Tucson.

編集後記

　2014年6月に岩宿博物館の小菅将夫さんから安蒜先生が2017年3月に明治大学を御定年で退任されるので、ついては是非、先生の教えのもとに巣立った旧石器時代の研究者による古希をお祝いする論文集を献呈したいとの話があった。小菅さんの強い思いにほだされ、これはめでたいことであるとあまり深く物も考えず、協力しますと言ってしまった。先生との関わりを思い起こせば、私の学部生時代は大学紛争真っ只中の時代であり研究室、先輩方とのご縁の薄い時代であった。先輩方から「安蒜さん」という方がおられるのは聞いてはいたが、当時の私などには雲上人のような存在であり、全くお会いする機会は得なかった。数年後、大学院に戻ることになり、その折の同級生を通じて、やっと先生としてまた良き先輩として親しくさせていただくようになった。

　さっそく、論文集を作ることを先生にご相談し、先生からは旧石器時代を中心とした論文集が作れないかとのお話があった。旧石器時代だけからなる献呈論文集はおそらく本邦初であろう。小菅さんは全国に散る卒業生の方々に声をかけ編集委員会が発足し、企画を組むことになった。進めていくうちに、不詳の弟子である我が身に仕事の重責がじわじわと感じられるようになり、これはえらいことになったと思えてきた。そうしたなか織笠明子さんは『駿台史学』に載る膨大な卒業論文名から丁寧に旧石器時代をテーマにした方々をまとめてくださった。

　ようやっと31人の方々に御寄稿いただくめどが立ち、安蒜先生には膨大な業績目録を手ずからまとめていただいた。木﨑康弘さんは先生の御著書のフレーズを引用して献呈論文集名を考えてくださった。

　こうして寄せられた原稿も多くが安蒜旧石器学を反映しており、これも先生の業績をみるようである。

　竹岡俊樹さんは卒業後フランスで旧石器学を学ばれたが石器観察力の重要さを語り、その欠如こそ現代の研究の問題とするところは日頃安蒜先生が我々に語るところと通じる。

　遺跡構造を中心とする論文のなかでは、吉川耕太郎さんは、先生の砂川遺跡の分析に動機づけられるところが多かったとする。

　先生は韓半島と列島の繋ぎとしての九州地方に深く関心を寄せられており、この度も九州を中心とするテーマの論文が収載されている。木﨑康弘さんを中心として西南日本からの波及の問題に始まり、瀬戸内地方をテーマとする氏家敏之さん、さらに関東地方の野田樹さんまで論文の内容がリレーのように展開される。

　細石器研究は先生が学位を請求される折に取り上げられたテーマであるが、大塚宜明さん、須藤隆司さんは北海道における細石刃石器群の新たな視点を提示する。

　近年、先生が力を入れられている韓半島の研究に影響を受けた金恩正さん、大谷薫さんの二人の女性研究者が力作を寄稿してくださった。金恩正さんは九州地方の剥片尖頭器と共通するスムベチルゲの発達をまとめられた。韓国在住の大谷薫さんは韓国の細石器を日本で培った研究の視点から論じている。

　黒曜石研究は、近年、列島をめぐる黒曜石の流通によるオブシディアン・ロードを先生は提唱された。科学分析に基づく流通経路の問題を川道寛さん、金成太郎さんは論じている。

編集後記

　寄せられたいずれの論文も先生の御研究との関連を語ると枚挙に遑がないが、書き手の理解力の限界もあるため、とりあえずここまでに留めさせていただく。

　いずれの方も同じであると思うが、ムキになり先生に稚拙な論をぶつけた日々も、あっという間に昔のことになってしまった。古希を迎えられても先生にはいつまでも日本の旧石器時代研究を牽引していっていただきたい。私達もそれを道標としてこれからも旧石器時代研究を続けていきたいものである。

　本書の編集、刊行にあたっては雄山閣編集部羽佐田真一さんに多大なご協力をいただきました。

　本書は次の方々に協賛金をいただき、刊行することができました。記して御礼を申し上げます。
阿部芳郎　赤星純平　飯田茂雄　新井悟　池崎譲二　石川恵美子　氏家敏之　大塚宜明
織笠明子　軽部達也　金成太郎　木﨑康弘　金恩正　小菅将夫　近藤敏　笹原芳郎　島田和高
須藤隆司　鈴木次郎　高倉純　千葉寛　中島誠　野田樹　萩谷千明　畠中俊明　服部隆博
比田井民子　平井和　藤山龍造　三石宏　村越純子　森野譲　諸星良一　矢口孝悦　矢島國雄

《安蒜政雄先生古希記念論文集刊行委員会》
鶴丸俊明　鈴木次郎　比田井民子　川道寛　織笠明子　木﨑康弘　米村衛　須藤隆司　大竹憲昭
道澤明　石川恵美子　小菅将夫　氏家敏之　及川穣　杉原敏之　高倉純　野口淳　吉川耕太郎
山科哲　飯田茂雄　　　　　　　　　　　　　　　　　　　　　　　　　　（文責　比田井民子）

執筆者一覧 （論文掲載順）

竹岡　俊樹（たけおか　としき）　　共立女子大学非常勤講師　パリ第6大学博士

織笠　明子（おりかさ　あきこ）　　日本考古学協会会員

高倉　　純（たかくら　じゅん）　　北海道大学埋蔵文化財調査センター助教　博士（文学）

小菅　将夫（こすげ　いさお）　　　岩宿博物館館長

比田井民子（ひだい　たみこ）　　　日本考古学協会会員　博士（史学）

軽部　達也（かるべ　たつや）　　　藤岡市教育委員会文化財保護課長　博士前期課程修了

吉川耕太郎（よしかわ　こうたろう）秋田県立博物館　博士前期課程修了

赤星　純平（あかぼし　じゅんぺい）秋田県埋蔵文化財センター文化財主事　博士前期課程修了

石川恵美子（いしかわ　えみこ）　　公益財団法人　平野政吉美術財団　博士前期課程修了

笹原　芳郎（ささはら　よしろう）　静岡県立田方農業高等学校教諭　博士前期課程修了

道澤　　明（みちざわ　あきら）　　横芝光町教育委員会社会文化課

鈴木　次郎（すずき　じろう）　　　公益財団法人　かながわ考古学財団調査専門員

荻　　幸二（おぎ　こうじ）　　　　日本考古学協会会員

阿部　　敬（あべ　さとし）　　　　十日町市教育委員会主事　博士（環境学）

野田　　樹（のだ　たつき）　　　　毎日新聞社

木﨑　康弘（きざき　やすひろ）　　熊本県立装飾古墳館館長　博士（史学）

杉原　敏之（すぎはら　としゆき）　福岡県教育庁総務部文化財保護課文化財保護係長

氏家　敏之（うじけ　としゆき）　　公益財団法人　徳島県埋蔵文化財センター　博士前期課程修了

大塚　宜明（おおつか　よしあき）　札幌学院大学特任講師　博士（史学）

須藤　隆司（すとう　たかし）　　　明治大学黒耀石研究センター　博士前期課程修了

諸星　良一（もろほし　りょういち）株式会社　東京航業研究所文化財調査課　博士前期課程修了

及川　　穣（およかわ　みのる）　　島根大学法文学部准教授　博士（史学）

池谷　信之（いけや　のぶゆき）　　明治大学黒耀石研究センター　博士（史学）

川道　　寛（かわみち　ひろし）　　長崎県埋蔵文化財センター

金成　太郎（かんなり　たろう）　　元明治大学黒耀石研究センター

岩永　雅彦（いわなが　まさひこ）　多久市教育委員会

萩谷　千明（はぎや　ちあき）　　　みどり市教育委員会文化財課課長補佐　博士前期課程修了

金　　恩正（きむ　うんじょん）　　韓国　朝鮮大学校非常勤講師

大谷　　薫（おおたに　かおる）　　韓国先史文化研究院

竹花　和晴（たけはな　かずはる）　人類古生物学研究所（在パリ）・海外通信会員 Ph.D.学術博士

村越　純子（むらこし　じゅんこ）　岩宿フォーラム実行委員会　博士前期課程修了

2017 年 3 月 31 日　初版発行　　　　　　　　　　　　　　　　　《検印省略》

安蒜政雄先生古希記念論文集
旧石器時代の知恵と技術の考古学

編　者　© 安蒜政雄先生古希記念論文集刊行委員会
発行者　宮田哲男
発行所　株式会社 雄山閣
　　　　東京都千代田区富士見 2-6-9
　　　　ＴＥＬ　03-3262-3231 / ＦＡＸ　03-3262-6938
　　　　ＵＲＬ　http://www.yuzankaku.co.jp
　　　　e-mail　info@yuzankaku.co.jp
　　　　振　替：00130-5-1685
印刷・製本　株式会社ティーケー出版印刷

Printed in Japan　2017　　　　　　　　　ISBN978-4-639-02474-3 C3021
　　　　　　　　　　　　　　　　　　　N.D.C.204　382p　27cm